에듀윌
컴퓨터활용능력
1급 필기 초단기끝장

EVERYTHING | 합격을 위한 모든 것! EXIT 합격 서비스

EXIT 합격 서비스에서 드려요!

exit.eduwill.net

1. 저자에게 묻는 실시간 질문답변
① 로그인
② 교재 구매 인증
③ 실시간 질문답변 게시판
④ 질문하기

2. 핵심만 모은 무료강의
① 로그인
② 무료강의 게시판
③ 수강하기

3. 더 공부하고 싶다면 PDF 학습자료
① 로그인
② 자료실 게시판
③ 다운로드
※ PDF에 설정된 암호는 교재별 차례에서 확인

4. 실전처럼 연습하는 필기CBT
① 로그인
② 교재 구매 인증
③ 필기CBT 게시판
④ 응시하기

5. 직접 따라해 볼 수 있는 실습파일
① 로그인
② 자료실 게시판
③ 다운로드

6. 바로 확인하는 정오표

교재 구매 인증 방법

EXIT 합격 서비스의 [실시간 질문답변 게시판]과 [필기CBT 게시판]을 이용하기 위해서는 교재 구매 인증이 필요합니다.
❶ EXIT 합격 서비스(exit.eduwill.net) 접속 → ❷ 로그인 → ❸ 우측 구매도서 인증 아이콘 클릭 → ❹ 정답은 교재 내에서 확인

에듀윌과 함께 시작하면,
당신도 합격할 수 있습니다!

에듀윌 IT자격증은 학문을 연구하지 않습니다.
가장 효율적이고 빠른 합격의 길을 연구합니다.

IT자격증은 '사회에 내딛을 첫발'을 준비하는 사회 초년생을 포함하여
새로운 준비를 하는 모든 분들의
'시작'을 위한 도구일 것입니다.

에듀윌은
IT자격증이 여러분의 최종 목표를 앞당기는 도구가 될 수 있도록
빠른 합격을 지원하겠습니다.

누구나 합격할 수 있습니다.
시작하겠다는 '다짐', 이루겠다는 '목표'면 충분합니다.

마지막 페이지를 덮으면,

에듀윌과 함께
IT자격증 합격이 시작됩니다.

IT자격증 1위

매달 선물이 팡팡!
독자참여 이벤트

교재 후기 이벤트
나만 알고 있기 아까운!
에듀윌 교재의 장단점, 더 필요한 서비스 등을 자유롭게 제안해주세요.

 이벤트 참여

오타 제보 이벤트
더 나은 콘텐츠 제작을 돕는 일등 공신!
사소한 오타, 오류도 제보만 하면 매월 사은품이 팡팡 터집니다.

  이벤트 참여

IT자격증 A~Z 이벤트
모르고 지나치기엔 아쉬운!
에듀윌 IT자격증에서 제공 중인 무료 이벤트를 확인해보세요.

  이벤트 참여

참여 방법 | 각 이벤트의 QR 코드 스캔
당첨자 발표 | 매월 5일, EXIT 합격 서비스(exit.eduwill.net) 공지사항
사은품 | 매월 상이하며, 당첨자 발표 후 순차 발송

※ 이벤트는 공지 없이 변경되거나 종료될 수 있습니다.

가장 빠른 합격출구 **EXIT**

2주합격 스터디 플래너

2주합격 스터디 플래너 사용법

- 안정적이고 체계적인 합격을 노린다면 활용하세요!
- 공부를 완료하면 동그라미(○)를 하세요.

과목		CHAPTER	2주
1과목 컴퓨터 일반	01	Windows 10의 기본 기능	2일
	02	Windows 10의 고급 기능	
	03	컴퓨터 시스템 활용	
	04	컴퓨터 하드웨어	
	05	컴퓨터 소프트웨어	
	06	멀티미디어 활용	
	07	인터넷 활용	
	08	컴퓨터 시스템 보호	
2과목 스프레드시트 일반	01	스프레드시트의 개요	4일
	02	데이터 입력 및 편집	
	03	수식 활용	
	04	데이터 관리	
	05	데이터 분석	
	06	차트 활용	
	07	출력 작업	
	08	매크로와 VBA 프로그래밍	
3과목 데이터베이스 일반	01	데이터베이스의 개요	6일
	02	테이블 활용	
	03	쿼리 활용	
	04	폼 활용	
	05	보고서 활용	
	06	매크로와 모듈 활용	
상시시험 답 없이 푸는 기출변형문제		제1회 기출변형문제(2025년 상시)	7일
		제2회 기출변형문제(2025년 상시)	
		제3회 기출변형문제(2025년 상시)	
		제4회 기출변형문제(2025년 상시)	8일
		제5회 기출변형문제(2025년 상시)	
		제6회 기출변형문제(2025년 상시)	
		제7회 기출변형문제(2024년 상시)	9일
		제8회 기출변형문제(2024년 상시)	
		제9회 기출변형문제(2024년 상시)	
		제10회 기출변형문제(2024년 상시)	10일
		제11회 기출변형문제(2024년 상시)	
		제12회 기출변형문제(2024년 상시)	
		제13회 기출변형문제(2023년 상시)	11일
		제14회 기출변형문제(2023년 상시)	
		제15회 기출변형문제(2023년 상시)	
2회독		틀린 문제 다시보기	14일

가위로 잘라서 책갈피로 사용하세요.

초고속 이론정복 플래너

초고속 이론정복 플래너 사용법

- 최빈출 노른자만 골라서 이론을 공부하세요!
- 2회독을 목표로 각 회독이 끝나면 동그라미(◯)를 하세요.

※ 해당 플래너는 이론정복용입니다. 기출&기출변형문제는 따로 풀어보세요.

과목	노른자 번호	노른자 제목	1회독	2회독
1과목 컴퓨터 일반	005	휴지통		
	024	프린터		
	025	프린터 스풀과 인쇄 관리자		
	028	자료의 표현		
	030	중앙처리장치(CPU)		
	032	주기억장치		
	033	보조기억장치		
	034	기타 기억장치		
	035	바이오스와 포트		
	040	운영체제		
	041	소프트웨어 구분		
	046	그래픽 데이터		
	051	OSI 7계층과 네트워크 장치		
	052	네트워크 명령어		
	053	IP 주소		
	055	프로토콜		
	058	인터넷 서비스		
	063	정보보안 서비스		
	064	방화벽		
2과목 스프레드시트 일반	072	통합 문서 공유		
	073	데이터 입력		
	080	사용자 지정 서식		
	088	수학 함수		
	091	찾기/참조 함수		
	095	배열 수식과 배열 상수		
	096	외부 데이터 가져오기		
	099	고급 필터		
	112	차트의 구성 요소		
	113	차트의 편집		
	117	인쇄		
	118	매크로 기록		
3과목 데이터베이스 일반	135	기본 키		
	147	SELECT문		
	151	실행 쿼리		
	152	기타 쿼리		
	154	폼 작성		
	158	컨트롤		
	164	보고서		
	166	보고서의 구성과 속성		

1* 혼자 고민하지 마세요. 바로 질문하세요.
저자가 답변하는 **실시간 질문답변 서비스**

용어가 어렵거나 문제에 대한 해설이 잘 이해되지 않으시나요?
공부하다 모르는 내용은 혼자 고민하지 마세요. 교재를 집필한 저자가 직접! 자세하게! 설명해 드립니다.

4* 실전처럼 연습해보고 싶으신가요?
필기CBT 서비스

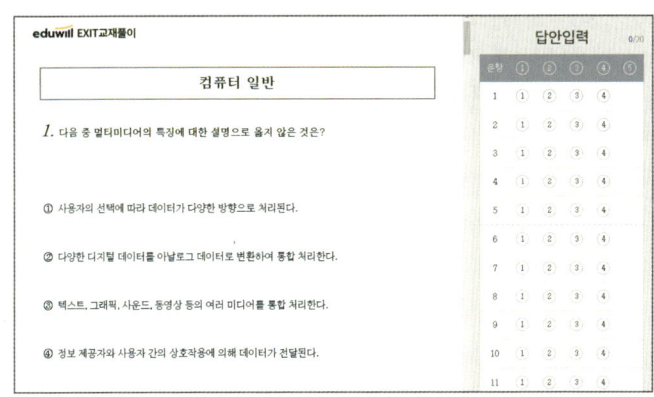
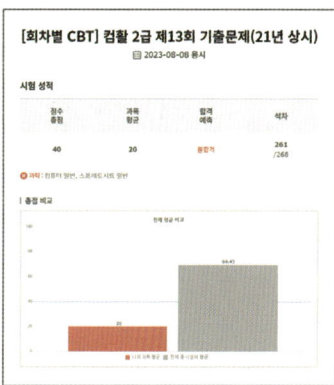

문제만 집중적으로 풀고 싶으신가요?
시험장과 동일한 CBT 환경에서 정해진 시간 동안 문제를 풀어보고 점수를 확인해보세요.
각 과목별 취약 영역을 확인할 수 있으며, 합격 여부를 미리 예측해볼 수 있습니다.

EVERYTHING 합격을 위한 모든 것! EXIT 합격 서비스 **3**

INFORMATION 시험의 모든 것!

시험 절차

시행 기관 대한상공회의소(https://license.korcham.net/)

시험 절차

필기 원서접수
- 상시시험: 매주 시행(시험 개설 여부는 시험장 상황에 따라 다름)
- 원서접수: 대한상공회의소 자격평가사업단
- 검정 수수료: 20,500원(인터넷 접수 시 대행 수수료 1,200원 별도)

필기 시험
- 시험시간: 60분
- 합격선: 100점 만점에 과목당 40점 이상, 평균 60점 이상
- 준비물: 신분증, 수험표

필기 합격 발표
- 필기 유효기간
  필기 합격 발표일로부터 만 2년/1급 합격 시 1급, 2급 실기 시험에 모두 응시 가능

실기 원서접수
- 상시시험: 매주 시행(시험 개설 여부는 시험장 상황에 따라 다름)
- 원서접수: 대한상공회의소 자격평가사업단
- 검정 수수료: 25,000원(인터넷 접수 시 대행 수수료 1,200원 별도)

실기 시험
- 시험시간: 90분(과목별 45분)
- 합격선: 100점 만점에 70점 이상(1급은 두 과목 모두 70점 이상)
- 프로그램: MS Office LTSC Professional Plus 2021
- 준비물: 신분증, 수험표

실기 합격 발표
최종 합격자 발표

자격증 발급
- 자격증 신청: 대한상공회의소 자격평가사업단 홈페이지를 통한 인터넷 신청만 가능
- 자격증 수령: 등기우편으로만 수령 가능

Q&A 가장 궁금해 하는 BEST Q&A

 필기시험 유효기간은 언제인가요?

 필기 합격 유효기간은 필기 합격 발표일을 기준으로 만 2년입니다. 필기시험 합격자 발표일로부터 2년 이내에 실기시험에 응시하고 합격해야 합니다.

 필기시험에 합격하면 바로 상시 실기시험 접수가 가능한가요?

 네, 가능합니다. 상시 실기시험을 보기 위한 별도의 자격 조건은 존재하지 않습니다. 필기시험에 합격한 분이라면 누구나 필기시험 유효기간 안에 횟수에 관계없이 상시 실기시험에 접수, 응시 가능합니다.

 자격증의 유효기간 및 갱신기간은 어떻게 되나요?

 대한상공회의소에서 시행하는 모든 자격증은 자격증 유효기간이 따로 없습니다. 한번 취득한 자격증은 평생 유효하며, 별도의 갱신이 필요하지 않습니다.

 접수한 시험을 다음 회차로 연기할 수 있나요?

 접수한 시험은 시험일로부터 4일 전까지 시험일 및 등급, 급수 변경이 가능합니다.
예 6월 15일 시험(12, 13, 14, 15) = 4일 → 6월 11일까지 변경 가능

 필기 CBT가 무엇인가요?

 CBT는 메인 컴퓨터에 많은 문제를 저장시켜 놓고 시험 당일 수험자용 컴퓨터가 랜덤으로 문제를 출제하는 것입니다. 수험자는 모니터를 보면서 정답을 클릭하는 방식으로 시험을 봅니다. CBT는 큐넷 혹은 에듀윌 EXIT 합격 서비스에서 체험 가능합니다.

ANALYSIS
기출 분석의 모든 것!

1과목 컴퓨터 일반 20문항

| 최근 기출 15회분 챕터별 TOP 출제 키워드 및 출제 비중

Chapter	출제 키워드
❶ Windows 10의 기본 기능	[시작] 메뉴, 바로 가기 키, 파일 탐색기, 휴지통
❷ Windows 10의 고급 기능	레지스트리, 프린터, 개인 설정, 시스템, 사용자 계정, 공유
❸ 컴퓨터 시스템 활용	자료의 구성 단위, 자료의 표현, 오류 검출 코드
❹ 컴퓨터 하드웨어	중앙처리장치(CPU), RAM, 캐시 메모리, 포트, 시스템 최적화
❺ 컴퓨터 소프트웨어	소프트웨어 종류, 운영체제, 소프트웨어 구분, 프로그래밍 언어, 언어 번역
❻ 멀티미디어 활용	멀티미디어, 그래픽 데이터의 표현 방식, MPEG, 그래픽 파일 형식
❼ 인터넷 활용	정보통신망, OSI 7계층, IP 주소, 프로토콜, FTP, 인터넷 관련 용어
❽ 컴퓨터 시스템 보호	저작권, 정보사회, 컴퓨터 범죄, 컴퓨터 바이러스, 정보보안 서비스, 방화벽

| 단기 합격 가이드

시험에 자주 출제되는 핵심 포인트는 반드시 확인하고 넘어가시는 것이 좋습니다. 제1과목은 생소한 용어들 때문에 많은 수험자분들께서 어려움을 느끼시지만, 실제로는 컴퓨터를 사용할 때 자주 접하는 내용들입니다. 컴퓨터 이론 과목은 한 번 출제된 문제가 다시 출제될 가능성이 높은 만큼, 반복 학습을 통해 용어에 익숙해지는 것이 중요합니다. 특히, 기출문제를 꾸준히 반복해서 학습하는 것이 단기 합격으로 가는 지름길입니다. 또한, 컴퓨터 시스템 관리나 인터넷 자료의 활용 영역은 출제 빈도가 높은 편이므로, 보다 집중해서 학습하시길 권장드립니다.

2과목 스프레드시트 일반 20문항

| 최근 기출 15회분 챕터별 TOP 출제 키워드 및 출제 비중

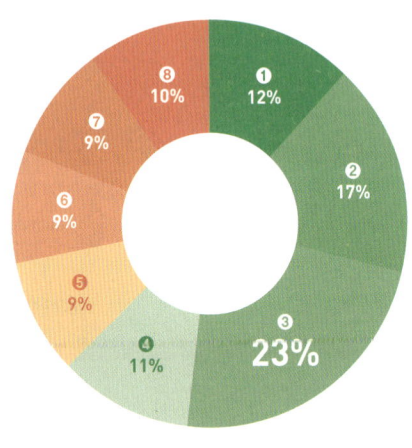

Chapter	출제 키워드
❶ 스프레드시트의 개요	Excel 옵션, 통합 문서, 시트 선택, 시트 보호, 워크시트
❷ 데이터 입력 및 편집	데이터 입력, 채우기 핸들, 셀 서식, 사용자 지정 서식, 데이터 편집
❸ 수식 활용	조건부 서식, 연산자, 셀 참조, 오류 메시지, 함수, 배열
❹ 데이터 관리	정렬, 자동 필터, 고급 필터, 데이터 유효성 검사, 외부 데이터
❺ 데이터 분석	통합, 데이터 표, 시나리오, 피벗 테이블, 피벗 차트, 목표값 찾기
❻ 차트 활용	차트 작성, 차트 종류, 차트의 구성 요소, 차트 편집, 추세선
❼ 출력 작업	페이지 설정, 페이지 나누기와 보기 형식, 인쇄
❽ 매크로와 VBA 프로그래밍	매크로 기록 및 실행, 편집, 보안, VBA 프로그래밍, Worksheets 개체, Range 개체

단기 합격 가이드

제2과목은 단순한 이론뿐만 아니라 함수나 차트를 실제로 적용해보는 활용 능력까지 평가하기 때문에 다소 어렵게 느껴질 수 있습니다. 또한 실기 시험에서도 엑셀을 다루게 되므로, 실습을 병행하며 학습하는 것이 효과적입니다. 엑셀에서 함수는 절대로 빠질 수 없는 핵심 내용이며, 수식 활용과 관련된 문제의 출제 빈도가 가장 높습니다. 그다음으로는 데이터 관리 및 분석, 매크로 프로그래밍, 데이터 입력 및 편집, 출력, 차트 생성 및 활용, 스프레드시트 관련 내용 순으로 자주 출제되는 경향이 있습니다.

3과목 데이터베이스 일반 20문항

최근 기출 15회분 챕터별 TOP 출제 키워드 및 출제 비중

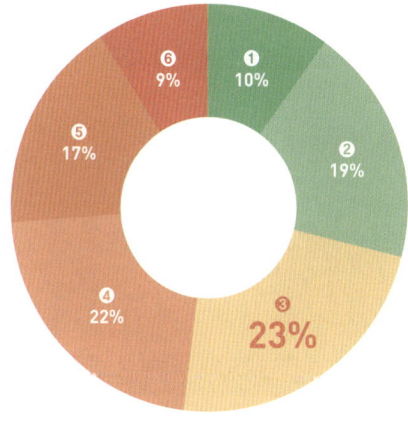

Chapter	출제 키워드
❶ 데이터베이스의 개요	DBMS, 스키마, 개체 관계 모델, 관계 데이터베이스의 구조, 정규화
❷ 테이블 활용	테이블, 데이터 형식, 기본 키, 입력 마스크, 조회 속성, 테이블의 구조 변경
❸ 쿼리 활용	쿼리, DCL, DDL, DML, 함수
❹ 폼 활용	폼의 개념, 탭 순서, 하위 폼, 컨트롤, 조건부 서식
❺ 보고서 활용	보고서, 보고서의 구성, 그룹화, 페이지 번호, 페이지 설정
❻ 매크로와 모듈 활용	매크로, 매크로 함수, 모듈, 이벤트, 개체

단기 합격 가이드

제3과목의 액세스 프로그램은 접해볼 기회가 많지 않아 생소하고 어렵게 느껴질 수 있습니다. 엑셀과 마찬가지로 실습을 통해 기능을 직접 익히며 이해하는 것이 효율적인 학습 방법입니다. 출제 비중이 가장 높은 영역은 쿼리 작성이며, 그다음으로 폼 작성, 테이블 작성, 보고서 작성, 데이터베이스 개요, 데이터베이스 프로그래밍 순으로 출제 빈도가 높은 편입니다. 철저한 기출문제 분석을 통해 시험에 완벽하게 대비하시기 바랍니다.

WHY 왜 에듀윌 교재인가?

1 시험에 나온! 나올! 것만 모았다! 노른자 요약노트

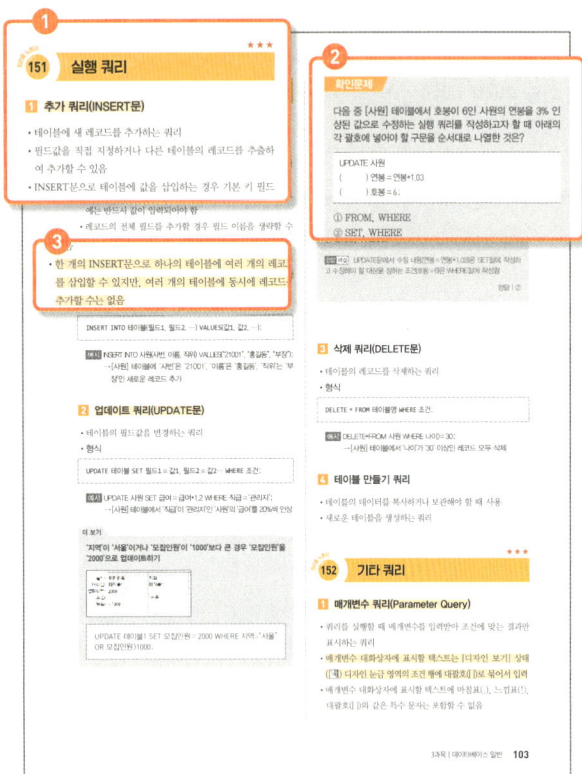

기출문제를 분석하여 추출한 진짜 핵심 개념을 담은 노른자 요약노트를 통해 시험에 나올 내용만 학습할 수 있습니다.

① 노른자
2025~2019년의 7개년 기출문제를 바탕으로 추출한 진짜 핵심 요약 개념
※ 최빈출 노른자: 노른자 중에서도 출제횟수가 많은 최빈출 출제개념

② 확인문제
개념이 어떻게 문제화되는지 확인할 수 있는 핵심 기출문제

③ 형광펜
한 번 더 짚고 넘어가야 하는 설명은 형광펜 표시

2 실전처럼 풀어본다! 답 없이 푸는 기출변형문제

2025~2023년에 시행된 상시시험 기출변형문제를 정답과 분리하여 실전처럼 연습할 수 있도록 구성하였습니다.
저자가 알려주는 가장 빠른 합격비법으로 효율적인 문제풀이가 가능하며, 어렵거나 모르는 개념이 있으면 노른자 번호를 따라가서 복습하세요.
➕ CBT로도 학습 가능합니다.

3 기출문제를 더 공부하자! 답과 함께 푸는 기출변형문제(PDF)

[답 없이 푸는 기출변형문제]를 학습했지만
아직 부족하다고 느껴지신다면,
[답과 함께 푸는 기출변형문제] 10회분으로 더 공부해보세요.
2022~2019년 출제 경향을 반영한 기출변형문제 10회분을
추가로 제공합니다.
➕ CBT로도 학습 가능합니다.

더 드립니다!

계획적인 학습을 위해!
스터디 플래너

시험에 자주 출제되는 필수기능 정복을 위해!
부록 필수기능 NO.33

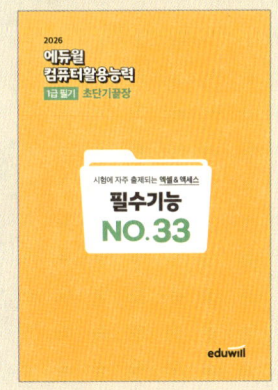

※ [부록]을 따라하기 위해서는 실습파일
과 완성파일을 다운로드해야 합니다.
※ 실습파일, 완성파일 다운로드: EXIT
합격 서비스 접속 → 로그인 → 자료실
→ 컴퓨터활용능력 1급 → 필기 초단기
끝장 → 다운로드

합격에 한 걸음 더 다가가는
추가 학습 자료 및 무료강의

❶ 반복 출제되는 기출 & 개념 100선(PDF)
❷ 놓치면 아쉬운 무료강의
   • 반복 출제되는 기출 & 개념 100선 강의
   • 노른자 요약노트 필수 이론 강의

※ PDF 다운로드: EXIT 합격 서비스 접속 → 로그인 → 자료실 → 컴퓨터활용능력 1급 → 필기 초단기끝장 → 다운로드
※ 무료강의 경로: EXIT 합격 서비스 접속 → 로그인 → 무료강의 → 컴퓨터활용능력 1급 → 필기 초단기끝장

CONTENTS 차례

합격을 위한 모든 것! EXIT 합격 서비스
시험의 모든 것!
가장 궁금해 하는 BEST Q&A

기출 분석의 모든 것!
왜 에듀윌 교재인가?

합격에 영양 만점 노른자 요약노트

1과목 컴퓨터 일반

Chapter 1	Windows 10의 기본 기능	16
Chapter 2	Windows 10의 고급 기능	20
Chapter 3	컴퓨터 시스템 활용	26
Chapter 4	컴퓨터 하드웨어	28
Chapter 5	컴퓨터 소프트웨어	34
Chapter 6	멀티미디어 활용	38
Chapter 7	인터넷 활용	40
Chapter 8	컴퓨터 시스템 보호	47

2과목 스프레드시트 일반

Chapter 1	스프레드시트의 개요	51
Chapter 2	데이터 입력 및 편집	56
Chapter 3	수식 활용	62
Chapter 4	데이터 관리	68
Chapter 5	데이터 분석	73
Chapter 6	차트 활용	77
Chapter 7	출력 작업	81
Chapter 8	매크로와 VBA 프로그래밍	84

3과목 데이터베이스 일반

Chapter 1	데이터베이스의 개요	89
Chapter 2	테이블 활용	92
Chapter 3	쿼리 활용	98
Chapter 4	폼 활용	104
Chapter 5	보고서 활용	112
Chapter 6	매크로와 모듈 활용	117

답 없이 푸는 기출변형문제

제1회 기출변형문제(2025년 상시)	122
제2회 기출변형문제(2025년 상시)	135
제3회 기출변형문제(2025년 상시)	148
제4회 기출변형문제(2025년 상시)	161
제5회 기출변형문제(2025년 상시)	174
제6회 기출변형문제(2025년 상시)	187
제7회 기출변형문제(2024년 상시)	199
제8회 기출변형문제(2024년 상시)	210
제9회 기출변형문제(2024년 상시)	221
제10회 기출변형문제(2024년 상시)	232
제11회 기출변형문제(2024년 상시)	243
제12회 기출변형문제(2024년 상시)	254
제13회 기출변형문제(2023년 상시)	265
제14회 기출변형문제(2023년 상시)	276
제15회 기출변형문제(2023년 상시)	287

정답과 해설 [별책]

답과 함께 푸는 기출변형문제(PDF)

암호 edu1final

제1회 기출변형문제(2022년 상시)
제2회 기출변형문제(2022년 상시)
제3회 기출변형문제(2022년 상시)
제4회 기출변형문제(2021년 상시)
제5회 기출변형문제(2021년 상시)
제6회 기출변형문제(2021년 상시)
제7회 기출변형문제(2020년 7월 4일 정기)
제8회 기출변형문제(2020년 2월 29일 정기)
제9회 기출변형문제(2019년 8월 31일 정기)
제10회 기출변형문제(2019년 3월 2일 정기)

세상을 움직이려면
먼저 나 자신을 움직여야 한다.

– 소크라테스(Socrates)

합격에 영양 만점

노른자 요약노트

**기출분석을 기반으로
시험에 나온! 나올! 것만 모았다**

노른자

최신 상시시험 기출변형문제와 정기시험 기출문제의
기출분석을 기반으로 추출한
진짜 핵심 요약 개념

노른자 요약노트 한눈에 보기

1과목 컴퓨터 일반

Chapter 1 Windows 10의 기본 기능 — 중요도
번호	제목	중요도
001	Windows 10의 특징	★★
002	바로 가기 키	★
003	작업 표시줄	★
004	바로 가기 아이콘	★★
최빈출 005	휴지통	★★★
006	파일 탐색기/폴더의 [속성] 대화상자	★
007	파일과 폴더	★
008	폴더 옵션	★

Chapter 2 Windows 10의 고급 기능 — 중요도
번호	제목	중요도
009	공유와 암호화	★
010	작업 관리자	★
011	레지스트리	★★
012	개인 설정과 글꼴	★
013	디스플레이	
014	앱 및 기능	★
015	시스템	★★
016	마우스와 키보드	★
017	사용자 계정	★
018	접근성	★★
019	관리 도구	★
020	백업과 복원	★
021	원격 지원	
022	시스템 구성	★
023	보조프로그램	★
최빈출 024	프린터	★★★
최빈출 025	프린터 스풀과 인쇄 관리자	★★★

Chapter 3 컴퓨터 시스템 활용 — 중요도
번호	제목	중요도
026	컴퓨터의 발전과 분류	★
027	자료의 구성 단위	★
최빈출 028	자료의 표현	★★★★
029	진법 변환	★

Chapter 4 컴퓨터 하드웨어 — 중요도
번호	제목	중요도
최빈출 030	중앙처리장치(CPU)	★★★
031	마이크로프로세서	★★
최빈출 032	주기억장치	★★★
최빈출 033	보조기억장치	★★★
최빈출 034	기타 기억장치	★★★
최빈출 035	바이오스와 포트	★★★
036	하드웨어 관련 용어	★★
037	컴퓨터의 관리와 문제 해결	★
038	시스템 최적화	★

Chapter 5 컴퓨터 소프트웨어 — 중요도
번호	제목	중요도
039	소프트웨어의 종류	★
최빈출 040	운영체제	★★★★
최빈출 041	소프트웨어의 구분	★★★
042	프로그래밍 언어	★★
043	언어 번역	★
044	웹 프로그래밍 언어	★★

Chapter 6 멀티미디어 활용 — 중요도
번호	제목	중요도
045	멀티미디어와 하이퍼미디어	★
최빈출 046	그래픽 데이터	★★★★
047	사운드 데이터	★
048	동영상 데이터	★

Chapter 7 인터넷 활용 — 중요도
번호	제목	중요도
049	정보통신망	★★
050	정보통신망의 종류	★
최빈출 051	OSI 7계층과 네트워크 장치	★★★
최빈출 052	네트워크 명령어	★★★
최빈출 053	IP 주소	★★★
054	도메인 네임과 URL	★
최빈출 055	프로토콜	★★★
056	전자우편과 전자우편 프로토콜	★
057	웹 브라우저	★
최빈출 058	인터넷 서비스	★★★★

Chapter 8 컴퓨터 시스템 보호 — 중요도
번호	제목	중요도
059	저작권 보호	
060	정보사회	
061	컴퓨터 범죄	★★
062	컴퓨터 바이러스	★★
최빈출 063	정보보안 서비스	★★★
최빈출 064	방화벽	★★★★

2과목 스프레드시트 일반

Chapter 1 스프레드시트의 개요 — 중요도
번호	제목	중요도
065	엑셀 화면	★★
066	저장과 파일 형식	★
067	화면 제어	★★
068	시트의 선택, 그룹, 복사/이동	★
069	시트의 삽입, 삭제, 숨기기	★
070	시트 이름 바꾸기, 시트 배경, 탭 색	★
071	시트 보호와 통합 문서 보호	★★
최빈출 072	통합 문서 공유	★★★

Chapter 2 데이터 입력 및 편집 — 중요도
번호	제목	중요도
최빈출 073	데이터 입력	★★★★
074	자동 채우기	★★
075	스레드 메모, 노트, 윗주, 링크	★
076	데이터 편집	★★
077	이동/복사, 선택하여 붙여넣기	★
078	찾기 및 바꾸기	★

	079	셀 서식	
최빈출	080	사용자 지정 서식	★★★
	081	셀 스타일	★
	082	조건부 서식	★

Chapter 3	수식 활용		중요도
	083	연산자와 셀 참조	★
	084	이름 정의	★
	085	오류 메시지	★★
	086	날짜/시간 함수	★
	087	논리 함수	★
최빈출	088	수학 함수	★★★
	089	통계 함수	★★
	090	문자열 함수	★★
최빈출	091	찾기/참조 함수	★★★★
	092	데이터베이스 함수	★
	093	재무 함수	★
	094	정보 함수	★
최빈출	095	배열 수식과 배열 상수	★★★★

Chapter 4	데이터 관리		중요도
최빈출	096	외부 데이터 가져오기	★★★★
	097	정렬	★
	098	자동 필터	★★
최빈출	099	고급 필터	★★★★
	100	텍스트 나누기	★
	101	개요 설정	★
	102	중복된 항목 제거	★
	103	데이터 유효성 검사	★

Chapter 5	데이터 분석		중요도
	104	통합	★
	105	데이터 표	★
	106	부분합	★★
	107	목표값 찾기	★
	108	시나리오	★★
	109	피벗 테이블과 피벗 차트	★★

Chapter 6	차트 활용		중요도
	110	차트의 작성	★
	111	차트의 종류	★★
최빈출	112	차트의 구성 요소	★★★
최빈출	113	차트의 편집	★★★
	114	추세선과 오차 막대	★★

Chapter 7	출력 작업		중요도
	115	페이지 설정	★★
	116	페이지 나누기와 보기 형식	★★
최빈출	117	인쇄	★★★

Chapter 8	매크로와 VBA 프로그래밍		중요도
최빈출	118	매크로 기록	★★★
	119	매크로 실행	★
	120	매크로 편집과 보안	★
	121	VBA 프로그래밍	★★
	122	VBA 조건문	
	123	VBA 반복문	★
	124	VBA 입·출력문	★
	125	Worksheets 개체	★
	126	Range 개체	★★

3과목	데이터베이스 일반		
Chapter 1	데이터베이스의 개요		중요도
	127	데이터베이스	★
	128	데이터베이스 관리 시스템	★★
	129	데이터베이스의 설계	★
	130	데이터베이스 모델	★
	131	키와 무결성	★★
	132	정규화	★★

Chapter 2	테이블 활용		중요도
	133	테이블	★
	134	데이터의 형식	★★
최빈출	135	기본 키	★★★
	136	입력 마스크	★★
	137	유효성 검사 규칙	★
	138	기타 제약 조건	★★
	139	조회 속성	★
	140	테이블의 구조 변경	★
	141	관계 설정	★★
	142	외부 데이터 가져오기와 테이블 연결하기	★
	143	데이터 내보내기	★

Chapter 3	쿼리 활용		중요도
	144	쿼리	★
	145	쿼리의 조건 지정	★★
	146	SQL	★
최빈출	147	SELECT문	★★★★
	148	CREATE문과 ALTER문	★
	149	주요 함수	★★
	150	조인	★
최빈출	151	실행 쿼리	★★★
최빈출	152	기타 쿼리	★★★

Chapter 4	폼 활용		중요도
	153	폼	★★
최빈출	154	폼 작성	★★★
	155	폼의 모양	★
	156	폼 속성	★★
	157	하위 폼	★★
최빈출	158	컨트롤	★★★
	159	컨트롤의 사용	★
	160	컨트롤 속성	★
	161	탭 순서	★★
	162	조건부 서식	★★
	163	도메인 함수	★★

Chapter 5	보고서 활용		중요도
최빈출	164	보고서	★★★★
	165	보고서의 작성과 보기 형식	★★
최빈출	166	보고서의 구성과 속성	★★★
	167	그룹화 및 정렬, 그룹 머리글/바닥글	★★
	168	날짜 및 시간과 페이지 번호	★
	169	페이지 설정	★

Chapter 6	매크로와 모듈 활용		중요도
	170	매크로	★★
	171	매크로 함수	★
	172	모듈	★
	173	주요 이벤트	★
	174	DoCmd 개체	★★
	175	데이터 ADO 개체	★

컴퓨터 일반

Chapter 1 Windows 10의 기본 기능

001 Windows 10의 특징 ★★

- **GUI(Graphical User Interface)**: 키보드로 명령어를 입력하지 않고도 마우스로 메뉴나 아이콘을 선택하여 작업을 수행할 수 있는 환경 지원
- **PnP(Plug & Play)**: 컴퓨터에 새로운 하드웨어를 설치할 때 해당 하드웨어를 사용하는 데 필요한 시스템 환경을 자동으로 구성
- **선점형 멀티태스킹(Preemptive Multitasking)**: 운영체제가 프로그램의 제어권을 가지므로 응용 프로그램의 오류가 발생했을 경우 오류가 발생한 응용 프로그램만 강제 종료할 수 있음
- **OLE(Object Linking and Embedding)**: Windows 환경에서 각종 응용 프로그램 간에 데이터 교환을 위해 서로의 데이터를 공유하는 기능 지원
- **NTFS(New Technology File System)**: 성능, 보안, 안정성 면에서 고급 기능을 제공하는 파일 시스템 사용
  - 파일 및 폴더에 대한 액세스 제어를 유지하고 제한된 계정 지원
  - Active Directory 서비스 제공
  - 하드디스크의 파티션 크기를 256TB까지 지원하여 디스크 공간의 효율적 활용 가능(Windows 10 버전 1709 이상에서 최대 8PB 볼륨 지원)

더 보기

Active Directory 서비스
사용자, 사용자 그룹, 네트워크 데이터 등을 하나로 통합 관리하는 새로운 인터페이스

- **Windows Defender 방화벽**: Windows에 포함된 보안 소프트웨어로, 스파이웨어 및 그 밖의 원치 않는 침입으로부터 컴퓨터를 보호할 수 있음
- 에어로 피크, 에어로 스냅, 에어로 셰이크 등의 에어로 인터페이스 기능 제공

- **에어로 피크(Aero Peek)**: 모든 창을 최소화할 필요 없이 바탕 화면을 빠르게 미리 보거나, 작업 표시줄의 해당 아이콘을 가리켜서 열린 창을 미리 볼 수 있게 하는 기능
- **에어로 스냅(Aero Snap)**: 창을 화면의 가장자리로 드래그하면 자동으로 배열하는 기능
- **에어로 셰이크(Aero Shake)**: 창을 흔들면 열려있는 다른 모든 창을 최소화하거나 다시 원래의 상태로 나타내는 기능
- **핫 스왑(Hot Swap)**: 컴퓨터가 작동하는 상태에서 컴퓨터 시스템의 장치를 연결하거나 분리하는 기능 지원

확인문제

NTFS 파일 시스템은 Windows 운영 체제에서 사용되는 파일 시스템이다. 다음 중 이에 대한 설명으로 옳지 <u>않은</u> 것은?

① NTFS는 대용량 파일을 지원하며 FAT32보다 더 큰 파티션 크기를 지원한다.
② NTFS는 파일 암호화 및 액세스 제어와 같은 고급 보안 기능을 제공한다.
③ NTFS는 기본적으로 단순한 파일 및 폴더 구조를 가지고 있기 때문에 복잡한 파일 관리 작업에는 오히려 적합하지 않다.
④ Active Directory를 사용하여 네트워크 자원을 하나로 통합 관리하는 서비스를 제공한다.

정답 해설 NTFS는 복잡한 파일 및 폴더 구조를 가지고 있어 복잡한 파일 관리 작업에도 적합하다.

정답 | ③

002 바로 가기 키 ★

F2	선택한 파일 또는 폴더 이름 변경
F3	파일 탐색기에서 '검색 상자' 선택
F4	파일 탐색기에서 주소 표시줄 목록 표시
F5	활성 창을 새로 고침
F6	창이나 바탕 화면의 화면 요소들 순환 선택

키	기능
F10	활성 앱의 메뉴 모음 활성화
Shift + F10	선택한 항목의 바로 가기 메뉴 표시
Shift + Delete	휴지통으로 이동하지 않고 영구 삭제
Ctrl + C	선택한 항목 복사
Ctrl + X	선택한 항목 잘라내기
Ctrl + V	선택한 항목 붙여넣기
Ctrl + A	모든 항목 선택
Ctrl + Z	실행 취소
Ctrl + Esc	[시작] 메뉴 표시
Ctrl + Shift + Esc	[작업 관리자] 창을 표시
Alt + F4	현재 창 종료(활성 앱이 없으면 [Windows 종료] 창 표시)
Alt + Tab	[작업 전환] 창을 이용해 작업 창 전환
Alt + Esc	다음 활성 창으로 전환
Alt + Enter	선택한 항목의 [속성] 대화상자 표시
Alt + Spacebar	활성 창의 바로 가기 메뉴 열기
Alt + PrintScreen	활성 창을 클립보드에 복사
PrintScreen	화면 전체를 클립보드에 복사
⊞	[시작] 메뉴 표시
⊞ + D	열려 있는 모든 창을 최소화하거나 원래의 크기로 나타냄
⊞ + E	파일 탐색기 실행
⊞ + I	[Windows 설정] 창 표시
⊞ + L	컴퓨터 잠금 또는 사용자 전환
⊞ + M	열려 있는 모든 창 최소화
⊞ + R	[실행] 창 표시
⊞ + S	작업 표시줄의 검색 상자 선택
⊞ + Pause	[시스템 속성] 창 표시([설정]-[시스템]-[정보])
⊞ + Shift + S	스크린샷 캡처

더 보기

[시작] 메뉴
- Ctrl + Esc나 ⊞를 눌러서 표시
- 컴퓨터에 설치된 모든 앱들이 숫자순, 영문순, 한글순으로 정렬되어 표시됨
- 시작 화면에 앱을 고정하려면 해당 앱에서 마우스 오른쪽 단추를 클릭하고 바로 가기 메뉴에서 [시작 화면에 고정], 제거하려면 [시작 화면에서 제거] 선택

003 작업 표시줄

- 현재 수행 중인 프로그램이 표시되는 부분으로, 한 번의 클릭으로 응용 프로그램 간의 작업을 전환할 수 있음
- 작업 표시줄의 위치는 상하좌우로 변경할 수 있음
- 작업 표시줄의 크기는 화면의 1/2까지만 늘릴 수 있음
- 작업 표시줄을 자동으로 숨길 수 있으나 마우스 포인터를 작업 표시줄에 올려놓으면 다시 표시됨
- 작업 표시줄의 앱 단추가 하나의 작은 아이콘으로 표시됨
- 작업 표시줄의 바로 가기 메뉴에서 [계단식 창 배열], [창 가로 정렬 보기], [창 세로 정렬 보기], [바탕 화면 보기], [작업 표시줄 잠금], [작업 표시줄 설정]을 지정할 수 있음
- **작업 표시줄의 점프 목록**
  - 프로그램의 점프 목록을 보려면 작업 표시줄의 프로그램 아이콘을 마우스 오른쪽 단추로 클릭
  - 점프 목록에서 항목을 열려면 프로그램의 점프 목록에서 해당 항목 선택
  - 점프 목록에 항목을 고정하려면 해당 프로그램의 점프 목록에 마우스 포인터를 올려놓고 [이 목록에 고정] 아이콘() 클릭
  - 점프 목록에서 항목을 제거하려면 프로그램의 점프 목록의 '고정됨'에서 [이 목록에서 제거] 아이콘( ) 클릭

004 바로 가기 아이콘

- 바로 가기 아이콘에 원본 파일을 연결하면 빠르고 간편하게 해당 파일을 실행시킬 수 있음
- 바로 가기 아이콘의 확장명은 .LNK로 지정됨
- 바로 가기 아이콘의 왼쪽 아랫부분에 화살표 모양( )이 표시됨
- 파일, 폴더, 디스크 드라이브, 프로그램, 프린터, 네트워크 등의 개체에 바로 가기 아이콘을 만들 수 있음
- 하나의 바로 가기 아이콘에는 하나의 원본 파일만 지정할 수 있음
- 하나의 원본 파일에 대해서 여러 개의 바로 가기 아이콘을 만들 수 있음
- 바로 가기 아이콘을 삭제해도 연결된 원본 파일은 삭제되지 않음

- 원본 파일이 있는 위치와 관계없이 만들 수 있음
- 바로 가기 아이콘의 [속성] 대화상자: 파일 형식, 위치, 크기, 날짜 등의 정보를 확인하고 연결된 대상 파일을 변경하거나 바로 가기 키를 지정
- 바로 가기 아이콘 만들기

  방법1 바탕 화면의 바로 가기 메뉴에서 [새로 만들기]-[바로 가기] 선택

  방법2 파일의 바로 가기 메뉴에서 [바로 가기 만들기] 선택

  방법3 파일 선택 → Ctrl + Shift + 드래그

  방법4 파일을 Ctrl + C 로 복사 → 바탕 화면의 바로 가기 메뉴에서 [바로 가기 붙여넣기] 선택

더 보기

바탕 화면의 바로 가기 메뉴에서 가능한 작업
- 폴더, 바로 가기, 텍스트 문서, 압축(ZIP) 폴더 등을 새로 만들기
- 아이콘의 정렬 기준 변경
- 아이콘의 크기 변경
- 디스플레이 설정 표시
- 개인 설정 표시

확인문제

다음 중 바로 가기 아이콘에 대한 설명으로 옳은 것은?

① 바로 가기 아이콘은 확장명이 'EXE'로 지정된다.
② 바로 가기 아이콘의 왼쪽 아랫부분에는 화살표 모양이 표시된다.
③ 바로 가기 아이콘은 원본 파일이 있는 위치에만 만들 수 있다.
④ 하나의 바로 가기 아이콘에는 여러 개의 원본 파일을 지정할 수 있다.

오답 해설 ① 바로 가기 아이콘의 확장명은 'LNK'이다.
③ 원본 파일이 있는 위치와 관계없이 만들 수 있다.
④ 하나의 바로 가기 아이콘에는 하나의 원본 파일만 지정할 수 있다.

정답 | ②

005 휴지통

1 휴지통의 기능

- 삭제한 파일이나 폴더를 임시 보관하는 장소로, 필요한 경우 복원 가능
- 휴지통에는 이름, 원래 위치, 삭제된 날짜, 크기, 항목 유형, 수정한 날짜 등의 정보가 표시됨
- 복원될 때 경로를 지정할 수 없고 원래 위치로 자동 복원됨
- 휴지통의 용량이 초과되면 보관된 파일 중 가장 오래된 파일부터 자동으로 삭제됨
- 휴지통에 보관된 파일은 이름을 변경하거나 실행할 수 없음
- 휴지통의 파일은 실제로 각 드라이브의 '$Recycle.bin' 폴더에 저장됨

2 휴지통의 속성

- 하드디스크 드라이브마다 휴지통의 최대 크기를 설정할 수 있음
- 파일을 휴지통에 버리지 않고 삭제할 때 바로 제거되도록 설정할 수 있음
- 파일이 삭제될 때 [파일 삭제]나 [여러 항목 삭제]와 같은 삭제 확인 창이 표시되지 않도록 설정할 수 있음

3 휴지통에 들어가지 않는 경우

- Shift + Delete 로 삭제한 경우
- USB 드라이브, 네트워크 드라이브에서 삭제한 경우
- [휴지통 속성] 대화상자에서 최대 크기를 0MB로 설정한 경우
- [명령 프롬프트] 대화상자에서 삭제한 경우
- '파일을 휴지통에 버리지 않고 삭제할 때 바로 제거'로 설정한 경우

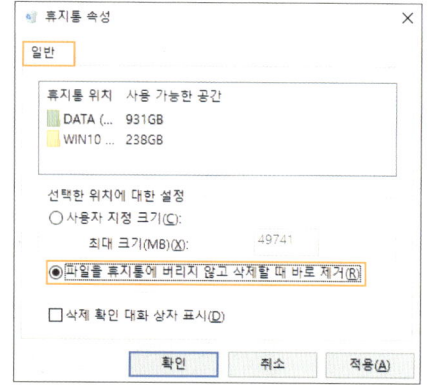

확인문제

다음 중 Windows 10의 [휴지통]에 보관된 파일을 복원하는 방법으로 옳지 <u>않은</u> 것은?

① 휴지통을 열고 복원할 파일의 바로 가기 메뉴에서 [복원]을 선택하면 원래 위치로 복원되며 사본은 휴지통에 그대로 남아있게 된다.
② 휴지통을 열고 복원할 파일을 선택한 후 원하는 위치로 드래그 앤 드롭한다.
③ 휴지통을 열고 복원할 파일에서 [잘라내기]를 선택한 후 바탕 화면의 바로 가기 메뉴에서 [붙여넣기]를 선택한다.
④ 휴지통의 모든 파일을 복원하려면 휴지통을 열고 [관리]-[휴지통 도구]-[복원]-[모든 항목 복원]을 클릭한다.

정답 해설 휴지통의 파일을 복원하면 선택된 파일은 휴지통에서 제거되고 이전의 위치로 복원된다.

정답 | ①

더 보기

라이브러리(Library)
실제로 항목을 저장하지 않고 여러 위치에 저장된 파일 및 폴더의 모음을 표시하여 신속하고 편리하게 파일을 관리하는 기능

006 파일 탐색기/폴더의 [속성] 대화상자 ★

1 파일 탐색기

- 컴퓨터에 있는 파일, 폴더 및 드라이브의 계층적 구조를 표시하고 관리
- 왼쪽에는 탐색 창, 오른쪽에는 폴더 내용 창 표시
- Backspace 를 누르면 현재 폴더에서 상위 폴더로 이동
- 파일 및 폴더의 복사, 이동, 이름 바꾸기, 검색 등을 할 수 있음
- 문서를 열지 않고 바로 인쇄할 수 있는 인쇄 기능 제공
- [보기] 탭-[창] 그룹: 탐색 창, 미리 보기 창, 세부 정보 창 표시 여부 선택
- [보기] 탭-[레이아웃] 그룹-[자세히]: 이름, 수정한 날짜, 파일 유형, 파일 크기 표시
- [보기] 탭-[현재 보기] 그룹-[열 추가]: 수정한 날짜, 유형, 크기, 만든 날짜, 태그 등을 추가
- 즐겨찾기
  - 자주 사용하는 폴더를 추가하여 사용하는 기능
  - 즐겨찾기의 순서는 변경할 수 있음
  - 폴더, 저장된 검색, 라이브러리 또는 드라이브를 즐겨찾기에 추가하려면 탐색 창의 '즐겨찾기()'로 드래그해야 함

2 폴더의 [속성] 대화상자

- 해당 폴더의 크기, 만든 날짜, 포함하고 있는 하위 폴더 및 파일의 개수를 알 수 있음
- 읽기 전용과 숨김 속성을 설정하거나 해제할 수 있음
- 폴더를 네트워크의 다른 컴퓨터에서 접근하도록 공유할 수 있음
- 문서나 사진, 음악 등 폴더의 최적화 유형을 설정하거나 폴더 아이콘을 변경할 수 있음

더 보기

드라이브의 색인 설정
- 해당 드라이브에 색인을 설정하여 빠르게 검색하는 기능
- 파일 탐색기에서 드라이브 선택 → 마우스 오른쪽 단추를 클릭하고 바로 가기 메뉴에서 [속성] 선택 → [속성] 대화상자의 [일반] 탭에서 '이 드라이브의 파일 속성 및 내용 색인 허용'에 체크

007 파일과 폴더 ★

1 파일이나 폴더 선택

- 연속적으로 여러 개 선택: 첫 번째 파일이나 폴더를 클릭하고 Shift 를 누른 상태에서 마지막 파일이나 폴더 클릭
- 비연속적으로 여러 개 선택: 파일이나 폴더를 클릭하고 Ctrl 을 누른 상태에서 선택할 파일이나 폴더를 연속해서 클릭
- 전체 선택: Ctrl + A

2 복사와 이동

구분	복사	이동
바로 가기 키	Ctrl + C → Ctrl + V	Ctrl + X → Ctrl + V
같은 드라이브	Ctrl + 드래그	드래그 또는 Shift + 드래그
다른 드라이브	드래그 또는 Ctrl + 드래그	Shift + 드래그

3 파일이나 폴더 검색

- 검색 상자에 찾으려는 파일이나 폴더를 입력하면 자동으로 검색되어 결과가 표시됨

- *나 ? 등의 와일드카드 문자(만능 문자)를 사용하여 검색할 수 있음

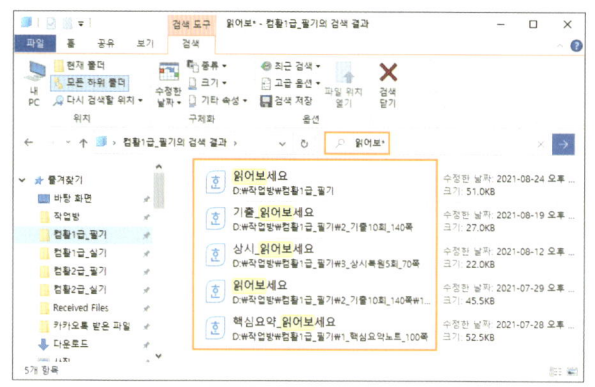

- 검색 내용 앞에 '—'를 붙이면 해당 내용이 포함되지 않은 파일이나 폴더만 검색
- 검색 저장 기능을 이용하면 다음에 사용할 때 해당 검색과 일치하는 최신 파일을 표시함
- [시작](■)의 오른쪽에 있는 검색 상자에서는 검색 필터를 사용할 수 없음

4 연결 프로그램

- 문서나 그림 등의 데이터 파일을 더블클릭할 때 자동으로 실행되는 응용 프로그램
- 파일의 바로 가기 메뉴에서 [연결 프로그램]을 선택하여 변경
- 연결 프로그램이 지정되지 않았을 경우 파일을 더블클릭하면 연결 프로그램을 선택하기 위한 창이 표시됨

008 폴더 옵션 ★

- 항목을 실행하는 방법과 항목의 표시 여부 등 폴더에 관한 각종 옵션을 지정할 수 있음
- 파일 탐색기에서 [보기] 탭-[옵션]을 클릭하여 [폴더 옵션] 대화상자 실행

[일반] 탭	• 폴더 찾아보기: 같은 창에서 폴더 열기, 새 창에서 폴더 열기 • 항목을 다음과 같이 클릭: 한 번 클릭해서 열기, 두 번 클릭해서 열기 • 개인 정보 보호: 즐겨찾기에서 최근에 사용된 파일 표시, 즐겨찾기에서 최근에 사용된 폴더 표시 • [기본값 복원] 단추를 클릭하면 '같은 창에서 폴더 열기'와 '두 번 클릭해서 열기'가 선택됨
[보기] 탭	• 폴더 보기: 모든 폴더에 적용, 모든 폴더를 원래대로 • 고급 설정: 미리 보기에 파일 아이콘 표시, 보호된 운영 체제 파일 숨기기, 숨김 파일 및 폴더 또는 드라이브의 표시 여부, 알려진 파일 형식의 파일 확장명 숨기기, 제목 표시줄에 전체 경로 표시 등
[검색] 탭	• 검색 방법: 폴더에서 시스템 파일을 검색할 때 색인 사용 안 함(색인을 허용하면 검색이 빨라짐) • 색인되지 않은 위치 검색 시간 시: 시스템 디렉터리 포함, 압축 파일(ZIP, CAB 등) 포함, 항상 파일 이름 및 내용 검색

더 보기

삭제할 경우 시스템에 영향을 미칠 수 있는 대표적인 파일
확장명이 .EXE, .COM, .SYS, .INI 등인 파일

Chapter 2 Windows 10의 고급 기능

009 공유와 암호화 ★

1 공유

- 파일, 폴더, 프린터 등 컴퓨터 자원을 다른 사용자가 접근하여 사용할 수 있도록 설정하는 기능
- 폴더의 [속성] 창의 [공유] 탭에서 [공유] 단추를 클릭하여 지정
- 공유 폴더에 대한 접근 권한을 사용자에 따라 다르게 설정할 수 있음
- 탐색기의 주소 표시줄에 '\\localhost'를 입력하면 네트워크를 통해 공유한 파일이나 폴더를 확인할 수 있음
- 공유한 파일명 뒤에 $ 기호를 붙이면 '숨긴 공유 폴더'가 되어 목록에 보이지 않으므로 다른 사용자가 공유 여부를 알 수 없음

2 파일이나 폴더의 암호화

- 폴더의 [속성] 창의 [일반] 탭에서 [고급] 단추를 클릭하고 [고급 특성] 대화상자에서 '데이터 보호를 위해 내용을 암호화'에 체크

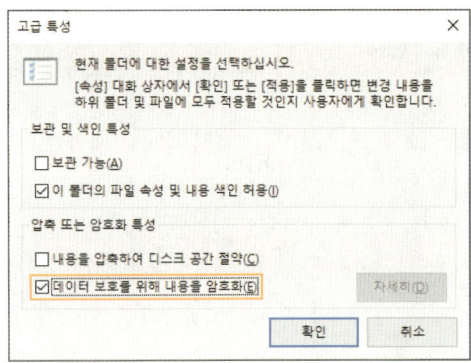

- 폴더 또는 파일을 처음 암호화할 때 암호화 인증서가 자동으로 생성됨
- 암호화한 파일 또는 폴더에 액세스하기를 원하는 다른 사용자는 자신의 EFS(Encrypting File System, 암호화 파일 시스템) 인증서를 미리 해당 파일에 추가해야 함
- 파일 또는 폴더의 암호화에 사용되는 암호화 키는 항상 암호화 인증서와 관련되어 있거나 연결되어 있음

010 작업 관리자 ★

- 현재 실행 중인 응용 프로그램이나 프로세스에 대한 정보를 확인할 수 있음
- Ctrl + Shift + Esc 또는 Ctrl + Alt + Delete 를 누르거나 작업 표시줄에서 우클릭한 바로가기에서 [작업 관리자]를 선택하여 [작업 관리자] 창 실행
- 실행 중인 앱을 [작업 끝내기]로 종료할 수 있으나 실행 순서를 변경할 수는 없음
- 현재 사용 중인 CPU, 메모리, 디스크, 네트워크 등의 사용 현황을 확인할 수 있음
- 컴퓨터에 연결된 사용자 및 작업 상황을 확인할 수 있고, 둘 이상의 사용자가 연결된 경우 사용자에게 메시지를 보낼 수 있음

011 레지스트리 ★★

- 컴퓨터 구성에 대한 정보가 저장되어 있으며, 시스템의 모든 하드웨어와 소프트웨어의 실행 정보를 관리하는 계층적 데이터베이스

- 각 사용자의 프로필과 시스템 하드웨어, 설치된 프로그램 및 속성 설정에 대한 정보가 포함됨
- 레지스트리 편집기인 'regedit.exe'를 실행하면 레지스트리를 수동으로 편집할 수 있음
- 레지스트리 정보는 Windows가 작동하는 동안 계속 참조됨
- 레지스트리가 손상되면 Windows에 치명적인 손상을 줄 수 있으므로 편집하기 전에 반드시 백업 필요
- 사용자 프로필과 관련된 부분은 'ntuser.dat'에 저장됨

> **확인문제**
>
> 다음 중 Windows 10의 레지스트리 구조에 속하지 않는 것은?
> ① HKEY_LOCAL_CONFIG
> ② HKEY_CURRENT_CONFIG
> ③ HKEY_CLASSES_ROOT
> ④ HKEY_USERS
>
> **정답 해설** 레지스트리는 regedit 명령을 이용하여 실행할 수 있으며 HKEY_CLASSES_ROOT, HKEY_CURRENT_USER, HKEY_LOCAL_MACHINE, HKEY_USERS, HKEY_CURRENT_CONFIG로 구성된다.
>
> 정답 | ①

012 개인 설정과 글꼴 ★

1 개인 설정

- [시작](⊞)-[설정]-[개인 설정] 또는 바탕 화면의 바로 가기 메뉴에서 [개인 설정] 선택
- **배경**: 바탕 화면의 배경 화면을 '사진', '단색', '슬라이드 쇼' 중에서 설정할 수 있음
- **잠금 화면**: 잠금 화면의 배경을 '사진'이나 '슬라이드 쇼' 중에서 설정할 수 있으며, 화면 보호기도 설정할 수 있음
- **테마**: 바탕 화면의 배경, 색, 소리, 마우스 커서 등을 하나의 그룹으로 묶어 놓은 것으로, 테마를 선택할 수 있음
- **바탕 화면 아이콘 설정**: 테마에서 관련 설정으로 컴퓨터, 휴지통, 문서 등 바탕 화면에 표시되는 아이콘을 변경하거나 삭제된 아이콘을 다시 표시할 수 있음

2 글꼴

- [시작](⊞)-[설정]-[개인 설정]-[글꼴] 또는 [제어판]-[글꼴] 선택

- 글꼴 파일의 확장명은 .TTF, .OTF, .FON 등
- 시스템에서 사용하는 글꼴은 'C:\Windows\Fonts' 폴더에 파일 형태로 저장됨
- TrueType 글꼴과 OpenType 글꼴을 제공하고 프로그램이나 프린터에서 작동함

013 디스플레이

- [시작]()-[설정]-[시스템]-[디스플레이] 또는 바탕 화면의 바로 가기 메뉴에서 [디스플레이 설정] 선택
- 화면 해상도를 설정할 수 있음
- 화면에 표시되는 텍스트 크기, 앱 및 기타 항목의 크기를 배율로 변경할 수 있음
- 디스플레이의 방향을 '가로', '세로', '가로(대칭 이동)', '세로(대칭 이동)'로 지정할 수 있음
- 여러 개의 모니터를 사용할 수 있는 '여러 디스플레이'를 설정할 수 있음

014 앱 및 기능 ★

- [시작]()-[설정]-[앱]-[앱 및 기능] 선택
- 컴퓨터에 설치된 앱을 수정하거나 사용하지 않는 앱을 제거하여 하드디스크의 공간 확보할 수 있음
- **선택적 기능**: Windows에서 제공하는 기능을 선택적으로 추가하거나 제거할 수 있음
- **앱 실행 별칭**: 동일한 이름의 앱이 있을 경우 실행할 때 사용할 이름을 선택
- 앱은 이름, 크기, 설치 날짜를 기준으로 정렬할 수 있음
- 필터 기준으로는 모든 드라이브, 로컬 디스크(C:), 그 외 디스크로 지정할 수 있음

더 보기
[제어판]-[프로그램 및 기능]
- 새로운 Windows 업데이트를 수행하거나, 설치된 업데이트 내용을 제거, 변경할 수 있음
- 시스템에 설치된 프로그램의 목록을 확인 및 제거, 변경할 수 있지만, 새로운 프로그램을 설치할 수 없음
- 설치된 Windows의 기능을 사용 또는 사용 안 함을 지정할 수 있음

015 시스템 ★★

- [시작]()-[설정]-[시스템]-[정보] 또는 [제어판]-[시스템]-[정보] 선택
- Windows 사양, 프로세서(CPU), 설치된 메모리(RAM), 시스템 종류(32비트/64비트), 펜 및 터치 등을 확인
- 컴퓨터 이름을 변경하거나 Windows 정품 인증 여부에 대한 정보와 제품 키를 변경할 수 있음
- [시스템 속성] 대화상자([시스템]-[정보]-[고급 시스템 설정])

[컴퓨터 이름] 탭	컴퓨터 이름, 컴퓨터 설명, 작업 그룹 등을 확인하거나 변경
[하드웨어] 탭	• 장치 관리자: 장치들의 드라이버를 식별하거나 업데이트하고, 하드웨어가 올바르게 작동하는지 확인 • 장치 설치 설정: 장치 드라이버 소프트웨어의 자세한 정보와 자동 다운로드 여부 설정
[고급] 탭	• 성능: 시각 효과, 프로세서 일정, 메모리 사용 및 가상 메모리 등을 지정 • 사용자 프로필: 사용자 로그인에 관련된 바탕 화면 설정 • 시작 및 복구: 시스템 시작, 시스템 오류 및 디버깅 정보 지정
[시스템 보호] 탭	• 컴퓨터를 이전 복원 지점으로 되돌려서 시스템 변경을 취소하는 기능 • 시스템 복원은 사용자 문서, 사진 또는 개인 데이터에는 영향을 주지 않음 • 시스템 복원 시 Windows Update에 의한 변경 사항도 복원됨
[원격] 탭	원격 지원에 대한 사용 여부 지정

더 보기
시스템 복원이 필요한 경우
- 새 장치를 설치한 후 시스템이 불안정할 때
- 로그온 화면이 나타나지 않으며, Windows가 실행되지 않을 때

016 마우스와 키보드 ★

1 마우스

- [시작]()-[설정]-[장치]-[마우스]-[추가 마우스 옵션] 또는 [제어판]-[마우스] 선택
- [마우스 속성] 대화상자

[단추] 탭	오른쪽 단추와 왼쪽 단추 기능 바꾸기, 두 번 클릭 속도, 클릭 잠금 설정

[포인터] 탭	마우스 구성표, 사용자 지정, 포인터 그림자 사용 설정
[포인터 옵션] 탭	포인터 속도 선택, 포인터 자국 표시, 입력할 때는 포인터 숨기기, Ctrl 키를 누르면 포인터 위치 표시 설정
[휠] 탭	휠을 한 번 돌리면 스크롤할 양, 휠을 상하로 이동할 때 스크롤할 문자의 수 설정
[하드웨어] 탭	사용하고 있는 마우스 장치의 이름, 종류, 장치 속성 표시

2 키보드

- [제어판]-[키보드] 선택
- 키 재입력 시간, 키 반복 속도, 커서 깜박임 속도 조절
- 키보드 장치와 장치 속성 표시
- 커서의 모양은 설정할 수 없음
- [시작]()-[설정]-[접근성]-[키보드]에서 고정 키, 토글 키, 필터 키 사용 등을 설정할 수 있음

017 사용자 계정 ★

- [시작]()-[설정]-[계정] 또는 [제어판]-[사용자 계정] 선택
- 사용자 계정의 사진 변경, 계정 유형 변경, 다른 계정 관리, 사용자 계정 컨트롤 설정 등을 변경할 수 있음
- 계정 유형

관리자 계정	• 소프트웨어나 하드웨어를 설치하고 모든 파일에 액세스할 수 있음 • 다른 계정의 계정 유형, 계정 이름, 암호를 변경할 수 있음
표준 계정	• 소프트웨어 및 하드웨어를 설치하거나 제거할 수 없으나, 설치된 프로그램은 실행할 수 있음 • 자신의 계정에 대한 암호를 설정할 수 있음 • 다른 사용자나 컴퓨터 보안에 영향을 주는 설정은 변경할 수 없음

- 사용자 계정 컨트롤(UAC; User Account Control)
  - Windows에서 유해한 프로그램이나 불법 사용자가 컴퓨터 설정을 임의로 변경하려는 경우 이를 사용자에게 알려 컴퓨터를 제어할 수 있도록 도와주는 기능
  - 항상 알림: 앱에서 관리자 수준의 권한이 필요한 컴퓨터 변경 작업을 수행하거나, 사용자가 직접 Windows 설정을 변경할 때 알림 표시
  - 기본값: 앱에서 사용자 모르게 컴퓨터를 변경하려는 경우에만 알림이 표시되며, 사용자가 직접 Windows 설정을 변경하는 경우에는 알림이 표시되지 않음

018 접근성 ★★

- [설정]-[접근성] 선택
- 시각장애나 청각장애처럼 신체 장애가 있는 사용자들을 위해서 다양한 기능을 제공하여 컴퓨터를 편리하게 사용할 수 있도록 도와주는 기능
- **돋보기**: 화면에서 원하는 영역을 확대해 크게 표시할 수 있음
- **고대비**: 화면에서 텍스트와 이미지를 더 뚜렷하고 쉽게 식별할 수 있음
- **내레이터**: 화면의 모든 텍스트를 소리내어 읽어주도록 설정할 수 있음
- **화상 키보드**: 키보드가 없어도 입력 가능한 화상 키보드를 표시할 수 있음

확인문제

다음 중 Windows에서 제공하는 [접근성] 기능에 대한 설명으로 옳지 <u>않은</u> 것은?

① 화면에서 원하는 영역을 확대하여 크게 표시할 수 있는 돋보기 기능을 제공한다.
② 고대비 기능은 화면에서 텍스트와 이미지를 더 뚜렷하고 쉽게 식별할 수 있도록 한다.
③ 내레이터 기능으로 화면의 모든 텍스트를 소리내어 읽어주도록 설정할 수 있다.
④ 화상 키보드는 키보드 입력을 대신할 수 있는 터치 기능을 제공한다.

정답 해설 화상 키보드는 키보드가 없어도 입력이 가능한 화상 키보드를 표시하는 기능이다. 화상 키보드는 마우스 또는 터치로 입력하지만, 터치 기능 자체를 제공하는 것은 아니다.

정답 | ④

019 관리 도구 ★

- [제어판]-[관리 도구] 선택
- Windows 관리를 위한 도구로, 시스템 관리자 및 고급 사용자용 도구가 포함됨

- [컴퓨터 관리]()-[디스크 관리]: 볼륨 확장 및 축소·삭제, 드라이브 문자 변경, 포맷 실행 등을 할 수 있음

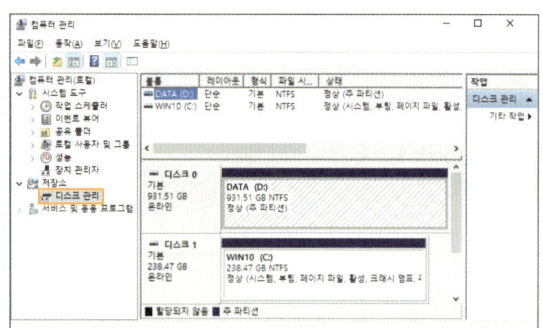

더 보기

포맷(Format)
- 하드디스크의 트랙 및 섹터를 초기화하는 작업
- 포맷을 실행하면 디스크의 모든 데이터가 지워짐
- [포맷] 창 설정 가능 항목: 파일 시스템 선택, 할당 단위 크기, 볼륨 레이블 입력, 빠른 포맷 설정

- [이벤트 뷰어](): [보기]-[분석 및 디버그 로그 표시] 메뉴를 선택하여 분석 및 디버그 로그를 표시할 수 있음

020 백업과 복원 ★

- [시작]()-[설정]-[업데이트 및 보안]-[백업] 또는 [제어판]-[백업 및 복원] 선택
- 백업은 원본 데이터의 손실에 대비하여 중요한 데이터를 한 번 더 저장하는 기능
- 여러 파일이 백업된 경우 원하는 파일을 선택하여 복원할 수 있음
- 특정 시간에 백업할 수 있도록 백업 시간 간격을 지정할 수 있음
- 백업 파일을 복원할 경우 복원 위치를 지정할 수 있음

021 원격 지원

- [시작]()-[Windows 보조프로그램]-[원격 데스크톱 연결] 선택
- 현재의 컴퓨터 앞에서 원격 위치의 데스크톱 컴퓨터에 연결하여 응용 프로그램을 해당 콘솔 앞에서 실행하고, 파일 및 네트워크 리소스에 액세스할 수 있는 것을 의미함
- 원격에 있는 컴퓨터에서 음악 또는 기타 소리를 사용자의 컴퓨터에서 재생하거나 녹음할 수 있음
- 원격 작업을 하려면 네트워크에 연결되어 있는 컴퓨터와 제2의 원격 컴퓨터가 있어야 함

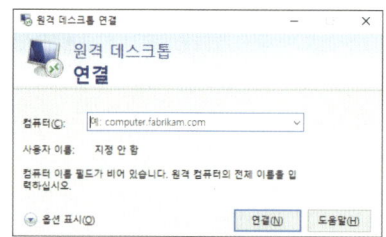

- 원격 지원을 허용하는 방법
  - **방법1** [시작]()-[Windows 시스템]-[제어판]-[시스템]의 왼쪽 창에서 [원격 데스크톱]을 선택하고 [시스템 속성] 대화상자의 원격 데스크톱에서 '이 컴퓨터에 대한 원격 연결 허용'에 체크
  - **방법2** [시작]()-[설정]-[시스템]-[원격 데스크톱]에서 '원격 데스크톱 활성화'를 '켬'으로 설정

022 시스템 구성 ★

- [시작]()의 오른쪽에 있는 검색 상자에 '시스템 구성' 또는 'msconfig'를 입력하여 실행할 수 있음
- Windows 부팅에 문제가 있을 때 문제를 식별하도록 도와주는 고급 도구
- [시스템 구성] 대화상자는 [일반] 탭, [부팅] 탭, [서비스] 탭, [시작프로그램] 탭, [도구] 탭으로 구성

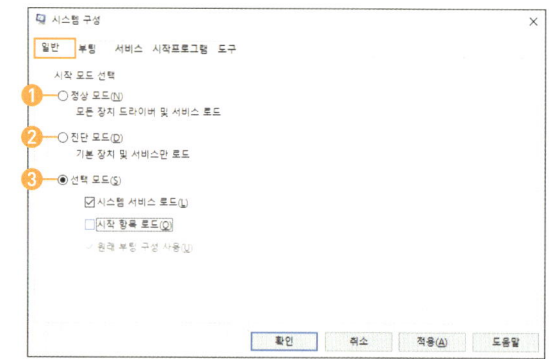

- 시작 모드 선택

❶ 정상 모드	모든 장치 드라이버 및 서비스 로드
❷ 진단 모드	기본 장치 및 서비스만 로드
❸ 선택 모드	시스템 서비스 로드, 시작 항목 로드, 원래 부팅 구성 사용

- '안전 부팅'의 '최소 설치': 중요한 시스템 서비스만 실행되는 안전 모드로 Windows를 시작하고, 네트워킹은 사용할 수 없음

> **더 보기**
>
> **멀티부팅(Multi-booting)의 기능**
> - 컴퓨터를 시작할 때 실행할 Windows의 버전을 선택하는 기능
> - 새 버전의 Windows를 별도의 파티션에 설치하고 이전 버전의 Windows를 컴퓨터에 유지할 수 있게 하는 기능
> - 멀티부팅을 하려면 컴퓨터의 하드디스크에 각 운영체제에 사용할 개별 파티션이 필요함

023 보조프로그램 ★

1 메모장

- 텍스트 파일이나 웹 페이지를 편집하며, 기본 파일 확장명은 .TXT임
- 그림이나 차트 등의 OLE 개체는 삽입할 수 없음
- 특정한 문자열을 찾고 바꾸거나, 창의 크기에 맞춰 줄을 바꿀 수 있음
- F5를 누르거나 첫 줄 왼쪽에 '.LOG'를 입력하여 현재의 시간과 날짜를 자동으로 삽입할 수 있음
- 글꼴, 글꼴 스타일, 글자 크기의 변경은 가능하지만, 글자 색은 변경할 수 없음
- [편집]-[이동] 메뉴를 선택하여 문서의 특정 줄로 이동할 수 있으나, 자동 줄 바꿈이 설정된 경우에는 이동할 수 없음
- [파일]-[페이지 설정] 메뉴를 선택하고 [페이지 설정] 대화 상자에서 머리글과 바닥글을 설정할 수 있음

2 그림판

- 그림 편집 프로그램으로 기본 파일 확장명은 .PNG임
- 파일 확장명을 .BMP, .JPG, .GIF, .TIF 등으로 저장할 수 있음
- 레이어 기능은 이용할 수 없음

3 명령 프롬프트

- MS-DOS 명령 및 기타 컴퓨터 명령을 텍스트 기반으로 실행
- [시작]()-[Windows 시스템]-[명령 프롬프트] 선택 또는 [실행] 창에 'cmd' 입력 후 [확인] 단추 클릭
- [명령 프롬프트] 창에서 'exit'를 입력하여 종료할 수 있음
- [명령 프롬프트] 창에서 표시되는 텍스트를 복사하여 메모장에 붙여넣을 수 있음
- [명령 프롬프트] 창의 제목 표시줄의 바로 가기 메뉴에서 [속성]을 선택하면 글꼴, 글꼴 크기, 색, 커서 크기 등을 지정할 수 있음

024 프린터 ★★★

1 프린터의 설치 방법

- [시작]()-[설정]-[장치]-[프린터 및 스캐너]-[프린터 또는 스캐너 추가] 선택
- **설치할 프린터 유형**: 로컬 프린터와 네트워크, 무선 또는 블루투스(Bluetooth) 프린터
- 로컬 프린터 설치 시 USB 모델은 프린터를 컴퓨터에 연결하면 Windows에서 자동으로 검색하고 설치함
- 블루투스 프린터를 설치하려면 컴퓨터에 블루투스 무선 어댑터를 연결하거나 켠 후 [프린터 추가] 실행
- 네트워크 프린터는 포트를 지정하지 않음

2 기본 프린터

- 특정 프린터를 설정하지 않았을 때 자동으로 인쇄 작업을 처리하는 프린터
- [장치 및 프린터] 창에서 기본 프린터에는 프린터 아이콘에 확인 표시(✓)가 나타남
- 기본 프린터는 한 대만 지정할 수 있고, 다른 프린터로 변경할 수 있음
- 기본 프린터로 설정된 프린터도 삭제할 수 있음
- 원하는 프린터를 선택하고 [관리]-[기본 값으로 설정]을 선택하여 기본 프린터로 지정

> **더 보기**
>
> **레이저 프린터(Laser Printer)**
> - 회전하는 드럼에 토너를 묻혀서 인쇄하는 방식
> - 비충격식이어서 비교적 소음이 적고 속도가 빠름
> - 해상도가 높고 복사기와 같은 원리로 지정됨

3 프린터의 공유

- 프린터를 선택하고 [관리]-[프린터 속성]을 선택한 후 [프린터 속성] 대화상자의 [공유] 탭에서 설정
- 한 대의 프린터를 여러 대의 컴퓨터에서 공유하여 사용할 수 있음
- 같은 네트워크에서 여러 대의 프린터를 공유할 수 있음

025 프린터 스풀과 인쇄 관리자 ★★★

1 프린터 스풀(SPOOL)

- [프린터 속성] 대화상자의 [고급] 탭에서 설정
- 프린터와 같은 저속의 입·출력장치를 고속의 CPU와 동시에 작동시켜서 컴퓨터의 전체 효율을 향상시키는 기능
- 프린터에서 인쇄하기 전에 인쇄 내용을 하드디스크에 임시로 보관하는 것
- 인쇄 도중에도 다른 작업을 할 수 있는 병행 처리가 가능하지만, 인쇄 속도 자체가 빨라지는 것은 아님

2 인쇄 관리자

- 인쇄가 실행될 때 작업 표시줄의 알림 영역에 프린터 모양의 아이콘()을 더블클릭하여 [인쇄 관리자] 창을 열 수 있음
- 인쇄 대기 중인 문서의 출력 대기 순서를 임의로 변경할 수 있음
- 인쇄 작업이 시작된 문서도 중간에 강제로 종료할 수 있음
- 인쇄 대기 중인 문서를 삭제할 수 있음

> **더 보기**
>
> **프린터의 단위**
> - DPI(Dots Per Inch): 프린터의 해상도를 의미하며, 1인치에 몇 개의 점이 인쇄되는지 나타내는 단위로, DPI가 높을수록 인쇄 품질이 좋음(해상도 관련 단위)
> - CPS(Character Per Second): 초당 인쇄되는 글자 수로, CPS가 높을수록 인쇄 속도가 빠름(인쇄 속도 관련 단위)
> - PPM(Paper Per Minute): 분당 인쇄되는 페이지 수로, PPM이 높을수록 인쇄 속도가 빠름(인쇄 속도 관련 단위)

확인문제

다음 중 한글 Windows 10의 프린터에 대한 설명으로 옳지 않은 것은?

① 기본 프린터는 프로그램에서 사용할 프린터를 지정하지 않고 인쇄 명령을 내렸을 때 컴퓨터가 자동으로 문서를 보내는 프린터이다.
② 새로운 프린터를 설치하는 과정에서 네트워크 프린터를 기본 프린터로 설정하려면 반드시 스풀링 설정이 필요하다.
③ 로컬 프린터 설치 시 프린터가 USB(범용 직렬버스) 모델인 경우에는 프린터를 컴퓨터에 연결하면 Windows에서 자동으로 검색하고 설치한다.
④ 현재 설정되어 있는 기본 프린터를 다른 프린터로 변경할 수 있다.

정답 해설 스풀링(Spooling)은 인쇄할 자료를 일정한 기억 장소에 모아두었다가 출력하는 방법으로, 반드시 설정할 필요는 없다.

정답 | ②

Chapter 3 컴퓨터 시스템 활용

026 컴퓨터의 발전과 분류 ★

1 컴퓨터의 세대별 발전

구분	주요 소자	특징
제1세대	진공관	• 하드웨어 개발 중심 • 기계어와 어셈블리어 사용 • 일괄 처리 시스템
제2세대	트랜지스터(TR)	• 운영체제(OS) 등장 • 실시간 처리 시스템
제3세대	집적회로(IC)	• 시분할 처리 시스템 • 다중 처리 시스템
제4세대	고밀도 집적회로(LSI)	• 개인용 컴퓨터(PC) 사용 • 네트워크의 발전
제5세대	초고밀도 집적회로(VLSI)	• 인공지능 연구 • 전문가 시스템 • 퍼지(Fuzzy) 이론

> **더 보기**
>
> **기계식 계산기**
> 파스칼(Pascal)의 계산기(덧셈과 뺄셈 가능) → 라이프니츠(Leibniz)의 계산기(사칙연산 가능) → 배비지(Babbage)의 차분 기관 → 배비지의 해석 기관(현재 디지털 컴퓨터의 모체) → 홀러리스(Hollerith)의 천공 카드 시스템(일괄 처리의 효시) → 에이콘(Aiken)의 MARK-1(최초의 기계식 자동 계산기)

전자식 계산기
- 에니악(ENIAC): 최초의 전자식 계산기, 외부 프로그래밍 방식
- 에드삭(EDSAC): 최초로 프로그램 내장 방식 도입
- 에드박(EDVAC): 존 폰 노이만(John von Neumann)이 제작, 프로그램 내장 방식
- 유니박(UNIVAC): 최초의 상업용 전자 계산기

2 컴퓨터의 분류

구분	디지털 컴퓨터	아날로그 컴퓨터	하이브리드 컴퓨터
입력 형식	숫자, 문자 등의 이산 데이터	전류, 전압, 온도 등	디지털 컴퓨터와 아날로그 컴퓨터의 장점을 조합한 컴퓨터
출력 형식	숫자, 문자 등의 이산 데이터	곡선, 그래프 등	
구성 회로	논리 회로	증폭 회로	
주요 연산	산술 논리 연산	미적분 연산	
프로그래밍	필요함	필요 없음	
기억 기능	있음	없음	
목적	범용 컴퓨터	과학 연구 등의 특수 목적용 컴퓨터	

027 자료의 구성 단위 ★

- 비트(Bit): 정보의 최소 단위로, 2진수(0 또는 1)로 표현
- 니블(Nibble): 4개의 비트가 모여 1개의 니블 구성
- 바이트(Byte)
  - 8개의 비트가 모여 1바이트를 구성하며, 문자를 표현하는 기본 단위
  - 1바이트로 $2^8(=256)$가지의 정보 표현 가능
- 워드(Word): CPU가 한 번에 처리할 수 있는 명령 단위로, '하프 워드(Half Word)', '풀 워드(Full Word)', '더블 워드(Double Word)'로 분류
- 필드(Field): 자료 처리의 최소 단위
- 레코드(Record): 여러 개의 필드가 모여서 구성된 단위
- 파일(File): 관련된 레코드의 집합
- 데이터베이스(Database): 관련된 데이터 파일들의 집합

더 보기

물리적 구성 단위
비트(Bit) → 니블(Nibble) → 바이트(Byte) → 워드(Word)

논리적 구성 단위
필드(Field) → 레코드(Record) → 파일(File) → 데이터베이스(Database)

028 자료의 표현 ★★★★

1 문자의 표현

BCD 코드	• 하나의 문자는 2비트의 존(Zone) 부분과 4비트의 디지트(Digit) 부분으로 구성 • $2^6(=64)$가지의 문자를 표현할 수 있음 • 영문자의 소문자는 표현할 수 없음
ASCII 코드	• 하나의 문자를 3비트의 존 부분과 4비트의 디지트 부분으로 구성 • $2^7(=128)$가지의 문자를 표현할 수 있음 • 확장 ASCII 코드는 8비트를 사용함 • 주로 개인용 컴퓨터와 데이터 통신용에서 사용
EBCDIC 코드	• 하나의 문자를 4비트의 존 부분과 4비트의 디지트 부분으로 구성 • 확장 이진화 10진 코드로, BCD 코드를 확장한 형태 • $2^8(=256)$가지의 문자를 표현할 수 있음 • 특수 문자 및 영문자의 소문자 표현 가능
유니코드 (Unicode)	• 컴퓨터에서 세계 각국의 언어를 통일된 방법으로 표현할 수 있도록 고안된 국제 표준 코드 • 한글, 한자, 영문, 숫자와 같은 모든 글자를 16비트(2바이트)로 표현

더 보기

기억 용량 단위
KB(2^{10}Byte) → MB(2^{20}Byte) → GB(2^{30}Byte) → TB(2^{40}Byte) → PB(2^{50}Byte) → EB(2^{60}Byte) → ZB(2^{70}Byte) → YB(2^{80}Byte)

계산 속도 단위
ms(10^{-3}) → μs(10^{-6}) → ns(10^{-9}) → ps(10^{-12}) → fs(10^{-15}) → as(10^{-18})

확인문제

다음 중 영문자 한 개를 표현하기 위해 필요한 비트 수가 가장 많은 문자 코드 체계는?

① BCD
② ASCII
③ EBCDIC
④ 유니코드(Unicode)

정답 해설 유니코드(Unicode): 16비트

오답 해설 ① BCD: 6비트
② ASCII: 7비트
③ EBCDIC: 8비트

정답 | ④

2 오류 검출 코드

패리티 코드 (Parity Code)	• 패리티 비트를 사용하여 만든 코드로, 오류 검출만 가능하고 수정은 불가능함 • '짝수 패리티'와 '홀수 패리티'가 있음
해밍 코드 (Hamming Code)	오류 검출과 단일 비트의 오류 교정이 가능한 코드
CRC(순환 중복 검사)	집단 오류에 대한 오류 검출이 가능한 코드
BSC(블록합 검사)	병렬 패리티를 사용하여 패리티 검사의 단점을 보완한 방식의 코드
정 마크 부호 방식	패리티 검사가 자체적으로 이루어지는 방식의 코드

3 숫자의 표현

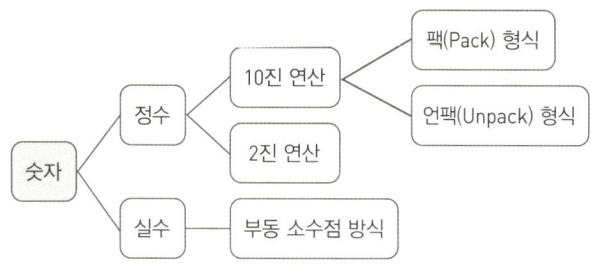

- 10진 연산에 팩(Pack) 형식과 언팩(Unpack) 형식 사용
- 2진 연산은 부동 소수점 방식보다 표현할 수 있는 범위가 좁지만, 연산 속도는 빠름
- 실수를 표현하는 부동 소수점 방식은 '부호(1Bit)', '지수부', '가수부'로 구분하여 표현
- 컴퓨터 연산에서 덧셈 연산을 이용하여 뺄셈을 수행하기 위해 보수 사용

1의 보수	0은 1로, 1은 0으로 바꿈 예시 2진수 1100 → 0011
2의 보수	1의 보수에 1을 더함 예시 2진수 1100 → 0011 + 1 → 0100

029 진법 변환 ★

1 진법의 종류

2진수	0, 1로 표현
8진수	0~7까지의 숫자로 표현(한 자리를 표현하는 데 3비트 필요)
10진수	0~9까지의 숫자로 표현
16진수	0~9까지의 숫자와 A~F까지의 문자로 표현(한 자리를 표현하는 데 4비트 필요)

2 진법 변환 방법

- 2진수, 8진수, 16진수를 10진수로 변환: 정수 부분과 소수 부분을 나누어서 변환하려는 각 진수의 자리값과 자리의 지수승을 곱한 결괏값을 모두 더하여 계산

  예시 8진수→10진수
  $456.4_{(8)} = 4×8^2 + 5×8^1 + 6×8^0 + 4×8^{-1} = 302.5$

- 10진수를 2진수, 8진수, 16진수로 변환: 10진수인 값을 변환할 진수로 나누어서 더 이상 나누어지지 않을 때까지 나누고, 몫을 제외한 나머지를 역순으로 표시

  예시 10진수→2진수

  ```
  2) 41
  2) 20 … 1
  2) 10 … 0
  2)  5 … 0
  2)  2 … 1
      1 … 0
  ```
  (결괏값) $101001_{(2)}$

- 8진수를 16진수로 변환: 8진수를 2진수로 변환한 후 2진수 네 자리는 16진수 한 자리에 해당하므로 네 자리씩 묶어 16진수로 변환

  예시 $45_{(8)}$ → (0010)(0101)$_{(2)}$ → $25_{(16)}$

- 16진수를 8진수로 변환: 16진수를 2진수로 변환한 후 2진수 세 자리는 8진수 한 자리에 해당하므로 세 자리씩 묶어 8진수로 변환

  예시 $7D0_{(16)}$ → (011)(111)(010)(000)$_{(2)}$ → $3720_{(8)}$

Chapter 4 컴퓨터 하드웨어

030 중앙처리장치(CPU) ★★★

- 명령어를 해석하고, 프로그램의 연산을 실행 및 처리하는 컴퓨터 시스템의 핵심적인 장치
- CPU(Central Processing Unit): 클록 주기에 따라 명령을 수행하며, 클록 주파수가 높을수록 연산 속도가 빠름
- '제어장치', '연산장치', '레지스터'로 구성

제어장치	• 컴퓨터의 모든 동작을 지시하고 제어하는 장치 • 프로그램 카운터(PC; Program Counter), 명령어 레지스터, 부호기, 명령어 해독기, 번지 해독기 등으로 구성
연산장치	• 산술 연산과 논리 연산을 수행하는 장치 • 가산기, 보수기, 누산기 등으로 구성

레지스터	• CPU의 내부에서 특정한 목적에 사용되는 일시적인 기억 장소로, 메모리 중 가장 빠른 속도로 접근 가능 • 플립플롭(Flip-Flop)이나 래치(Latch)를 직렬 또는 병렬로 연결

• 연산장치의 구성 요소

가산기(Adder)	두 개 이상의 2진수의 덧셈을 수행하는 회로
보수기(Complementor)	2진수의 뺄셈을 수행하기 위해 보수로 변환하는 데 사용하는 회로
누산기(AC; ACcumulator)	연산된 결과를 일시적으로 저장하는 레지스터
데이터 레지스터(Data Register)	연산에 사용할 데이터를 기억하는 레지스터
상태 레지스터(Status Register) 플래그 레지스터(Flag Register)	연산 중에 발생하는 여러 가지 상태 값을 기억하는 레지스터
인덱스 레지스터(Index Register)	주소를 변경하기 위해 사용하는 레지스터

• 제어장치의 구성 요소

프로그램 카운터 (PC; Program Counter)	다음에 수행할 명령어의 주소를 기억하는 레지스터
메모리 주소 레지스터(MAR; Memory Address Register)	기억장치에 입·출력되는 데이터의 주소 번지를 기억하는 레지스터
메모리 버퍼 레지스터(MBR; Memory Buffer Register)	메모리에서 읽어 온 데이터나 메모리에 쓸 데이터를 일시적으로 저장하는 레지스터
명령어 레지스터 (IR; Instruction Register)	현재 수행 중인 명령어의 내용을 기억하는 레지스터
명령어 해독기 (Instruction Decoder)	• 현재 실행 중인 명령어를 해독하는 회로 • 현재 수행해야 할 명령어를 해독한 후 수행할 수 있는 여러 가지 제어 신호를 발생시킴
번지 해독기 (Address Decoder)	명령 레지스터가 보낸 주소를 해독하여 메모리 셀이나 장치를 선택하는 회로
부호기(Encoder)	명령어 해독기로 해독한 내용을 신호로 변환하여 각 장치에 전달하는 회로

더 보기

• MIPS(Million Instructions Per Second): 1초 동안에 처리할 수 있는 명령의 개수를 100만 단위로 표시
• FLOPS(FLoating point Operations Per Second): 1초 동안에 처리할 수 있는 부동 소수점 연산의 횟수

확인문제

다음 중 CPU의 제어장치를 구성하는 레지스터에 대한 설명으로 옳지 않은 것은?

① 프로그램 카운터: 프로그램의 실행된 명령어의 개수를 계산한다.
② 명령 레지스터: 현재 실행 중인 명령을 기억한다.
③ 부호기: 해독된 명령에 따라 각 장치로 보낼 제어 신호를 생성한다.
④ 메모리 주소 레지스터: 기억장치에 입·출력되는 데이터의 번지를 기억한다.

정답 해설 프로그램 카운터(PC; Program Counter)는 다음에 실행할 명령어의 번지를 기억하는 레지스터이다.

정답 | ①

031 마이크로프로세서

• 제어장치, 연산장치, 레지스터가 하나의 반도체 칩에 내장된 장치
• 개인용 컴퓨터의 중앙처리장치(CPU)로 사용되며, 작은 규모의 임베디드 시스템이나 휴대용 기기에도 사용

더 보기

임베디드 시스템(Embedded System)
전자제품에 마이크로프로세서를 내장시킨 시스템으로, TV와 냉장고 등의 가전제품에 주로 사용

• 클록 주파수와 내부 버스의 비트(Bit) 수로 성능 평가
• 마이크로프로세서의 설계 방식

구분	CISC (Complex Instruction Set Computer)	RISC (Reduced Instruction Set Computer)
특징	많은 수의 명령어와 주소 지정 모드 지원	적은 수의 명령어와 주소 지정 모드 지원
명령어 길이	가변적	고정적
처리 속도	느림	빠름
가격	비쌈	저렴
전력 소모	많음	적음
용도	개인용 컴퓨터(PC)에 주로 사용	성능이 좋은 그래픽용이나 워크스테이션에서 주로 사용

032 주기억장치

1 ROM(Read Only Memory)

- 전원이 공급되지 않아도 기억된 내용이 지워지지 않는 비휘발성 메모리
- 컴퓨터의 기본적인 입·출력 프로그램(BIOS), 자가진단 프로그램(POST) 등의 펌웨어(Firmware)가 저장되어 있어 부팅할 때 실행됨
- 펌웨어(Firmware)
  - 하드웨어와 소프트웨어의 중간 형태로, ROM에 기록됨
  - 하드웨어를 제어하고, 하드웨어 교체 없이 업그레이드할 수 있음
  - 기계어 처리, 데이터 전송, 부동 소수점 연산, 채널 제어 등의 처리 루틴을 가지고 있음
- ROM의 종류

Mask ROM	제조 과정에서 내용을 미리 기록한 ROM으로, 사용자가 수정할 수 없음
PROM	• Programmable Read Only Memory • 사용자가 한 번만 기록할 수 있음
EPROM	• Erasable Programmable Read Only Memory • 자외선(UV)을 이용하여 기록된 내용을 변경하거나 새로 기록할 수 있음
EEPROM	• Electrically Erasable and Programmable Read Only Memory • 전기를 이용하여 기록된 내용을 변경하거나 새로 기록할 수 있음

확인문제

다음 중 펌웨어(Firmware)에 대한 설명으로 옳지 않은 것은?
① 하드웨어와 소프트웨어의 중간 형태로, 주로 하드디스크의 부트 레코드 부분에 저장된다.
② 하드웨어를 교체하지 않고 소프트웨어의 업그레이드로 기능을 향상시킬 수 있다.
③ 기계어 처리, 데이터 전송, 부동 소수점 연산, 채널 제어 등의 처리 루틴을 가지고 있다.
④ 하드웨어의 동작을 지시하는 소프트웨어이지만 하드웨어적으로 구성되어 하드웨어의 일부분으로도 볼 수 있다.

[정답 해설] 펌웨어(Firmware)는 ROM에 기록된다.

정답 | ①

2 RAM(Random Access Memory)

- 전원이 공급되지 않으면 내용이 모두 지워지는 휘발성 메모리
- 현재 사용 중인 응용 프로그램이나 데이터가 저장됨
- 재충전 필요 여부에 따라 'SRAM(Static RAM, 정적 램)'과 'DRAM(Dynamic RAM, 동적 램)'으로 분류

구분	SRAM	DRAM
재충전	필요 없음	필요함
구성	트랜지스터	콘덴서
접근 속도	빠름	느림
전력 소모	많음	적음
집적도	낮음	높음
용도	캐시 메모리	주기억장치

033 보조기억장치

1 하드디스크(Hard Disk)

- 고속으로 회전하는 디스크의 표면에 데이터를 저장하는 장치로, 데이터는 동심원 모양의 트랙에 기록됨
- 논리적인 영역을 확보하기 위해 디스크를 파티션(Partition)하여 사용할 수 있음
  - 하나의 물리적인 하드디스크를 여러 개의 논리적 영역으로 나누거나 다시 합치는 작업
  - 파티션 작업을 실행한 후에는 반드시 포맷을 해야 하드디스크를 사용할 수 있음
  - 각 파티션 영역에는 다른 운영체제를 설치할 수 있음
  - 하나의 파티션에는 하나의 파일 시스템만 사용할 수 있음
- 인터페이스 방식

PATA (Parallel ATA)	• 하드디스크, CD-ROM 등의 기억장치를 병렬로 연결하는 표준 인터페이스 • IDE, EIDE 방식이 포함됨
SCSI (Small Computer System Interface)	하드디스크, CD-ROM, 스캐너 등의 주변 기기를 직렬로 연결하는 표준 인터페이스
SATA (Serial ATA)	• 직렬 인터페이스 방식 • PATA 방식보다 편의성과 안정성이 향상되었고 핫 플러그(Hot Plug) 기능 지원

2 RAID(Redundant Array of Inexpensive Disks)

- 여러 개의 하드디스크를 모아서 하나의 하드디스크처럼 사용할 수 있도록 하는 기술
- 장애 발생 시 자동으로 복구해 주는 기술
- 미러링과 스트라이핑 기술을 결합하여 안정성과 속도를 향상시킨 디스크 연결 기술

미러링(Mirroring)	실시간 백업 기능
스트라이핑(Striping)	데이터를 일정한 크기로 나누어 분산 저장하는 기능

3 SSD(Solid State Drive)

- 반도체를 이용한 기억장치로, 초고속 메모리 칩(Chip)에 데이터를 저장하는 방식
- 하드디스크보다 속도가 빠르고 외부의 충격에도 강함
- 기계적 지연이나 오류의 확률, 발열, 소음, 전력 소모가 적음
- 소형화와 경량화가 가능함
- 기억 매체로 플래시 메모리나 DRAM을 이용하므로 배드섹터(Bad Sector) 발생 가능성이 낮음

확인문제

다음 중 HDD와 비교할 때, SSD에 대한 특징으로 옳지 않은 것은?
① 초고속 메모리 칩(Chip)에 데이터를 저장한다.
② 속도가 빠르나 외부의 충격에는 매우 약하다.
③ 발열, 소음, 전력 소모가 적다.
④ 소형화, 경량화할 수 있다는 장점이 있다.

정답 해설 SSD는 HDD처럼 외부 충격에 약하지 않다.

정답 | ②

4 블루레이 디스크(Blu-ray Disk)

- HD급 고화질 비디오를 저장할 수 있는 차세대 광학장치
- 단층 구조는 한 면에 최대 25GB, 듀얼 구조는 50GB의 데이터를 기록

034 기타 기억장치 ★★★

1 캐시 메모리(Cache Memory)

- CPU와 주기억장치 사이에 위치하여 두 장치 사이의 속도 차이를 줄여서 처리 속도를 향상시키는 일종의 버퍼 메모리
- SRAM이 사용되어 접근 속도가 매우 빠름
- 캐시 적중률이 높을수록 컴퓨터 시스템의 전체 처리 속도가 향상됨

2 가상 메모리(Virtual Memory)

- 보조기억장치의 일부를 주기억장치처럼 사용해서 주기억장치의 용량을 확대하여 사용하는 방법
- 주기억장치보다 용량이 큰 프로그램을 실행할 때 유용함
- 가상 메모리 주소를 실제 메모리 주소로 변환하는 주소 매핑(Address Mapping) 작업이 필요함

3 연관 메모리(Associative Memory)

주소 대신 기억된 데이터의 내용을 이용하여 원하는 정보에 접근하는 기억장치

4 플래시 메모리(Flash Memory)

- 비휘발성 메모리인 EEPROM의 일종으로, 정보의 입·출력이 자유로움
- 블록 단위로 저장됨
- 전송 속도가 빠르고 전력 소모가 적음
- 디지털카메라나 MP3, 개인용 정보 단말기, USB 드라이브 등 휴대용 기기에서 대용량 정보를 저장하는 용도로 사용

더 보기

기억장치의 접근 속도(빠른 것 → 느린 것)
레지스터 → 캐시 메모리 → 주기억장치 → 보조기억장치

기억장치의 용량(큰 것 → 작은 것)
보조기억장치 → 주기억장치 → 캐시 메모리 → 레지스터

> **확인문제**
>
> 다음 중 컴퓨터에서 사용하는 기억장치에 대한 설명으로 옳지 않은 것은?
> ① 플래시(Flash) 메모리는 비휘발성 기억장치로, 주로 디지털카메라나 MP3, 개인용 정보 단말기, USB 드라이브 등 휴대용 기기에서 대용량 정보를 저장하는 용도로 사용된다.
> ② 하드디스크 인터페이스 방식은 EIDE, SATA, SCSI 방식 등이 있다.
> ③ 캐시(Cache) 메모리는 CPU와 주기억장치 사이에 위치하여 두 장치 간의 속도 차이를 줄여 컴퓨터의 처리 속도를 빠르게 하기 위한 메모리이다.
> ④ 연관(Associative) 메모리는 보조기억장치를 마치 주기억장치와 같이 사용하여 실제 주기억장치 용량보다 기억 용량을 확대하여 사용하는 방법이다.
>
> **정답 해설** 가상 메모리에 대한 설명으로, 연관 메모리는 기억장치에서 자료를 찾을 때 주소로 접근하지 않고, 기억된 내용의 일부를 이용하여 접근하는 기억장치이다.
>
> 정답 | ④

035 바이오스와 포트 ★★★

1 바이오스(BIOS; Basic Input Output System)

- 기본 입·출력장치나 메모리 등 하드웨어 작동에 필요한 프로그램
- EPROM이나 플래시 메모리 칩에 저장되어 있고 '펌웨어(Firmware)'라고 함
- 전원이 켜지면 자동으로 가장 먼저 기동되고, 기본 입·출력장치나 메모리 등 하드웨어의 이상 유무 검사
- 칩을 교환하지 않고도 업그레이드 가능

> **확인문제**
>
> 다음 중 BIOS(Basic Input Output System)에 대한 설명으로 옳지 않은 것은?
> ① 바이오스(BIOS)는 컴퓨터의 기본 입·출력장치나 메모리 등 하드웨어 작동에 필요한 명령을 모아 놓은 프로그램이다.
> ② 기본 입·출력장치나 메모리 등 하드웨어의 이상 유무를 검사한다.
> ③ CMOS 셋업 프로그램을 이용하여 부팅 순서는 변경할 수 있지만 시스템에 기본으로 설정된 날짜와 시간 등 BIOS 정보는 변경할 수 없다.
> ④ BIOS는 메인보드상에 위치한 EPROM, 혹은 플래시 메모리 칩에 저장되어 있다.
>
> **정답 해설** CMOS 셋업 프로그램을 이용하여 시스템의 날짜와 시간, 부팅 순서 등 일부 BIOS 정보를 설정할 수 있다.
>
> 정답 | ③

2 CMOS

- 부팅 시에 필요한 하드웨어 정보를 담고 있는 반도체
- 일반적으로 Delete, F2 등을 이용하여 전원이 켜질 때 CMOS 셋업에 들어갈 수 있음
- CMOS에서 설정할 수 있는 항목: 시스템 날짜와 시간, 칩셋 설정, 부팅 순서, 시스템 암호, 하드디스크의 타입 등
- 칩셋(Chip Set): 메인보드에 설치된 다양한 장치들을 설정하면 비효율적이므로 칩셋을 통하여 여러 장치들을 제어하고 역할을 조율함

3 포트(Port)

컴퓨터와 주변 장치를 연결하기 위한 접속 부분

PS/2 포트	PC에 마우스나 키보드 연결 시에 사용
USB(Universal Serial Bus) 포트	• 범용 직렬 장치를 연결시키는 컴퓨터 인터페이스 • 허브를 이용하면 최대 127개의 주변 기기를 연결할 수 있음 • USB 1.1(12Mbps), USB 2.0(480Mbps), USB 3.0(5Gbps), USB 3.1(10Gbps)의 최대 전송 속도 가능 • 핫 플러그(Hot Plug) 기능과 플러그 앤 플레이(Plug & Play) 기능 모두 지원
IEEE 1394	• 전기전자기술자협회(IEEE)에서 표준화한 직렬 인터페이스 • 컴퓨터와 디지털 가전기기를 연결해 데이터를 교환할 수 있게 하는 직렬(Serial) 인터페이스 방식
IrDA(Infrared Data Association)	적외선을 이용하여 데이터를 전송하는 무선 직렬 포트
HDMI (High Definition Multi-media Interface)	• 영상 신호와 음향 신호를 압축하지 않고 통합하여 전송하는 고선명 멀티미디어 인터페이스 • S-비디오, 컴포지트 등의 아날로그 케이블보다 고품질의 음향 및 영상을 감상할 수 있음

036 하드웨어 관련 용어 ★★

1 표시 장치 관련 용어

- **픽셀(Pixel)**: 화면을 이루는 최소 단위
- **해상도(Resolution)**: 화면의 이미지를 얼마나 세밀하게 표시할 수 있는지를 나타내며, 픽셀의 수가 많아질수록 해상도는 높아짐
- **점 간격(Dot Pitch)**: 픽셀 사이의 공간을 나타내는 것으로, 간격이 가까울수록 영상이 선명함
- **재생률(Refresh Rate)**: 화면을 유지하기 위해 1초에 전자빔을 쏘는 횟수로, 재생률이 높을수록 모니터의 깜빡임 감소
- **플리커 프리(Flicker Free)**: 70KHz 이상의 수직 주파수를 사용해 사람이 깜빡임 현상을 인식하지 못하게 하는 것으로, 깜빡임을 제거하여 눈의 피로와 두통을 줄이는 효과가 있음
- **모니터 크기**: 화면의 대각선 길이를 센티미터(cm) 단위로 나타냄

2 하드웨어 관련 용어

- **인터럽트(Interrupt)**: 컴퓨터에서 정상적인 작업을 수행하는 도중에 외부의 어떠한 변화 때문에 해당 프로그램의 실행이 정지되고, 변화에 대응하는 다른 프로그램이 먼저 실행되는 일

외부 인터럽트	전원 이상 인터럽트, 외부 신호 인터럽트, 기계 착오 인터럽트, 입·출력 인터럽트 등
내부 인터럽트	잘못된 명령이나 잘못된 데이터를 사용할 때 발생
소프트웨어 인터럽트	사용자가 프로그램을 실행시키거나 감시 프로그램(Supervisor)을 호출하는 동작을 수행하는 경우에 발생

- **채널(Channel)**: CPU 대신 주변 장치에 대한 입·출력을 관리하는 입·출력 전용 프로세서로, CPU와 입·출력장치 사이의 속도 차이 때문에 발생하는 문제점을 해결함

셀렉터 채널	고속 입·출력장치에 사용, 한 개의 장치 독점
멀티플렉서 채널	저속 입·출력장치에 사용, 여러 개의 장치 제어
블록 멀티플렉서 채널	셀렉터 채널과 멀티플렉서 채널의 장점을 혼합

- **DMA(Direct Memory Access)**: CPU의 간섭 없이 주기억장치와 입·출력장치 사이에서 직접 전송되는 방식
- **버스(Bus)**: 컴퓨터에서 데이터를 주고받는 통로로, 사용 용도에 따라 '내부 버스', '외부 버스', '확장 버스'로 구분

내부 버스	CPU의 내부에서 레지스터 간을 연결하는 버스
외부 버스	CPU와 주변 장치를 연결하는 버스
확장 버스	메인보드에서 지원하는 기능 외에 다른 기능을 지원하는 장치를 연결하는 버스

확인문제

다음 중 컴퓨터 시스템에서 사용하는 채널(Channel)에 대한 설명으로 옳지 않은 것은?
① 주변 장치에 대한 제어 권한을 CPU로부터 넘겨받아 CPU 대신 입·출력을 관리한다.
② 입·출력 작업이 끝나면 CPU에게 인터럽트 신호를 보낸다.
③ CPU와 주기억장치의 속도 차이를 해결하기 위하여 사용된다.
④ 채널에는 셀렉터(Selector), 멀티플렉서(Multiplexer), 블록 멀티플렉서(Block Multiplexer) 등이 있다.

정답 해설 캐시 메모리(Cache Memory)에 대한 설명이다.

정답 | ③

037 컴퓨터의 관리와 문제 해결 ★

1 컴퓨터의 관리

- 직사광선과 습기가 많거나 자성이 강한 물체가 있는 곳은 피하여 설치해야 함
- 컴퓨터 전용 전원 장치를 단독으로 사용하고, 전원을 끌 때는 사용 중인 프로그램을 먼저 종료해야 함
- 컴퓨터의 성능 향상을 위해 주기적으로 오류 검사, 디스크 정리, 드라이브 조각 모음 및 최적화 등을 실행하는 것이 좋음
- 외장 하드디스크의 주위에 강한 자성 물체를 놓지 않음
- 예상치 않은 상황에 대비하여 주기적으로 백업을 함
- **무정전 전원 공급장치(UPS)**: 갑자기 정전되었을 때 이를 감지하여 빠르게 전원을 공급하는 장치
- **자동 전압 조절기(AVR)**: 컴퓨터 시스템 운영 시 전압이 일정하게 유지되도록 조절해 주는 장치

2 컴퓨터의 문제 해결

메모리가 부족한 경우	• 불필요한 프로그램 종료 • 시스템 재부팅 • 불필요한 시작 프로그램 삭제

하드디스크 용량이 부족한 경우	• 디스크 정리를 수행하여 불필요한 파일 삭제 • 사용하지 않는 Windows 구성 요소와 응용 프로그램 제거 • 사용 빈도가 낮은 파일은 백업한 후 하드디스크에서 삭제 • 휴지통 비우기
하드디스크 인식이 안 되는 경우	• 백신 프로그램으로 바이러스의 감염 여부 확인 • 하드디스크의 전원 연결 상태 점검 • CMOS 셋업에서 하드디스크의 설정 내용 확인 • USB나 CD-ROM으로 부팅되면 하드디스크 손상 점검 후 운영체제를 다시 설치
시스템의 속도가 느려진 경우	드라이브 조각 모음 및 최적화를 수행하여 하드디스크의 단편화 제거
모니터 화면이 보이지 않는 경우	모니터의 전원 및 연결 부분 점검
인쇄되지 않는 경우	• 프린터의 전원이나 케이블의 연결 상태 확인 • 프린터 드라이버 재설치 • 프린터의 기종과 등록 정보가 올바르게 설정되어 있는지 확인 • 스풀 공간이 부족하면 하드디스크에서 스풀 공간 확보 • 스풀 오류가 발생하면 프린터 스풀러 서비스를 중지하고 저장소의 파일을 삭제한 후 다시 인쇄해야 함

더 보기

백화 현상(白化現象)
모니터의 전원이 정상적으로 들어왔지만 화면이 하얗게 나오는 현상으로, 모니터의 액정 패널이나 메인보드의 문제 때문에 발생함

3 컴퓨터의 업그레이드

- 컴퓨터 처리 성능의 개선을 위해 하드웨어를 업그레이드함
- 컴퓨터의 처리 속도가 느려지거나 제대로 동작하지 않으면 상황에 따라 RAM 업그레이드가 필요함
- 하드디스크를 교체할 때는 연결 방식의 종류와 버전을 확인해야 함
- 장치 제어기를 업그레이드하면 하드웨어를 교체하지 않고 향상된 기능으로 하드웨어를 사용할 수 있음
- 수치가 클수록 좋은 것: CPU 클록 속도, 하드디스크 용량 등
- 수치가 작을수록 좋은 것: RAM, HDD와 같은 기억장치의 접근 시간

더 보기

컴퓨터 사양의 예

프로세서의 종류	Intel Core i5-8세대
그래픽카드의 종류	Intel UHD Graphics 620
RAM의 용량과 종류	16GB DDR4 RAM
저장장치의 용량과 종류	SSD 256GB

038 시스템 최적화

1 오류 검사

- 파일과 폴더 및 디스크의 논리적 오류와 물리적 오류를 검사하여 발견된 오류를 복구하는 기능
- 하드디스크의 [속성] 창의 [도구] 탭에서 오류 검사를 실행할 수 있음
- 오류 검사를 할 수 없는 경우: CD-ROM, 네트워크 드라이브
- 하드디스크 자체의 물리적 오류를 찾아서 복구하므로 완료하는 데 시간이 오래 걸릴 수 있음
- 하드디스크 드라이브를 검사하는 동안에도 드라이브를 계속 사용할 수 있음
- 시스템 성능 향상을 위해 정기적으로 수행하는 것이 좋음

2 디스크 정리

- 불필요한 파일을 삭제하여 디스크의 사용 가능한 공간을 좀 더 넓게 확보하는 기능
- 정리 대상 파일: 임시 파일, 휴지통에 있는 파일, 다운로드한 프로그램 파일, 임시 인터넷 파일 등

3 드라이브 조각 모음 및 최적화

- 디스크에 단편화되어 조각난 파일들을 모아서 디스크의 실행 속도를 높여줌
- 디스크 조각 모음을 할 수 없는 경우: CD-ROM 드라이브, 네트워크 드라이브, Windows가 지원하지 않는 형식의 압축 프로그램 등
- 수행 후에는 디스크의 접근 속도를 높여주지만, 용량이 증가하는 것은 아님
- 일정을 구성하여 예약 실행을 할 수 있음

Chapter 5 컴퓨터 소프트웨어

039 소프트웨어의 종류

1 시스템 소프트웨어(System Software)

컴퓨터와 사용자의 중간에서 시스템을 효율적으로 운영할 수 있도록 도와주는 프로그램

예시 부트 로더, C 런타임 라이브러리, 장치 드라이버 등

운영체제	사용자가 응용 프로그램을 편리하게 사용하고, 하드웨어의 성능을 최적화하는 프로그램으로, 반드시 설치해야 컴퓨터를 사용할 수 있음
언어 번역 프로그램	프로그래밍 언어로 작성한 프로그램을 기계어로 변환하는 프로그램
유틸리티 프로그램	컴퓨터의 실행 과정에 필요한 업무의 수행을 지원하는 프로그램

더 보기

압축 프로그램
- 디스크 공간을 효율적으로 사용할 수 있고, 파일의 전송 시간과 비용도 절약할 수 있음
- 여러 개의 파일을 압축하여 하나의 파일로 생성할 수 있음
- 대부분의 압축 프로그램에는 분할 압축이나 암호 설정 기능이 있음
- 파일은 여러 번 압축해도 파일 크기에는 변화가 없음

2 응용 소프트웨어(Application Software)

사용자들이 특정한 용도에 맞게 활용하기 위해 작성된 소프트웨어

예시 워드프로세서, 스프레드시트, 프레젠테이션, 그래픽 소프트웨어, 인사 관리 및 회계 관리 소프트웨어 등

040 운영체제 ★★★★

1 운영체제의 구성

- 컴퓨터 시스템과 사용자 간의 편리한 인터페이스를 제공하는 프로그램
- 컴퓨터가 동작하는 동안 주기억장치에 위치하여 효율적인 자원 관리 서비스 제공
- 프로세스 관리, 기억장치 관리, 주변 장치 관리, 파일 관리, 프로세서 관리 등의 기능 처리
- 운영체제는 '제어 프로그램'과 '처리 프로그램'으로 구성

제어 프로그램	감시 프로그램, 작업 관리 프로그램, 데이터 관리 프로그램
처리 프로그램	언어 번역 프로그램, 서비스 프로그램, 문제 처리 프로그램

더 보기

슈퍼바이저(Supervisor)
시스템의 모든 동작 상태를 관리하고 감독하는 제어 프로그램의 핵심 프로그램

2 운영체제의 목적

- 처리 능력(Throughput) 향상: 일정 시간 안에 시스템이 처리하는 일의 양을 향상시킴
- 반환 시간(Turn Around Time) 단축: 작업을 의뢰한 시간부터 처리가 완료될 때까지 걸린 시간을 단축시킴
- 신뢰도(Reliability) 향상: 주어진 문제를 정확하게 해결하는 정확도를 향상시킴
- 사용 가능도(Availability) 향상: 컴퓨터 시스템의 한정된 자원을 여러 사용자가 요구할 때 신속하고 충분히 지원해 줄 수 있는 사용 가능도를 향상시킴

3 운영체제의 운영 방식

일괄 처리 시스템 (Batch Processing System)	데이터를 일정량 또는 일정 시간 동안 모아서 한꺼번에 처리하는 방식
실시간 처리 시스템 (Real Time Processing System)	처리할 데이터가 입력될 때마다 즉시 처리하는 방식으로, 각종 예약 시스템이나 은행 업무 등에서 사용
시분할 처리 시스템 (Time Sharing System)	여러 명의 사용자가 사용하는 시스템에서 처리 시간을 나누어 각 사용자에게 차례대로 할당하는 방식
다중 처리 시스템 (Multi-processing System)	여러 개의 CPU와 하나의 주기억장치를 이용하여 여러 프로그램을 동시에 처리하고 신뢰성과 연산 능력을 향상시키는 방식
다중 프로그래밍 시스템 (Multi-programming System)	하나의 CPU와 주기억장치를 이용하여 여러 프로그램을 동시에 처리하는 방식
분산 처리 시스템 (Distributed Processing System)	• 여러 대의 컴퓨터가 작업한 결과를 통신망을 이용하여 상호 교환할 수 있도록 연결된 방식 • 클라이언트/서버 방식: 클라이언트와 서버가 모두 처리 능력을 갖추고 있어, 분산 처리 환경에 적합한 방식 • 동배 간 처리(Peer-to-Peer) 방식: 서버 없이 개인 대 개인으로 연결하여 파일을 공유하는 방식으로, 유지 보수 및 데이터의 보안 유지가 어려움
듀얼 시스템 (Dual System)	두 개의 CPU가 같은 업무를 동시에 처리한 후 결과를 상호 점검하면서 운영하는 방식
듀플렉스 시스템 (Duplex System)	두 개의 CPU로, 하나가 가동될 때 다른 하나는 고장을 대비해 대기하는 방식
클러스터링 시스템 (Clustering System)	여러 대의 컴퓨터를 병렬로 연결하는 방식

확인문제

다음 중 운영체제 유형에 대한 설명으로 옳은 것은 모두 몇 개인가?

㉠ 다중 프로세싱은 하나의 CPU를 이용하여 여러 개의 프로그램을 동시에 실행하는 기술이다.
㉡ 분산 처리 시스템은 여러 컴퓨터가 네트워크를 통해 연결되어 작업을 상호 교환할 수 있도록 연결된 방식이다.
㉢ 시분할 시스템은 CPU 시간을 작은 단위로 분할하여 각 작업에게 순서대로 할당한다.
㉣ 실시간 처리 시스템은 입력에 대해 즉각적으로 반응하고, 빠른 응답 시간을 보장하여 실시간 제어를 하는 응용 프로그램에 적합하다.

① 1개   ② 2개
③ 3개   ④ 4개

오답해설 ㉠ 다중 프로그래밍에 대한 설명이다.

정답 | ③

041 소프트웨어의 구분 ★★★

- **상용 소프트웨어(Commercial Software)**: 정식으로 사용료를 내고 사용하는 소프트웨어로, 해당 소프트웨어의 모든 기능을 사용할 수 있음
- **공개 소프트웨어(Open Source Software)**: 소스 코드를 공개해 누구나 해당 코드를 무료로 이용 및 수정하거나 재배포할 수 있는 소프트웨어
- **프리웨어(Freeware)**: 라이선스 없이 무료로 배포되어 자유롭게 사용할 수 있는 소프트웨어
- **셰어웨어(Shareware)**: 특정 기능이나 사용 기간에 제한을 두고 무료로 배포하는 소프트웨어
- **애드웨어(Adware)**: 광고를 보는 대가로 무료로 사용할 수 있는 소프트웨어
- **데모 버전(Demo Version)**: 프로그램의 홍보를 목적으로 주요 기능을 시연하는 소프트웨어
- **트라이얼 버전(Trial Version)**: 일정 기간 무료로 사용할 수 있는 체험판 소프트웨어
- **알파 버전(Alpha Version)**: 베타 테스트를 하기 전에 제작 회사에서 테스트할 목적으로 제작된 프로그램
- **베타 버전(Beta Version)**: 정식 버전이 출시되기 전에 테스트용으로 제작되어 일반인에게 공개하는 소프트웨어
- **패치 프로그램(Patch Program)**: 이미 배포된 프로그램의 오류 수정이나 기능 향상을 위해 프로그램의 일부를 변경해 주는 프로그램 예시 Windows Update 프로그램
- **번들 프로그램(Bundle Program)**: 특정한 하드웨어나 소프트웨어에 함께 제공하는 소프트웨어

042 프로그래밍 언어 ★★

1 프로그래밍 언어의 종류

- **저급 언어(Low Level Language)**: 컴퓨터가 이해할 수 있는 기계 중심의 언어

기계어	컴퓨터가 직접 이해할 수 있는 2진수로 구성된 언어
어셈블리어	기계어와 일대일로 대응시켜서 코드화한 기호 언어

- **고급 언어(High Level Language)**: 사람이 이해하기 쉽게 만들어진 프로그래밍 언어
  예시 FORTRAN, COBOL, ALGOL, BASIC, PASCAL, C, C++, LISP, SNOBOL, PL/1, Java 등

2 객체 지향 프로그래밍(Object-Oriented Programming)

- 프로그램에서 사용하는 데이터 구조의 데이터형과 사용하는 함수까지 객체로 정의하는 프로그래밍 기법으로, 절차형 언어의 문제점을 해결하기 위해 개발
- **객체 지향 언어**: C++, Actor, Smalltalk, Java, Python 등
- **특징**: 추상화, 캡슐화, 정보 은닉, 상속성, 다형성 등
- 소프트웨어의 재사용으로 프로그램 개발 시간을 단축할 수 있음
- 시스템의 확장성이 높고 정보 은폐가 쉬움

클래스(Class)	유사한 객체(Object)들을 묶어서 하나의 공통된 특성으로 표현한 것으로, 동일한 속성, 오퍼레이션, 관계 등을 가지고 있는 객체들의 집합
메서드(Method)	객체가 수행하는 실제 기능을 기술한 코드

3 구조적 프로그래밍(Structured Programming)

- 프로그램이 실행될 때 위에서 아래로의 절차, 순서에 맞게 실행되는 방식의 프로그래밍 기법
- 절차적 프로그래밍 또는 하향식 프로그래밍이라고도 부름

4 비주얼 프로그래밍(Visual Programming)

기존의 문자 방식의 명령어 전달 방식을 기호화된 아이콘의 형태로 바꿔 사용자가 대화형으로 프로그래밍할 수 있는 기법

> **확인문제**
>
> 다음 중 객체지향 프로그래밍 특징으로 옳은 것은?
> ① 프로그램의 구조와 절차에 중점을 두고 작업을 진행한다.
> ② 객체에 대하여 절차적 프로그래밍의 장점을 사용할 수 있다.
> ③ 순서, 선택, 반복의 3가지 논리 구조를 사용한다.
> ④ 객체지향 프로그램은 코드의 재사용과 유지 보수가 용이하다.
>
> 오답해설 ①, ②, ③ 절차적 프로그래밍에 대한 설명이다.
>
> 정답 | ④

043 언어 번역

1 언어 번역 과정

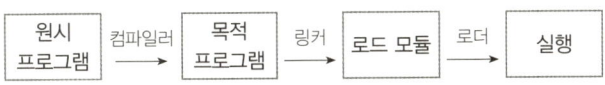

원시 프로그램 (Source Program)	사용자가 고급 언어로 작성한 프로그램
목적 프로그램 (Object Program)	컴파일러를 통해 원시 프로그램을 기계어로 번역한 프로그램
링커(Linker)	목적 프로그램을 연계 편집하는 프로그램
로드 모듈(Load Module)	실행하기 위해 주기억장치로 적재할 수 있게 만든 프로그램
로더(Loader)	실행 가능한 프로그램을 주기억장치에 적재하는 프로그램

2 언어 번역 프로그램

- 어셈블러(Assembler): 어셈블리어로 작성한 프로그램을 기계어로 번역하는 프로그램 예시 Assembly
- 컴파일러(Compiler): 전체 프로그램을 한 번에 번역하여 목적 프로그램을 생성하는 번역 프로그램 예시 Java, C, C++
- 인터프리터(Interpreter): 원시 프로그램을 한 단계씩 기계어로 해석하여 실행하는 프로그램 예시 Python, Perl

- 컴파일러와 인터프리터의 비교

컴파일러(Compiler)	인터프리터(Interpreter)
전체를 한 번에 번역	행 단위로 번역
목적 프로그램 생성	목적 프로그램을 생성하지 않음
실행 속도가 빠름	실행 속도가 느림

044 웹 프로그래밍 언어

- HTML(HyperText Mark-up Language): 인터넷용 하이퍼텍스트 문서 제작에 사용하는 언어
- HTML5: 차세대 웹 표준 언어. 텍스트와 하이퍼링크 중심의 문서로 구성된 기존 표준 언어에 비디오, 오디오 등의 다양한 부가 기능을 추가하여 최신 멀티미디어 콘텐츠를 ActiveX 없이 웹 서비스로 제공할 수 있는 언어
- SGML(Standard Generalized Mark-up Language): 다양한 형태의 전자 문서들을 서로 다른 시스템 사이에서 정보의 손실 없이 효율적으로 전송 및 저장, 자동 처리를 하기 위한 웹 프로그래밍 언어
- XML(eXtensible Mark-up Language): SGML의 복잡성과 HTML의 단순함을 개선한 인터넷 언어로, 웹에서 구조화된 폭넓고 다양한 문서들을 상호 교환할 수 있도록 설계된 언어. 사용자가 새로운 태그를 정의할 수 있는 기능을 가진 확장성 마크업 언어
- DHTML(Dynamic HTML): 이미지의 애니메이션을 지원하고, 사용자와의 상호작용에 따른 동적인 웹 페이지의 제작이 가능한 언어
- VRML(Virtual Reality Modeling Language): 3차원 가상 공간을 표현하기 위한 언어
- Java: 대표적인 객체 지향 언어로, 가상 바이트 머신 코드를 사용하는 언어
- ASP(Active Server Pages): 웹 서버에서 동적으로 수행되는 페이지를 만들기 위한 스크립트 언어로, Windows 계열의 운영체제에서 실행할 수 있음
- JSP(Java Server Page)
  – 웹 서버에서 동적으로 웹 페이지를 생성하여 웹 브라우저에 돌려주는 스크립트 언어
  – HTML 문서에 자바 코드를 삽입하며 〈% … %〉와 같은 형태로 작성
  – 다양한 운영체제에서 실행할 수 있음

- **PHP(Hyper-text Pre-processor)**: 웹 서버에서 동적으로 수행되는 웹 페이지를 생성하는 스크립트 언어로, 다양한 운영체제에서 실행 가능
- **JavaScript**: 웹 페이지에서 사용자로부터 특정 값을 입력받아 동적으로 처리할 수 있는 객체 기반의 스크립트 프로그래밍 언어
- **CSS(Cascading Style Sheets)**: 웹 문서의 스타일을 미리 저장해 둔 스타일시트
- **WML(Wireless Markup Language)**: 무선 접속을 통하여 휴대폰이나 PDA 등에 웹 페이지가 표시되도록 지원하는 언어

> **더 보기**
> **UML(Unified Modeling Language)**
> 시스템 개발 과정에서 의사소통을 위한 표준화 모델링 언어

> **확인문제**
> 다음 웹 애플리케이션을 개발하기 위한 스크립트 언어 중 성격이 다른 것은?
> ① PHP
> ② JSP
> ③ ASP
> ④ Javascript
>
> **정답 해설** 클라이언트 측 스크립트 언어이다.
> **오답 해설** ①, ②, ③ 서버 측 스크립트 언어이다.
>
> 정답 | ④

Chapter 6 멀티미디어 활용

045 멀티미디어와 하이퍼미디어

1 멀티미디어(Multi-media)

- 텍스트, 그래픽, 사운드, 동영상 등 다양한 매체를 통해 정보를 전달한다는 의미

- 멀티미디어의 특징

통합성	텍스트, 그래픽, 사운드, 동영상 등의 다양한 미디어 통합
디지털화	아날로그 형태의 다양한 데이터를 컴퓨터가 인식하도록 디지털화
쌍방향성	정보 제공자와 사용자 간의 상호작용으로 데이터가 전달됨
비선형성	순차적으로 진행되는 것이 아니라 사용자와의 상호작용을 통해 진행 상황 제어

2 하이퍼미디어(Hyper-media)

- '하이퍼텍스트(Hyper-text)'와 '멀티미디어(Multi-media)'를 합한 개념
- 특정 텍스트나 이미지 등의 다양한 미디어를 클릭하면 연결된 문서로 이동
- 문서를 읽는 순서가 사용자의 의도에 따라 결정되는 비선형 구조
- 하나의 데이터를 여러 사용자가 서로 다른 경로를 통해 검색 가능

3 멀티미디어의 활용

- **주문형 비디오(VOD; Video On Demand)**: 영화, 드라마, 뉴스 등의 프로그램을 원하는 시간에 다시 볼 수 있는 서비스
- **가상 현실(VR; Virtual Reality)**: 컴퓨터가 만든 가상세계의 다양한 경험을 체험할 수 있도록 하는 컴퓨터 그래픽 기술과 시뮬레이션 기능 등의 관련 기술
- **증강 현실(AR; Augmented Reality)**: 현실 세계에 가상의 사물을 합성하여 마치 현실 세계에 존재하는 사물처럼 보이게 하는 기술
- **화상 회의 시스템(VCS; Video Conference System)**: 초고속 정보통신망을 이용하여 멀리 떨어져 있는 사람들과 비디오와 오디오를 통해 회의하는 시스템
- **키오스크(Kiosk)**: 지하철, 박물관, 백화점, 쇼핑센터 등에서 보통 터치스크린(Touch Screen)을 이용하여 운영되는 무인 종합 정보 안내 시스템

046 그래픽 데이터

1 그래픽 데이터의 표현 방식

비트맵(Bitmap) 방식	• 이미지를 점의 집합으로 표시하는 방식으로, '래스터(Raster) 이미지'라고도 함 • 확대하면 테두리가 거칠어지는 계단 현상 발생 • 벡터 방식보다 파일의 크기가 큼 • 화면에 표시하는 속도는 벡터 방식보다 빠름 • 다양한 색상을 사용하여 사실적 이미지를 표현함 • 확장명: BMP, JPG, GIF, PNG 등 • 프로그램: 포토샵, 그림판, 페인트샵 프로 등
벡터(Vector) 방식	• 점과 점을 연결하는 직선이나 곡선을 이용하여 이미지 표현 • 확대해도 계단 현상이 발생하지 않음 • 확장명: WMF, AI 등 • 프로그램: 일러스트레이터, 플래시, 코렐드로 등

확인문제

다음 중 컴퓨터 그래픽과 관련하여 벡터(Vector) 이미지에 대한 설명으로 옳지 않은 것은?

① 이미지의 크기를 확대해도 화질에 손상이 없다.
② 점과 점을 연결하는 직선이나 곡선을 이용하여 이미지를 구성한다.
③ 대표적인 파일 형식에는 AI, WMF 등이 있다.
④ 픽셀로 이미지를 표현하며, '래스터(Raster) 이미지'라고도 한다.

정답 해설 이미지를 픽셀의 집합으로 표현하여 테두리가 거칠고 사실적인 이미지 표현에 사용되는 비트맵 방식에 대한 설명이다.

정답 | ④

2 그래픽 파일의 형식

BMP	• Windows의 표준 이미지 형식 • 압축하지 않아 파일의 용량이 매우 큼
JPEG	• 정지 화상을 위해 만들어진 압축 방식의 표준 • 웹에서 사진과 같이 색이 다양한 정지 영상을 표현하기에 적합 • 24비트 컬러를 사용하여 트루컬러로 이미지 표현 • 손실, 무손실 압축 기법을 모두 사용하지만, 무손실 압축 기법은 잘 쓰지 않음 • 저장할 때 사용자가 임의로 압축률을 조정할 수 있음 • 압축률이 높을수록 이미지의 질이 떨어짐
PNG	• 트루컬러를 지원하는 무손실 방식의 그래픽 파일 • 8비트 알파 채널을 이용하여 부드러운 투명층 표현
GIF	• 무손실 압축 기법 사용 • 8비트 컬러로, 256(=2^8)색 표현 • 간단한 애니메이션 효과를 지정할 수 있음

3 그래픽 관련 용어

앨리어싱(Aliasing)	비트맵 이미지를 확대했을 때 이미지의 경계선이 매끄럽지 않고 계단 형태로 나타나는 현상
안티앨리어싱(Anti-aliasing)	2차원 그래픽에서 계단 현상(앨리어싱)을 제거하여 경계면을 부드럽게 보이도록 하는 기법
모델링(Modeling)	물체의 형상을 컴퓨터 내부에서 3차원 그래픽으로 어떻게 표현할 것인지를 정하는 과정
렌더링(Rendering)	3차원 그래픽에서 사물 모형에 명암과 색상을 추가하여 사실감을 더하는 과정
디더링(Dithering)	표현할 수 없는 색상이 있을 경우 색상을 조합하여 비슷한 색상을 내는 효과
인터레이싱(Interlacing)	화면에 이미지를 표시할 때 한 번에 표시하지 않고 이미지의 대략적인 모습을 먼저 보여준 후 점차 선명하게 나타나도록 하는 방식
모핑(Morphing)	하나의 이미지를 다른 이미지로 서서히 변화시키는 특수 효과

확인문제

다음 중 2차원 또는 3차원 물체의 모형에 명암과 색상을 입혀 사실감을 더해주는 그래픽 기법은?

① 모델링(Modeling) ② 애니메이션(Animation)
③ 리터칭(Retouching) ④ 렌더링(Rendering)

오답 해설 ① 어떠한 방법으로 렌더링할 것인지를 정하는 과정이다.
② 여러 장의 화면을 연속 촬영하고 조작하여 화면이 움직여 보이게 만든 기법이나 영상이다.
③ 이미지의 상태를 향상시키기 위하여 새로운 형태로 수정 및 보정하는 작업이다.

정답 | ④

047 사운드 데이터

1 사운드 파일의 형식

- WAV(WAVeform audio file format)
  - 무압축 방식으로, 아날로그 사운드를 디지털 사운드로 바꾼 방식
  - 자연의 음향과 사람의 음성 표현이 가능하고 파일의 용량이 큰 편임
  - 녹음 조건에 따라 파일의 크기가 가변적임
- MIDI(Musical Instrument Digital Interface)
  - 전자 음향장치나 디지털 악기 간의 통신 규약
  - 용량이 작고, 사람의 목소리나 자연음은 재생할 수 없음

- MP3(MPEG-1 audio layer 3)
  - 소리에 대한 사람의 청각 특성을 잘 살려 압축하는 기법
  - CD 수준의 음질을 들을 수 있는 고음질 오디오 압축 표준 형식
  - MP3 파일의 크기(Byte) = (비트레이트 × 재생시간(초)) ÷ 8
- FLAC(Free Lossless Audio Codec): 오디오 파일을 무손실 압축하는 방식으로, 음원의 손실이 없음
- AIFF(Audio Interchange File Format): 비압축 무손실 압축 포맷으로, Mac OS에서 표준으로 사용하는 오디오 파일 형식

2 사운드 관련 용어

- 샘플링(Sampling): 아날로그 신호를 디지털 신호로 변환해 주는 작업
- 샘플링 레이트(Sampling Rate): 1초에 몇 개의 샘플을 추출할지를 정하는 것으로, 샘플링 레이트(샘플링률)가 높을수록 원음에 가까움. 단위는 헤르츠(Hz) 사용

048 동영상 데이터

1 동영상 파일의 형식

MPEG	• 동영상 전문가 그룹인 Motion Picture Experts Group에서 제안한 동영상 압축 기술의 국제 표준 규격 • 동영상과 오디오 압축에 관한 일련의 표준
AVI	• Windows에서 기본적으로 지원하는 표준 동영상 파일 형식 • 별도의 하드웨어 장치 없이 재생 가능
MOV	• 애플(Apple)에서 개발한 동영상 파일 형식 • Windows에서 재생하려면 Quick Time for Windows 프로그램을 설치해야 함
ASF	• 마이크로소프트에서 개발한 동영상 파일 형식 • 용량이 작고 음질이 뛰어나 주로 스트리밍 서비스를 하는 인터넷 방송국에서 사용
H.264	• 비디오 코딩 전문가 그룹(VCEG)과 ISO/IEC의 동영상 전문가 그룹(MPEG)이 공동으로 조인트 비디오팀(JVT; Joint Video Team)을 구성하고 표준화를 진행하여 만든 고선명 동영상 압축 표준 형식 • 고선명 비디오를 녹화·압축·배포하기 위한 가장 일반적인 포맷으로, 데이터 압축률이 매우 높음

더 보기

DVI
컴퓨터 기타 장치에서 디스플레이(모니터, 프로젝터 등)로 디지털 비디오 신호를 전송하는 표준 영상 출력 인터페이스

DIVX
- MPEG-4와 MP3를 재조합한 것으로, 코덱을 변형해서 만듦
- 한두 장의 CD 분량으로 DVD와 유사한 수준의 화질로 영화를 볼 수 있게 지원

2 MPEG 규격

MPEG-1	비디오테이프 수준의 화질을 제공하고 비디오 CD 제작에 사용
MPEG-2	높은 화질과 음질을 제공하고 DVD, HDTV 등에 사용
MPEG-4	멀티미디어 통신을 위해 만들어진 영상 압축 기술
MPEG-7	동영상 데이터 검색과 전자도서관, 전자상거래 등에 적합하도록 개발
MPEG-21	디지털 콘텐츠의 생성·유통·전달·관리 등 모든 과정을 관리할 수 있음

3 동영상 관련 용어

- 코덱(CODEC): 음성 신호나 영상 신호를 디지털 신호로 변환하는 코더(Coder)와, 그 반대로 변환시켜 주는 디코더(Decoder)의 기능을 함께 갖춘 기술
- 스트리밍(Streaming): 전송되는 데이터를 끊임없이 지속적으로 처리하기 때문에 파일을 다운로드하면서 재생할 수 있는 기능

더 보기

동영상 파일의 [속성] 대화상자에서 확인할 수 있는 비디오 정보
[속성] 대화상자의 [자세히] 탭에서 동영상의 길이, 프레임 속도, 프레임 너비, 프레임 높이, 총 비트 전송률 등을 확인할 수 있지만, 비트 수준은 표시되지 않음

Chapter 7 인터넷 활용

049 정보통신망

1 정보의 전송 방식

- 단방향 전송: 한쪽으로만 데이터를 전송하는 방식
  예시 라디오, TV 방송

- **반이중 전송**: 양쪽으로 데이터를 전송하지만, 동시 전송은 불가능한 방식 예시 무전기
- **전이중 전송**: 양쪽으로 동시에 데이터를 전송하는 방식 예시 전화

2 네트워크의 구성 형태

성(Star)형	• 모든 컴퓨터를 중앙 컴퓨터와 일대일로 연결한 형태 • '포인트 투 포인트(Point-to-Point)' 방식이라고도 함 • 통신망의 처리 능력 및 신뢰성이 중앙 컴퓨터의 제어 장치에 좌우됨
트리(Tree)형	• 허브를 이용하여 계층적으로 구성한 형태 • 많이 확장되면 트래픽이 가중될 수 있음
링(Ring)형	• 여러 대의 컴퓨터를 원형 모양으로 서로 연결한 형태 • 단방향의 경우 특정 노드에 이상이 생기면 전체 통신망에 영향을 미침
버스(Bus)형	• 하나의 통신 회선에 여러 대의 컴퓨터를 연결한 형태 • 케이블 종단에는 종단장치가 있어야 함 • 증설이나 삭제가 쉬움
망(Mesh)형	• 모든 컴퓨터를 그물 모양으로 서로 연결한 형태 • 특정 노드에 이상이 생겨도 전송할 수 있고 응답 시간이 빠름

확인문제

다음 중 정보통신망의 구성 형태를 설명한 내용으로 옳지 않은 것은?

① 망형(Mesh Topology)은 네트워크의 모든 노드들이 서로 연결되는 방식으로, 특정 노드에 이상이 생겨도 전송이 가능하다.
② 링형(Ring Topology)은 회선이나 노드 중 하나라도 문제가 발생하면 전체 통신망에 영향을 미쳐서 쉽게 해결하기 힘들다.
③ 트리형(Tree Topology)은 모든 노드들을 하나의 원형으로 연결하는 구조로, 통신 제어가 간단하고 신뢰성이 높아 특정 노드의 문제도 쉽게 해결할 수 있다.
④ 버스형(Bus Topology)은 모든 노드들이 하나의 케이블에 연결되어 있으며, 케이블 종단에는 종단 장치가 있어야 한다.

정답 해설 트리형은 하나의 노드에 여러 개의 노드가 트리형으로 연결되어 있는 형태로, '계층형'이라고 한다. 통신 회선 수 절약, 네트워크 확장용이, 통신 선로가 짧다는 것이 장점이고, 상위 노드에 문제가 발생했을 때 하위 노드 전체에 영향을 미치며 중앙 지점에서 병목 현상이 발생할 수 있다는 것이 단점이다.

정답 | ③

050 정보통신망의 종류

1 정보통신망의 유형

- **근거리 통신망(LAN; Local Area Network)**
  - 집, 학교, 회사 등 한정된 공간에서 자원을 공유할 목적으로 연결된 통신망
  - 전송 거리가 짧고, 고속 전송이 가능하며, 오류 발생률이 낮음
- **도시권 정보 통신망(MAN; Metropolitan Area Network)** LAN과 WAN의 중간 형태로, 대도시와 같은 지역에 데이터 전송을 제공하는 통신망
- **광역 통신망(WAN; Wide Area Network)**
  - 국가나 대륙 등 넓은 지역을 연결하는 통신망
  - 거리의 제한이 없지만, 다양한 경로를 거쳐서 도달하므로 속도가 느리고 오류 발생률이 높음
- **부가 가치 통신망(VAN; Value Added Network)**: 통신 회선을 임대하여 기존의 정보에 새로운 정보나 서비스를 추가하여 다수의 이용자에게 판매하는 통신망
- **광대역 종합 정보통신망(B-ISDN; Broadband Integrated Services Digital Network)**: 광대역 네트워크에서 데이터, 음성, 고해상도의 동영상 등 다양한 서비스를 디지털 통신망을 이용하여 제공하는 고속 통신망
- **무선 가입자 통신망(WLL; Wireless Local Loop)**: 전화국과 가입자의 단말 사이에 무선 시스템을 이용하여 구성하는 통신망

더 보기

중앙 집중 방식
중앙 컴퓨터가 모든 단말기에서 요구하는 데이터 처리를 전담하는 방식

클라이언트/서버 방식
서버와 클라이언트가 모두 처리 능력을 가지며, 분산 처리 환경에 적합한 방식

P2P(Peer-to-Peer, 동배 간 처리) 방식
- 컴퓨터와 컴퓨터가 동등하게 연결되는 방식
- 각 컴퓨터는 클라이언트인 동시에 서버가 될 수 있음
- 인터넷에서 이루어지는 개인 대 개인의 파일 공유를 위한 기술
- 유지 보수가 어렵고 데이터의 보안이 취약함

2 LAN의 전송 방식

- **베이스밴드 전송**: 디지털 데이터 신호를 변조하지 않고 원래의 신호를 그대로 직접 전송하는 방식

- **브로드밴드 전송**: 디지털 데이터 신호를 아날로그 신호로 변조하여 다수의 통신 채널로 데이터를 동시에 전송하는 방식

> **더 보기**
> 제3세대 이동통신
> WCDMA, WiBro, IMT 2000
> 제4세대 이동통신
> LTE-Advanced, WiBro-Evolution

051 OSI 7계층과 네트워크 장치 ★★★

1 OSI 7계층

- 네트워크에서 통신에 필요한 프로토콜을 7단계로 구분하고 정의한 표준 계층 모델
- 컴퓨터 네트워크 프로토콜 디자인과 통신을 계층으로 나누어 정의한 통신 규약

제1계층	물리 계층 (Physical Layer)	• 전송 매체에서의 전기 신호 전송 기능과 제어 및 클록 신호 제공 • 작동 장치: 리피터, 허브
제2계층	데이터 링크 계층 (Data Link Layer)	• 포인트 투 포인트(Point-to-Point) 간 신뢰성 있는 전송을 보장하기 위한 계층 • 동기화, 흐름 제어, 순서 제어 기능 제공 • 작동 장치: 브리지, 스위치
제3계층	네트워크 계층 (Network Layer)	• 정보 교환 및 중계 기능, 경로 설정 기능 제공 • 작동 장치: 라우터
제4계층	전송 계층 (Transport Layer)	송·수신 시스템 간의 논리적 안정과 균일한 서비스 제공
제5계층	세션 계층 (Session Layer)	사용자와 전송 계층 간의 인터페이스를 위한 연결 제공
제6계층	표현 계층 (Presentation Layer)	네트워크에서 일관성 있게 데이터를 표현하도록 코드 변환, 데이터의 재구성, 암호화 등 담당
제7계층	응용 계층 (Application Layer)	응용 프로세스 간의 정보 교환, 파일 전송 등 제공

2 네트워크 장치

모뎀(MODEM)	디지털 신호를 아날로그 신호로 변환하여 전송하고, 수신된 신호를 다시 디지털 신호로 변환하는 장치
허브(Hub)	네트워크에서 여러 대의 컴퓨터를 연결하고 각 회선을 통합 관리하는 장치
브리지(Bridge)	• 독립된 두 개의 근거리 통신망을 상호 접속하는 연결 장치 • OSI 7계층에서 데이터 링크 계층(제2계층)에 포함됨 • 통신량을 조절함
라우터(Router)	• 데이터 전송을 위한 최적의 IP 경로를 찾아 전송하는 장치 • 서로 다른 네트워크를 연결할 때 반드시 필요한 장비
리피터(Repeater)	약해진 신호를 증폭하며 다음 구간으로 전달하는 장치
게이트웨이(Gateway)	• 한 네트워크에서 다른 네트워크로 들어가는 입구 역할을 하는 장치 • 서로 구조가 다른 두 개의 통신 네트워크를 연결하는 데 사용 • OSI 7계층의 전 계층에서 작성

> **더 보기**
> - **디지털 서비스 유니트(DSU)**: 원거리 전송에 적합하도록 디지털 신호의 형태로 변형하는 장치
> - **통신제어장치(CCU; Communication Control Unit)**: 통신 회선과 정보처리장치 사이에 위치하여 단말장치와 정보 신호를 제어하는 장치

052 네트워크 명령어 ★★★

- **Ping**: 지정된 호스트에 대해 네트워크 계층의 통신이 가능한지를 확인하는 서비스
- **Tracert**: 송신한 패킷이 어떤 경로로 가는지 추적하는 명령어
  - IP 주소, 목적지까지 거치는 경로의 수, 각 구간 사이의 데이터 왕복 속도를 확인할 수 있음
  - 특정 사이트가 열리지 않을 때 해당 서버가 문제인지, 인터넷망이 문제인지 확인 가능함
  - 인터넷 속도가 느릴 때 어느 구간에서 정체를 일으키는지 확인 가능함
- **Netstat**: 현재 자신의 컴퓨터에 연결된 다른 컴퓨터의 IP 주소나 포트 정보를 확인하는 명령어
- **Nslookup**: DNS가 가지고 있는 특정 도메인의 IP Address를 검색하는 서비스

확인문제

다음 중 특정 IP에 도달할 때까지의 전체 경유 경로 내역을 보여주는 명령어인 'Tracert'에 대한 설명으로 옳지 않은 것은?

① IP 주소, 목적지까지 거치는 경로의 수, 각 구간 사이의 데이터 왕복 속도를 확인할 수 있다.
② 특정 사이트가 열리지 않을 때 해당 서버가 문제인지 인터넷 망이 문제인지를 확인할 수 있다.
③ 명령어는 'tracert 도메인' 형식으로 사용한다.
④ 네트워크를 통해 특정한 호스트가 도달할 수 있는지 여부를 테스트하는 데 쓰이는 명령이다.

정답 해설 네트워크를 통해 특정한 호스트가 도달할 수 있는지 여부를 테스트하는 데 쓰이는 명령은 'Ping'이다.

정답 | ④

- 각 부분은 네 자리의 16진수로 표현하고, 각 블록의 앞자리에 있는 0은 생략할 수 있음
- IPv4와의 호환성이 우수하고 품질을 쉽게 보장할 수 있음
- IPv4보다 주소의 확장성, 융통성, 연동성이 뛰어남
- 실시간 흐름 제어로 향상된 멀티미디어 기능 지원
- 인증성, 기밀성, 데이터 무결성의 지원으로 보안 문제를 해결할 수 있음
- 주소 유형: 유니캐스트, 애니캐스트, 멀티캐스트 형태

유니캐스트(Unicast)	1:1 통신 방식
애니캐스트(Anycast)	가장 가까운 노드에 전송하는 방식
멀티캐스트(Multicast)	특정 그룹에게 전송하는 방식

확인문제

다음 중 IPv6 주소에 대한 설명으로 옳지 않은 것은?

① 16비트씩 8부분으로, 총 128비트로 구성된다.
② 각 부분은 10진수로 표현되며, 세미콜론(;)으로 구분한다.
③ 주소 체계는 유니캐스트, 멀티캐스트, 애니캐스트로 나누어진다.
④ 실시간 흐름 제어로 향상된 멀티미디어 기능을 지원한다.

정답 해설 IPv6는 16진수로 표현하고, 콜론(:)으로 구분한다.

정답 | ②

053 IP 주소 ★★★

1 IPv4

- 인터넷에 연결된 컴퓨터의 고유한 주소
- 32비트로 구성된 주소 체계로, 점(.)을 이용해 8비트씩 네 부분(옥텟, Octet)으로 나누어 구분
- 각 부분은 0~255의 10진수로 표시
- 네트워크의 규모에 따라 A 클래스에서 E 클래스까지 5단계로 구분됨

구분	기능	첫째 옥텟 범위
A 클래스	국가나 대형 통신망에 사용	0~127
B 클래스	중대형 통신망에 사용	128~191
C 클래스	소규모 통신망에 사용	192~223
D 클래스	멀티캐스트용으로 사용	224~239
E 클래스	실험용으로 사용	240~255

- 서브넷 마스크: IP 주소에서 네트워크 주소와 호스트 주소를 구분하고, 하나의 네트워크를 여러 개의 서브 네트워크로 나누기 위해 사용하는 32Bit 숫자

2 IPv6

- IPv4의 주소 부족 문제를 해결하기 위해 개발
- 128비트 주소 체계로, 16비트씩 8부분으로 나누고 콜론(:)으로 구분

054 도메인 네임과 URL ★

1 도메인 네임(Domain Name)

- IP 주소를 사용자가 이해하기 쉬운 문자 형태로 변환한 것
- 호스트 컴퓨터명, 소속 기관명, 소속 기관의 종류, 소속 국가명의 순서로 구성되며, 왼쪽에서 오른쪽으로 갈수록 상위 도메인을 의미함
- 도메인 네임 전체(FQDN)는 전세계적으로 고유해야 하며 중복되면 안 됨
- DNS(Domain Name System)
  - 문자로 만들어진 도메인 네임을 IP 주소로 변환해 주는 시스템
  - DNS는 모든 호스트를 도메인별로 계층화시켜서 관리

2 URL(Uniform Resource Locator)

- 인터넷에 있는 각종 자원이 있는 위치를 나타내는 표준 주소 체계
- 형식

  프로토콜://호스트 서버 주소[:포트 번호][/파일 경로]

  예시 http://www.eduwill.net/a.jpg
  ftp://id:pass@192.168.1.234/a.jpg
  mailto:somebody@mail.somehost.com

더 보기

잘 알려진 포트
HTTP-80, FTP-21, TELNET-23, News-119, Gopher-70

055 프로토콜 ★★★

1 프로토콜의 기능

- **동기화**: 프레임의 시작과 끝을 구분하기 위해 송·수신기를 같은 상태로 유지
- **연결 제어**: 통신 개체(Entity) 간에 '연결 설정', '데이터 전송', '연결 해제'의 3단계로 제어
- **흐름 제어**: 송신 측이 수신 측의 처리 속도보다 더 빨리 데이터를 보내지 못하도록 조절
- **오류 제어**: 데이터 전송 도중에 발생하는 오류 검출

2 TCP/IP

- 서로 다른 기종의 컴퓨터 간에 데이터를 송·수신하기 위해 개발된 인터넷 표준 프로토콜로, TCP와 IP를 포함한 관련 프로토콜을 모두 포함
- TCP(Transmission Control Protocol)
  - 메시지를 송·수신 주소와 정보로 묶어 패킷 단위로 나눔
  - 일부 망에 장애가 있어도 다른 망으로 통신할 수 있는 신뢰성 제공
  - 전송 데이터의 흐름을 제어하고 데이터의 오류를 검사
  - OSI 7계층의 전송 계층(제4계층)에 해당
- IP(Internet Protocol)
  - 패킷 주소를 해석하고 최적의 경로를 결정하여 전송
  - 신뢰성이 보장되지 않는 비신뢰성, 비연결형 서비스 수행
  - OSI 7계층의 네트워크 계층(제3계층)에 해당

더 보기

TCP/IP의 계층 구조

제4계층	응용 계층	• 응용 프로그램 간의 데이터 송·수신을 담당 • 사용자가 컴퓨터에 접근할 수 있도록 서비스 제공
제3계층	전송 계층	호스트들 간의 신뢰성 있는 통신 지원
제2계층	인터넷 계층	데이터 전송을 위한 주소 지정 및 경로 설정 지원
제1계층	네트워크 인터페이스 계층(링크 계층)	물리적 연결 구성 정의

- **TCP/IP 속성**

IP 주소	현재 컴퓨터에 설정된 IP 주소
서브넷 마스크	IP 주소의 '네트워크' 부분과 '호스트' 부분을 구별하여 하나의 IP를 여러 개로 나누어서 사용
기본 게이트웨이	프로토콜이 서로 다른 통신망을 상호 접속하기 위한 장치
DNS 서버 주소	도메인 네임을 숫자로 된 IP 주소로 변환하는 DNS 서버의 IP 주소

더 보기

고급 공유 설정 항목
네트워크 검색, 파일 및 프린터 공유, 공용 폴더 공유, 미디어 스트리밍, 파일 공유 연결, 암호로 보호된 공유

3 기타 프로토콜

- **HTTP(HyperText Transfer Protocol)**: 웹 서버와 브라우저 사이에서 하이퍼텍스트를 주고받기 위한 프로토콜
- **DHCP(Dynamic Host Configuration Protocol)**: IP 주소를 동적으로 할당해 주는 프로토콜
- **ARP(Address Resolution Protocol)**: IP 주소(IP Address)를 물리적 하드웨어 주소(Mac Address)로 변환하는 프로토콜
- **RARP(Reverse Address Resolution Protocol)**: 물리적 하드웨어 주소(Mac Address)를 IP 주소(IP Address)로 변환하는 프로토콜
- **UDP(User Datagram Protocol)**: 전송 계층에서 동작하는 비연결 지향형 프로토콜

> **확인문제**
>
> 다음 중 TCP/IP를 구성하는 각 계층에 대한 설명으로 옳지 않은 것은?
> ① 응용 계층은 응용 프로그램 간의 데이터 송·수신을 담당한다.
> ② 전송 계층은 호스트들 간의 신뢰성 있는 통신을 지원한다.
> ③ 인터넷 계층은 데이터 전송을 위한 주소 지정 및 경로 설정을 지원한다.
> ④ 링크 계층은 사용자가 컴퓨터에 접근할 수 있도록 서비스를 제공한다.
>
> **정답 해설** '응용 계층'에 대한 설명이다. TCP/IP 계층 구조는 '링크 계층(제1계층)' – '인터넷 계층(제2계층)' – '전송 계층(제3계층)' – '응용 계층(제4계층)'으로 구성되는데, 링크 계층은 물리적 연결 구성을 정의한다.
>
> 정답 | ④

056 전자우편과 전자우편 프로토콜

1 전자우편(E-mail)

- 기본적으로 7비트의 ASCII 코드를 사용하여 메시지 전송
- 한 사람이 동시에 여러 사람에게 같은 전자우편을 보낼 수 있음
- 보내기, 회신, 첨부, 전달 등의 기능이 있음
- 전자우편 주소: 사용자 ID@호스트 주소
- 전자우편 헤더의 구성: 발신자 주소, 수신자 주소, 참조인 주소, 숨은 참조인 주소, 작성 날짜, 제목

2 전자우편 프로토콜

- SMTP(Simple Mail Transfer Protocol): 사용자가 작성한 이메일을 다른 사람의 계정으로 전송해 주는 프로토콜
- POP3(Post Office Protocol 3): 메일 서버의 이메일을 사용자의 컴퓨터로 가져오기 위한 프로토콜
- MIME(Multi-purpose Internet Mail Extensions): 멀티미디어 전자우편을 주고 받기 위한 인터넷 메일의 표준 프로토콜
- IMAP(Internet Message Access Protocol): 서버에 직접 접속하여 메일을 확인하는 방식으로, 메일을 수신해도 서버에 메일이 남아있는 프로토콜

3 전자우편 관련 용어

- 스팸(Spam) 메일: 수신인이 원하지 않는 메시지나 정보를 일방적으로 보내는 행위
- 옵트인(Opt-in) 메일: 수신인이 사전에 받기로 수락한 광고성 이메일로, 법적인 문제가 되지 않음

057 웹 브라우저

1 웹 브라우저의 종류와 기능

- 웹 문서를 사용자에게 보여주는 프로그램
- 종류: 익스플로러(Explorer), 넷스케이프(Netscape), 모자이크(Mosaic), 링스(Lynx), 오페라(Opera), 아라크네(Arachne), 삼바(SAMBA), 핫 자바(Hot Java), 파이어폭스(Firefox) 등
- 웹 페이지의 내용을 사용자 컴퓨터에 저장하거나 인쇄할 수 있음
- 전자우편을 보내거나 FTP 서버에 접속할 수 있음
- HTML 및 XML 형태의 소스 파일을 볼 수 있음
- 플러그인(Plug-in)을 설치하여 비디오, 애니메이션과 같은 멀티미디어 파일을 재생할 수 있음

2 웹 브라우저 관련 용어

- 플러그인(Plug-in): 웹 브라우저에 추가 기능을 부여하는 프로그램
- 쿠키(Cookie): 웹사이트의 방문 정보를 기록하는 텍스트 파일
- 웹 캐시(Web Cache): 자주 사용하는 사이트의 자료를 저장한 후 같은 사이트에 접속할 경우 자동으로 자료를 불러오는 기능

> **더 보기**
>
> [인터넷 옵션] 대화상자
>
> | | |
> |---|---|
> | [일반] 탭 | • 홈페이지 추가
• 마지막 세션 또는 기본 홈페이지로 웹 브라우저의 시작 여부를 설정
• 임시 파일, 열어본 페이지 목록, 쿠키 등을 삭제
• 웹 페이지의 색, 언어, 글꼴, 접근성 등을 설정 |
> | [보안] 탭 | 인터넷, 로컬 인트라넷, 신뢰할 수 있는 사이트, 제한된 사이트 등의 보안 수준을 설정 |
> | [개인 정보] 탭 | 쿠키 처리 방법, 팝업 차단 등을 설정 |
> | [프로그램] 탭 | 기본 웹 브라우저와 HTML 편집 프로그램을 설정 |

058 인터넷 서비스 ★★★★

1 인터넷 서비스의 종류

- **WWW(World Wide Web)**: 하이퍼텍스트를 기반으로 멀티미디어 정보를 검색할 수 있는 서비스
- **FTP(File Transfer Protocol)**
  - 파일을 송·수신할 때 사용되는 원격 파일 전송 프로토콜
  - 파일 업로드, 다운로드, 삭제, 이름 변경 등의 작업을 할 수 있음
  - FTP 서버의 응용 프로그램은 다운로드한 후 실행할 수 있음
  - 익명(Anonymous) FTP: FTP 서버에 계정이 없는 익명의 사용자도 접속하여 사용할 수 있는 서비스
  - ASCII 코드의 텍스트 파일은 ASCII 모드로 전송하고, 그림, 동영상, 실행 파일, 압축 파일 등은 Binary 모드로 전송
- **IRC(Internet Relay Chat)**: 여러 사람이 관심 있는 분야별로 각자의 채널에서 대화할 수 있는 서비스
- **WAIS(Wide Area Information Server)**: 여러 곳에 분산된 전문 주제에 관한 데이터베이스 자료를 키워드로 검색할 수 있게 하는 서비스
- **유즈넷(Usenet)**: 인터넷의 전자게시판으로, 특정한 주제나 관심사에 대해 의견을 제시하고 자료를 등록할 수 있는 서비스
- **텔넷(Telnet)**: 멀리 떨어져 있는 컴퓨터에 접속하여 자신의 컴퓨터처럼 사용할 수 있게 하는 서비스
- **이커머스(E-Commerce)**: 전자상거래(Electronic Commerce)의 약자로, 온라인에서 네트워크를 통해 상품과 서비스를 사고파는 것
- **VoIP(Voice over Internet Protocol)**
  - IP 기술을 이용하여 음성을 전송하는 기술로, 네트워크를 통해 음성을 패킷 형태로 전송
  - 일반 전화보다 요금이 저렴하지만, 트래픽이 많아지면 통화 품질이 떨어질 수 있음
- **IPTV**: 초고속 인터넷을 이용하여 동영상 콘텐츠, 정보 서비스 등 기본 텔레비전 기능에 인터넷 검색이 가능한 서비스
- **인트라넷(Intranet)**: 인터넷을 이용해 일정 지역 안에서 정보를 교환하거나 공동 작업을 하기 위한 목적으로 구축한 통신망으로, 인터넷 관련 기술을 기업의 전자우편, 전자결재 등과 같은 정보 시스템에 적용할 수 있음
- **엑스트라넷(Extranet)**: 인터넷을 이용해 일정 지역 안에서 정보를 교환하거나 공동 작업을 하기 위한 목적으로 구축한 통신망으로, 인터넷 기술을 사용하여 '공급자-고객-협력업체' 사이의 인트라넷을 연결하는 협력적 네트워크
- **포털 사이트(PS; Portal Site)**: 전자우편, 뉴스, 쇼핑, 게시판 등 다양한 서비스를 통합하여 제공하는 사이트
- **미러 사이트(Mirror Site)**: 인터넷에서 동시 접속자 수가 너무 많아 과부하가 걸리거나 속도가 느려지는 것을 막기 위해 같은 사이트를 여러 곳에 복사해 놓은 사이트

2 신기술 관련 용어

- **LBS(Location Based Services)**: 이동통신망이나 위성 신호 등을 이용하여 모바일 단말기의 위치를 측정하고, 정보 서비스를 제공하는 모바일 커뮤니케이션 서비스
- **DMB(Digital Multi-media Broadcasting)**: 휴대용 기기에서 디지털 영상 및 오디오 방송을 전송하는 방송 기술로, 커뮤니케이션 서비스로는 볼 수 없음
- **블루투스(Bluetooth)**
  - 1994년 스웨덴의 에릭슨(Ericsson)이 최초로 개발한 근거리 통신 기술
  - 휴대폰, 노트북, 이어폰, 헤드폰 등의 휴대용 기기를 서로 연결해 정보를 교환하는 근거리 무선 기술 표준
  - IEEE 802.15.1 규격을 사용하는 PAN(Personal Area Network)의 산업 표준
- **와이파이(Wi-Fi)**
  - IEEE 802.11 기술 규격의 브랜드명으로, 'Wireless Fidelity'의 약어
  - 사용 거리에 제한이 있고, 전송 속도가 3G 이동 통신보다 빠르며, 전송 비용이 저렴함
  - 무선 신호를 전달하는 AP(Access Point)를 중심으로 데이터를 주고받는 '인프라스트럭처(Infrastructure) 모드'와 AP 없이 데이터를 주고받는 '애드혹(Ad hoc) 모드'가 있음
  - IEEE 802.11b 규격은 최대 11Mbps의 속도를 지원하고, IEEE 802.11g 규격은 최대 54Mbps의 속도를 지원

> **더 보기**
>
> **3D 프린터**
> - 입력한 도면을 바탕으로 3차원 입체 물품을 만들어내는 프린터
> - 잉크를 종이 표면에 분사하여 2D 이미지를 인쇄하는 잉크젯 프린터의 인쇄 원리와 같음
> - 인쇄 방식으로는 레이어로 쌓아 입체 형상을 만드는 '적층형 방식'과 작은 덩어리로 깎아서 만드는 '절삭형 방식'이 있음
> - 기계, 건축, 예술, 우주 등의 수많은 분야뿐만 아니라, 의료 분야에서도 활발히 활용되고 있음

- **와이브로(WiBro)**: 이동 중에도 초고속 인터넷을 이용할 수 있는 무선 휴대 인터넷 서비스
- **테더링(Tethering)**: 컴퓨터나 노트북 등의 IT 기기를 스마트폰에 연결하여 무선 인터넷을 사용할 수 있게 하는 기능
- **텔레매틱스(Telematics)**: 자동차와 무선 통신을 결합한 기술로, 운전 경로를 안내하거나 차량 사고를 감지할 수 있음
- **유비쿼터스 센서 네트워크(USN; Ubiquitous Sensor Network)**: 각종 센서에서 감지한 정보를 무선으로 수집하는 기술

> **더 보기**
> **유비쿼터스 컴퓨팅 기반 기술의 종류**
> - 유비쿼터스 컴퓨팅이 가능하기 위한 고속의 네트워크 전송 기술
> - 휴대성을 극대화하기 위한 초소형, 초경량의 하드웨어 제조 기술
> - 개인별 최적화된 소프트웨어의 제작 및 유통 기술

- **사물 인터넷(IoT; Internet of Things)**
  - 인터넷을 기반으로 다양한 사물, 사람, 공간 등을 연결하고, 상황을 분석 및 예측, 판단해서 지능화된 서비스를 제공하는 기술
  - 스마트 센싱 기술과 무선 통신 기술을 융합하여 실시간으로 데이터를 주고받는 기술
  - 개인 맞춤형 스마트 서비스를 지향하고, 스스로 사물에 의사 결정을 내리는 단계로 발전하고 있음
  - 사물 인터넷 기반 서비스는 개방형 아키텍처가 필요하므로 정보 공유에 대한 부작용을 최소화하기 위한 정보보안 기술의 적용이 필요함
- **웨어러블 컴퓨터(Wearable Computer)**: 소형화, 경량화를 비롯해 음성과 동작 인식 등 다양한 기술이 적용되어 장소에 구애받지 않고 컴퓨터를 활용할 수 있도록 몸에 착용하는 컴퓨터
- **RFID(Radio Frequency IDentification)**: 사물에 전자 태그를 부착하고, 무선 통신을 이용하여 제품 식별, 출입 관리 등 다양한 분야에서 활용하는 기술
- **데이터 마이닝(Data Mining)**: 대량의 데이터에서 일정한 패턴을 찾아내고, 이로부터 가치 있는 정보를 추출하는 기술

> **더 보기**
> **데이터 관련 용어**
> - **데이터 웨어하우스(Data Warehouse)**: 의사 결정을 지원하기 위해 데이터베이스에 축적된 데이터를 공통의 형식으로 변환한 데이터의 집합
> - **데이터 마이그레이션(Data Migration)**: 데이터를 새로운 시스템으로 이관하는 것으로, 데이터의 위치나 형식을 모두 변경함
> - **메타데이터(Metadata)**: 데이터를 효율적으로 관리하고 활용하기 위해 데이터 속성, 구조, 생성 정보, 요약 내용 등 데이터 자체에 대한 정보를 구조화함

> **확인문제**
>
> 다음 중 정보통신기술 관련 용어에 대한 설명으로 옳지 않은 것은?
> ① IoT: 사물에 센서를 부착하여 실시간으로 정보를 모은 후 인터넷을 통해 개별 사물들 간에 정보를 주고받게 하는 기술
> ② WiBro: 고정된 장소에서 초고속 인터넷을 이용할 수 있게 하는 무선 인터넷 서비스
> ③ VoIP: 음성 데이터를 인터넷 프로토콜 네트워크를 통해 전송하여 통화할 수 있게 하는 음성 통신 기술
> ④ RFID: 제품 식별, 출입 관리 등 다양한 분야에서 활용되는 기술로, 전파를 이용하여 정보를 인식하는 기술
>
> **정답 해설** 와이브로(WiBro)는 고정된 장소가 아닌, 이동하면서 초고속 인터넷을 이용할 수 있는 무선 휴대 인터넷 서비스이다.
>
> 정답 | ②

Chapter 8 컴퓨터 시스템 보호

저작권 보호

1 저작권법

- 저자자의 권리와 이에 인접하는 권리를 보호하고, 저작물의 공정한 이용을 도모하여 문화의 향상 및 발전에 이바지하는 것이 목적임
- **저작재산권의 보호 기간**
  - 저작재산권은 특별한 규정이 있는 경우를 제외하고는 저작자가 생존하는 동안과 사망한 후 70년간 존속
  - 공동저작물의 저작재산권은 맨 마지막으로 사망한 저작자가 사망한 후 70년간 존속
  - 저작재산권의 보호 기간은 저작자가 사망하거나 저작물을 공표한 다음 해 1월 1일부터 기산
- **저작재산권의 제한 사항**
  - 재판 절차에 필요하여 저작물을 복제한 경우
  - 방송사업자가 자체 방송을 위해 일시적으로 녹음하거나 녹화한 경우
  - 영리를 목적으로 하지 않는 공연 또는 방송인 경우
  - 시각장애인이나 청각장애인 등을 위해 점자로 복제한 경우
  - 도서관에 보관된 자료를 복제하는 경우

2 컴퓨터 프로그램 보호

- 프로그램 저작권은 프로그램이 창작된 때부터 발생하고, 어떠한 절차나 형식의 이행은 필요 없음
- 프로그램을 작성하기 위해 사용하는 프로그램 언어, 규약 및 해법에는 저작권법을 적용하지 않음

060 정보사회

1 정보사회의 특징

- 처리하려는 정보의 종류와 양이 증가함
- 정보 처리 기술의 발달로 사회의 변화 속도가 빨라짐
- 사이버 공간에서 새로운 인간관계와 문화가 형성됨

2 정보사회의 문제점

- 정보의 편중으로 계층 간의 정보 차이가 커짐
- 중앙 컴퓨터 또는 서버의 장애나 오류 때문에 사회적, 경제적으로 혼란이 발생할 수 있음
- 정보 기술을 이용한 새로운 범죄가 증가할 수 있음
- VDT 증후군(Video Display Terminal Syndrome)이나 테크노 스트레스(Technostress)와 같은 직업병이 발생할 수 있음
- 정보처리 기술로 인간관계의 유대감이 약화될 수 있음

061 컴퓨터 범죄 ★★

1 컴퓨터 범죄의 유형

- 피싱(Phishing): 기업이나 금융기관 등을 사칭한 가짜 웹 사이트나 이메일로 유인하여 개인의 금융 정보를 빼내는 행위
- 스니핑(Sniffing): 네트워크의 주변을 돌아다니는 패킷을 엿보면서 계정과 패스워드를 알아내는 행위
- 스푸핑(Spoofing): 검증된 사람이 네트워크를 통해 데이터를 보낸 것처럼 데이터를 변조하여 접속을 시도하는 행위
- 키로거 공격(Key Logger Attack): 키보드의 키 입력 시 캐치 프로그램을 사용하여 개인정보를 빼내는 행위
- 서비스 거부 공격(DoS; Denial of Service): 일시에 대량의 데이터를 한 서버에 집중 및 전송시키는 공격 방식으로, 시스템에 오버플로를 발생시켜서 정상적인 서비스를 수행하지 못하도록 만드는 범죄 행위
- 분산 서비스 거부 공격(DDoS; Distributed Denial of Service): 여러 대의 컴퓨터를 일제히 동작시키는 방법으로 대량의 데이터를 한 곳의 서버 컴퓨터에 집중적으로 전송시켜서 특정 서버가 정상적으로 동작하지 못하게 하는 공격 방식
- 피기배킹(Piggybacking): 정당한 사용자가 정상적으로 시스템을 종료하지 않고 자리를 떠났을 때 비인가된 사용자가 바로 그 자리에서 계속 작업하여 불법적으로 접근하는 범죄 행위
- 웜(Worm): 네트워크를 통해 연속적으로 자신을 복제하여 시스템을 과부하시키는 프로그램
- 트로이 목마(Trojan Horse): 시스템에 다른 프로그램 코드로 위장하여 침투시키는 행위
- 매크로 바이러스(Macro Virus): 마이크로소프트의 엑셀이나 워드와 같은 파일을 매개로 하고, 특정 응용 프로그램에서 매크로를 사용하면 감염이 확산되는 컴퓨터 바이러스
  예시 멜리사 바이러스, Laroux 바이러스 등
- 백도어(Back Door), 트랩 도어(Trap Door): 시스템에 침입한 해커가 다시 쉽게 침입하기 위해서 만들어 놓은 불법 침입 경로
- 랜섬웨어(Ransomware): 컴퓨터에 침투하여 파일을 암호화하고 금전 보상을 요구하는 악성 소프트웨어

2 컴퓨터 범죄의 예방 대책

- 보호하려는 컴퓨터나 정보에 비밀번호를 설정하고 주기적으로 변경
- 바이러스 백신 프로그램을 설치하고 '자동 업데이트'로 설정
- Windows 업데이트는 기본적으로 '자동 설치' 설정

062 컴퓨터 바이러스 ★★

1 컴퓨터 바이러스의 특징

- 컴퓨터의 정상적인 작동을 방해하여 운영체제나 저장된 데이터에 손상을 입힐 수 있는 프로그램
- 디스크의 부트 영역이나 프로그램 영역에 숨어 있음
- 자신을 복제하거나 다른 프로그램을 감염시킬 수 있음
- 인터넷과 같은 통신 매체뿐만 아니라 USB 메모리 등을 이용하여 외부에서 가져온 파일을 통해서도 감염시킬 수 있음

- 소프트웨어뿐만 아니라 하드웨어의 성능에도 영향을 미칠 수 있음

2 컴퓨터 바이러스의 유형

- **연결형 바이러스**: 프로그램의 위치 정보를 바이러스의 위치 정보로 바꾸는 바이러스
- **기생형 바이러스**: 프로그램을 손상시키지 않으면서 프로그램의 앞이나 뒤에 기생하는 바이러스
- **산란형 바이러스**: 바이러스를 확장명이 COM인 파일로 만들어서 실행 파일 확장명인 EXE보다 먼저 실행되도록 만드는 바이러스
- **겹쳐쓰기형 바이러스**: 원래 프로그램의 일부에 겹쳐쓰는 바이러스

3 컴퓨터 바이러스의 예방법

- 최신 버전의 백신 프로그램을 사용할 것
- 다운로드한 파일은 작업 전에 반드시 바이러스 검사를 할 것
- 의심스러운 이메일은 내용을 확인하지 않고 곧바로 삭제할 것
- 네트워크 공유 폴더의 파일은 '읽기 전용'으로 지정할 것

확인문제

다음 중 바이러스에 대한 설명으로 옳지 <u>않은</u> 것은?
① 감염 부위에 따라 부트 바이러스와 파일 바이러스로 구분한다
② 사용자 몰래 스스로 복제하여 다른 프로그램을 감염시키고, 정상적인 프로그램이나 다른 데이터 파일 등을 파괴한다.
③ 주로 복제품을 사용하거나 통신 매체를 통하여 다운받은 프로그램에 의해 감염된다.
④ 컴퓨터 하드웨어와 무관하게 소프트웨어에만 영향을 미친다.

정답 해설 바이러스의 종류에 따라 하드디스크의 내용을 파괴하거나 시스템을 느려지게 할 수 있으므로 컴퓨터 소프트웨어와 하드웨어에 모두 영향을 미친다.

정답 | ④

063 정보보안 서비스

1 정보보안 서비스의 조건

기밀성(Confidentiality)	시스템의 정보와 자원은 인가된 사용자에게만 접근이 허용되어야 함
무결성(Integrity)	정보를 전송하는 과정에서 변경되지 않고 전달되어야 함
인증(Authentication)	사용자를 식별하고 접근 권한을 확인할 수 있어야 함
부인 봉쇄 또는 부인 방지 (Non-repudiation)	송신자가 송신한 사실을 부인하거나, 수신자가 수신한 사실을 부인하는 것으로부터 증거를 제공하는 것

2 정보보안 위협의 유형

- **가로막기**: 데이터의 전달을 가로막아 수신자 측으로 정보가 전달되는 것을 방해하는 행위로 가용성을 위협
- **가로채기**: 전송되는 데이터를 전송 도중에 도청 및 몰래 보는 행위로 기밀성을 위협
- **변조/수정**: 전송된 원래의 데이터를 다른 내용으로 수정하여 변조하는 행위로 무결성을 위협
- **위조**: 다른 송신자로부터 데이터가 송신된 것처럼 꾸미는 행위로 무결성을 위협

3 암호화(Encryption)

데이터에 암호 알고리즘을 적용하여 허가 받지 않은 사람들이 정보를 볼 수 없도록 암호문으로 변환하는 기법

비밀키 암호화 기법 (대칭키, 단일키)	• 같은 키로 데이터를 암호화하고 복호화함 • 대표적인 알고리즘은 DES(Data Encryption Standard) • 비밀키 암호의 안전성은 키의 길이 및 키의 비밀성 유지 여부에 영향을 받음 • 장점: 알고리즘이 간단하고, 암호화와 복호화 속도가 빠름 • 단점: 키의 분배가 어렵고, 사용자가 증가하면 관리해야 할 키의 개수가 많아짐
공개키 암호화 기법 (비대칭키, 이중키)	• 암호화 키와 복호화 키가 서로 다름 • 암호화 키는 공개(공개키)하고, 복호화 키는 비밀(개인키)로 함 • 대표적인 알고리즘은 RSA(Rivest-Shamir-Adleman) • 장점: 키의 분배가 쉽고, 관리해야 할 키의 개수가 적음 • 단점: 알고리즘이 복잡하고, 암호화와 복호화 속도가 느림

064 방화벽 ★★★★

- 보안이 필요한 네트워크의 통로를 단일화하여 관리하는 기능으로, 외부 네트워크와 내부 네트워크의 사이에 위치함
- 통신을 허용할 프로그램 및 기능 설정
- 각 네트워크의 위치 유형에 따른 외부 연결의 차단과 알림 설정
- 로그 정보를 통해 역추적하는 기능이 있어 외부 침입자의 흔적을 찾을 수 있음
- 외부로부터의 침입은 막을 수 있지만, 내부에서 일어나는 해킹은 막을 수 없음
- 방화벽(Firewall)을 사용하면 네트워크의 부하가 증가하고, 전송 처리 속도가 느려질 수 있음

더 보기

프록시 서버(Proxy Server)
클라이언트와 서버 사이에서 데이터를 중계하는 서버로, 어떤 사이트에 접속할 때 프록시 서버에서 데이터를 가지고 와서 전달하는 방화벽 기능과 캐시 기능 제공

확인문제

다음 중 시스템 보안을 위해 사용하는 방화벽(Firewall)에 대한 설명으로 적절하지 <u>않은</u> 것은?

① IP 주소 및 포트 번호를 이용하거나 사용자 인증을 기반으로 접속을 차단하여 네트워크의 출입로를 단일화한다.
② '명백히 허용되지 않은 것은 금지한다.'라는 적극적 방어 개념을 가지고 있다.
③ 방화벽을 운영하면 바이러스와 내/외부의 새로운 위험에 효과적으로 대처할 수 있다.
④ 로그 정보를 통해 외부 침입의 흔적을 찾아 역추적할 수 있다.

정답 해설 방화벽은 외부의 위협을 막을 수 있지만 내부에서 일어나는 위협은 막지 못한다.

정답 | ③

스프레드시트 일반

| Chapter 1 | 스프레드시트의 개요 |

> **더 보기**
>
> **리본 메뉴의 최소화 방법**
> - **방법1** 엑셀 창의 오른쪽 위에 있는 [리본 메뉴 표시 옵션] 단추(⊟)-[리본 자동 숨기기] 선택
> - **방법2** Ctrl + F1
> - **방법3** 리본 메뉴의 활성 탭 이름을 더블클릭

065 엑셀 화면 ★★

1 화면 구성

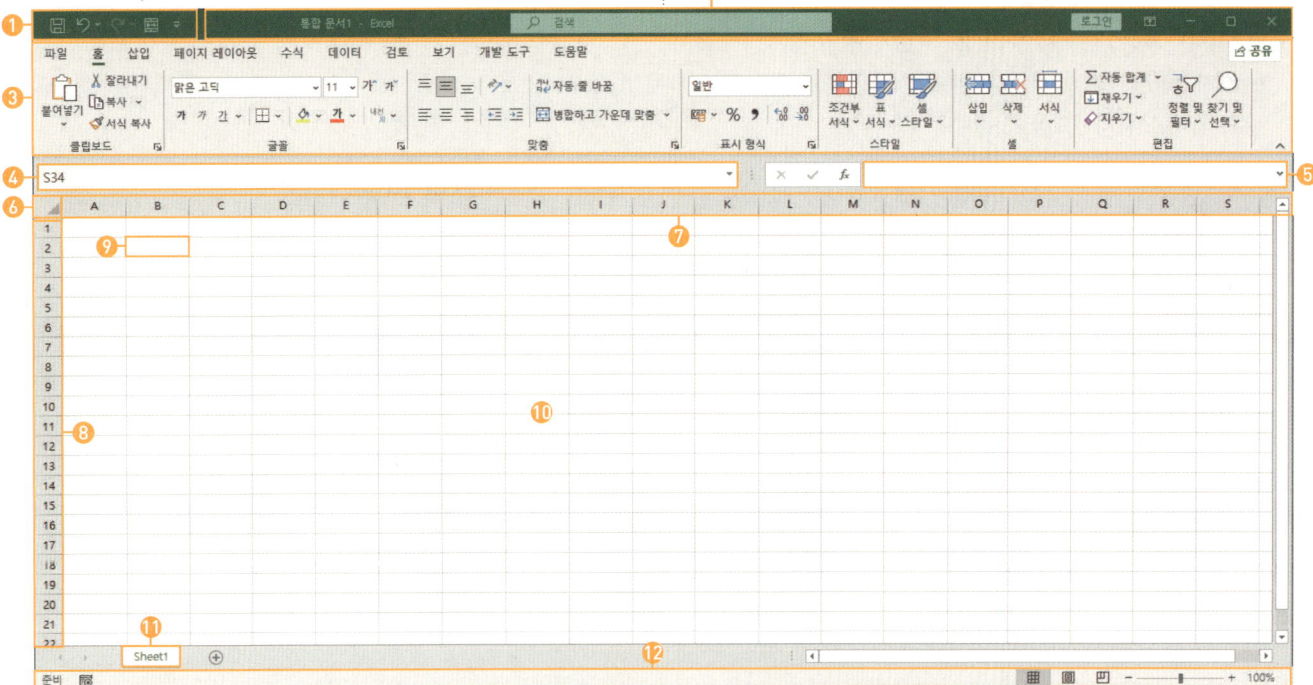

❶ **빠른 실행 도구 모음**: 자주 사용하는 도구들을 모아놓은 도구 모음으로, 사용자가 추가 및 제거하거나 리본 메뉴의 아래쪽에 표시할 수 있음

❷ **제목 표시줄**: 현재 작업 중인 파일의 이름이 표시되고, [리본 메뉴 표시 옵션](⊟), [최소화](▬), [이전 크기로 복원](◻)/[최대화](◻), [닫기] 단추(✕)를 사용할 수 있음

❸ **리본 메뉴**: [파일] 탭, [홈] 탭, [삽입] 탭, [페이지 레이아웃] 탭, [수식] 탭, [데이터] 탭, [검토] 탭, [보기] 탭, [개발 도구] 탭, [도움말] 탭이 있고, 클릭하면 각 탭에 포함되는 도구가 표시됨

- Alt 또는 F10을 누르면 리본 메뉴에는 바로 가기 키가 표시되고, [빠른 실행 도구 모음]에는 일련번호가 표시됨

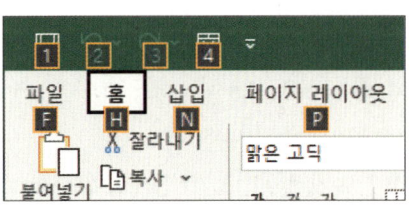

- 방향키 중 →를 누르면 활성화된 탭이 오른쪽 탭으로 변경됨(이때 바로 →를 누르면 워크시트의 셀이 오른쪽으로 이동하므로 Alt를 눌러 리본 메뉴에서 탭을 선택한 후 →를 눌러야 함)

❹ **이름 상자**: 현재 선택한 셀 주소나 이름이 표시되고, 차트나 그리기 개체를 선택하면 개체의 이름이 표시됨

❺ **수식 입력줄**: 셀에 입력한 데이터나 수식이 표시되는 영역

❻ [모두 선택] 단추(　): 워크시트의 모든 셀을 선택함
❼ 열 머리글: 시트의 각 열을 의미하고, 클릭하면 열이 선택됨
❽ 행 머리글: 시트의 각 행을 의미하고, 클릭하면 행이 선택됨
❾ 셀: 데이터가 입력되는 기본 단위로, 각 셀의 주소는 열 문자와 행 번호로 표시
  예시 [C2] 셀: C열과 2행이 만나는 셀
❿ 워크시트: 데이터를 입력하고 결과가 표시되는 공간으로, 1,048,576행×16,384열로 구성
⓫ 시트 탭: 통합 문서에 포함되어 있는 시트의 이름 표시
⓬ 상태 표시줄: 현재 작업 상태에 대한 기본적인 정보 표시
  – 선택 영역에 대한 평균, 개수, 숫자 셀 수, 최소값, 최대값, 합계 등을 표시할 수 있음
  – 시트의 보기 상태를 '기본' 보기(　), '페이지 레이아웃' 보기(　), '페이지 나누기 미리 보기'(　)로 지정
  – 확대/축소 슬라이드바 표시

> **더 보기**
> **워크시트의 수 지정 방법**
> 새로운 통합 문서를 열었을 때 기본적으로 만들어지는 워크시트 수는 [파일] 탭-[옵션]을 선택하고 [Excel 옵션] 대화상자의 '일반' 범주를 선택한 후 '새 통합 문서 만들기'의 '포함할 시트 수'에서 지정

2 화면의 확대/축소

- 현재 시트를 확대하거나 축소하는 기능으로, 인쇄할 때는 적용되지 않음
- [보기] 탭-[확대/축소] 그룹-[확대/축소]를 클릭하거나 상태 표시줄에서 지정하고, 10~400% 범위에서 확대 및 축소할 수 있음
- 설정한 확대/축소 배율은 통합 문서의 해당 시트에만 적용
- 여러 시트를 선택하고 확대/축소 배율을 변경하면 선택된 모든 시트에 확대/축소 배율이 적용됨
- Ctrl을 누른 상태에서 마우스의 스크롤을 위로 올리면 화면이 확대되고 아래로 내리면 화면이 축소됨
- 특정 영역을 범위로 지정하고 [보기] 탭-[확대/축소] 그룹-[선택 영역 확대/축소]를 클릭하면 범위로 지정한 부분이 한 화면에 보이도록 배율을 자동으로 설정할 수 있음

> **확인문제**
> 다음 중 엑셀의 화면 확대/축소 작업에 대한 설명으로 옳지 <u>않은</u> 것은?
> ① 문서의 확대/축소는 10%에서 400%까지 설정할 수 있다.
> ② 설정한 확대/축소 배율은 통합 문서의 모든 시트에 자동으로 적용된다.
> ③ 화면의 확대/축소는 단지 화면에서 보이는 상태만 확대/축소하는 것으로, 인쇄 시 적용되지 않는다.
> ④ Ctrl을 누른 채 마우스의 스크롤을 위로 올리면 화면이 확대되고, 아래로 내리면 화면이 축소된다.
>
> 정답 해설 설정한 확대/축소 배율은 통합 문서의 모든 시트가 아니라 해당 시트에만 적용된다.
>
> 정답 | ②

066 저장과 파일 형식

1 일반 옵션

- [다른 이름으로 저장(F12)] 대화상자에서 [도구] 단추-[일반 옵션] 선택
- 파일을 저장할 때 백업 파일의 작성 여부와 열기/쓰기 암호, 읽기 전용 권장 등 저장 옵션을 설정할 수 있음
- [일반 옵션] 대화상자

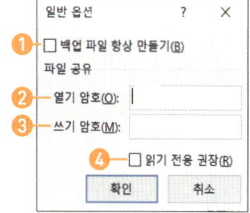

❶ 백업 파일 항상 만들기	파일 저장 시 자동으로 백업용 복사본 저장
❷ 열기 암호	열기 암호를 입력해야 파일을 열 수 있음
❸ 쓰기 암호	쓰기 암호를 몰라도 파일을 열 수 있으나, 원래 이름으로 저장할 수 없음(파일 이름을 바꿔 저장해야 함)
❹ 읽기 전용 권장	파일을 열 때 읽기 전용으로 열 것인지를 묻는 메시지 창 표시

2 파일 형식

*.xlsx	Excel 통합 문서
*.xlsm	Excel 매크로 사용 통합 문서
*.xlsb	Excel 바이너리 통합 문서
*.xltx	Excel 서식 파일(VBA 매크로 코드를 저장할 수 없음)
*.xltm	Excel 매크로 사용 서식 파일
*.xml	XML 데이터
*.txt	탭으로 분리된 텍스트 파일
*.prn	공백으로 분리된 텍스트 파일
*.csv	쉼표로 분리된 텍스트 파일

067 화면 제어 ★★

1 틀 고정

- 화면을 스크롤해도 특정 행이나 열이 계속 표시되도록 설정하는 기능
- [보기] 탭-[창] 그룹-[틀 고정] 클릭
- '틀 고정', '첫 행 고정', '첫 열 고정'이 있음
- 셀 포인터의 위쪽과 왼쪽에 틀 고정 구분선이 생기는데, 틀 고정 구분선은 드래그하여 위치를 조절할 수 없음
- 화면에 표시되는 틀 고정 형태는 인쇄할 때 적용되지 않음
- 셀 편집 모드이거나 [페이지 레이아웃] 상태일 때는 틀 고정을 설정할 수 없음

2 창 나누기

- 화면을 여러 개로 나누어 하나의 화면으로 표시하기 어려운 경우 떨어져 있는 데이터도 한 화면에 볼 수 있는 기능
- [보기] 탭-[창] 그룹-[나누기] 클릭
- 화면을 두 개나 네 개의 영역으로 분할할 수 있고, 첫 행과 첫 열을 제외한 나머지 셀에서 창 나누기를 수행하면 셀 포인터의 위쪽과 왼쪽에 창 분할선이 생김
- 분할선을 드래그하여 분할된 지점을 변경할 수 있음
- 창 나누기는 [실행 취소] 명령()으로 해제할 수 없고, 분할선을 더블클릭하여 해제할 수 있음
- 현재의 창 나누기 상태를 유지하면서 추가로 창 나누기를 지정할 수 없음
- 창 나누기는 인쇄할 때 적용되지 않음
- 틀 고정과 창 나누기를 동시에 수행할 수 없음

더 보기

[보기] 탭-[창] 그룹

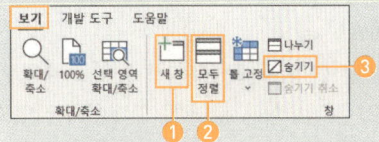

1. **새 창**: 현재 활성화된 통합 문서를 새 창에 하나 더 표시
2. **모두 정렬**: 현재 열려있는 통합 문서를 '바둑판식', '계단식', '가로', '세로'의 네 가지 형태로 배열
3. **숨기기**: 현재 활성화된 통합 문서 창을 보이지 않도록 숨김

확인문제

다음 중 엑셀의 화면 제어에 대한 설명으로 옳지 <u>않은</u> 것은?

① 창 나누기는 화면을 두 개 또는 네 개의 영역으로 분할할 수 있고, 분할선을 드래그하여 분할된 지점을 변경할 수 있다.
② 창 나누기는 [실행 취소] 명령으로 되돌리기 할 수 없고 분할선을 더블클릭하여 해제할 수 있다.
③ 현재의 창 나누기 상태를 유지하면서 추가로 창 나누기를 지정할 수 없다.
④ 틀 고정과 창 나누기를 동시에 수행할 수 있다.

정답 해설 틀 고정과 창 나누기는 동시에 수행할 수 없다.

정답 | ④

068 시트의 선택, 그룹, 복사/이동 ★

1 시트의 선택

- **연속적인 시트 선택**: 시트 탭에서 첫 번째 시트 탭을 선택하고 Shift를 누른 상태에서 마지막 시트 탭 선택
- **떨어져 있는 시트 선택**: 시트 탭에서 Ctrl을 누른 상태에서 차례대로 시트 탭 선택
- **모든 시트 선택**: 시트 탭의 바로 가기 메뉴에서 [모든 시트 선택] 선택

더 보기

- Ctrl + PageUp : 이전 워크시트로 이동
- Ctrl + PageDown : 다음 워크시트로 이동

2 시트의 그룹

- 여러 개의 시트 탭을 한 번에 선택하면 제목 표시줄의 파일명 옆에 '[그룹]'([그룹])이 표시됨
- 그룹 상태에서 데이터 입력이나 편집을 하면 그룹으로 설정된 모든 시트에 같이 실행됨
- 그룹이 설정된 상태에서는 도형, 그림, 차트 등의 그래픽 개체를 삽입할 수 없으며, 정렬이나 필터 등의 데이터 작업도 할 수 없음
- 그룹으로 묶은 시트에서 복사하거나 잘라낸 데이터는 다른 한 개의 시트에만 붙여넣을 수 없음

3 시트의 복사와 이동

- 시트 복사: 시트 탭을 선택하고 Ctrl을 누른 상태에서 원하는 위치로 드래그
- 시트 이동: 시트 탭을 선택하고 원하는 위치로 드래그
- 같은 통합 문서에서 시트 탭을 복사하면, 원래의 시트 이름에 '(일련번호)'가 추가되는 형식으로 시트명이 생성됨

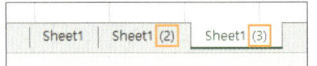

069 시트의 삽입, 삭제, 숨기기 ★

1 시트의 삽입

- [홈] 탭-[셀] 그룹-[삽입]-[시트 삽입] 또는 시트 탭의 바로 가기 메뉴에서 [삽입] 선택
- Shift+F11: 선택한 시트 탭의 개수만큼 왼쪽에 새로운 시트 탭이 삽입됨

2 시트의 삭제

- [홈] 탭-[셀] 그룹-[삭제]-[시트 삭제] 또는 시트 탭의 바로 가기 메뉴에서 [삭제] 선택
- 삭제된 시트는 실행 취소로 되살릴 수 없음
- Ctrl이나 Shift를 이용해 여러 개의 시트 탭을 선택한 후 한번에 삭제할 수 있음

3 시트 숨기기

- [홈] 탭-[셀] 그룹-[서식]-[숨기기 및 숨기기 취소]-[시트 숨기기] 또는 시트 탭의 바로 가기 메뉴에서 [숨기기] 선택
- 모든 시트를 숨길 수는 없고 화면에 보이는 시트가 최소 하나는 있어야 함
- 시트를 숨긴 경우 시트 탭에는 표시되지 않지만, 다른 시트나 통합 문서에서 계속 참조할 수 있음

070 시트 이름 바꾸기, 시트 배경, 탭 색 ★

1 시트 이름 바꾸기

- 시트 탭에서 시트 이름을 더블클릭하여 변경 가능 상태(Sheet1)로 만든 후 원하는 이름 입력
- 시트 이름은 공백을 포함하여 최대 31자까지만 지정할 수 있음
- 시트 이름에 ₩, /, ?, *, [,] 등의 문자는 사용할 수 없음
  예시 시험 & 1분반 (○), BOOK / 1 (×)
- 하나의 통합 문서에서는 같은 시트 이름을 지정할 수 없음
- 시트의 이름을 변경하지 못하게 하려면 [검토] 탭-[보호] 그룹-[통합 문서 보호]를 클릭하여 통합 문서를 보호할 수 있음

2 시트 배경

- [페이지 레이아웃] 탭-[페이지 설정] 그룹-[배경]을 클릭하여 시트 배경 이미지를 표시할 수 있음
- 시트 배경 이미지는 인쇄되지 않음

3 탭 색

- 시트 탭의 바로 가기 메뉴에서 [탭 색]을 선택하여 색을 지정할 수 있음
- 시트 탭에 같은 색을 지정할 수 있음

071 시트 보호와 통합 문서 보호 ★★

1 시트 보호

- 시트의 내용, 개체, 시나리오를 보호하도록 설정하는 기능
- [검토] 탭-[보호] 그룹-[시트 보호] 클릭

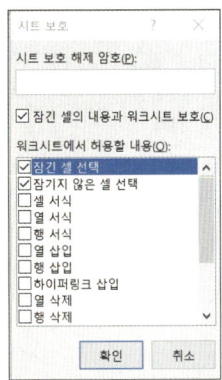

- 시트의 모든 셀은 기본적으로 '잠금' 속성이 설정되어 있지만, 시트를 보호하기 전까지는 효과가 전혀 없음
- 시트 보호를 설정하면 셀에 데이터를 입력하거나 수정할 때 경고 메시지 창이 나타남
- 시트 보호를 설정하면 기본적으로 셀의 선택만 가능하므로 셀의 내용을 수정하려면 [셀 서식] 대화상자에서 '잠금' 설정을 해제해야 함
- 차트 시트의 경우 차트 내용을 변경하지 못하도록 보호할 수 있음
- 시트 보호 암호를 지정할 수 있고, 암호를 지정하지 않으면 모든 사용자가 시트 보호를 해제할 수 있음

더 보기

범위 편집 허용 방법
[검토] 탭-[보호] 그룹-[범위 편집 허용]을 선택하여 [범위 편집 허용] 대화상자를 열고 보호된 워크시트에서 특정 사용자가 범위를 편집할 수 있도록 허용 가능

확인문제

다음 중 시트 보호에 대한 설명으로 옳지 않은 것은?

① 시트 보호를 위해 암호를 지정할 수 있으며, 암호를 지정하지 않으면 모든 사용자가 시트 보호를 해제할 수 있다.
② 시트 보호를 실행하였을 때 시나리오 편집, 정렬 등은 보호할 수 있지만, 시트 이름은 보호 대상에 속하지 않는다.
③ 시트 보호 설정 후 셀에 데이터를 입력하거나 수정할 때 경고 메시지가 표시됩니다.
④ 시트 보호 시 특정 셀의 내용만 수정 가능하도록 하려면 [셀 서식] 대화상자에서 전체 셀의 '잠금' 설정을 해제해야 한다.

정답 해설 시트 보호 시 특정 셀의 내용만 수정 가능하도록 하려면 [셀 서식] 대화상자에서 '잠금' 설정을 해제해야 한다.

정답 | ④

2 통합 문서 보호

- 시트 삽입, 삭제, 이동, 숨기기, 이름 바꾸기 등의 작업을 할 수 없도록 보호하는 기능
- [검토] 탭-[보호] 그룹-[통합 문서 보호] 클릭

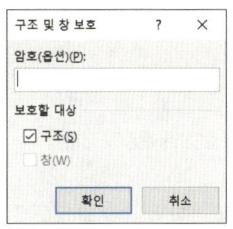

- 통합 문서를 보호해도 포함된 차트, 도형 등의 그래픽 개체를 변경 및 이동, 복사할 수 있음
- 통합 문서를 보호하면 시나리오 요약 보고서를 만들 수 없고, 별도의 워크시트에 피벗 테이블 보고서를 표시할 수 없음

072 통합 문서 공유 ★★★

- 공유 네트워크 폴더를 이용하여 여러 사용자가 공유된 통합 문서를 공동으로 작업할 수 있게 하는 기능
- [검토] 탭-[보호] 그룹-[통합 문서 공유] 클릭
- 통합 문서가 공유되면 제목 표시줄의 파일명 옆에 '공유'()가 표시됨
- 공유된 통합 문서에서는 입력과 편집이 가능하지만, 조건부 서식, 차트, 시나리오 등을 추가하거나 변경할 수 없음
- 공유된 통합 문서는 여러 사용자가 동시에 변경할 수 있음
- 필요할 때 공유 통합 문서에서 특정 사용자의 연결을 끊을 수 있음
- 암호로 보호된 공유 통합 문서에서 보호를 해제하려면 먼저 통합 문서의 공유 상태를 해제해야 함
- 공유 통합 문서를 네트워크의 위치에 복사해도 다른 통합 문서와의 연결은 그대로 유지됨
- 상위 버전에서 작성한 공유 통합 문서는 하위 버전에서 일부 제한이 있을 수 있음

Chapter 2 데이터 입력 및 편집

073 데이터 입력 ★★★★

1 데이터의 형식

문자 데이터	• 문자, 숫자, 기호 등이 조합된 데이터 • 숫자 앞에 작은따옴표(')를 붙이면 문자로 인식 • 왼쪽 맞춤으로 정렬됨
숫자 데이터	• 숫자와 함께 +, –, ( ), 쉼표, /, $, %, 소수점, 지수 기호 등이 조합된 데이터 • 오른쪽 맞춤으로 정렬됨 • 분수는 '0'을 입력한 후 한 칸 띄우고 입력 예시 0 2/3 → '2/3'으로 입력됨 • 셀 너비보다 긴 숫자는 지수 형식으로 표시됨
날짜 데이터	• 하이픈(–)이나 슬래시(/)로 구분하여 입력 • 오른쪽 맞춤으로 정렬됨 • 날짜는 1900년 1월 1일을 일련번호 1로 시작 • 연도와 월만 입력하면 자동으로 해당 월의 1일이 입력됨 • 날짜의 연도를 두 자리로 입력할 때 연도가 30 이상이면 1900년대로, 29 이하이면 2000년대로 인식함 • 날짜와 시간을 하나의 셀에 같이 입력하려면 공백으로 날짜와 시간 구분 • 현재 시스템의 날짜 입력: Ctrl + ;
시간 데이터	• 콜론(:)으로 구분하여 입력 • 오른쪽 맞춤으로 정렬됨 • 시간 데이터는 소수로 저장되고, 낮 12시는 0.5로 계산 • 날짜와 시간을 하나의 셀에 같이 입력하려면 공백으로 날짜와 시간 구분 • 시간은 24시각제로 입력되므로 12시각제로 입력하려면 시간 뒤에 한 칸을 띄우고 'AM' 또는 'PM' 입력 예시 9:00 PM • 현재 시스템의 시간 입력: Ctrl + Shift + ;
수식 데이터	• 등호(=)나 더하기(+) 기호로 시작함 • 셀에는 수식의 결과가, 수식 입력줄에는 입력한 수식이 표시됨 • 입력된 수식 보기: Ctrl + ~ • 수식이 아닌 상수로 입력: 수식을 입력한 후 바로 F9 를 누름
기타 데이터	• 한자: 한글을 입력하고 한자 를 누른 후 표시되는 한자 목록에서 원하는 한자 선택 • 특수 문자: 한글 자음을 입력하고 한자 를 누른 후 해당 특수 문자 선택

더 보기

고정 소수점이 포함된 숫자 입력하기
[파일] 탭–[옵션]을 선택하고 [Excel 옵션] 대화상자의 '고급' 범주에서 '소수점 자동 삽입'에 체크한 후 '소수점 위치' 설정

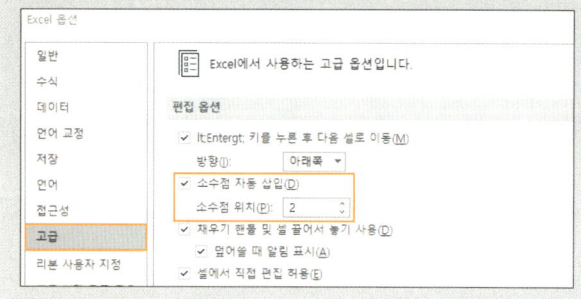

확인문제

다음 중 엑셀에서 날짜 데이터의 입력 방법에 대한 설명으로 옳지 않은 것은?

① 날짜 데이터는 하이픈(–)이나 슬래시(/)를 이용하여 년, 월, 일을 구분한다.
② 날짜의 연도를 생략하고 월과 일만 입력하면 자동으로 현재 연도가 추가된다.
③ 날짜의 연도를 두 자리로 입력할 때 연도가 30 이상이면 1900년대로 인식하고, 29 이하이면 2000년대로 인식한다.
④ Ctrl + Shift + ; 을 누르면 오늘 날짜가 입력된다.

정답 해설
• 오늘 날짜를 나타내는 바로 가기 키: Ctrl + ;
• 현재 시간을 나타내는 바로 가기 키: Ctrl + Shift + ;

정답 | ④

2 데이터 입력

• 데이터 입력 도중에 입력 취소: Esc
• **셀 안에서 줄 바꿈: Alt + Enter**
• **여러 셀에 같은 데이터 입력: 범위를 지정하고 데이터를 입력한 후 Ctrl + Enter**
• 데이터 입력하고 위의 셀 선택: Shift + Enter
• 셀에 입력하는 문자 중 처음 몇 글자가 해당 열에 입력한 내용과 일치하면 나머지 글자가 자동으로 완성됨. 데이터 자동 완성은 텍스트나 '텍스트 + 숫자' 조합에만 해당됨
• 범위를 지정하고 Enter 를 누르면 지정한 범위 안에서만 셀 포인터가 이동함
• 셀을 선택하고 Alt + ↓ 를 누르면 같은 열에 입력된 문자열 목록이 표시됨

더 보기

셀 포인터의 이동 방법

원하는 셀의 위치로 이동	이름 상자에 셀 주소 입력 후 Enter
한 행 위로 이동	Shift + Enter
해당 행의 A열로 이동	Home
[A1] 셀로 이동	Ctrl + Home
데이터가 포함된 마지막 셀로 이동	Ctrl + End
[이동] 대화상자에서 셀 주소 입력	F5

확인문제

다음 중 데이터 입력에 대한 설명으로 옳지 않은 것은?

① 동일한 문자를 여러 개의 셀에 입력하려면 셀에 문자를 입력한 후 채우기 핸들을 드래그한다.
② 숫자 데이터의 경우 두 개의 셀을 선택하고 채우기 핸들을 선택 방향으로 드래그하면 두 값의 차이만큼 증가/감소하며 자동 입력된다.
③ 일정 범위 안에 동일한 데이터를 한 번에 입력하려면 범위를 지정하여 데이터를 입력한 후 바로 이어서 Shift + Enter를 누른다.
④ 사용자 지정 연속 데이터 채우기를 사용하여 데이터를 입력하는 경우 사용자 지정 목록에는 텍스트나 텍스트+숫자 조합만 포함될 수 있다.

정답 해설 범위를 지정하고 데이터를 입력한 후 바로 이어서 Ctrl + Enter를 누르면 일정한 범위 안에서 같은 데이터를 한 번에 입력할 수 있다.

정답 | ③

074 자동 채우기 ★★

1 자동 채우기 핸들()의 이용

데이터를 입력한 후 해당 셀의 자동 채우기 핸들(+)을 드래그하면 데이터의 종류 및 형태에 따라 결괏값이 다르게 입력됨

문자 데이터	같은 데이터가 복사됨
숫자 데이터	• 한 개의 셀을 선택하고 자동 채우기 핸들을 드래그하면 숫자 데이터가 복사됨 • 두 개의 셀을 범위로 지정하고 자동 채우기 핸들을 드래그하면 두 셀의 차이값만큼 증가함 • Ctrl을 누른 상태에서 자동 채우기 핸들을 드래그하면 1씩 증가함
문자 + 숫자	문자는 복사되고 숫자는 1씩 증가함
날짜/시간 데이터	• 날짜는 1일 단위로, 시간은 1시간 단위로 증가함 • 채우기 옵션: 일, 평일, 월, 연 단위 채우기 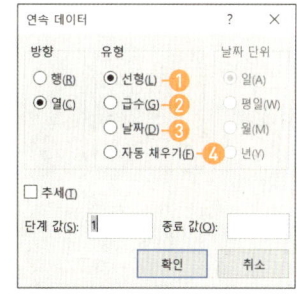
수식 데이터	수식이 자동으로 채워져서 결괏값이 표시됨
사용자 지정 목록	• [파일] 탭-[옵션]을 선택하고 [Excel 옵션] 대화상자의 '고급' 범주에서 [사용자 지정 목록 편집] 단추를 클릭한 후 [사용자 지정 목록] 대화상자에서 목록 추가 • 엑셀에서 기본적으로 제공된 목록은 수정하거나 삭제할 수 없음 • 사용자 지정 목록은 다른 통합 문서에서도 사용할 수 있음 • 등록된 문자 데이터를 입력하고 자동 채우기 핸들을 드래그하면 목록 순서대로 입력됨

더 보기

• 위쪽 셀의 내용으로 채우기: Ctrl + D
• 왼쪽 셀의 내용으로 채우기: Ctrl + R

2 연속 데이터 채우기

• 데이터를 입력한 후 데이터의 입력 방향과 유형에 따라 연속으로 입력할 수 있음
• [연속 데이터] 대화상자

❶ 선형	'단계 값'만큼 더하여 입력
❷ 급수	'단계 값'만큼 곱하여 입력
❸ 날짜	'날짜 단위'에서 지정한 값만큼 증가하여 입력
❹ 자동 채우기	자동 채우기 핸들을 드래그한 것과 같은 결과 표시

075 스레드 메모, 노트, 윗주, 링크 ★

1 스레드 메모

- 여러 사용자가 댓글을 달고, 대화 형태로 토론할 때 사용
- [검토] 탭-[메모] 그룹-[새 메모]를 클릭하거나 Ctrl + Shift + F2를 누름
- 셀에 입력된 데이터를 지워도 스레드 메모는 삭제되지 않음
- 스레드 메모가 삽입된 셀을 이동하면 메모의 위치도 셀과 함께 변경됨
- 피벗 테이블에 삽입된 스레드 메모는 이동되지 않음
- 스레드 메모는 시트 끝에 모아서만 인쇄할 수 있음
- 하나의 시트에 여러 개의 메모가 삽입된 경우 [검토] 탭-[메모] 그룹에서 [이전 메모] 또는 [다음 메모]를 클릭하여 메모를 탐색할 수 있음

2 노트

- 셀에 입력된 내용에 대한 보충 설명을 기록할 때 사용
- [검토] 탭-[메모] 그룹-[새 노트] 클릭하거나 Shift + F2를 누름
- 문자, 숫자, 특수 문자도 입력 가능하고, 텍스트 서식도 지정할 수 있음
- 노트가 항상 표시되도록 설정할 수 있고, 노트에 입력된 텍스트에 맞도록 노트 크기를 자동으로 조정할 수 있음
- 노트가 삽입된 셀을 이동하면 노트의 위치도 셀과 함께 변경됨
- 피벗 테이블에 삽입된 노트는 이동되지 않음
- 노트는 시트에 표시된 대로 인쇄하거나 시트의 끝에 모아서 인쇄할 수 있음

더 보기

스레드 메모와 노트 삭제 방법
방법1 [검토] 탭-[메모] 그룹-[삭제]
방법2 바로 가기 메뉴에서 [메모 삭제] 선택

3 윗주

- 셀에 대한 주석을 작성하는 기능으로, 반드시 문자 데이터가 입력된 셀에만 표시할 수 있음
- [홈] 탭-[글꼴] 그룹-[윗주 필드 표시/숨기기]-[윗주 편집]을 선택하여 입력
- 윗주는 바로 표시되지 않고, [홈] 탭-[글꼴] 그룹-[윗주 필드 표시/숨기기]-[윗주 필드 표시]를 선택해야 표시됨
- 윗주의 서식을 변경할 수 있지만, 일부분의 서식을 별도로 변경할 수는 없음
- 셀에 입력된 데이터를 삭제하면 윗주도 함께 삭제됨

4 링크

- 기존 파일, 웹 페이지, 현재 문서, 새 문서, 전자메일 주소 등의 링크를 만드는 기능
- [삽입] 탭-[링크] 그룹-[링크] 클릭
- 링크는 도형에는 지정할 수 있지만, 단추에는 지정할 수 없음

076 데이터 편집 ★★

1 셀 선택과 범위 지정

- **연속된 셀 선택**: 첫 번째 셀을 선택하고 Shift를 누른 상태에서 마지막 셀 선택
- **떨어져 있는 범위 선택**: 첫 번째 범위를 선택하고 Ctrl을 누른 상태에서 다음 범위 선택
- **행 또는 열 선택**: 행 머리글이나 열 머리글 클릭
- **현재 행 선택**: Shift + Spacebar
- **현재 열 선택**: Ctrl + Spacebar
- **전체 셀 선택**: [모두 선택] 단추(◢)를 클릭하거나 Ctrl + A

2 데이터 수정

- 해당 셀을 더블클릭하여 수정
- 수식 입력줄에서 수정
- F2를 누르면 입력된 내용의 맨 뒤에 커서가 나타나서 데이터를 수정할 수 있음

3 데이터 지우기

- 데이터 지우는 방법

데이터 내용 지우기	Delete 또는 [홈] 탭-[편집] 그룹-[지우기]-[내용 지우기]
범위의 첫 셀만 지우기	범위를 지정하고 BackSpace
모두 지우기	[홈] 탭-[편집] 그룹-[지우기]-[모두 지우기]
서식 지우기	[홈] 탭-[편집] 그룹-[지우기]-[서식 지우기]
메모 지우기	[홈] 탭-[편집] 그룹-[지우기]-[메모 지우기]

- **삭제 옵션**: 셀을 왼쪽으로 밀기, 셀을 위로 밀기, 행 전체, 열 전체

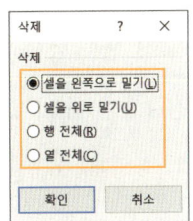

확인문제

다음 중 아래 그림에서 바로 가기 메뉴 [삭제]의 삭제 옵션을 선택하여 실행한 결과로 가능하지 <u>않은</u> 것은?

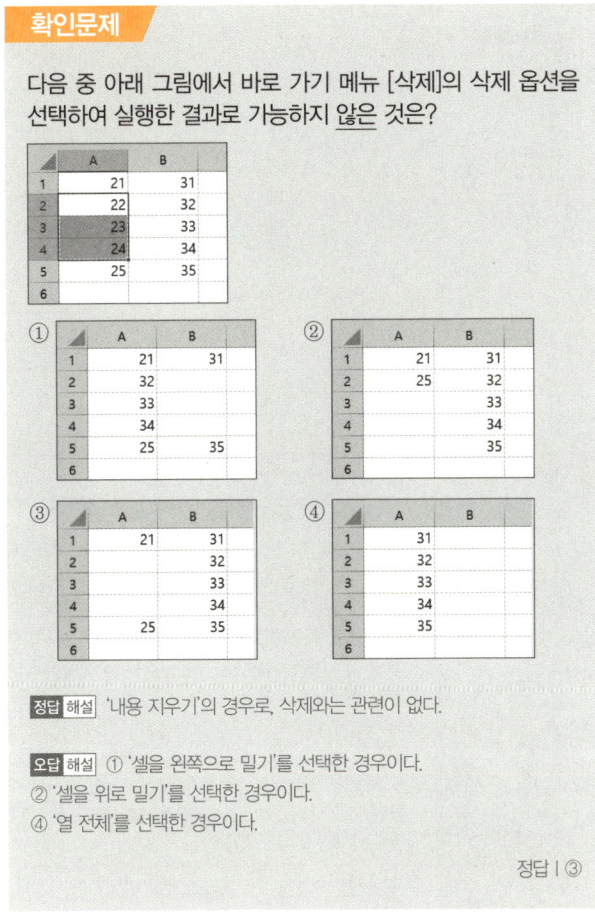

정답 해설 '내용 지우기'의 경우로, 삭제와는 관련이 없다.

오답 해설 ① '셀을 왼쪽으로 밀기'를 선택한 경우이다.
② '셀을 위로 밀기'를 선택한 경우이다.
④ '열 전체'를 선택한 경우이다.

정답 | ③

077 이동/복사, 선택하여 붙여넣기

1 이동/복사

- 셀을 선택하여 이동하거나 복사하는 경우 수식, 결괏값뿐만 아니라 셀 서식, 메모를 포함한 셀 전체가 이동되거나 복사됨
- 영역을 선택하고 잘라내기나 복사를 하면 선택 영역 주위에 선택 영역임을 의미하는 점선이 표시됨
- 클립보드에는 최대 24개의 항목이 저장되므로 여러 데이터를 클립보드에 저장했다가 붙여넣을 수 있음
- 선택한 복사 영역에 숨겨진 행이나 열이 있는 경우 숨겨진 영역도 함께 복사되거나 이동됨
- 마우스를 이용하여 복사나 이동을 하려면 [파일] 탭-[옵션]을 선택하고 [Excel 옵션] 대화상자의 '고급' 범주에서 '채우기 핸들 및 셀 끌어서 놓기 사용'에 체크해야 함
- 이동/복사 방법

구분	이동	복사
마우스	선택 영역의 테두리를 드래그	선택 영역의 테두리를 Ctrl + 드래그
메뉴	[홈] 탭-[클립보드] 그룹-[잘라내기] → [홈] 탭-[클립보드] 그룹-[붙여넣기]	[홈] 탭-[클립보드] 그룹-[복사] → [홈] 탭-[클립보드] 그룹-[붙여넣기]
바로 가기 키	Ctrl + X → Ctrl + V	Ctrl + C → Ctrl + V

2 선택하여 붙여넣기

- 복사한 데이터를 붙여넣을 때 서식, 값, 수식 등 일부 내용만 선택하여 붙여넣는 기능
- 잘라내기한 상태에서는 선택하여 붙여넣을 수 없음
- 선택 영역을 복사하고 [홈] 탭-[클립보드] 그룹-[붙여넣기]-[선택하여 붙여넣기] 클릭 또는 Ctrl + Alt + V 누름
- [선택하여 붙여넣기] 대화상자

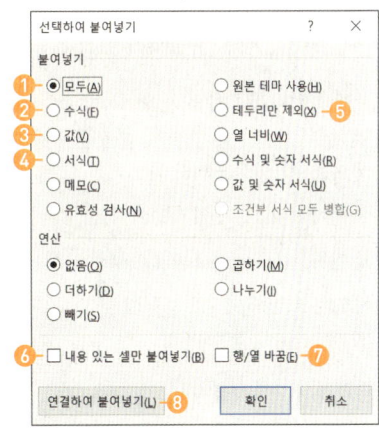

① 모두	원본 데이터를 그대로 붙여넣음
② 수식	서식은 제외하고 수식만 붙여넣음
③ 값	서식은 제외하고 화면에 표시된 값만 붙여넣음
④ 서식	데이터는 제외하고 셀 서식만 붙여넣음
⑤ 테두리만 제외	테두리를 제외하고 나머지 서식과 내용을 붙여넣음
⑥ 내용 있는 셀만 붙여넣기	복사할 영역에 빈 셀이 있는 경우 붙여넣을 영역의 값을 바꾸지 않음

❼ 행/열 바꿈	복사한 데이터의 행과 열을 서로 바꿔서 붙여넣음
❽ 연결하여 붙여넣기	원본 셀의 값이 변경되었을 때 붙여넣기한 셀의 내용도 자동으로 변경됨

078 찾기 및 바꾸기 ★

- 워크시트에 입력된 특정한 데이터를 찾거나 다른 데이터로 바꾸는 기능으로 숫자, 특수 문자, 한자 등도 찾을 수 있음
- [홈] 탭-[편집] 그룹-[찾기 및 선택]-[찾기] 또는 [바꾸기] 선택
- Ctrl+F 또는 Shift+F5: [찾기] 탭이 선택된 [찾기 및 바꾸기] 대화상자 표시
- Ctrl+H: [바꾸기] 탭이 선택된 [찾기 및 바꾸기] 대화상자 표시
- 이전 항목을 찾으려면 [찾기 및 바꾸기] 대화상자에서 Shift 를 누른 채 [다음 찾기] 클릭
- [찾기 및 바꾸기] 대화상자의 [찾기] 탭

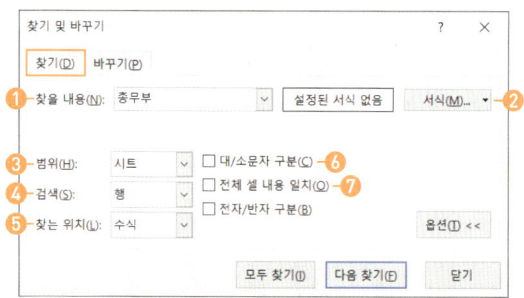

❶ 찾을 내용	찾고 싶은 내용을 입력하는 곳
❷ 서식	특정 서식이 적용된 셀을 찾을 수 있음
❸ 범위	찾을 범위를 '시트' 또는 '통합 문서'로 지정
❹ 검색	검색 방향을 '행' 또는 '열'로 지정
❺ 찾는 위치	찾을 데이터를 '수식', '값', '메모' 중에서 선택
❻ 대/소문자 구분	영문자의 대·소문자를 구분하여 검색
❼ 전체 셀 내용 일치	'찾을 내용'과 내용이 완전히 일치하는 데이터 검색

- 와일드카드 문자(만능 문자)

?	한 문자를 대신하여 사용 예시 한?→ 한국, 한우, 한기 등
*	여러 문자를 대신하여 사용 예시 *국→ 대한민국, 미국 등
~	만능 문자 자체를 찾는 경우 찾으려는 만능 문자 앞에 물결 표(~) 입력 예시 ~?, ~*

079 셀 서식

1 셀 서식 지정 방법

- [홈] 탭-[셀] 그룹-[서식]-[셀 서식] 선택 또는 바로 가기 메뉴에서 [셀 서식] 선택
- [셀 서식] 대화상자

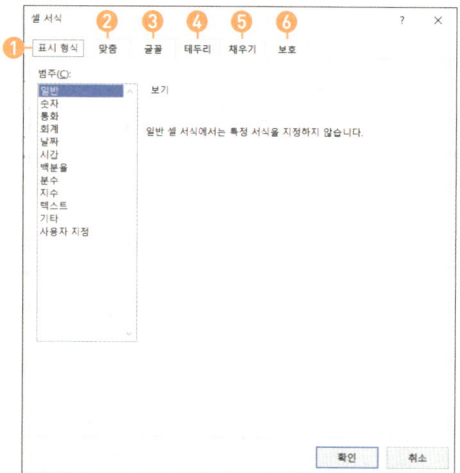

❶ [표시 형식] 탭	데이터가 워크시트에 표시되는 형식 지정
❷ [맞춤] 탭	• 텍스트 맞춤: 가로 맞춤, 세로 맞춤 지정 • 자동 줄 바꿈: 데이터가 셀의 너비보다 긴 경우 자동으로 줄을 나누어 표시 • 셀에 맞춤: 데이터가 셀의 너비보다 긴 경우 글자의 크기를 자동으로 줄임 • 셀 병합: 여러 셀을 병합하는 경우 맨 왼쪽 위의 셀만 남기고 나머지는 지움. 두 개 이상의 셀을 하나로 병합함 • 텍스트 방향: 텍스트 방향을 '왼쪽에서 오른쪽'으로 또는 '오른쪽에서 왼쪽'으로 지정 • 방향: 데이터를 세로 방향으로 설정하거나 회전 각도를 지정하여 방향 설정
❸ [글꼴] 탭	글꼴, 글꼴 스타일, 크기, 밑줄, 색 등을 지정
❹ [테두리] 탭	선택 영역의 테두리 지정
❺ [채우기] 탭	배경색과 무늬 색, 무늬 스타일 지정
❻ [보호] 탭	셀의 잠금이나 숨김 지정

2 셀 서식 관련 바로 가기 키

Ctrl+1	[셀 서식] 대화상자 표시
Ctrl+2	글꼴 스타일 '굵게' 적용, 다시 누르면 취소
Ctrl+3	글꼴 스타일 '기울임꼴' 적용, 다시 누르면 취소
Ctrl+4	선택한 셀에 밑줄 적용, 다시 누르면 취소
Ctrl+5	취소선 적용, 다시 누르면 취소

080 사용자 지정 서식

1 숫자 서식

#	유효한 자릿수만 표시하고, 유효하지 않은 0은 표시하지 않음
0	유효하지 않은 자릿수를 0으로 표시
?	유효하지 않은 0 대신 공백을 삽입하고 소수점 기준으로 맞춤
,	• 천 단위 구분 기호로 콤마(,) 삽입 • 맨 끝에 표시하면 천 단위가 생략되고 반올림된 값 표시 예시 #,##0, → '539680'을 입력하면 '540' 표시
%	숫자에 100을 곱하고 %를 붙여서 표시

2 문자 서식

@	문자 데이터를 그대로 표시 예시 @"귀하" → '홍길동'을 입력하면 '홍길동귀하' 표시
*	뒤의 문자를 셀 너비만큼 채워서 표시 예시 @*! → '가자'를 입력하면 셀 너비만큼 !가 반복된 '가자!!!!!!' 표시

3 날짜 서식

yy	연도	두 자리	yyyy	연도	네 자리
m	월	1~12	mm	월	01~12
mmm		Jan~Dec	mmmm		January~December
d	일	1~31	dd	일	01~31
ddd	요일	Sun~Sat	dddd	요일	Sunday~Saturday

4 시간 서식

h	시간	0~23	hh	시간	00~23
m	분	0~59	mm	분	00~59
s	초	0~59	ss	초	00~59

더 보기
- [hh]: 경과된 시간 표시
- [mm]: 경과된 분 표시
- [ss]: 경과된 초 표시

5 사용자 지정 표시 형식

- 각 구역은 세미콜론(;)으로 구분하고 '양수, 음수, 0, 문자'의 표시 형식을 순서대로 지정

#,##0;[빨강](#,##0);0.00;@"귀하"
└양수 └음수 └0 값 └문자

→ 양수는 천 단위 구분 기호를 넣어 표시하고 음수는 괄호에 넣어 빨간색으로 표시함. 0은 '0.00'으로 표시하고 문자 데이터의 끝에 '귀하'를 추가함

- 조건이나 색 이름은 대괄호([ ]) 안에 표시

더 보기

통화 형식
통화 기호가 숫자의 바로 앞(₩500)에 표시되고, 통화 기호의 표시 여부를 선택할 수 있음

회계 형식
통화 기호가 셀의 왼쪽 끝(₩ 500)에 표시되고, 음수의 표시 형식을 지정할 수 없으며, 입력된 값이 0일 경우 하이픈(-)으로 표시됨

확인문제

다음 중 서식 코드를 셀의 사용자 지정 표시 형식으로 설정한 경우 입력 데이터와 표시 결과가 옳지 않은 것은?

	서식 코드	입력 데이터	표시
ⓐ	# ???/???	3.75	3 3/4
ⓑ	0.00#,	-6789	-0.007
ⓒ	*-#,##0	6789	*----6789
ⓓ	▲#;▼#;0	-6789	▼6789

① ⓐ   ② ⓑ   ③ ⓒ   ④ ⓓ

정답 해설 '*-#,##0'에서 '*-'은 * 기호의 다음에 있는 특정 문자 '-'을 셀의 너비만큼 반복하여 채우므로 결괏값은 '-----6789'이다

정답 | ③

081 셀 스타일

- 글꼴과 글꼴 크기, 숫자 서식, 셀 테두리, 셀 음영 등의 정의된 서식의 집합으로, 셀 서식을 일관성 있게 적용하는 기능
- 기본 제공 셀 스타일을 수정하거나 복제하여 사용자 지정 셀 스타일을 직접 만들 수 있음
- 사용 중인 셀 스타일을 수정하면 해당 셀에는 자동으로 셀 스타일이 적용됨
- '표준' 셀 스타일은 삭제할 수 없음
- 셀 스타일을 삭제하면 해당 스타일이 적용되었던 영역에 '표준' 셀 스타일이 적용됨

- 사용자가 만든 셀 스타일은 기본적으로 현재 엑셀 통합 문서에서 사용할 수 있음
- 특정 셀을 다른 사람이 변경할 수 없도록 셀을 잠그는 셀 스타일을 사용할 수도 있음

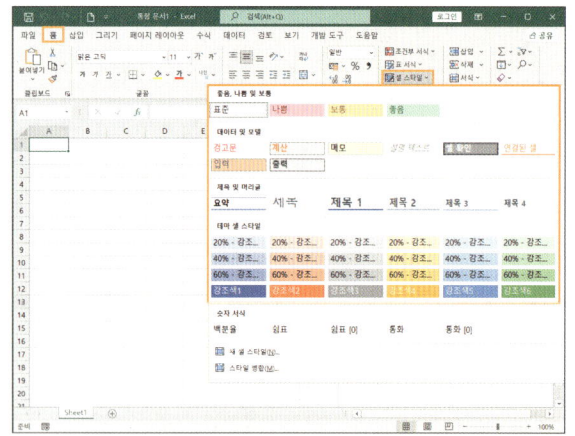

082 조건부 서식

- 선택한 영역에서 특정 조건을 만족하는 셀에만 서식을 지정하는 기능
- [홈] 탭-[스타일] 그룹-[조건부 서식] 클릭
- 셀 값이 변경되어 규칙을 만족하지 않으면 적용된 서식은 해제됨
- 둘 이상의 규칙이 '참'이면 규칙에 지정된 서식이 모두 적용되지만, 서식이 충돌하는 경우에는 우선순위가 높은 규칙의 서식만 적용됨
- 사용자가 지정한 서식보다 조건부 서식의 서식이 우선 적용됨
- 조건부 서식의 서식 스타일에는 데이터 막대, 색조, 아이콘 집합 등이 있음
- [홈] 탭-[편집] 그룹-[찾기 및 선택]-[조건부 서식]을 선택하면 조건부 서식이 적용되고 있는 셀의 범위를 알 수 있음
- [홈] 탭-[스타일] 그룹-[조건부 서식]-[새 규칙]을 선택하고 [새 서식 규칙] 대화상자에서 규칙 유형을 선택할 수 있음

예시 조건부 서식의 수식을 사용하여 표의 홀수 행마다 배경색을 노란색으로 채우는 경우

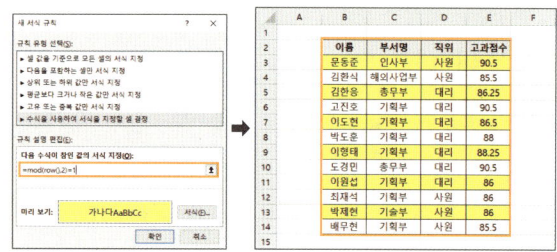

Chapter 3 수식 활용

083 연산자와 셀 참조

1 연산자

산술 연산자	+, -, *, /, %(백분율), ^(거듭제곱)
비교 연산자	>, <, >=, <=, =, <>
문자열 연산자	&
참조 연산자	콜론(범위 연산자), 쉼표(구분 연산자), 공백(교점 연산자)

2 셀 참조

상대 참조	셀의 위치가 변경되면 수식의 주소가 자동으로 변경됨 **예시** A1, B2
절대 참조	셀의 위치가 변경되어도 수식의 주소가 변경되지 않음 **예시** $A$1, $B$2
혼합 참조	행이나 열 중에서 하나만 절대 참조로 지정됨 **예시** $A1, A$1, $B2, B$2
다른 워크시트의 셀 참조	• 시트 이름과 셀 주소 사이에 느낌표(!)로 구분 **예시** =Sheet1!A3 • 시트 이름에 한글, 영문 이외의 문자가 있으면 작은따옴표(' ')로 묶음 **예시** ='1월'!A3
다른 통합 문서의 셀 참조	통합 문서의 이름을 대괄호([ ])로 표시 **예시** =[실적.xlsx]Sheet1!$A$3
3차원 참조	• 여러 시트의 동일한 셀 데이터나 셀 범위 데이터에 대한 참조 **예시** =SUM(Sheet2:Sheet4!A2) → [Sheet2] 시트에서 [Sheet4] 시트의 [A2] 셀 값을 모두 더함 • 배열 수식에는 3차원 참조를 사용할 수 없음 • SUM 함수, AVERAGE 함수, COUNTA 함수, STDEV.S 함수 등을 사용할 수 있음

084 이름 정의

- 선택한 셀이나 범위에 이름을 정의하는 기능
- 이름은 기본적으로 절대 참조로 정의됨
- 이름의 첫 글자는 문자나 밑줄(_), 역슬래시(\)만 사용할 수 있고, 영문자의 대·소문자를 구분하지 않음
- 이름에는 공백을 사용할 수 없음
- 셀 주소와 같은 형태의 이름은 사용할 수 없음
- 여러 시트에서 같은 이름으로 정의할 수 없음
- 이름 정의 방법
  - **방법1** 이름을 정의하려는 영역을 범위로 지정하고 이름 상자에 이름을 입력한 후 Enter
  - **방법2** [수식] 탭-[정의된 이름] 그룹-[이름 정의]
  - **방법3** [수식] 탭-[정의된 이름] 그룹-[선택 영역에서 만들기]

085 오류 메시지 ★★

####	결괏값이 셀 너비보다 길어서 셀에 결괏값을 모두 표시할 수 없는 경우
#DIV/0!	특정 값을 0 또는 빈 셀로 나눈 경우
#N/A	수식에서 잘못된 값으로 연산을 시도한 경우
#NAME?	잘못된 함수 이름이나 정의되지 않은 셀 이름을 사용한 경우 **예시** =SUM(A3A9)
#NULL!	교차하지 않은 두 영역의 교차점을 지정한 경우 **예시** =SUM(A1 B1)
#NUM!	수식이나 함수에 잘못된 숫자값이 포함된 경우
#REF!	셀 참조를 잘못 사용한 경우
#VALUE!	잘못된 인수나 피연산자를 사용한 경우
순환 참조 경고	수식에 자기 자신의 셀을 참조하려는 경우

더 보기

[오류 추적] 단추()
[파일] 탭-[옵션]을 선택하고 [Excel 옵션] 대화상자의 '수식' 범주에서 '오류를 반환하는 수식이 있는 셀'에 체크하면 오류가 발생한 부분에 [오류 추적] 단추()가 표시됨

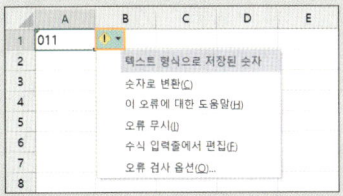

확인문제

오류 메시지는 입력한 수식에서 정상적인 결과를 산출할 수 없을 경우에 나타난다. 다음 중 수식에서 발생하는 오류에 대한 원인으로 옳지 않은 것은?

① #NULL! → 교차하지 않는 두 영역의 교차점을 지정한 경우
② #VALUE! → 수식에서 잘못된 인수나 피연산자를 사용한 경우
③ #NAME! → 잘못된 함수 이름이나 정의되지 않은 셀 이름을 사용한 경우
④ #REF! → 수식에서 잘못된 값으로 연산을 시도한 경우

정답 해설 #REF!는 셀 참조를 잘못 사용한 경우 발생하는 오류이다. 수식에서 잘못된 값으로 연산을 시도한 경우 발생하는 오류는 #N/A이다.

정답 | ④

086 날짜/시간 함수 ★

NOW( )	현재 날짜와 시간 반환
TODAY( )	현재 날짜 반환
DATE(연,월,일)	'연', '월', '일'에 대한 날짜 데이터 반환
YEAR(날짜) MONTH(날짜) DAY(날짜)	'날짜'의 연도, 월, 일 반환
TIME(시,분,초)	'시', '분', '초'에 대한 시간 데이터 반환
HOUR(시간) MINUTE(시간) SECOND(시간)	'시간'의 시, 분, 초 반환

WEEKDAY(날짜,반환값)	• '날짜'에 해당하는 요일 번호 반환
	• 반환값
	  – 1 또는 생략: 일요일이 1
	  – 2: 월요일이 1
	  – 3: 월요일이 0

DATEVALUE(날짜)	'날짜'의 일련번호 반환
DAYS(종료 날짜,시작 날짜)	'시작 날짜'부터 '종료 날짜' 사이의 일수를 계산하여 반환
EDATE(시작 날짜,개월 수)	'시작 날짜'를 기준으로 이전이나 이후 날짜의 일련번호 반환
EOMONTH(시작 날짜,개월 수)	'시작 날짜'를 기준으로 이전이나 이후 달 마지막 날짜의 일련번호 반환
WORKDAY(시작 날짜,날짜 수,휴일)	'시작 날짜'에서 토요일, 일요일, 지정한 '휴일'을 제외하고 지정한 '날짜 수'만큼 경과한 날짜를 반환

NETWORKDAYS(시작 날짜,끝 날짜,휴일)	'토요일', '일요일', 지정한 '휴일'을 제외하고 '시작 날짜'와 '끝 날짜' 사이의 작업일 수를 계산하여 반환
WEEKNUM(날짜,반환 유형)	'날짜'가 일 년 중 몇 번째 주인지 반환

087 논리 함수 ★

IF(조건식,값1,값2)	'조건식'이 참이면 '값1', 거짓이면 '값2' 반환
IFS(조건식1,값1,조건식2,값2,…)	'조건식1'이 참이면 '값1', '조건식2'가 참이면 '값2',…' 반환
SWITCH(조건식,값1,결괏값1,값2,결괏값2,…)	'조건식'이 '값1'이면 '결괏값1' 반환, '값2'이면 '결괏값2' 반환
NOT(조건식)	'조건식'의 결과를 반대로 반환
AND(조건1,조건2,…)	모든 조건이 참이면 'TRUE', 나머지는 'FALSE' 반환
OR(조건1,조건2,…)	조건 중 하나라도 참이면 'TRUE', 나머지는 'FALSE' 반환
IFERROR(식 또는 값,반환값)	'식 또는 값'이 오류이면 '반환값' 반환
TRUE( )	'TRUE' 반환
FALSE( )	'FALSE' 반환

088 수학 함수 ★★★

ABS(숫자)	'숫자'의 절댓값을 반환
EXP(숫자)	e를 '숫자'만큼 거듭제곱한 값을 반환
FACT(숫자)	1×2×3×…×숫자로 계산한 계승값을 반환
INT(숫자)	'숫자'에서 가장 가까운 정수로 내린 값을 반환
MDETERM(배열)	'배열'로 저장된 행렬에 대한 행렬식을 산출
MINVERSE(배열)	'배열'로 저장된 행렬에 대한 역행렬을 산출
MMULT(배열1,배열2)	'배열1'과 '배열2'의 행렬 곱을 계산
MOD(수1,수2)	'수1'을 '수2'로 나눈 나머지를 반환
PI( )	원주율 값을 반환
POWER(수1,수2)	'수1'을 '수2'만큼 거듭제곱한 값을 반환
PRODUCT(수1,수2,…)	인수를 모두 곱한 결과 반환
QUOTIENT(수1,수2)	'수1'을 '수2'로 나눈 몫을 반환

RAND( )	0과 1 사이의 난수를 반환
RANDBETWEEN(수1,수2)	지정한 두 수 사이의 임의의 수를 반환
ROUND(숫자,자릿수)	'숫자'를 지정한 '자릿수'로 반올림하여 반환
ROUNDDOWN(숫자,자릿수)	'숫자'를 지정한 '자릿수'로 내림하여 반환
ROUNDUP(숫자,자릿수)	'숫자'를 지정한 '자릿수'로 올림하여 반환
SIGN(숫자)	'숫자'의 부호를 반환 • 양수: 1 • 음수: −1 • 0: 0
SQRT(숫자)	'숫자'의 양의 제곱근을 반환
SUM(수1,수2,…)	'숫자'의 합계를 반환
SUMIF(범위,조건,합계 범위)	'범위'에서 '조건'을 만족하는 경우 '합계 범위'에서 합계를 반환
SUMIFS(합계 범위,범위1,조건1,범위2,조건2,…)	'범위1'에서 '조건1'을 만족하고 '범위2'에서 '조건2'를 만족하면 '합계 범위'에서 합계를 반환
SUMPRODUCT(배열1,배열2)	배열에서 대응하는 요소들끼리 모두 곱하고 그 곱의 합계를 반환
TRUNC(숫자,자릿수)	'숫자'에서 지정한 '자릿수' 이하의 숫자를 버리고 반환

확인문제

다음 중 수식의 결과가 나머지 셋과 다른 것은?

① =ABS(INT(−3/2))
② =MOD(−3,2)
③ =ROUNDUP(RAND( ),0)
④ =FACT(1.9)

정답 해설 INT(−3/2)는 '−3/2'보다 크지 않은 정수를 구하면 '−2'가 되고, ABS(−2)는 −2를 절댓값으로 표시하여 '2'가 된다.

오답 해설 ②, ③, ④의 결괏값은 '1'이다.

정답 | ①

089 통계 함수 ★★

AVERAGE(수1,수2,…)	숫자의 평균을 반환
AVERAGEA(인수1,인수2,…)	텍스트와 논리값을 포함한 모든 인수의 평균을 반환
AVERAGEIF(범위,조건,평균 범위)	'범위'에서 '소건'을 만속하는 경우 '평균 범위'에서 평균을 반환

함수	설명
AVERAGEIFS(평균 범위,범위1, 조건1,범위2,조건2,…)	'범위1'에서 '조건1'을 만족하고 '범위2'에서 '조건2'를 만족하면 '평균 범위'에서 평균을 반환
COUNT(인수1,인수2,…)	인수 중에서 숫자의 개수를 반환
COUNTA(인수1,인수2,…)	공백이 아닌 인수의 개수를 반환
COUNTBLANK(범위)	'범위'에서 공백인 셀의 개수를 반환
COUNTIF(범위,조건)	'범위'에서 '조건'을 만족하는 셀의 개수를 반환
COUNTIFS(범위1,조건1,범위2, 조건2,…)	'범위1'에서 '조건1'을, '범위2'에서 '조건2'를 만족하는 경우의 개수를 반환
FREQUENCY(배열1,배열2)	'배열2'의 범위에 대한 '배열1' 요소의 빈도수를 반환
GEOMEAN(수1,수2,…)	기하 평균을 반환
HARMEAN(수1,수2,…)	조화 평균을 반환
LARGE(범위,K)	'범위'에서 K번째로 큰 값을 반환
SMALL(범위,K)	'범위'에서 K번째로 작은 값을 반환
MAX(수1,수2,…)	인수 중에서 가장 큰 값을 반환
MAXA(인수1,인수2,…)	텍스트와 논리값을 포함한 모든 인수 중에서 가장 큰 값을 반환
MIN(수1,수2,…)	인수 중에서 가장 작은 값을 반환
MINA(인수1,인수2,…)	텍스트와 논리값을 포함한 모든 인수 중에서 가장 작은 값을 반환
MEDIAN(수1,수2,…)	숫자들의 중간값을 반환
MODE.SNGL(수1,수2,…)	숫자들 중 빈도가 가장 높은 값을 반환
PERCENTILE.INC(범위,수)	'범위'에서 지정한 '수' 번째 백분위수 값을 반환
RANK.EQ(수,범위,방법)	• '범위'에서 '수'의 순위를 반환 • 순위가 같으면 가장 높은 순위 반환 • '방법'을 생략하거나 0으로 지정하면 내림차순으로, 나머지는 오름차순으로 반환
STDEV.S(수1,수2,…)	인수들의 표준 편차를 반환
VAR.S(수1,수2,…)	인수들의 분산을 반환

확인문제

아래의 워크시트에서 작성한 수식의 결괏값이 다른 것은?

	A	B	C
1	10	30	50
2	40	60	80
3	20	70	90
4			

① =SMALL(B1:B3,COLUMN(C3))
② =SMALL(A1:B3,AVERAGE({1;2;3;4;5}))
③ =LARGE(A1:B3,ROW(A1))
④ =LARGE(A1:C3,AVERAGE({1;2;3;4;5}))

정답해설 'AVERAGE({1;2;3;4;5})'에서 1, 2, 3, 4, 5의 평균을 구하면 결괏값이 '3'이고, [A1:B3] 영역에서 세 번째로 작은 값을 구하면 결괏값은 '30'이다.

오답해설 ①, ③, ④의 결괏값은 '70'이다.

정답 | ②

090 문자열 함수 ★★

함수	설명
CONCAT(문자열1,문자열2,…)	'문자열1'과 '문자열2'를 연결하여 반환
LEFT(문자열,개수)	'문자열'의 왼쪽에서 지정한 '개수'만큼 문자를 추출하여 반환
RIGHT(문자열,개수)	'문자열'의 오른쪽에서 지정한 '개수'만큼 문자를 추출하여 반환
MID(문자열,시작 위치,개수)	'문자열'의 '시작 위치'에서 지정한 '개수'만큼 문자 추출하여 반환
LOWER(문자열)	'문자열'을 모두 영문자의 소문자로 반환
UPPER(문자열)	'문자열'을 모두 영문자의 대문자로 반환
PROPER(문자열)	단어의 첫 글자만 영문자의 대문자로, 나머지는 영문자의 소문자로 반환
LEN(문자열)	'문자열'의 길이를 숫자로 반환
TRIM(문자열)	단어 사이의 한 칸의 공백을 제외하고 나머지 공백 모두 삭제하여 반환
FIND(문자열1,문자열2,시작 위치)	• '문자열2'의 '시작 위치'부터 '문자열1'을 찾아 시작 위치 반환 • 영문자의 대·소문자 구분하고 와일드카드 문자는 사용할 수 없음 • FIND 함수는 각 문자를 한 글자로 계산
SEARCH(문자열1,문자열2,시작 위치)	• '문자열2'의 '시작 위치'부터 '문자열1'을 찾아 시작 위치 반환 • 영문자의 대·소문자를 구분하지 않고 와일드카드 문자도 사용할 수 있음 • SEARCH 함수는 각 문자를 한 글자로 계산
REPLACE(문자열1,시작 위치, 개수,문자열2)	'문자열1'의 '시작 위치'에서 '개수'만큼 '문자열2'로 교체하여 반환
SUBSTITUTE(문자열,인수1,인수2,변환할 문자 위치)	• '문자열'에서 '인수1'을 '인수2'로 교체하여 반환 • '변환할 문자 위치'는 '인수1'에서 몇 번째 문자를 바꿀지 지정함
TEXT(인수,형식)	'인수'를 지정된 '형식'의 문자열로 바꾸어 반환
FIXED(인수,자릿수,논리값)	숫자를 나타낼 소수점 '자릿수'나 쉼표의 표시 여부에 맞게 반환

VALUE(문자열)	숫자 형태의 '문자열'을 숫자로 변환하여 반환
EXACT(문자열1,문자열2)	두 개의 문자열을 비교하여 같으면 'TRUE', 다르면 'FALSE' 반환
REPT(문자열,개수)	'문자열'을 '개수'만큼 반복하여 반환

TRANSPOSE(범위)	세로 셀의 '범위'와 가로 셀의 '범위'를 바꾸어 반환
ADDRESS(행 번호,열 번호,참조 유형)	'행 번호'와 '열 번호'를 사용하여 셀 주소를 반환
AREAS(범위)	참조 범위에 있는 영역 수 반환
INDIRECT(텍스트)	'텍스트' 문자열로 지정된 참조 반환

091 찾기/참조 함수 ★★★★

CHOOSE(검색값,값1,값2,…)	'검색값'이 1이면 '값1', 2이면 '값2', …의 순서로 값을 반환

HLOOKUP(값,범위,행 번호,방법)	• '범위'의 첫 번째 행에서 '값'을 찾아 지정한 행에서 대응하는 값을 반환
	• 방법
	  - 0 또는 FALSE: 정확히 일치
	  - 1 또는 TRUE 또는 생략: 유사 일치

VLOOKUP(값,범위,열 번호,방법)	'범위'의 첫 번째 열에서 값을 찾아 지정한 열에서 대응하는 값을 반환
XLOOKUP(값,검색 범위,반환 범위,[값을 찾지 못한 경우 표시할 텍스트],[일치 유형],[검색 유형])	'검색 범위'에서 값을 찾은 후, '반환 범위'에서 같은 행 또는 열의 값을 반환
LOOKUP(기준값,범위,결과 범위)	'범위'에서 '기준값'을 찾은 후 '결과 범위'에서 같은 위치에 있는 값을 반환
INDEX(범위,행,열)	'범위'에서 지정한 '행'과 '열'의 교차 값을 반환

MATCH(검색값,배열,검색 유형)	• '검색값'과 일치하는 '배열' 요소를 찾아 상대 위치 반환
	• 검색 유형
	  - 1: 검색값보다 작거나 같은 값 중 가장 큰 값(오름차순)
	  - 0: 검색값과 같은 첫 번째 값
	  - -1: 검색값보다 크거나 같은 값 중 가장 작은 값(내림차순)

XMATCH(검색값,배열,[일치 유형],[검색 유형])	• '검색값'과 일치하는 '배열' 요소를 찾아 상대 위치 반환 • 근사값을 찾을 때 정렬되어 있지 않아도 검색 가능 • 와일드카드 검색(*, ?)을 지원
COLUMN(셀이나 범위)	'셀이나 범위'의 열 번호 반환
COLUMNS(배열이나 범위)	'배열이나 범위'에 들어있는 열 수 반환
ROW(셀이나 범위)	'셀이나 범위'의 행 번호 반환
ROWS(배열이나 범위)	'배열이나 범위'에 들어있는 행 수 반환
OFFSET(범위,행의 수,열의 수,높이,너비)	'범위'에서 지정한 '행의 수'와 '열의 수'만큼 떨어진 위치의 영역을 반환 예시 =OFFSET(B3,-1,2): [B3] 셀에서 -1행(1행 위) 2열(2열 오른쪽) 떨어진 셀을 반환 → [D2] 셀의 값 표시

확인문제

다음 중 아래의 워크시트에서 수식의 결과로 '부사장'을 출력하지 <u>않는</u> 것은?

	A	B	C	D
1	사원번호	성명	직함	생년월일
2	101	구민정	영업 과장	1980-12-08
3	102	강수영	부사장	1965-02-19
4	103	김진수	영업 사원	1991-08-30
5	104	박용만	영업 사원	1990-09-19
6	105	이순신	영업 사원	1971-09-20

① =CHOOSE(CELL("col",D3),C2,C3,C4,C5,C6)
② =CHOOSE(TYPE(B4),C2,C3,C4,C5,C6)
③ =OFFSET(A1:A6,2,2,1,1)
④ =INDEX(A2:D6,MATCH(A3,A2:A6,0),3)

정답 해설 'CELL("col",D3)'은 [D3] 셀의 열 번호인 '4'를 반환하므로, CHOOSE 함수는 네 번째 값인 [C5] 셀의 '영업 사원'이 표시된다.

정답 | ①

확인문제

다음 중 [A13] 셀에 수식 '=INDEX((A1:C6,A8:C11),2,2,2)'를 입력한 결과는?

	A	B	C	D
1	과일	가격	개수	
2	사과	₩690	40	
3	바나나	₩340	38	
4	레몬	₩550	15	
5	오렌지	₩250	25	
6	배	₩590	40	
7				
8	아몬드	₩2,800	10	
9	캐슈넛	₩3,550	16	
10	땅콩	₩1,250	20	
11	호두	₩1,750	12	
12				
13	=INDEX((A1:C			
14				

① 690 ② 340
③ 2800 ④ 3550

정답 해설 =INDEX((A1:C6,A8:C11),2,2,2)는 [A1:C6] 영역과 [A8:C11] 영역 중 두 번째에 있는 [A8:C11] 영역에서 2행 2열이 교차하는 [B9] 셀 값 '3550'이 표시된다.

정답 | ④

092 데이터베이스 함수 ★

=데이터베이스 함수(데이터베이스,필드,조건 범위)

- **데이터베이스**: 레코드와 필드로 이루어진 관련 데이터의 목록
- **필드**: 어떤 필드가 함수에 사용되는지를 나타냄. 필드명을 지정하거나 열 번호를 지정
- **조건 범위**: 찾을 조건이 들어있는 셀 범위로, 필드명과 함께 지정

DSUM(데이터베이스,필드,조건 범위)	조건을 만족하는 '필드'의 합계를 반환
DAVERAGE(데이터베이스,필드,조건 범위)	조건을 만족하는 '필드'의 평균을 반환
DCOUNT(데이터베이스,필드,조건 범위)	조건을 만족하는 '필드'의 숫자 개수를 반환
DCOUNTA(데이터베이스,필드,조건 범위)	조건을 만족하는 모든 '필드'의 개수를 반환
DMAX(데이터베이스,필드,조건 범위)	조건을 만족하는 '필드'의 최대값을 반환
DMIN(데이터베이스,필드,조건 범위)	조건을 만족하는 '필드'의 최소값을 반환
DVAR(데이터베이스,필드,조건 범위)	조건을 만족하는 '필드'의 분산을 반환
DSTDEV(데이터베이스,필드,조건 범위)	조건을 만족하는 '필드'의 표준 편차를 반환
DGET(데이터베이스,필드,조건 범위)	조건을 만족하는 단일값을 반환
DPRODUCT(데이터베이스,필드,조건 범위)	조건을 만족하는 '필드'의 곱을 반환

093 재무 함수 ★

FV(이자,기간,금액,현재 가치,납입 시점)	• 미래 가치를 반환 • 매월 일정한 금액을 불입했을 때 만기일에 받을 원금과 이자 계산 • 납입 시점: 0 또는 생략은 투자 주기 말, 1은 투자 주기 초
PV(이자,기간,금액,미래 가치,납입 시점)	현재 가치를 반환
NPV(할인율,금액1,금액2,…)	투자의 현재 가치를 반환
PMT(이자,기간,현재 가치,미래 가치,납입 시점)	• 정기적으로 상환할 금액을 반환 • 일정 금액을 대출받았을 때 이자를 포함하여 매월 상환해야 할 금액 계산

SLN(취득원가,잔존가치,내용연수)	• 지정 기간 동안 정액법에 의한 자산의 감가상각액을 반환 • 정액법: 모든 연도에 걸쳐 동일한 금액이 상각되는 방식
SYD(취득원가,잔존가치,내용연수,상각연도)	• 지정 기간 동안 연수 합계법에 의한 자산의 감가상각액을 반환 • 연수 합계법: 잔여 내용연수를 기준으로 가중평균하여 감가상각비를 산정하는 방식

094 정보 함수 ★

ISBLANK(인수)	'인수'가 빈 셀이면 'TRUE' 반환
ISERROR(인수)	'인수'가 오류값이면 'TRUE' 반환
ISERR(인수)	'인수'가 #N/A를 제외한 오류값이면 'TRUE' 반환
ISEVEN(인수)	'인수'가 짝수이면 'TRUE', 홀수면 'FALSE' 반환
ISODD(인수)	'인수'가 홀수이면 'TRUE', 짝수면 'FALSE' 반환
ISLOGICAL(인수)	'인수'가 논리값이면 'TRUE' 반환
ISNUMBER(인수)	'인수'가 숫자이면 'TRUE' 반환
ISTEXT(인수)	'인수'가 텍스트이면 'TRUE' 반환
ISNONTEXT(인수)	'인수'가 텍스트가 아니면 'TRUE' 반환
TYPE(인수)	'인수'의 데이터 형식을 숫자로 표시 • 숫자 → 1 • 문자열 → 2 • 논리값 → 4 • 오류값 → 16 • 배열 → 64
CELL(정보 유형,셀 주소)	셀의 서식 지정이나 위치, 내용 등에 대한 정보 반환

095 배열 수식과 배열 상수 ★★★★

1 배열 수식

- 배열 범위에서 여러 계산을 한꺼번에 수행하는 것으로, 하나의 결과 또는 다양한 결과를 반환할 수 있음
- 배열 수식에 사용되는 배열 인수의 행 수와 열 수는 같아야 함
- 배열 수식을 입력하고 Ctrl + Shift + Enter 를 누르면 수식의 앞 뒤에 중괄호({ })가 자동으로 입력됨
- 조건을 지정할 때 AND 조건은 '*', OR 조건은 '+' 사용
- 배열 수식에서 잘못된 인수나 피연산자를 사용할 경우 '#VALUE!' 오류 발생

예시 배열 수식을 이용하여 [D2:D5] 영역에 한 번에 금액 구하기

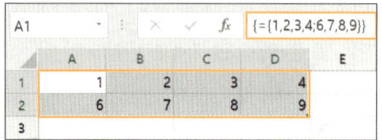

2 배열 상수

- 배열 수식에서 사용하는 인수
- 배열 상수는 숫자, 텍스트, 논리값, 오류값 등을 사용할 수 있고, 수식은 사용할 수 없음
- 같은 배열 상수에 다른 종류의 값을 사용할 수 있음
- $, 괄호, %, 길이가 다른 행이나 열, 셀 참조는 배열 상수로 사용할 수 없음
- 열은 쉼표(,)로, 행은 세미콜론(;)으로 구분함

예시 ={1,2,3,4;6,7,8,9}

3 배열 수식의 활용

구분	조건이 한 개인 경우	조건이 여러 개인 경우
합계	{=SUM((조건)*합계를 구할 범위)}	{=SUM((조건1)*(조건2)*합계를 구할 범위)}
	{=SUM(IF(조건,합계를 구할 범위))}	{=SUM(IF((조건1)*(조건2),합계를 구할 범위))}
평균	{=AVERAGE(IF(조건,평균을 구할 범위))}	{=AVERAGE(IF((조건1)*(조건2),평균을 구할 범위))}
개수	{=SUM((조건)*1)}	{=SUM((조건1)*(조건2))}
	{=SUM(IF(조건,1))}	{=SUM(IF((조건1)*(조건2),1))}
	{=COUNT(IF(조건,1))}	{=COUNT(IF((조건1)*(조건2),1))}
최대값	{=MAX((조건)*최대값을 구할 범위)}	{=MAX((조건1)*(조건2)*최대값을 구할 범위)}
	{=MAX(IF(조건,최대값을 구할 범위))}	{=MAX(IF((조건1)*(조건2),최대값을 구할 범위))}
최소값	{=MIN(IF(조건,최소값을 구할 범위))}	{=MIN(IF((조건1)*(조건2),최소값을 구할 범위))}

	조건이 한 개인 경우	조건이 여러 개인 경우
K번째로 큰 값	{=LARGE((조건)*K번째로 큰 값을 구할 범위,K)}	{=LARGE((조건1)*(조건2)*K번째로 큰 값을 구할 범위,K)}
	{=LARGE(IF(조건,K번째로 큰 값을 구할 범위),K)}	{=LARGE(IF(조건,K번째로 큰 값을 구할 범위),K)}
K번째로 작은 값	{=SMALL(IF(조건,K번째로 작은 값을 구할 범위),K)}	{=SMALL(IF(조건,K번째로 작은 값을 구할 범위),K)}
INDEX, MATCH, MAX 함수	{=INDEX(결과를 구할 범위,MATCH(MAX((조건)*최대값을 구할 범위),(조건)*최대값을 구할 범위, 방법))}	

확인문제

아래 시트에서 [D2:D5] 영역을 선택한 후 배열 수식으로 한 번에 금액을 구하려고 한다. 다음 중 이를 위한 수식으로 옳은 것은? (단, 금액 = 수량 * 단가이다)

① {=B2*C2}
② {=B2:B5*C2:C5}
③ {=B2*C2:B5*C5}
④ {=SUMPRODUCT(B2:B5,C2:C5)}

정답 해설 '금액'은 '수량'×'단가'이므로 [B2:B5] 영역과 [C2:C5] 영역을 이용하여 수식을 입력하고 Ctrl + Shift + Enter 를 눌러 배열 수식으로 계산하면 각 배열에 해당하는 값끼리 계산해서 결괏값이 표시된다.

정답 | ②

Chapter 4 데이터 관리

096 외부 데이터 가져오기 ★★★★

1 외부 데이터 가져오기

- 데이터베이스 파일과 텍스트 파일 등을 워크시트로 가져오거나 쿼리 형태로 변경하여 엑셀에서 사용할 수 있도록 하는 기능
- [데이터] 탭-[데이터 가져오기 및 변환] 그룹-[데이터 가져오기], [텍스트/CSV], [웹]
- 가져올 수 있는 파일 형식: 데이터베이스 파일(SQL, Access, Oracle, IBM DB2, My SQL 등), 텍스트 파일(.txt, .csv, .prn), 엑셀 파일(.xlsx), XML, JSON

- 가져올 수 없는 파일 형식: 한글 파일(.hwp), MS-Word 파일(.doc), 압축된 Zip 파일(.zip) 등
- 웹에서 텍스트, 서식이 설정된 텍스트 영역, 테이블의 텍스트 등은 가져올 수 있지만, 그림과 스크립트의 내용은 가져올 수 없음
- 원본 데이터가 변경될 경우 가져온 데이터에 반영되도록 설정할 수 있음

2 텍스트 파일 가져오기

- 텍스트 파일을 워크시트로 가져오는 기능
- [데이터] 탭-[데이터에서 가져오기 및 변환] 그룹-[텍스트/CSV] 클릭
- 탭, 세미콜론, 쉼표, 공백 등이 구분 기호로 기본 제공되고, 사용자가 원하는 구분 기호를 설정할 수 있음
- 열 데이터 서식을 지정하거나 특정 열만 지정하여 가져올 수 있음

3 Microsoft Query 가져오기

- 외부 데이터베이스에서 여러 테이블을 조인(Join)한 결과를 가져오거나 원본 데이터와 동기화할 수 있는 기능
- [데이터] 탭-[데이터에서 가져오기 및 변환] 그룹-[데이터 가져오기]-[기타 원본에서]-[Microsoft Query에서] 선택
- 데이터베이스 파일(dBASE, Access, Oracle), 쿼리 파일, OLAP 큐브 파일을 가져올 수 있음

> **확인문제**
>
> 다음 중 '외부 데이터 가져오기' 기능에 대한 설명으로 옳지 않은 것은?
> ① 텍스트 파일은 구분 기호나 일정한 너비로 분리된 모든 열을 엑셀로 가져오기 때문에 일부 열만 가져올 수는 없다.
> ② 액세스 파일은 표, 피벗 테이블, 워크시트의 특정 위치 등으로 다양하게 불러올 수 있다.
> ③ 웹의 데이터 중 일부를 워크시트로 가져오고, 새로 고침 기능을 이용하여 최신 데이터로 업데이트할 수 있다.
> ④ 기타 원본의 Microsoft Query 기능을 이용하면 외부 데이터베이스에서 가져올 데이터의 추출 조건을 설정하여 원하는 데이터만 가져올 수 있다.
>
> 정답 해설 [Power Query 편집기]에서 열을 제거할 수 있다.
>
> 정답 | ①

4 통합 문서 연결하기

- 통합 문서에서 사용 중인 연결을 만들고 편집 및 삭제할 수 있는 기능
- 시트, 이름, 위치(셀, 범위), 값, 수식 등 통합 문서에서 사용되는 연결 위치 정보가 제공됨
- 여러 개의 통합 문서가 열려있으면 각 통합 문서에서 [데이터] 탭-[쿼리 및 연결] 그룹-[모두 새로 고침] 클릭
- [연결 속성] 대화상자에서 일정한 시간 간격으로 외부 데이터를 자동으로 새로 고치거나 업데이트할 수 있음
- [연결 속성] 대화상자에서 통합 문서를 열 때 외부 데이터를 자동으로 새로 고치거나, 외부 데이터를 새로 고치지 않고 즉시 통합 문서를 열도록 설정할 수 있음
- [연결 속성] 대화상자의 새로 고침 옵션

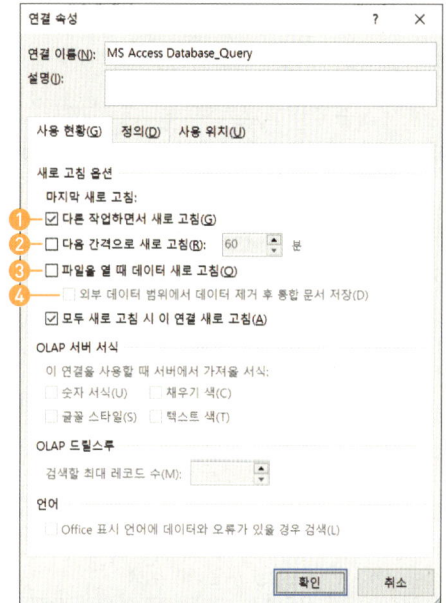

❶ 다른 작업하면서 새로 고침	• 백그라운드에서 쿼리를 실행하는 기능 • OLAP(OnLine Analytical Processing, 온라인 분석 처리) 쿼리는 백그라운드로 실행할 수 없음
❷ 다음 간격으로 새로 고침	일정한 시간 간격으로 외부 데이터 새로 고침을 자동 실행
❸ 파일을 열 때 데이터 새로 고침	통합 문서를 열 때 자동으로 외부 데이터 새로 고침을 실행
❹ 외부 데이터 범위에서 데이터 제거 후 통합 문서 저장	외부 데이터를 제외하고 통합 문서를 저장할 때 선택

097 정렬

- 입력한 자료를 특정한 순서에 따라 재배열하는 기능으로, 최대 64개의 열을 기준으로 정렬할 수 있음
- **정렬 기준**: 값, 셀 색, 글꼴 색, 셀 아이콘
- **정렬 방식**: 오름차순, 내림차순, 사용자 지정 목록(사용자가 정의한 순서대로 정렬 가능)
- 오름차순은 숫자 > 텍스트 > 논리값 > 오류값 > 빈 셀의 순으로 정렬
  - 텍스트는 특수 문자 > 소문자 > 대문자 > 한글의 순으로 정렬
  - 텍스트는 왼쪽에서 오른쪽으로 문자 단위로 정렬
  - 논리값은 FALSE 다음에 TRUE 순으로 정렬
  - 빈 셀은 오름차순과 내림차순 모두 항상 마지막에 정렬
- 숨겨진 행이나 열은 정렬 결과에 포함되지 않음
- 범위에 병합된 셀이 있으면 정렬할 수 없음
- **내 데이터에 머리글 표시**: 데이터 목록의 첫 행이 필드명이면 정렬 작업에 포함되거나 제외되도록 설정

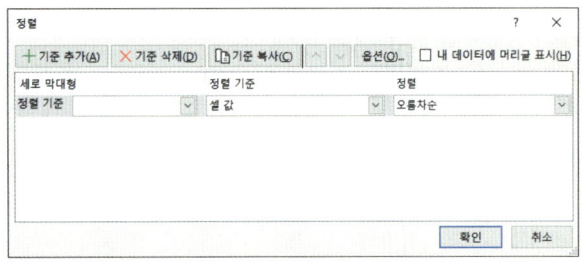

- 정렬 옵션

대/소문자 구분	영문자의 대·소문자를 구분하여 정렬
방향	위쪽에서 아래쪽으로, 왼쪽에서 오른쪽으로 정렬 방향을 선택 **(기본은 위쪽에서 아래쪽)**

- 정렬 방법
  - **방법1** [데이터] 탭-[정렬 및 필터] 그룹-[텍스트 오름차순 정렬]/[텍스트 내림차순 정렬]
  - **방법2** [데이터] 탭-[정렬 및 필터] 그룹-[정렬]

확인문제

다음 중 데이터의 정렬에 대한 설명으로 옳지 <u>않은</u> 것은?

① 정렬은 입력한 자료를 특정한 순서에 따라 재배열하는 기능으로, 최대 64개의 열을 기준으로 정렬할 수 있다.
② 오름차순은 숫자>텍스트>논리값>오류값>빈 셀 순으로 정렬된다.
③ 영숫자 텍스트는 왼쪽에서 오른쪽 방향으로 문자 단위로 정렬된다.
④ 사용자가 [정렬 옵션] 대화상자에서 대/소문자를 구분하도록 변경하여 오름차순으로 정렬하면 대문자가 소문자보다 우선순위를 갖는다.

정답 해설 대/소문자를 구분하도록 변경하여 오름차순으로 정렬하면 소문자가 대문자보다 우선순위를 갖는다.

정답 | ④

098 자동 필터

- 많은 양의 자료에서 설정된 조건에 맞는 자료만 추출하는 기능으로, 지정한 조건에 맞는 행만 표시됨
- [데이터] 탭-[정렬 및 필터] 그룹-[필터] 클릭
- 여러 필드에 조건을 지정하면 AND 조건으로 설정됨
- 여러 필드 간에 OR 조건은 설정할 수 없음
- 하나의 열에 날짜, 숫자, 문자 등의 데이터가 혼합된 경우 셀의 수가 많은 필터로 표시됨
- 날짜 데이터는 연, 월, 일의 계층별로 그룹화되어 계층에서 상위 수준을 선택하거나 선택을 취소하는 경우 해당 수준의 아래쪽에 있는 중첩된 날짜가 모두 선택되거나 선택 취소됨
- '날짜 필터' 목록에서는 일, 주, 월, 분기, 년 등을 필터링 기준으로 사용할 수 있지만, 요일은 필터링할 수 없음
- 필터링된 데이터는 다시 정렬하거나 이동하지 않고도 복사, 찾기, 편집 및 인쇄할 수 있음
- **상위 10**: 항목이나 백분율을 기준으로 상위나 하위로 데이터의 범위를 지정하여 필터링하는 기능으로, 숫자 데이터 필드에서만 가능

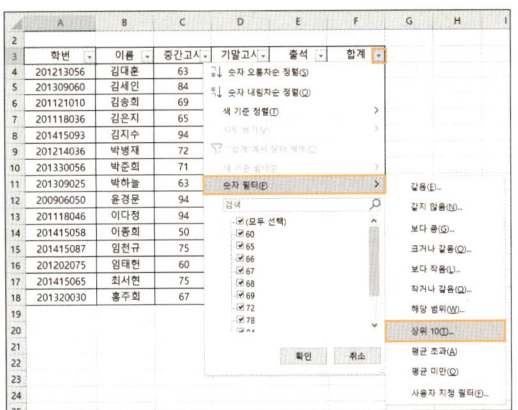

- **사용자 지정 필터**: 하나의 필드에 한 개 이상의 조건을 지정하여 필터링하는 기능으로, 비교 연산자와 와일드카드 문자(*, ?)를 사용할 수 있음

확인문제

다음 중 자동 필터에 대한 설명으로 옳지 않은 것은?

① 날짜가 입력된 열에서 요일로 필터링하려면 '날짜 필터' 목록에서 필터링 기준으로 사용할 요일을 하나 이상 선택하거나 취소한다.
② 두 개 이상의 필드에 조건을 설정하는 경우 필드 간에는 AND 조건으로 결합되어 필터링된다.
③ 열 머리글에 표시되는 드롭다운 화살표에는 해당 열에서 가장 많이 나타나는 데이터 형식에 해당하는 필터 목록이 표시된다.
④ 검색 상자를 사용하여 텍스트와 숫자를 검색할 수 있으며, 배경 또는 텍스트에 색상 서식이 적용되어 있는 경우 셀의 색상을 기준으로 필터링할 수도 있다.

정답 해설 날짜 필터인 경우 주, 월, 분기, 연도 등의 필터링을 제공하지만, 요일은 필터링을 지원하지 않는다. 즉, 자동 필터의 날짜 필터 목록에 요일은 없다.

정답 | ①

099 고급 필터 ★★★★

- 여러 필드를 결합하여 복잡한 조건을 지정하거나 필터링 결과를 다른 위치에 복사하는 경우에 사용
- [데이터] 탭-[정렬 및 필터] 그룹-[고급] 클릭

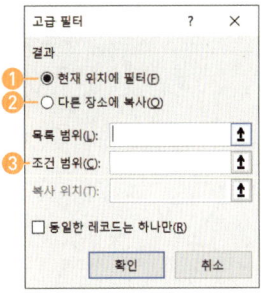

❶ **현재 위치에 필터**: 복사 위치를 지정하지 않고 현재 위치에 필터링 결과 표시
❷ **다른 장소에 복사**: 복사 위치를 미리 지정하고 복사 위치에 필터링 결과 표시
❸ **조건 범위**: 고급 필터를 실행하기 전에 미리 설정해야 함

- 조건은 수식으로 작성할 수 있음. 이 경우 필드명은 원래의 필드명과 다르게 입력하거나 입력하지 않아야 하며, 조건을 입력하면 셀에는 'TRUE'나 'FALSE'가 표시됨
- 문자 데이터를 필터링할 때 영문자의 대·소문자는 구분되지 않지만, 수식으로 구분하여 검색 가능

- **조건 지정**

AND 조건	조건을 모두 같은 행에 입력
OR 조건	조건을 서로 다른 행에 입력

예시 '이름'이 세 글자이면서 '이'로 시작하며, 'TOEIC' 점수가 600점 이상 800점 미만인 직원이거나, '직급'이 '대리'이면서 '연차'가 3년 이상인 직원의 데이터를 추출하는 경우

이름	TOEIC	TOEIC	직급	연차
이??	>=600	<800		
			대리	>=3

예시 '사원명'이 두 글자이면서 전체 실적의 평균을 초과하는 실적 데이터 검색

사원명	실적 조건
="=??"	=$B2>AVERAGE($B$2:$B$9)

확인문제

다음 중 고급 필터 실행을 위한 조건 지정 방법에 대한 설명으로 옳지 않은 것은?

① 함수나 식을 사용하여 조건을 입력하면 셀에는 비교되는 현재 대상의 값에 따라 'TRUE'나 'FALSE'가 표시된다.
② 함수를 사용하여 조건을 입력하는 경우 원본 필드명과 동일한 필드명을 조건 레이블로 사용해야 한다.
③ 다양한 함수와 식을 혼합하여 조건을 지정할 수 있다.
④ 텍스트 데이터를 필터링할 때 대/소문자는 구분되지 않으나 수식으로 대/소문자를 구분하여 검색할 수 있다.

정답 해설 고급 필터에서 일반식이 아닌 함수나 식의 계산값으로 찾을 조건을 지정하는 경우에는 조건 지정 범위의 첫 행에는 원본 데이터의 필드명과 다른 필드명을 입력하거나 생략해야 한다.

정답 | ②

100 텍스트 나누기 ★

- 하나의 셀에 입력된 데이터를 원본 데이터의 형식에 따라 구분 기호나 일정한 너비로 분리하여 여러 셀로 나누는 기능
- 범위를 선택하고 [데이터] 탭–[데이터 도구] 그룹–[텍스트 나누기] 클릭
- 나눌 범위에 포함할 수 있는 열은 반드시 하나만 가능
- 각 열을 선택하여 데이터 서식을 지정할 수 있음
- 선택한 열의 오른쪽에 빈 열이 한 개 이상 있어야 하고, 없는 경우에는 오른쪽 열에 내용이 덮어쓰기됨
- 원본 데이터의 형식

구분 기호로 분리됨	각 필드가 탭, 세미콜론, 쉼표, 공백, 기타 문자로 분리된 경우
너비가 일정함	각 필드가 일정한 너비로 정렬된 경우

더 보기

각 필드의 너비(열 구분선)를 지정하는 방법
- **구분선 삽입**: 원하는 위치를 마우스로 클릭하여 삽입
- **구분선 이동**: 원하는 위치로 드래그하여 이동
- **구분선 삭제**: 구분선을 마우스로 더블클릭하여 삭제

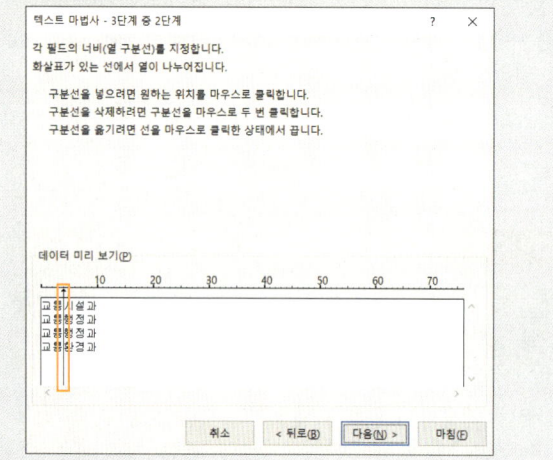

101 개요 설정 ★

- 행 또는 열을 그룹 단위로 묶어서 요약 행이나 요약 열을 빠르게 표시하거나 세부 정보를 표시하는 기능
- [데이터] 탭–[개요] 그룹–[그룹] 클릭

- 데이터에 최대 8개 수준까지 하위 수준을 표시할 수 있음
- 안쪽 수준은 상위 수준을, 바깥쪽 수준은 하위 수준을 표시

1	전체 계산 항목 표시
2	그룹별 계산 항목 표시
3	전체 데이터 표시
-	하위 수준 숨기기
+	하위 수준 표시

- 개요 기호가 나타나지 않으면 [파일] 탭–[옵션]을 선택하고 [Excel 옵션] 대화상자의 '고급' 범주에서 '윤곽을 설정한 경우 윤곽 기호 표시'에 체크하면 표시됨
- 개요에 스타일을 적용하려면 [데이터] 탭–[개요] 그룹–[윤곽선] 아이콘( )을 클릭하고 [설정] 대화상자에서 [자동 스타일]에 체크
- 개요를 해제하려면 [데이터] 탭–[개요] 그룹–[그룹 해제]–[개요 지우기] 클릭. 이 경우 요약 정보가 표시된 원본 데이터는 삭제되지 않음

102 중복된 항목 제거 ★

- 선택된 범위 안에서 중복된 레코드 중 하나를 제외하고 나머지를 제거하는 기능
- [데이터] 탭–[데이터 도구] 그룹–[중복된 항목 제거] 클릭
- [중복된 항목 제거]를 클릭하면 같은 데이터의 첫 번째 레코드를 제외한 나머지 레코드가 삭제됨

- [중복 값 제거] 대화상자에서 '내 데이터에 머리글 표시'에 체크하면 '열' 목록에 '열 A' 대신 '필드명'이 표시됨
- 중복 값을 제거하면 선택한 셀 범위나 테이블 값이 제거되지만, 테이블 밖의 값은 변경되거나 이동되지 않음

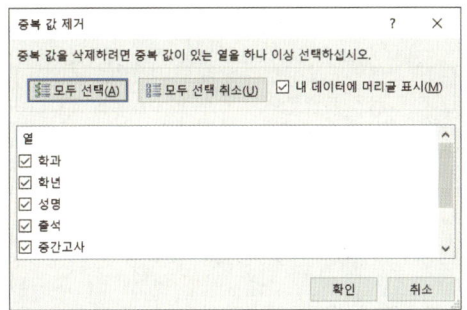

Chapter 5 데이터 분석

 103 **데이터 유효성 검사** ★

- 데이터의 목록이나 형식을 지정하여 데이터 입력을 제한하는 기능
- [데이터] 탭-[데이터 도구] 그룹-[데이터 유효성 검사] 클릭
- **유효성 조건 제한 대상**: 모든 값, 정수, 소수점, 목록, 날짜, 시간, 텍스트 길이, 사용자 지정

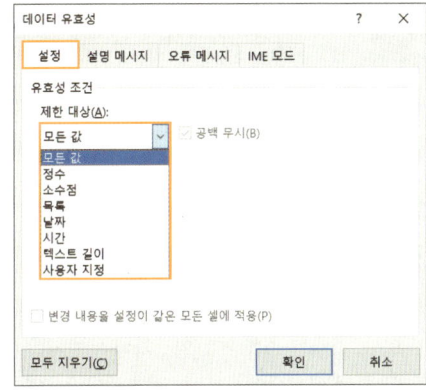

- '제한 대상'에서 '목록'을 선택한 경우 원본으로 정의된 이름의 범위를 사용하려면 등호(=)와 범위의 이름을 입력하고, 직접 입력하려면 값을 콤마(,)로 구분하여 지정
- [오류 메시지] 탭에서 유효성 검사에 맞지 않는 데이터가 입력되었을 때 표시할 오류 메시지를 설정할 수 있음

- [IME 모드] 탭에서 열 단위로 데이터 입력 모드(한글/영문)를 다르게 지정할 수 있음

 104 **통합** ★

- 하나 이상의 원본 영역을 지정하여 하나의 표로 데이터를 요약하는 기능
- [데이터] 탭-[데이터 도구] 그룹-[통합] 클릭

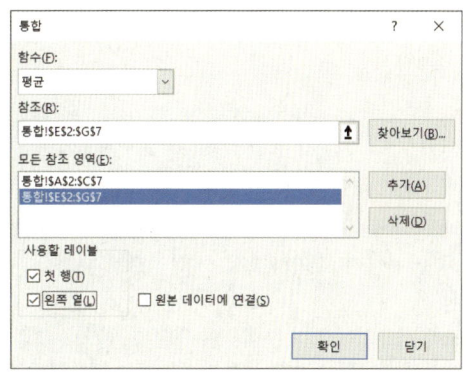

- 데이터 통합은 위치를 기준으로 통합하거나 영역의 이름을 지정하여 통합할 수 있음
- 지정한 영역에서 계산될 요약 함수는 합계, 평균, 개수, 최대, 최소, 곱, 숫자 개수, 표본 표준 편차, 표준 편차, 표본 분산, 분산 중 선택할 수 있음
- 계산할 범위를 선택하고 [추가] 단추를 클릭하면 '모든 참조 영역'에 추가되고, 다른 통합 문서의 시트도 추가할 수 있음
- '사용할 레이블'에 모두 체크한 경우 각 참조 영역에 결과표의 레이블과 일치하지 않은 레이블이 있으면 통합 결과표에 별도의 행이나 열이 생성됨
- [원본 데이터에 연결]에 체크하면 참조한 원본 데이터가 변경될 때 자동으로 계산 결과가 변경되며, 통합 데이터가 있는 워크시트가 결과가 작성될 워크시트와 다른 통합 문서에 있는 경우에만 적용할 수 있음

 105 **데이터 표** ★

- 특정 값의 변화에 따른 결괏값의 변화 과정을 한 번의 연산으로 빠르게 계산하여 표의 형태로 표시하는 기능
- [데이터] 탭-[예측] 그룹-[가상 분석]-[데이터 표] 선택

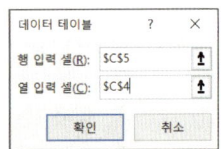

- 변수가 한 개이거나 두 개인 데이터 표를 작성할 수 있음
- 변수에 입력될 데이터가 같은 행에 입력되어 있으면 행 입력 셀로, 같은 열에 입력되어 있으면 열 입력 셀로 지정
- 결괏값은 반드시 변수를 포함한 수식으로 작성해야 함
- 데이터 표의 결과는 배열 수식으로 작성되므로 부분적으로 수정 또는 삭제할 수 없음

확인문제

다음 중 데이터 표에 대한 설명으로 옳지 <u>않은</u> 것은?

① 특정 값의 변화에 따른 결과 값의 변화를 한 번의 연산으로 빠르게 계산하여 표의 형태로 시각적으로 나타내는 기능이다.
② 데이터 표를 사용하여 가상 분석을 수행할 수 있으며 결과는 배열 수식으로 작성되므로 부분적으로 수정 가능하다.
③ 변수에 입력될 데이터가 같은 행에 입력되어 있으면 '행 입력 셀'로, 같은 열에 입력되어 있으면 '열 입력 셀'로 지정한다.
④ 결과 값은 하나 이상의 변수를 사용하여 계산되는 수식으로 표현되어야 한다.

정답해설 데이터 표의 결과는 배열 수식으로 작성되므로 부분적으로 수정 또는 삭제할 수 없다.

정답 | ②

106 부분합 ★★

- 데이터를 일정한 기준으로 그룹화하여 합계, 평균 등 다양하게 계산하는 기능
- 그룹화할 항목을 기준으로 먼저 정렬하고 [데이터] 탭-[개요] 그룹-[부분합] 클릭
- 부분합을 실행하면 목록에 자동으로 개요가 설정됨
- 한 번에 한 개의 함수를 계산하므로 함수를 추가하려면 부분합을 중첩해서 실행해야 함
- [부분합] 대화상자에서 '부분합 계산 항목'으로 선택된 항목에는 SUBTOTAL 함수가 자동으로 입력되어 계산됨
- 부분합을 제거하면 부분합과 함께 표에 삽입된 개요 및 페이지 나누기도 모두 제거됨

예시 '학과'로 그룹화하여 '중간고사'와 '기말고사'에 대한 '합계'를 부분합으로 계산

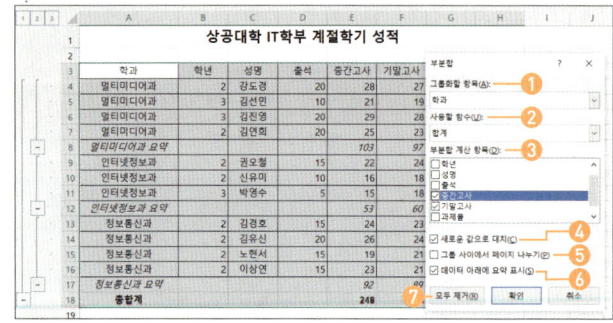

- [부분합] 대화상자

❶ 그룹화할 항목	부분합을 계산할 기준 필드로, 미리 정렬되어 있어야 함
❷ 사용할 함수	합계, 평균, 개수, 최대값, 최소값, 곱, 숫자 개수, 표본 표준 편차, 표준 편차, 표본 분산, 분산 함수
❸ 부분합 계산 항목	부분합을 계산하여 표시할 항목 선택
❹ 새로운 값으로 대치	이전 부분합의 결괏값을 지우고 새로운 부분합을 구함
❺ 그룹 사이에서 페이지 나누기	페이지 구분선 삽입
❻ 데이터 아래에 요약 표시	부분합의 내용을 세부 데이터의 아래에 표시
❼ 모두 제거	부분합 삭제

확인문제

다음 중 부분합에 대한 설명 중 옳지 <u>않은</u> 것은?

① 그룹화할 항목을 기준으로 먼저 정렬한 후, [데이터] 탭-[개요] 그룹-[부분합]을 클릭한다.
② [부분합] 대화상자에서 '부분합 계산 항목'으로 선택된 항목에는 SUBTOTAL 함수가 자동으로 입력되어 계산된다.
③ 부분합 실행 결과를 워크시트에서 모두 제거하려면 부분합 결과를 범위 지정한 후 Delete를 누르면 된다.
④ [부분합] 대화상자에서 '그룹 사이에서 페이지 나누기'를 체크하면 페이지 구분선이 삽입된다.

정답해설 부분합을 제거하려면 [데이터] 탭-[개요] 그룹-[부분합]에서 '모두 제거' 단추를 클릭한다.

정답 | ③

107 목표값 찾기 ★

- 수식에서 원하는 결과를 알고 있지만, 그 결과를 얻는 데 필요한 입력값을 구하는 경우에 사용하는 기능
- [데이터] 탭-[예측] 그룹-[가상 분석]-[목표값 찾기] 클릭
- 목표값 찾기에서 입력값은 하나만 지정할 수 있음

예시 평균인 [D9] 셀의 값이 '150'이 되도록 [D6] 셀을 변경하는 경우

- [목표값 찾기] 대화상자

① 수식 셀	특정 값이 나오기를 원하는 수식이 들어있는 셀
② 찾는 값	원하는 특정 값을 숫자로 직접 입력
③ 값을 바꿀 셀	목표값을 얻기 위해 데이터를 조절할 셀로, 반드시 수식에서 이 셀을 참조하고 있어야 함

 ## 108 시나리오 ★★

- 다양한 상황과 변수에 따른 여러 가지 결괏값의 변화를 가상의 상황을 통해 예측하여 분석할 수 있는 기능
- [데이터] 탭-[예측] 그룹-[가상 분석]-[시나리오 관리자] 클릭
- [시나리오 관리자] 대화상자에서 '변경 셀'은 '결과 셀'의 값을 예측할 수 있는 숫자값이 입력된 셀이고, '결과 셀'은 수식이 입력된 셀
- 하나의 시나리오에 최대 32개까지 '변경 셀'을 지정할 수 있음
- 시나리오 결과는 요약 보고서나 피벗 테이블 보고서로 작성할 수 있음
- '시나리오'의 이름은 사용자가 직접 입력해야 하고, '설명'은 입력하지 않아도 됨
- '변경 셀'과 '결과 셀'에 이름을 지정한 후 시나리오 요약 보고서를 작성하면 결과에 셀 주소 대신 지정한 이름이 표시됨
- '결과 셀'은 시나리오 요약 보고서를 만들 때는 지정하지 않아도 되지만, 시나리오 피벗 테이블 보고서를 만들 때는 반드시 지정해야 함
- 시나리오 보고서는 현재 시트의 앞에 새 워크시트를 삽입해서 표시하며, 별도의 파일에 저장할 수 없음
- 원본 데이터에서 '변경 셀'의 현재 값을 수정해도 시나리오 요약 보고서는 자동으로 업데이트되지 않음
- 시나리오 관리자에서 시나리오를 삭제해도 시나리오 요약 보고서의 해당 시나리오는 삭제되지 않음
- [시나리오 관리자] 대화상자

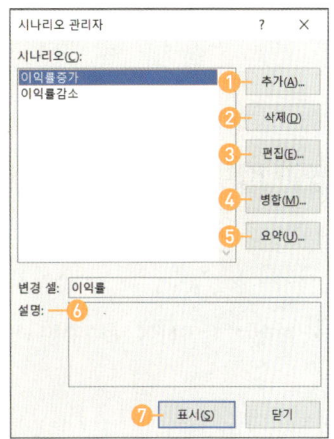

① 추가	'시나리오 이름'과 '변경 셀'을 지정할 수 있는 대화상자 표시
② 삭제	선택한 시나리오를 삭제하는 기능으로, 시나리오를 삭제해도 시나리오 요약 보고서의 시나리오는 삭제되지 않음
③ 편집	선택한 시나리오를 편집할 수 있는 대화상자 표시
④ 병합	다른 통합 문서나 다른 시트에 저장된 시나리오를 병합
⑤ 요약	시나리오에 대한 요약 보고서나 피벗 테이블 작성
⑥ 설명	시나리오에 대한 추가 설명으로, 반드시 입력할 필요는 없음
⑦ 표시	선택한 시나리오에 대한 결괏값 표시

확인문제

다음 중 아래 그림과 같은 시나리오 요약 보고서에 대한 설명으로 옳지 않은 것은?

① '호황'과 '불황' 두 개의 시나리오로 작성한 시나리오 요약 보고서는 새 워크시트에 표시된다.
② 원본 데이터에 '냉장고판매', '세탁기판매', '예상판매금액'으로 이름을 정의한 셀이 있다.

③ 원본 데이터에서 변경 셀의 현재 값을 수정하면 시나리오 요약 보고서가 자동으로 업데이트된다.
④ 시나리오 요약 보고서의 모든 내용은 수정 가능하며, 자동으로 설정된 윤곽도 지울 수 있다.

정답 해설 원본 데이터 값을 수정하면 시나리오 요약 보고서는 자동으로 업데이트되지 않기 때문에 시나리오 요약 보고서를 다시 작성해야 한다.

정답 | ③

109 피벗 테이블과 피벗 차트 ★★

1 피벗 테이블

- 광범위한 데이터를 다양한 형태로 요약하여 보여주는 대화형 테이블을 만드는 기능
- [삽입] 탭-[표] 그룹-[피벗 테이블] 클릭

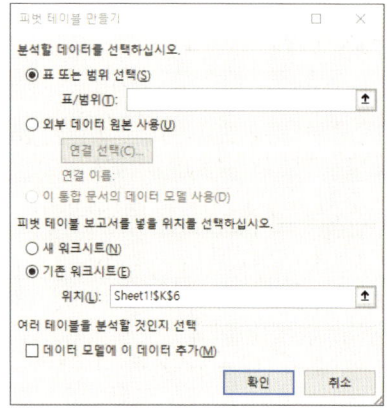

- 엑셀의 목록, 외부 데이터, 다중 통합 범위, 다른 피벗 테이블을 기준으로 작성
- 기존 워크시트에서는 시작 위치를 지정할 수 있고, 새 워크시트에서는 [A1] 셀에 자동 생성된다.
- 새 워크시트에 피벗 테이블을 생성하면 보고서 필터의 위치는 [A1] 셀이고 행 레이블은 [A3] 셀에서 시작함
- 작성된 피벗 테이블의 필드 위치는 행 또는 열로 이동하거나 삭제할 수 있음
- '값' 필드의 필드를 선택하고 [값 필드 설정]을 선택하면 [값 필드 설정] 대화상자의 [값 요약 기준] 탭에서 함수를 변경할 수 있음

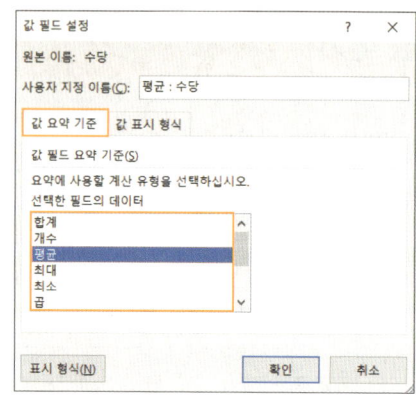

- 피벗 테이블에 새로운 수식을 추가하여 표시할 수 있음
- 피벗 테이블에서 '값' 영역의 특정 항목을 마우스로 더블클릭하면 해당 데이터에 대한 세부적인 데이터가 새로운 시트에 표시됨
- <mark>원본의 자료가 변경되어도 피벗 테이블에 자동으로 반영되지 않으므로 [데이터] 탭-[쿼리 및 연결] 그룹-[모두 새로 고침] 또는 [피벗 테이블 분석] 탭-[데이터] 그룹-[새로 고침]-[모두 새로 고침]을 선택하여 일괄적으로 새로 고침을 해야 함</mark>
- [피벗 테이블 옵션] 대화상자에서 오류값을 빈 셀로 표시하거나 빈 셀에 원하는 값을 지정하여 표시할 수 있음
- 하위 데이터 집합에도 필터와 정렬, 조건부 서식을 적용하여 원하는 정보만 강조할 수 있음
- 행 레이블이나 열 레이블에서의 데이터 정렬은 수동, 오름차순, 내림차순 중에서 선택할 수 있음

예시 필터: 직위, 행: 사원번호, 열: 부서명, 값: 근속연수의 평균,
그룹: 사원번호2

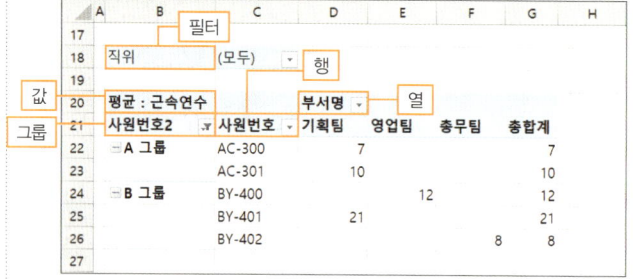

확인문제

다음 중 피벗 테이블에 대한 설명으로 옳지 <u>않은</u> 것은?
① 피벗 테이블 보고서를 작성한 후 원본 데이터를 수정하면 피벗 테이블 보고서에 자동으로 반영된다.
② [피벗 테이블 필드]에서 보고서에 추가할 필드 선택 시 데이터 형식이 텍스트이거나 논리값인 필드를 선택하여 행 영역에 추가한다.

③ 값 영역에 추가된 필드가 2개 이상이면 'Σ 값' 필드가 '열' 또는 '행' 영역에 추가된다.
④ 열 레이블/행 레이블 단추를 클릭하여 레이블 필터나 값 필터를 설정할 수 있다.

[정답 해설] 원본 데이터가 수정된 경우 피벗 테이블의 내용은 자동으로 반영되지 않고 [피벗 테이블 분석] 탭-[데이터] 그룹-[새로 고침]-[모두 새로 고침]을 선택해야 피벗 테이블에 반영된다.

정답 | ①

2 피벗 차트

- 피벗 차트는 피벗 테이블 보고서를 만들 때 함께 만들거나 피벗 테이블 보고서가 있는 경우 피벗 차트를 작성할 수 있음
- 피벗 차트에서 분산형, 주식형, 거품형 차트는 만들 수 없음
- 피벗 차트에서 필터를 적용하면 자동으로 피벗 테이블 보고서에 적용됨
- 피벗 테이블을 삭제하면 피벗 차트는 일반 차트로 변경됨
- 피벗 차트를 삭제해도 관련된 피벗 테이블 보고서는 삭제되지 않음
- [피벗 테이블 분석] 탭-[동작] 그룹-[지우기]-[모두 지우기]를 선택하면 피벗 테이블 보고서와 피벗 차트가 모두 제거됨

확인문제

다음 중 피벗 차트 보고서에 대한 설명으로 옳지 않은 것은?
① 피벗 차트 보고서에 필터를 적용하면 피벗 테이블 보고서에 자동 적용된다.
② 처음 피벗 테이블 보고서를 만들 때 자동으로 피벗 차트 보고서를 함께 만들 수도 있고, 기존 피벗 테이블 보고서에서 피벗 차트 보고서를 만들 수도 있다.
③ 피벗 차트 보고서를 정적 차트로 변환하려면 관련된 피벗 테이블 보고서를 선택한 후 [피벗 테이블 분석] 탭-[동작] 그룹의 [모두 지우기] 명령을 수행하여 피벗 테이블 보고서를 먼저 삭제한다.
④ 피벗 차트 보고서를 삭제해도 관련된 피벗 테이블 보고서는 삭제되지 않는다.

[정답 해설] [모두 지우기] 명령은 피벗 테이블 보고서의 값뿐만 아니라 피벗 테이블 보고서의 필드, 값, 서식, 필터 등의 모든 내용을 삭제하므로 정적 차트 보고서를 만드는 방법이 아니다. 정적 차트로 변환하려면 피벗 테이블 보고서를 선택한 후 Delete 를 눌러 피벗 테이블을 삭제해야 한다.

정답 | ③

Chapter 6 차트 활용

110 차트의 작성 ★

- 데이터를 막대, 선, 원 등의 시각적인 요소로 표현하여 데이터의 경향과 흐름을 알아보기 쉽게 표현한 것
- 원본 데이터를 범위로 지정하고 [삽입] 탭-[차트] 그룹에서 세로 막대형 차트나 가로 막대형 차트, 꺾은선형 차트, 영역형 차트, 원형 차트, 분산형 차트 등 다양한 차트 중 원하는 스타일을 클릭하여 작성
- F11: 새로운 차트 시트에 세로 막대형 차트 작성
- Alt + F1: 현재 시트에 기본 차트인 묶은 세로 막대형 차트 작성
- 워크시트의 행과 열에서 숨겨진 데이터는 차트에 표시되지 않음
- 차트에서 사용할 데이터가 들어있는 셀을 하나만 선택하고 차트를 만들면 해당 셀을 직접 둘러싸는 셀의 데이터가 차트에 모두 표시됨
- 차트에 두 개 이상의 차트 종류를 사용하여 혼합형 차트를 만들 수 있지만, 2차원 차트와 3차원 차트는 혼합할 수 없음
- 차트를 클릭하면 리본 메뉴에 [차트 디자인] 탭과 [서식] 탭이 표시됨
- 사용자가 자주 사용하는 차트를 서식 파일로 저장할 수 있음
- 이중 축 차트: 차트에 보조 축을 표시하는 차트로, 특정 데이터 계열의 값이 다른 데이터 계열의 값과 크게 차이가 나거나, 데이터의 단위가 다른 경우에 주로 사용

111 차트의 종류 ★★

- [차트 디자인] 탭-[종류] 그룹-[차트 종류 변경] 또는 차트의 바로 가기 메뉴에서 [차트 종류 변경] 선택
- 데이터 계열을 선택하고 바로 가기 메뉴에서 [계열 차트 종류 변경]을 선택하면 특정 계열만 차트의 종류를 변경할 수 있음

• 차트의 종류

세로 막대형 차트	각 항목 간의 값을 막대의 길이로 비교 및 분석
꺾은선형 차트	월, 분기, 연도와 같이 시간의 흐름에 따라 각 항목의 변화나 경향 표시
원형 차트	• 각 항목의 값이 항목 합계의 비율로 표시되고, 하나의 데이터 계열만 표시할 수 있음 • 첫째 조각의 각: 첫째 조각이 시작되는 각도로, 기본값은 0°
도넛형 차트	• 원형 차트의 한 종류로, 원형 차트와 비슷하지만 여러 데이터의 계열 표시 • 하나의 고리는 하나의 데이터 계열을 표시하고, 색상으로 데이터 요소를 구분하여 표시
가로 막대형 차트	세로 막대형 차트와 유사하고, 값 축과 항목 축의 위치가 서로 바뀜
영역형 차트	시간의 경과에 따른 변화를 보여주고, 각 값의 합계와 전체에 대한 관계를 비교
분산형 차트	• 과학, 통계 및 공학 데이터와 같은 숫자값을 표시하고 비교 • 가로 축의 값이 일정한 간격이 아닌 경우나 가로 축의 데이터 요소 수가 많은 경우에 사용 • 데이터 요소 간의 차이점보다는 큰 데이터 집합 간의 유사점을 표시하려는 경우에 사용 • 다섯 개의 하위 차트(분산형 차트, 곡선 및 표식이 있는 분산형 차트, 곡선이 있는 분산형 차트, 직선 및 표식이 있는 분산형 차트, 직선이 있는 분산형 차트) 제공
거품형 차트	분산형 차트의 한 종류로, 가로 축과 세로 축이 있고, 세 번째 열을 추가하여 거품의 크기를 지정
주식형 차트	주가 변동을 나타내는 차트로, 시가, 종가, 거래량, 저가, 고가 등을 표시
표면형 차트	두 개의 데이터 집합에서 최적의 조합을 찾을 때 사용
방사형 차트	가운데에서 뻗어가는 형태의 차트로, 데이터 계열이 많을 때 사용하고, 가로 축이 없음

더 보기

3차원 차트 변경이 불가능한 차트
분산형 차트, 도넛형 차트, 방사형 차트, 주식형 차트

확인문제

다음 중 각 차트의 종류에 대한 설명으로 적절하지 않은 것은?

① 영역형 차트: 워크시트의 여러 열이나 행에 있는 데이터에서 시간에 따른 변동의 크기를 강조하여 합계 값을 추세와 함께 살펴볼 때 사용된다.
② 표면형 차트: 일반적인 척도를 기준으로 연속적인 데이터를 표시할 수 있으므로 일정 간격에 따른 데이터의 추세를 표시할 때 사용된다.
③ 도넛형 차트: 여러 열이나 행에 있는 데이터에서 전체에 대한 각 부분의 관계를 비율로 나타내어 각 부분을 비교할 때 사용된다.
④ 분산형 차트: 여러 데이터 계열에 있는 숫자 값 사이의 관계를 보여주거나 두 개의 숫자 그룹을 xy 좌표로 이루어진 하나의 계열로 표시할 때 사용된다.

정답 해설 꺾은선형 차트에 대한 설명이다. 표면형 차트는 두 데이터 집합 간의 최적 조합을 찾을 때 유용하다.

정답 | ②

112 차트의 구성 요소 ★★★

• [홈] 탭-[글꼴] 그룹이나 마우스 오른쪽 단추를 클릭하면 나타나는 미니 도구 모음()을 이용하여 차트 구성 요소의 텍스트 서식을 지정할 수 있음
• 차트 구성 요소에 도형 스타일이나 워드아트(WordArt) 스타일을 적용할 수 있음
• 차트 구성 요소들은 도형처럼 맞춤, 그룹, 회전 등을 설정할 수 없음

• **차트의 구성 요소**

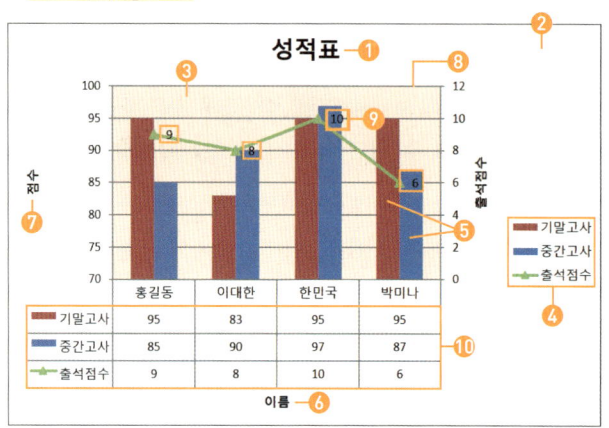

❶ 차트 제목	차트의 제목 표시
❷ 차트 영역	차트의 모든 구성 요소를 포함하는 영역
❸ 그림 영역	가로 축과 세로 축으로 구성된 영역
❹ 범례	• 데이터 계열의 항목별 이름으로 색이나 무늬로 데이터 계열을 구분 • [범례 서식] 창에서 위치를 상하좌우, 오른쪽 위로 지정 • 범례를 삭제하려면 범례를 선택하고 Delete
❺ 데이터 계열	차트로 나타낼 값을 가진 항목들을 의미

❻ 가로 축 제목	가로 축 항목의 전체 의미를 나타내는 제목
❼ 세로 축 제목	세로 축에 표현되는 숫자의 전체 의미를 나타내는 제목
❽ 눈금선	눈금을 그림 영역에 표시
❾ 데이터 레이블	데이터 계열의 값이나 항목을 이름표로 표시
❿ 데이터 테이블	차트의 데이터를 표로 표시하고 범례의 표시 여부를 지정할 수 있음

더 보기

막대형 차트에서 계열에 그림 채우기
- 그림은 파일, 클립보드, 온라인에서 선택할 수 있음
- 늘이기: 막대의 크기에 비례해서 그림의 너비와 높이가 증가함
- 쌓기: 원본 그림의 크기에 따라 단위/사진이 달라짐
- 다음 배율에 맞게 쌓기: 계열 간의 원본 그림 크기가 달라도 단위/그림 같게 설정하면 같은 크기로 표시됨

★★★

113 차트의 편집

1 차트의 크기 조절

- 차트를 선택한 후 크기 조절점을 드래그해 크기를 조절할 수 있음
- Alt를 누른 상태에서 차트 크기를 조절하면 차트의 크기가 셀에 맞춰 조절됨
- 그림 영역, 범례 등을 선택하여 차트의 크기를 조절할 수 있음

2 차트 이동

- 차트를 선택한 후 드래그하여 원하는 위치로 이동
- 차트 제목, 축 제목, 범례, 그림 영역 등은 마우스로 드래그하여 이동할 수 있음
- 시트에 삽입된 차트는 '차트 이동' 기능을 이용하여 새로운 시트나 현재 통합 문서의 다른 시트로 이동할 수 있음

3 차트 삭제

- 차트 영역을 선택하고 Delete
- 차트를 삭제하면 워크시트에 있는 원본 데이터에 영향을 미치지 않지만, 원본 데이터를 삭제하면 차트도 새로 변경됨

4 원본 데이터의 변경

- [차트 디자인] 탭–[데이터] 그룹–[데이터 선택] 또는 바로 가기 메뉴에서 [데이터 선택] 클릭

• [데이터 원본 선택] 대화상자

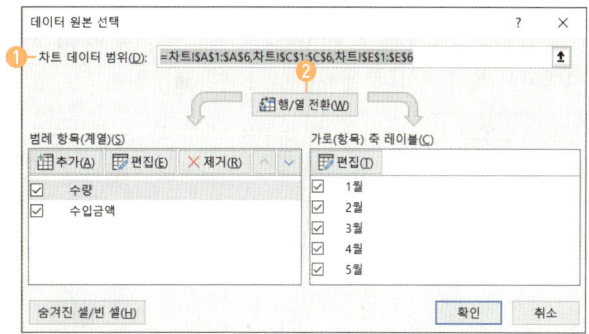

❶ 차트 데이터 범위	차트에 사용하는 전체 데이터의 범위를 수정할 수 있음
❷ [행/열 전환] 단추	가로 축의 데이터 계열과 범례 항목을 바꿀 수 있음

- 데이터 계열이 범례에서 표시되는 순서를 바꿀 수 있음
- 워크시트에서 차트 데이터 영역의 중간에 항목(행)을 삽입하는 경우 차트에서도 항목이 삽입됨

확인문제

다음 중 차트의 편집에 대한 설명으로 옳지 않은 것은?
① 차트와 연결된 워크시트의 데이터에 열을 추가하면 차트에 자동적으로 반영되지 않는다.
② 차트 크기를 조정하면 새로운 크기에 가장 적합하도록 차트 내의 텍스트의 크기 등이 자동적으로 조정된다.
③ 차트에 적용된 원본 데이터의 행이나 열을 숨겨도 차트에는 반영되지 않는다.
④ 데이터 계열의 순서가 변경되면 범례의 순서도 자동으로 변경된다.

정답 해설 차트에 적용된 원본 데이터의 행이나 열을 숨기면 차트에 반영되어 표시되지 않는다.

정답 | ③

5 축 서식의 변경

- 세로 축의 바로 가기 메뉴에서 [축 서식] 선택
- [축 서식] 창의 [축 옵션](📊)에서 최소값과 최대값 입력

가로 축 교차	'자동', '축 값', '축의 최대값'으로 설정
로그 눈금 간격	데이터의 값 차이가 매우 클 때 사용
값을 거꾸로	세로 축에 표시되는 값을 거꾸로 나열

6 계열 겹치기와 간격 너비

- 데이터 계열의 바로 가기 메뉴에서 [데이터 계열 서식] 선택
- [데이터 계열 서식] 창에서 [계열 옵션]( ) 선택

계열 겹치기	숫자값이 클수록 겹쳐지는 부분이 커짐(−100~100%)
간격 너비	숫자값이 클수록 항목 사이의 공백이 커짐(0~500%)

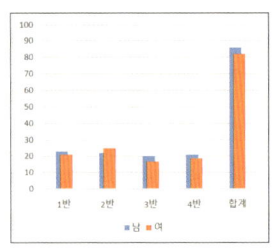
▲ '계열 겹치기'가 '65%'인 경우

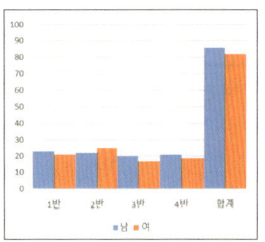
▲ '간격 너비'가 '0%'인 경우

확인문제

다음 중 아래 차트에 대한 설명으로 옳지 <u>않은</u> 것은?

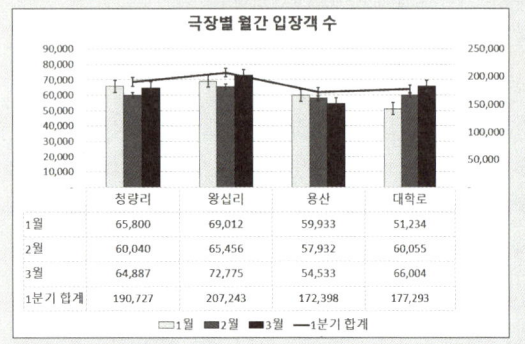

① 계열 옵션에서 '계열 겹치기'가 0%로 설정되어 있다.
② '범례 표지 포함'으로 데이터 표가 표시되어 있다.
③ '보조 축'의 최대값은 250,000이고, 단위(주)를 50,000으로 설정하였다.
④ 오차 막대의 '방향'과 '끝 스타일'은 설정할 수 있다.

정답 해설 '범례 표지 없음'으로 데이터 표가 표시되어 있다.

정답 | ②

114 추세선과 오차 막대 ★★

1 추세선

- 데이터 계열의 변화 추세나 방향을 표시하는 선으로, 예측 문제를 분석하는 데 사용
- **추세선의 종류**: 지수, 선형, 로그, 다항식, 거듭제곱, 이동 평균
- **추세선이 불가능한 차트**: 3차원 차트, 원형 차트, 도넛형 차트, 방사형 차트, 표면형 차트
- 추세선이 추가된 데이터 계열의 차트 종류를 3차원 차트로 변경하면 추세선은 자동으로 삭제됨
- 하나의 데이터 계열에 두 개 이상의 추세선을 동시에 표시할 수 있음
- 추세선을 삭제하려면 추세선을 선택하고 Delete를 누르거나 추세선의 바로 가기 메뉴에서 [삭제] 선택

2 오차 막대

- 데이터 계열에 있는 각 데이터 표식의 잠재적인 오차량을 표시하는 막대
- **3차원 차트는 오차 막대를 표시할 수 없음**
- 세로 오차 막대, 가로 오차 막대를 적용할 수 있는 차트: 분산형 차트, 거품형 차트
- 오차 막대의 표시 방향: 모두(기준점을 기준으로 양의 값, 음의 값을 모두 표시), 음의 값, 양의 값
- 오차량: '고정값', '백분율', '표준 편차', '표준 오차', '사용자 지정' 중 선택

확인문제

다음 중 차트의 추세선과 오차 막대에 대한 설명으로 옳지 <u>않은</u> 것은?

① 추세선은 계열의 변화 추세나 방향을 표시하는 선으로, 예측 문제를 분석하는 데 사용한다.
② 추세선을 삭제하려면 추세선을 선택하고 Delete를 누르거나 추세선의 바로 가기 메뉴에서 [삭제]를 선택한다.
③ 3차원 차트는 오차 막대를 표시할 수 없다.
④ 분산형 차트, 거품형 차트에서는 세로 오차 막대, 가로 오차 막대를 적용할 수 없다.

정답 해설 분산형 차트, 거품형 차트에서 세로 오차 막대, 가로 오차 막대를 적용할 수 있다.

정답 | ④

Chapter 7 출력 작업

115 페이지 설정 ★★

- 인쇄할 문서의 페이지, 여백, 머리글/바닥글, 시트 등에 관한 사항을 설정하는 기능
- [페이지 레이아웃] 탭-[페이지 설정] 그룹-[페이지 설정] 아이콘() 클릭
- [페이지 설정] 대화상자

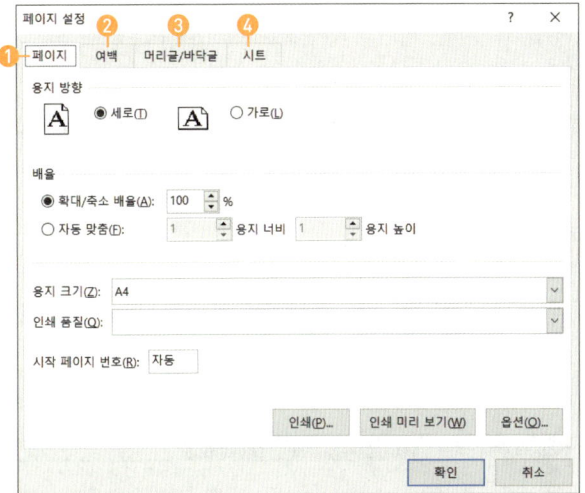

❶ [페이지] 탭

용지 방향	'세로' 또는 '가로' 방향으로 선택
확대/축소 배율	10~400%로 축소 또는 확대
자동 맞춤	지정한 너비와 높이에 맞추어 인쇄하는 기능으로, '용지 너비'와 '용지 높이'에 모두 '1'을 설정하면 여러 페이지를 한 페이지에 인쇄할 수 있음
용지 크기	인쇄 용지의 크기 설정
인쇄 품질	인쇄 품질이 높을수록 선명하게 인쇄
시작 페이지 번호	'자동'으로 설정하면 1페이지부터 인쇄

❷ [여백] 탭

여백	인쇄 용지의 상하좌우, 머리글, 바닥글 여백 지정
페이지 가운데 맞춤	페이지의 가로 또는 세로 방향의 가운데에 맞춰 인쇄

❸ [머리글/바닥글] 탭

머리글	모든 페이지의 위쪽에 고정적으로 인쇄되는 내용 지정
바닥글	모든 페이지의 아래쪽에 고정적으로 인쇄되는 내용 지정

짝수와 홀수 페이지를 다르게 지정	짝수 페이지와 홀수 페이지의 머리글 및 바닥글을 다르게 지정
첫 페이지를 다르게 지정	첫 페이지의 머리글과 바닥글을 제거하거나 다르게 지정
문서에 맞게 배율 조정	워크시트와 같은 글꼴 크기와 크기 조정을 사용할지 지정
페이지 여백에 맞추기	머리글이나 바닥글을 표시하기에 충분한 머리글 또는 바닥글 여백을 확보할지 지정

- [머리글/바닥글] 단추

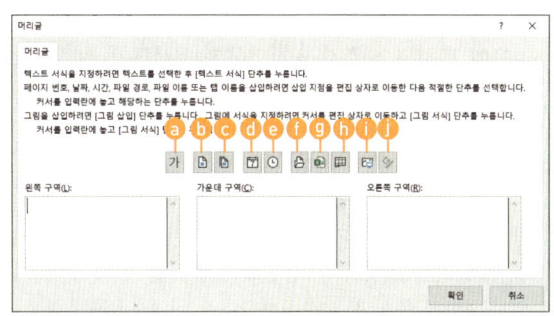

- ⓐ 텍스트 서식
- ⓑ 페이지 번호 삽입
- ⓒ 전체 페이지 수 삽입
- ⓓ 날짜 삽입
- ⓔ 시간 삽입
- ⓕ 파일 경로 삽입
- ⓖ 파일 이름 삽입
- ⓗ 시트 이름 삽입
- ⓘ 그림 삽입
- ⓙ 그림 서식

> **더 보기**
> **한 개의 앰퍼샌드(&) 문자를 포함시키는 방법**
> 머리글이나 바닥글의 텍스트에 한 개의 앰퍼샌드(&) 문자를 포함시키려면 앰퍼샌드(&) 문자를 두 번 입력해야 함

❹ [시트] 탭

인쇄 영역	특정 영역만 선택하여 인쇄하고 숨겨진 행과 열은 인쇄하지 않음
인쇄 제목	• 모든 페이지에 반복해서 인쇄할 행과 열 지정 • 반복할 행: $1:$3과 같이 행 번호로 표시 • 반복할 열: $A:$C와 같이 열 번호로 표시
인쇄	• 눈금선: 워크시트의 셀 구분선 인쇄 • 메모: 메모의 인쇄 여부로, '(없음)', '시트 끝', '시트에 표시된 대로' 중에서 선택 • 간단하게 인쇄: 차트, 도형, 그림, 클립아트 등의 그래픽 요소를 제외하고 텍스트만 빠르게 인쇄 • 셀 오류 표시: '표시된 대로', '〈공백〉', '--', '#N/A' 중에서 선택하여 셀 오류 표시 • 행/열 머리글: 워크시트의 행 머리글과 열 머리글을 포함하여 인쇄
페이지 순서	여러 페이지가 인쇄될 경우 '열 우선'을 선택하면 오른쪽 방향으로 인쇄한 후 아래쪽 방향으로 진행됨

더 보기

차트의 [페이지 설정] 대화상자
차트를 선택한 상태에서 [페이지 레이아웃] 탭-[페이지 설정] 그룹-[페이지 설정] 아이콘(□)을 클릭하면 [페이지 설정] 대화상자에 [시트] 탭 대신 [차트] 탭이 표시됨

확인문제

다음 중 엑셀의 인쇄 기능에 대한 설명으로 옳지 <u>않은</u> 것은?

① 차트만 제외하고 인쇄하기 위해서는 [차트 영역 서식] 창에서 '개체 인쇄'의 체크를 해제한다.
② 시트에 표시된 오류값을 제외하고 인쇄하기 위해서는 [페이지 설정] 대화상자에서 '셀 오류 표시'를 '〈공백〉'으로 선택한다.
③ 인쇄 내용을 페이지의 가운데에 맞춰 인쇄하려면 [페이지 설정] 대화상자에서 '문서에 맞게 배율 조정'을 체크한다.
④ 인쇄되는 모든 페이지에 특정 행을 반복하려면 [페이지 설정] 대화상자에서 '인쇄 제목'의 '반복할 행'에 열 레이블이 포함된 행의 참조를 입력한다.

정답 해설 인쇄 내용을 페이지의 가운데에 맞춰 인쇄하려면 [페이지 설정] 대화상자의 [여백] 탭에서 '페이지 가운데 맞춤'의 '가로'와 '세로'에 모두 체크해야 한다.

정답 | ③

116 페이지 나누기와 보기 형식 ★★

1 페이지 나누기

- 인쇄 시 사용자가 임의로 페이지 구분선을 삽입하는 기능
- [페이지 레이아웃] 탭-[페이지 설정] 그룹-[나누기]-[페이지 나누기 삽입] 선택
- 현재 셀 포인터를 기준으로 위쪽과 왼쪽에 페이지 구분선이 삽입됨
- 행 높이와 열 너비를 변경하면 자동 페이지 나누기의 위치가 변경됨
- 용지 크기, 여백 설정, 배율 옵션에 따라 자동 페이지 나누기가 삽입됨
- [페이지 레이아웃] 탭-[페이지 설정] 그룹-[나누기]-[페이지 나누기 모두 원래대로]를 선택하면 페이지를 나누기 전의 원래 상태로 되돌릴 수 있음

2 페이지 나누기 미리 보기

- 워크시트 상태에서 페이지 구분선, 인쇄 영역, 페이지 번호 등을 보여주는 보기 상태
- [보기] 탭-[통합 문서 보기] 그룹-[페이지 나누기 미리 보기] 클릭
- 마우스로 페이지 구분선을 드래그하여 페이지를 나눌 위치를 조절할 수 있음
- 수동으로 삽입한 페이지 나누기는 파란색 실선으로, 자동 페이지 나누기는 파란색 점선으로 표시됨
- 수동으로 삽입한 페이지 나누기를 제거하려면 페이지 나누기를 표시하는 파란색 실선을 페이지 나누기 미리 보기 영역의 밖으로 드래그
- 원래 보기 상태로 되돌아가려면 [보기] 탭-[통합 문서 보기] 그룹-[기본] 클릭

3 페이지 레이아웃 보기

- 워크시트에 머리글/바닥글 영역이 표시되어 간단히 머리글/바닥글을 추가할 수 있는 보기 상태
- [보기] 탭-[통합 문서 보기] 그룹-[페이지 레이아웃] 클릭

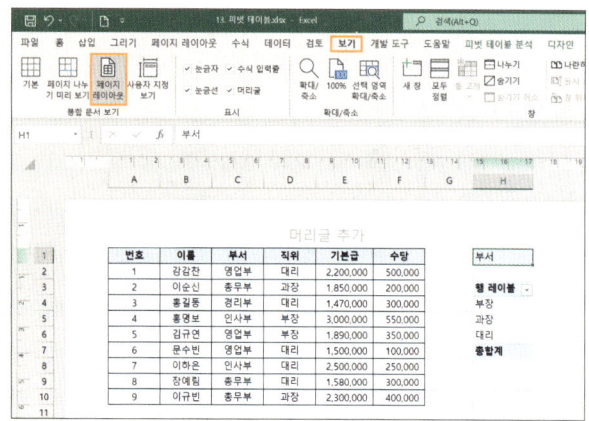

- 마우스로 드래그하여 페이지 구분선을 조절할 수 없음
- 마우스를 이용하여 페이지 여백과 머리글과 바닥글 여백을 조절할 수 있음
- [머리글/바닥글] 탭-[머리글/바닥글 요소] 그룹에서 미리 정의된 머리글이나 바닥글을 선택할 수 있음
- 페이지 레이아웃 보기에서는 기본 보기와 같이 데이터 형식과 레이아웃을 변경할 수 있음
- 페이지 레이아웃 보기에서 표시되는 눈금자의 단위는 [파일] 탭-[옵션]을 선택하고 [Excel 옵션] 대화상자에서 '고급' 범주를 선택한 후 '표시'의 '눈금자 단위'에서 지정할 수 있음

확인문제

다음 중 [페이지 나누기 미리 보기] 상태에서 설정할 수 있는 기능에 대한 설명으로 옳지 <u>않은</u> 것은?

① 행 높이와 열 너비를 변경하면 자동 페이지 나누기의 위치도 변경된다.
② 수동으로 삽입한 페이지 나누기를 제거하려면 페이지 나누기를 페이지 나누기 미리 보기 영역 밖으로 끌어다 놓는다.
③ '페이지 나누기 삽입' 기능은 선택한 셀의 아래쪽 행, 오른쪽 열로 페이지 나누기를 삽입한다.
④ 수동 페이지 나누기를 모두 제거하려면 임의의 셀의 바로 가기 메뉴에서 [페이지 나누기 모두 원래대로]를 클릭한다.

정답 해설 '페이지 나누기 삽입' 기능은 선택한 셀의 위쪽 행, 왼쪽 열을 기준으로 페이지를 나눌 수 있다.

정답 | ③

---

117 인쇄 ★★★

1 인쇄 미리 보기

- 인쇄하기 전의 화면으로, 출력 결과를 미리 확인하는 기능
- [파일] 탭−[인쇄] 클릭 또는 Ctrl+F2
- [여백 표시] 단추()를 클릭하면 여백선을 드래그하여 여백의 크기를 조정하거나 열 너비를 조정할 수 있음
- 확대/축소 기능은 인쇄 크기에 영향을 미치지 않음
- 전체 통합 문서의 페이지 번호를 일련번호로 연결하는 방법
  - **방법1** [파일] 탭−[인쇄]를 클릭하고 '설정'에서 '전체 통합 문서 인쇄'를 선택하여 인쇄
  - **방법2** 전체 시트를 그룹으로 설정하고 인쇄
  - **방법3** 각 시트의 [페이지 설정] 대화상자에서 [페이지] 탭의 '시작 페이지 번호'를 일련번호에 맞게 설정한 후 인쇄

확인문제

다음 중 '인쇄 미리 보기' 기능에 대한 설명으로 옳지 <u>않은</u> 것은?

① [페이지 설정] 대화상자의 [페이지] 탭에서 용지의 방향을 설정할 수 있다.
② 인쇄 미리 보기를 실행한 상태에서 마우스 끌기로 여백과 행의 높이를 조절할 수 있다.
③ 인쇄될 내용을 확대하여 볼 수 있다.
④ [페이지 설정] 대화상자의 [시트] 탭에서 눈금선의 인쇄 여부를 설정할 수 있다.

정답 해설 인쇄 미리 보기에서는 머리글, 바닥글, 열의 너비는 조절할 수 있지만, 행의 높이는 조절할 수 없다.

정답 | ②

2 인쇄 영역

- 인쇄 영역을 정의하고 워크시트를 인쇄하면 해당 인쇄 영역만 인쇄됨
- 인쇄할 영역을 블록 설정하고 [페이지 레이아웃] 탭−[페이지 설정] 그룹−[인쇄 영역]−[인쇄 영역 설정] 클릭
- 추가할 인쇄 영역을 선택하고 [페이지 레이아웃] 탭−[페이지 설정] 그룹−[인쇄 영역]−[인쇄 영역에 추가]를 선택하면 인쇄 영역을 확대할 수 있음
- 인쇄 영역은 [페이지 레이아웃] 탭−[페이지 설정] 그룹−[페이지 설정] 아이콘(□)을 클릭하여 [페이지 설정] 대화상자를 열고 [시트] 탭에서 지정할 수 있지만, 인쇄 미리 보기 상태의 [페이지 설정] 대화상자에서는 인쇄 영역이 활성화되지 않으므로 지정할 수 없음
- 인쇄 영역 설정은 하나의 시트에서만 가능
- 인쇄 영역을 지정하면 이름 상자에 자동으로 'Print_Area'라는 이름이 작성됨
- Ctrl+F3을 누르거나 [수식] 탭−[정의된 이름] 그룹−[이름 관리자]를 클릭하여 [이름 관리자] 대화상자를 열고 인쇄 영역과 'Print_Area' 이름을 확인할 수 있음

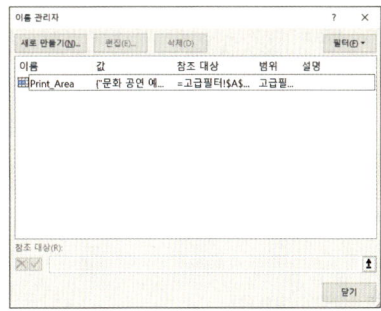

- 여러 영역을 인쇄 영역으로 설정한 경우 설정한 순서대로 서로 다른 페이지에 인쇄됨
- 페이지 나누기 미리 보기에서 인쇄 영역으로 설정된 부분은 밝게, 설정되지 않은 부분은 어둡게 표시됨

확인문제

다음 중 시트의 특정 범위만 항상 인쇄하는 경우에 대한 설명으로 옳지 <u>않은</u> 것은?

① 인쇄할 영역을 블록 설정한 후 [페이지 레이아웃] 탭-[페이지 설정] 그룹의 [인쇄 영역]-[인쇄 영역 설정]을 클릭한다.
② 인쇄 영역으로 설정되면 페이지 나누기 미리 보기에서는 설정된 부분만 표시된다.
③ 인쇄 영역을 설정하면 자동으로 Print_Area라는 이름이 작성되며, 이름은 Ctrl+F3 또는 [수식] 탭-[정의된 이름] 그룹-[이름 관리자]에서 확인할 수 있다.
④ 인쇄 영역 설정은 [페이지 설정] 대화상자의 [시트] 탭에서 지정할 수 있다.

정답 해설 페이지 나누기 미리 보기에서 인쇄 영역으로 설정된 부분은 정상적으로 밝게, 설정되지 않은 부분은 어둡게 표시된다.

정답 | ②

Chapter 8 매크로와 VBA 프로그래밍

118 매크로 기록 ★★★

- 반복적인 작업이나 자주 사용하는 명령 등을 매크로로 기록하여 작업 과정을 자동화하는 기능
- [보기] 탭-[매크로] 그룹-[매크로]-[매크로 기록] 또는 [개발 도구] 탭-[코드] 그룹-[매크로 기록] 클릭
- **[매크로 기록] 대화상자**

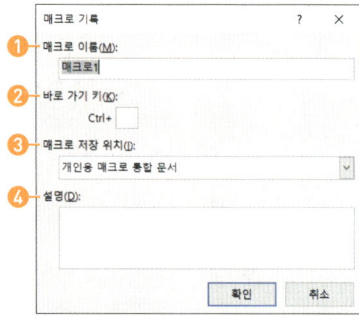

❶ 매크로 이름	• 첫 글자는 반드시 문자로 지정해야 하고, ?, /, -, #, @, $, %, & 등의 기호를 사용할 수 없음 • 이름에 공백을 사용할 수 없음 • 하나의 통합 문서에서 같은 매크로 이름을 지정할 수 없음	
❷ 바로 가기 키	• 특수 문자와 숫자는 사용할 수 없고, 영문자만 가능 • 바로 가기 키를 반드시 설정할 필요는 없음 • 소문자는 Ctrl과 조합해서 사용하지만, 대문자로 지정하면 Ctrl+Shift를 누른 상태에서 해당 문자를 눌러야 함 • 매크로 바로 가기 키가 엑셀 바로 가기 키보다 우선함	
❸ 매크로 저장 위치	• '현재 통합 문서', '새 통합 문서', '개인용 매크로 통합 문서' 중에서 선택 • '개인용 매크로 통합 문서'를 선택하면 엑셀을 실행할 때마다 매크로를 사용할 수 있음('XLSTART' 폴더에 'Personal.xlsb'로 저장됨)	
❹ 설명	매크로에 설명이 필요한 경우 입력할 수 있지만, 반드시 입력할 필요는 없음	

- 매크로는 Visual Basic 언어를 기반으로 작성되고 Visual Basic 편집기(VB Editor)로 작성하거나 변경할 수 있음
- 매크로를 기록하는 경우 작업 과정의 모든 단계가 매크로 레코더에 기록되고, 리본 메뉴에서의 탐색은 기록된 단계에 포함되지 않음
- 매크로는 통합 문서에 첨부된 모듈 시트로, 하나의 Sub 프로시저로 기록되며, Sub로 시작하고 End Sub로 끝남
- 매크로는 기본적으로 절대 참조로 기록됨. 상대 참조로 기록하려면 [보기] 탭-[매크로] 그룹-[매크로]-[상대 참조로 기록] 클릭 후 매크로 기록

확인문제

다음 중 매크로를 작성하고 사용하는 방법에 대한 설명으로 옳지 <u>않은</u> 것은?

① 매크로를 기록하는 경우 기본적으로 셀은 절대 참조로 기록되며, 상대 참조로 기록하고자 할 경우 '상대 참조로 기록'을 선택한 다음 매크로 기록을 실행한다.
② 매크로에 지정된 바로 가기 키가 엑셀 고유의 바로 가기 키와 중복될 경우 엑셀 고유의 바로 가기 키가 우선한다.
③ 매크로를 기록하는 경우 실행하려는 작업을 완료하는 데 필요한 모든 단계가 매크로 레코더에 기록되며, 리본 메뉴에서의 탐색은 기록된 단계에 포함되지 않는다.
④ 개인용 매크로 통합 문서에 저장한 매크로는 엑셀을 시작할 때마다 자동으로 로드되므로 다른 통합 문서에서도 실행할 수 있다.

정답 해설 매크로에 지정된 바로 가기 키가 엑셀 고유의 바로 가기 키와 중복될 경우 매크로에 지정된 바로 가기 키가 우선한다.

정답 | ②

119 매크로 실행

- 매크로 실행 방법

바로 가기 키	매크로 기록 시 지정한 바로 가기 키를 눌러서 실행
개체 사용	• 실행 단추, 온라인 그림, 도형, 차트 등에 매크로를 연결하여 실행 • 셀이나 텍스트 등에는 매크로를 지정할 수 없음
[매크로] 대화상자	• [보기] 탭-[매크로] 그룹-[매크로] • [개발 도구] 탭-[코드] 그룹-[매크로] • Alt + F8
Visual Basic 편집기에서 매크로 실행	• [개발 도구]-[코드] 그룹-[Visual Basic] • F5 : 매크로 실행 • F8 : 한 단계씩 매크로 실행

- [매크로] 대화상자

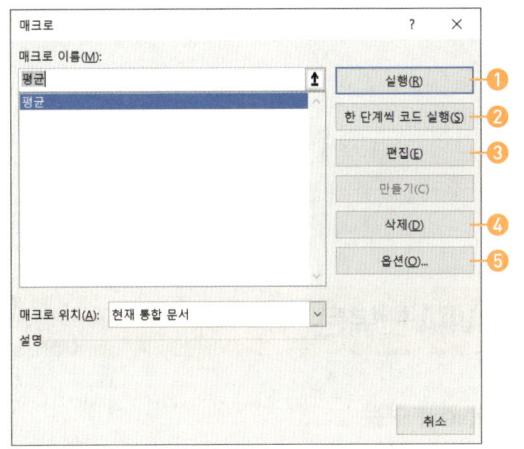

① 실행	선택한 매크로 실행
② 한 단계씩 코드 실행	Visual Basic 편집기를 실행하여 선택한 매크로를 한 줄씩 실행
③ 편집	Visual Basic 편집기를 실행하여 매크로 이름이나 코드 수정
④ 삭제	선택한 매크로 삭제
⑤ 옵션	'매크로 이름'은 수정할 수 없고 '바로 가기 키'와 '설명'은 수정할 수 있음

120 매크로 편집과 보안

1 매크로 편집

- 매크로는 Visual Basic 편집기를 이용하여 편집할 수 있음
- [개발 도구] 탭-[코드] 그룹-[Visual Basic] 클릭 또는 Alt + F11 누름
- 작은따옴표(')가 붙은 문장은 주석으로 처리되어 매크로 실행에 영향을 주지 않음
- 매크로는 모듈 시트에 기록되고 모듈 시트의 이름은 'Module1', 'Module2' 등의 순서로 자동 설정됨
- 하나의 모듈 시트에 여러 개의 매크로를 기록할 수 있음

2 매크로 보안

- [개발 도구] 탭-[코드] 그룹-[매크로 보안]을 클릭하여 [보안 센터] 창을 열고 '매크로 설정' 범주에서 설정
- '매크로 설정' 범주 항목
  - 알림이 없는 매크로 사용 안 함
  - 알림이 포함된 VBA 매크로 사용 안 함
  - 디지털 서명된 매크로를 제외하고 VBA 매크로 사용 안 함
  - VBA 매크로 사용(권장 안 함, 위험한 코드가 시행될 수 있음)

121 VBA 프로그래밍

1 프로그래밍의 기본

모듈(Module)	프로젝트를 구성하는 기본 단위로, 프로시저의 집합
프로시저(Procedure)	• 특정 기능을 수행하는 명령문의 집합 • Sub~End Sub : 결괏값을 반환하지 않음 • Function~End Function : 결괏값 반환
개체(Object)	• 통합 문서, 셀, 차트, 폼과 같은 엑셀의 구성 요소 • 마침표(.)로 구분
속성(Property)	• 개체가 갖는 고유한 성질 • '개체명.속성=값'으로 지정 예시 Range("A1").Value = 10
메서드(Method)	• 개체가 실행할 수 있는 동작 • '개체명.메서드'로 지정 예시 Range("A1").Select
이벤트(Event)	• 마우스나 키보드를 움직이는 동작 등의 사건이나 조작 • 이벤트 프로시저는 '개체명_이벤트명'으로 지정 예시 txt입력_Click( ) → 'txt입력' 컨트롤이 클릭될 때

2 VBE(Visual Basic Editor)의 화면

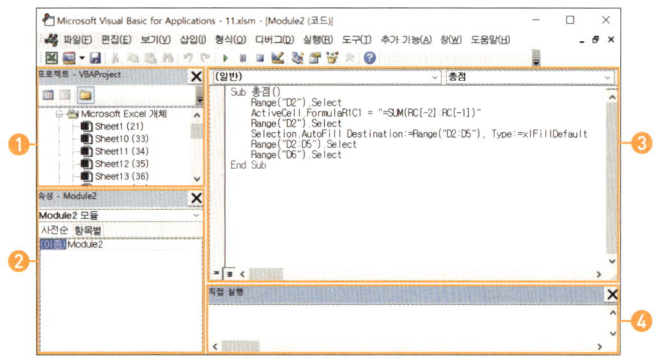

① 프로젝트 탐색기	현재 열려있는 모든 통합 문서의 시트와 모듈, 사용자 정의 폼 등을 표시
② [속성] 창	개체에 대한 모든 속성 표시
③ 코드 창	선택된 모듈의 프로시저 내용 표시
④ [직접 실행] 창	프로시저를 직접 실행하거나 실행 결과를 미리 확인할 수 있음([Ctrl]+[G])

더 보기

양식 컨트롤과 ActiveX 컨트롤
[개발 도구] 탭-[컨트롤] 그룹-[삽입]을 클릭하면 데이터 표시 및 입력 또는 작업을 수행하기 위해 텍스트 상자, 목록 상자, 옵션 단추, 명령 단추 등의 양식에 넣는 그래픽 개체를 선택할 수 있음

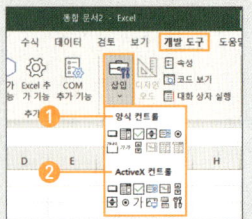

① 양식 컨트롤
- [디자인 모드] 상태에서 크기, 이동, 매크로 동작이 모두 가능
- [단추](□)를 추가하면 [매크로 지정] 대화상자가 자동으로 표시됨

② ActiveX 컨트롤
- 양식 컨트롤보다 다양한 이벤트에 반응할 수 있지만, 양식 컨트롤보다 호환성이 낮음
- [디자인 모드] 상태에서 크기 조정과 이동은 가능하지만, 매크로 동작이 실행되지 않음

122 VBA 조건문

1 If 구문

조건을 검사하여 참(True) 또는 거짓(False)일 경우 서로 다른 명령을 처리하는 구문

형식

```
If 조건식 Then
    명령문1    ← 조건이 참일 경우 실행
Else
    명령문2    ← 조건이 거짓일 경우 실행
End If
```

2 Select 구문

조건이 여러 개인 경우 하나의 식을 여러 개의 값과 비교하여 각 조건에 해당하는 명령을 실행하는 구문

형식

```
Select Case 값
    Case 값1
        명령문1
    Case 값2
        명령문2
         ⋮
    Case Else
        명령문3
End Select
```

123 VBA 반복문

1 For~Next 구문

For문에서 지정한 횟수만큼 명령문을 반복 실행하는 구문

형식

```
For 변수=시작값 To 종료값 Step 단계값
    명령문
Next
```

예시 1부터 10까지의 합계(SUM)를 구하는 경우

```
For i=1 To 10 Step 1
    Sum=Sum+i
Next
```

2 For Each~Next 구문

개체 집합이나 배열에 대해 지정된 횟수만큼 명령을 반복 및 처리하는 구문

```
For Each 개체 변수 In 컬렉션 개체
    명령문
Next 개체 변수
```

3 Do While~Loop 구문

- 조건을 만족하는 동안 명령을 반복 실행하는 구문
- Do While~Loop: 반복 전에 조건 판단

형식
```
Do While 조건식
    명령문
Loop
```

- Do~Loop While: 반복 후에 조건 판단

형식
```
Do
    명령문
Loop While 조건식
```

4 Do Until~Loop 구문

- 조건을 만족하지 않는 동안 명령을 반복 실행하는 구문
- Do Until~Loop: 반복 전에 조건 판단

형식
```
Do Until 조건식
    명령문
Loop
```

- Do~Loop Until: 반복 후에 조건 판단

형식
```
Do
    명령문
Loop Until 조건식
```

124 VBA 입·출력문

1 MsgBox

- 대화상자에 주어진 메시지를 출력하는 구문
- vbYesNoCancel: [예], [아니요], [취소]의 세 개의 단추 활성화
- vbCritical: 중지 아이콘(❌) 표시
- vbQuestion: 질의 아이콘(❓) 표시
- vbInformation: 정보 아이콘(ⓘ) 표시
- vbExclamation: 경고 아이콘(⚠) 표시

예시 a=MsgBox("작업을 종료합니까?", vbYesNoCancel + vbQuestion, "확인")
  ① ② ③
  ④

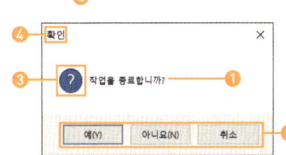

2 InputBox

특정 값을 입력받을 때 사용하는 구문

예시 InputBox("이름을 입력하세요", "이름입력")

125 Worksheets 개체

1 주요 속성

Cells	워크시트의 모든 셀	Columns	워크시트의 모든 열
EntireColumn	지정된 범위의 모든 열	EntireRow	지정된 범위의 모든 행
Range	워크시트의 셀이나 셀 범위	Rows	워크시트의 모든 행
Name	워크시트의 이름	Visible	워크시트의 표시 여부

2 주요 메서드

Activate	지정한 워크시트 활성화	Protect	워크시트 보호 설정
Copy	워크시트 복사	Select	워크시트 선택
		Unprotect	워크시트 보호 해제

더 보기
- Workbooks.Add: 새 통합 문서 생성
- Workbooks.Close: 현재 활성화된 통합 문서 종료
- Worksheets("Sheet3").Rows(4).Font.Bold = True: 현재 통합 문서의 [Sheet3] 시트에서 4행의 글꼴 스타일을 '굵게(Bold)' 설정

126 Range 개체

1 주요 속성

Address	참조하는 셀 주소
Cells	지정된 범위의 모든 셀
Count	지정된 범위의 셀 개수
CurrentRegion	데이터가 있는 인접 영역의 범위
End	지정된 범위의 마지막 셀
Next	지정한 셀의 다음 셀
Offset	지정된 범위에서 떨어진 범위
Range	셀이나 영역 범위
Value	지정된 셀의 값

2 사용 예

- Range("A5").Select → [A5] 셀로 셀 포인터 이동
- Range("C2").Font.Bold =True → [C2] 셀의 글꼴 스타일을 '굵게' 설정
- Range("A1").Formula = 3 * 4 → [A1] 셀에 수식 '=3 * 4'의 결과인 '12' 입력
- Range("1:1").Font.Bold = True → 1행의 글꼴 서식을 '굵게' 설정
- Range("B3").CurrentRegion.Select → [B3] 셀과 연결된 인접 영역을 블록으로 지정
- Range("A1:C3").Value = 10 → [A1:C3] 영역에 모두 '10' 입력
- Range("A1","C3").Value = 20 → [A1:C3] 모든 영역에 '20'이 입력되므로 '10'을 모두 '20'으로 변경
- Range("A1,C3").Value = 30 → [A1] 셀과 [C3] 셀에만 '30' 입력

> **더 보기**
>
> **Clear 메서드**
> - Clear: 모두 지우기
> - ClearContents: 내용 지우기
> - ClearFormats: 서식 지우기
> - ClearComments: 메모 지우기

확인문제

다음 중 아래의 워크시트에서 〈보기〉의 프로시저 실행 결과로 옳은 것은?

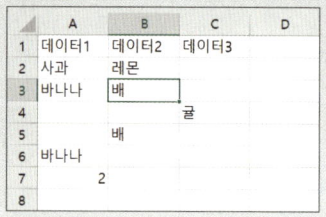

보기
Sub B3선택( ) Range("B3").CurrentRegion.Select End Sub

① [B3] 셀이 선택된다.
② [A1:B3] 영역이 선택된다.
③ [A1:C3] 영역이 선택된다.
④ [A1:C7] 영역이 선택된다.

정답 해설 Range는 워크시트의 셀이나 셀 범위를, CurrentRegion은 데이터가 있는 인접된 영역의 범위를 나타내는 명령어이고, Select는 선택하는 명령어이다. 따라서 'Range("B3").CurrentRegion'은 [B3] 셀과 인접된 영역을 모두 포함하는 명령이므로 [A1:C7] 영역이 선택된다.

정답 | ④

확인문제

다음 중 각 VBA 코드에 대한 설명으로 옳지 않은 것은?

① Range("A5").Select → [A5] 셀로 셀 포인터를 이동한다.
② Range("C2").Font.Bold = "True" → [C2] 셀의 글꼴 스타일을 '굵게'로 설정한다.
③ Range("A1").Formula = 3 * 4 → [A1] 셀에 수식 '= 3 * 4'가 입력된다.
④ Workbooks.Add → 새 통합 문서를 생성한다.

정답 해설 3 * 4의 계산 결괏값인 '12'가 [A1] 셀에 입력된다.

정답 | ③

데이터베이스 일반

Chapter 1 데이터베이스의 개요

127 데이터베이스

- 특정 조직의 업무를 수행하는 데 필요한 상호 관련된 데이터의 집합으로, 중복성을 최소화함
- 데이터베이스의 정의

통합 데이터 (Integrated Data)	데이터의 중복을 최소화하고 통제 가능한 중복만 허용하는 데이터
공용 데이터 (Shared Data)	여러 응용 시스템이 공동으로 소유하고 이용하는 데이터
저장 데이터 (Stored Data)	데이터베이스는 컴퓨터가 처리하므로 컴퓨터가 접근할 수 있는 매체에 저장된 데이터
운영 데이터 (Operational Data)	조직의 운영과 주요 기능을 수행하기 위해 지속적으로 유지해야 하는 데이터

- **특징**: 실시간 접근 처리, 내용에 의한 참조, 자원의 동시 공유, 계속적인 변화

> **더 보기**
>
> **데이터 중복성의 문제**
> - 데이터가 일치하지 않아 일관성이 없어짐
> - 많이 중복되면 갱신 비용이 비싸짐
> - 중복된 값에 대해 같은 수준의 데이터 보안이 유지되어야 함
> - 제어가 분산되어 데이터의 무결성을 유지하기 어려움

128 데이터베이스 관리 시스템 ★★

1 DBMS(DataBase Management System)

- 사용자와 데이터베이스 사이에 위치하여 데이터베이스를 생성·관리하고, 사용자의 요구에 따라 데이터베이스에 대한 연산 수행
- 데이터베이스에 접근하는 방법을 통제하여 데이터의 무결성을 유지 및 관리하는 소프트웨어
- 관계형 데이터베이스 관리 시스템(RDBMS; Relational DBMS): ORACLE, ACCESS, MS-SQL, MY-SQL 등

- **DBMS의 장·단점**

장점	단점
• 데이터의 중복 최소화 • 데이터의 일관성 유지 • 데이터의 무결성(정확성) 유지 • 데이터의 공유 • 데이터의 보안성 보장 • 데이터의 논리적·물리적 독립성 유지	• 하드웨어와 DBMS 구매 비용 및 전산화 비용 증가 • 백업과 복구에 많은 비용과 시간 소요 • 시스템이 복잡해짐 • DBMS 전문가와 고급 프로그래머 필요

2 스키마(Schema)

- 전체 데이터베이스의 논리적인 구조와 정의를 기술하는 것
- 스키마의 종류

외부 스키마	• 사용자나 응용 프로그래머의 관점에서 본 스키마 • 같은 데이터베이스에 대해서도 다른 관점을 가질 수 있음
개념 스키마	• 데이터베이스 전체의 논리적 구조 • 기관이나 조직체의 관점에서 데이터베이스를 정의한 것
내부 스키마	• 데이터베이스의 저장 또는 물리적 구조 • 시스템 프로그래머나 시스템 설계자가 보는 관점의 스키마

3 데이터베이스 언어

- 데이터베이스를 구축하고 사용자와 소통하기 위한 언어
- **절차식 언어**: 원하는 결과를 얻기 위해 어떤 연산을 수행해야 하는지 순서를 명확하게 기술하는 언어
- **비절차식 언어**: 구체적 수행 과정을 명시하지 않고 원하는 정보만 기술하는 언어. 절차식 언어보다 쉽게 배우고 사용할 수 있지만, 코드의 효율성은 떨어짐

- 데이터베이스 언어의 종류

데이터 정의어 (DDL; Data Definition Language)	데이터베이스를 생성하거나 수정하기 위해 사용하는 언어 **예시** CREATE, ALTER, DROP
데이터 조작어 (DML; Data Manipulation Language)	데이터의 삽입, 삭제, 수정, 검색 등의 처리를 요구하기 위해 사용하는 언어 **예시** SELECT, INSERT, UPDATE, DELETE
데이터 제어어 (DCL; Data Control Language)	데이터 보안 및 회복, 무결성, 병행 수행 제어 등을 정의하는 언어 **예시** COMMIT, ROLLBACK, GRANT, REVOKE

확인문제

다음 중 데이터베이스의 3단계 스키마 구조에 대한 설명으로 옳지 않은 것은?

① 내부 스키마는 데이터베이스의 논리적 저장 구조를 묘사한다.
② 외부 스키마는 데이터베이스 전체에서 특정 사용자 그룹이 관심을 가지고 있는 일부분만을 묘사한다.
③ 데이터베이스 관리 시스템은 외부적 스키마에 따라 명시된 사용자의 요구를 개념적 스키마에 적합한 형태로 변경하고 이를 다시 내부적 스키마에 적합한 형태로 변환한다.
④ 개념적 수준에서는 사용자 집단을 위한 전체 데이터베이스의 구조를 묘사한다.

정답 해설 내부 스키마는 실제로 저장될 내부 레코드 형식, 인덱스 유무, 저장 데이터 항목의 표현 방법, 내부 레코드의 물리적 구조를 나타낸다.

정답 | ①

129 데이터베이스의 설계

1 데이터 모델링

현실 세계에 존재하는 데이터를 사용자의 요구에 따라 컴퓨터 세계의 데이터베이스로 옮기는 변환 과정

개념적 설계	현실 세계에서 중요한 데이터를 추출하여 추상적 개념으로 옮기는 과정으로, ERD(Entity Relationship Diagram, 개체 관계 모델)를 생성하는 단계
논리적 설계	개념적 설계를 데이터 모델링을 거쳐 특정 DBMS가 지원하는 논리적 구조로 변환하는 과정
물리적 설계	컴퓨터 시스템의 저장장치에 저장하기 위한 구조와 접근 방법 등을 설계하는 단계

2 개체 관계 모델
(E-R Model; Entity-Relationship Model)

- 쉽게 개념적 설계를 하는 방법으로, 1976년 피터 첸(Peter Chen)이 제안
- 개체와 개체 간의 관계를 기본 요소로 하여 현실 세계를 개념적인 논리 데이터로 표현하는 방식으로, 특정 DBMS를 고려한 것은 아님
- '개체(Entity)', '속성(Attribute)', '관계(Relationship)' 등으로 구성됨

개체(Entity)	독립적으로 존재하면서 고유하게 식별할 수 있는 실제의 객체나 개념
속성(Attribute)	개체가 가지고 있는 고유한 특성이나 상태
관계(Relationship)	• 개체 간의 관계나 속성 간의 관계 • 일대일, 일대다, 다대다 관계가 있음

3 E-R 다이어그램(ERD)

- 개체와 관계를 도식으로 표현하여 현실 세계를 개념적으로 모델링한 결과물을 시각적으로 표현
- **E-R 다이어그램의 구성 요소**

□	사각형	개체(Entity) 타입
◇	마름모	관계(Relationship) 타입
○	타원	속성(Attribute) 타입
⊖	밑줄 타원	기본 키 속성
──	선	개체 타입과 속성 또는 개체 타입 간의 연결

130 데이터베이스 모델

1 데이터베이스 모델의 종류

계층 데이터베이스 모델	트리(Tree) 구조를 활용하여 데이터를 부모와 자식의 관계로 정의한 모델
네트워크 데이터베이스 모델	데이터베이스의 논리적 구조를 그래프(Graph) 또는 네트워크(Network) 형태로 표현한 모델로, 다대다 관계(N:M) 표현
관계 데이터베이스 모델	데이터베이스의 논리적 구조를 행과 열로 구성되는 테이블 형태로 표현한 모델
객체 지향형 모델	객체 지향 프로그래밍(OOP; Object-Oriented Programming) 기술을 도입하여 저장한 데이터베이스로 모든 정보를 '객체'라는 형태로 표현한 모델

2 관계 데이터베이스의 구조

테이블(Table)/ 릴레이션(Relation)	데이터를 표 형태의 행과 열로 표현한 것
속성(Attribute)	테이블의 열을 구성하는 항목으로, 개체의 특성이나 상태를 기술하고 데이터베이스를 구성하는 가장 작은 논리적 단위
튜플(Tuple) 또는 레코드(Record)	테이블의 행을 의미하는 것으로, 속성으로 구성된 튜플들 사이에는 순서가 없음

도메인(Domain)	하나의 속성(Attribute)이 취할 수 있는 값의 범위
차수(Degree)	속성의 개수
기수(Cardinality)	튜플의 개수

예시 [학생] 테이블 속성=필드=열

학번	이름	학년	학과
100	김성훈	2	AI학과
101	이규연	4	정보보안과
102	박수빈	3	컴퓨터공학과
103	최민희	1	영문학과

튜플=레코드=행

- '학년'의 도메인: 1, 2, 3, 4
- 차수(속성의 개수): 4
- 기수(튜플의 개수): 4

131 키와 무결성 ★★

1 키(Key)

- 데이터베이스에서 튜플을 검색하거나 정렬할 때 튜플들을 서로 구분할 수 있는 기준이 되는 속성
- 키의 종류

후보 키 (Candidate Key)	테이블에서 '유일성'과 '최소성'을 만족하는 키 - 유일성: 하나의 키 값으로 하나의 튜플을 유일하게 식별할 수 있는 성질 - 최소성: 튜플을 유일하게 식별하는 데 꼭 필요한 속성만으로 구성되는 성질
기본 키 (Primary Key)	• 후보 키 중에서 선택한 키 • Null 값과 중복된 값을 가질 수 없음
외래 키 (Foreign Key)	• 관계를 맺고 있는 두 테이블에서 다른 테이블의 기본 키를 참조하는 키 • 참조하는 기본 키와 일치하는 값을 갖거나 Null 값을 가져야 함
대체 키 (Alternate Key)	후보 키 중에서 기본 키를 제외한 나머지 키
슈퍼 키 (Super Key)	• 속성의 집합으로 구성된 키 • 유일성은 만족시키지만, 최소성은 만족시키지 못하는 키

예시

직원(사번, 성명, 부서명, 주민등록번호)
부서(부서명, 팀장, 팀원 수)

- **후보 키**: [직원] 테이블의 '사번', '주민등록번호', [부서] 테이블의 '부서명'
- **기본 키**: [직원] 테이블의 '사번', [부서] 테이블의 '부서명'
- **대체 키**: [직원] 테이블의 '주민등록번호'
- **외래 키**: [직원] 테이블의 '부서명'([부서] 테이블의 '부서명'을 참조)

2 무결성 제약 조건

- 정확성과 안정성을 유지하기 위한 제약 조건으로, 테이블에 부적절한 자료가 입력되는 것을 방지하기 위해서 테이블을 생성할 때 정의하는 규칙
- **개체 무결성**: 기본 키는 중복된 값이나 Null 값을 가질 수 없음
- **참조 무결성**
  - 한 테이블이 다른 테이블의 기본 키를 참조하는 외래 키를 가질 때 외래 키는 Null 값이거나 다른 테이블의 기본 키에 있는 값이어야 함
  - 기본 키 값이 있는 테이블의 레코드를 삭제할 경우 참조 무결성이 위배될 수 있음
  - 기본 키 값이 있는 테이블에서 레코드를 추가하는 경우에는 참조 무결성이 유지됨
- **도메인 무결성**: 특정 속성의 값이 그 속성이 정의된 도메인에 속한 값이어야 함

확인문제

다음 중 기본 키(Primary Key)와 외부 키(Foreign Key)에 대한 설명으로 옳지 <u>않은</u> 것은?

① 테이블에서 기본 키는 반드시 존재하여야 하며, 두 개 이상이 필드로 지정된 복합 키를 지정할 수도 있다
② 외부 키 필드의 값은 이 필드가 참조하는 필드의 값들 중 하나와 일치하거나 널(Null)이어야 한다.
③ 기본 키를 이루는 필드의 값은 Null이 될 수 없고 값이 입력되지 않으면 테이블이 저장되지 않는다.
④ 기본 키는 개체 무결성의 제약 조건을 외부 키는 참조 무결성의 제약 조건을 가진다.

정답 해설 테이블에서 기본 키는 반드시 지정해야 하는 것은 아니다.

정답 | ①

132 정규화 ★★

- 추가, 갱신, 삭제 등의 작업 시 이상 현상(Anomaly)이 발생하지 않도록 테이블을 분해하는 과정

- 데이터베이스의 논리적 설계 단계에서 수행
- 정규화(Normalization)를 통해 데이터의 중복을 최소화하고 테이블 간의 종속성을 줄일 수 있으나, 중복을 완전히 제거할 수는 없음
- 테이블을 여러 개로 나누기 때문에 테이블의 크기가 작아지지만, 모든 테이블의 필드 수가 같아지는 것은 아님
- 정규형은 제1정규형에서 제5정규형까지 있으며, 단계가 높을수록 하위 단계를 포함하고, 종속성이 제거됨

확인문제

다음 중 데이터를 입력 또는 삭제 시 이상 현상(Anomaly)이 일어나지 않도록 데이터베이스를 설계하기 위한 기술을 의미하는 용어는?

① 자동화 ② 정규화 ③ 순서화 ④ 추상화

정답 해설 하나의 릴레이션 속성이 다양한 종속성과 중복성을 갖게 되면 릴레이션 조작 시 예기치 못한 이상 현상이 발생할 가능성이 높아진다. 따라서 이러한 이상 현상을 제거하기 위하여 중복성 및 종속성을 배제시키는 방법으로 정규화(Normalization)를 사용한다.

정답 | ②

더 보기

Access 파일에 암호를 설정하는 방법

방법1 [파일] 탭-[열기]-[찾아보기]를 선택하고 [열기] 대화상자에서 해당 파일을 선택한 후 [열기] 단추의 목록 단추(▼)-[단독으로 열기] 선택

방법2 해당 파일이 열리면 [파일] 탭-[정보]-[데이터베이스 암호 설정]을 선택하고 [데이터베이스 암호 설정] 대화상자에서 암호 지정

Access 파일의 암호를 해제하는 방법

[파일] 탭-[정보]-[데이터베이스 암호 해독] 선택 → [데이터베이스 암호 해제] 대화상자에 지정한 암호를 다시 입력

Chapter 2 테이블 활용

133 테이블 ★

- 테이블(Table)은 데이터베이스에서 사용할 데이터를 저장하고 관리하는 개체
- 테이블 작성은 테이블의 구조를 설계하는 것으로, 필드 이름, 데이터의 형식, 속성 등을 지정할 수 있음
- [디자인 보기], [데이터시트 보기], [테이블 가져오기], [테이블 연결] 등을 이용하여 작성할 수 있음
- 필드 이름은 최대 64자까지 지정할 수 있음
- 필드 이름에 마침표(.), 느낌표(!), 악센트 기호('), 대괄호([ ])를 제외한 특수 문자 및 문자, 숫자, 공백 등을 조합하여 포함할 수 있음
- 첫 글자로 공백을 사용할 수 없음
- 테이블 이름과 같은 필드 이름을 지정할 수 있지만, 한 테이블에 같은 이름의 필드를 지정할 수 없음

134 데이터의 형식 ★★

- 필드에 입력할 수 있는 데이터의 종류와 크기 지정
- 테이블의 [보기] 그룹-[보기]-[디자인 보기] 상태()에서 지정하거나 확인할 수 있음
- **데이터 형식의 종류**

짧은 텍스트	• 텍스트나 텍스트와 숫자의 조합 • 최대 255자까지 저장 가능
긴 텍스트	• 이전 버전의 메모 데이터 형식 • 최대 64,000자까지 저장 가능
숫자	• 산술 계산에 사용하는 숫자 • 바이트, 정수, 정수(Long), 실수(Single), 실수(Double), 복제 ID, 10진수가 있음 • 기본적으로 정수(Long)인 4바이트가 지정됨
날짜/시간	• 날짜 및 시간 데이터 형식의 데이터 • 기본 필드 크기는 8바이트
통화	• 화폐 형식으로 표시되는 숫자로, 기본 필드의 크기는 8바이트 • 소수점 왼쪽으로 15자리까지, 소수점 오른쪽으로 4자리까지 저장할 수 있음
일련 번호	• 레코드가 추가될 때 자동으로 1씩 증가되는 번호 • 기본 필드 크기는 4바이트 • 사용자가 임의로 입력하거나 수정할 수 없음
Yes/No	• Yes/No, True/False, On/Off 등 두 값 중 하나만 선택하여 입력 • 기본 필드 크기는 1비트 • 'Yes' 값에는 '-1', 'No' 값에는 '0' 저장
OLE 개체	다른 프로그램에서 만든 문서, 그림, 동영상, 소리 등의 개체 입력
하이퍼링크	웹사이트나 파일의 특정 위치로 바로 이동하는 주소 데이터 입력

> **더 보기**
>
> **날짜/시간 형식**
> - 기본 날짜: 2025-9-5 오후 5:30:20
> - 간단한 날짜: 2025-9-5
> - 자세한 날짜: 2025년 9월 5일 일요일
> - 보통 날짜: 25년 9월 5일

> **확인문제**
>
> 다음에서 설명하고 있는 필드의 데이터 형식으로 옳은 것은?
>
> > 다른 프로그램에서 생성된 이미지, 문서, 그래프 등 다양한 형태의 데이터를 삽입할 수 있다.
>
> ① OLE ② DLL
> ③ INI ④ PCX
>
> **정답 해설** OLE(Object Linking and Embedding)에 대한 설명이다.
>
> 정답 | ①

135 기본 키 ★★★

- 테이블에서 각 레코드를 고유하게 식별해 주는 필드나 필드의 집합
- 기본 키로 지정된 필드는 다른 레코드와 같은 값을 가질 수 없음
- 기본 키 필드에는 Null 값을 입력할 수 없고, 값이 입력되지 않으면 테이블이 저장되지 않음
- 기본 키는 테이블의 [디자인 보기]() 상태에서 설정할 수 있음
- [테이블 디자인] 탭-[도구] 그룹-[기본 키] 또는 바로 가기 메뉴에서 [기본 키] 클릭
- 데이터가 이미 입력된 필드도 기본 키로 지정할 수 있음
- 기본 키로 지정하면 해당 필드의 인덱스 속성이 '예(중복 불가능)'로 자동 설정됨
- 기본 키는 반드시 지정할 필요는 없고, 두 개 이상의 필드로 지정된 복합키를 지정할 수도 있음
- OLE 개체, 첨부 파일 형식의 필드에는 기본 키를 설정할 수 없음
- [데이터시트 보기]에서 새 테이블을 만들면 '일련 번호' 형식의 기본 키가 자동으로 만들어짐
- 하나 이상의 관계가 있는 테이블의 기본 키를 제거하려면 관계를 먼저 삭제해야 함

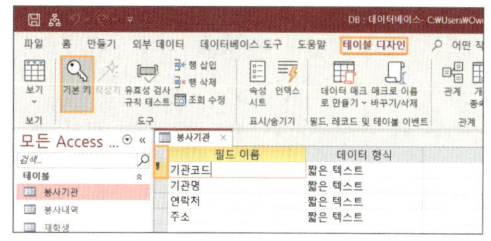

> **더 보기**
>
> **테이블의 [디자인 보기]**
>
>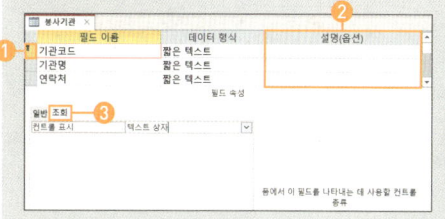
>
> ❶ 기본 키 지정: 한 개 이상의 필드를 선택하여 기본 키 지정
> ❷ 설명: 테이블 구조에 영향을 미치지 않고 상태 표시줄에 설명이 표시됨
> ❸ [조회] 탭: 컨트롤을 '텍스트 상자', '목록 상자', '콤보 상자' 중 선택하여 표시

> **확인문제**
>
> 다음 중 Access의 기본 키에 대한 설명으로 옳지 않은 것은?
>
> ① 기본 키는 테이블의 [디자인 보기] 상태에서 설정할 수 있다.
> ② 기본 키로 설정된 필드에는 널(NULL) 값이 허용되지 않는다.
> ③ 기본 키로 설정된 필드에는 항상 고유한 값이 입력되도록 자동으로 확인된다.
> ④ 관계가 설정되어 있는 테이블에서 기본 키 설정을 해제하면 해당 테이블에 설정된 관계도 삭제된다.
>
> **정답 해설** 관계가 설정된 테이블의 기본 키는 해제할 수 없다. 기본 키 설정을 해제하려면 먼저 관계를 해제해야 한다.
>
> 정답 | ④

136 입력 마스크 ★★

- 데이터 입력 시 특정 형식에 따라 데이터를 신속하고 정확하게 입력하기 위해 지정하는 기능
- 입력 마스크는 텍스트, 숫자, 날짜/시간, 통화 형식에서 사용할 수 있음
- 사용자 지정 형식
  세 개의 구역으로 나누며, 세미콜론(;)으로 구분

  (999)9999-9999;0;_
  ① ② ③

  ① 입력 마스크 지정 문자를 이용하여 입력 마스크 지정
  ② 구분 기호를 데이터와 함께 저장할지 지정
   - 0: 구분 기호와 함께 저장
   - 1: 구분 기호 없이 저장
  ③ 데이터가 입력되는 자리에 표시할 문자 지정

- 입력 마스크 지정 문자

0	• 숫자 입력 • 덧셈과 뺄셈 기호를 사용할 수 없음	필수
9	• 숫자, 공백 입력 • 덧셈과 뺄셈 기호를 사용할 수 없음	선택
#	• 숫자, 공백 입력 • 덧셈과 뺄셈 기호를 사용할 수 있음	
L	영문자, 한글 입력	필수
A	영문자, 한글, 숫자 입력	
?	영문자, 한글 입력	선택
C	모든 문자나 공백 입력	
>	모든 문자를 대문자로 변환	
<	모든 문자를 소문자로 변환	
₩	뒤에 나오는 문자를 그대로 표시	

예시 입력 마스크를 'LA09#'으로 설정 → 'A상345' 입력 가능

137 유효성 검사 규칙 ★

- 필드에 입력될 데이터 값의 종류나 범위를 미리 지정하는 기능
- 유효성 검사 텍스트: 유효성 검사 규칙에서 지정한 범위 이외의 값을 입력했을 때 표시할 오류 메시지 지정
- 일련번호와 OLE 개체에는 유효성 검사를 지정할 수 없음
- 산술 연산자, 비교 연산자, 논리 연산자, 특수 연산자, 함수 등을 사용하여 규칙을 지정할 수 있음

산술 연산자	+, -, *, /, mod, ^
비교 연산자	=, >, >=, <, <=, <>, Like
논리 연산자	NOT, AND, OR
특수 연산자	• In: 지정한 값 중 하나 • Between~And: 지정한 값 사이

- 유효성 검사의 예

<>0	0이 아닌 값만 입력
"총무부" Or "인사부"	'총무부' 또는 '인사부'만 입력
In ("총무부","인사부")	
>=1000000 And <=5000000	100만 원 이상 500만 원 이하의 값만 입력
Between 1000000 And 5000000	
Is Not Null	'Null'이 아닌 값만 입력
Like "가*"	'가'로 시작하는 데이터만 입력
>=#2025-03-01# And <=#2025-03-31#	2025년 3월의 값만 입력

138 기타 제약 조건 ★★

필드 크기	'짧은 텍스트', '숫자', '일련 번호' 형식에서만 지정할 수 있음
형식	데이터의 표시 형식 지정
소수 자릿수	소수점 이하의 자릿수 지정
캡션	[데이터시트 보기] 상태에서 표시될 제목 지정
기본값	레코드 추가 시 필드에 기본으로 입력되는 값 지정
필수	데이터가 꼭 입력되어야 하는 필드에 '예'로 지정
빈 문자열 허용	빈 값의 허용 여부 조정

인덱스	• 테이블에서 빠르게 검색하거나 정렬하는 기능 • '아니요', '예(중복 가능)', '예(중복 불가능)' 중 선택 • 인덱스를 설정하면 레코드의 추가, 수정, 삭제 속도가 느려짐 • 인덱스는 여러 개의 필드에 설정할 수 있음 • 기본 키는 자동으로 '예(중복 불가능)'가 지정됨
유니코드 압축	입력되는 문자를 2바이트로 나타내는 속성
IME 모드	데이터 입력 시 한글이나 영문 입력 상태를 지정하는 기능

> **더 보기**
>
> **표준 형식**
> 숫자의 형식을 '표준'으로 지정하면 천 단위 구분 기호(,)를 표시하고, 소수점 이하 자릿수는 기본적으로 두 자리로 지정됨
> [예시] 1234 → 1,234.00

> **확인문제**
>
> 다음 중 테이블의 필드 속성 설정 시 사용하는 인덱스에 대한 설명으로 옳지 <u>않은</u> 것은?
> ① 인덱스를 설정하면 레코드의 검색과 정렬 속도가 빨라진다.
> ② 인덱스를 설정하면 레코드의 추가, 수정, 삭제 속도는 느려진다.
> ③ 데이터 형식이 OLE 개체인 필드에는 인덱스를 설정할 수 없다.
> ④ 인덱스는 한 개의 필드에만 설정 가능하므로 주로 기본 키에 설정한다.
>
> [정답] [해설] 인덱스는 하나의 테이블에 32개의 인덱스를 만들 수 있으며, 하나의 인덱스에서는 열 개의 필드를 사용할 수 있다.
>
> 정답 | ④

139 조회 속성

- 콤보 상자나 목록 상자에 미리 값을 지정한 후 값을 선택해서 입력하는 기능
- 조회 속성을 이용하면 사용자가 직접 값을 입력하는 과정에서 발생하는 오류를 줄일 수 있음
- 다른 테이블이나 쿼리에 있는 값을 조회하거나 원하는 값을 직접 입력하여 조회 목록을 만들 수 있음
- '짧은 텍스트', '숫자', 'Yes/No' 형식에서만 지정할 수 있음
- [디자인 보기] 상태()에서 데이터 형식의 '조회 마법사'를 이용하거나 [조회] 탭의 각 속성에서 직접 설정할 수 있음

- 조회 속성

컨트롤 표시	조회 속성을 지정하려면 콤보 상자나 목록 상자 선택
행 원본 유형	'테이블/쿼리', '값 목록', '필드 목록' 중에서 선택 • 테이블/쿼리: 테이블이나 쿼리를 원본으로 지정 • 값 목록: 직접 입력한 값을 원본으로 지정 • 필드 목록: 테이블이나 쿼리의 필드명을 원본으로 지정
행 원본	'행 원본' 유형이 '값 목록'이면 세미콜론(;)으로 항목 지정
바운드 열	선택한 목록의 여러 열 중 해당 컨트롤이 저장되는 열 지정
열 개수	표시되는 열의 개수 지정
열 너비	• 열이 여러 개인 경우 세미콜론(;)으로 구분 • '0'으로 지정하면 열이 숨겨짐
목록 너비	콤보 상자의 목록 너비 지정
목록 값만 허용	• 지정한 목록 값 이외의 데이터를 입력할 수 있는지 지정 • 콤보 상자에서만 설정할 수 있음

140 테이블의 구조 변경

1 필드 삽입

- 테이블에 새로운 필드를 삽입하는 것으로, [디자인 보기]() 상태나 [데이터시트 보기] 상태에서 삽입해야 함
- [테이블 디자인] 탭-[도구] 그룹-[행 삽입] 클릭
- 바로 가기 메뉴에서 [행 삽입] 선택
- [Insert]

2 필드 삭제

- 테이블의 필드를 삭제하는 것으로, 필드의 모든 데이터가 함께 삭제됨
- 여러 개의 필드를 한꺼번에 삭제할 수 있고, 삭제한 필드는 되살릴 수 없음
- [테이블 디자인] 탭-[도구] 그룹-[행 삭제] 클릭
- 바로 가기 메뉴에서 [행 삭제] 선택
- [Delete]

3 필드 이동

- 행 선택기를 클릭한 채 해당 위치로 드래그
- 바로 가기 메뉴에서 [잘라내기] → [붙여넣기] 선택
- [Ctrl]+[X] → [Ctrl]+[V]

141 관계 설정

1 관계 설정 방법

- 서로 관련된 테이블을 공통 필드를 이용하여 관계를 정의하면, 여러 테이블을 연결하여 쿼리, 폼, 보고서 등을 작성할 수 있음
- 기본 테이블의 기본 키와 이를 참조하는 테이블의 외래 키 필드를 서로 연결하여 관계를 설정함
- 기본 키 필드와 외래 키 필드의 이름은 같을 필요가 없지만, 데이터 형식과 종류는 반드시 같아야 함
- 액세스에서는 일대일 관계와 일대다 관계가 자동으로 지정되지만, 두 테이블을 직접 다대다 관계로 설정할 수는 없음
- 일대일 관계는 한 테이블의 각 레코드가 다른 테이블의 한 레코드에만 대응되는 관계로, 양쪽 테이블의 연결 필드가 모두 중복할 수 없는 인덱스나 기본 키로 설정된 경우에만 가능함
- 일대다 관계는 한 테이블의 기본 키를 외래 키로 사용하는 다른 테이블 간의 관계를 설정하는 것임
- [디자인 보기] 상태(▨)로 열려있는 테이블에 대한 관계를 설정하면 오류가 발생하므로 열려있는 테이블을 먼저 닫고 관계를 설정해야 함
- 테이블 관계를 제거하려면 관계선을 클릭하여 굵게 표시한 후 Delete 를 누름

2 참조 무결성

- 관련 테이블의 레코드 간 관계가 유효한지 확인하고, 사용자가 관련 데이터를 실수로 변경하거나 삭제했는지 확인하기 위해 사용하는 규칙
- 기본 테이블에서 사용할 필드는 기본 키이거나 고유 인덱스가 설정되어 있어야 함
- 참조 무결성을 지정하려면 관계선을 더블클릭하거나 바로 가기 메뉴에서 [관계 편집]을 선택한 후 [관계 편집] 대화상자에서 '항상 참조 무결성 유지'에 체크해야 함

- [관계 편집] 대화상자

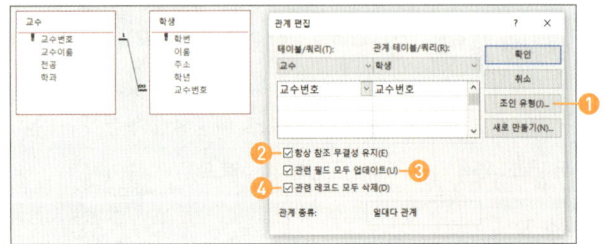

① 조인 유형	'내부 조인', '왼쪽 우선 외부 조인', '오른쪽 우선 외부 조인' 중에서 선택할 수 있음
② 항상 참조 무결성 유지	[학생] 테이블에 입력하려는 '교수번호'는 반드시 [교수] 테이블의 '교수번호'에 있거나 Null 값이어야 함
③ 관련 필드 모두 업데이트	[교수] 테이블의 레코드를 수정하면 [학생] 테이블의 관련 레코드도 자동으로 변경됨
④ 관련 레코드 모두 삭제	[교수] 테이블의 레코드를 삭제하면 [학생] 테이블의 관련 레코드도 모두 삭제됨

확인문제

다음 중 [관계 편집] 대화상자에 대한 설명으로 옳지 않은 것은?

① 관계를 구성하는 어느 한쪽의 테이블 또는 필드 및 쿼리를 변경할 수 있다.
② 조인 유형을 내부 조인, 왼쪽 우선 외부 조인, 오른쪽 우선 외부 조인 중에서 선택할 수 있다.
③ '항상 참조 무결성 유지'를 선택한 경우 '관련 필드 모두 업데이트'와 '관련 레코드 모두 삭제' 옵션을 선택할 수 있다.
④ 관계의 종류를 일대다, 다대다, 일대일 중에서 선택할 수 있다.

정답 해설 관계의 종류는 [관계 편집] 대화상자에서 선택하는 것이 아니라 관계를 구성하는 테이블 간의 기본 키와 외래 키의 설정 상태에 따라 자동으로 설정된다. 일반적인 데이터베이스에서 관계의 종류에는 일대다(1:M), 다대다(M:M), 일대일(1:1)이 있다.

정답 | ④

142 외부 데이터 가져오기와 테이블 연결하기

1 외부 데이터 가져오기

- 다른 형식의 데이터를 현재 데이터베이스 파일로 불러올 수 있는 기능
- [외부 데이터] 탭-[가져오기 및 연결] 그룹-[새 데이터 원본]에서 가져올 파일 형식 선택

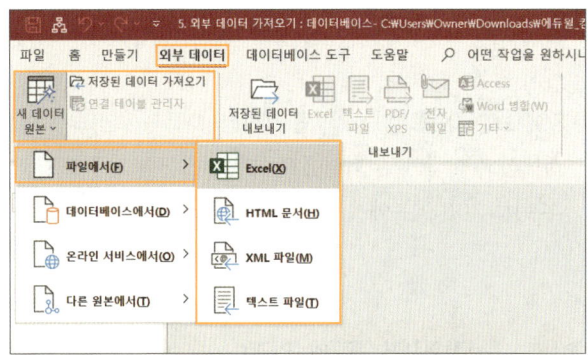

- **가져오기 가능한 형식: Excel, Access, ODBC 데이터베이스, 텍스트 파일, XML 파일, SharePoint 목록, 데이터 서비스, HTML 문서, Outlook 폴더, dBASE 파일 등(Word 파일은 가져올 수 없음)**
- 데이터를 가져와도 원본 데이터는 변경되지 않으며, 가져온 데이터를 변경해도 원본 데이터에 영향을 미치지 않음
- Access 파일을 가져오는 경우 테이블, 쿼리, 폼, 보고서, 매크로 및 모듈을 가져올 수 있고, 테이블의 관계도 함께 복사할 수 있음
- 테이블의 정의만 가져오면 데이터가 없는 빈 테이블이 생성됨
- 원본 개체와 같은 이름의 개체가 이미 대상 데이터베이스에 있으면 가져오기 개체의 이름에 숫자(1, 2, 3, …)가 추가됨
- 가져오려는 데이터 원본의 필드가 255개 이상인 경우 처음 255개의 필드만 가져옴
- 엑셀 데이터는 워크시트나 정의된 이름을 선택하여 가져올 수 있음
- 엑셀 데이터는 한 번에 하나의 워크시트만 가져올 수 있으므로 여러 워크시트에서 데이터를 가져오려면 각 워크시트에 대해 가져오기 명령을 반복해서 실행해야 함

2 테이블 연결하기

- 원본 데이터의 변경된 내용이 연결된 테이블에 반영되는 기능
- 원본 데이터의 레코드를 삭제하면 연결된 테이블의 레코드도 삭제됨
- 연결된 테이블을 삭제해도 원본 데이터에 영향을 주지 않음
- [외부 데이터 가져오기] 창에서 [연결 테이블을 만들어 데이터 원본에 연결]을 선택하여 테이블을 연결할 수 있음

더 보기

엑셀 통합 문서를 가져오거나 연결하기
- [외부 데이터] 탭-[가져오기 및 연결] 그룹-[새 데이터 원본]-[파일에서]-[Excel]
- [현재 데이터베이스의 새 테이블로 원본 데이터 가져오기], [다음 테이블에 레코드 복사본 추가], [연결 테이블을 만들어 데이터 원본에 연결 중 하나]를 선택

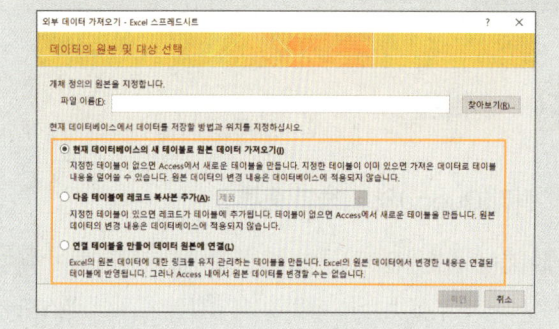

143 데이터 내보내기

- 데이터베이스 개체를 다른 응용 프로그램에서 사용할 수 있도록 형식을 변경하여 출력하는 기능
- [외부 데이터] 탭-[내보내기] 그룹에서 내보낼 대상 선택

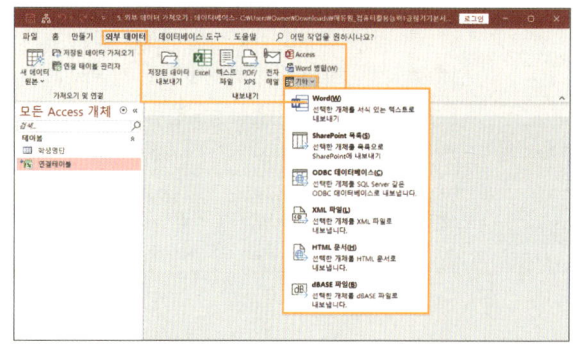

- 내보내기 가능한 형식: Access 데이터베이스의 각 개체, Excel, 텍스트 파일, XML 파일, PDF/XPS, 전자메일, Word 병합, SharePoint 목록, ODBC 데이터베이스, HTML 문서 등 (VBA 코드로는 내보낼 수 없음)
- 테이블을 Access 데이터베이스로 내보내는 경우 '정의 및 데이터'를 내보낼 것인지, '정의만' 내보낼 것인지 선택할 수 있음
- 쿼리를 엑셀이나 HTML 형식으로 내보내는 경우 쿼리의 SQL문이 아니라 SQL문의 실행 결과가 저장됨
- 테이블은 내보내지 않고 보고서만 'Word(*.rtf)'로 내보내는 경우 원본 테이블이 없어도 데이터는 표시됨

Chapter 3 쿼리 활용

144 쿼리 ★

1 쿼리(Query)의 기능과 종류

- 테이블이나 쿼리를 대상으로 특정 조건을 필터링하여 데이터를 찾거나 계산 또는 요약을 수행하여 결과를 표시하는 개체
- 작성한 쿼리는 폼이나 보고서의 원본으로 사용할 수 있음
- 쿼리의 종류

선택 쿼리	테이블이나 쿼리에서 특정 조건을 지정하여 해당 데이터를 추출하는 쿼리
SQL 쿼리	SQL문을 이용하여 작성한 쿼리
매개변수 쿼리	쿼리를 실행할 때 값이나 패턴을 묻는 메시지를 표시하고, 조건에 맞는 결과만 표시하는 쿼리
요약 쿼리	데이터를 그룹화하고 요약하는 쿼리
크로스탭 쿼리	필드별 합계, 개수, 평균 등의 요약을 계산한 후 스프레드시트 형태로 표시하는 쿼리
불일치 쿼리	다른 테이블의 레코드와 일치하지 않는 레코드를 찾아서 쿼리를 만드는 기능으로, 반드시 두 개 이상의 테이블이 있어야 함
실행 쿼리	추가 쿼리, 테이블 만들기 쿼리, 삭제 쿼리, 업데이트 쿼리 등 기존 테이블을 변화시키는 쿼리

2 쿼리의 작성 방법

- 마법사 이용: [만들기] 탭-[쿼리] 그룹-[쿼리 마법사]를 클릭하고 [새 쿼리] 대화상자에서 [단순 쿼리 마법사] 선택

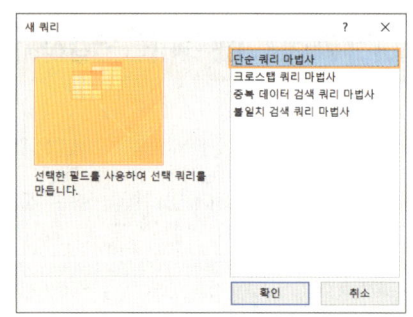

- 쿼리 디자인 이용: [만들기] 탭-[쿼리] 그룹-[쿼리 디자인]을 클릭하고 [테이블 추가] 창의 [테이블] 탭이나 [쿼리] 탭에서 원본 데이터 추가
- SQL 보기 이용: [만들기] 탭-[쿼리] 그룹-[쿼리 디자인]을 선택하고 회색의 빈 화면에서 마우스 오른쪽 단추를 클릭한 후 바로 가기 메뉴에서 [SQL 보기] 선택

145 쿼리의 조건 지정 ★★

1 조건 지정 방법

- 숫자 데이터 형식: >=2000 AND <=4000
- 날짜 데이터 형식: < #2019-07-17#
- 문자 데이터 형식: <> "성북구", In ("서울", "부산")
- 특정 패턴과 일치하는 데이터: Like 연산자

2 와일드카드 문자를 이용한 조건 지정

#	한 개의 숫자 의미	1#3 → '103', '113' 등 검색
?	한 개의 문자 의미	특?회원 → '특이회원', '특별회원' 등 검색
*	여러 개의 문자 의미	특*회원 → 특별회원, 특별한 회원 등 검색
!	대괄호 안에 있는 문자를 제외하고 검색	특[!이]회원 → '특이회원'을 제외하고 찾음
-	문자 범위 안에서 하나의 문자 검색	b[a-c]d → 'bad', 'bbd' 등 검색

3 AND 조건과 OR 조건

- 조건을 같은 행에 입력하면 AND 조건을, 다른 행에 입력하면 OR 조건을 의미함

- '기관명'이 '요양원'으로 끝나고 '주소'가 '서울시'인 레코드를 검색한 경우

필드:	기관명	주소
테이블:	봉사기관	봉사기관
정렬:		
표시:	☑	☑
조건:	Like "*요양원"	"서울시"
또는:		

- '기관명'이 '요양원'으로 끝나거나 '주소'가 '서울시'인 레코드를 검색하는 경우

필드:	기관명	주소
테이블:	봉사기관	봉사기관
정렬:		
표시:	☑	☑
조건:	Like "*요양원"	
또는:		"서울시"

146 SQL ★

- 데이터베이스를 관리하기 위해 설계된 특수 목적 언어로, 비절차적 언어에 포함됨
- SQL(Structured Query Language)에서는 영문자의 대·소문자를 구분하지 않음
- 여러 줄에 나누어 입력할 수 있고, 문장의 마지막에는 세미콜론(;)을 입력해야 함
- 기능별로 SQL 구분하기

데이터 정의어 (DDL)	테이블의 생성(CREATE), 변경(ALTER), 제거(DROP)
데이터 조작어 (DML)	조회(SELECT), 삽입(INSERT), 변경(UPDATE), 삭제(DELETE)
데이터 제어어 (DCL)	권한 부여(GRANT), 권한 회수(REVOKE), 저장(COMMIT), 취소(ROLLBACK)

147 SELECT문 ★★★★

1 SELECT문

- 하나 이상의 테이블이나 쿼리에서 조건에 맞는 데이터를 검색하는 구문
- 여러 개의 필드를 나열할 때는 콤마(,)로 구분하고, 모든 필드를 지정할 때는 별표 기호(*) 사용
- 검색 결과가 중복되지 않게 표시하려면 'DISTINCT' 지정
- 필드 이름이나 테이블 이름에 별명을 지정하려면 'AS' 지정
- 형식

```
SELECT [DISTINCT] 필드 [AS 별명] FROM 테이블 또는 쿼리
[WHERE 조건식]
[GROUP BY 필드 [HAVING 조건]]
[ORDER BY 필드 [ASC|DESC]];
```

> **확인문제**
>
> 다음 중 SELECT문에 대한 설명으로 옳지 않은 것은?
> ① FROM절에는 SELECT문에 나열된 필드를 포함하는 테이블이나 쿼리를 지정한다.
> ② 검색 결과에 중복되는 레코드를 없애기 위해서는 'DISTINCT' 조건자를 사용한다.
> ③ AS문은 필드 이름이나 테이블 이름에 별명을 지정할 때 사용한다.
> ④ GROUP BY절로 레코드를 결합한 후에 WHERE절을 사용하면 그룹화된 레코드 중 WHERE절의 조건을 만족하는 모든 레코드가 표시된다.
>
> **정답 해설** GROUP BY절에 대한 조건식을 지정할 때는 HAVING절이 와야 한다.
>
> 정답 | ④

2 WHERE절

- 조건을 지정하여 특정 조건에 맞는 레코드를 검색할 때 사용
- 산술 연산자, 비교 연산자, 논리 연산자, BETWEEN ~ AND ~, IN, LIKE 등의 연산자 사용

> **예시**
> - WHERE 부서 = '영업부'
>   → '부서' 필드의 값이 '영업부'인 레코드 검색
> - WHERE 나이 BETWEEN 28 AND 40
>   → '나이' 필드의 값이 '28' 이상 '40' 이하인 레코드 검색
> - WHERE 생일 = #2001-5-10#
>   → '생일' 필드의 값이 '2001-5-10'인 레코드 검색
> - WHERE 입사연도 = 2014
>   → '입사연도' 필드의 값이 '2014'인 레코드 검색
> - SELECT * FROM 직원 WHERE 부서번호 IN (SELECT 부서번호 FROM 부서 WHERE '부서명' = '인사부');
>   → '부서' 테이블에서 '부서명'이 '인사부'인 직원의 부서번호를 검색한 후 '직원' 테이블에서 해당 직원의 모든 필드 검색

3 GROUP BY절

- 특정 필드를 기준으로 레코드를 그룹화하여 검색
- 일반적으로 GROUP BY는 SUM 함수, AVG 함수, COUNT 함수 등과 같은 집계 함수와 함께 사용함
- GROUP BY를 사용할 때는 HAVING절을 사용하여 조건을 지정할 수 있음

  예시 SELECT 동아리 FROM 학생 GROUP BY 동아리 HAVING COUNT(*)>2; → '학생' 테이블에서 동아리별로 그룹화하여 같은 동아리의 개수가 2보다 큰 '동아리' 필드 검색

4 ORDER BY절

- 특정 필드를 기준으로 오름차순(ASC)이나 내림차순(DESC)으로 정렬
- 정렬 방법을 지정하지 않으면 기본적으로 오름차순(ASC) 정렬됨

  예시 SELECT 학년, 반, 이름 FROM 평균성적 WHERE 평균 >= 90 ORDER BY 학년 DESC 반 ASC;
  → [평균성적] 테이블에서 평균이 90 이상인 학생들은 '학년' 필드의 내림차순으로, '반' 필드는 오름차순으로 정렬하여 학년, 반, 이름 표시

확인문제

[평균성적] 테이블에서 '평균' 필드값이 90 이상인 학생들을 검색하여 '학년' 필드를 기준으로 내림차순, '반' 필드를 기준으로 오름차순 정렬하여 표시하고자 한다. 다음 중 아래 SQL문의 각 괄호 안에 넣을 예약어로 옳은 것은?

```
SELECT 학년, 반, 이름
FROM 평균성적
WHERE 평균 >= 90
( ㉠ ) 학년 ( ㉡ ) 반 ( ㉢ );
```

① ㉠ GROUP BY ㉡ DESC ㉢ ASC
② ㉠ GROUP BY ㉡ ASC ㉢ DESC
③ ㉠ ORDER BY ㉡ DESC ㉢ ASC
④ ㉠ ORDER BY ㉡ ASC ㉢ DESC

정답 해설 특정 필드를 기준으로 오름차순이나 내림차순을 하는 구문은 ORDER BY이고, '학년' 필드를 기준으로 내림차순 정렬하려면 '학년'은 'DESC'로, '반' 필드를 기준으로 오름차순 정렬하려면 '반'은 'ASC'로 지정해야 한다.

정답 | ③

148 CREATE문과 ALTER문

1 CREATE문

- 테이블을 생성할 때 사용
- 형식

```
CREATE TABLE 테이블
  (필드 데이터 형식 [NOT NULL][DEFAULT 기본값]
    [PRIMARY KEY (필드)]
    [FOREIGN KEY (필드) REFERENCES 참조하는 테이블]);
```

예시
CREATE TABLE 고객 → [고객] 테이블 생성
  (고객ID CHAR(20) NOT NULL,
  → '고객ID' 필드는 문자 20자로 생성하고, NULL은 안 됨
  고객명 CHAR(20) NOT NULL,
  → '고객명' 필드는 문자 20자로 생성하고, NULL은 안 됨
  연락번호 CHAR(12), → '연락번호' 필드는 문자 12자로 생성
  PRIMARY KEY (고객ID) → '고객ID' 필드는 기본 키로 지정
  );

CREATE TABLE 계좌 → [계좌] 테이블 생성
  (계좌번호 CHAR(10) NOT NULL,
  → '계좌번호' 필드는 문자 10자로 생성하고, NULL은 안 됨
  고객ID CHAR(20) NOT NULL,
  → '고객ID' 필드는 문자 20자로 생성하고, NULL은 안 됨
  잔액 INTEGER DEFAULT 0, → '잔액'은 정수로, 기본값은 '0'
  PRIMARY KEY (계좌번호), → '계좌번호'는 기본 키로 지정
  FOREIGN KEY (고객ID) REFERENCES 고객
  → '고객ID'는 외래 키로, '고객' 테이블 참조
  );

2 ALTER문

- 생성된 테이블을 변경할 때 사용
- 형식

```
ALTER TABLE 테이블 ADD 필드 데이터 형식 [DEFAULT 값];
→ 기존 테이블에 필요한 속성 추가
ALTER TABLE 테이블 MODIFY 필드 데이터 형식 [DEFAULT 값];
→ 테이블에 있는 필드의 데이터 형식, 기본값 등의 제약 조건 변경
ALTER TABLE 테이블 DROP 필드 [CASCADE];
→ 테이블에서 필드 삭제(CASCADE는 해당 필드와 연관된 다른 테이블의 내용도 연쇄 삭제)
```

예시 ALTER TABLE 고객 DROP 취미 CASCADE;
→ [고객] 테이블의 '취미' 필드를 삭제하고, 해당 필드와 연관된 다른 테이블의 내용도 삭제

149 주요 함수 ★★

1 문자열 함수

LEFT(문자열,개수)	'문자열'의 왼쪽에서 '개수'만큼 추출
MID(문자열,시작 위치,개수)	'문자열'의 '시작 위치'에서 '개수'만큼 추출
RIGHT(문자열,개수)	'문자열'의 오른쪽에서 '개수'만큼 추출
TRIM(문자열)	'문자열'의 좌우 공백 제거
LTRIM(문자열)	'문자열'의 왼쪽 공백 제거
RTRIM(문자열)	'문자열'의 오른쪽 공백 제거
INSTR(시작 위치,문자열,찾을 문자열,옵션)	'문자열'의 '시작 위치'에서 '찾을 문자열'의 위치를 표시하는 기능 (옵션: 0-영문자의 대·소문자 구분, 1-영문자의 대·소문자 구분 없음)
STRCOMP(문자열1,문자열2)	'문자열1'과 '문자열2'를 비교해서 같으면 0, 다르면 -1 반환
LEN(문자열)	'문자열'의 길이 반환
LENB(문자열)	'문자열'의 길이를 바이트로 반환
LCASE(문자열)	'문자열'을 모두 소문자로 변환
UCASE(문자열)	'문자열'을 모두 대문자로 변환
STRREVERSE(문자열)	'문자열'을 역순으로 정렬하여 반환

예시
- RIGHT([주민번호],2) = "01"
  → '주민번호' 필드에서 맨 뒤(오른쪽)의 두 자리가 '01'인 레코드 추출
- INSTR("ABCDABCDAB","CD")
  → 'ABCDABCDAB'에서 'CD'의 위치를 찾으므로 결괏값은 '3'

2 날짜/시간 함수

NOW( )	현재 날짜와 시간 표시
DATE( )	현재의 날짜 표시
TIME( )	현재의 시간 표시
YEAR(날짜)	'날짜'의 연도 표시
MONTH(날짜)	'날짜'의 월 표시
DAY(날짜)	'날짜'의 일 표시
HOUR(시간)	'시간'의 시 표시
MINUTE(시간)	'시간'의 분 표시
SECOND(시간)	'시간'의 초 표시
WEEKDAY(날짜,방법)	• '날짜'에 해당하는 요일 번호 표시 • '방법'의 경우 1은 일요일부터 시작, 2는 월요일부터 시작
DATEADD(간격,숫자,날짜)	• '날짜'에 지정한 기간을 더한 날짜를 구함 • '간격'은 yyyy(년), q(분기), m(월), d(일)
DATEDIFF(간격,날짜1,날짜2)	• '날짜1'과 '날짜2'의 차이를 구함 • '간격'은 yyyy(년), q(분기), m(월), d(일)
DATESERIAL(년,월,일)	지정된 값을 날짜로 반환
TIMESERIAL(시,분,초)	지정된 값을 시간으로 반환

예시 YEAR(DATE( )) → 현재 날짜의 연도 표시

3 논리 함수

IIF(조건,값1,값2)	'조건'이 참이면 '값1', 거짓이면 '값2' 실행
CHOOSE(숫자,값1,값2,…)	'숫자'가 1이면 '값1', 2이면 '값2',… 실행
SWITCH(조건1,값1,조건2,값2,…)	'조건1'이 참이면 '값1', '조건2'가 참이면 '값2',… 실행

예시 IIF(1,2,3) → 조건이 '1'이면 참을 의미하므로 결괏값 '2' 반환

4 자료 형식 변환 함수

CDATE	날짜 형식으로 된 문자열을 날짜로 변환
CINT, CLNG	정수로 변환(2Byte, 4Byte)
CSTR	숫자를 문자로 변환(소수를 구분하는 기호 모두 인정)
CBOOL	'TRUE'나 'FALSE'로 변환
VAL	숫자로 된 문자열을 숫자로 변환
STR	숫자를 문자열로 변환(점(.)만 소수점으로 인정)

5 집계 함수

AVG(필드)	'필드'의 평균을 구함
SUM(필드)	'필드'의 합계를 구함
COUNT(필드)	'필드'의 레코드 수를 구함
MAX(필드)	'필드'에서의 최대값을 구함
MIN(필드)	'필드'에서의 최소값을 구함

더 보기

FORMAT 함수(값,"형식")
값을 지정된 형식으로 표시하는 함수
예시 FORMAT([금액],"0.0"): '금액' 필드의 값을 소수점 이하 첫째 자리까지 표시

확인문제

다음 중 아래의 보고서에 있는 '서울 지역에 거주하는 회원 수는 3명' 부분과 같이 출력하기 위해 입력란에 작성해야 하는 식으로 옳은 것은? (단, '서울'은 '주소' 필드에 저장된 값이고, '3'은 해당 주소에 거주하는 회원 수를 관련 함수를 사용하여 산출해야 한다)

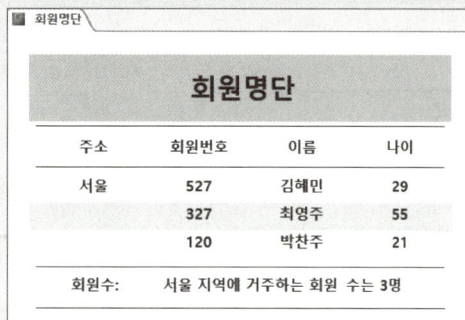

① = "[주소] 지역에 거주하는 회원 수는" & COUNT([회원번호]) & "명"
② = "[주소] 지역에 거주하는 회원 수는" & SUM([이름]) & "명"
③ = [주소] & "지역에 거주하는 회원 수는" & COUNT([주소]) & "명"
④ = [주소] & "지역에 거주하는 회원 수는" & SUM([나이]) & "명"

정답 해설 함수식을 입력할 때 출력하는 내용은 '&' 기호로 연결해야 하고, 함수를 사용할 경우에는 '([필드명])'의 형식으로 작성해야 한다.

정답 | ③

---

150 조인 ★

1 조인(Join)의 기능과 유형

- 두 개의 테이블을 연결하여 관계를 설정하고, 쿼리에서는 관계가 조인으로 표시됨
- 조인에 사용되는 기준 필드의 데이터 형식은 같거나 호환되어야 함
- 필드 이름의 앞에 테이블 이름을 마침표(.)로 구분하여 사용
  예시 사원.사번 → [사원] 테이블의 '사번' 필드
- 관계가 설정되지 않아도 조인을 수행할 수 있음(교차 조인)
- 관계선을 더블클릭하여 [조인 속성] 창을 열고 조인 유형을 지정함

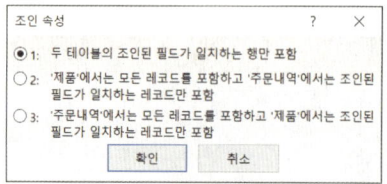

- 조인 유형: 내부 조인(Inner Join), 왼쪽 외부 조인(Left Join), 오른쪽 외부 조인(Right Join)

2 내부 조인(Inner Join)

관계가 설정된 두 테이블에서 조인된 필드가 일치하는 레코드만 포함하여 표시

```
SELECT 필드 FROM 테이블1 INNER JOIN 테이블2 ON 테이블1.필드 = 테이블2.필드;
```

예시 SELECT 동호회.*, 사원.* FROM 동호회 INNER JOIN 사원 ON 동호회.사번=사원.사번;
→ [동호회] 테이블과 [사원] 테이블에서 '사번'이 일치하는 레코드만 표시

3 왼쪽 외부 조인(Left Join)

왼쪽 테이블에서는 모든 레코드를, 오른쪽 테이블에서는 조인된 필드가 일치하는 레코드만 포함하여 표시

```
SELECT 필드 FROM 테이블1 LEFT JOIN 테이블2 ON 테이블1.필드 = 테이블2.필드;
```

4 오른쪽 외부 조인(Right Join)

오른쪽 테이블에서는 모든 레코드를, 왼쪽 테이블에서는 조인된 필드가 일치하는 레코드만 포함하여 표시

```
SELECT 필드 FROM 테이블1 RIGHT JOIN 테이블2 ON 테이블1.필드 = 테이블2.필드;
```

예시 SELECT 부서정보.부서번호, 부서명, 번호, 이름, 실적 FROM 부서정보 RIGHT JOIN 사원정보 ON 부서정보.부서번호=사원정보.부서번호;
→ 오른쪽 외부 조인으로 [부서정보] 테이블의 레코드는 [사원정보] 테이블의 '부서번호'와 일치되는 것만 포함하고, [사원정보] 테이블에서는 모든 레코드를 포함하여 결과 표시

151 실행 쿼리 ★★★

1 추가 쿼리(INSERT문)

- 테이블에 새 레코드를 추가하는 쿼리
- 필드값을 직접 지정하거나 다른 테이블의 레코드를 추출하여 추가할 수 있음
- INSERT문으로 테이블에 값을 삽입하는 경우 기본 키 필드에는 반드시 값이 입력되어야 함
- 레코드의 전체 필드를 추가할 경우 필드 이름을 생략할 수 있음
- **한 개의 INSERT문으로 하나의 테이블에 여러 개의 레코드를 삽입할 수 있지만, 여러 개의 테이블에 동시에 레코드를 추가할 수는 없음**
- 형식

```
INSERT INTO 테이블(필드1, 필드2, …) VALUES(값1, 값2, …);
```

> 예시 INSERT INTO 사원(사번, 이름, 직위) VALUES("21001", "홍길동", "부장");
> → [사원] 테이블에 '사번'은 '21001', '이름'은 '홍길동', '직위'는 '부장'인 새로운 레코드 추가

2 업데이트 쿼리(UPDATE문)

- 테이블의 필드값을 변경하는 쿼리
- 형식

```
UPDATE 테이블 SET 필드1 = 값1, 필드2 = 값2… WHERE 조건;
```

> 예시 UPDATE 사원 SET 급여 = 급여*1.2 WHERE 직급 = '관리자';
> → [사원] 테이블에서 '직급'이 '관리자'인 '사원'의 '급여'를 20%씩 인상

더 보기

'지역'이 '서울'이거나 '모집인원'이 '1000'보다 큰 경우 '모집인원'을 '2000'으로 업데이트하기

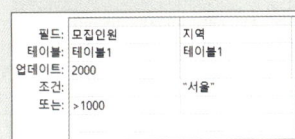

```
UPDATE 테이블1 SET 모집인원 = 2000 WHERE 지역="서울" 
OR 모집인원>1000;
```

확인문제

다음 중 [사원] 테이블에서 호봉이 6인 사원의 연봉을 3% 인상된 값으로 수정하는 실행 쿼리를 작성하고자 할 때 아래의 각 괄호에 넣어야 할 구문을 순서대로 나열한 것은?

```
UPDATE 사원
(      ) 연봉 = 연봉*1.03
(      ) 호봉 = 6;
```

① FROM, WHERE
② SET, WHERE
③ VALUE, SELECT
④ INTO, VALUE

정답해설 UPDATE문에서 수정 내용(연봉=연봉*1.03)은 SET절에 작성하고 수정해야 할 대상을 정하는 조건(호봉=6)은 WHERE절에 작성한다.

정답 | ②

3 삭제 쿼리(DELETE문)

- 테이블의 레코드를 삭제하는 쿼리
- 형식

```
DELETE * FROM 테이블명 WHERE 조건;
```

> 예시 DELETE*FROM 사원 WHERE 나이〉=30;
> → [사원] 테이블에서 '나이'가 '30' 이상인 레코드 모두 삭제

4 테이블 만들기 쿼리

- 테이블의 데이터를 복사하거나 보관해야 할 때 사용
- 새로운 테이블을 생성하는 쿼리

152 기타 쿼리 ★★★

1 매개변수 쿼리(Parameter Query)

- 쿼리를 실행할 때 매개변수를 입력받아 조건에 맞는 결과만 표시하는 쿼리
- **매개변수 대화상자에 표시할 텍스트는 [디자인 보기] 상태(🔳) 디자인 눈금 영역의 조건 행에 대괄호([ ])로 묶어서 입력**
- 매개변수 대화상자에 표시할 텍스트에 마침표(.), 느낌표(!), 대괄호([ ])와 같은 특수 문자는 포함할 수 없음
- 두 개 이상의 정보를 물어보는 쿼리를 만들 수 있음

예시 >=[조회할 최소 나이 입력]→조회할 고객의 최소 나이를 입력받아 검색하는 매개변수 쿼리 작성

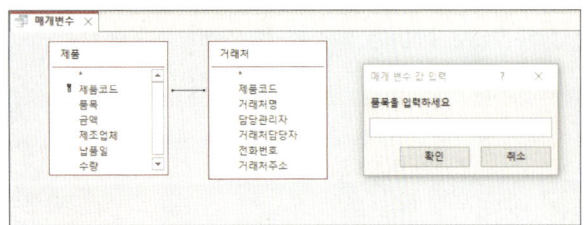

2 크로스탭 쿼리(Cross-tab Query)

- 행과 열을 기준으로 그룹화하여 특정 필드의 합계, 평균, 개수와 같은 요약값을 표시하는 쿼리
- 맨 왼쪽에 세로로 표시되는 행 머리글과 맨 위에 가로 방향으로 표시되는 열 머리글로 구분하여 데이터를 그룹화함
- 열과 행이 교차하는 곳에는 숫자 필드, 날짜 필드, 텍스트 필드를 선택하여 요약
- 레코드의 개수, 합계, 평균, 최대값, 최소값, 분산, 표준 편차 등을 계산
- 열 머리글에는 한 개의 필드만 지정하고, 행 머리글에는 세 개까지의 필드를 지정할 수 있음
- 크로스탭 쿼리의 [데이터시트 보기]에서 데이터를 직접 편집할 수 없음

3 통합 쿼리(Union Query)

- 두 개의 테이블이나 쿼리를 합쳐 모든 레코드를 포함하면서 하나의 목록을 만드는 쿼리
- 두 개의 테이블의 필드 개수가 같아야 함
- 결과에는 먼저 지정한 테이블의 필드 이름이 표시됨
- 결과에 중복 레코드를 포함할지를 지정할 수 있음

UNION	중복 레코드를 제외하고 합침
UNION ALL	중복 레코드를 포함하고 합침

예시 성적(학번, 이름, 학과, 점수) 테이블의 레코드 수가 열 개, 평가(학번, 전공, 점수) 테이블의 레코드 수가 다섯 개인 경우

```
SELECT 학번, 학과, 점수 FROM 성적 UNION ALL
    SELECT 학번, 전공, 점수 FROM 평가 ORDER BY 학번
```

- 쿼리 실행 결과 필드는 '학번', '학과', '점수' 필드와 같이 세 개의 필드가 만들어짐
- 총 15개의 레코드가 만들어짐
- '학번'을 기준으로 오름차순 정렬됨

4 불일치 검색 쿼리

- 다른 테이블의 레코드와 일치하지 않는 레코드를 찾아서 쿼리를 만드는 기능
- 두 개 이상의 테이블이 있어야 함

5 중복 데이터 검색 쿼리

테이블이나 쿼리에서 중복된 필드값이 있는 레코드를 찾는 쿼리

확인문제

다음 중 요약 데이터를 보다 쉽게 이해할 수 있도록 합계, 평균 등의 집계 함수를 계산한 다음 데이터시트의 측면과 위쪽에 두 세트의 값으로 그룹화하는 쿼리 유형은?

① 선택 쿼리 ② 크로스탭 쿼리
③ 통합 쿼리 ④ 업데이트 쿼리

정답 해설 크로스탭 쿼리는 엑셀의 피벗 테이블과 유사하며, 테이블의 특정 필드의 요약값(합계, 개수, 평균 등)을 표시함. 해당 값을 그룹별로 묶은 집합은 데이터시트의 왼쪽에, 또 하나의 집합은 데이터시트의 위쪽에 나열한다.

정답 | ②

Chapter 4 폼 활용

153 폼 ★★

- 테이블, 쿼리, SQL을 원본으로 하여 데이터를 입력하거나 편집하고 쉽게 조회, 편집 등의 작업을 할 수 있도록 지원하는 개체
- 폼에서 데이터를 입력하거나 수정하면 연결된 테이블이나 쿼리에 변경된 내용이 반영됨
- 사각형, 선 등의 도형 컨트롤을 삽입할 수 있음
- 컨트롤 마법사를 이용하여 매크로를 실행하는 단추를 만들 수 있음
- 이벤트 속성을 설정하여 매크로와 모듈이 특정 기능을 수행할 수 있음
- 사용자는 폼을 통해서 원본에 접근할 수 있으므로 데이터베이스의 보안성을 높일 수 있음
- 폼은 데이터가 연결되어 있는지에 따라 '바운드 폼(Bound Form)'과 '언바운드 폼(Unbound Form)'으로 구분됨

- 바운드 폼: 테이블이나 쿼리의 레코드와 연결된 폼
- 언바운드 폼: 테이블이나 쿼리의 레코드와 연결되지 않은 폼

• 폼의 구성 요소

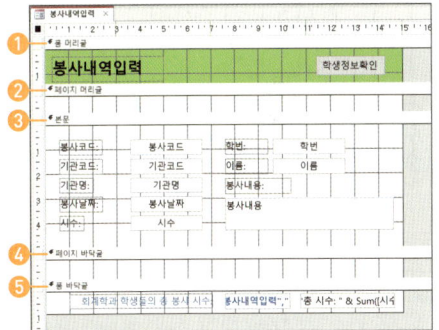

① 폼 머리글	• 폼의 제목이나 각 레코드에 공통으로 적용되는 정보가 표시됨 • [인쇄 미리 보기]에서는 첫 페이지의 위쪽에 한 번만 표시됨
② 페이지 머리글	• 각 페이지의 위쪽에 인쇄되는 정보가 표시됨 • [폼 보기]에서는 표시되지 않고 [인쇄 미리 보기]에서만 확인 가능
③ 본문	• 실제 레코드를 표시하는 부분 • [폼 보기] 형식에 따라 하나의 레코드만 표시하거나 여러 개의 레코드 표시
④ 페이지 바닥글	• 각 페이지의 아래쪽에 인쇄 정보가 표시됨 • [폼 보기] 형식에서는 표시되지 않고 [인쇄 미리 보기]에서만 확인 가능
⑤ 폼 바닥글	• 폼 요약 정보 등 각 레코드에 공통으로 적용되는 정보가 표시됨 • [인쇄 미리 보기]에서는 마지막 페이지의 본문 다음에 한 번만 표시됨

더 보기

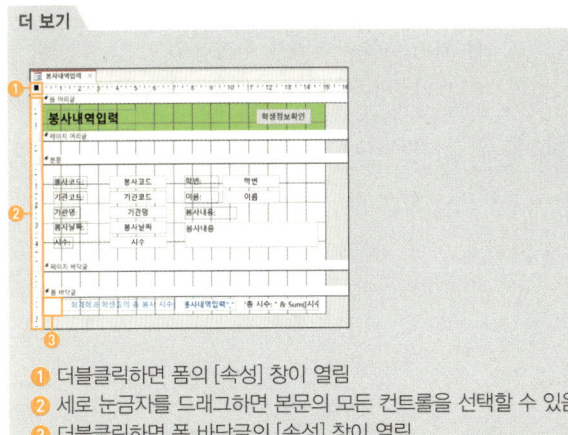

① 더블클릭하면 폼의 [속성] 창이 열림
② 세로 눈금자를 드래그하면 본문의 모든 컨트롤을 선택할 수 있음
③ 더블클릭하면 폼 바닥글의 [속성] 창이 열림

확인문제

다음 중 폼의 구성 요소에 대한 설명으로 옳지 않은 것은?
① 폼 머리글 영역을 더블클릭하면 폼 머리글의 속성 창이 열린다.
② 페이지 머리글 영역은 폼 보기에서는 표시되지 않고 인쇄 미리보기에서만 확인 가능하다.
③ 본문 영역은 실제 레코드가 표시되는 부분으로 하나의 레코드가 표시된다.
④ 폼 바닥글 영역은 인쇄 미리보기에서 마지막 페이지의 본문 다음에 한 번만 표시된다.

정답 해설 본문 영역의 레코드는 폼 보기 형식에 따라 하나의 레코드 또는 여러 개의 레코드가 표시된다.

정답 | ③

154 폼 작성 ★★★

1 폼의 작성 방법

[만들기] 탭 - [폼] 그룹에서 폼을 작성할 수 있음

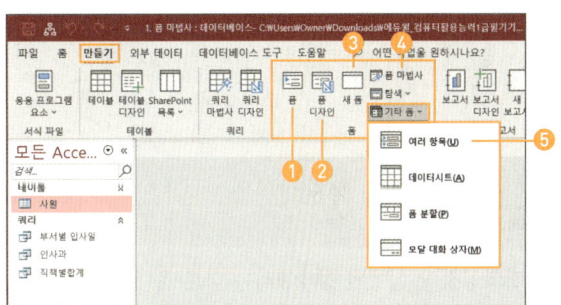

① 폼	한 번에 한 개의 레코드에 대한 정보를 표시하는 폼
② 폼 디자인	빈 양식의 폼에서 사용자가 직접 텍스트 상자, 레이블, 단추 등의 필요한 컨트롤을 삽입하여 작성
③ 새 폼	컨트롤이나 형식이 없는 폼 작성
④ 폼 마법사	사용자가 간단하게 지정할 수 있는 폼 마법사를 이용하여 작성
⑤ 여러 항목	한 번에 여러 개의 레코드를 표시하는 폼 작성

2 폼 분할

• [데이터시트 보기]와 [폼 보기]를 동시에 표시하는 폼
• [데이터시트 보기]와 [폼 보기]는 같은 원본에 연결되어 있고, 항상 상호 동기화됨

- 폼의 두 가지 보기([데이터시트 보기], [폼 보기]) 중 하나에서 필드를 선택하면 다른 보기에서도 같은 필드가 선택됨
- 원본 데이터는 [폼 보기]와 [데이터시트 보기]에서 모두 변경할 수 있음
- 분할 표시 폼을 만든 후 컨트롤의 크기를 조정하거나 필드를 추가할 수 있음
- 폼의 [속성 시트] 창에서 '분할 표시 폼 방향' 항목을 이용하면 데이터시트를 폼의 상하좌우 위치로 설정할 수 있음

확인문제

다음 중 분할 표시 폼에 대한 설명으로 옳지 않은 것은?

① 분할 표시 폼은 [만들기] 탭-[폼] 그룹-[기타 폼]-[폼 분할]을 클릭하여 만들 수 있다.
② 분할 표시 폼은 [데이터시트 보기]와 [폼 보기]를 동시에 표시하는 기능이며, 이 두 보기는 같은 데이터 원본에 연결되어 있어 항상 상호 동기화된다.
③ 분할 표시 폼을 만든 후 [레이아웃 보기]에서 컨트롤의 크기 조정과 이동이 가능하고 기존 필드를 추가할 수 있지만, 새로운 필드는 추가할 수 없다.
④ 폼 속성 창의 '분할 표시 폼 방향' 항목을 이용하여 데이터시트가 표시되는 위치는 폼의 위쪽과 아래쪽으로만 설정할 수 있다.

정답 해설 폼 속성 창의 '분할 표시 폼 방향' 항목을 이용하여 폼의 위쪽, 아래쪽, 왼쪽, 오른쪽에 데이터시트가 표시되는 위치를 설정할 수 있다.

정답 | ④

3 모달 대화상자

- 모달 대화상자가 실행된 상태에서는 다른 폼이나 개체를 선택할 수 없음
- [만들기] 탭-[폼] 그룹-[기타 폼]-[모달 대화 상자]를 선택하면 새로운 폼이 만들어지고, [확인] 단추와 [취소] 단추가 생성됨
- [확인] 단추나 [취소] 단추를 클릭하면 저장 여부를 묻고 대화상자가 닫힘

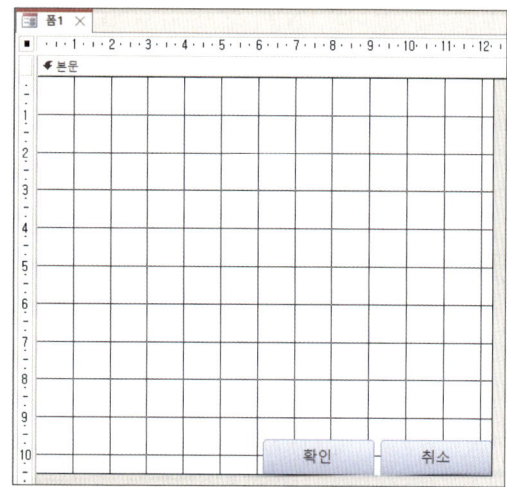

더 보기

레이아웃 보기
- [폼 보기]와 [디자인 보기]를 혼합한 형태
- 컨트롤의 크기를 조절하고, 이동 가능하며, 제한적 컨트롤만 사용할 수 있음

폼 보기
데이터의 입력, 수정, 삭제 등이 가능하고, 컨트롤은 추가할 수 없음

확인문제

다음 중 폼 작성에 대한 설명으로 옳지 않은 것은?

① [양식 디자인] 탭에서 [컨트롤 마법사 사용] 여부를 선택할 수 있다.
② 폼에서 연결된 테이블의 레코드를 삭제한 경우 영구적인 작업이므로 되돌릴 수 없다.
③ 폼에 컨트롤을 삽입하면 탭 순서가 위에서 아래로, 왼쪽에서 오른쪽 순으로 자동 지정된다.
④ [레이블] 컨트롤은 마법사를 이용한 만들기가 제공되지 않고, 레이블 컨트롤을 추가한 후 내용을 입력하지 않으면 추가된 레이블이 자동으로 사라진다.

정답 해설 폼에 컨트롤을 삽입하면 탭 순서는 컨트롤을 삽입한 순서대로 지정된다. 만약 위에서 아래쪽으로, 왼쪽에서 오른쪽으로 탭 순서를 변경하려면 [자동 순서]를 설정해야 한다.

정답 | ③

155 폼의 모양 ★

열(컬럼) 형식	가장 일반적인 형식으로, 각 필드가 왼쪽의 레이블과 함께 각 행에 표시되는 형식
테이블 형식	각 레코드의 필드들이 한 줄에 나타나며, 레이블은 폼의 맨 위에 한 번 표시되는 형식
데이터시트	레코드는 행으로, 필드는 열로 표시되는 형식
맞춤	필드 내용에 따라 각 필드를 균형 있게 배치하는 형식

더 보기

[폼 표시] 옵션
- 파일을 열 때 나타나는 기본 시작 폼을 설정하는 기능
- [파일] 탭-[옵션]을 선택하여 [Access 옵션] 창을 열고 '현재 데이터베이스' 범주의 '응용 프로그램 옵션'에서 '폼 표시' 선택

156 폼 속성 ★★

- 폼의 형식, 데이터, 이벤트 등 폼과 관련된 전반적인 사항을 정의하는 기능
- [양식 디자인] 탭-[도구] 그룹-[속성 시트] 클릭
- 폼 선택기나 폼의 여백을 더블클릭하면 폼의 [속성 시트] 창을, 구역 선택기를 더블클릭하면 구역의 [속성 시트] 창을 열 수 있음

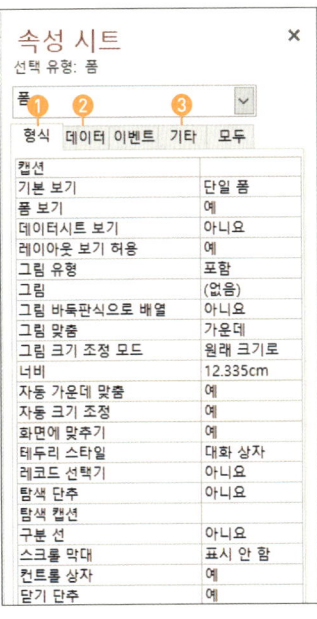

❶ [형식] 탭

캡션	제목 표시줄에 표시될 폼의 제목(레이블) 지정
기본 보기	'단일 폼', '연속 폼', '데이터시트', '분할 표시 폼' 선택
그림 유형	그림을 '포함', '연결', '공유' 선택
그림	폼의 배경 그림 지정
그림 크기 조정 모드	이미지를 확대하거나 축소
자동 가운데 맞춤	폼 실행 시 창의 가운데에 표시할지의 여부 지정
자동 크기 조정	모든 레코드가 표시되도록 자동 크기 조절 여부 지정
레코드 선택기	레코드 선택기의 표시 여부 지정
탐색 단추	탐색 단추의 표시 여부 지정
스크롤 막대	스크롤 막대의 표시 여부 지정
컨트롤 상자	제목 표시줄에 조절 메뉴 상자와 제어 상자의 표시 여부 지정

더 보기

폼의 탐색 단추

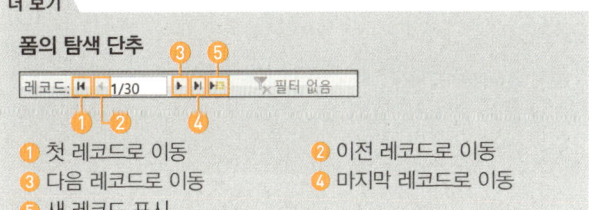

❶ 첫 레코드로 이동 ❷ 이전 레코드로 이동
❸ 다음 레코드로 이동 ❹ 마지막 레코드로 이동
❺ 새 레코드 표시

❷ [데이터] 탭

레코드 원본	폼에 연결할 테이블이나 쿼리, SQL 지정
레코드 집합 종류	• 스냅샷: 원본 테이블의 업데이트는 안 되고 조회만 가능(편집 불가) • 다이너셋: 레코드 집합을 변경하면 테이블이 업데이트됨(편집 가능)
필터	특정 기준에 따른 필터 지정
정렬 기준	레코드를 정렬할 기준 지정
추가 가능	레코드 추가, 삭제, 편집 가능 여부 지정
삭제 가능	
편집 가능	
필터 사용	필터의 사용 여부 지정

| 레코드 잠금 | 기본값은 [잠그지 않음]이고, 레코드 편집 작업이 완료되기 전에 다른 사용자가 레코드를 변경할 수 있음 |

❸ [기타] 탭

| 팝업 | 폼을 팝업 형식으로 표시할지의 여부 선택 |
| 모달 | '예'를 선택하면 폼이 열려있는 경우 다른 화면을 선택할 수 없음 |

확인문제

다음 중 폼의 속성에 대한 설명으로 옳은 것은?
① 팝업 속성을 설정하면 포커스를 다른 개체로 이동하기 위해서는 반드시 폼을 닫아야 한다.
② '레코드 잠금' 속성의 기본값은 '잠그지 않음'이며, 이 경우 레코드 편집 작업이 완료되기 전에 다른 사용자가 레코드를 변경할 수 있다.
③ 그림 맞춤 속성은 폼의 크기가 이미지의 원래 크기와 다른 경우 다양한 확대/축소 유형을 선택할 수 있다.
④ 레코드 집합 종류 속성의 값이 '다이너셋'인 경우 원본 테이블의 업데이트는 안 되며, 조회만 가능하다.

오답해설 ① '모달' 속성에 대한 설명이다.
③ '그림 크기 조정 모드' 속성에 대한 설명이다.
④ 레코드 집합의 종류가 '다이너셋'인 경우 업데이트가 가능하다.

정답 | ②

더 보기

모달 폼(Modal Form)
모달 폼이 실행된 상태에서는 다른 폼이나 개체를 선택할 수 없으므로 다른 개체로 이동하려면 반드시 모달 폼을 닫아야 함

157 하위 폼 ★★

1 하위 폼의 기능과 작성 방법

- 폼 안에 삽입된 또 하나의 폼을 의미하고, 하위 폼은 별도의 독립된 형태로도 열 수 있음
- 일대다 관계에서 기본 폼에는 '일'에 해당하는 데이터가, 하위 폼에는 '다'에 해당하는 데이터가 표시됨
- 기본 폼은 '단일 폼' 형태로만, 하위 폼은 '단일 폼', '연속 폼', '데이터시트' 형태로 표시할 수 있음
- 기본 폼에 포함시킬 수 있는 하위 폼의 수는 무제한이고, 중첩된 하위 폼은 최대 일곱 개 수준까지 만들 수 있음

- [직접 지정]을 이용하면 테이블 간에 관계가 설정되어 있지 않은 경우에도 하위 폼으로 연결할 수 있음
- 하위 폼의 작성 방법

| 기존 폼에 마법사를 이용하여 추가 | [양식 디자인] 탭–[컨트롤] 그룹–[하위 폼/하위 보고서] 컨트롤()을 클릭한 후 드래그하여 작성 |
| 드래그하여 작성 | 왼쪽의 [모두 Access 개체] 창에서 테이블, 쿼리, 폼 등을 [폼] 창으로 드래그하여 작성 |

2 기본 폼과 하위 폼의 연결

- 기본 폼과 하위 폼을 연결할 필드의 데이터 형식은 같거나 호환되어야 함
- 연결하는 필드는 [속성 시트] 창에서 [데이터] 탭의 '하위 필드 연결'이나 '기본 필드 연결'에서 변경할 수 있음
- [하위 폼 필드 연결기]를 이용하면 기본 폼과 하위 폼의 연결 필드를 한 번에 지정할 수 있음
- 여러 개의 연결 필드를 지정할 때는 필드 이름을 세미콜론(;)으로 구분함

확인문제

다음 중 하위 폼에 대한 설명으로 옳지 않은 것은?
① 기본 폼과 하위 폼을 연결할 필드의 데이터 형식은 같거나 호환되어야 한다.
② 본 폼 내에 삽입된 다른 폼을 하위 폼이라고 한다.
③ 일대다 관계가 설정되어 있는 테이블들을 효과적으로 표시하기 위해 사용된다.
④ '폼 분할' 도구를 이용하여 폼을 생성하면 하위 폼 컨트롤이 자동으로 삽입된다.

정답해설 '폼 분할' 도구를 이용하여 하나의 원본 데이터를 하나의 폼에서 [폼 보기]와 [데이터시트 보기]로 볼 수 있도록 폼을 생성할 수 있다. 이때 하위 폼 컨트롤이 자동으로 삽입되지 않는다.

정답 | ④

158 컨트롤 ★★★

1 컨트롤의 기능과 분류

- 폼이나 보고서를 구성하는 텍스트 상자, 레이블, 단추, 콤보 상자 등의 그래픽 개체
- 컨트롤은 [디자인 보기] 상태()에서 마법사를 이용하여 손쉽게 작성할 수 있음

- 컨트롤 이름은 중복 설정이 불가능함
- 레이블이나 명령 단추 등의 컨트롤은 특정 필드에 바운드시킬 수 없음
- 하나의 필드를 여러 개의 컨트롤에 바운드시킬 수 있음
- 필드 목록에서 특정 필드를 폼으로 드래그하면 자동으로 해당 필드에 바운드됨
- 계산 컨트롤에는 사용자가 값을 지정할 수 없음
- 컨트롤의 분류

바운드 컨트롤	테이블이나 쿼리의 필드가 컨트롤 원본으로 연결된 컨트롤
언바운드 컨트롤	테이블이나 쿼리의 필드가 원본으로 연결되지 않은 컨트롤
계산 컨트롤	원본 컨트롤로 식을 사용하는 컨트롤

2 컨트롤의 종류

텍스트 상자(□)	• 폼이나 보고서에서 데이터를 표시하거나 편집할 수 있는 컨트롤 • 바운드 컨트롤, 언바운드 컨트롤, 계산 컨트롤로 모두 사용할 수 있음
레이블(가)	• 제목이나 캡션 등과 같이 고정된 텍스트를 표시하는 컨트롤 • 마법사를 이용해서 만들 수 없음 • 레이블 컨트롤을 작성한 후 내용을 입력하지 않으면 자동으로 사라짐 • 언바운드 컨트롤로 다른 레코드로 이동해도 내용이 변경되지 않음
단추(□)	명령 단추 마법사를 이용하여 특정 매크로 함수를 실행할 수 있음
콤보 상자(□)	제공된 항목에서 한 개의 값을 선택할 수 있거나 값을 직접 입력할 수 있는 컨트롤
목록 상자(□)	제공된 항목에서 여러 개의 값을 선택할 수 있지만, 직접 입력할 수 없는 컨트롤
옵션 그룹(□)	확인란(□), 옵션 단추(●), 토글 단추(■)를 하나의 그룹으로 지정하여 사용하는 컨트롤
토글 단추(■)	'Yes'나 'No' 중 하나를 선택할 수 있는 컨트롤
확인란(☑)	• 여러 개의 값 중 하나 이상을 선택할 수 있는 컨트롤 • 'Yes/No' 필드를 추가하면 기본적으로 '확인란' 컨트롤이 삽입됨
옵션 단추(●)	여러 개의 값 중 하나를 선택할 수 있는 컨트롤
하위 폼/ 하위 보고서(□)	일대다 관계에 있는 테이블이나 쿼리 표시

확인문제

다음 중 폼 작성 시 사용하는 컨트롤에 대한 설명으로 옳지 않은 것은?
① 레이블 컨트롤은 제목이나 캡션 등의 설명 텍스트를 표현하기 위해 많이 사용된다.
② 텍스트 상자는 바운드 컨트롤로 사용할 수 있으나 언바운드 컨트롤로는 사용할 수 없다.
③ 목록 상자 컨트롤은 여러 개의 데이터 행으로 구성되며 대개 몇 개의 행을 항상 표시할 수 있는 크기로 지정되어 있다.
④ 콤보 상자 컨트롤은 선택 항목 목록을 보다 간단한 방식으로 나타내기 위해 드롭다운 화살표를 클릭하기 전까지는 목록이 숨겨져 있다.

정답 해설 텍스트 상자는 기본적으로 언바운드 컨트롤로 작성된다. 텍스트 상자의 [속성 시트] 창을 열고 [데이터] 탭의 '컨트롤 원본' 속성에서 테이블 또는 쿼리의 필드를 지정하여 바운드 컨트롤로 사용할 수 있다.

정답 | ②

159 컨트롤의 사용

1 컨트롤의 선택

- 하나의 컨트롤 선택: 해당 컨트롤 클릭
- 여러 개의 컨트롤 선택: 하나의 컨트롤 선택 → Shift나 Ctrl을 누른 상태에서 다른 컨트롤 클릭
- 모든 컨트롤 선택
  - 하나의 컨트롤을 선택한 후 마우스로 모든 컨트롤이 포함되도록 드래그
  - Ctrl + A

2 컨트롤의 크기 조정

- 하나의 컨트롤의 크기를 조정: 크기 조정 핸들을 드래그하여 조절
- 여러 컨트롤의 크기를 한꺼번에 조정: 여러 컨트롤을 선택한 후 [정렬] 탭-[크기 및 순서 조정] 그룹-[크기/공간]에서 [자동], [눈금에 맞춤], [가장 긴 길이에], [가장 짧은 길이에], [가장 넓은 너비에], [가장 좁은 너비에]를 선택하여 조절
- 컨트롤의 크기를 세밀하게 조정: Shift를 누른 상태에서 방향키(←, →, ↓, ↑) 누름

3 컨트롤의 복사와 이동

복사	• [홈] 탭-[클립보드] 그룹-[복사]→[홈] 탭-[클립보드] 그룹-[붙여넣기] • 복사 후 같은 구역에 붙여넣으면 복사한 컨트롤의 바로 아래쪽에 붙여넣기 됨 • 복사 후 다른 구역에 붙여넣으면 해당 구역의 왼쪽 위에 붙여넣기 됨
이동	• 컨트롤의 가장자리를 드래그하여 이동 • 세밀하게 이동: Ctrl을 누른 상태에서 방향키를 눌러 이동

4 맞춤

[정렬] 탭-[크기 및 순서 조정] 그룹-[맞춤] 클릭

5 간격 조정

[정렬] 탭-[크기 및 순서 조정] 그룹-[크기/공간]에서 간격 선택

160 컨트롤 속성 ★

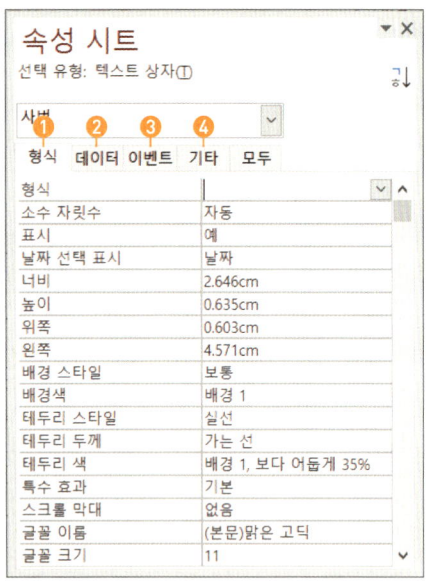

❶ [형식] 탭

형식	데이터의 표시 형식 지정
소수 자릿수	소수점 이하의 자릿수 지정
표시	화면에 컨트롤의 표시 여부 지정
특수 효과	특수 효과(기본, 볼록, 오목, 새김(사방), 그림자, 새김(밑줄)) 지정
테두리 스타일	컨트롤 테두리를 나타내는 방법 지정
텍스트 맞춤	'일반', '왼쪽', '가운데', '오른쪽', '배분' 형식으로 텍스트 맞춤
줄 간격	줄 간격 지정
열 개수 열 너비	콤보 상자 컨트롤과 목록 상자 컨트롤에 표시할 열의 개수, 열의 너비 지정
확장 가능 축소 가능	컨트롤에 표시될 데이터를 모두 볼 수 있도록 컨트롤 세로 길이의 확장 및 축소 가능 여부 지정

❷ [데이터] 탭

컨트롤 원본	• 컨트롤에 연결할 데이터 지정 • 수식을 컨트롤 원본으로 지정할 때 문자는 큰따옴표(" "), 필드명이나 컨트롤 이름은 대괄호([ ])를 사용하여 구분
행 원본 유형	콤보 상자, 목록 상자 컨트롤에서 사용할 데이터를 제공하는 방법(테이블/쿼리, 필드 목록, 값 목록) 지정
행 원본	콤보 상자 컨트롤과 목록 상자 컨트롤에서 사용할 데이터 지정
바운드 열	콤보 상자나 목록 상자에 표시되는 열 중에서 '컨트롤 원본' 속성에 연결된 필드에 입력할 열 지정
기본값	새 레코드가 만들어질 때 필드에 자동으로 입력되는 값
입력 마스크	데이터를 쉽게 입력할 수 있는 틀 지정
유효성 검사 규칙	입력될 내용에 대한 제한이나 조건 지정
사용 가능	컨트롤에 포커스를 이동할 수 있는지 지정
잠금	컨트롤의 데이터를 보호하기 위해 수정할 수 없도록 지정

❸ [이벤트] 탭

On Click	마우스로 클릭할 때 발생시키는 이벤트 속성
On Change	콤보 상자의 텍스트 부분이나 텍스트 상자의 내용을 변경할 때 발생하는 이벤트 속성
On Enter	텍스트 상자에 사용자가 검색어를 입력하고 Enter를 누를 때 검색을 발생시키는 이벤트 속성

❹ [기타] 탭

이름	컨트롤의 이름 지정
IME 모드	컨트롤에 포커스가 위치할 때 입력 모드를 '한글'이나 '영숫자 반자'로 지정
〈Enter〉 키 기능	텍스트 상자 컨트롤에서 Enter를 눌렀을 때 수행할 작업 지정
상태 표시줄 텍스트	컨트롤을 선택했을 때 상태 표시줄에 표시할 메시지 지정
컨트롤 팁 텍스트	컨트롤에 마우스 포인터를 올려놓았을 때 스크린 팁으로 표시되는 메시지 지정

탭 인덱스	• 컨트롤의 탭(Tab) 순서 지정 • 탭 인덱스를 0으로 지정하면 폼을 열 때 포커스가 위치함
탭 정지	• Tab을 이용하여 포커스를 이동시킬 수 있는지 지정 • 컨트롤을 탭 순서에서 제외하려면 '탭 정지' 속성을 '아니요'로 지정 • 폼에서만 지정이 가능하고 보고서에서는 지정할 수 없음
여러 항목 선택	목록 상자에서 여러 항목의 선택 여부와 방법 지정
자동 고침 사용	'예'로 설정하면 사용자가 잘못 입력한 영어 단어를 올바른 단어로 자동 정정

확인문제

다음 중 탭 설정에 대한 설명으로 옳은 것은?

① 탭 순서는 폼 보기 상태에서 Tab 키를 누를 때 각 컨트롤 사이에 포커스가 이동되는 순서를 지정하는 기능이다.
② 컨트롤을 탭 순서에서 제외하려면 탭 정지 속성을 '예'로 지정한다.
③ 폼에서 선, 레이블 컨트롤에도 탭 순서를 지정할 수 있다.
④ 탭 정지 속성은 폼에서만 지정이 가능하고 보고서에서는 지정할 수 없다.

오답 해설 ② 컨트롤을 탭 순서에서 제외하려면 탭 정지 속성을 '아니오'로 지정한다.
③ 폼에서 선, 레이블 컨트롤에는 탭 순서를 지정할 수 없다.
④ 탭 정지 속성은 폼과 보고서에서 모두 지정할 수 있다.

정답 | ①

161 탭 순서 ★★

- [폼 보기]에서 Tab을 눌렀을 때 각 컨트롤 사이에 포커스(Focus)가 이동되는 순서를 지정하는 기능
- [양식 디자인] 탭-[도구] 그룹-[탭 순서] 클릭

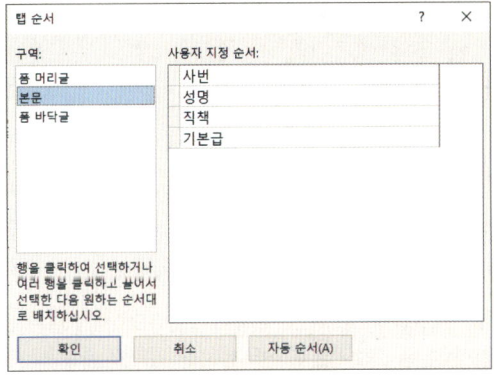

- **기본적으로는 컨트롤을 작성한 순서대로 탭 순서가 설정되고 선이나 레이블에는 설정할 수 없음**
- [탭 순서] 대화상자에서 컨트롤 이름 행을 드래그해서 조정
- **[탭 순서] 대화상자의 [자동 순서] 단추**: 폼에 삽입된 컨트롤의 위치를 기준으로 위에서 아래로, 왼쪽에서 오른쪽으로 자동 설정됨
- [속성 시트] 창을 열고 [기타] 탭의 '탭 정지' 속성에서 '아니요'를 선택하면 탭 순서에서 제외됨. '탭 정지' 속성의 기본값은 '예'로 설정됨

162 조건부 서식 ★★

- 폼이나 보고서에서 조건에 맞는 특정 컨트롤에만 서식을 적용하는 기능
- 컨트롤을 선택하고 [서식] 탭-[컨트롤 서식] 그룹-[조건부 서식] 클릭

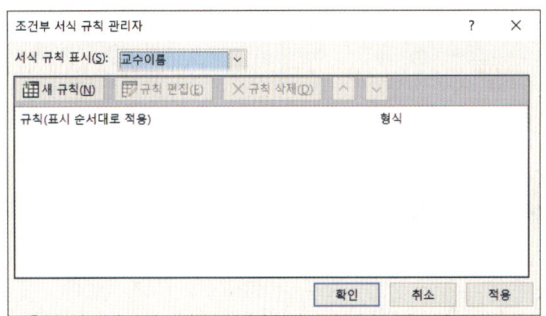

- 필드값이나 식을 기준으로 조건부 서식을 설정할 수 있음
- 각 컨트롤에 대해 최대 50개까지 조건을 지정할 수 있음
- **조건을 지정할 때 와일드카드 문자(?, *)를 사용할 수 없음**
- **레이블 컨트롤에는 조건부 서식을 지정할 수 없음**
- 컨트롤값이 변경되어 조건에 만족하지 않으면 적용된 서식이 해제됨
- 지정한 조건 중 두 개 이상의 조건이 참이면 첫 번째 조건의 서식이 적용됨
- 하나의 컨트롤에 여러 규칙이 설정된 경우 목록에서 규칙을 위/아래로 이동해 우선순위를 변경할 수 있음

- [서식 규칙 편집] 대화상자의 '규칙 유형 선택'에서 [다른 레코드와 비교]를 선택하면 '데이터 막대 형식'을 지정할 수 있음
- 폼이나 보고서를 다른 파일 형식으로 출력하거나 내보내면 조건부 서식은 해제됨

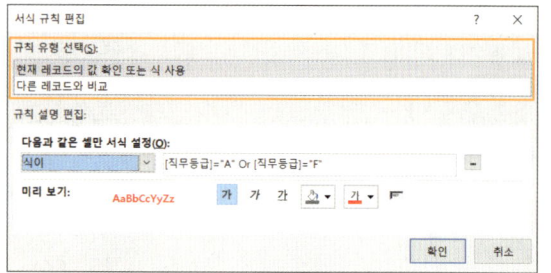

확인문제

다음 중 보고서의 조건부 서식에 관한 설명으로 옳지 않은 것은?

① 조건에 맞는 특정한 컨트롤에만 서식을 적용하는 기능이다.
② 컨트롤을 선택하고 [서식] 탭 – [컨트롤 서식] 그룹 – [조건부 서식]을 클릭하여 명령을 실행한다.
③ 하나의 컨트롤에 여러 규칙이 설정된 경우 목록에서 규칙을 위/아래로 이용하여 우선순위를 변경할 수 있다.
④ 지정한 조건 중 두 개 이상의 조건이 참이면 나중에 설정한 조건의 서식이 적용된다.

정답 해설 지정한 조건 중 두 개 이상의 조건이 참이면 첫 번째로 설정한 조건의 서식이 적용된다.

정답 | ④

 ★★

163 도메인 함수

- 레코드 집합을 계산하는 함수
- 도메인 함수의 인수는 각각 큰따옴표(" ")로 묶어야 함
- 필드나 도메인은 대괄호([ ])로 구분하고 생략 가능
- **도메인 함수의 종류**

함수	설명
DCOUNT("필드","도메인","조건")	'도메인'에서 '조건'에 맞는 '필드'의 개수
DSUM("필드","도메인","조건")	'도메인'에서 '조건'에 맞는 '필드'의 합계
DAVG("필드","도메인","조건")	'도메인'에서 '조건'에 맞는 '필드'의 평균
DMAX("필드","도메인","조건")	'도메인'에서 '조건'에 맞는 '필드'의 최대값
DMIN("필드","도메인","조건")	'도메인'에서 '조건'에 맞는 '필드'의 최소값
DLOOKUP("필드","도메인","조건")	'도메인'에서 '조건'에 맞는 '필드' 표시

- =DCOUNT("*","학생","학년=1")
 → [학생] 테이블에서 학년이 '1'인 레코드의 개수 표시
- =DSUM("[급여]","사원","[직급]='과장'")
 → [사원] 테이블에서 '직급'이 '과장'인 레코드의 '급여' 합계 표시
- =DAVG("[급여]","사원","[직급]='부장'")
 → [사원] 테이블에서 '직급'이 '부장'인 레코드의 '급여' 평균 표시
- =DLOOKUP("성명","사원","[사원번호]=1")
 → [사원] 테이블에서 '사원번호'가 '1'인 데이터의 '성명' 필드에 저장된 값 표시

Chapter 5 보고서 활용

★★★★

164 보고서

1 보고서(Report)

- 테이블, 쿼리, SQL문을 레코드 원본으로 하여 요약하거나 그룹화한 내용을 프린터로 출력하기 위한 개체
- 폼과 같이 여러 유형의 컨트롤로 데이터를 표시할 수 있지만, 데이터 입력, 추가, 삭제 등의 작업은 불가능함
- 보고서에서 원본 데이터를 설정하려면 [속성 시트] 창의 [데이터] 탭의 '레코드 원본'에서 테이블이나 쿼리를 선택해야 함
- 쿼리 작성기를 통해 쿼리를 작성하여 레코드 원본으로 지정할 수 있음
- 보고서 마법사를 통해 원하는 필드들을 쉽게 선택하여 레코드 원본으로 지정할 수 있음
- 보고서의 [필드 목록] 창에서 선택한 필드를 본문 영역에 추가하면 자동으로 텍스트 상자 컨트롤이 추가됨
- 폼에서와 같이 이벤트 프로시저를 작성할 수 있음

2 보고서의 종류

① 보고서	원본 테이블이나 쿼리의 필드가 모두 표시되는 보고서
② 보고서 디자인	사용자가 직접 보고서 작성
③ 새 보고서	[레이아웃 보기] 상태에서 필드 추가
④ 보고서 마법사	마법사의 진행에 따라 자동으로 보고서 작성
⑤ 레이블	우편물 레이블 보고서 작성
⑥ 업무 문서 양식 마법사	거래명세서, 세금계산서 등의 업무용 양식 보고서 작성
⑦ 우편 엽서 마법사	우편 엽서용 보고서 작성

더 보기

우편물 레이블 마법사
- 우편물 발송을 위한 레이블을 작성하는 기능
- [만들기] 탭 – [보고서] 그룹 – [레이블]
- 레이블의 크기는 선택하거나 사용자가 직접 지정할 수 있음
- 레이블 형식은 낱장 용지나 연속 용지를 선택할 수 있음
- 반드시 우편번호와 주소가 들어갈 필요는 없음
- **한 줄에 추가할 수 있는 필드의 개수는 최대 10개임**
- 필드 뒤에 일괄적으로 문자열을 넣을 수도 있음
- 인쇄 미리 보기에서 [페이지 설정] 대화상자를 사용하여 레이블 사이의 간격이나 여백을 변경할 수 있음

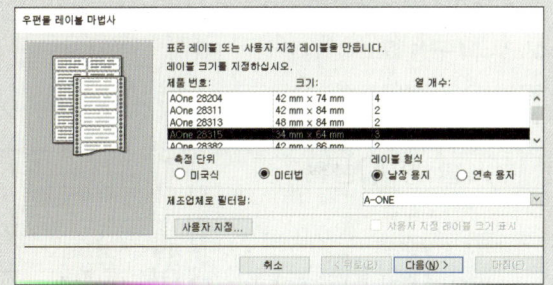

확인문제

다음 중 보고서에 대한 설명으로 옳지 않은 것은?
① 보고서에 포함할 필드가 모두 한 테이블에 있는 경우 해당 테이블을 레코드 원본으로 사용한다.
② 둘 이상의 테이블을 이용하여 보고서를 작성하는 경우 쿼리를 만들어 레코드 원본으로 사용한다.
③ '보고서' 도구를 사용하면 정보를 입력하지 않아도 바로 보고서가 생성되므로 매우 쉽고 빠르게 보고서를 만들 수 있다.
④ '보고서 마법사'를 이용하는 경우 필드 선택은 여러 개의 테이블 또는 하나의 쿼리에서만 가능하며, 데이터 그룹화 및 정렬 방법을 지정할 수도 있다.

정답 해설 '보고서 마법사'를 이용하는 경우 여러 개의 테이블이나 다양한 쿼리에서 필드를 선택할 수 있다.

정답 | ④

3 하위 보고서

- 보고서에 삽입되는 또 하나의 보고서로, 일대다 관계가 적용된 테이블이나 쿼리의 데이터를 표시하기에 적합함
- 주 보고서에 하위 보고서를 연결하려면 원본으로 사용하는 원본 레코드 간의 관계를 만들어야 함
- 주 보고서와 하위 보고서에 모두 그룹화 및 정렬 기능을 설정할 수 있음
- 주 보고서에는 최대 7개까지 하위 보고서를 중첩하여 작성할 수 있음
- 주 보고서의 [디자인 보기] 상태()에서 삽입된 하위 보고서의 크기를 조절할 수 있음

확인문제

다음 중 하위 보고서 작성에 대한 설명으로 옳지 않은 것은?
① 하위 보고서를 통해서 기본 보고서 내용을 보강한 보고서를 만들 수 있다.
② 하위 보고서에는 그룹화 및 정렬 기능을 설정할 수 없다.
③ 일대다 관계에 있는 테이블이나 쿼리를 효과적으로 표시할 수 있다.
④ 일반적으로 하위 보고서의 개수에는 제한이 없으나 하위 보고서는 일곱 개의 수준까지 중첩시킬 수 있다.

정답 해설 하위 보고서에도 그룹화 및 정렬 기능을 사용할 수 있다.

정답 | ②

165 보고서의 작성과 보기 형식 ★★

1 보고서의 작성

보고서는 [만들기] 탭 – [보고서] 그룹에서 [보고서], [보고서 디자인], [새 보고서], [보고서 마법사]를 클릭하여 작성할 수 있음

마법사 이용	• [만들기] 탭 – [보고서] 그룹 – [보고서 마법사] • 요약 옵션: 그룹 수준을 지정해야 요약 옵션을 사용할 수 있고, 텍스트 속성인 필드만으로 구성된 경우에는 사용할 수 없음
보고서 디자인 이용	[만들기] 탭 – [보고서] 그룹 – [보고서 디자인]

2 보기 형식

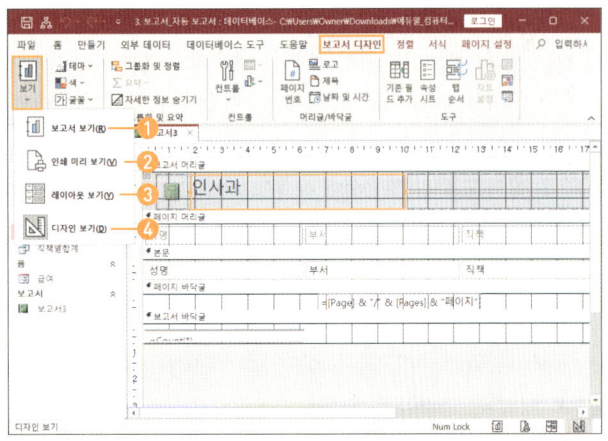

① 보고서 보기	• 작성된 보고서를 화면을 통해 미리 보는 기능 • 페이지의 구분 없이 표시됨
② 인쇄 미리 보기	출력되는 모양 전체를 미리 보는 기능
③ 레이아웃 보기	• [보고서 보기]와 [디자인 보기]를 혼합한 형태 • 컨트롤의 위치와 크기를 변경하고, 그룹 수준 및 합계를 추가할 수 있지만, 데이터를 변경할 수는 없음
④ 디자인 보기	• 컨트롤 도구를 이용하여 보고서를 만들거나 수정 가능 • 컨트롤의 속성, 맞춤, 위치 등을 설정

3 보고서의 레코드 원본

- 보고서의 레코드 원본으로는 여러 개의 테이블이나 쿼리에서 필드를 선택하여 지정할 수 있음
- [보고서 마법사]를 통해 원하는 필드들을 손쉽게 선택하여 레코드 원본으로 지정할 수 있음
- [속성 시트]에서 '레코드 원본'의 목록 단추(▽)를 클릭하고 목록에서 테이블이나 쿼리를 선택하여 지정할 수 있음
- 쿼리 작성기를 통해 쿼리를 작성하여 레코드 원본으로 지정할 수 있음

확인문제

다음 중 보고서의 보기 형태에 대한 설명으로 옳지 않은 것은?

① [보고서 보기]는 출력되는 보고서를 화면 출력용으로 보여주며, 페이지를 구분하여 표시한다.
② [디자인 보기]에서는 보고서에 삽입된 컨트롤의 속성, 맞춤, 위치 등을 설정할 수 있다.
③ [레이아웃 보기]는 출력될 보고서의 레이아웃을 보여주며 컨트롤의 크기 및 위치를 변경할 수 있다.
④ [인쇄 미리 보기]에서는 종이에 출력되는 모양을 표시하며 인쇄를 위한 페이지 설정이 용이하다.

정답해설 [보고서 보기]는 출력되는 보고서를 화면 출력용으로 보여주며, 페이지를 구분하지 않고 표시한다. 페이지를 구분하여 표시할 때는 [인쇄 미리 보기]를 이용한다.

정답 | ①

166 보고서의 구성과 속성 ★★★

1 보고서의 구성

- 보고서는 보고서 머리글, 보고서 바닥글, 본문, 페이지 머리글, 페이지 바닥글, 컨트롤 등으로 구성됨
- 보고서 머리글/바닥글, 페이지 머리글/바닥글 구역은 표시하거나 숨길 수 있고, 그룹을 설정한 경우 그룹 머리글과 그룹 바닥글을 설정할 수 있음
- 보고서의 구성 요소

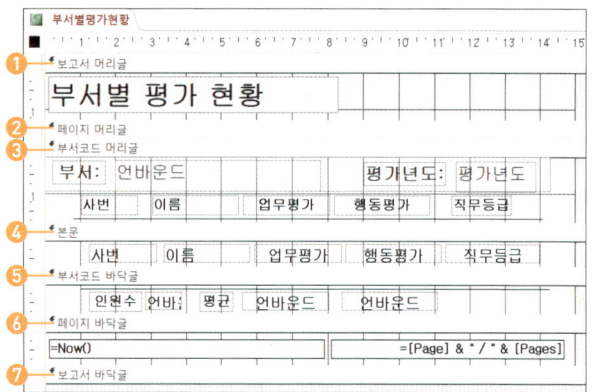

① 보고서 머리글	보고서의 첫 페이지에 한 번만 표시되고, 로고나 제목 및 날짜와 같이 표지에 나타나는 정보 표시
② 페이지 머리글	모든 페이지의 맨 위에 표시되고, 필드 제목 등을 삽입하는 데 사용
③ 그룹 머리글	각 그룹에서 첫 번째 레코드 위에 표시되고, 그룹 이름이나 그룹별 계산 결과 등 요약 정보를 표시
④ 본문	실제 데이터가 레코드 단위로 반복 출력되는 부분
⑤ 그룹 바닥글	각 그룹에서 마지막 레코드의 아래에 표시되고, 그룹에 대한 요약 정보 표시
⑥ 페이지 바닥글	모든 페이지의 맨 아래에 표시되고, 페이지 번호 등을 삽입하는 데 사용
⑦ 보고서 바닥글	보고서의 마지막 페이지에 한 번만 표시되고, 전체 데이터에 대한 합계와 같은 요약 정보를 나타냄

2 보고서의 주요 속성

중복 내용 숨기기	데이터가 이전 레코드와 같을 때 컨트롤의 숨김 여부 지정
누적 합계	• 레코드나 그룹별로 누적값을 계산하는 기능 • 컨트롤 원본은 '=1'로, 누적 합계 속성은 '그룹'으로 설정하면 그룹별로 순번을, '모두'로 설정하면 전체에 대한 순번을 구함
반복 실행 구역	그룹 머리글의 속성으로 해당 머리글을 페이지마다 표시할지의 여부 지정

확인문제

다음 중 보고서의 각 구역에 대한 설명으로 옳지 <u>않은</u> 것은?

① '페이지 머리글'은 인쇄 시 모든 페이지의 맨 위에 출력되며, 모든 페이지에 특정 내용을 반복하려는 경우 사용한다.
② '보고서 머리글'은 보고서의 맨 앞에 한 번 출력되며, 함수를 이용한 집계 정보를 표시할 수 없다.
③ '그룹 머리글'은 각 새 레코드 그룹의 맨 앞에 출력되며, 그룹 이름이나 그룹별 계산 결과를 표시할 때 사용한다.
④ '본문'은 레코드 원본의 모든 행에 대해 한 번씩 출력되며, 보고서의 본문을 구성하는 컨트롤이 추가된다.

정답 해설 '보고서 머리글'은 보고서의 맨 앞에 한 번 출력되며, 로고, 제목, 작성 날짜 등을 요약하여 표시하고, 함수를 이용한 집계 정보를 표시할 수 있다.

정답 | ②

167 그룹화 및 정렬, 그룹 머리글/바닥글 ★★

1 그룹화 및 정렬

- **그룹**: 특정한 필드의 값을 기준으로 속성이 같은 레코드의 모임
- **정렬**: 특정 필드를 기준으로 오름차순이나 내림차순으로 정렬하는 기능
- [보고서 디자인] 탭-[그룹화 및 요약] 그룹-[그룹화 및 정렬] 클릭
- 필드나 식을 기준으로 10개까지 그룹 및 정렬을 지정할 수 있음
- 그룹으로 설정한 필드에 그룹 머리글, 그룹 바닥글, 그룹 설정, 그룹 간격 등의 속성을 설정할 수 있음
- 그룹 수준을 삭제하면 그룹 머리글 구역이나 그룹 바닥글 구역에 삽입된 모든 컨트롤도 함께 삭제됨

- **날짜 데이터**: 전체 값, 일, 주, 월, 분기, 연도, 사용자 지정을 기준으로 그룹화
- **문자 데이터**: 전체 값, 첫 문자, 처음 두 문자, 사용자 지정 문자를 기준으로 그룹화
- 그룹화 옵션

같은 페이지에 표시 안 함	페이지의 나머지 공간에 그룹을 표시할 수 없는 경우 다음 페이지에 나누어서 표시
전체 그룹을 같은 페이지에 표시	페이지의 나머지 공간에 그룹을 표시할 수 없는 경우 다음 페이지에서 그룹이 시작됨
머리글과 첫 레코드를 같은 페이지에 표시	머리글 다음에 적어도 하나의 데이터 행을 인쇄할 수 있는 공간이 없으면 다음 페이지에서 그룹이 시작됨

2 그룹 머리글 및 바닥글

- 요약 함수(SUM, AVG, MAX, MIN, COUNT, IIF 함수 등) 등을 작성하여 그룹 집계 출력
- **현재 그룹에 대한 합계**: 계산 컨트롤에 SUM 함수를 작성하여 그룹 머리글이나 그룹 바닥글에 추가

  예시 =SUM([정가]) → '정가'의 합계

- **그룹별 레코드의 개수**: COUNT(*) 함수를 그룹 머리글이나 그룹 바닥글에 추가하면 Null 필드를 포함한 그룹별 레코드의 개수 표시
- **전체 레코드의 개수**: COUNT(*) 함수를 보고서 머리글이나 보고서 바닥글에 추가

> **더 보기**
> 그룹 머리글이나 그룹 바닥글에 COUNT([필드명]) 함수를 입력하면 Null 필드를 제외한 그룹별 레코드의 개수를 표시함

확인문제

다음 중 보고서의 그룹화 및 정렬에 대한 설명으로 옳지 <u>않은</u> 것은?

① '그룹'은 머리글과 같은 소계 및 요약 정보와 함께 표시되는 레코드의 모음으로, 그룹 머리글, 세부 레코드 및 그룹 바닥글로 구성된다.
② 그룹화할 필드가 날짜 데이터이면 전체 값(기본), 일, 주, 월, 분기, 연도 중 선택한 기준으로 그룹화할 수 있다.
③ SUM 함수를 사용하는 계산 컨트롤을 그룹 머리글에 추가하면 현재 그룹에 대한 합계를 표시할 수 있다.
④ 필드나 식을 기준으로 최대 5단계까지 그룹화할 수 있으며, 같은 필드나 식은 한 번씩만 그룹화할 수 있다.

> **정답해설** 필드나 식을 기준으로 최대 10개까지 그룹화할 수 있고, 같은 필드나 식도 계속하여 그룹화할 수 있다.
>
> 정답 | ④

168 날짜 및 시간과 페이지 번호

1 날짜 및 시간

- 보고서에 현재 날짜와 시간을 표시하는 기능
- [보고서 디자인] 탭－[머리글/바닥글] 그룹－[날짜 및 시간] 클릭
- [보고서 디자인] 탭－[컨트롤] 그룹－[텍스트 상자]()를 클릭하여 텍스트 상자 컨트롤을 추가하고, 날짜 및 시간을 출력하는 함수를 입력하여 날짜와 시간을 표시할 수 있음
- 날짜/시간 함수

Now( ) 함수	현재 날짜와 시간 표시
Date( ) 함수	현재 날짜 표시
Time( ) 함수	현재 시간 표시

2 페이지 번호

- 보고서의 페이지 머리글이나 페이지 바닥글에 페이지 번호를 삽입하는 기능
- [보고서 디자인] 탭－[머리글/바닥글] 그룹－[페이지 번호] 클릭
- Format(인수,형식) 함수를 이용하여 페이지 번호의 형식을 지정할 수 있음

[Page]	현재 페이지
[Pages]	전체 페이지
&	식이나 문자열 연결
" "	큰따옴표 안의 내용을 그대로 표시

> **예시** 전체 페이지가 80이고 현재 페이지가 20인 보고서인 경우

입력 형식	결괏값
[Page] & "Page"	20Page
[Page] & "/" & [Pages] & "페이지"	20/80페이지
"Page " & [Page] & "/" & [Pages]	Page 20/80
Format([Page],"000")	020

더 보기

[페이지 번호] 대화상자
페이지 번호의 형식, 위치, 맞춤, 첫 페이지에 표시 여부 설정

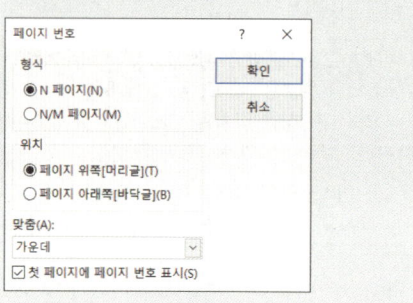

169 페이지 설정

- 보고서를 인쇄하기 위해 여백, 용지 방향 등을 설정하는 기능
- [파일] 탭－[인쇄]－[인쇄 미리 보기]를 선택하여 인쇄 미리 보기 화면을 열고 [인쇄 미리 보기] 탭－[페이지 레이아웃] 그룹－[페이지 설정] 선택

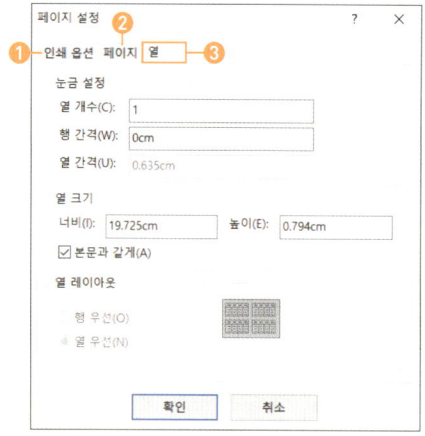

❶ [인쇄 옵션] 탭

여백(밀리미터)	상하좌우 여백을 밀리미터(mm) 단위로 지정
보기	지정된 여백 미리 보기
데이터만 인쇄	컨트롤의 테두리, 눈금선 등의 그래픽은 인쇄하지 않고 데이터만 인쇄
분할 표시 폼	보고서에서는 지정할 수 없고 '폼만 인쇄', '데이터시트만 인쇄' 중에서 선택

❷ [페이지] 탭

용지 방향	용지 방향을 '세로' 또는 '가로'로 지정
용지	용지 크기 및 원본 선택
프린터	프린터 선택

❸ [열] 탭
- 여러 열로 구성된 보고서를 인쇄할 때 열 개수, 열 너비, 높이 등을 지정
- 페이지의 가로 크기가 '눈금 설정'과 '열 크기'에 비해 작으면 잘려서 인쇄됨

눈금 설정	여러 열로 구성된 보고서를 인쇄할 때 한 페이지에 인쇄할 열의 개수, 행 간격, 열 간격 지정
열 크기	• 열의 너비와 높이 지정 • 본문과 같게: 열의 너비와 높이를 보고서 본문의 너비와 높이에 맞춰 인쇄
열 레이아웃	열을 인쇄할 방향을 '행 우선'이나 '열 우선'으로 지정

Chapter 6 매크로와 모듈 활용

170 매크로 ★★

1 매크로(Macro)의 정의 및 기능

- 매크로는 매크로 함수를 이용하여 여러 번 반복되는 작업을 자동화하는 기능으로, 모듈에 비해 비교적 간단한 작업을 처리할 수 있음
- 매크로는 하나 이상의 매크로 함수로 구성되고, 각 매크로 함수의 수행 방식을 제어하는 인수를 추가할 수 있음
- 매크로 함수는 주로 컨트롤의 이벤트에 연결하여 사용함
- 매크로 기록 기능은 엑셀에서는 지원되지만, 액세스에서는 지원되지 않음
- 특정 조건이 참일 때만 매크로 함수가 실행되도록 지정할 수 있음
- 폼이나 보고서에 포함된 매크로로 작성하거나 독립적인 매크로를 작성할 수 있음
- 매크로 개체는 탐색 창의 매크로에 표시되지만, 포함된 매크로는 표시되지 않음
- 매크로가 실행 중일 때 [Ctrl]+[Break]를 누르면 한 단계씩 차례대로 매크로를 실행할 수 있음
- 매크로 이름을 'Autoexec'로 저장하면 데이터베이스를 열 때마다 매크로가 실행됨
- 파일을 열 때 [Shift]를 누르면 자동 실행 매크로가 실행되지 않음
- 각 매크로에는 하위 매크로를 포함시킬 수 있음

2 매크로 작성

일반 매크로	[만들기] 탭-[매크로 및 코드] 그룹-[매크로] 클릭
그룹 매크로	• 한 개의 매크로 창에서 여러 개의 매크로를 그룹으로 작성하고 관리하는 기능 • [만들기] 탭-[매크로 및 코드] 그룹-[매크로]→[매크로 디자인] 탭-[표시/숨기기] 그룹-[함수 카탈로그]→[함수 카탈로그] 창에서 '프로그램 흐름'의 '그룹' 더블클릭
조건 매크로	• 특정 조건에 맞는 경우에만 실행되는 매크로 • [만들기] 탭-[매크로 및 코드] 그룹-[매크로]→[매크로 디자인] 탭-[표시/숨기기] 그룹-[함수 카탈로그]→[함수 카탈로그] 창에서 '프로그램 흐름'의 'If' 더블클릭

확인문제

다음 중 액세스의 매크로에 대한 설명으로 옳지 않은 것은?
① 반복적으로 수행되는 작업을 자동화하여 간단히 처리할 수 있도록 하는 기능이다.
② 매크로 함수 또는 매크로 함수 집합으로 구성되며, 각 매크로 함수의 수행 방식을 제어하는 인수를 추가할 수 있다.
③ 매크로를 이용하여 폼을 열고 닫거나 메시지 박스를 표시할 수도 있다.
④ 매크로는 주로 컨트롤의 이벤트에 연결하여 사용하며, 폼 개체 내에서만 사용할 수 있다.

정답 해설 매크로는 반복적인 작업을 하나의 명령어로 지정하여 사용하는 기능으로, 폼 개체뿐만 아니라 보고서 개체에서도 사용할 수 있다.

정답 | ④

3 매크로 실행

직접 실행	[매크로 디자인] 탭-[도구] 그룹-[실행] 클릭
바로 가기 키로 실행	하위 매크로 이름에 키를 지정하고 매크로 이름을 Autokeys로 저장하면 특정 키에 매크로 함수를 할당할 수 있음
자동 실행 매크로	매크로 이름을 'Autoexec'로 저장하면 데이터베이스를 열 때마다 매크로를 실행할 수 있음
컨트롤로 실행	폼이나 보고서에 작성된 컨트롤의 이벤트에 연결하여 매크로를 실행

171 매크로 함수

ApplyFilter	테이블이나 쿼리로부터 레코드를 필터링하거나 정렬
Beep	경고음 설정
CancelEvent	매크로 실행 이벤트를 취소하고, 인수가 없음
CloseWindow	지정된 액세스 개체 창 또는 현재 데이터베이스 창을 닫음
EMailDatabaseObject	액세스의 개체를 전자우편 메시지에 첨부하여 전송
ExportWithFormatting	액세스의 개체를 엑셀, 텍스트, 서식 있는 문서 파일 형식 등으로 내보냄
FindNextRecord	FindRecord 함수나 [찾기 및 바꾸기] 대화상자에서 지정한 조건에 맞는 다음 레코드를 찾고, 인수가 없음
FindRecord	특정한 조건에 맞는 첫 번째 레코드를 검색
GoToControl	활성화된 폼에서 커서를 특정 컨트롤로 자동으로 이동하는 데 사용
GoToRecord	커서를 특정 레코드로 이동
MessageBox	사용자에게 필요한 메시지를 화면에 표시하고, 경고음을 설정할 수 있음
OpenForm	폼을 [폼 보기], [폼 디자인 보기], [인쇄 미리 보기], [데이터시트 보기]로 열 수 있음
OpenQuery	작성된 쿼리를 호출하여 실행
OpenReport	보고서를 [디자인 보기], [인쇄 미리 보기], [레이아웃 보기]로 열거나 바로 인쇄
OpenTable	테이블을 [데이터시트 보기], [디자인 보기], [인쇄 미리 보기]로 열 수 있음
QuitAccess	액세스 종료
RunMacro	매크로 실행
RunMenuCommand	액세스에서 제공하는 명령을 실행
RunSQL	SQL문 실행

172 모듈

- 매크로보다 복잡한 작업을 자동으로 처리하기 위해 Visual Basic 프로그래밍 언어를 사용하여 직접 작성
- [만들기] 탭-[매크로 및 코드] 그룹-[모듈] 클릭
- 모듈: 프로시저, 형식, 데이터 선언과 정의 등의 선언 집단
- 프로시저: 연산을 수행하거나 값을 계산하는 일련의 명령문과 메서드로 구성

- 전역 변수를 선언하려면 변수명 앞에 PUBLIC을 지정해야 함
- 선언문에서 변수에 데이터 형식을 생략하면 변수는 VARIANT 형식을 가짐
- 모듈의 종류

표준 모듈	다른 개체와 연결되지 않은 일반적인 프로시저
클래스 모듈	폼이나 보고서에 연결된 프로시저

- [프로시저 추가] 대화상자

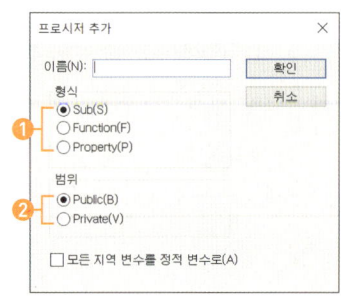

① 형식	Sub	코드를 실행하고 결괏값을 반환하지 않음
	Function	코드를 실행하고 실행된 결괏값을 반환
	Property	개체의 속성을 새로 정의할 때 사용하는 형식으로, 반환값이 있음
② 범위	Public	모든 모듈에서 사용 가능
	Private	해당 모듈의 프로시저에서 사용 가능

173 주요 이벤트

1 데이터 이벤트

AfterUpdate	컨트롤이나 레코드의 데이터가 업데이트된 후에 발생
BeforeUpdate	컨트롤이나 레코드의 데이터가 업데이트되기 전에 발생
AfterInsert	새 레코드가 추가된 후에 발생
BeforeInsert	새 레코드에 첫 문자를 입력할 때 발생
Current	포커스가 임의의 레코드로 이동해서 해당 레코드가 현재 레코드가 되거나, 폼이 새로 고쳐지거나, 다시 쿼리될 때 발생
Change	텍스트 상자나 콤보 상자의 텍스트가 바뀔 때 발생

2 마우스 이벤트

Click	개체를 마우스로 클릭했을 때 발생

DblClick	개체를 마우스로 더블클릭했을 때 발생
MouseDown	포인터가 폼이나 컨트롤에 있는 동안 마우스로 클릭했을 때 발생

예시1 txt날짜_DblClick( ) → 'txt날짜' 컨트롤이 더블클릭될 때 실행

예시2 Private Sub cmd숨기기_Click( ) → [cmd숨기기] 단추를 클릭하면 실행
　　　Me![DateDue].Visible = False
　　　→ 현재 폼의 DateDue 컨트롤을 표시하지 않음(개체는 느낌표로, 속성은 점으로 구분)
　　　End Sub

3 창 이벤트

Open	폼이나 보고서를 열 때 발생
Close	폼이나 보고서를 닫을 때 발생
Load	폼을 열어 레코드가 나타날 때 발생
Unload	폼이 닫히고 레코드가 언로드될 때 발생

예시 Private Sub Form_Load( ) → 폼이 실행되자마자 실행
　　　Me.Recordsource = "분류" → '분류'를 레코드 원본으로 지정
　　　End Sub

4 포커스 이벤트

Activate	폼이나 보고서가 포커스를 받아 활성화될 때 발생
DeActivate	폼이나 보고서의 활성화가 취소될 때 발생
GotFocus	폼이나 컨트롤이 포커스를 받을 때 발생
LostFocus	폼이나 컨트롤이 포커스를 잃을 때 발생

더 보기

텍스트 상자 컨트롤에 값을 입력하는 방법
방법1 텍스트 상자 이름 = "값"
방법2 텍스트 상자 이름.text = "값"
방법3 텍스트 상자 이름.value = "값"

174 DoCmd 개체 ★★

- Access의 매크로 함수를 Visual Basic에서 실행하기 위한 개체
- **주요 메서드**

Close	개체를 닫는 매크로 함수 실행
GoToRecord	레코드 포인터를 이동하는 매크로 함수 실행
OpenForm	폼을 여는 매크로 함수 실행

OpenQuery	쿼리를 여는 매크로 함수 실행
OpenReport	보고서를 여는 매크로 함수 실행
Quit	액세스를 종료하는 매크로 함수 실행
RunCommand	명령어 실행
RunMacro	매크로 실행
RunSQL	SQL문 실행

예시 Private Sub Command1_Click( )
　　　DoCmd.OpenForm "사원정보", acNormal
　　　→ '사원정보' 폼을 [폼 보기]로 엶
　　　DoCmd.GoToRecord , , acNewRec → 새 레코드 추가
　　　End Sub

175 데이터 ADO 개체 ★

- ADO(ActiveX Data Object): 데이터베이스에 접근할 수 있는 개체로, OLE DB를 활용하여 데이터베이스 서버에 있는 데이터를 액세스하고 조작할 수 있도록 고안됨
- 데이터베이스에 포함된 각종 개체를 열 수 있고, 레코드의 수정, 추가, 삭제 등 편집 작업 가능
- Connection 개체의 주요 메서드

Open	데이터 원본에 대한 연결 설정
Close	열려있거나 종속된 개체를 모두 닫음
Execute	지정된 쿼리, SQL 구문 등을 실행
ConnectionString	데이터 원본을 연결할 때 사용되는 정보 표시

- RecordSet 개체의 주요 메서드

Open	연결된 레코드셋 열기
Close	열려있는 레코드셋 닫기
AddNew	새 레코드 추가
Delete	레코드 삭제
Update	변경 사항 저장
UpdateBatch	현재 레코드셋을 실제 DB에 반영
Seek	Recordset 개체에서 현재 인덱스에 지정한 조건에 맞는 레코드를 검색하여 현재 레코드로 설정
Find	지정한 기준에 맞는 레코드를 검색(인덱스가 없는 경우)

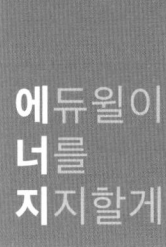

내가 찾고 있는 것은 바깥에 있지 않다.
그것은 내 안에 있다.

– 헬렌 켈러(Helen Keller)

많은 수험생들이 원하는 바로 그 자료! 상시시험 기출변형문제를 담았다!

답 없이 푸는
기출변형문제
2025~2023

2025년 시행 상시시험
답 없이 푸는 제1회 기출변형문제

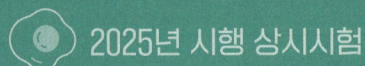

⏱ 제한시간: 60분 ✓ 점수: 1과목 ___ / 100점, 2과목 ___ / 100점, 3과목 ___ / 100점

정답과 해설 2쪽

※ 문항당 5점

1과목 컴퓨터 일반

01
다음 중 GPU(Graphics Processing Unit)에 대한 설명으로 가장 옳지 않은 것은?

① GPU는 수천 개의 코어를 통해 대량의 연산을 병렬 처리할 수 있으며, 머신러닝 및 딥러닝과 같은 AI 분야에 활용된다.
② GPU는 3D 렌더링, 영상 편집, 고해상도 게임 처리 등에서 CPU보다 더 효율적인 성능을 발휘할 수 있다.
③ GPU는 모든 범용 연산에서 CPU보다 빠르고 효율적이므로, 일반적인 운영체제 제어나 논리 제어에도 널리 사용된다.
④ GPU는 그래픽 연산에 특화되어 있어, 복잡한 수치 계산이나 행렬 연산을 병렬로 처리할 수 있는 능력이 뛰어나다.

02
다음 중 OSI 7계층과 그 계층의 역할로 가장 옳은 것은?

① 세션(Session) 계층 – 데이터의 압축 및 암호화, 데이터 형식의 변환을 수행한다.
② 전송(Transport) 계층 – 데이터의 종단 간(end-to-end) 전송과 흐름 제어, 오류 제어를 담당한다.
③ 표현(Presentation) 계층 – 전기적 신호로 데이터를 물리적으로 전송하는 역할을 수행한다.
④ 네트워크(Network) 계층 – 사용자와 응용 프로그램 간의 인터페이스를 제공하는 역할을 한다.

03
다음 중 컴퓨터 시스템의 레지스터(Register)에 대한 설명으로 옳지 않은 것은?

① 레지스터는 CPU 내부의 고속 기억 장치로, 연산 중 데이터를 일시적으로 저장하고 처리한다.
② 레지스터는 일반적으로 휘발성 메모리이며, 전원이 꺼지면 저장된 내용은 소멸된다.
③ 누산기(Accumulator), 명령 레지스터(IR), 프로그램 카운터(PC)는 모두 CPU 내부의 레지스터이다.
④ 레지스터는 플립플롭으로 구성되며, 플립플롭은 하나의 레지스터 전체 값을 한 번에 저장하는 역할을 한다.

04
다음 중 ⊞를 사용하는 단축키 조합과 그 기능에 대한 설명으로 가장 옳지 않은 것은?

① ⊞+D – 모든 창을 최소화하고 바탕 화면을 표시한다.
② ⊞+E – 파일 탐색기를 연다.
③ ⊞+R – 실행 창을 연다.
④ ⊞+C – 제어판을 연다.

05
다음 중 컴퓨터에서 문자를 표현하는 코드 체계에 대한 설명으로 옳지 않은 것은?

① Unicode는 다양한 언어와 기호를 포함한 국제 표준 인코딩 방식이다.
② ASCII는 기본적으로 7비트로 구성되며, 영어 알파벳과 제어 문자 등을 포함한 문자 인코딩으로 국제적으로 널리 쓰인다.
③ EBCDIC은 웹과 모바일 환경에서 최적화된 문자 인코딩 방식으로, 대부분의 인터넷 기반 시스템에서 기본으로 사용된다.
④ BCD는 10진수 숫자 하나를 4비트로 표현하는 방식으로, 금융 계산기나 디지털 기기에서 주로 사용된다.

06

다음 중 Windows 그림판(Paint)에 대한 설명으로 옳지 않은 것은?

① 그림판에서는 PNG, JPEG, GIF 등 다양한 포맷으로 이미지를 저장할 수 있지만, PSD와 같은 포토샵 전용 형식은 지원하지 않는다.
② 작업 중 이미지를 확대하거나 축소하려면 [브러시] 그룹에서 조정해야 한다.
③ 그림판의 기본 도구에는 연필, 색 채우기, 텍스트 입력 등이 있으며, 그림을 회전하거나 대칭 이동 등의 작업을 할 수 있다.
④ 그림판은 기본 드로잉 도구로, 포토샵이나 GIMP 같은 레이어 편집 기능은 제공하지 않는다.

07

다음 중 Windows 10의 글꼴에 대한 설명으로 옳지 않은 것은?

① 사용자는 개별 글꼴 파일(TTF, OTF 등)을 수동으로 설치할 수 있다.
② [글꼴 설정]을 이용하여 글꼴을 설치 및 삭제할 수 있다.
③ 글꼴에 대한 미리 보기와 샘플 텍스트를 확인할 수 있다.
④ 글꼴은 일반적으로 C:\Windows\Fonts 폴더에 저장된다.

08

다음 중 Windows 10의 [설정]-[개인 설정] 메뉴에서 설정할 수 있는 기능에 대한 설명으로 옳지 않은 것은?

① 배경 탭에서는 바탕화면 배경을 단색, 그림, 슬라이드쇼 중에서 선택할 수 있다.
② 색 탭에서는 강조 색상을 사용자 정의하거나 자동으로 설정하고, 밝은 모드 또는 어두운 모드를 지정할 수 있다.
③ 테마 탭에서는 배경, 소리, 마우스 포인터 등을 포함한 테마를 저장하고 불러올 수 있다.
④ 잠금 화면 탭에서는 PIN 암호를 재설정하거나 사용자 계정의 로그인 방식을 변경할 수 있다.

09

다음 중 소스 코드가 실행 파일로 전환되기까지의 과정에 대한 설명으로 옳지 않은 것은?

① 컴파일러는 전체 소스 코드를 목적 코드로 번역하고, 실행 전 오류를 검사한다.
② 인터프리터는 한 줄씩 코드를 해석하며 실행하고, 실행 파일을 생성하지 않는다.
③ 링커는 여러 개의 목적 파일을 결합하고 외부 라이브러리와 연결하여 실행 파일을 생성한다.
④ 로더는 프로그램 실행 중에 컴파일된 소스 코드를 인터프리팅하여 메모리에 적재한다.

10

다음 중 이메일 전송 및 수신과 관련된 프로토콜에 대한 설명으로 옳지 않은 것은?

① SMTP는 이메일을 전송할 때 사용하는 프로토콜로, 메일 서버 간 전송도 처리할 수 있다.
② POP3는 이메일을 클라이언트로 내려받은 후 서버에서 삭제할 수 있어, 오프라인 환경에 적합하다.
③ IMAP은 메일을 서버에 그대로 유지한 채 여러 장치에서 동기화하며 메일을 관리할 수 있다.
④ MIME은 이메일 본문을 암호화하고, 송수신 서버 간의 인증을 제공하는 보안 프로토콜이다.

11

다음 중 방화벽(Firewall)의 기능에 대한 설명으로 옳지 않은 것은?

① 방화벽은 IP 주소, 포트 번호, 프로토콜 종류 등을 기반으로 네트워크 트래픽을 제어할 수 있다.
② 방화벽은 외부에서 내부 네트워크로 접근하는 트래픽을 차단하며, 내부에서 나가는 요청에 대해서는 설정된 정책에 따라 역추적을 수행할 수 있다.
③ 방화벽은 시스템의 저장 장치의 상태를 분석하여 네트워크 공격 여부를 판별한다.
④ 방화벽은 사전에 정의된 규칙에 따라 트래픽을 실시간으로 필터링하며, 의심되는 접근은 로그로 기록할 수 있다.

12

다음 중 무선 통신 및 연결 기술에 대한 설명으로 옳지 않은 것은?

① 테더링은 스마트폰의 인터넷 연결을 USB, Wi-Fi, 또는 블루투스를 통해 다른 기기에 공유할 수 있는 기능이다.
② 블루투스는 저전력 기반의 근거리 무선 통신 기술로, 무선 키보드, 마우스, 스피커 등 주변기기 연결에 주로 사용된다.
③ Wi-Fi는 이동 중에도 안정적으로 접속 가능한 광역 무선 통신 기술로, LTE나 와이브로와 유사한 범위를 지원한다.
④ 와이브로(WiBro)는 고속 이동 중에도 접속이 가능한 무선 인터넷 기술로, 기존 Wi-Fi보다 더 넓은 커버리지를 제공한다.

13

다음 중 스마트폰의 테더링(Tethering) 기능에 대한 설명으로 옳지 않은 것은?

① 스마트폰의 모바일 데이터를 이용해 다른 기기를 인터넷에 연결할 수 있다.
② Wi-Fi, USB, Bluetooth 등을 이용해 테더링 기능을 제공할 수 있다.
③ 테더링을 사용할 경우 데이터 요금과 배터리 소모가 증가할 수 있다.
④ NFC를 통해 스마트폰의 데이터를 다른 기기로 테더링할 수 있다.

14

다음 중 Windows의 '드라이브 조각 모음 및 최적화' 도구에 대한 설명으로 옳지 않은 것은?

① 하드디스크의 파일 조각을 정리하여 디스크 접근 속도를 향상시키는 기능을 수행한다.
② '드라이브 최적화'는 Windows 검색창에 입력하거나 dfrgui 명령어를 통해 실행할 수 있다.
③ 조각 모음은 네트워크 드라이브와 같은 원격 저장소에도 적용 가능하다.
④ 자동으로 일정 주기에 따라 드라이브를 분석하고 최적화할 수 있다.

15

다음 중 IPv6에 대한 설명으로 옳지 않은 것은?

① IPv6 주소는 128비트 길이이며, 16비트씩 8개 블록으로 구성되고 각 블록은 16진수로 표현된다.
② IPv6 주소는 콜론(:)으로 블록을 구분하며, 연속된 0 블록은 한 번에 한해 '::'으로 생략할 수 있다.
③ IPv6는 주소 공간이 넓어 NAT 기능이 내장되어 있으며, 이를 통해 IP 주소 부족 문제를 해결한다.
④ IPv6는 자동 주소 설정(Stateless Autoconfiguration)과 멀티캐스트, 애니캐스트 기능을 지원한다.

16

다음 중 BIOS(Basic Input/Output System)에 대한 설명으로 가장 옳은 것은?

① 운영체제 설치 후 삭제 가능한 응용 프로그램이다.
② 컴퓨터의 메인보드와 하드디스크를 포맷하는 도구이다.
③ 하드웨어 초기 설정 및 부팅 과정 제어를 담당하는 펌웨어이다.
④ USB 장치 드라이버를 자동 설치하는 운영체제의 하위 모듈이다.

17

다음 중 멀티미디어 데이터 처리 방식에 대한 설명으로 옳지 않은 것은?

① 샘플링은 아날로그 신호를 일정한 시간 간격으로 채취하여 디지털 데이터로 변환하는 과정이다.
② 시퀀싱은 이미지, 사운드, 텍스트 등 다양한 미디어 객체를 시간의 흐름에 따라 배열하거나 재생 순서를 정의하는 과정이다.
③ 스트리밍은 멀티미디어 파일 전체를 다운로드한 후 재생함으로써 대기 시간을 줄이는 기술이다.
④ MIDI는 실제 소리의 파형을 저장하기보다는, 악기 연주 정보를 디지털 명령으로 저장하는 형식이다.

18

다음 중 불법적 공격·위협 방식에 대한 설명으로 옳지 않은 것은?

① 피싱은 합법적인 사이트나 이메일을 가장하여 사용자의 계정 정보나 금융 정보를 유출시키는 공격 기법이다.
② 스푸핑은 IP나 MAC 주소 등을 위조하여 신뢰받는 호스트처럼 행동하며, 사용자 입력을 감청하여 비밀번호를 알아내는 방식이다.
③ DDoS는 여러 대의 감염된 좀비 PC를 통해 특정 서버나 네트워크에 대량의 트래픽을 보내, 정상 사용자가 접속하지 못하도록 마비시키는 공격이다.
④ 키로거는 소프트웨어나 하드웨어 형태로 사용자의 키보드 입력을 기록해 민감 정보를 탈취하며, 백그라운드에서 은밀히 동작한다.

19

다음 중 컴퓨터 시스템의 버스(Bus)에 대한 설명으로 가장 옳지 않은 것은?

① 주소 버스는 주로 CPU와 메모리 간의 위치 정보(주소)를 전달하며, 데이터를 저장하는 실제 내용을 전송한다.
② 데이터 버스는 CPU, 메모리, 주변장치 간에 명령어나 데이터를 실제로 전송하는 역할을 한다.
③ 주소 버스의 폭이 증가하면 접근 가능한 메모리 주소 공간이 증가한다.
④ 제어 버스는 읽기/쓰기와 같은 제어 신호를 전송하여 장치 간 동작을 조정하는 데 사용된다.

20

다음 중 OTT(Over-The-Top) 서비스에 대한 설명으로 가장 옳은 것은?

① OTT는 위성이나 지상파 신호를 통해 송출되는 전통적인 방송 서비스이다.
② OTT는 별도의 통신사망이 아닌 자체 네트워크를 구축해 방송을 제공하는 시스템이다.
③ OTT는 인터넷을 통해 영화, 드라마, 방송 등을 제공하는 온라인 스트리밍 기반 콘텐츠 서비스이다.
④ OTT는 하드웨어 장비를 통해 실시간 통신을 제공하는 네트워크 장치이다.

2과목 스프레드시트 일반

21

다음 중 [A1] 셀에 'KR-2023Q4'라는 텍스트가 입력되어 있을 때, 아래의 수식을 [B1] 셀에 입력한 결과로 옳은 것은?

=CONCAT(MID(A1,FIND("-",A1)+1,4),LEFT(A1,2), RIGHT(A1,2))

① 2023KRQ4
② KR2023Q4
③ 2023Q4KR
④ 23KRQ420

22

다음 중 선택된 차트의 [페이지 설정] 대화상자에 대한 설명으로 옳지 않은 것은?

① [차트] 탭에서는 인쇄 품질을 '초안', '흑백으로 인쇄'로 설정할 수 있다.
② 시트의 [페이지 설정]에서는 [시트] 탭에서 '눈금선 인쇄' 및 '행·열 머리글 인쇄'를 설정할 수 있으나, 차트의 [페이지 설정]에는 [시트] 탭이 없어 해당 기능을 지원하지 않는다.
③ 시트의 [페이지 설정]에서는 [머리글/바닥글] 탭에서 '짝수와 홀수 페이지를 다르게 지정'이 가능하지만 차트의 [페이지 설정]에서는 지원하지 않는다.
④ 차트만 인쇄하고자 할 경우, 해당 차트를 선택한 상태에서 인쇄 명령을 실행하면 차트만 인쇄할 수 있다.

23

다음 중 [페이지 설정] 대화상자에서 머리글을 지정할 경우 사용하는 단추를 클릭했을 때 표시되는 값으로 옳지 않은 것은?

① 🗎🗎 : 페이지 번호 삽입, 전체 페이지 수 삽입
② 🗓🕐 : 현재 날짜 삽입, 현재 시간 삽입
③ 🗂🗎 : 탭 삽입, 파일 이름 삽입
④ 🗐🖼 : 시트 이름, 그림 삽입

24

다음 중 외부 데이터를 불러오기 위한 [데이터]-[데이터 가져오기 및 변환]-[기타 원본]에 해당하지 <u>않는</u> 데이터 원본은?

① Microsoft Query
② ODBC
③ 웹(W)
④ CSV 파일

25

다음은 부서별, 지점별에 따른 급여 데이터이다. 각 부서별, 지점별 급여의 최대값을 [B10:D12] 영역에 표시하고자 할 때, [B10] 셀에 입력할 배열 수식으로 옳은 것은?

	A	B	C	D
1	부서	이름	지점	급여
2	영업부	수현	서울	300
3	총무부	모찌	부산	250
4	영업부	마리	광주	280
5	총무부	달콤	서울	310
6	영업부	민기	부산	270
7	개발부	라레	광주	330
8				
9		영업부	총무부	개발부
10	서울	300	310	0
11	부산	270	250	0
12	광주	280	0	330

① =MAX(IF(($A$2:$A$7=B$9)*($C$2:$C$7=$A10),$D$2:$D$7))
② =MAX(IF($A$2:$A$7=B$9,IF($C$2:$C$7=$A10,$D$2:$D$7)))
③ =MAX(IF(AND($A$2:$A$7=B$9,$C$2:$C$7=$A10),$D$2:$D$7))
④ =MAX($D$2:$D$7,IF($A$2:$A$7=B$9,IF($C$2:$C$7=$A10,$D$2:$D$7)))

26

다음 중 메모와 윗주(노트)에 대한 설명으로 옳은 것은?

① 데이터를 삭제하면 메모와 윗주는 삭제되지 않고 셀에 남아 있으며, 별도의 명령어로 삭제하지 않으면 사라지지 않는다.
② 메모와 윗주는 동일한 셀에 동시에 삽입할 수 없다. 각각 독립적으로 표시하거나 숨길 수 있다.
③ 윗주는 마우스를 올렸을 때 자동으로 표시되며, 수식에서 직접 참조할 수 없다.
④ [검토] 탭-[메모] 그룹에서 '새 메모/삭제/모두 표시'가 가능하며, 윗주는 [홈] 탭-[글꼴] 그룹에서 지정할 수 있다.

27

다음 중 아래의 VBA 매크로 코드에 대한 설명으로 옳지 <u>않은</u> 것은?

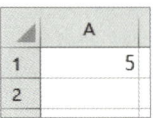

Sub MacroExample()
    Range("A1").Select
    ActiveCell.Offset(1,0).Select
    ActiveCell.FormulaR1C1="=R[-1]C+10"
End Sub

① 이 코드는 먼저 셀 [A1]을 선택한 후, 한 행 아래 [A2]를 선택하여, [A2]에 "=A1+10"과 동일한 수식을 입력한다.
② ActiveCell.Offset(1,0)은 현재 선택된 셀에서 아래쪽으로 한 셀을 이동시키는 역할을 한다.
③ ActiveCell.FormulaR1C1="=R[-1]C+10"은 현재 셀 [A2]를 기준으로, 바로 위 셀 [A1]의 값에 10을 더하는 수식을 입력한다.
④ 이 코드는 Range.Select를 사용하여 셀 선택 과정을 생략하므로, [A1]의 값이 변경되어도 [A2]에는 영향을 주지 않는다.

28

다음 중 콤보 차트에 대한 설명으로 옳지 않은 것은?

① 콤보 차트는 하나의 차트에 여러 데이터 계열을 서로 다른 차트 유형으로 조합하여 표현할 수 있으며, 필요에 따라 보조 축도 설정할 수 있다.
② 콤보 차트는 서로 다른 단위를 동일 축에 정렬하여, 시각적으로 단순한 비교를 가능하게 한다.
③ 엑셀에서 콤보 차트는 [삽입] 탭-[차트] 그룹-[추천 차트]-[모든 차트] 탭에서 삽입할 수 있다.
④ 보조 축을 사용하면 값의 범위가 크게 다른 계열도 하나의 차트에 동시에 표현할 수 있어, 상대적인 패턴 분석에 유리하다.

29

다음 중 날짜 함수 수식과 그 실행 결과로 옳지 않은 것은?

① =DAYS("2025-12-31","2026-01-01") → 1
② =EDATE("2026-01-31",1) → 2026-02-28
③ =EOMONTH("2026-02-28",1) → 2026-03-31
④ =DATEVALUE("2026-02-30") → #VALUE!

30

다음 중 [A1] 셀에 "hy-ExcelGPT2025"이 입력되어 있는 상태에서 다음 수식의 결과로 옳은 것은?

=UPPER(LEFT(MID(A1,FIND("-",A1)+1,7),5))

① EXCEL
② Excel
③ CELGP
④ GPT20

31

다음 중 [시나리오 추가] 대화상자에 대한 설명으로 옳지 않은 것은?

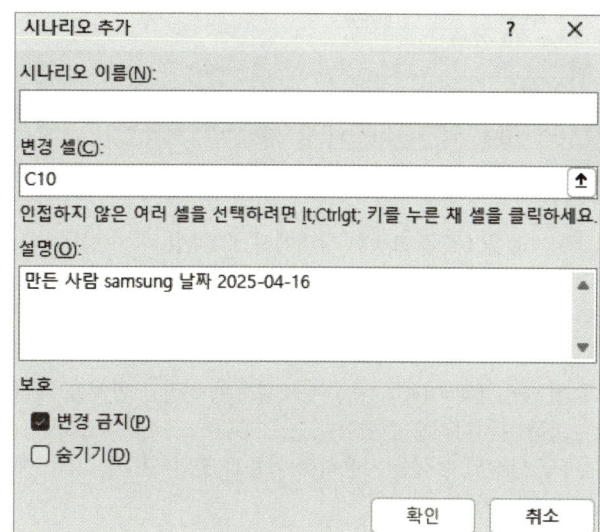

① 시나리오 이름은 영문자, 밑줄(_), 숫자를 사용할 수 있으며 첫 글자는 영문자, 밑줄(_)만 가능하다.
② 시나리오에 포함될 '변경 셀'은 수식 셀이 아니더라도 지정 가능하며, 여러 셀을 선택할 수 있다.
③ '변경금지'는 시나리오를 변경할 수 없도록 보호하는 것이다.
④ '설명'은 시나리오에 대한 추가적인 설명으로 반드시 입력할 필요는 없다.

32

다음 중 정렬 기능에 대한 설명으로 옳지 않은 것은?

① 사용자 지정 정렬에서는 열 값을 기준으로 정렬할 뿐만 아니라 셀 색, 글꼴 색, 아이콘 등을 기준으로 정렬할 수도 있다.
② 기본 오름차순 정렬 시, 숫자는 작은 값에서 큰 값순으로, 텍스트는 가나다 또는 알파벳순으로 정렬되며, 공백 셀은 맨 아래로 정렬된다.
③ 병합된 셀이 포함된 영역은 정렬이 불가능하며, 이를 무시하고 정렬을 수행하면 해당 열만 정렬되고 나머지 데이터와의 연결이 끊긴다.
④ 사용자 지정 정렬에서는 여러 개의 정렬 기준을 설정할 수 있으며, 위쪽에 위치한 기준이 우선적으로 적용된다.

33

다음 중 아래와 같은 목표값 찾기의 실행 목적으로 옳은 것은?

	A	B	C
1	월 불입액	300,000	
2	불입 횟수 (개월)	24	
3	연이율 (%)	5%	
4	월이율	0.02	
5	이자	1,926,559	
6	만기 수령액	9,126,559	

목표값 찾기
- 수식 셀(E): B6
- 찾는 값(V): 20000000
- 값을 바꿀 셀(C): $B$1

① 이자율을 5%로 고정한 상태에서, 24개월 후 수령액이 2천만원이 되도록 월 불입액을 계산하기 위한 것이다.
② 총 이자 수익이 2천만원이 되도록 연이율을 계산하는 것이다.
③ 월 불입액과 이율을 동시에 조정하여 원리금 합계를 최대화하는 시나리오 실행이다.
④ FV 함수의 수식을 사용하여 이율과 불입 횟수를 자동 예측하는 기능이다.

34

다음 중 엑셀 재무 함수의 설명으로 옳지 않은 것은?

① PMT 함수는 일정한 이율과 기간이 주어진 경우, 고정 상환액을 계산하는 데 사용된다.
② FV 함수는 일정한 금액을 정기적으로 저축했을 때, 미래 시점의 금액을 계산할 수 있다.
③ SLN 함수는 감가상각 초기에 더 큰 비용을 배분하는 방식이며, 사용 연수에 따라 감소한다.
④ PV 함수는 일정한 납입금과 이율을 기준으로 한 현재의 가치를 계산할 수 있다.

35

다음 중 아래의 매크로에 대한 설명으로 옳지 않은 것은?

```
Sub 매크로예제()
    Range("B2").Select
    ActiveCell.FormulaR1C1="=SUM(R[-1]C:R[-1]C[2])"
    Range("B2").AutoFill Destination:=Range("B2:B10"),Type:=xlFillDefault
End Sub
```

① [B2] 셀을 선택한 후, 해당 셀에 수식을 입력한다.
② FormulaR1C1은 R1C1 참조 형식을 사용하며, 현재 셀을 기준으로 상대 참조가 적용된다.
③ AutoFill 메서드는 B2 셀의 수식을 [B2]부터 [B10]까지 자동 채워 넣는다.
④ SUM(R[-1]C:R[-1]C[2])는 [B1:E1]의 합계를 의미한다.

36

다음은 판매수량에 따른 실적률을 데이터 표로 분석하고자 한다. 실적률은 '실적률=판매수량/계획수량'으로 계산되며, 계획수량은 [B5] 셀에 입력되어 있고, 판매수량은 [B6] 셀에 입력되어 있다. 데이터 표는 [D5:E9] 영역에 설정되어 있을 때 데이터 표 설정 시 올바른 수식 위치와 행과 열 입력 셀은?

	A	B	C	D	E
1					
2	상반기 판매현황			데이터 표	
3					
4	상점명	라레		판매수량	실적률
5	계획수량	2,450			
6	판매수량	1,200		1,000	
7	실적률	48.98%		1,500	
8	실적증감	-1,250		2,000	
9				2,500	

① 수식 위치: E5 / 행 입력 셀: 없음 / 열 입력 셀: B6
② 수식 위치: E5 / 행 입력 셀: B6 / 열 입력 셀: 없음
③ 수식 위치: E6 / 행 입력 셀: 없음 / 열 입력 셀: B6
④ 수식 위치: D5 / 행 입력 셀: B6 / 열 입력 셀: B7

37

다음 중 #VALUE! 오류가 발생하는 원인 또는 설명으로 옳지 않은 것은?

① 셀에 '5'처럼 숫자로 보이는 텍스트 형식의 값이 있는 경우, SUM("5",10)처럼 수식을 작성해도 오류 없이 계산된다.
② 수식에서 문자열과 숫자를 산술 연산자(+)로 결합하려고 하면 #VALUE! 오류가 발생할 수 있다.
③ DATE("2025","4","31")은 유효하지 않은 날짜이므로 #VALUE! 오류를 반환한다.
④ 함수 인수가 잘못된 셀 범위를 참조하면 항상 #VALUE! 오류가 발생한다.

38

다음 중 [페이지 설정] 대화상자에 대한 설명으로 옳지 않은 것은?

① 확대/축소 배율은 10%~200% 범위 내에서 10% 단위로 설정할 수 있으며 자동 맞춤을 사용하면 배율이 자동으로 조정된다.
② 인쇄 시 행 머리글(1, 2, 3...) 및 열 머리글(A, B, C...)의 출력 여부는 [시트] 탭에서 설정하며, 기본적으로는 인쇄되지 않도록 되어 있다.
③ 메모 출력은 [시트] 탭에서 '시트 끝' 또는 '시트에 표시된 대로' 중에서 선택할 수 있다.
④ '셀 오류 표시'는 [시트] 탭에서 '표시된 대로', '〈공백〉', '--', '#N/A' 중에서 선택할 수 있으며 인쇄 시 오류 표시 방식만 조정하며 화면상 표시에는 영향을 주지 않는다.

39

다음 중 아래의 데이터 표를 사용하여 이자율에 따라 이자액을 계산하고자 할 때, 이 작업에 대한 설명으로 옳지 않은 것은?

	A	B	C	D	E	F	G	H	I	J	K
1	원금	10,000,000					3%	4%	5%	6%	7%
2	기간(년)	3				1,500,000	0.03	0.04	0.05	0.06	0.07
3	이자율	5%									
4	이자액	1,500,000									

① 데이터 표를 사용하면 하나의 수식에 대해 여러 입력값을 적용하여 결과를 자동으로 계산할 수 있다.
② 데이터 표에서는 수식을 왼쪽 위 셀 [F2]에 입력한 후, 나머지 셀에도 동일한 수식을 직접 복사해야 한다.
③ 데이터 표는 원본 수식을 반복 작성하지 않고 다양한 결과를 분석할 수 있는 가상 분석 도구이다.
④ 자동으로 결과가 구해진 셀을 하나 선택해서 살펴보면 "=TABLE(,B3)"과 같은 배열 수식이 들어 있다.

40

다음 중 [찾기 및 바꾸기] 대화상자에 대한 설명으로 옳지 않은 것은?

① [찾기 및 바꾸기] 대화상자는 현재 워크시트뿐만 아니라 사용자가 지정한 범위 내에서 작업할 수도 있다.
② [찾기] 탭의 '옵션' 버튼을 사용하면 대소문자 구분, 전체 셀 내용 일치, 서식을 활용한 기능을 설정할 수 있다.
③ [찾기 및 바꾸기] 대화상자에서는 와일드카드를 지원하지 않으므로, 단순한 텍스트 검색만 가능하다.
④ '바꾸기' 기능을 사용하면 사용자가 선택한 범위 내의 셀에 대해 일괄적으로 텍스트나 셀 서식 변경을 실행할 수 있다.

3과목 데이터베이스 일반

41

다음 중 직원 테이블의 이메일 필드에 기본 키는 아니지만 중복된 값이 입력되지 않도록 제한하고자 할 때, 설정 방법으로 옳은 것은?

① 필드에 입력 마스크를 설정한다.
② 필드에 유효성 검사 규칙을 설정한다.
③ 해당 필드에 고유 인덱스를 설정한다.
④ 해당 필드를 외래 키로 설정한다.

42

다음 중 현재 폼에서 btn감추기 단추를 클릭했을 때 txt마감일 컨트롤이 보이지 않도록 하기 위해 권장되는 이벤트 프로시저 코드로 가장 옳은 것은?

①
```
Private Sub btn감추기_Click()
    txt마감일.Visible = False
End Sub
```

②
```
Private Sub btn감추기_Click()
    Me.txt마감일.Hide
End Sub
```

③
```
Private Sub btn감추기_Click()
    Me![txt마감일].Visible = False
End Sub
```

④
```
Private Sub btn감추기_Click()
    Me![txt마감일].Enabled = False
End Sub
```

43

다음 중 데이터베이스 시스템의 주요 장점에 대한 설명으로 옳지 않은 것은?

① 데이터의 중복을 줄이고 일관성을 유지할 수 있다.
② 여러 사용자가 데이터를 동시에 공유하고 사용할 수 있다.
③ 데이터 구조가 고정되어 변경이 불가능하므로 보안성이 높다.
④ 데이터 무결성과 보안성을 설정하여 신뢰할 수 있는 정보를 제공할 수 있다.

44

다음 중 Access 보고서의 기능 및 속성에 대한 설명으로 옳지 않은 것은?

① 보고서의 레코드 원본 속성에는 테이블이나 쿼리뿐만 아니라 SQL SELECT 문장을 직접 입력할 수도 있다.
② 보고서에서 사용하는 바운드 컨트롤은 레코드 원본과 연결된 필드를 표시하며, 사용자가 직접 값을 수정하거나 입력할 수 있다.
③ 보고서의 페이지 설정은 여백, 용지 크기, 인쇄 방향 등을 개별 보고서마다 다르게 지정할 수 있다.
④ 인쇄 미리 보기 상태에서도 페이지 설정을 확인하고 변경할 수 있다.

45

다음 중 Access의 내보내기에 대한 설명으로 옳지 않은 것은?

① [외부 데이터] 탭의 [내보내기] 그룹을 이용하면 테이블, 쿼리, 폼, 보고서 등을 Excel, PDF 등 다양한 형식으로 내보낼 수 있다.
② 테이블은 내보내지 않고 보고서만 'Word(*.rtf)'로 내보내는 경우 원본 테이블이 없으므로 데이터가 표시되지 않는다.
③ 쿼리를 내보낼 경우, 실행 결과(레코드 집합)가 저장된다.
④ 테이블을 Access 데이터베이스로 내보낼 때는 '정의 및 데이터', '정의만' 중에서 선택하여 내보낼 수 있다.

46

다음 중 입력 마스크가 설정된 필드에 입력값을 입력했을 때의 표시 결과로 옳지 않은 것은?

	입력 마스크	입력값	표시 결과
①	>LL-000	ab123	AB-123
②	&&-999	ab12	ab-12
③	<L?L?	AbCd	abcd
④	&&-000	ab12	ab-12

47

다음 중 폼(Form)에 대한 설명으로 옳지 않은 것은?

① 폼은 사용자가 테이블 데이터를 쉽게 입력, 조회, 수정할 수 있도록 도와주는 UI 도구이며, 텍스트 상자나 콤보 상자 같은 컨트롤을 배치할 수 있다.
② 폼은 정규화된 데이터 구조를 설계하고 테이블 간의 관계를 정의하는 데 적합한 보기 형태이다.
③ 폼은 하나 이상의 테이블 또는 쿼리를 기반으로 만들 수 있으며, 매크로나 VBA와 연계하여 이벤트 기반 자동화도 가능하다.
④ 폼 보기에는 '폼 보기', '레이아웃 보기', '디자인 보기'가 있으며, 일반적인 코드 작성은 이벤트 속성에서 VBA 편집기를 통해 이루어진다.

48

다음 중 Access의 개체에 대한 설명으로 옳지 않은 것은?

① 쿼리는 테이블에 저장된 데이터를 검색하거나 수정·삭제할 수 있으며, 조건을 지정하여 원하는 결과를 추출할 수 있다.
② 폼은 사용자와 상호작용하며 데이터를 입력하거나 편집할 수 있고, 보고서는 인쇄 또는 화면 출력용으로 사용된다.
③ 보고서는 데이터를 저장하는 개체로, 다른 개체 없이도 독립적으로 필드와 데이터를 정의하고 수정할 수 있다.
④ 테이블은 데이터를 구조화하여 저장하는 기본 개체이며, 모든 개체는 테이블의 데이터를 기반으로 작동한다.

49

다음 중 테이블에서 [외부 데이터] 탭의 '내보내기'가 가능한 파일 형식으로 옳지 않은 것은?

① PDF 파일
② CSV 파일
③ XML 파일
④ JSON 파일

50

다음 중 아래의 쿼리 디자인과 동일한 결과를 출력하는 SQL 문장으로 옳은 것은?

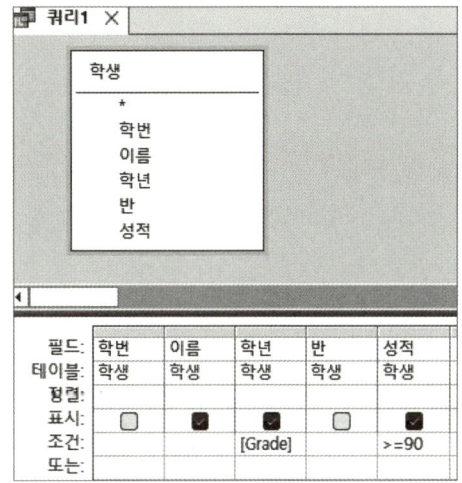

①
```
SELECT 이름, 학년, 성적
FROM 학생
WHERE 학년 = [Grade] AND 성적 >= 90;
```

②
```
SELECT *
FROM 학생
WHERE 학년 = [Grade] AND 성적 >= 90;
```

③
```
SELECT 이름, 학년, 성적
FROM 학생
WHERE 학년 >= [Grade] AND 성적 >= 90;
```

④
```
SELECT 학번, 이름, 학년, 반, 성적
FROM 학생
WHERE 학년 = [Grade] AND 성적 >= 90;
```

51

다음 중 콤보 상자 또는 목록 상자의 속성에 대한 설명으로 옳지 않은 것은?

① '목록 값만 허용'은 지정한 목록 값 이외의 데이터를 입력할 수 있는지를 지정하는 것으로 콤보 상자에서만 설정할 수 있다.
② 콤보 상자는 드롭다운 목록에서 항목을 선택하거나 값을 직접 입력할 수 있으며, 복수 선택도 지원된다.
③ '행 원본' 속성은 콤보 상자나 목록상자에 표시할 항목의 원본 데이터를 테이블/쿼리 또는 값 목록, 필드 목록 중에서 지정한다.
④ 콤보 상자에서 행 원본이 상품ID, 상품명으로 설정된 경우, 사용자에게 상품명만 보이게 하면서 상품ID를 저장하려면 열 너비는 0cm;3cm, 바운드 열은 1로 설정하면 된다.

52

다음과 같이 고객 테이블과 주문 테이블이 주어졌을 경우 아래의 SQL문을 실행한 결과 출력되는 레코드의 개수로 옳은 것은?

[고객] 테이블

고객ID	이름	지역
C001	정수헌	서울
C002	정민기	부산
C003	이라레	대전

[주문] 테이블

주문ID	고객ID	금액
O001	C001	10000
O002	C001	20000
O003	C003	15000
O004	C004	30000

SELECT 고객.이름, 주문.금액
FROM 고객
INNER JOIN 주문 ON 고객.고객ID = 주문.고객ID;

① 2
② 3
③ 4
④ 5

53

다음은 두 개의 테이블과 SQL문이다. 이 SQL문을 실행한 결과로 옳은 것은?

[고객] 테이블

고객ID	이름
C001	철수
C002	영희
C003	민수

[주문] 테이블

주문ID	고객ID	상품명
O101	C001	키보드
O102	C002	마우스
O103	C004	모니터

SELECT 고객.고객ID, 이름, 주문ID, 상품명
FROM 고객
LEFT OUTER JOIN 주문
ON 고객.고객ID = 주문.고객ID;

①
고객ID	이름	주문ID	상품명
C001	철수	O101	키보드
C002	영희	O102	마우스

②
고객ID	이름	주문ID	상품명
C001	철수	O101	키보드
C002	영희	O102	마우스
C004	NULL	O103	모니터

③
고객ID	이름	주문ID	상품명
C001	철수	O101	키보드
C002	영희	O102	마우스
C003	민수	NULL	NULL

④
고객ID	이름	주문ID	상품명
C001	철수	O101	키보드
C002	영희	O102	마우스
C003	민수	NULL	NULL
C004	NULL	O103	모니터

54

다음 중 제품 테이블(Product)에서 제품번호가 'P001'인 제품의 가격(Price)을 10% 인상하려고 할 때, 이 목적을 가장 정확하게 수행하는 SQL문으로 옳은 것은?

① UPDATE Product SET Price = Price * 1.1 WHERE 제품번호 = 'P001';
② UPDATE Product SET Price = 1.1 WHERE 제품번호 = 'P001';
③ UPDATE Product WHERE 제품번호 = 'P001' SET Price = Price * 1.1;
④ MODIFY Product SET Price = Price * 1.1 WHERE 제품번호 = 'P001';

55

다음 중 보고서의 [페이지 설정] 대화상자에서 설정할 수 없는 것은?

① [페이지] 탭에서 용지 방향을 세로 또는 가로로 설정할 수 있다.
② [인쇄 옵션] 탭에서 상하좌우 여백을 지정할 수 있다.
③ [페이지] 탭에서 용지 크기를 선택할 수 있다.
④ [페이지] 탭에서 보고서 머리글/바닥글을 설정할 수 있다.

56

다음 중 '학생' 테이블에서 아래의 조건을 모두 만족하는 SQL 문장으로 옳지 않은 것은?

조건
이름이 '홍길동'이거나 수학 점수가 90점 이상인 학생 중, 2학년 또는 3학년인 학생의 이름과 수학 점수를 출력하고자 한다.

①
```
SELECT 이름, 수학 FROM 학생
WHERE (이름 = '홍길동' OR 수학 >= 90)
      AND 학년 IN (2, 3);
```

②
```
SELECT 이름, 수학 FROM 학생
WHERE (이름 = '홍길동' OR 수학 >= 90)
      AND 학년 BETWEEN 2 AND 3;
```

③
```
SELECT 이름, 수학 FROM 학생
WHERE 이름 = '홍길동' OR 수학 >= 90
      AND 학년 = 2 OR 학년 = 3;
```

④
```
SELECT 이름, 수학 FROM 학생
WHERE (이름 = '홍길동' OR 수학 >= 90)
      AND (학년 = 2 OR 학년 = 3);
```

57

다음 중 WHERE 절과 HAVING 절에 대한 설명으로 옳지 않은 것은?

① WHERE 절은 GROUP BY 이전에 실행되며, 개별 레코드를 대상으로 필터링하는 데 사용된다.
② HAVING 절은 GROUP BY로 그룹화된 결과에 조건을 적용하며, SUM, AVG, COUNT 등의 집계 함수와 함께 사용할 수 있다.
③ 그룹에 대한 조건을 지정할 때는 HAVING 절을 사용한다.
④ HAVING 절은 GROUP BY 전에 작성되며, 개별 행을 기준으로 필터링할 때 사용된다.

58

다음 중 매크로 함수에 대한 설명으로 옳지 않은 것은?

① ApplyFilter는 폼이나 보고서에 필터 조건을 적용하여 표시되는 데이터를 제한할 수 있다.
② OpenQuery는 저장된 쿼리를 실행하며, 실행 모드(데이터 시트 보기 등)를 설정할 수 있다.
③ OpenForm은 폼을 열고 보기 형태, 필터, 데이터 입력 모드 등을 지정할 수 있다.
④ RunApp은 Access 내부 쿼리를 실행하거나 폼을 제어할 때 사용된다.

59

다음 중 그룹화(Grouping) 기능에 대한 설명으로 옳지 않은 것은?

① 그룹화는 보고서에서 특정 필드를 기준으로 데이터를 묶고, 각 그룹마다 합계, 개수 등의 요약 정보를 제공할 수 있다.
② 그룹화를 설정하면 자동으로 그룹 머리글과 그룹 바닥글이 생성되어 디자인과 계산이 가능하다.
③ 보고서의 그룹화 기능을 통해 특정 필드를 기준으로 데이터를 입력하고, 그룹별 데이터를 개별적으로 수정할 수 있다.
④ 그룹화된 데이터는 필요에 따라 그룹별로 페이지 나누기를 적용하거나, 정렬 기준을 변경할 수 있다.

60

다음 중 아래의 VBA 코드 실행 시 메시지 상자에 표시되는 결과로 가장 옳은 것은? (단, 현재 날짜와 시간은 9월 8일 오전 7시 4분이라고 가정한다)

MsgBox Format(Now, "mmmm-d h:n ampm")

① September-08 07:04 오전
② September-8 7:4 오전
③ 09-8 7:04 오전
④ 9월-08 07:04 오전

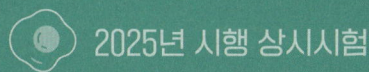

답 없이 푸는 제2회 기출변형문제

⏱ 제한시간: 60분 ✓ 점수: 1과목 ____ / 100점, 2과목 ____ / 100점, 3과목 ____ / 100점

정답과 해설 9쪽

※ 문항당 5점

1과목 컴퓨터 일반

01

다음 중 네트워크 장치 브리지(Bridge)에 대한 설명으로 옳지 않은 것은?

① 브리지는 데이터링크 계층에서 동작하며, MAC 주소를 기반으로 프레임을 전달한다.
② 브리지는 서로 다른 프로토콜을 사용하는 네트워크 간의 변환 기능을 수행한다.
③ 브리지는 충돌 도메인을 분할하여 네트워크의 효율을 향상시킬 수 있다.
④ 브리지는 두 개의 근거리 통신망(LAN)을 상호 접속할 수 있도록 하는 통신망 연결장치이다.

02

다음 중 사물인터넷(IoT; Internet of Things)에 대한 설명으로 옳지 않은 것은?

① IoT는 센서, 네트워크, 데이터 처리 기술 등을 통해 사물 간에 정보를 주고받고 제어하는 기술이다.
② 스마트팜, 스마트홈, 스마트팩토리 등 다양한 분야에서 IoT 기술이 적용되고 있다.
③ 통계적 기법, 수학적 기법과 인공지능을 이용하여 방대한 양의 데이터들로부터 유용한 정보를 추출하는 기능이다.
④ IoT 기술은 사물뿐 아니라 사람과의 연결도 가능하며, 원격 제어나 모니터링에도 활용된다.

03

다음 중 보안 위협의 유형 및 특성에 대한 설명으로 옳지 않은 것은?

① 스푸핑(Spoofing)은 공격자가 IP 또는 MAC 주소를 위조하여 신뢰받는 시스템으로 가장해 접근하는 방식이다.
② 스니핑(Sniffing)은 네트워크 상의 데이터를 감청하는 수동적 공격으로, 암호화되지 않은 정보를 쉽게 탈취할 수 있다.
③ 키로거(Keylogger)는 네트워크 트래픽을 분석해 암호화된 패킷을 해독하여 입력값을 기록하는 대표적인 암호화 공격 방식이다.
④ DDoS(Distributed Denial of Service)는 다수의 감염된 컴퓨터를 이용해 특정 서버에 대량의 요청을 보내 정상적인 서비스를 방해한다.

04

다음 중 Windows 시스템에서 복구나 성능 저하의 해결 방법에 대한 설명으로 옳지 않은 것은?

① 새 하드웨어를 설치한 이후 부팅 시 블루스크린이 발생하면, 시스템 복원을 통해 이전 안정 지점으로 되돌리는 것이 도움이 될 수 있다.
② 로그온 직후 '알 수 없는 장치' 설치 실패 메시지가 반복될 경우, 장치 관리자에서 드라이버 문제를 확인하고 재설치하거나 복구해야 한다.
③ 디스크 조각 모음을 정기적으로 수행하면 파일 단편화를 줄여 프로그램 실행 시 오류 발생을 방지할 수 있다.
④ 웹 브라우저 실행 시 즐겨찾기 목록이 초기화되었거나 확장 프로그램이 작동하지 않는 경우에는 시스템 복구를 통해 문제를 해결하는 것이 일반적이다.

05

다음 중 JPEG 이미지 파일 형식에 대한 설명으로 가장 옳지 않은 것은?

① 24비트 컬러를 사용하여 트루 컬러로 이미지를 표현한다.
② 색상 표현력이 뛰어나 복잡한 색감의 사진이나 디지털 카메라 이미지에 널리 사용된다.
③ 사용자가 압축률을 지정해서 이미지를 압축하는 압축 기법을 사용할 수 있다.
④ 투명한 배경 처리와 간단한 그래픽(로고, 아이콘)에 특화되어 있으며 픽셀 손실 없이 저장된다.

06

다음 중 Windows 10의 가상 메모리(Virtual Memory)에 대한 설명으로 옳지 않은 것은?

① 가상메모리는 RAM이 부족할 때 HDD나 SSD의 일부 공간을 활용하여 메모리처럼 동작한다.
② 가상메모리는 CPU 내부의 캐시보다 빠르게 동작하며, 실행 속도 향상에 기여한다.
③ 가상메모리 설정은 [제어판]-[시스템]-[고급 시스템 설정]-[성능]-[고급] 탭에서 조정할 수 있다.
④ 가상메모리는 실제 RAM보다 느리지만, 메모리 부족으로 인한 프로그램 오류를 방지하는 데 도움이 된다.

07

다음 중 Windows 10의 시작 메뉴에 대한 설명으로 옳지 않은 것은?

① 시작 메뉴에서 앱을 고정하거나 해제하고, 타일의 위치나 크기를 변경하는 사용자 설정이 가능하다.
② 시작 메뉴를 통해 설정 앱, 전원 옵션, 사용자 계정 정보 등에 접근할 수 있다.
③ 시작 메뉴에는 알림 센터를 바로 실행할 수 있는 버튼이 포함되어 있다.
④ 시작 메뉴는 앱 목록과 고정된 타일 영역으로 구성되어 있으며, 전체 화면 모드 설정도 가능하다.

08

다음 중 Windows 파일 탐색기에서 제공하는 검색 기능에 대한 설명으로 옳지 않은 것은?

① '멘트 데이터' 키워드를 사용하면 '멘트'와 '데이터'라는 단어가 모두 포함된 파일을 검색한다.
② *.txt와 같이 와일드카드를 이용해 특정 확장자의 모든 파일을 검색할 수 있다.
③ '수정한 날짜:2026-12-31' 키워드를 사용하여 특정 날짜에 수정한 파일을 검색할 수 있다.
④ 이름:=보고서와 같이 등호(=)를 사용하면 정확히 일치하는 파일명을 가진 파일만 검색할 수 있다.

09

다음 중 방화벽(Firewall)에 대한 설명으로 옳지 않은 것은?

① 방화벽은 내부 네트워크와 외부 네트워크 간의 트래픽을 감시하고, 접근을 제어하는 보안 장치이다.
② 방화벽은 Windows 보안 센터에서 설정할 수 있으며, '방화벽 및 네트워크 보호' 메뉴에서 상태를 확인할 수 있다.
③ 방화벽이 비활성화되더라도 백신 프로그램이 동작하고 있다면 외부 해킹 위험은 거의 없다.
④ 방화벽은 외부의 불법적인 접속 시도를 차단하여 내부 시스템을 보호하는 데 기여한다.

10

다음 중 3D 프린터의 원리, 활용 분야, 관련 기술 요소에 대한 설명으로 옳지 않은 것은?

① 3D 프린터는 CAD 프로그램 등에서 제작한 3차원 설계 데이터를 바탕으로, 소재를 한 층씩 쌓아 올려 실물 객체를 제작하는 기술이다.
② 건축, 의료, 항공 등 다양한 분야에서 시제품 제작, 커스터마이징, 경량화 등의 목적으로 활용되고 있다.
③ 출력 단위로는 IPM, PPM 등이 사용되며, 해상도가 높아질수록 출력 속도는 느려진다.
④ 3D 프린터는 전통적인 절삭 가공과는 달리, 적층 가공을 통해 불필요한 재료 낭비를 줄이고 자유로운 형상을 제작할 수 있다.

11

다음 중 Windows에서 바로 가기 아이콘에 대한 설명으로 옳지 <u>않은</u> 것은?

① 바로 가기 아이콘은 .lnk 확장자를 가지며, 기본적으로 아이콘 왼쪽 아래에 화살표가 표시된다.
② 바로 가기 아이콘의 속성에서는 대상 파일 경로 설정, 시작 위치 지정, 아이콘 모양 변경 등이 가능하다.
③ 파일을 Alt + Shift 를 누른 채 드래그하면 바탕화면에 바로 가기 아이콘이 생성된다.
④ 바로 가기 아이콘은 원본 파일의 위치 정보를 참조하므로, 원본이 삭제되면 바로 가기 아이콘은 작동하지 않는다.

12

다음 중 정보통신에 사용되는 네트워크 장치에 대한 설명으로 옳지 <u>않은</u> 것은?

① 라우터는 네트워크에서 통신을 위해 최적의 경로를 설정하고, 데이터 흐름을 제어하는 장치이다.
② 라우터는 OSI 7계층 중 네트워크 계층(Layer 3)에 해당하며, 경로 선택 기능을 수행한다.
③ 라우터는 서로 다른 통신 프로토콜을 변환하여 호환되지 않는 네트워크 간의 통신을 가능하게 하는 장치이다.
④ 리피터는 디지털 신호의 장거리 전송을 위해 수신한 신호를 재생하거나 증폭하는 장치이다.

13

다음 중 핀테크(FinTech)에 대한 설명으로 옳지 <u>않은</u> 것은?

① 핀테크는 금융 서비스에 인공지능(AI), 블록체인, 사물인터넷(IoT) 등의 IT 기술을 융합하여 혁신적인 금융 서비스를 제공하는 것을 의미한다.
② 모바일 간편 결제, AI 기반 투자 자문, 자동화된 대출 심사 시스템 등은 모두 핀테크의 적용 사례이다.
③ 핀테크는 기존 금융 시스템을 그대로 유지하면서, 대면 서비스를 강화하는 방식으로 발전하고 있다.
④ 블록체인은 핀테크에서 보안성과 투명성을 강화하는 데 활용되며, 디지털 자산 거래나 스마트 계약 등에 적용된다.

14

다음 중 운영체제의 제어 프로그램(Control Program)에 대한 설명으로 옳지 <u>않은</u> 것은?

① 제어 프로그램은 감시 프로그램, 작업 관리 프로그램, 데이터 관리 프로그램 등으로 구성되어 있다.
② 작업 관리 프로그램은 여러 개의 작업을 스케줄링하고 실행 순서를 제어한다.
③ 감시 프로그램은 사용자 인터페이스(GUI)를 제공하고, 응용 프로그램 실행을 담당한다.
④ 데이터 관리 프로그램은 기억장치 내 데이터를 효율적으로 배치하고 입출력을 제어한다.

15

다음 중 태블릿 설정에 대한 설명으로 옳지 <u>않은</u> 것은?

① Windows 10에서는 사용자가 태블릿 모드를 수동으로 켜거나 끌 수 있으며, 장치 분리 시 자동 전환 설정도 지원된다.
② 태블릿 모드는 일반적인 데스크톱 PC 환경에서도 자동으로 활성화되어 터치 없이도 전체 화면 UI를 제공한다.
③ 태블릿 설정 모드에는 '태블릿 모드로 전환 안함', '항상 태블릿 모드로 전환', '모드를 전환하기 전에 확인'이 있다.
④ 태블릿 모드가 활성화되면 시작 메뉴는 전체 화면으로 전환되고, 앱 창도 기본적으로 전체 화면 형태로 실행된다.

16

다음 중 IPv6 주소에 대한 설명으로 옳지 <u>않은</u> 것은?

① IPv6는 주소 부족 문제를 해결하기 위해 128비트 주소 공간을 사용하며, 주소는 16진수 형식으로 콜론(:)을 구분자로 사용한다.
② IPv6는 IPv4와 직접적으로 호환되며, IPv4 전용 장비에서도 별도 설정 없이 IPv6 주소를 완전히 해석할 수 있다.
③ IPv6 전환을 위해 터널링, 이중 스택(Dual Stack), NAT64 등의 기술이 활용된다.
④ IPv6는 ::ffff:0:0/96 프리픽스를 이용하여 IPv4 주소와의 호환을 일부 지원할 수 있다.

17

다음 중 빅데이터의 개념 및 활용에 대한 설명으로 옳지 <u>않은</u> 것은?

① 빅데이터는 Volume(데이터 양), Velocity(처리속도), Variety(다양성), Veracity(정확성), Value(가치) 등의 특성을 가지며, 방대한 양의 데이터를 빠르게 분석하여 가치를 도출한다.
② 정형 데이터는 구조화되어 있어 처리 및 분석이 용이하며, 반정형 데이터는 고정된 스키마 없이도 일부 구조를 가진 형태로 저장된다.
③ 비정형 데이터에는 이미지, 동영상, 로그 등이 포함되며, 분석이 어려워 실제로는 빅데이터 처리 대상에서 제외된다.
④ 빅데이터는 사용자 검색 기록, SNS 활동, 구매 이력 등을 분석해 맞춤형 광고나 추천 시스템 구축 등에 활용될 수 있다.

18

다음 중 소프트웨어 또는 하드웨어 성능측정과 관련된 개념으로 가장 옳지 <u>않은</u> 것은?

① 베타 버전은 정식 출시 전에 사용자 피드백을 수집하기 위해 공개되는 시험용 소프트웨어이다.
② 알파 버전은 내부 테스트용으로, 기능이 완전하지 않으며 오류가 포함될 수 있다.
③ 번들은 하드웨어나 소프트웨어 제품을 묶어 함께 제공하는 방식이다.
④ 벤치마크는 제품의 외형과 UI를 테스트하는 도구이며, 성능과는 무관하다.

19

다음 중 Windows 10의 [폴더 옵션] 대화상자에서 설정할 수 있는 항목으로 옳지 <u>않은</u> 것은?

① 파일 탐색기를 실행했을 때 열리는 기본 위치를 '내 PC'로 변경할 수 있다.
② 숨김 파일 및 폴더를 표시하거나 숨기는 설정을 변경할 수 있다.
③ 관리자 권한으로 실행할 프로그램의 기본 실행 권한을 설정할 수 있다.
④ 알려진 파일 형식의 확장자를 숨길지 표시할지 선택할 수 있다.

20

다음 중 RAID(Redundant Array of Independent Disks) 구성방식에 대한 설명으로 옳지 <u>않은</u> 것은?

① RAID 0은 디스크 스트라이핑 방식을 사용하여 성능을 높이지만, 장애 복구 기능은 제공하지 않는다.
② RAID 4는 고정된 패리티 디스크를 사용하여 장애 복구가 가능하지만, 패리티 디스크에 병목 현상이 발생할 수 있다.
③ RAID 5는 스트라이핑과 미러링을 결합하여 모든 데이터를 두 개의 디스크에 복제한다.
④ RAID는 여러 개의 하드디스크를 하나의 논리적 장치로 묶어서 속도 향상 또는 데이터 안정성을 높이기 위한 구성 방식이다.

2과목　스프레드시트 일반

21

다음 중 차트의 특성을 종합하여 설명한 것으로 옳지 <u>않은</u> 것은?

① 히스토그램은 연속형 데이터를 일정 구간으로 그룹화하여 각 구간에 속하는 데이터의 빈도를 막대 그래프로 나타내어 전체 분포를 파악하는 데 적합하다.
② 선버스트 차트는 원형(도넛) 레이아웃을 활용해 계층적인 데이터 구조와 각 계층의 비율을 한눈에 볼 수 있다.
③ 트리맵은 계층적 데이터를 기본적으로 원의 면적을 이용하여 각 항목의 상대적 비중을 시각화한다.
④ 분산형 차트는 두 변수 간의 선형 또는 비선형 관계를 확인할 수 있을 뿐만 아니라, 데이터에 추세선을 추가하여 관계의 방향과 강도를 시각적으로 표현할 수 있다.

22

다음 중 부분합 실행결과에 대한 설명으로 옳지 <u>않은</u> 것은?

1 2 3 4		A	B	C
	1	부서	이름	급여
	5	개발부 개수		3
	6	개발부 요약		8800
	9	영업부 개수		2
	10	영업부 요약		5200
	14	총무부 개수		3
	15	총무부 요약		7000
	16	전체 개수		8
	17	총합계		21000

① 현재 개요 수준은 3이며, 부서별 개수와 합계(요약), 전체 개수 및 전체 합계가 모두 표시된 상태이다.
② 부서별로 각각 급여의 개수가 먼저 계산된 후, 합계가 추가로 계산되었다.
③ 개요 기호를 사용하면 부서별 소계만 표시하거나 전체 데이터를 요약 수준으로 접을 수 있다.
④ 부서 항목을 먼저 정렬한 후 부분합 기능을 사용하였으며, 자동으로 윤곽 기호가 생성되었다.

23

다음 중 수식의 계산 결과가 "00123.456"과 정확히 일치(TRUE)하는 경우로 옳은 것은? (단, [A2] 셀의 값은 숫자 123.456이 입력되어 있으며, 일반 서식이 적용되어 있다)

① =EXACT(FIXED(A2,3),"00123.456")
② =EXACT(TEXT(A2,"00000.000"),"00123.456")
③ =FIXED(A2,3)="00123.456"
④ =TEXT(EXACT(A2,"00000.000"),"00123.456")

24

다음 중 [데이터] 탭-[데이터 가져오기 및 변환] 그룹에 포함된 기능에 대한 설명으로 옳지 <u>않은</u> 것은?

① [데이터 가져오기]-[기타 원본에서]-[Microsoft Query에서]를 사용하면 외부 데이터베이스의 두 개 이상의 테이블을 조인하여 필터링 된 결과를 엑셀 시트에 불러올 수 있다.
② [기존 연결]을 이용하면 Microsoft Query에서 작성한 쿼리 파일의 실행 결과를 워크시트로 가져올 수 있다.
③ [웹]을 이용하면 웹 페이지 내의 모든 요소를 포함하여 원본 그대로 엑셀에 복사된다.
④ [Microsoft Access 데이터베이스에서]를 사용하면 원본 데이터의 변경 사항이 워크시트에 반영되도록 설정할 수 있다.

25

다음 중 [보기] 탭의 [페이지 나누기 미리 보기]에 대한 설명으로 옳지 <u>않은</u> 것은?

① 페이지 나누기 미리 보기 모드에서는 인쇄 영역 내부의 셀만 흰색으로 표시되고, 영역 외부의 셀은 회색으로 표시되어 사용자가 인쇄 범위를 쉽게 파악할 수 있다.
② 이 모드에서는 셀 데이터를 직접 수정할 수 있으며, 수정된 데이터에 따라 자동 페이지 나누기 선이 실시간으로 업데이트되어 최종 인쇄 구성이 반영된다.
③ 사용자가 수동으로 드래그하여 설정한 페이지 나누기 선은 데이터 변경과 관계없이 절대 고정된 위치에 유지되므로, 이후 데이터 수정 시에도 동일한 위치에서 인쇄 구분이 보장된다.
④ 페이지 나누기 미리 보기 모드는 인쇄 영역과 페이지 나누기 선을 직관적으로 조정할 수 있게 해주어, 최종 인쇄물의 레이아웃을 미리 확인하고 수정할 수 있다.

26

다음 중 아래와 같은 피벗 테이블을 작성하기 위한 작업으로 옳지 않은 것은?

	F	G	H	I	J	K
1						
2						
3		담당자 ▼	제품명 ▼	합계 : 1월	합계 : 2월	합계 : 3월
4		⊟ 달콤		100	120	110
5			사이다	100	120	110
6		⊟ 마리		360	380	400
7			사이다	180	190	200
8			콜라	180	190	200
9		⊟ 모찌		200	210	220
10			콜라	200	210	220
11		총합계		660	710	730

① 행에 담당자와 제품명을 표시하고 제품명에 필터를 적용하였다.
② 필터에 사이다와 콜라가 표시되어 있다.
③ 부분합을 표시하지 않도록 설정되어 있다.
④ 보고서 레이아웃이 개요 형식으로 설정되어 있다.

27

다음의 워크시트에서 [파일]-[옵션]을 선택하여 'Excel 옵션'-'고급'-'소수점 자동 삽입'-'소수점 위치'를 −1로 지정하였을 때 워크시트에 126을 입력할 경우 화면에 표시되는 값으로 옳은 것은?

① 130
② 126.0
③ 100
④ 1260

28

다음 중 인쇄 설정에 대한 설명으로 옳지 않은 것은?

① [페이지 레이아웃] 탭-[페이지 설정] 그룹-[인쇄 영역]-[인쇄 영역 설정]을 사용하면, 지정한 영역만 인쇄 대상으로 설정할 수 있다.
② 특정 셀 범위를 인쇄 영역으로 설정하면 자동으로 Print_Area라는 이름이 정의되며, 이는 [수식] 탭-[정의된 이름] 그룹-[이름 관리자]에서 확인할 수 있다.
③ 인쇄 영역으로 설정되면 페이지 나누기 미리 보기에서는 설정된 부분만 표시되고, 나머지 행과 열은 숨겨진다.
④ 숨겨진 셀이 인쇄 영역에 포함되어 있어도 기본적으로 출력되지 않으며, 인쇄 미리 보기에서도 확인할 수 없다.

29

다음 중 정렬 기능에 대한 설명으로 옳지 않은 것은?

① 사용자 지정 정렬 기능을 통해 '높음', '보통', '낮음'과 같은 사용자 목록 기준 정렬도 가능하다.
② 정렬 기준 열에 병합된 셀이 포함되어 있을 경우, 정렬이 정상적으로 작동하지 않거나 오류가 발생할 수 있다.
③ 정렬 기능은 필터가 적용된 상태에서는 사용할 수 없으며, 필터를 먼저 해제해야 정렬이 가능하다.
④ 정렬 기준 열을 여러 개 설정할 수 있으며, 첫 번째 기준이 같을 경우 다음 기준을 순차적으로 적용하여 정렬된다.

30

상태 표시줄은 사용자 편의를 위한 다양한 정보를 시각적으로 제공하며, 마우스 오른쪽 클릭을 통해 항목 표시 여부를 조정할 수 있다. 다음 중 상태 표시줄에 대한 설명으로 옳지 않은 것은?

① 다중 셀을 선택한 경우 상태 표시줄에 합계, 평균, 개수 등의 값을 자동으로 보여줄 수 있으며, 표시 여부는 사용자 지정이 가능하다.
② 확대/축소 비율은 상태 표시줄의 슬라이더를 통해 조정할 수 있고, 확대 비율을 클릭하면 숫자로 직접 입력할 수 있는 창이 표시된다.
③ 상태 표시줄의 사용자 지정 메뉴를 통해 셀 병합, 수식 자동 계산, 데이터 유효성 검사 등 자주 쓰이는 리본 명령을 바로 실행할 수 있다.
④ 상태 표시줄에 표시되는 항목은 엑셀을 종료하고 다시 열어도 유지되며, Num Lock, Caps Lock 등의 키보드 상태도 확인할 수 있다.

31

사용자 지정 서식이 #,##0;[빨강]-#,##0;"텍스트";"없음"과 같이 적용된 셀에 대한 설명으로 옳지 않은 것은?

① 셀에 1000을 입력하면 천 단위 쉼표가 포함된 숫자 형태로 출력된다.
② 셀에 0을 입력하면 텍스트 입력 시 표시되는 문자열인 "텍스트"가 나타난다.
③ 셀에 -500을 입력하면 빨간색 서식이 적용된 음수 값이 부호와 함께 표시된다.
④ 셀에 "합계"라는 텍스트를 입력하면 "없음"이라는 지정 문자열이 표시되어 입력값이 숨겨진다.

32

다음 중 고급 필터의 조건 범위 지정에 대한 설명으로 옳지 않은 것은?

① 함수나 식을 사용하여 조건을 입력하려면 조건으로 지정될 범위의 첫 행에 입력하는 조건 레이블은 원본 필드명과 다른 필드명을 입력하거나 생략한다.
② 한 열에 여러 조건을 적용하여 OR 조건으로 필터링하려면, 각 조건은 서로 다른 행에 입력해야 한다.
③ 조건 범위 내에 입력된 수식 조건은 반드시 배열 수식으로 입력해야 한다.
④ 조건 범위는 원본 데이터와 반드시 인접해 있지 않아도 같은 워크시트 내에 있으면 무방하다.

33

다음 중 [보기] 탭의 [창] 그룹에 있는 명령어에 대한 설명으로 옳지 않은 것은?

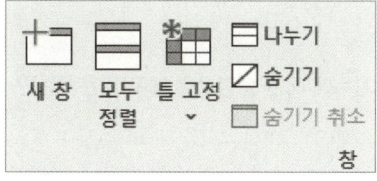

① [새 창]을 누르면 현재 통합 문서를 새로운 창으로 복제하여 동시에 여러 시트를 다중 창에서 볼 수 있다.
② [모두 정렬]을 사용하면 열 너비나 행 높이를 자동으로 균등 정렬해주는 서식 기능이 실행된다.
③ [틀 고정]은 특정 행과 열을 고정하여 스크롤할 때에도 해당 영역이 계속 보이도록 설정할 수 있다.
④ [창 나누기]는 하나의 워크시트를 여러 개의 창으로 나누어 동시에 다른 영역을 볼 수 있게 한다.

34

다음 중 [페이지 레이아웃]의 '머리글/바닥글' 도구를 설정할 때의 설명으로 옳지 않은 것은?

① 머리글/바닥글은 왼쪽, 가운데, 오른쪽의 세 영역으로 나뉘며, 날짜, 시트 이름, 페이지 번호 등의 자동 항목을 삽입할 수 있다.
② 머리글/바닥글 도구의 [디자인] 탭에서는 그림 삽입도 가능하며, 삽입한 그림의 크기를 조정할 수도 있다.
③ 머리글과 바닥글의 글꼴 크기와 인쇄 배율을 워크시트의 인쇄 배율에 맞추려면, '확대/축소 배율' 설정을 조정하면 된다.
④ 머리글/바닥글은 인쇄 미리 보기에서는 편집할 수 없고, 페이지 레이아웃 보기에서 직접 편집할 수 있다.

35

다음 중 엑셀에서 원형 차트에 대한 설명으로 옳지 않은 것은?

① 원형 차트는 하나의 계열에 대한 항목 간 비율을 표현하는 데 적합하며, 여러 개의 데이터 계열을 동시에 표시할 수 없다.
② 원형 차트에 데이터 레이블을 추가할 때 백분율, 실제 값, 항목명을 선택적으로 표시할 수 있으며, 특정 조각을 분리하여 강조할 수도 있다.
③ 원형 차트를 만들면 엑셀이 총합이 100이 되도록 자동으로 값을 보정하여 시각화한다.
④ 원형 차트의 종류에는 '원형 대 원형', '원형 대 가로막대형'이 있으며, '원형 대 꺾은선형'은 제공되지 않는다.

36

다음 중 엑셀의 순환 참조 경고 메시지에 대한 설명으로 옳지 않은 것은?

① 순환 참조란 수식이 직접 또는 간접적으로 자기 자신을 참조할 때 발생하며, 계산이 반복될 수 있어 경고 메시지가 표시된다.
② 순환 참조가 감지되면 엑셀은 '순환 참조 경고' 메시지를 표시하고, 해당 수식 셀은 기본적으로 계산되지 않는다.
③ 순환 참조를 의도적으로 사용하고자 할 경우, [파일]-[옵션]-[수식] 탭에서 '반복 계산 사용'을 설정하면 허용할 수 있다.
④ 순환 참조가 발생한 셀은 #REF! 오류로 표시되며, 순환 참조를 제거해도 해당 오류는 자동으로 복구되지 않는다.

37

다음 중 고급 필터에서 아래와 같은 조건을 설정하고 실행하였을 때, 추출되는 직원명으로 옳은 것은?

조건: =AND($D2>2,ISERROR(FIND("영업",$B2)))

	A	B	C	D	E	F	G
1	직원명	부서	월급	근무연수	도시		조건
2	김철수	영업팀	300	2	서울		FALSE
3	이영희	영업팀	350	3	부산		
4	박성민	개발팀	450	4	인천		
5	최윤정	영업팀	400	6	대구		
6	강나래	인사팀	250	2	부산		
7	오하늘	영업팀	320	1	인천		
8	조민우	개발팀	500	5	부산		
9	이가영	개발팀	400	2	서울		
10	백아람	영업팀	450	4	부산		
11	홍수진	영업팀	600	8	서울		

① 김철수, 강나래
② 박성민, 조민우
③ 이영희, 최윤정, 홍수진
④ 백아람, 홍수진

38

다음 중 표면형 차트에 대한 설명으로 옳지 않은 것은?

① 표면형 차트는 값의 크기를 색상 및 높이로 표현하여, 두 범주에 따른 값의 분포를 시각화하는 데 적합하다.
② 데이터가 행 또는 열 중 하나의 방향으로만 구성되어 있어도, 표면형 차트로 완전히 분석할 수 있다.
③ 표면형 차트는 지형도처럼 값의 분포나 변화 흐름을 표현할 때 활용된다.
④ 막대형 차트는 주로 항목 간 직접 비교를 위한 것이고 표면형 차트는 전체적인 분포나 구조를 파악하는 데 강점을 가진다.

39

다음 중 아래와 같이 데이터가 입력되어 있는 상태에서 [A1:B2] 범위를 선택한 뒤, [D2] 영역까지 드래그하면, [C1:D2] 셀에 표시될 내용으로 옳은 것은?

	A	B	C	D
1	Mon	10		
2	Wed	20		

① [C1]: Mon, [C2]: Wed
   [D1]: 10, [D2]: 20
② [C1]: Fri, [C2]: Sun
   [D1]: 30, [D2]: 40
③ [C1]: Tue, [C2]: Thu
   [D1]: 10, [D2]: 20
④ [C1]: Fri, [C2]: Tue
   [D1]: 30, [D2]: 30

40

다음의 [A1:D6] 영역에 입력된 직원 정보를 이용하여 [B10:D11] 영역에 부서별·지점별 조건을 동시에 만족하는 직원 중 가장 높은 급여를 표시하려고 한다. 만약 해당 조건을 만족하는 직원이 없을 경우에는 공백(" ")이 표시되도록 할 때, [B10] 셀에 입력할 배열 수식으로 가장 옳은 것은?

	A	B	C	D
1	이름	지점	부서	급여
2	수현	서울	영업부	310
3	모찌	부산	총무부	280
4	마리	대구	영업부	330
5	달콤	서울	총무부	400
6	민기	부산	영업부	360
7				
8		지점		
9	부서	서울	부산	대구
10	영업부	310	360	330
11	총무부	400	280	

① =LARGE(IF(($B$2:$B$6=B$9)*($C$2:$C$6=$A10), $D$2:$D$6),1)
② =IFERROR(LARGE(IF(($B$2:$B$6=B$9)*($C$2:$C$6=$A10),$D$2:$D$6),1)," ")
③ =IF(LARGE(IF(($B$2:$B$6=B$9)*($C$2:$C$6=$A10), $D$2:$D$6),1)=0," ",LARGE($D$2:$D$6))
④ =MAXIFS($D$2:$D$6,$B$2:$B$6,B$9,$C$2:$C$6, $A10)

3과목 데이터베이스 일반

41

다음 중 [직원] 테이블에서 연령 필드의 값이 30 이상 40 이하인 사원을 검색하는 SQL문으로 옳지 않은 것은?

① SELECT * FROM 직원
   WHERE 연령 BETWEEN 30 AND 40;
② SELECT * FROM 직원
   WHERE 연령 >= 30 AND 연령 <= 40;
③ SELECT * FROM 직원
   WHERE 연령 >= 30 AND <= 40;
④ SELECT * FROM 직원
   WHERE NOT(연령 < 30 OR 연령 > 40);

42

다음 중 매크로 함수에 대한 설명으로 옳지 않은 것은?

① OpenForm 매크로는 지정한 폼을 다양한 보기 형식으로 열 수 있으며, 조건이나 필터를 지정하여 특정 레코드만 표시할 수 있다.
② GoToControl은 컨트롤 간의 포커스를 이동할 때 사용되며, SetValue와 함께 사용하면 원하는 위치에 값을 설정할 수 있다.
③ GoToRecord는 레코드 포인터를 이동시키는 매크로 함수로 탐색과 편집이 가능하다.
④ SetValue는 폼이나 보고서에서 특정 컨트롤의 Value 속성에 값을 대입하는 데 사용된다.

43

다음 중 아래의 [학생] 테이블에 대한 SQL문의 실행 결과로 옳은 것은?

학번	이름	학년	과목	점수
101	홍길동	1	수학	90
102	이순신	2	영어	85
103	유관순	2	수학	70
104	장보고	3	영어	60
105	김유신	3	수학	80
106	신사임당	1	과학	95

SELECT COUNT(*)
FROM 학생
WHERE 점수 > (SELECT AVG(점수) FROM 학생);

① 2
② 3
③ 4
④ 5

44

다음 중 테이블의 필드 이름이 규칙에 위배되어 오류가 발생할 수 있는 것은?

① 학과!코드
② 고객 이름
③ 1순위고객
④ 전화*번호

45

다음 중 보고서 보기 형태에 대한 설명으로 옳지 않은 것은?

① 인쇄 미리 보기에서는 페이지 크기, 인쇄 방향, 여백 등을 조정할 수 있으며, 실제 출력될 형태로 전체 보고서를 확인할 수 있다.
② 레이아웃 보기는 데이터를 확인하면서 컨트롤의 크기나 위치를 조정하거나 필드를 추가하는 등의 편집 작업이 가능하다.
③ 디자인 보기는 데이터가 표시된 상태에서 직접 크기나 위치를 조정할 수 있으며 컨트롤 도구를 이용하여 디자인할 수 있다.
④ 보고서 보기는 데이터를 스크롤하며 확인하는 읽기 전용 보기로, 인쇄 설정이나 디자인 편집은 불가능하다.

46

다음의 VBA 코드를 실행했을 때, 메시지 상자에 표시되는 결괏값으로 옳은 것은?

Dim str As String
Dim text As String
str = "AccessVBA"
text = Mid(str,3,4) & "-" & Left(str,2) & "-" & Right(str,3)
MsgBox text

① cess-Ac-ABA
② cess-Ac-AVB
③ cess-Ac-VBA
④ cces-Ac-VBA

47

다음 중 Access에서 연산자를 활용한 조건 설정 및 해석에 대한 설명으로 옳지 않은 것은?

① LIKE "김?"은 "김"으로 시작하고 두 글자짜리 문자열을 찾는다.
② BETWEEN 10 AND 20은 10보다 크고 20보다 작은 값을 표시한다.
③ 등급 〈〉 "VIP"는 등급이 "VIP"가 아닌 모든 레코드를 의미한다.
④ NOT 등급 = "VIP" OR 지역 = "서울"은 등급이 "VIP"가 아니거나 지역이 "서울"인 레코드를 찾는다.

48

폼에 삽입된 텍스트 상자 컨트롤에 [성별] 필드(데이터 형식: Yes/No)를 바운드하려고 한다. 해당 컨트롤의 형식 속성에 값을 설정하여, 성별 필드 값이 Yes일 때는 "남", No일 때는 "여"로 표시하려고 할 때, 형식 설정값으로 옳은 것은?

① "남/여"
② "YES=남;NO=여"
③ "남";"여"
④ ;₩남;₩여

49

다음 중 하위 폼을 이용한 폼 작성에 대한 설명으로 옳지 않은 것은?

① 기본 폼과 하위 폼을 연결할 필드의 데이터 형식은 같거나 호환되어야 한다.
② 하위 폼의 데이터 원본은 테이블, 쿼리, 또는 폼으로 지정할 수 있으며, 레이블 컨트롤도 원본으로 사용할 수 있다.
③ 기본 폼은 단일 폼 형태로만, 하위 폼은 단일 폼/연속 폼/데이터 시트 형태로 표시할 수 있다.
④ 하위 폼은 독립적인 폼이지만, 메인 폼과 연결되면 해당 레코드에 종속된 데이터를 자동으로 표시할 수 있다.

50

다음 중 주문 테이블에서 고객ID가 'C001'이고 지역이 '부산'이며 품목이 '전자제품'인 주문 건수를 구하고자 할 때, 정확하게 계산할 수 있는 DCount 함수로 옳은 것은?

① DCount("*","주문","고객ID = 'C001' AND 지역 = '부산' AND 품목 = '전자제품'")
② DCount("*",주문,고객ID = 'C001' AND 지역 = '부산' AND 품목 = '전자제품')
③ DCount("[고객ID]","주문","고객ID = 'C001' AND 지역 = '부산' AND 품목 = '전자제품'")
④ DCount("*","주문","고객ID = 'C001' & 지역 = '부산' & 품목 = '전자제품'")

51

다음 중 아래의 Access VBA 이벤트 프로시저 코드 조각에 대한 설명으로 옳지 않은 것은?

```
Private Sub btn작업수행_Click()
    DoCmd.OpenReport "월간보고서",acViewPreview
    DoCmd.OpenReport "상품분석",acViewDesign
    DoCmd.Close acReport,"판매현황"
End Sub
```

① "월간보고서"는 인쇄 미리 보기 형태로 열린다.
② "상품분석" 보고서는 디자인 편집이 가능한 상태로 열린다.
③ "판매현황"이라는 이름의 보고서 개체를 삭제한다.
④ btn작업수행 단추를 클릭하면 위 세 개의 명령이 순서대로 실행된다.

52

다음 중 하위 폼에 대한 설명으로 옳지 않은 것은?

① 하위 폼은 메인 폼과 연결되어 있을 경우, 메인 폼의 현재 레코드에 따라 관련된 데이터만 표시된다.
② 하위 폼은 일반적으로 하위 폼 컨트롤에 삽입되며, 데이터 원본으로 폼, 쿼리, 테이블 등을 사용할 수 있다.
③ 하위 폼은 폼 보기, 데이터 시트 보기, 연속 폼 보기 등 다양한 보기 형식으로 표시 가능하다.
④ 여러 개의 연결 필드를 지정하려면 콜론(:)으로 필드명을 구분하여 입력한다.

53

다음 중 폼에서 컨트롤의 '탭 순서'에 대한 설명으로 옳지 않은 것은?

① 기본적으로 컨트롤을 작성한 순서대로 탭 순서가 설정되며, 이를 변경하려면 [디자인 보기]에서 [탭 순서] 창을 사용한다.
② 레이아웃 보기에서는 컨트롤을 드래그하여 시각적 위치를 변경할 수 있지만, 탭 순서는 자동으로 따라서 바뀌지 않는다.
③ 탭 순서에서 특정 컨트롤을 제외하려면 컨트롤의 [탭 정지] 속성을 '아니오'로 설정한다.
④ 마법사로 폼을 만든 경우, 컨트롤이 폼에 표시되는 순서는 '위쪽에서 아래쪽 및 왼쪽에서 오른쪽'의 순서로 탭 순서가 결정되며 레이블 컨트롤에도 탭 순서를 지정할 수 있다.

54

다음 중 폼의 디자인 보기 상태에서 [정렬]-[크기 및 순서 조정]-[크기/공간]을 이용하여 수행하는 작업에 대한 설명으로 옳지 않은 것은?

① [간격]-[가로 간격 넓게]는 선택한 컨트롤들 사이의 수평 간격을 조금 더 넓히는 것으로 가장 왼쪽 컨트롤의 위치는 변하지 않는다.
② [그룹화]-[그룹]은 여러 컨트롤을 하나의 개체처럼 묶어 이동 가능하며, 필요시 그룹 해제도 가능하다.
③ [크기]-[자동]은 선택한 컨트롤의 너비 또는 높이를 해당 컨트롤 내용에 맞게 자동 조정해 준다.
④ [눈금]-[눈금]은 눈금자를 표시하거나 숨기며 인쇄 결과에 영향을 주지 않는다.

55

다음 중 아래의 봉사기관 테이블과 봉사내역 테이블의 관계 설정에 대한 설명으로 옳지 않은 것은?

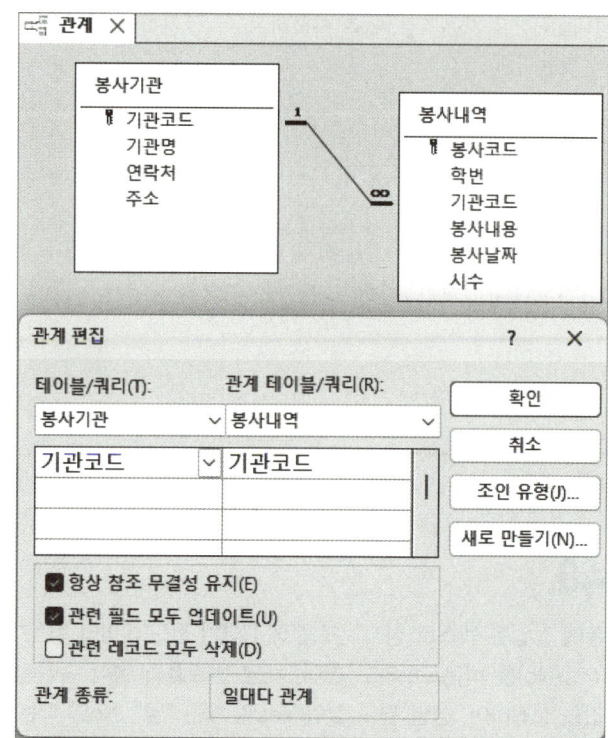

① 참조 무결성이 설정되면 외래 키 필드는 항상 유효한 기본 키값을 참조해야 하며, 이를 통해 테이블 간 데이터 일관성을 유지할 수 있다.
② [봉사내역] 테이블의 레코드를 삽입할 경우에는 참조 무결성이 위배되지 않는다.
③ 참조 무결성 설정 시, '관련 필드 모두 업데이트' 옵션을 통해 기본 키가 변경되면 연결된 외래 키 필드도 자동으로 함께 변경될 수 있다.
④ '관련 필드 모두 업데이트' 옵션이 설정되어 있으므로, [봉사기관]의 [기관코드] 값이 변경되면 [봉사내역]의 관련 필드도 자동으로 함께 변경된다.

56

다음 중 아래의 조건을 모두 만족하는 보고서를 디자인할 때, 요구 조건을 반영한 결과로 옳은 것은?

- 보고서 시작 시 제목을 한 번만 출력한다.
- 고객ID를 기준으로 그룹화하고, 각 고객마다 관련 주문을 정렬하여 출력한다.
- 그룹마다 합계를 계산해 표시하고, 반복되는 고객ID는 한 번만 나타나게 한다.

① 보고서 머리글은 각 페이지마다 반복 출력되며, 고객ID는 그룹 바닥글에 요약 계산 없이 반복 표시된다.
② 정렬 기준은 설정할 수 있으나, 그룹화 기능은 중복 제거 기능과 병행하여 사용할 수 없다.
③ 그룹 바닥글에는 계산식을 삽입할 수 있으며, 고객ID 필드에는 '중복 내용 숨기기'를 설정하여 반복 출력을 방지할 수 있다.
④ 보고서 머리글은 각 그룹마다 반복되며, 그룹 바닥글은 요약 정보 표시가 불가능하다.

57

다음 중 테이블의 필드에 Excel 파일을 삽입하고자 할 때 가장 적절한 데이터 형식은?

① 텍스트
② 하이퍼링크
③ 첨부파일
④ 자동번호

58

다음 중 데이터베이스 정규화에 대한 설명으로 옳지 않은 것은?

① 정규화는 데이터 중복을 줄이고 삽입, 삭제, 갱신 시 발생할 수 있는 이상 현상(Anomaly)을 방지하는 것이 목적이다.
② 제1 정규형(1NF)을 만족하려면 모든 속성이 반복 그룹 없이 원자값이어야 한다.
③ 삽입 이상은 일부 정보만으로도 레코드를 삽입할 수 있을 때 발생한다.
④ 갱신 이상은 동일한 정보가 여러 군데 저장되어 있어 일관되게 수정하기 어려운 경우를 말한다.

59

다음 중 필드 이름을 지정하는 규칙으로 옳지 않은 것은?

① 영문자, 숫자, 밑줄(_)을 조합하여 만들 수 있으며, 한글도 사용할 수 있다.
② 필드 이름에 공백을 포함할 수 있으며 하나의 테이블 내에서 필드 이름이 중복될 수 없다.
③ 숫자를 포함하여 만들 수 있으며 공백으로 시작할 수 있다.
④ 마침표(.), 느낌표(!), 대괄호([ ])의 특수문자는 사용할 수 없으며 최대 64자까지 사용할 수 있다.

60

다음 중 하위 폼에 대한 설명으로 옳지 않은 것은?

① 하위 폼은 메인 폼의 레코드에 따라 관련된 데이터를 자동으로 표시할 수 있으며, 연속 폼 보기나 데이터시트 보기 등 다양한 형식으로 표시할 수 있다.
② 기본 폼과 하위 폼을 연결할 필드의 데이터 형식은 같거나 호환되어야 한다.
③ 기본 폼과 하위 폼에서 기본 폼은 연속 폼으로만 표시할 수 있다.
④ 하위 폼은 독립적으로도 실행 가능하지만 일반적으로 메인 폼과 연결되어 사용한다.

답 없이 푸는 제3회 기출변형문제

2025년 시행 상시시험

● 제한시간: 60분   ● 점수: 1과목 _____ / 100점, 2과목 _____ / 100점, 3과목 _____ / 100점

정답과 해설 15쪽

※ 문항당 5점

1과목 컴퓨터 일반

01
다음 중 거래 정보가 네트워크 참여자 모두에게 분산되어 공유되며, 암호화 기법을 활용해 데이터 위·변조를 방지하고 신뢰성을 확보하는 기술로 옳은 것은?

① 사물 인터넷(IoT)
② 엣지 컴퓨팅
③ 블록체인
④ 클라우드 백업

02
다음 중 컴파일러(Compiler)와 인터프리터(Interpreter)의 차이에 대한 설명으로 옳지 않은 것은?

① 컴파일러는 전체 소스를 번역하여 목적 프로그램을 생성한 후 실행하고, 인터프리터는 명령 단위로 해석하며 실행 시점에 즉시 동작한다.
② 인터프리터 방식은 실행 전에 전체 오류를 확인할 수 있다는 장점이 있다.
③ C, C++ 언어는 일반적으로 컴파일러를 사용하며 실행 속도가 빠르다.
④ Python과 JavaScript는 인터프리터 방식으로 동작하며, 코드 수정 후 즉시 실행·테스트하기에 유리하다.

03
다음 중 펌웨어(Firmware)에 대한 설명으로 가장 옳지 않은 것은?

① 펌웨어는 ROM, EEPROM, Flash Memory 등에 저장되며, 전자 장치의 기본 동작을 제어한다.
② 소프트웨어의 업그레이드만으로도 기능을 향상시킬 수 있다.
③ 펌웨어는 운영체제처럼 사용자가 직접 실행하고 수시로 내용을 변경하며 사용하는 소프트웨어이다.
④ 일부 장치는 제조사에서 제공하는 펌웨어 업데이트를 통해 보안 개선이나 기능 향상이 가능하다.

04
다음 중 Windows 10의 가상 데스크톱 기능에 대한 설명으로 옳지 않은 것은?

① 가상 데스크톱을 생성하면 작업 환경이 분리되며, 창을 서로 다른 데스크톱 간에 이동시킬 수 있다.
② ⊞+Ctrl+D를 누르면 새 가상 데스크톱이 생성되고, ⊞+Ctrl+방향키로 전환이 가능하다.
③ 각 가상 데스크톱은 작업표시줄에 서로 다른 앱 상태를 기본적으로 개별 표시한다.
④ 가상 데스크톱 화면을 닫으려면 Ctrl+⊞+F4를 누른다.

05

다음 중 시스템 버스에 대한 설명으로 옳지 않은 것은?

① 데이터 버스는 CPU와 메모리 또는 입출력 장치 간에 데이터를 주고받는 양방향 통신 경로이다.
② 주소 버스는 메모리나 장치의 위치를 지정하며, 버스 폭이 넓을수록 더 많은 주소 공간을 지정할 수 있다.
③ 제어 버스는 데이터를 전송하는 데 사용되며, 실제 데이터가 오가는 통로로서 양방향으로 작동한다.
④ 시스템 버스는 전달하는 신호 형태에 따라 데이터 버스, 주소 버스, 제어 버스로 구성되며, 각각의 기능이 분리되어 있다.

06

다음 중 IMAP과 SMTP의 기능 비교에 대한 설명으로 옳지 않은 것은?

① IMAP은 수신된 이메일을 서버에 보관하며 여러 클라이언트 간 상태를 동기화할 수 있다.
② SMTP는 이메일을 수신한 클라이언트가 서버에서 메일을 가져오는 데 사용된다.
③ SMTP는 메일 전송용, IMAP은 메일 수신 및 동기화용으로 사용된다.
④ IMAP은 메일 읽음/삭제 상태가 서버에 저장되어 여러 장치에서 동일한 상태를 유지할 수 있다.

07

다음 중 CPU의 구성 요소와 그 기능에 대한 설명으로 옳지 않은 것은?

① 프로그램 카운터는 다음에 실행할 명령어의 메모리 주소를 저장하며, 명령어 순차 실행을 제어한다.
② 명령 레지스터는 현재 실행 중인 명령어를 저장하고, 명령 해독기는 이를 분석하여 제어 신호를 생성한다.
③ 누산기는 연산 결과를 임시로 저장하는 레지스터로, 산술 및 논리 연산에서 ALU와 함께 사용된다.
④ 명령 해독기는 산술 연산 결과를 외부 장치로 전달하고 출력 신호를 생성하는 역할을 한다.

08

다음 중 웹 브라우저의 쿠키(Cookie) 및 인터넷 사용과 관련된 설명으로 옳지 않은 것은?

① 웹사이트가 사용자 브라우저에 저장하는 정보로, 로그인 유지, 장바구니 정보 기억 등에 활용된다.
② 사용자는 웹 브라우저 설정을 통해 쿠키 저장 여부를 조절하거나 쿠키를 삭제할 수 있다.
③ 웹사이트 방문 기록, 사용자 선호도 등을 기반으로 맞춤형 광고나 사용자 환경을 제공하는 데 사용된다.
④ 주로 사용하는 사이트의 자료를 저장한 후 다시 동일한 사이트 접속 시 자동으로 자료를 불러온다.

09

다음 중 사용자가 인터넷을 통해 서버, 스토리지, 애플리케이션 등 IT 자원을 필요한 만큼 빌려 쓰고, 사용한 만큼 과금되는 서비스 형태로 옳은 것은?

① 엣지 컴퓨팅(Edge Computing)
② 클라우드 컴퓨팅(Cloud Computing)
③ 유비쿼터스 컴퓨팅(Ubiquitous Computing)
④ 증강 현실(Augmented Reality)

10

다음 중 인터럽트(Interrupt)에 대한 설명으로 옳지 않은 것은?

① 인터럽트는 CPU가 실행 중인 작업을 일시 중단하고, 긴급한 작업을 먼저 처리할 수 있도록 신호를 전달하는 방식이다.
② 소프트웨어 인터럽트는 운영체제가 외부 장치의 요청을 감지하여 발생하는 이벤트로, 주로 키보드나 마우스 입력과 관련있다.
③ 인터럽트가 발생하면 현재 작업의 상태를 저장한 후, 인터럽트 서비스 루틴을 실행하고, 작업으로 복귀한다.
④ 인터럽트는 우선순위나 벡터를 이용하여 여러 개가 동시에 발생해도 순차적으로 처리할 수 있다.

11

다음 중 방화벽(Firewall)에 대한 설명으로 옳지 <u>않은</u> 것은?

① 방화벽은 네트워크의 출입구 역할을 하며, IP 주소나 포트 번호 등을 기준으로 외부 접근을 제어한다.
② 상태 저장 검사형 방화벽은 세션의 연결 상태를 추적하여 보다 정교한 제어가 가능하다.
③ 방화벽은 생체 인증과 같은 사용자 인증 정보를 기반으로 트래픽을 필터링한다.
④ 권한이 없는 사용자가 네트워크를 통해 컴퓨터에 액세스하는 것을 방지한다.

12

다음 중 브리지(Bridge)에 대한 설명으로 옳지 <u>않은</u> 것은?

① 같은 네트워크 내에서 MAC 주소를 기반으로 데이터 프레임을 전달하는 장치이다.
② 브리지는 목적지 MAC 주소를 확인한 뒤, 필요한 포트로만 프레임을 전송함으로써 충돌 도메인을 분할할 수 있다.
③ 브리지는 네트워크 계층에서 IP 주소 기반의 경로 설정 기능을 수행하며, 라우팅 테이블을 관리한다.
④ 두 개의 근거리 통신망을 상호 접속할 수 있도록 하는 통신망 연결 장치이다.

13

다음 중 라우터(Router)에 대한 설명으로 옳지 <u>않은</u> 것은?

① 라우터는 OSI 3계층인 네트워크 계층에서 동작하며, 패킷의 목적지 IP 주소를 분석해 최적 경로로 전달한다.
② 라우터는 여러 개의 네트워크를 연결하여, 서로 다른 IP 네트워크 간 데이터 통신을 가능하게 한다.
③ 라우터는 MAC 주소 정보를 이용해 네트워크 트래픽을 분석하고, 물리 계층에서 동작하는 장비이다.
④ 라우터는 내부적으로 라우팅 테이블을 이용하여 경로를 설정하고, 목적지까지의 효율적인 전달을 수행한다.

14

다음 중 Windows에서 드라이브 오류 검사를 수행하는 목적과 방법에 대한 설명으로 옳지 <u>않은</u> 것은?

① 드라이브 오류 검사는 파일 시스템 구조 손상이나 배드 섹터 등을 찾아내고 복구할 수 있어, 디스크 무결성을 유지하는 데 유용하다.
② chkdsk 명령어는 명령 프롬프트에서 실행하며, 검사 과정 중 시스템이 재부팅을 요청할 수 있으며 재부팅 후 검사·복구 작업이 진행될 수 있다.
③ 파일 탐색기에서 해당 드라이브를 우클릭 후 [속성] - [도구] 탭의 오류 검사 항목을 이용한다.
④ 오류 검사 도구는 시스템 메모리와 바이러스 감염 여부를 우선 검사하여 보안 취약점을 제거하고, 그 후 디스크 배드 섹터를 확인한다.

15

다음 중 Windows에서 기본 제공되는 '캡처 및 스케치(Snip & Sketch)' 도구에 대한 설명으로 가장 옳지 <u>않은</u> 것은?

① 사각형, 자유형, 창 캡처 등 다양한 영역 캡처가 가능하며, 캡처 후 펜 도구 등을 이용해 바로 편집할 수 있다.
② 단축키 ⊞+Shift+S를 이용하면 별도의 앱 실행 없이 캡처 도구를 바로 사용할 수 있다.
③ 캡처한 이미지는 자동으로 클립보드에 복사되며, 필요시 다른 응용 프로그램에 붙여넣을 수 있다.
④ 긴 웹 페이지를 아래로 스크롤하며 전체 화면을 자동으로 캡처할 수 있는 기능이 내장되어 있다.

16

다음 중 입력장치에 대한 설명으로 옳지 <u>않은</u> 것은?

① OMR은 사용자가 작성한 문자의 모양을 분석하여 문자로 변환하는 데 사용된다.
② OCR은 광학적으로 문자 모양을 인식하고, MICR은 자기 잉크로 인쇄된 문자를 자기장 방식으로 인식한다.
③ BCR(Bar Code Reader)은 광학 센서를 사용하여 데이터를 읽으며, 바코드 형식에 따라 1D 또는 2D 방식이 있다.
④ BCR(Bar Code Reader)은 바코드의 막대와 공백의 폭을 판독하여 숫자나 문자를 추출한다.

17

다음 중 Windows 10의 잠금 화면 설정에 대한 설명으로 옳지 않은 것은?

① 잠금 화면의 배경은 Windows 추천 화면, 사진, 슬라이드 쇼 중에서 선택할 수 있다.
② 메일, 일정, 날씨 등 일부 앱은 잠금 화면에 상태 정보를 표시하도록 설정할 수 있다.
③ 잠금 화면에 세부 상태를 표시할 앱을 여러 개 설정이 가능하다.
④ 슬라이드 쇼 배경을 선택하면 지정된 폴더의 이미지가 순차적으로 표시된다.

18

다음 중 MIDI(Musical Instrument Digital Interface)에 대한 설명으로 옳지 않은 것은?

① MIDI는 연주 정보를 디지털 신호로 주고받는 방식으로, 음의 높이, 길이, 속도 등과 같은 정보를 저장한다.
② MIDI 파일은 용량이 작고, 다양한 악기 음색으로 편곡이 가능하며, 연주 장치에 따라 음질이 달라질 수 있다.
③ MIDI는 실제 음향 데이터를 저장하므로, MP3나 WAV 파일보다 더 사실적인 사운드를 제공한다.
④ MIDI는 작곡 프로그램, 디지털 악기, 사운드 모듈 등과 연동되어 다양한 음악 제작 환경에서 사용된다.

19

다음 중 운영체제의 처리방식에 대한 설명으로 옳지 않은 것은?

① 실시간 처리 시스템은 입력에 대해 즉시 반응하며, 정해진 시간 내에 결과를 출력해야 하는 특성을 가진다.
② 시분할 시스템은 하나의 CPU에서 여러 사용자 프로그램을 동시에 실행하며, 사용자 응답 시간을 길게 하여 처리 정확성을 높인다.
③ 다중 프로그래밍 시스템은 여러 개의 프로그램을 메모리에 적재하여 CPU의 유휴 시간을 줄이고 자원을 최대한 활용하는 데 목적이 있다.
④ 다중 처리 시스템은 둘 이상의 CPU를 활용해 작업을 병렬로 처리할 수 있어, 시스템 처리 능력과 신뢰성을 향상시킨다.

20

다음 중 파일 감염 바이러스 유형에 대한 설명으로 옳지 않은 것은?

① 기생형 바이러스는 정상 실행 파일 내부에 자신의 코드를 삽입하여 원래 프로그램과 함께 실행되도록 한다.
② 산란형 바이러스는 원래 파일을 삭제하고 동일한 이름의 바이러스 파일을 생성하는 방식으로 감염을 유도한다.
③ 연결형 바이러스는 실행 파일의 일부 코드에 바이러스를 덮어씌워 원본 기능을 유지하며 작동한다.
④ 겹쳐쓰기형 바이러스는 원래 실행 파일의 일부를 손상시키며, 감염된 파일은 원래 기능을 잃는 경우가 많다.

2과목 스프레드시트 일반

21

다음 중 사용자 지정 표시 형식에 대한 설명으로 옳지 않은 것은?

① 사용자 지정 표시 형식은 [양수];[음수];[0];[텍스트]의 구조로 최대 4가지 형식을 한 번에 지정할 수 있다.
② ;;; 형식은 모든 값을 화면에 표시하지 않고 숨기지만, 실제 셀의 데이터는 그대로 유지된다.
③ 사용자 지정 표시 형식 #,##0;[빨강]-#,##0;"합계없음"은 0일 경우 "합계없음"으로 표시되며, 음수는 빨간색으로 표시된다.
④ 사용자 지정 표시 형식 #,##0;#,##0;#,##0;"TEXT"는 텍스트 입력 시 입력한 내용을 그대로 표시하고, 숫자는 각 구간에 맞춰 정상 표시된다.

22

다음은 [A1:A4]에 실제로 입력되어 있는 값을 나타내고 있다. 이에 대한 설명 중 옳지 <u>않은</u> 것은?

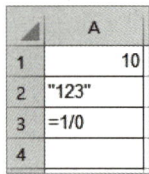

① =ISODD(A1) → 결과: FALSE, =ISEVEN(A1) → 결과: TRUE
② =ISNUMBER(A2) → 결과: FALSE, =TYPE(A2) → 결과: 1
③ =ISERR(A3) → 결과: TRUE, =ISERROR(A3) → 결과: TRUE
④ =ISBLANK(A4) → 결과: TRUE, =CELL("type",A4) → 결과: b

23

다음 중 아래의 피벗 테이블에 대한 설명으로 옳지 <u>않은</u> 것은?

① 피벗 테이블은 원본 데이터를 바탕으로 각 지역별로 '식품'과 '의류'의 매출 합계를 계산하고, 이를 모두 합산한 전체 매출액을 표시한다.
② 행 필드의 정렬은 기본적으로 오름차순으로 이루어지며, 불필요한 공백이나 특수 문자가 있으면 정렬이 의도한 대로 이루어지지 않을 수 있다.
③ 피벗 테이블은 원본에 없는 필드를 자동으로 생성하지 않으나, 사용자가 계산 필드를 통해 새로운 항목을 추가할 수 있다.
④ 피벗 테이블이 선택된 상태에서 [삽입]-[차트] 그룹의 세로 막대형 차트를 추가하면 Chart 시트에 피벗 차트가 작성된다.

24

다음 중 [페이지 설정] 기능에 대한 설명으로 옳지 <u>않은</u> 것은?

① [페이지 설정]의 [여백] 탭에서 '가로' 및 '세로' 가운데 맞춤을 설정하면, 인쇄물에서 데이터가 용지의 중앙에 위치하게 된다.
② '자동 맞춤'은 내용을 페이지 범위 내에 들어오도록 자동으로 축소 조정하는 기능이다.
③ '자동 맞춤'과 '확대/축소 배율' 기능은 [페이지 설정] 대화상자의 [페이지] 탭에서 설정할 수 있다.
④ '확대/축소 배율' 기능을 사용하면 인쇄되는 셀의 크기와 글꼴 크기에는 영향을 주지 않으며, 인쇄 여백만 조정된다.

25

다음 중 분석 기능에 대한 설명으로 옳지 <u>않은</u> 것은?

① '목표값 찾기'는 수식이 입력된 셀의 값을 특정 값으로 만들기 위해, 하나의 입력 셀 값을 엑셀이 자동으로 조정하는 기능이다.
② '통합' 기능은 여러 워크시트에서 동일한 위치에 있는 데이터를 연결해야만 사용할 수 있으며, 항목 레이블을 기준으로 병합할 수 없다.
③ '시나리오' 기능은 다양한 입력값 조합을 시나리오로 저장하고 전환하여 가정 분석을 할 수 있으며, 최대 32개의 셀 값을 하나의 시나리오에 정의할 수 있다.
④ '피벗 테이블'은 원본 데이터를 기반으로 요약, 분석, 그룹화가 가능하며, 필드를 드래그하여 자유롭게 레이아웃을 변경할 수 있다.

26

다음 중 아래의 데이터를 기준으로 수식을 실행했을 때의 결과로 옳지 <u>않은</u> 것은?

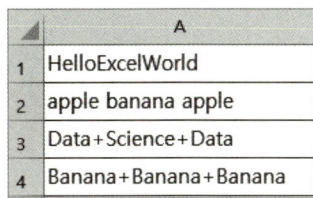

① =REPLACE(A1,6,5,"Data")
→ 결과: "HelloDataWorld"
② =SUBSTITUTE(A2,"apple","orange",2)
→ 결과: "apple banana orange"
③ =SUBSTITUTE(A3,"Data","Info",1)
→ 결과: "Info+Science+Data"
④ =SUBSTITUTE(A4,"Banana","Apple",2)
→ 결과: "Apple+Banana+Banana"

27

다음 중 [페이지 설정] 대화상자에 대한 설명으로 옳지 <u>않은</u> 것은?

① [페이지] 탭에서는 용지 방향, 인쇄 배율, 한 페이지에 맞추기 등의 옵션을 설정할 수 있으며, 머리글/바닥글 크기도 자동으로 조정된다.
② [여백] 탭에서는 가로 및 세로 가운데 맞춤을 설정할 수 있고, 여백 값은 사용자가 직접 수치로 조정할 수 있다.
③ [시트] 탭에서는 인쇄할 제목 행과 열을 반복하도록 지정하거나, 인쇄할 셀 범위와 셀 눈금선 표시 여부를 설정할 수 있다.
④ 페이지 설정 대화상자에서의 설정 내용은 인쇄 미리 보기에서 확인할 수 있으며, 인쇄 결과에 그대로 반영된다.

28

다음 중 [매크로 기록] 대화상자에 대한 내용으로 설명으로 옳지 <u>않은</u> 것은?

① 매크로 이름은 영문자 또는 밑줄(_)로 시작해야 하며, 공백이나 대부분의 특수문자는 사용할 수 없다.
② 바로 가기 키는 Ctrl과 영문자(대소문자 구분 포함) 조합만 사용할 수 있으며, Shift를 함께 누르면 대문자 키로 지정된다.
③ [매크로 기록] 대화상자에서는 매크로 설명과 저장 위치를 지정할 수 있으며, 매크로의 자동 실행 여부도 함께 설정할 수 있다.
④ 저장 위치는 '이 통합 문서', '새 통합 문서', '개인 매크로 통합 문서' 중에서 선택할 수 있으며, 다른 파일에서도 사용하려면 개인 매크로 통합 문서에 저장하는 것이 적절하다.

29

다음 중 비주얼 베이직 에디터를 실행하거나 사용하는 방법에 대한 설명으로 옳지 <u>않은</u> 것은?

① 비주얼 베이직 에디터에서는 한 개의 표준 모듈(Module)에 여러 개의 Sub 또는 Function 프로시저를 작성할 수 있다.
② Alt+F11 단축키는 엑셀에서 비주얼 베이직 에디터를 즉시 실행하는 데 사용된다.
③ 코드 창에 작성된 VBA 프로시저는 셀에 자동으로 반영되며, 별도의 명령 없이 셀에 결과가 실시간으로 적용된다.
④ [매크로 기록] 기능으로 작성한 코드도 비주얼 베이직 에디터에서 확인하고 수정할 수 있다.

30

다음의 [A1:C6] 영역의 데이터를 이용하여 부서별 점수가 85점 이상인 인원수를 [F2:F4] 영역에 계산하려고 한다. [F2] 셀에 수식을 작성한 뒤에 채우기 핸들을 사용하여 [F4] 셀까지 수식 복사할 경우 [F2] 셀에 입력할 수식으로 옳지 않은 것은?

	A	B	C	D	E	F
1	이름	부서	점수		부서	인원수
2	수현	영업팀	85		영업팀	
3	모찌	인사팀	90		인사팀	
4	마리	영업팀	88		개발팀	
5	달콤	개발팀	75			
6	민기	영업팀	92			

① =SUM(($B$2:$B$6=E2)*($C$2:$C$6>=85))
② =COUNT(($B$2:$B$6=E2)*($C$2:$C$6>=85))
③ =SUMPRODUCT(($B$2:$B$6=E2)*($C$2:$C$6>=85))
④ =SUM(IF(($B$2:$B$6=E2)*($C$2:$C$6>=85),1,0))

31

다음의 [A1:C7] 영역의 데이터를 이용하여 부서별 최대점수를 [F2:F4] 영역에 계산하려고 한다. [F2] 셀에 배열 수식을 입력한 뒤 [F4] 셀까지 자동 채우기를 하려고 할 때, [F2] 셀에 들어가야 할 수식으로 옳은 것은?

	A	B	C	D	E	F
1	이름	부서	점수		부서	최대점수
2	수현	영업부	85		영업부	92
3	모찌	총무부	90		총무부	90
4	마리	영업부	92		개발부	88
5	달콤	개발부	88			
6	민기	영업부	79			
7	라레	개발부	77			

① =MAX(IF($B$2:$B$7=E2,$C$2:$C$7))
② =IF($B$2:$B$7="영업부",MAX($C$2:$C$7))
③ =MAX(C2:C6,IF($B$2:$B$7=E2,$C$2:$C$7))
④ =IF(MAX($B$2:$B$7)=E2,MAX($C$2:$C$7))

32

다음은 학과별 전형과 합격인원이 정리된 표이다. 아래의 범위를 활용하여 전형별 합격 인원 범위 분포를 구하고자 한다. [C11] 셀에 입력될 올바른 배열 수식은?

	A	B	C	D
1		학과명	합격인원	전형
2		DB	25	수시
3		AI	8	정시
4		컴공	18	수시
5		콘텐츠	22	수시
6		경영	32	수시
7		스마트AI	12	정시
8				
9	전형별 합격 인원 범위 분포			
10		합격인원	수시	정시
11		1명 ~ 10명	0	1
12		11명 ~ 20명	1	1
13		21명 ~ 30명	2	0
14		31명 ~ 40명	1	0

① =FREQUENCY(IF($D$2:$D$7=C$10,$C$2:$C$7),$B$11:$B$14)
② =FREQUENCY($C$2:$C$7,$B$11:$B$14)
③ =FREQUENCY(IF($D$2:$D$7=C$10,$C$2:$C$7),$A$11:$A$14)
④ =FREQUENCY(IF($C$2:$D$7=C$10,$C$2:$C$7),$A$11:$A$14)

33

다음 중 회사의 판매 실적 보고서 작성 시 아래의 조건에 맞는 셀을 표시할 때 사용자 지정 표시 형식으로 옳은 것은?

- 양수: 천 단위 구분 기호(쉼표)를 사용하여 일반 숫자로 표시
- 음수: 빨간색으로 표시하며 앞에 "-" 기호를 붙여 표시
- 0: "매출없음"이라는 텍스트로 표시
- 텍스트: 입력한 텍스트를 그대로 표시

① #,##0;[빨강]-#,##0;"매출없음";@
② #,##0;[빨강]-#,##0;"매출없음";"@"
③ #,##0;[빨강]-#,##0;"매출 없음";@
④ #,##0;[빨강]-#,##0;"매출없음";

34

다음 중 데이터 유효성 검사(Data Validation) 기능에 대한 설명으로 옳지 않은 것은?

① '정수' 또는 '사용자 지정' 유형을 통해 입력값을 수식으로 제한하거나 특정 범위의 숫자만 허용할 수 있다.
② '오류 메시지'의 스타일을 '중지'로 설정하면 잘못된 값을 입력해도 경고창만 표시되고 입력은 계속된다.
③ 목록은 쉼표로 구분된 값들("남자,여자")을 직접 입력하거나 셀 범위를 지정할 수 있다.
④ '설명 메시지'는 셀을 선택했을 때 사용자에게 안내 문구를 표시하며, 입력 전 정보를 미리 제공할 수 있다.

35

다음 중 엑셀의 '정렬' 기능에 대한 설명으로 옳지 않은 것은?

① 정렬을 수행하면 선택한 열 기준으로 셀의 내용을 오름차순 또는 내림차순으로 재배열할 수 있으며, 텍스트는 알파벳순으로, 숫자는 크기순으로 정렬된다.
② '사용자 지정 목록'을 이용하면 요일이나 부서명 등 고정된 순서를 가지는 텍스트 데이터를 원하는 순서대로 정렬할 수 있다.
③ 정렬은 셀 병합이 포함된 경우에도 오류 없이 수행되며, 자동으로 병합된 셀 기준으로 데이터를 나열한다.
④ 필터가 적용된 표에서도 정렬 기능은 사용 가능하며, 셀 색, 글꼴 색, 아이콘 등으로 정렬 기준을 확장할 수 있다.

36

다음 중 아래와 같은 상황에서 사용할 수 있는 엑셀 도구의 조합으로 옳은 것은?

- 상황 1: 이자율 변화에 따른 수익을 자동으로 비교한다.
- 상황 2: 원하는 수익이 10억원이 되도록 필요한 입력값을 역산한다.
- 상황 3: 다양한 마케팅 전략별 가정을 비교한다.

① 피벗테이블 / 시나리오 / 목표값 찾기
② 시나리오 / 데이터 표 / 피벗테이블
③ 데이터 표 / 목표값 찾기 / 시나리오
④ 목표값 찾기 / 데이터 표 / 시나리오

37

다음 중 아래의 조건을 만족하는 사용자 지정 서식으로 옳은 것은?

- 양수: 천 단위 구분 기호와 "원"을 붙여 파란색으로 표시한다.
- 음수: 괄호로 감싸서 빨간색으로 표시한다.
- 0: 하이픈(-)만 표시한다.
- 텍스트: 해당 텍스트를 표시하지 않도록 숨김 처리한다.

① [파랑]#,##0"원";[빨강](#,##0);"-";"숨김"
② [파랑]#,##0"원";[빨강](#,##0);"-";""
③ [빨강](#,##0);[파랑]#,##0"원";"-0";""
④ [파랑]#,##0"원";[빨강]-#,##0;"-";"텍스트는 보이지않음"

38

다음 중 아래의 '매크로' 대화상자에 대한 설명으로 옳지 않은 것은?

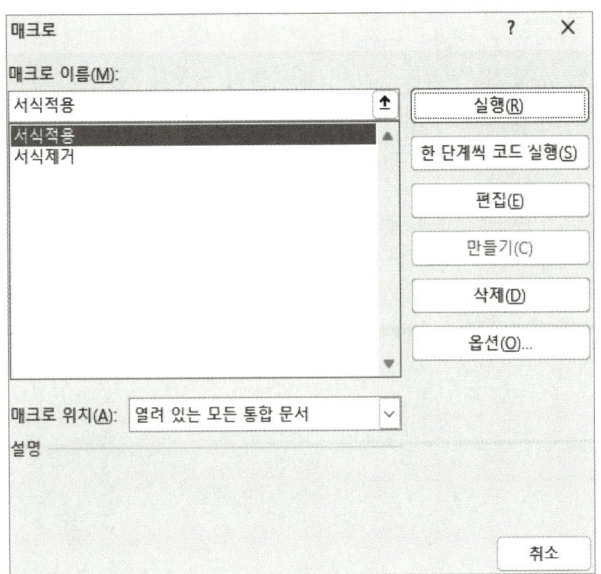

① '서식적용' 매크로에는 Ctrl+Shift+Q 단축키가 지정되어 있으므로, 실행 시 Ctrl과 대문자 Q를 동시에 누르면 된다.
② '서식적용' 매크로는 '열려 있는 모든 통합문서'에서 사용할 수 있도록 설정되어 있다.
③ 동일한 통합문서에서 매크로 이름이 중복될 경우, 나중에 저장한 매크로가 자동으로 덮어쓴다.
④ '한 단계씩 코드 실행'은 VBA에서 매크로 코드를 한 줄씩 순차적으로 실행하며 흐름을 추적할 수 있는 기능으로, F8을 이용해 실행할 수 있다.

39

다음의 워크시트에서 입력된 수식의 결과 옳지 않은 것은?

	A	B	C
1	1	2	3
2	4	5	6
3	7	8	9

① =COLUMNS(INDIRECT("A2:C2")) → 결과: 3
② =ROWS(TRANSPOSE({1,2,3;4,5,6})) → 결과: 3
③ =INDEX(TRANSPOSE(A3:C3),ROWS(A1:A2))
  → 결과: 8
④ =XMATCH("오렌지",{"사과","바나나","오렌지","포도"},0,-1) → 결과: -2

40

다음은 10명의 학생에 대한 점수 데이터이다. 아래 수식들에 대한 설명 중 옳지 않은 것은?

	A	B
1	이름	점수
2	학생1	85
3	학생2	97
4	학생3	70
5	학생4	TRUE
6	학생5	95
7	학생6	88
8	학생7	77
9	학생8	90
10	학생9	FALSE
11	학생10	88

① =RANK.EQ(B11,B$2:B$11)의 결과는 4이다.
② =MODE.SNGL(B2:B11)의 결과는 88이다.
③ =PERCENTILE.INC(B2:B11,1)의 결과는 70이다.
④ =MAXA(B2:B11)의 결과는 97이다.

3과목 데이터베이스 일반

41

다음 중 보고서에 대한 설명으로 옳지 않은 것은?

① 페이지 머리글 영역에 배치된 컨트롤은 인쇄될 때마다 각 페이지의 맨 위에 반복 출력된다.
② 보고서 마법사를 사용하면 그룹화와 정렬은 마법사 단계에서 설정할 수 없고, 보고서가 완성된 뒤 디자인 보기에서 지정할 수 있다.
③ 보고서 미리 보기에서 여백·인쇄 방향·확대/축소를 변경할 수 있지만, 컨트롤의 위치나 크기를 직접 수정할 수는 없다.
④ 그룹 바닥글 영역을 사용하면 그룹별 합계·평균 등 요약 정보를 쉽게 표시할 수 있다.

42

다음 중 테이블을 [데이터시트 보기]로 열어 작업할 때, 레코드 작업에 대한 설명으로 옳지 않은 것은?

① 테이블의 맨 아래 빈 행('*'로 표시됨)에 값을 입력하면 새 레코드가 추가된다.
② 여러 레코드를 선택하여 한 번에 삭제할 수 있으며, 삭제된 레코드는 복원할 수 없다.
③ 참조 무결성이 설정된 경우에도, 다른 테이블이 참조 중인 레코드는 경고 없이 삭제되며 연결된 외래 키 값은 자동으로 NULL로 변환된다.
④ 레코드를 추가하는 단축키는 Ctrl+[+]이며 기본 키가 설정되지 않아도 테이블 저장은 가능하다.

43

다음 [학생] 테이블에 대한 SQL문의 실행 결과로 옳은 것은?

학번	이름	학년	반	성적
123456	라레	1	A	85
123457	수현	2	B	86
123458	모찌	2	B	95
123459	마리	3	B	88
123460	달콤	3	A	92
123461	민기	2	A	78

SELECT 이름, 성적
FROM 학생
WHERE 학년 = 2
ORDER BY 성적 DESC;

①
이름	성적
모찌	95
수현	86
민기	78

②
이름	성적
수현	86
모찌	95
민기	78

③
이름	성적
민기	78
수현	86
모찌	95

④
이름	성적
모찌	95
민기	78
수현	86

44

다음 중 '보고서 보기'에 대한 설명으로 옳지 않은 것은?

① 실행된 데이터를 화면에 표시하며, 사용자는 스크롤을 통해 내용을 확인할 수 있다.
② 페이지 설정(여백, 방향 등)을 조정할 수 있으며, 인쇄 전 상태를 확인할 수 있다.
③ 컨트롤이나 레이아웃을 직접 수정할 수 없다.
④ 보고서를 페이지 구분 없이 모두 표시하므로 페이지 단위로 넘겨보거나 원하는 페이지로 이동할 수 없다.

45

다음 중 보고서(Report)에 대한 설명으로 옳지 않은 것은?

① 바운딩된 컨트롤은 테이블이나 쿼리의 필드에 연결되어 데이터를 자동으로 표시하는 컨트롤이다.
② 보고서를 외부로 내보낼 때는 PDF, Excel, Word, PSD 형식이 지원된다.
③ 보고서의 [레코드 원본] 속성에 SQL SELECT문을 직접 입력하여 쿼리 없이 데이터 원본을 지정할 수 있다.
④ 보고서에 사용되는 컨트롤은 바운딩 컨트롤, 계산 컨트롤, 언바운드 컨트롤 등으로 구분된다.

46

다음 중 Access에서 표시된 '봉사기관' 테이블과 '봉사내역' 테이블 간의 관계 설정에 대한 설명으로 옳지 않은 것은?

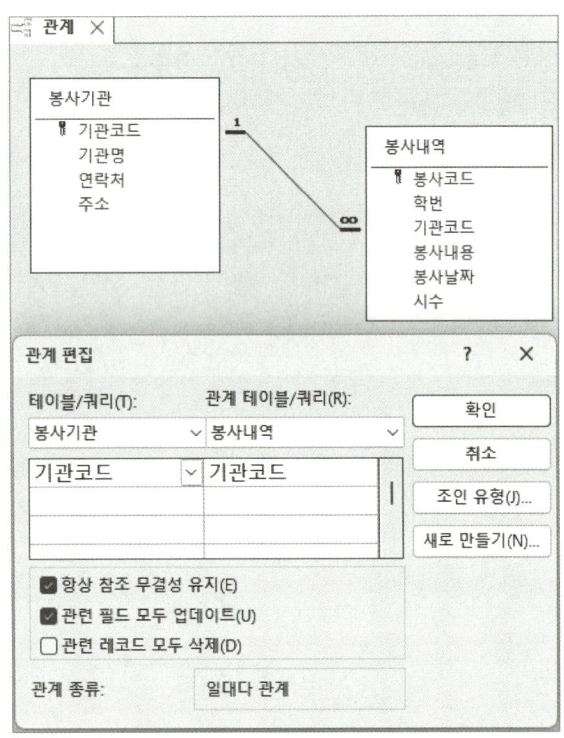

① 두 테이블은 '기관코드' 필드를 기준으로 일대다(1:N) 관계가 설정되어 있다.
② '항상 참조 무결성 유지' 옵션이 선택되어 있어, [봉사내역]에 존재하는 '기관코드'는 [봉사기관] 테이블에도 반드시 존재해야 한다.
③ '관련 필드 모두 업데이트' 옵션이 선택되어 있어 [봉사기관]의 '기관코드'가 수정되면, [봉사내역]의 관련 값도 자동으로 함께 변경된다.
④ [봉사기관] 테이블에 새로운 '기관코드'를 추가할 때는 참조 무결성 위반 오류가 발생할 수 있다.

47

다음 중 Access VBA의 변수 선언에 대한 설명으로 옳지 않은 것은?

① Dim count As Integer문은 count라는 정수형 변수를 선언하며, 프로시저 내부에 작성하면 지역 변수로 동작한다.
② Public total As Long문은 해당 모듈뿐 아니라 다른 모듈에서도 접근 가능한 전역 변수를 선언하는 방식이다.
③ Dim name As Text처럼 Text는 문자열 변수 선언에 사용하는 VBA의 표준 데이터 형식이다.
④ Private score As Double문은 모듈의 상단에 작성하면 해당 모듈 내 모든 프로시저에서 사용할 수 있다.

48

다음 중 폼 디자인 보기에 대한 설명으로 옳지 않은 것은?

① 필드 목록 창에서 원하는 필드를 폼으로 드래그하면 해당 필드에 연결된 텍스트 상자 컨트롤이 자동으로 삽입된다.
② 폼 왼쪽 상단에 있는 폼 선택기(■)를 클릭하면 폼의 전체 속성(데이터 원본, 보기 설정 등)을 조정할 수 있다.
③ 폼 머리글과 바닥글은 기본적으로 항상 표시되며, 폼 왼쪽 상단의 폼 선택기(■)를 더블클릭하면 폼의 모든 컨트롤이 선택된다.
④ [디자인] 탭에서 '폼 머리글/바닥글' 명령을 클릭하면 해당 영역을 폼에 추가하거나 제거할 수 있다.

49

다음 중 연산자 사용에 대한 설명으로 옳지 않은 것은?

① 제품명 LIKE "A*": 제품명이 "A"로 시작하는 경우
② 수량 BETWEEN 10 AND 20: 수량이 10에서 20 사이인 경우
③ NOT 등급 = "VIP" OR 지역 = "서울": 등급이 "VIP"가 아니거나 지역이 "서울"인 경우
④ 등급 <> "VIP": 등급이 "VIP"인 경우

50

다음 중 데이터베이스 설계 순서를 바르게 나열한 것은?

① 개념적 설계 → 논리적 설계 → 요구조건 분석 → 물리적 설계 → 구현
② 요구조건 분석 → 개념적 설계 → 논리적 설계 → 물리적 설계 → 구현
③ 논리적 설계 → 물리적 설계 → 요구조건 분석 → 구현 → 개념적 설계
④ 요구조건 분석 → 물리적 설계 → 개념적 설계 → 논리적 설계 → 구현

51

다음 중 분할 표시 폼에 대한 설명으로 옳지 않은 것은?

① 분할 표시 폼은 하나의 화면에 폼 보기와 데이터시트 보기를 동시에 표시하여, 단일 레코드와 다중 레코드를 함께 탐색할 수 있다.
② 작성 탭의 [분할 폼]을 사용하거나, 테이블/쿼리를 선택한 뒤 바로 생성할 수 있다.
③ 폼 마법사를 이용하면 여러 테이블을 선택하여 분할 폼 형식으로 자동 생성할 수 있다.
④ 데이터시트에서 선택한 레코드가 폼 보기에도 반영되어 직관적인 데이터 탐색과 수정이 가능하다.

52

다음 중 데이터 형식에 대한 설명으로 옳지 않은 것은?

① 전화번호나 우편번호처럼 숫자로만 구성되어 있지만, 연산이 필요 없는 데이터는 "짧은 텍스트" 형식이 적절하다.
② OLE 개체 형식은 이미지를 저장할 수 있으며, 인덱스를 설정할 수 없다.
③ 정수가 입력된 필드를 일련번호 형식으로 변경할 수 있다.
④ '예/아니오' 형식 필드는 확인란(체크박스)으로 표시되며, 표시 형식을 "남/여" 등으로 사용자 지정할 수도 있다.

53

다음 중 보고서 관련 마법사에 대한 설명으로 옳지 않은 것은?

① 업무 양식 마법사는 청구서, 견적서, 주문서처럼 정형화된 문서 양식을 빠르게 생성할 수 있도록 도와주는 마법사이다.
② 우편엽서 마법사는 테이블 또는 쿼리의 필드를 기반으로 엽서 스타일로 구성된 데이터 출력을 지원하며, 주소, 우편번호, 이름 등의 필드 배치가 자동으로 조정된다.
③ 레이블 마법사는 고객 주소나 제품 정보를 다양한 규격에 맞춰 출력할 수 있는 레이아웃을 구성할 수 있으며, 필요한 경우 조건부 서식을 자동으로 적용해 강조 표시도 지원한다.
④ 보고서 마법사는 필드 선택, 정렬, 그룹화 및 요약 등을 포함한 상세 보고서를 생성할 수 있도록 단계별로 지원하며, 단순 목록부터 다단계 보고서까지 구성할 수 있다.

54

다음 중 VBA 변수에 대한 설명으로 옳지 않은 것은?

① Dim 키워드는 변수를 프로시저 내 또는 모듈 수준에서 선언할 수 있다.
② Static으로 선언된 변수는 프로시저가 다시 실행될 때 이전 값을 유지한다.
③ Option Base 1은 배열의 기본 인덱스를 1부터 시작하도록 설정한다.
④ Const 키워드로 선언된 변수는 실행 중에 값을 변경할 수 있다.

55

다음 중 Access 매크로에 대한 설명으로 옳지 않은 것은?

① 매크로는 반복 작업을 자동화하거나 이벤트 발생 시 특정 작업을 수행하도록 미리 정의할 수 있다.
② 매크로를 컨트롤의 이벤트 속성에 포함시킬 수 있다.
③ 'AutoExec'라는 이름의 매크로는 데이터베이스가 열릴 때 자동으로 실행된다.
④ 매크로는 VBA와 함께 사용되어야 하며, 단독으로는 자동화 작업을 수행할 수 없다.

56

다음 중 참조 무결성에 대한 설명으로 옳지 않은 것은?

① 참조 무결성이 설정되면 참조하는 테이블의 외래 키 필드 값은 반드시 참조되는 테이블의 기본 키값 중 하나여야 한다.
② 참조 무결성을 설정하면, 참조되는 테이블의 기본 키가 변경될 때 참조하는 테이블의 외래 키도 자동으로 함께 변경되게 할 수 있다.
③ 외래 키 필드가 기본 키로 지정되어 있지 않으면 참조 무결성을 설정할 수 없다.
④ 참조 무결성 설정 시, '관련 레코드 모두 삭제' 옵션을 선택하면 참조되는 테이블의 레코드 삭제 시 참조하는 테이블의 관련 레코드도 함께 삭제된다.

57

테이블의 모든 속성이 원자값으로 구성되어 있고, 기본 키가 아닌 속성이 기본 키의 '일부'에만 종속되어 있는 부분 함수 종속이 존재할 때, 이 테이블은 몇 정규형인가?

① 정규형을 만족하지 않는다.
② 제1 정규형(1NF)
③ 제2 정규형(2NF)
④ 제3 정규형(3NF)

58

다음 중 폼에서 탭 컨트롤에 대한 설명 중 옳지 않은 것은?

① 탭 컨트롤은 하나의 폼 내에서 여러 개의 탭 페이지를 구성할 수 있으며, 각 탭에는 텍스트 상자나 단추 등 다양한 컨트롤을 배치할 수 있다.
② 탭 컨트롤 내 각 페이지의 표시 순서를 변경하려면 [디자인 보기]에서 [탭 순서] 기능을 사용한다.
③ 탭 컨트롤에 포함된 각 탭은 개별 폼을 삽입하여 구성할 수 있으며, 서로 다른 테이블 또는 같은 테이블을 데이터 원본으로 설정할 수 있다.
④ 탭 컨트롤을 사용하면 사용자 인터페이스를 시각적으로 구분하고 공간을 효율적으로 구성할 수 있으며, 하위 폼을 탭 페이지에 배치하는 것도 가능하다.

59

다음 중 Microsoft Access 폼(Form)에 대한 설명으로 옳지 않은 것은?

① 폼은 사용자가 데이터를 입력·수정할 수 있도록 시각적 인터페이스를 제공하며, 폼 보기·레이아웃 보기·디자인 보기·데이터시트 보기 등으로 열 수 있다.
② 폼의 바운드 컨트롤은 테이블·쿼리 필드와 연결되어 데이터를 표시·편집할 수 있고, 언바운드 컨트롤은 데이터 원본 없이 설명 텍스트나 계산 결과를 표시할 수 있다.
③ 계산 컨트롤은 =[수량]*[단가]처럼 식을 이용해 값을 실시간으로 계산해 보여 주지만, 계산 결과는 기본적으로 테이블에 저장되지 않는다.
④ 연속 폼은 디자인 보기에서 여러 레코드를 반복하여 표시하며 폼 보기에서는 한 레코드만 상세하게 표시된다.

60

다음 중 각 테이블에서 기본 키로 사용하기에 가장 적절한 필드만을 모두 고른 것은?

테이블명	필드 후보
학생	학번, 이름, 생년월일
고객	주소, 전화번호, 주민등록번호
도서	도서명, ISBN, 출판사명A101

① 이름(학생), 주민등록번호(고객), 도서명(도서)
② 학번(학생), 전화번호(고객), 출판사명(도서)
③ 학번(학생), 주민등록번호(고객), ISBN(도서)
④ 생년월일(학생), 주소(고객), 저자명(도서)

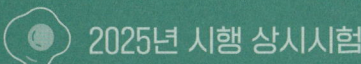

답 없이 푸는 제4회 기출변형문제

- 제한시간: 60분
- 점수: 1과목 ___ / 100점, 2과목 ___ / 100점, 3과목 ___ / 100점

정답과 해설 21쪽

※ 문항당 5점

1과목 컴퓨터 일반

01

다음 중 Windows 10의 파일 탐색기 기능에 대한 설명으로 옳지 않은 것은?

① [보기] 탭에서 '숨긴 항목'을 체크하면 숨겨진 파일 또는 폴더를 표시하거나 숨길 수 있다.
② Shift 를 누르고 파일을 선택하면 떨어져 있는 항목을 다중 선택할 수 있고, Ctrl 은 연속된 항목을 선택할 때 사용한다.
③ 같은 드라이브 내에서는 파일을 끌어다 놓으면 '이동', 다른 드라이브 간에는 기본적으로 '복사'가 수행된다.
④ 파일 탐색기에서는 파일 복사, 이름 변경, 숨김 파일 보기 등은 가능하지만, 레지스트리 편집 같은 시스템 설정은 직접 실행할 수 없다.

02

다음 중 운영체제의 분류 및 특징에 대한 설명으로 옳지 않은 것은?

① 실시간 운영체제는 정해진 시간 안에 결과를 처리해야 하는 시스템에서 사용된다.
② 분산 운영체제는 여러 사용자가 동시에 하나의 컴퓨터를 사용하는 환경을 의미한다.
③ 다중 프로그래밍 운영체제는 여러 개의 프로그램을 동시에 메모리에 적재하여 처리 효율을 높인다.
④ 시분할 운영체제는 사용자 간 CPU 시간을 분할하여 처리하는 방식이다.

03

다음 중 버스형(Bus Topology) 네트워크 구성 방식에 대한 설명으로 옳지 않은 것은?

① 버스형은 하나의 공통 전송 매체를 중심으로 여러 장치가 분기 형태로 연결되는 구조이다.
② 버스형은 노드 간 이중 연결을 통해 높은 내결함성을 제공하며, 한 노드의 고장이 전체에 영향을 주지 않는다.
③ 버스형은 노드 수가 증가할수록 통신 충돌 가능성과 전송 지연이 커질 수 있다.
④ 버스형은 설치가 간단하고 비용이 적게 들지만, 중심 전송선이 고장 나면 전체 네트워크가 마비될 수 있다.

04

다음 중 캐시 메모리(Cache Memory)에 대한 설명으로 옳지 않은 것은?

① 캐시 메모리는 중앙처리장치와 주기억장치 간의 속도 차이를 줄이기 위해 사용되는 고속 메모리이다.
② 캐시 적중(Cache Hit)이 발생하면 데이터를 주기억장치에서 다시 불러와야 하므로 처리 속도가 느려진다.
③ 고성능 CPU에는 여러 단계의 캐시(L1, L2, L3)가 구성될 수 있다.
④ 캐시는 주기억장치보다 용량은 작지만 속도는 빠르며, 자주 사용되는 데이터를 임시로 저장한다.

05

다음 중 Windows의 폴더 옵션 대화상자에서 설정할 수 있는 항목으로 옳지 않은 것은?

① 숨김 파일 및 폴더를 표시하거나 숨길 수 있다.
② 파일 확장자의 표시 여부를 선택할 수 있다.
③ 파일 탐색기에서 라이브러리 항목을 탐색 창에서 제거하거나 표시할 수 있다.
④ 하드디스크의 조각 모음 예약 주기를 설정할 수 있다.

06

다음 중 운영체제에 대한 설명으로 옳지 않은 것은?

① 운영체제는 사용자 프로그램 실행과 자원 관리를 지원하는 소프트웨어로, 사용자와 하드웨어 간의 인터페이스 역할을 한다.
② 프로세스 관리, 메모리 관리, 파일 시스템, 입출력 장치 관리 등은 운영체제의 주요 구성요소에 해당한다.
③ 다중 프로그래밍(Multiprogramming)은 여러 작업이 CPU를 동시에 사용하는 방식으로, 실시간 응답 성능을 향상시키는 것이 주된 목적이다.
④ 운영체제는 시스템 자원의 효율적인 활용과 보호를 담당하며, 사용자에게 편리하고 안정적인 사용 환경을 제공한다.

07

다음 중 프린터의 스풀(Spool) 기능에 대한 설명으로 옳지 않은 것은?

① 사용자가 인쇄 명령을 내리면 데이터를 임시로 저장한 뒤, 인쇄는 백그라운드에서 이루어질 수 있다.
② 스풀링 기능을 통해 여러 개의 인쇄 작업을 순서대로 대기열로 관리할 수 있다.
③ 스풀링 기능이 꺼져 있을 경우, 인쇄가 끝날 때까지 컴퓨터는 다른 작업을 병행할 수 없다.
④ 스풀링 기능은 인쇄 실패 시 자동으로 프린터 드라이버를 복구하고 인쇄를 다시 시작해주는 기능이다.

08

다음 중 RAID에 대한 설명으로 옳지 않은 것은?

① 스트라이핑은 데이터를 여러 디스크에 나누어 병렬로 저장하여 읽기/쓰기 속도를 향상시킨다.
② 미러링은 동일한 데이터를 두 개의 디스크에 복제하여 하나의 디스크가 고장 나도 데이터를 복구할 수 있다.
③ 스트라이핑과 미러링은 모두 장애 복구 기능을 제공하며, 저장 효율은 동일하다.
④ 미러링은 저장 공간의 절반만 실제 데이터 저장에 사용되기 때문에 저장 효율이 낮다.

09

다음 중 이미지 파일 형식에 대한 설명으로 옳지 않은 것은?

① JPEG는 손실 압축을 사용하며, 고해상도 사진을 저장하는 데 적합하다.
② PNG는 비 손실 압축을 사용하며, 투명 배경을 지원하므로 로고나 웹 아이콘에 자주 활용된다.
③ GIF는 256색만 지원하지만, 애니메이션 표현이 가능하며, 투명 배경도 지원된다.
④ BMP는 압축률이 높고 파일 크기가 작아 웹 이미지 전송에 최적화되어 있다.

10

다음 중 객체지향 프로그래밍 언어와 그 특징에 대한 설명으로 옳지 않은 것은?

① 객체지향의 핵심 특징에는 캡슐화, 상속, 다형성이 있으며, 이들은 코드 재사용성과 유지보수성을 높이는 데 기여한다.
② 캡슐화는 데이터와 메서드를 하나의 객체로 묶고, 외부에서 직접 접근하지 못하도록 보호하는 개념이다.
③ Java, C++, Python 등은 객체지향 언어의 대표적인 예이며, HTML과 SQL도 여기에 포함된다.
④ 객체지향 언어는 실제 세계를 모델링하는 데 적합하며, 각 객체는 고유한 상태와 행위를 가질 수 있다.

11

다음 중 사운드 카드의 디지털 오디오 처리 과정에 대한 설명으로 옳지 않은 것은?

① 샘플링은 아날로그 오디오 신호를 일정한 시간 간격으로 측정하여 디지털 데이터로 변환하는 과정을 말한다.
② 샘플링률(Sampling Rate)은 1초 동안 측정되는 샘플의 수를 의미하며, 일반 CD 음질은 44.1kHz를 사용한다.
③ 샘플링 비트 수(Bit Depth)는 각 샘플을 몇 비트로 표현할지 나타내며, 값이 높을수록 오디오 압축률이 증가한다.
④ 샘플링률과 비트 수가 높을수록 더 정밀한 오디오를 표현할 수 있지만, 파일 용량도 커진다.

12

다음 중 Windows 레지스트리에 대한 설명으로 가장 옳지 않은 것은?

① 레지스트리는 운영체제와 응용 프로그램의 환경 설정, 하드웨어 드라이버 정보 등을 계층적 데이터베이스 형태로 저장한다.
② HKEY_CLASSES_ROOT, HKEY_CURRENT_USER, HKEY_LOCAL_MACHINE 등이 대표적인 루트 키(Root Key)에 해당한다.
③ 레지스트리에서 불필요한 키를 삭제하면 CPU 속도가 향상되어 하드웨어 성능이 크게 개선된다.
④ 레지스트리 편집기는 regedit.exe 명령어로 실행하며, 수정 시 시스템 동작에 치명적 영향을 미칠 수 있어 주의가 필요하다.

13

다음 중 컴퓨터에서 사용하는 자료의 표현 방식에 대한 설명으로 옳지 않은 것은?

① 2의 보수 방식에서는 뺄셈 연산도 덧셈 방식으로 처리할 수 있으며, MSB가 1이면 음수를 의미한다.
② IEEE 754 부동소수점 방식은 가수부와 지수부로 구성되어 있으며, 고정소수점보다 표현 범위가 넓다.
③ 문자 코드에서 사용하는 비트 수가 증가하면 더 다양한 언어와 기호를 표현할 수 있다.
④ Unicode는 전 세계의 문자 체계를 통합하기 위해 고안되었으며, EBCDIC은 6비트 문자 코드로 IBM 시스템에서 사용된다.

14

다음 중 실행 창에 명령어를 입력했을 때 실행되는 프로그램과 그 기능이 바르게 연결된 것은?

① winver – 작업 관리자
② taskmgr – 시스템 구성
③ msinfo32 – 시스템 정보
④ control – 디스크 정리 도구

15

다음 중 PNG(Portable Network Graphics) 파일 형식에 대한 설명으로 가장 옳은 것은?

① PNG는 손실 압축 방식으로 이미지를 압축하며, 화질 손상이 발생할 수 있다.
② PNG는 배경 투명 처리나 그래픽 디자인에 적합하지 않다.
③ PNG는 GIF와 달리 256색만 지원하여 색 표현이 제한적이다.
④ PNG는 비손실 압축 방식을 사용하며, 투명 배경 처리가 가능하다.

16

다음 중 Windows의 [설정]-[접근성] 항목에서 제공하는 기능으로 옳지 않은 것은?

① 내레이터 기능을 통해 화면의 텍스트나 알림을 음성으로 읽어줄 수 있다.
② 청각 장애인을 위해 소리 대신 시각적 깜빡임으로 알림을 설정할 수 있다.
③ 고대비 테마를 설정하거나 커서의 굵기와 색상을 조정할 수 있다.
④ 토글 키는 Shift, Ctrl, Alt 키와 같은 보조 키를 한 번 눌러도 계속 눌린 상태로 유지되도록 하는 기능이다.

17

다음 중 비트맵(Bitmap) 그래픽 방식에 대한 설명으로 옳지 않은 것은?

① 픽셀 기반의 이미지 구성 방식으로, 해상도에 따라 화질이 결정되며 사진 표현에 적합하다.
② 파일 형식에는 JPEG, PNG, BMP 등이 있으며, 모두 픽셀 단위로 색상 정보를 저장한다.
③ 이미지 확대 시에도 도형의 선명함이 유지되므로, 로고나 도식 이미지 표현에 유리하다.
④ 이미지를 모니터 화면에 표시하는 속도가 벡터 방식에 비해 느리다.

18

다음 중 객체 지향 프로그래밍(Object-Oriented Programming, OOP)의 개념 및 구성요소에 대한 설명으로 옳지 않은 것은?

① 객체 지향에서 캡슐화는 데이터와 그 데이터를 처리하는 메서드를 하나의 객체로 묶고, 외부 접근을 제한하는 기능이다.
② 다형성은 같은 이름의 메서드가 서로 다른 클래스에서 다양한 동작을 하도록 정의할 수 있는 특성이다.
③ 클래스는 객체의 설계도이며, 객체는 클래스의 인스턴스로 메모리에 실제 생성된 실체를 의미한다.
④ 프로그램 작성 시 정해진 문법에 맞게 일련의 처리절차를 순서대로 기술해 나간다.

19

다음 중 Windows 10의 [설정]-[시스템]-[저장소] 항목에서 제공되는 기능이나 설명으로 가장 옳지 않은 것은?

① 저장소 센스를 활성화하면 임시 파일이나 휴지통의 오래된 파일을 자동으로 삭제할 수 있으며, 다운로드 폴더의 정리 주기도 설정할 수 있다.
② 저장소 설정에서는 앱과 기능을 제거하거나 설치 위치를 변경할 수 있으며, 드라이브 별 공간 사용량도 확인할 수 있다.
③ 저장소 메뉴에서는 외장 드라이브의 포맷과 조각 모음, 백업 이미지 생성 등 고급 디스크 관리 기능을 직접 실행할 수 있다.
④ 저장 공간이 부족한 경우 앱, 문서, 사진 등의 기본 저장 위치를 다른 드라이브로 변경하는 것이 가능하다.

20

다음 중 디지털 이미지 표현 방식에 대한 설명으로 옳지 않은 것은?

① 비트맵 방식은 픽셀(pixel) 기반으로 이미지를 구성하며, 해상도에 영향을 많이 받는다.
② 벡터(Vector) 방식은 수학적 도형 정보로 이미지를 표현하므로, 확대/축소 시 화질 손상이 거의 없다.
③ PNG는 벡터 방식의 이미지로, 투명 배경 처리와 무손실 압축을 지원한다.
④ 비트맵은 사진 이미지에 적합하고, 벡터 방식은 아이콘, 로고 등 간단한 그래픽 표현에 적합하다.

2과목 스프레드시트 일반

21

다음 중 엑셀의 메모 삽입 기능에 대한 다음 설명 중 옳지 <u>않은</u> 것은?

① 메모 삽입 기능을 사용하면, 셀에 추가 정보를 기록할 수 있으며 해당 셀 오른쪽 상단에 작은 빨간 삼각형이 표시된다.
② 메모는 셀의 값이 변경되더라도 자동으로 업데이트되어, 항상 최신 정보를 반영한다.
③ 마우스를 해당 셀 위에 올리면 메모 내용이 표시되며, 기본적으로 인쇄 시 포함되지 않는다.
④ 메모는 주로 참고 사항이나 추가 설명을 기록하는 용도로 활용된다.

22

다음 중 아래의 워크시트에서 입력된 수식의 예상 결과로 옳지 <u>않은</u> 것은?

	A	B	C	D
1	부서	이름	사원번호	급여
2	인사팀	라레	A001	3,200,000
3	총무팀	모찌	A002	2,950,000
4	영업팀	마리	A003	3,800,000
5	개발팀	달콤	A004	4,200,000

① =INDEX(B2:B5,MATCH("개발팀",A2:A5,0)) → 달콤
② =VLOOKUP("모찌",A2:D5,3,FALSE) → A002
③ =XLOOKUP("마리",B2:B5,D2:D5) → 3,800,000
④ =DGET(A1:D5,"급여",A1:A2) → 3,200,000

23

다음 중 워크시트에 데이터를 입력하는 방식에 대한 설명으로 옳지 <u>않은</u> 것은?

① 입력 중 [Esc] 키를 누르면 입력을 취소하며, 셀의 값은 저장되지 않는다.
② 수식을 입력할 때는 등호(=) 없이 바로 SUM(A1:A5)처럼 입력해도 자동으로 수식으로 인식된다.
③ 입력 중 [Tab] 키를 누르면, 오른쪽 셀로 이동하며 입력을 계속할 수 있다.
④ 날짜를 입력할 때 2025-12-31처럼 입력하면 엑셀이 자동으로 날짜 형식으로 인식한다.

24

다음 중 아래의 워크시트에서 학과가 '컴퓨터'이면서 성별이 '여자'인 학생 중 점수가 90점 이상인 학생 수를 구하려고 한다. 다음 중 올바른 배열 수식은?

	A	B	C	D
1	학번	학과	성별	점수
2	101	컴퓨터	남	85
3	102	전자	여	92
4	103	컴퓨터	여	88
5	104	컴퓨터	남	91
6	105	기계	남	95
7	106	전자	남	89
8	107	컴퓨터	여	93
9	108	전자	남	76
10	109	컴퓨터	여	82

① =COUNTIF((B2:B10="컴퓨터")*(C2:C10="여")*(D2:D10>=90))
② =SUM(IF((B2:B10="컴퓨터")+(C2:C10="여")+(D2:D10>=90),1))
③ =COUNT(IF((B2:B10="컴퓨터")*(C2:C10="여")*(D2:D10>=90),1))
④ =COUNTIFS(B2:B10="컴퓨터",C2:C10="여",D2:D10>=90)

25

다음 중 '이름'이 두 글자이고, '직급'이 '사원'인 데이터만 필터링하려고 할 때 고급 필터에서 작성할 조건 범위로 옳은 것은?

	A	B	C	D
1	부서	이름	직급	급여
2	영업부	정수현	사원	300
3	총무부	모찌	사원	250
4	영업부	마리	부장	480
5	총무부	달콤	과장	400
6	영업부	박민기	대리	350
7	개발부	라레	사원	330

①
이름	조건
="=??"	=ISNUMBER(FIND("사원",C2))

②
이름	직급
="=??"	
	=ISNUMBER(FIND(C2,"사원"))

③
이름	조건
??	=ISNUMBER(FIND("사원",C2))

④
이름	직급
??	
	=ISNUMBER(FIND("사원",$C2))

26

다음 중 아래 그림과 같이 목표값 찾기를 지정했을 때의 설명으로 옳지 않은 것은?

	A	B	C	D	E	F	G
1	매출이익 분석						
2	상품단가	판매수량	인건비	광고비	매출액	매출이익	영업이익률
3	₩4,000	1,000	₩1,000,000	₩500,000	₩4,000,000	₩2,500,000	63%

목표값 찾기
- 수식 셀(E): $F$3
- 찾는 값(V): 4000000
- 값을 바꿀 셀(C): $A$3

① 수식 셀은 특정 값이 나오기를 원하는 수식이 들어있는 셀이며 찾는 값은 원하는 특정 값을 숫자로 직접 입력한다.
② 목표값 찾기 기능은 지정된 결괏값(4,000,000)이 도출되도록 [$A$3] 셀의 값을 자동으로 조정한다.
③ 값을 바꿀 셀로 [$A$3]을 지정한 경우, 이 셀에는 반드시 수식이 있어야 하며 수동으로 변경할 수 없다.
④ 목표값 찾기 기능은 반복 계산을 통해 점진적으로 값을 근사시켜 원하는 결과를 도출하는 방식이다.

27

다음 중 차트 종류의 선택 및 해석에 대한 설명으로 옳지 않은 것은?

① 꺾은선형 차트는 시간의 흐름에 따라 데이터가 어떻게 변화하는지를 선으로 연결해 보여주므로 추세 분석에 적합하다.
② 원형 차트는 전체 대비 각 항목의 비율을 시각적으로 표현할 수 있으며 항목이 많아질수록 더욱 더 효과적인 시각화가 이루어진다.
③ 세로 막대형 차트는 항목별 데이터 비교에 탁월하다.
④ 분산형 차트는 두 변수 간의 관계를 시각화하며, 특히 상관관계 또는 추세 분석에 효과적이다.

28

다음 중 조건부 서식에 대한 설명으로 옳지 않은 것은?

① 조건부 서식은 셀의 값이 변경되면 자동으로 조건을 다시 평가하여 서식을 반영한다.
② 여러 조건부 서식을 설정하여 서식이 충돌할 경우에는 마지막 규칙이 우선 적용된다.
③ 수식을 이용한 조건부 서식은 상대 참조와 절대 참조를 조합하여 활용할 수 있다.
④ 조건부 서식으로 강조된 셀은 인쇄 미리 보기에서도 해당 형식이 적용되어 보인다.

29

다음 중 매크로에 대한 설명으로 옳지 않은 것은?

① 매크로는 개발 도구 탭 또는 보기 탭에서 기록하거나 실행할 수 있으며, 기록된 매크로는 VBA 편집기에서 수정할 수 있다.
② 매크로가 포함된 통합 문서는 .xlsm 형식으로 저장해야 하며, .xlsx 형식으로 저장할 경우 매크로 내용은 자동으로 제거된다.
③ ActiveX 컨트롤의 '명령 단추'를 추가하면 [매크로 지정] 대화상자가 자동으로 표시되어 실행할 매크로를 바로 지정할 수 있다.
④ 보안 경고가 표시되었을 경우, 사용자가 '콘텐츠 사용'을 클릭해야만 매크로가 정상적으로 실행된다.

30

다음 중 날짜 함수 사용에 대한 실행 결과가 옳지 않은 것은? (단, 2025-04-05는 토요일이다)

① =WEEKDAY("2025-04-01") → 3
② =WEEKNUM("2025-01-01") → 1
③ =WORKDAY("2025-04-01",5,"2025-04-04") → 2025-04-08
④ =NETWORKDAYS("2025-04-01","2025-04-08","2025-04-03") → 5

31

다음 중 '틀 고정' 기능에 대한 설명으로 옳지 않은 것은?

① 틀 고정을 설정하면 스크롤 시 고정된 행과 열이 화면 상단과 좌측에 계속 표시된다.
② 틀 고정을 설정하려면 셀을 선택한 뒤 [보기] 탭의 '틀 고정'에서 원하는 옵션을 선택하면 된다.
③ 틀 고정은 여러 개의 임의의 행과 열을 따로 선택하여 고정할 수 있다.
④ 틀 고정은 '창 나누기'와 동시에 사용할 수 없다.

32

다음 중 차트와 같이 표시되는 오차 막대에 대한 일반적인 설명으로 옳지 않은 것은?

① 오차 막대는 데이터 값의 변동 범위를 시각적으로 나타내는 데 사용된다.
② 오차 막대는 세로 막대형 차트나 꺾은선형 차트 등 대부분의 차트 종류에 삽입할 수 있다.
③ 오차 막대는 표준 편차, 표준 오차, 고정값, 사용자 지정 값 등 다양한 방식으로 표시할 수 있다.
④ 오차 막대를 추가하면 자동으로 추세선도 함께 생성된다.

33

다음 중 매크로를 작성하고 사용하는 방법에 대한 설명으로 옳지 않은 것은?

① [매크로 기록] 기능은 수행한 작업을 VBA 코드로 변환하여, VBE에서 코드로 확인 및 수정할 수 있게 해준다.
② 매크로 실행을 위해 단축키를 지정하거나, 리본 메뉴 또는 버튼에 연결하는 방식으로 사용자 편의를 높일 수 있다.
③ 매크로가 포함된 파일은 .xlsx로 저장해도 자동으로 실행되며, 다른 사용자도 별도 설정 없이 실행할 수 있다.
④ 매크로는 기본적으로 보안상 자동 실행되지 않으며, 사용자는 [보안 센터]에서 매크로 설정을 확인할 수 있다.

34

다음 중 통합 기능에 대한 설명으로 옳지 않은 것은?

① 통합 기능은 여러 시트 또는 통합문서의 데이터를 항목명 기준으로 통합할 수 있으며, '사용할 레이블'의 '첫 행'과 '왼쪽 열'을 이용해서 원본 데이터에 표시된 순서와 상관없이 통합할 수 있다.
② 통합 기능은 [데이터] 탭 – [데이터 도구] 그룹에 위치하며, 합계, 평균, 최대값 등의 함수로 데이터를 요약할 수 있다.
③ '원본 데이터와 연결' 옵션을 설정하면 통합 결과는 원본 값과 동기화되며, 원본 데이터가 변경되면 통합 결과도 실시간으로 자동 갱신된다.
④ 통합 결과는 일반 셀 값으로 표시되며, 정렬이나 필터링, 수식 입력 등 후속 데이터 분석 작업이 가능하다.

35

다음 중 아래의 조건표를 고급 필터의 조건 범위로 사용할 때, 필터링 결과에 대한 설명으로 옳지 않은 것은?

지역	제품명	매출
서울	사과	>5000
인천		>3000
	배	>4000

① 지역이 서울이면서 제품명이 사과이고 매출이 5000 초과인 데이터는 반드시 필터링된다.
② 지역이 인천이고 매출이 3000 초과인 데이터는 제품명이 입력되지 않았으므로 모든 제품이 해당 조건으로 필터링된다.
③ 제품명이 배이고 매출이 4000 초과인 데이터는 지역 조건 없이 필터링 대상에 포함된다.
④ 동일한 데이터가 두 개 이상의 행 조건을 동시에 만족하면, 결과에는 동일 데이터가 중복으로 나타난다.

36

다음 중 아래의 워크시트에 입력된 데이터를 이용하여 작성한 피벗 테이블에 대한 설명으로 옳지 않은 것은?

① 값 영역에는 '출석일수'와 '점수' 필드가 각각 평균 함수로 요약되어 있으며, 성별과 반의 교차점에 해당 값이 표시된다.
② '반' 필드를 행 레이블로, '성별' 필드를 열 레이블로 배치한 뒤, 값 영역에는 평균 출석일수와 평균 점수를 표시하도록 설정되었다.
③ 피벗 테이블 필터 기능을 사용하여 특정 반이나 성별만 선택하여 표시할 수 있다.
④ 믿음반 여학생의 평균 점수는 83.0점이며, 이 피벗 테이블은 '새 워크시트'에 작성되었다.

37

조건부 서식을 사용하여 출근일이 '월요일'이고 팀명이 '영업팀'인 경우에 행 전체를 회색으로 채우고자 한다. 다음 중 조건부 서식의 수식으로 옳은 것은?

	A	B	C
1	이름	출근일	팀명
2	라레	04-14	영업팀
3	수현	04-15	개발팀
4	모찌	04-16	영업팀
5	마리	04-17	디자인팀
6	달콤	04-18	영업팀
7	민기	04-19	영업팀
8	해용	04-20	개발팀

① =AND(TEXT($B2,"aaaa")="월",$C2="영업팀")
② =AND(WEEKDAY($B2,1)=2,$C2="영업팀")
③ =AND(TEXT(B2,"dddd")="월요일",C2="영업팀")
④ =AND(WEEKDAY($B2,2)=2,$C2="영업팀")

38

다음 중 [파일]-[인쇄]-설정 영역의 인쇄 시 다양한 요소를 제어할 수 있는 옵션에 대한 설명으로 옳지 않은 것은?

① '한 페이지에 시트 맞추기'를 선택하면 한 페이지에 모두 들어가도록 인쇄물이 자동 축소되어 인쇄된다.
② '전체 통합 문서 인쇄'를 선택하면 현재 시트의 전체 내용을 인쇄하며, '선택 영역 인쇄'는 현재 선택된 셀 범위만 인쇄한다.
③ '눈금선' 항목에 체크하면 워크시트의 셀 경계선처럼 보이는 눈금선을 출력물에 포함시킬 수 있다.
④ '행/열 머리글' 항목에 체크하면 열 머리글(A, B, C...)과 행 머리글(1, 2, 3...)이 인쇄물에 포함된다.

39

다음 중 아래의 워크시트에서 작성한 수식의 결괏값으로 옳지 않은 것은?

	A	B	C	D	E
1	항목	1월	2월	3월	4월
2	사과	10	15	8	12
3	바나나	12	10	20	16
4	체리	6	9	7	11

① =HLOOKUP("사과",$A$1:$E$4,3,FALSE)
 → 결과: #N/A
② =OFFSET($A$1,3,2)
 → 결과: 9
③ =INDEX($A$1:$E$4,4,3)
 → 결과: 8
④ =AREAS(($A$1:$C$2,$D$3:$E$4))
 → 결과: 2

40

다음 중 매크로를 실행하고 기록하는 환경에 대한 설명으로 옳지 않은 것은?

① 매크로 보안 경고는 신뢰할 수 있는 위치에 저장된 파일이나 서명된 매크로일 경우 표시되지 않을 수 있다.
② 매크로 기록 시 '상대 참조로 기록' 옵션을 선택하지 않으면 기본적으로 절대 참조로 기록된다.
③ [Alt]+[F8]을 누르면 매크로 목록을 불러와서 실행할 수 있으며, [Visual Basic] 버튼을 클릭하면 매크로 편집기(VBE)가 열리고 바로 매크로가 실행된다.
④ [Ctrl]과 함께 지정한 바로 가기 키를 설정하면, 해당 키를 누를 때마다 연결된 매크로가 실행된다.

3과목 데이터베이스 일반

41

다음 중 폼 작성 시 사용하는 컨트롤에 대한 설명으로 옳지 않은 것은?

① 콤보 상자는 테이블이나 쿼리를 원본으로 사용할 수 있으며, 값 목록을 수동으로 입력하여 설정하는 것도 가능하다.
② 텍스트 상자는 특정 필드에 연결되어 데이터를 입력하거나 표시할 수 있고, 수식을 통해 자동 계산 결과를 출력하는 용도로도 사용된다.
③ 차트 컨트롤은 폼에서 데이터를 시각화하기 위해 사용할 수 있으며, 폼에 직접 삽입 가능한 유효한 컨트롤이다.
④ 테이블 객체는 폼에 삽입할 수 있는 컨트롤이며, 이를 통해 사용자는 전체 테이블 구조를 편집할 수 있다.

42

다음 중 VBA 변수 선언에 대한 설명으로 옳지 않은 것은?

① Dim 키워드는 프로시저 수준 또는 모듈 수준에서 변수를 선언할 수 있다.
② Public으로 선언된 변수는 해당 모듈 내에서만 사용할 수 있다.
③ Static으로 선언된 변수는 프로시저가 끝나도 값이 유지된다.
④ Private는 모듈 수준에서 선언할 수 있으며, 외부에서 직접 접근할 수 없다.

43

다음 중 Access에서 제공하는 쿼리(Query)의 종류와 그 기능에 대한 설명으로 옳지 않은 것은?

① 업데이트 쿼리는 기존 테이블에서 조건에 맞는 레코드의 필드 값을 변경하거나 덮어쓸 수 있다.
② 추가 쿼리는 다른 테이블의 데이터를 현재 테이블에 행(레코드) 단위로 복사하여 추가할 수 있다.
③ 삭제 쿼리는 특정 필드의 값을 초기화하여 Null로 바꾼다.
④ 선택 쿼리는 조건에 맞는 레코드를 조회하여 결과를 출력할 수 있다.

44

다음 중 현재 폼에서 btn숨기기 단추를 클릭했을 때 txt만료일 컨트롤이 보이지 않도록 하는 이벤트 프로시저로 옳은 것은?

①
```
Private Sub btn숨기기_Click()
    Me![txt만료일].Visible = True
End Sub
```

②
```
Private Sub btn숨기기_Click()
    Me![txt만료일].Visible = False
End Sub
```

③
```
Private Sub txt만료일_Click()
    Me![btn숨기기].Visible = False
End Sub
```

④
```
Private Sub btn숨기기_Click()
    Me.txt만료일.Visible = True
End Sub
```

45

다음 중 Format 함수의 사용과 출력 결과의 연결이 올바르지 않은 것은?

① =Format(1234.5, "#,##0.00") → 1,234.50
② =Format(5, "000") → 005
③ =Format(3, "0개") → 3개
④ ="페이지 "&Format([Pages], "0")&"/"&Format([Page], "0") → 페이지 1/10

46

다음 중 크로스탭 쿼리에 대한 설명으로 옳지 않은 것은?

① 레코드의 요약 결과를 열과 행 방향으로 그룹화하여 표시할 때 사용한다.
② 크로스탭 쿼리는 쿼리 디자인 보기 또는 마법사를 통해 생성할 수 있다.
③ 2개 이상의 열 머리글 옵션과 행 머리글 옵션, 값 옵션 등을 지정해야 한다.
④ 크로스탭 쿼리는 합계, 평균, 개수 등의 집계함수를 사용할 수 있다.

47

다음 중 조건부 서식에 대한 설명으로 옳지 않은 것은?

① 조건부 서식은 폼이나 보고서에서 텍스트 상자 같은 컨트롤에 적용할 수 있으며, 조건에 따라 글꼴, 배경색 등을 다르게 표현할 수 있다.
② 조건부 서식은 디자인 보기 또는 레이아웃 보기에서 설정할 수 있으며, [서식] 탭의 조건부 서식 도구를 통해 여러 조건을 동시에 지정할 수 있다.
③ 레이블, 이미지, 단추 같은 모든 컨트롤에 조건부 서식을 적용할 수 있으며, 테이블 디자인 보기에서도 조건부 서식을 설정할 수 있다.
④ 조건부 서식은 데이터의 상태에 따라 시각적 강조를 주는 데 유용하며, 사용자에게 중요한 정보를 직관적으로 전달하는 데 활용된다.

48

다음 중 회원정보 폼에서 성별 필드가 "여"인 경우, 본문에 있는 모든 컨트롤의 글꼴 서식을 굵게 + 기울임꼴로 표시하려고 할 때, 이 작업을 수행하는 방법으로 가장 옳은 것은?

① 본문에 있는 각 컨트롤의 속성 창에서 글꼴을 수동으로 "굵게", "기울임꼴"로 지정한다.
② 본문 영역의 모든 컨트롤을 선택한 후 조건부 서식에서 규칙으로 조건식을 [성별]="여"를 지정한 후 서식을 "굵게", "기울임꼴"로 지정한다.
③ 본문 영역의 모든 컨트롤을 선택한 후 조건부 서식에서 규칙으로 "필드 값이 다음과 같음", 값을 "여"로 지정한 후 서식을 "굵게", "기울임꼴"로 지정한다.
④ 쿼리에서 성별이 "여"인 레코드만 추출해 별도 폼을 만들고 서식을 따로 지정한다.

49

다음 중 Access의 DoCmd 개체의 메서드 활용에 대한 설명으로 옳지 않은 것은?

① DoCmd.OpenForm "회원정보" → 지정된 폼을 열 때 사용하며, 뷰 모드를 생략하면 폼 보기로 열린다.
② DoCmd.OpenReport "매출보고서", acViewPreview → 해당 보고서를 인쇄 미리 보기 형태로 연다.
③ DoCmd.RunSQL "DELETE FROM 주문 WHERE 상태='취소'" → 지정된 조건에 해당하는 레코드를 삭제한다.
④ DoCmd.OpenReport "매출보고서", acViewForm → 보고서를 폼 보기 형식으로 실행한다.

50

다음 중 쿼리 유형별 특징에 대한 설명으로 옳지 않은 것은?

① [테이블 만들기] 쿼리는 기존 테이블에서 데이터를 선택해 다른 기존 테이블로 복사할 때 사용된다.
② [업데이트] 쿼리는 조건에 맞는 레코드의 특정 필드 값을 일괄적으로 수정할 수 있다.
③ [삭제] 쿼리는 조건에 일치하는 레코드를 전체 행 단위로 제거하며, 실행 후 복구가 불가능할 수 있다.
④ 실행 쿼리는 [쿼리 디자인] 탭-[결과] 그룹에 실행 단추(!)가 표시된다.

51

다음 중 문자열 함수의 결과로 옳지 않은 것은?

① Len(Mid("AccessDB",2,4)) → 4
② Mid("Database",InStr("Database","a")+1,2) → "ta"
③ InStr(Replace("HelloWorld","l","L"),"LL") → 3
④ Replace("puppy","p","X") → "Xuppy"

52

다음 중 VBA의 DoCmd 명령의 연결이 올바르지 않은 것은?

① 저장된 고객조회쿼리를 실행하려면 DoCmd.OpenQuery "고객조회쿼리" 명령을 사용할 수 있다.
② 폼을 열기 위해서는 DoCmd.OpenForm "회원정보" 명령을 사용할 수 있다.
③ SQL SELECT문을 실행하려면 DoCmd.RunSQL "SELECT * FROM 고객" 명령을 사용할 수 있다.
④ 보고서를 열기 위해서는 DoCmd.OpenReport "매출보고서" 명령을 사용할 수 있다.

53

다음 중 제시된 SQL문과 그 설명의 연결이 옳지 않은 것은?

① DROP TABLE 고객; → 고객 테이블의 모든 데이터를 삭제하지만, 테이블 구조는 유지된다.
② INSERT INTO 주문(주문번호, 수량) VALUES ("A001", 3); → 주문 테이블에 새로운 레코드 한 개를 추가한다.
③ UPDATE 상품 SET 가격 = 5000 WHERE 이름 = "마우스"; → 이름이 "마우스"인 모든 상품의 가격을 5000으로 변경한다.
④ SELECT * FROM 직원; → 직원 테이블에서 전체 필드를 조회한다.

54

다음 중 아래의 SQL문을 실행한 결과에 대한 설명으로 옳지 않은 것은?

[성적] 테이블

학생ID	과목	점수
S001	수학	90
S002	수학	70
S003	영어	80
S004	영어	60
S005	과학	50
S006	과학	65

```
SELECT 과목, AVG(점수) AS 평균, COUNT(*)
        AS 인원수
FROM 성적
WHERE 과목 IN ('수학', '영어')
GROUP BY 과목
HAVING AVG(점수) >= 75;
```

① 과목 IN ('수학', '영어')는 과목이 수학이거나 영어인 경우에만 선택한다는 의미이다.
② 실행 결과 과목에는 수학과 영어가 표시된다.
③ COUNT(*) AS 인원수는 레코드의 개수를 세어 "인원수"라는 이름으로 표시한다는 의미이다.
④ GROUP BY 과목은 과목별로 그룹을 나누는 것이며, HAVING은 그룹화된 결과에 조건을 적용하는 절이다.

55

다음 중 폼에서 텍스트 상자(txt검색)에 입력된 값을 기준으로 성명 필드에서 해당 문자가 포함된 레코드만 표시하려는 경우, VBA 코드로 가장 옳은 것은?

① Me.Filter = "성명 = '" & txt검색 & "'"
   Me.FilterOn = True

② Me.Filter = "성명 Like '*" & txt검색 & "*'"
   Me.FilterOn = True

③ Me.Filter = "성명 Like '*" & txt검색 & "*'"
   Me.FilterOn = False

④ Me.Filter = "성명 IN ('" & txt검색 & "')"
   Me.FilterOn = True

56

다음 중 Access 폼에서 사용되는 다양한 컨트롤에 대한 설명으로 옳지 않은 것은?

① 레이블 컨트롤은 사용자가 직접 값을 입력할 수 없으며, 고정된 설명 텍스트나 제목을 표시하는 데 사용된다.
② 계산 컨트롤은 수식(예: =[단가]*[수량])을 사용하여 다른 컨트롤 값을 기반으로 계산된 결과를 자동으로 표시할 수 있다.
③ 목록 상자 컨트롤은 단일 항목만 선택 가능하며, 행 원본을 설정해 외부 데이터와 연동할 수 있다.
④ 탭 컨트롤은 하나의 폼 내에서 여러 페이지를 구성하는 데 사용되며, 탭 간에 데이터 원본이 반드시 다를 필요는 없다.

57

다음 중 데이터베이스에서 기본 키(Primary Key)에 대한 설명으로 옳지 않은 것은?

① 기본 키는 테이블 내 각 레코드를 고유하게 식별할 수 있도록 하며, 중복된 값을 가질 수 없다.
② 기본 키는 한 테이블에 오직 하나만 설정할 수 있으며, 여러 필드를 조합한 복합 기본 키는 가능하지만, 개별적으로 여러 개 설정하는 것은 불가능하다.
③ 기본 키로 설정된 필드는 NULL 값을 가질 수 없으며, 외래 키(Foreign Key)로 다른 테이블에서 참조될 수 있다.
④ 병원에서 의사 정보를 저장하는 경우, 성명은 중복 가능성이 있으므로 성명과 진료과목을 조합하여 기본 키로 사용한다.

58

다음 중 테이블에서 아래의 조건을 모두 만족하려고 할 때, 이러한 요구사항을 충족하기 위한 필드 속성 설정에 대한 설명으로 옳지 않은 것은?

- 사용자가 전화번호를 일정한 형식으로 입력하도록 제한한다.
- 필드에 기본값을 설정하여 새로운 레코드 입력 시 자동 값이 입력되도록 한다.
- 성적 필드에는 0 이상 100 이하의 값만 입력되도록 제한하고, 잘못된 값 입력 시 오류 메시지를 표시한다.
- 주민등록번호 필드는 중복 입력이 불가능해야 한다.

① 전화번호 필드에는 입력 마스크를 설정하여 형식을 제어할 수 있다.
② 기본값 속성을 사용하면 새로운 레코드 입력 시 초기값이 자동으로 채워진다.
③ 유효성 검사 규칙을 사용하면 값의 범위를 제한할 수 있으며, 오류 메시지도 함께 설정할 수 있다.
④ 인덱스를 설정하려면 해당 필드의 데이터형은 반드시 숫자형이어야 한다.

59

다음 중 테이블에서 필드 이름에 대한 설명으로 옳지 않은 것은?

① 필드 이름에 공백을 포함해도 사용 가능하지만 첫 글자로 공백을 사용할 수 없다.
② 필드 이름은 숫자로 시작하면 오류가 발생하므로 반드시 문자로 시작해야 한다.
③ 하나의 테이블 내에 동일한 이름의 필드를 2개 이상 지정할 수 없다.
④ 필드 이름은 최대 64자까지 지정할 수 있으며, 마침표(.), 느낌표(!), 대괄호([ ]), 작은따옴표(') 등 특정 특수 문자는 사용할 수 없다.

60

다음 중 데이터 형식에 대한 설명으로 옳지 않은 것은?

① 짧은 텍스트는 최대 255자까지 입력 가능한 문자형 필드로, 전화번호나 이름 등의 저장에 적합하다.
② Yes/No 형식은 참/거짓 값을 저장하며, 폼에서는 체크박스로 표현되거나 콤보 상자로 여러 값을 선택할 수 있다.
③ 일련번호 형식은 새 레코드가 추가될 때마다 자동으로 고유한 숫자를 생성하며, 기본 키로 자주 사용된다.
④ 첨부 파일 형식은 이미지, PDF, 문서 파일 등을 저장할 수 있도록 설계된 필드 형식이다.

답 없이 푸는 제5회 기출변형문제

2025년 시행 상시시험

● 제한시간: 60분   ● 점수: 1과목 ___ / 100점, 2과목 ___ / 100점, 3과목 ___ / 100점

정답과 해설 28쪽

※ 문항당 5점

1과목 컴퓨터 일반

01

다음 중 무선 통신 기술에 대한 설명으로 옳지 않은 것은?

① Zigbee는 저전력·저속 전송에 적합하며, 센서 기반의 스마트 홈 네트워크에 자주 사용된다.
② Wi-Fi는 대용량 데이터를 고속으로 전송할 수 있으며, 일반적으로 수십km 거리에서도 안정적으로 연결된다.
③ RFID는 무선 방식으로 태그와 리더 간 정보를 주고받으며, 유통·물류 분야의 자동 인식 기술로 활용된다.
④ WiBro는 고속 이동성을 고려한 무선 광대역 통신 기술로, LTE 도입 이전에 상용화되었다.

02

다음 중 Windows의 [설정]-[시스템]-[디스플레이] 항목에 대한 설명으로 옳지 않은 것은?

① 디스플레이 해상도를 높이면 더 많은 정보를 표시할 수 있지만, 글자와 아이콘은 상대적으로 작아진다.
② 다중 디스플레이 설정에서 '확장' 모드를 선택하면 두 개 이상의 화면을 하나의 작업 공간처럼 사용할 수 있다.
③ 화면 밝기, 야간 모드, 화면 회전 방향 등은 모두 디스플레이 설정에서 조절 가능하다.
④ 다중 디스플레이 설정에서 해상도는 일괄적으로 동일하게 적용된다.

03

다음 중 그래픽 처리 기술에 대한 설명으로 옳지 않은 것은?

① 렌더링은 3D 모델이나 장면을 실제 화면에 출력 가능한 형태로 계산해 이미지를 생성하는 과정이다.
② 안티앨리어싱은 곡선이나 대각선에서 생기는 계단 현상을 줄이기 위해 경계선 주변에 색상 보정을 적용하는 기술이다.
③ 모핑은 두 이미지를 부드럽게 변형시켜 하나에서 다른 하나로 자연스럽게 이어지도록 처리하는 영상 기법이다.
④ 블러링은 영상 후처리 과정에서 가장자리 선명도를 증가시켜 구조적 디테일을 부각하는 데 사용된다.

04

다음 중 Windows의 폴더 옵션 또는 파일 탐색기 보기 설정에 대한 설명으로 옳지 않은 것은?

① '숨김 파일, 폴더 및 드라이브 표시' 옵션을 선택하면 기본적으로 보이지 않던 숨김 파일을 탐색기에서 확인할 수 있다.
② '알려진 파일 형식의 파일 확장명 숨기기'를 해제하면 파일 이름 옆에 .exe, .txt와 같은 확장명이 항상 표시된다.
③ 파일 또는 폴더의 색인 사용 옵션을 비활성화하면 시스템 부팅 시간이 증가하고 자동 저장 기능이 해제된다.
④ 파일 탐색기 보기 탭에서는 세부 정보 창, 확장자 표시, 항목 확인란 등을 설정할 수 있다.

05

다음 중 Windows 10의 [설정]-[네트워크 및 인터넷] 항목에 대한 설명으로 옳지 <u>않은</u> 것은?

① 이더넷 설정에서는 연결된 다른 컴퓨터의 파일을 원격으로 탐색할 수 있다.
② 프록시 탭에서는 자동 구성 스크립트 주소를 입력하거나 수동 프록시 서버를 설정할 수 있다.
③ 네트워크 상태 탭에서는 어댑터 옵션 변경, 네트워크 문제 해결 등의 링크로 이동할 수 있다.
④ 이더넷 탭에서는 IP 주소 및 DNS 서버를 수동으로 설정할 수 있다.

06

다음 중 ASCII(American Standard Code for Information Interchange)와 EBCDIC(Extended Binary Coded Decimal Interchange Code)에 대한 설명으로 옳지 <u>않은</u> 것은?

① EBCDIC은 IBM 계열 메인프레임 컴퓨터에서 주로 사용된 8비트 문자 인코딩 체계이다.
② ASCII와 EBCDIC은 서로 호환되지 않으며, 문자 배치 순서에도 차이가 있다.
③ EBCDIC은 문자 범위가 제한적이어서 웹 환경이나 모바일 운영체제에서 널리 사용된다.
④ ASCII는 국제 표준으로 널리 채택되었지만, EBCDIC은 표준화된 국제 문자 코드가 아닌, 특정 시스템에서 한정적으로 채택된 코드 체계이다.

07

다음 중 CISC와 RISC 구조에 대한 설명으로 옳지 <u>않은</u> 것은?

① CISC는 명령어의 종류가 많아 복잡한 회로를 이용한다.
② RISC 구조는 명령어가 단순하고 고정된 길이로 구성되어 파이프라인 처리에 유리하다.
③ CISC는 하드웨어 구조가 단순하고 컴파일러의 역할이 크기 때문에 명령어 실행 속도가 일정하다.
④ RISC는 대부분의 명령어가 하나의 클럭 사이클 내에 실행될 수 있도록 설계된다.

08

다음 중 Windows에서 사용하는 USB(Universal Serial Bus)에 대한 설명으로 옳지 <u>않은</u> 것은?

① USB는 데이터 전송뿐만 아니라 전원 공급 기능도 제공하며, 다양한 외부 장치를 연결할 수 있다.
② USB는 범용 병렬 장치를 연결할 수 있게 해주는 컴퓨터 인터페이스이다.
③ Windows에서는 '하드웨어 안전하게 제거' 기능을 통해 USB 장치를 안전하게 분리할 수 있다.
④ USB 3.0 포트는 일반적으로 파란색으로 표시되며, USB 2.0보다 전송 속도가 빠르다.

09

다음 중 Windows 환경에서 네트워크 연결 시 DHCP 서버로부터 IP 주소가 자동으로 할당되지 않을 경우, 사용자가 네트워크 통신을 위해 수동으로 설정해야 하는 항목으로 가장 옳지 <u>않은</u> 것은?

① IP 주소
② 서브넷 마스크
③ 기본 게이트웨이
④ 네트워크 어댑터의 MAC 주소

10

다음 중 컴퓨터 내부 기억장치에 대한 설명으로 옳지 <u>않은</u> 것은?

① DRAM은 회로가 간단해 대용량 구현이 쉬우며, 주기억장치로 널리 사용된다.
② SRAM은 주기적 재충전이 필요 없고, 캐시 메모리처럼 고속 접근이 필요한 곳에 주로 쓰인다.
③ ROM은 전원이 꺼져도 데이터가 유지되는 비휘발성 메모리지만, 일반적으로 제조 시 기록된 내용을 사용자가 수정하기 어렵다.
④ Mask ROM은 제조 후에도 사용자가 재프로그램할 수 있어, 동적으로 업데이트할 수 있는 유연한 ROM의 형태다.

11

다음 중 시스템 소프트웨어(System Software)에 대한 설명으로 옳지 <u>않은</u> 것은?

① 시스템 소프트웨어에는 워드 프로세서나 회계 소프트웨어처럼 사용자 목적의 업무 처리 프로그램도 포함된다.
② 시스템 소프트웨어는 응용 프로그램이 실행될 수 있는 환경을 제공하고, 하드웨어 자원을 제어 및 관리한다.
③ 시스템 소프트웨어는 운영체제, 언어 번역기 등으로 구성되며, 하드웨어와 응용 프로그램 사이에서 작동한다.
④ 컴파일러는 프로그래밍 언어를 기계어로 번역하는 시스템 소프트웨어의 일종이다.

12

다음 중 니블(Nibble)에 대한 설명으로 옳지 <u>않은</u> 것은?

① 니블은 4비트로 구성되며, 하나의 16진수 값을 표현할 수 있다.
② 두 개의 니블이 결합되면 하나의 바이트가 되며, 이는 8비트에 해당한다.
③ 4비트로 표현할 수 있는 2진수 값의 가짓수는 총 8개이다.
④ 니블은 주로 비트 연산에서 상위 4비트(high nibble) 또는 하위 4비트(low nibble) 구분에 활용된다.

13

다음 중 텔레매틱스(Telematics)에 대한 설명으로 가장 옳지 <u>않은</u> 것은?

① 텔레매틱스는 통신 기술과 정보 기술을 차량에 융합하여 실시간 교통정보, 내비게이션, 긴급구난 등을 제공하는 시스템이다.
② 텔레매틱스 시스템에는 GPS, 무선 통신 장치, 서버 연동 등이 포함되며, 프린터 드라이버도 주요 구성 요소에 해당한다.
③ 차량의 위치와 상태 정보를 기반으로 한 원격 진단, 긴급 출동, 주행 이력 확인 등은 텔레매틱스의 대표적인 활용 예이다.
④ 텔레매틱스는 커넥티드카, 스마트카, 자율주행 차량 등의 기반 기술로 활용될 수 있다.

14

다음 중 방화벽(Firewall)의 주된 기능으로 가장 옳은 것은?

① 네트워크에 연결된 장비의 바이러스를 자동으로 치료한다.
② 내부 네트워크와 외부 네트워크 간의 트래픽을 분석하고 불필요하거나 위험한 접근을 차단한다.
③ 컴퓨터의 저장 장치를 암호화하여 정보 유출을 방지한다.
④ 사용자의 비밀번호 복잡도를 자동으로 조정해 계정 보안을 강화한다.

15

다음 중 인터럽트(Interrupt)에 대한 설명으로 옳지 <u>않은</u> 것은?

① 인터럽트는 외부나 내부의 요청에 따라 CPU가 현재 작업을 일시 중단하고 우선 처리해야 할 작업을 수행하는 기능이다.
② 외부로부터 인터럽트 요청이 들어오면 인터럽트 서비스 루틴이 종료된다.
③ 소프트웨어 인터럽트는 명령어 실행이나 시스템 호출을 통해 발생하며, 운영체제와 사용자 프로그램 간의 전환에 사용된다.
④ 키보드 입력, 타이머 신호 등은 대표적인 하드웨어 인터럽트이다.

16

다음 중 MPEG(Moving Picture Experts Group)에 대한 설명으로 옳지 <u>않은</u> 것은?

① MPEG는 동영상과 오디오 데이터를 손실 압축 방식으로 효율적으로 저장하고 전송하기 위한 국제 표준이다.
② MPEG-1은 VCD와 MP3 등에 사용되며, MPEG-2는 디지털 방송 및 DVD 등에 활용된다.
③ MPEG-7은 고음질 오디오 신호를 압축하기 위한 표준으로, 블루레이 음원에 적용된다.
④ MPEG-21은 디지털 콘텐츠의 저작권 관리와 사용자 접근 제어 등을 포함하는 멀티미디어 프레임워크이다.

17

다음 중 IPv6에 대한 설명으로 가장 옳지 않은 것은?

① IPv6는 128비트 주소 체계를 사용하며, 16비트씩 8개의 블록을 콜론(:)으로 구분하여 16진수로 표현한다.
② IPv6에서는 연속된 0을 한 번만 '::'로 생략할 수 있으며, 이를 통해 주소 표현을 간결하게 만들 수 있다.
③ IPv6는 NAT(Network Address Translation)을 반드시 사용해야 하며, 공인 IP 주소의 부족 문제를 해결하기 위해 설계되었다.
④ IPv4와 IPv6는 주소 체계와 프로토콜 구조가 다르기 때문에, 직접 호환되지 않으며 전환 기술이 필요하다.

18

다음 중 보안 위협의 유형과 행위의 연결이 옳은 것은?

① 가로막기(Interruption) - 공격자가 허위 데이터를 만들어 전송하는 행위
② 수정(Modification) - 서버 트래픽을 과도하게 유도하여 서비스를 마비시키는 행위
③ 위조(Fabrication) - 공격자가 존재하지 않는 메시지나 정보를 생성하여 시스템을 속이는 행위
④ 가로채기(Interception) - 사용자로 위장하여 인증 절차를 우회하는 행위

19

다음 중 ASCII 및 확장 ASCII 코드 체계에 대한 설명으로 옳지 않은 것은?

① 기본 ASCII 코드는 7비트로 구성되어 있으며, 최대 128개의 문자(0~127)를 표현할 수 있다.
② 데이터 처리 및 통신 시스템 상호 간의 정보 교환을 위해 사용된다.
③ ASCII 코드에는 대소문자 영문자, 숫자, 일부 특수 기호, 제어문자 등이 포함된다.
④ ASCII 코드는 한글, 일본어, 한자 등 다양한 언어의 문자 인코딩을 위한 국제 통합 문자 체계이다.

20

다음 중 프로그래밍 기법에 대한 설명으로 옳지 않은 것은?

① 객체 지향 프로그래밍은 캡슐화, 상속, 다형성과 같은 개념을 기반으로 하며, 코드의 재사용성과 유지보수성을 높이는 데 유리하다.
② 구조적 프로그래밍은 프로그램을 객체 단위로 나누어 설계하며, 메시지 전달 방식을 통해 기능을 수행한다.
③ 하향식(Top-down) 프로그래밍은 전체 문제를 상위 개념에서 출발하여 점차 세분화하며 모듈화하는 방식이다.
④ 비주얼 프로그래밍은 코드 대신 GUI 요소나 블록 등을 시각적으로 배치하여 프로그램을 구성할 수 있다.

2과목 스프레드시트 일반

21

다음 중 아래의 차트에 대한 설명으로 옳지 않은 것은?

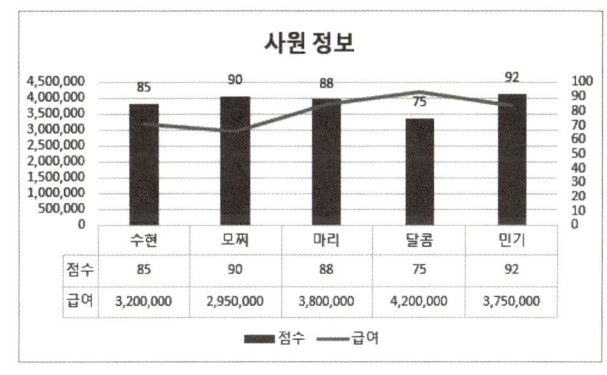

① '사원 정보'라는 차트 제목이 표시되어 있다.
② '점수' 계열을 보조 축으로 지정하였다.
③ 데이터 테이블에 '범례 표지 포함'으로 표시되어 있다.
④ '점수' 계열에 데이터 레이블이 '바깥쪽 끝에'로 표시되어 있다.

22

다음 중 엑셀의 셀 데이터 입력 및 수정 방식에 대한 설명으로 옳지 않은 것은?

① 수식을 입력하려면 등호(=) 기호로 시작해야 하며, Enter로 입력을 확정하지 않으면 해당 수식은 적용되지 않는다.
② 숫자를 텍스트로 인식시키고 싶다면 숫자 앞에 작은따옴표(')를 붙여야 하며, 수식에서 날짜 데이터를 인수로 사용할 때도 작은따옴표로 묶는다.
③ 여러 셀에 동일한 내용을 한 번에 입력하려면 해당 셀들을 선택한 후 입력하고 Ctrl+Enter를 눌러야 한다.
④ 분수 1/3을 입력하려면 분수 앞에 0과 한 칸 띄어쓰기를 추가하여 0 1/3으로 입력해야 한다.

23

다음 중 [매크로 기록] 대화상자에 대한 설명으로 옳지 않은 것은?

① 매크로 이름은 영문자 또는 밑줄(_)로 시작해야 하며, 특수문자(!, %, &)는 사용할 수 없다.
② 바로 가기 키는 Ctrl과 영문자 조합으로 지정할 수 있으며, 숫자나 Alt 조합은 지원되지 않는다.
③ 저장 위치는 '이 통합 문서', '새 통합 문서', '개인 매크로 통합 문서' 중에서 선택할 수 있다.
④ [매크로 기록] 대화상자에서 사용자 권한을 설정하거나 코드 보안을 직접 지정할 수 있다.

24

다음은 엑셀 VBA에서 셀 범위를 선택한 후 해당 범위에 특정 항목만 삭제하거나 유지하도록 구성한 프로시저의 일부이다. 제시된 (가)~(다)의 각 시나리오에 따라 Selection.( )에 들어갈 가장 적절한 메서드로 옳은 것은?

```
Sub 정리매크로()
' 시나리오에 따라 선택된 셀의 일부 항목만 삭제
  Selection.(      )
End Sub
```

시나리오 및 보기
(가) 선택한 셀의 내용만 삭제하고 서식은 유지해야 한다.
(나) 선택한 셀의 모든 항목을 한 번에 삭제해야 한다.
(다) 선택한 셀의 서식만 삭제하고 값과 주석은 유지해야 한다.

	(가)	(나)	(다)
①	ClearFormats	Clear	ClearContents
②	ClearContents	Clear	ClearFormats
③	ClearComments	ClearFormats	Clear
④	Clear	ClearContents	ClearContents

25

다음 중 아래의 워크시트에서 [A1:D4] 영역에 입력된 데이터를 이용하여 '지역3'의 '상품B'의 판매량을 계산하였을 때, [G3] 셀에 입력된 배열 수식으로 옳은 것은?

	A	B	C	D	E	F	G
1		지역1	지역2	지역3			상품B
2	상품A	100	120	130			지역3
3	상품B	150	160	170			
4	상품C	200	210	220			

① =INDEX(B2:D4,MATCH(G1,A2:A4,0),MATCH(G2,B1:D1,0))
② =INDEX(B2:D4,MATCH(G2,A2:A4,0),MATCH(G1,B1:D1,0))
③ =INDEX(B2:D4,MATCH(G1,A1:A4,0),MATCH(G2,A1:D1,0))
④ =INDEX(A2:D4,MATCH(G1,A2:A4,0),MATCH(G2,A1:D1,0))

26

다음 중 공유된 통합 문서에 대한 설명으로 옳지 않은 것은?

① 여러 사용자가 동시에 하나의 통합 문서를 열고 편집할 수 있다.
② 공유된 통합 문서에 표를 삽입하거나 조건부 서식을 추가하거나 변경할 수 있다.
③ 공유 기능이 활성화된 상태에서는 변경 내용 추적이 가능하다.
④ 공유된 통합 문서를 열기 위한 암호를 설정할 수 있지만, 사용자마다 다르게 암호를 설정하는 기능은 제공하지 않는다.

27

다음 중 아래의 워크시트에서 [A1:A3] 영역이 블록으로 지정된 상태에서 채우기 핸들로 아래로 드래그했을 때, [A6] 셀에 입력되는 값으로 옳은 것은?

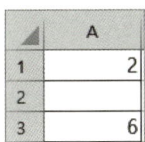

① 14   ② 2   ③ 6   ④ 공백

28

다음 중 통합 문서에 대한 설명으로 옳지 않은 것은?

① 시트 보호는 [검토] 탭에서 설정할 수 있으며, 편집 제한을 위한 암호는 선택적으로 적용 가능하다.
② 통합 문서를 암호로 보호할 때는 열기 암호와 쓰기 암호를 구분하여 설정할 수 있다.
③ 통합 문서 보호 상태에서는 워크시트에 데이터를 입력하거나 수정할 수 없다.
④ 통합 문서 보호를 설정하면 시트의 추가, 삭제, 이름 변경 등을 제한할 수 있다.

29

다음 중 배열 상수에 대한 설명으로 옳지 않은 것은?

① {10,20;30,40}은 2행 2열 배열 상수로, 쉼표는 열 구분, 세미콜론은 행 구분을 의미한다.
② =SUM({10,20,30})처럼 함수 안에 배열 상수를 직접 입력하는 경우에는 Ctrl+Shift+Enter로 배열 수식으로 입력해야 한다.
③ {10;20;"삼"}과 같이 배열 상수에는 텍스트도 포함될 수 있지만, 일부 수치 함수에서는 오류가 발생할 수 있다.
④ 배열 상수는 셀 참조 없이도 수식 내부에서 사용할 수 있으며, 중괄호{ }로 묶어야 한다.

30

다음 중 통합 문서 보호 및 시트 보호 기능에 대한 설명으로 옳지 않은 것은?

① 시트 보호는 '잠금' 속성이 설정된 셀에만 제한을 적용하므로, 셀 자체에 잠금이 설정되어 있지 않으면 보호 상태에서도 자유롭게 수정할 수 있다.
② 범위 편집 허용은 시트 보호가 설정된 상태에서도 특정 사용자가 지정된 셀 범위를 자유롭게 편집할 수 있도록 허용하는 기능이다.
③ 통합 문서 공유는 네트워크로 연결된 환경에서 하나의 통합 문서를 여러 사람이 공동으로 작업할 수 있게 해주는 기능이다.
④ 통합 문서 보호가 설정되면 제목 표시줄의 파일명 옆에 [보호]가 표시된다.

31

다음 중 통합 문서 보호에 대한 설명으로 옳지 않은 것은?

① 통합 문서 보호를 설정하면 시트의 셀 편집이 제한된다.
② 통합 문서 보호는 워크시트의 추가, 삭제, 이름 변경 등을 제한할 수 있다.
③ 통합 문서 보호는 [검토] 탭에서 설정할 수 있다.
④ 통합 문서 보호는 암호를 설정하여 해제 시 인증이 필요하도록 할 수 있다.

32

다음 중 엑셀 통합 문서를 저장할 때 사용하는 일반 옵션에 관한 설명으로 옳지 않은 것은?

① '백업 파일 항상 만들기' 옵션을 활성화하면 저장할 때마다 자동으로 백업용 복사본을 저장한다.
② '쓰기 암호'를 설정하면 암호를 모르는 사용자는 파일을 수정하지 못하고 파일 내용을 볼 수 없다.
③ '읽기 전용 권장' 옵션을 활성화하면 파일을 열 때 기본적으로 읽기 전용 모드로 열리도록 권장되지만, 사용자가 원한다면 수정 후 저장할 수 있다.
④ '열기 암호'는 암호가 일치해야 파일 내용을 볼 수 있다.

33

다음 중 [시트 보호] 대화상자에서 '워크시트에서 허용할 내용'으로 지정할 수 없는 항목만으로 구성된 것은?

① 조건부 서식 설정, 셀 삭제, 매크로 실행
② 셀 서식 변경, 열 삽입, 시나리오 사용
③ 정렬, 필터 사용, 개체 편집
④ 행 삽입, 열 삭제, 셀 내용 편집

34

다음 중 조건부 서식 기능에 대한 설명으로 옳지 않은 것은?

① 수식을 이용한 조건부 서식은 TRUE일 경우에만 적용되며, 상대 참조와 절대 참조를 함께 사용할 수 있다.
② '조건부 서식 규칙 관리자' 대화상자에서 현재 선택 영역, 현재 시트, 다른 시트, 열려 있는 다른 통합문서에 지정된 서식을 확인할 수 있다.
③ 조건부 서식은 셀의 값이 바뀌어 조건을 만족하지 않게 되면 서식도 자동으로 해제된다.
④ 조건부 서식에 지정된 서식은 셀에 직접 지정된 서식보다 우선 적용된다.

35

다음은 직원들의 부서와 급여 정보를 나타낸 표이다. 아래 조건을 이용해 데이터베이스 함수가 사용되었을 때 해당 수식의 결과로 옳지 않은 것은?

	A	B	C
1	부서	이름	급여
2	영업부	수현	300
3	총무부	모찌	250
4	영업부	마리	280
5	총무부	달콤	310
6	영업부	민기	270
7	개발부	라레	330
8			
9	부서	부서	
10	총무부	개발부	

① =DAVERAGE(A1:C7,"급여",A9:A10) → 280
② =DCOUNTA(A1:C7,2,A9:A10) → 2
③ =DPRODUCT(A1:C7,C1,B9:B10) → 330
④ =DCOUNT(A1:C7,2,A9:A10) → 2

36

다음 중 아래의 [A1:A4] 셀을 범위 지정한 뒤, 채우기 핸들로 오른쪽으로 1칸 [B1:B4] 셀로 드래그하였을 때, [B1:B4] 셀에 채워질 내용으로 옳은 것은?

	A
1	10
2	Monday
3	3월
4	9:30 PM

① B1: 10
B2: Tuesday
B3: 4월
B4: 10:00 PM

② B1: 11
B2: Tuesday
B3: 4월
B4: 10:30 PM

③ B1: 11
B2: Monday
B3: 3월
B4: 10:00 PM

④ B1: 11
B2: Tuesday
B3: 3월
B4: 10:00 PM

37

아래 표는 [A1:C5] 범위에 학생들의 시험 정보가 입력된 상태이다. D 열에는 '합격/불합격' 판정을 자동으로 표시할 수식을 입력하려고 한다. 다음 중 [D2] 셀에 입력해야 할 수식으로 옳은 것은?

〈조건〉
점수가 70 이상인 학생 중에, "재응시"라고 표시되어 있지 않거나 공백이면 "합격"
그 외에는 "불합격"

	A	B	C	D
1	이름	점수	재응시 여부	합격/불합격
2	김철수	75		
3	이영희	65	재응시	
4	박성민	80	재응시	
5	오하늘	90		

① =IF(OR(B2>=70,OR(C2<>"재응시",C2=" ")),"합격","불합격")
② =IF(AND(B2>=70,C2="재응시"),"합격","불합격")
③ =IF(AND(B2>=70,OR(C2<>"재응시",C2=" ")),"합격","불합격")
④ =IF(AND(B2>70,AND(C2<>"재응시",C2<>" ")),"합격","불합격")

38

다음 중 [셀 서식]-[텍스트 맞춤(가로)] 옵션에 대한 설명으로 옳지 않은 것은?

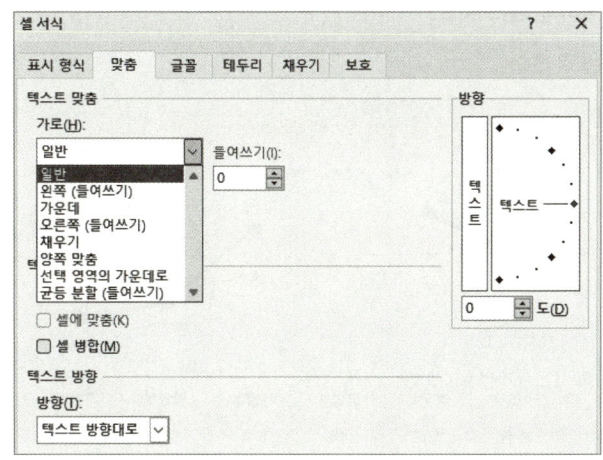

① '선택 영역의 가운데로'는 셀 병합 없이 지정된 여러 셀 범위의 중앙에 텍스트를 표시할 수 있으며, 해당 범위 내 다른 셀에도 데이터를 입력할 수 있다.
② '균등 분할'은 셀 병합된 상태에서만 사용할 수 있는 정렬 방식이며, 글자 간 간격을 일정하게 배치한다.
③ '채우기'는 입력된 텍스트를 셀 너비에 맞춰 반복 출력하는 정렬 방식으로, 예를 들어 '*' 입력 시 셀 전체에 '*'가 나열된다.
④ 위의 모든 기능은 [셀 서식] 대화상자의 [맞춤] 탭에서 설정할 수 있다.

39

다음 중 참조의 대상 범위로 사용하는 이름 정의 기능에 대한 설명으로 옳지 않은 것은?

① 이름은 밑줄(_)이나 마침표(.)를 포함할 수 있으며, 공백은 포함할 수 없다.
② 동일한 통합 문서 내에서 동일한 이름을 여러 시트에 각각 정의할 수 있으며, 시트 수준의 이름 정의는 중복을 허용한다.
③ 이름은 문자, 밑줄 또는 숫자로 시작할 수 있으며, 수식 또는 상수에도 이름을 정의할 수 있다.
④ 이름은 정의된 이후 '이름 관리자'를 통해 삭제하거나 편집할 수 있으며, 수식에서 변수처럼 활용 가능하다.

40

다음의 〈변경 전〉 차트를 〈변경 후〉 차트로 변경할 때 [데이터 원본 선택] 대화상자의 [숨겨진 셀/빈 셀]에서 선택해야 할 항목으로 옳은 것은?

〈변경 전〉

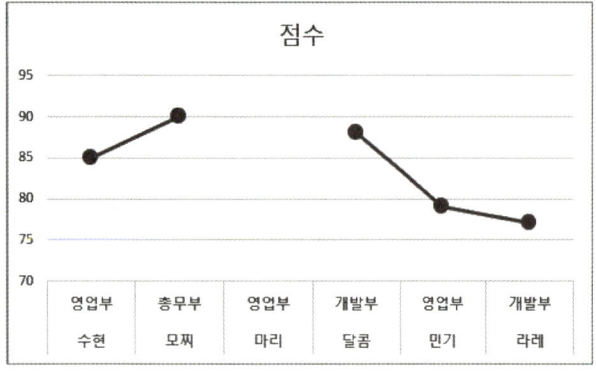

〈변경 후〉

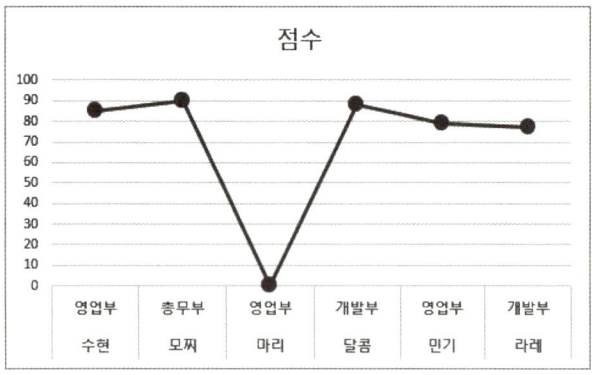

① '빈 셀 표시 형식'에서 '간격'을 선택한다.
② '빈 셀 표시 형식'에서 '0으로 처리'를 선택한다.
③ '빈 셀 표시 형식'에서 '선으로 데이터 요소 연결'을 선택한다.
④ '숨겨진 행 및 열에 데이터 표시'를 선택한다.

3과목 데이터베이스 일반

41

다음 중 Access의 유효성 검사 규칙과 관련된 설명으로 옳지 않은 것은?

① 유효성 검사 규칙은 필드에 입력될 수 있는 값의 조건을 정의하며, 예를 들어 >= 0 AND <= 100과 같이 범위를 지정할 수 있다.
② 유효성 검사 텍스트는 사용자가 규칙을 위반한 값을 입력할 경우 표시되는 오류 메시지를 설정할 수 있다.
③ 유효성 검사 규칙은 필드의 서식을 지정하거나 자동으로 값을 계산하는 데 사용된다.
④ 규칙이 Like "A*"인 경우, 필드에는 반드시 'A'로 시작하는 값만 입력이 가능하다.

42

다음 중 주어진 조건에 맞는 SQL문으로 옳지 않은 것은?

① 이름이 '김'으로 시작하고 지역이 서울이거나, 등급이 VIP인 고객을 조회한다.

SELECT * FROM 고객
WHERE (이름 LIKE "김*" AND 지역 = "서울") OR 등급 = "VIP";

② 부서가 회계이거나, 근무지가 부산이면서 직급이 인턴이 아닌 직원을 조회한다.

SELECT * FROM 직원
WHERE 부서 = "회계" OR (근무지 = "부산" AND NOT 직급 = "인턴");

③ 이름이 '희'로 끝나며, 등급이 '일반' 또는 '우수'인 회원을 조회한다.

SELECT * FROM 회원
WHERE 이름 LIKE "*희" AND (등급 = "일반" OR 등급 = "우수");

④ 담당자 이름이 '이'로 시작하고, 지역이 '서울' 또는 '부산'인 거래처를 조회한다.

SELECT * FROM 거래처
WHERE 담당자 LIKE "이*" AND 지역 IN ("서울" "부산");

43

다음 중 데이터 형식에 대한 설명으로 옳지 않은 것은?

① Yes/No 형식은 성별이나 결혼 여부 등 두 값 중 하나만 입력하는 경우에 사용한다.
② 첨부파일 데이터 형식은 이미지, 문서 등 다양한 파일을 입력할 수 있으며, 하나의 필드에는 하나의 파일만 첨부할 수 있다.
③ 짧은 텍스트 형식은 최대 255자까지의 데이터를 저장할 수 있다.
④ OLE 개체 형식은 다른 프로그램에서 만든 문서, 그림, 동영상, 소리 등의 개체를 입력할 수 있다.

44

다음 중 직원 테이블에서 지역이 '서울'이며, 직급이 '과장' 또는 '부장'인 직원의 이름, 직급, 지역을 조회하는 SQL 문장으로 옳은 것은?

① SELECT 이름, 직급, 지역 FROM 직원 WHERE 지역 = '서울' AND 직급 = '과장' OR 직급 = '부장';
② SELECT 이름, 직급, 지역 FROM 직원 WHERE 지역 = '서울' AND 직급 IN ('과장', '부장');
③ SELECT 이름, 직급, 지역 IN 직원 WHERE 지역 = '서울' AND 직급 IN ('과장', '부장');
④ SELECT 이름, 직급, 지역 FROM 직원 WHERE 지역 IN '서울' AND 직급 = '과장' OR '부장';

45

다음 중 아래의 상황에서 두 테이블에 변경된 내용을 적용하기 위한 방법으로 가장 옳은 것은?

- 거래 테이블의 고객ID는 고객 테이블의 고객ID를 참조하고 있다.
- 고객ID 체계를 전면 개편하기 위해 고객 테이블의 고객ID 값을 수정하려 하였더니, "관련 레코드가 거래 테이블에 있으므로 이 레코드를 변경하거나 삭제할 수 없습니다."라는 오류 메시지가 나타났다.

① 고객 테이블에서 고객ID 필드를 기본 키에서 해제한 후 수정한다.
② 관계 편집 창에서 '관련 필드 모두 업데이트'를 체크한 후, 거래 테이블의 고객ID 값을 먼저 수정한다.
③ 고객 테이블의 고객ID 필드를 수정한 뒤, 거래 테이블의 데이터를 수동으로 다시 연결한다.
④ 관계 편집 창에서 '관련 필드 모두 업데이트'를 체크한 후 고객 테이블의 고객ID 값을 수정한다.

46

다음 중 하위 쿼리(Subquery)에 대한 설명으로 옳지 않은 것은?

① 메인 쿼리의 조건 비교를 위해 먼저 실행되며, SELECT문 외에도 UPDATE, DELETE문에서도 사용할 수 있다.
② 단일 행을 반환하는 구조는 오류가 발생하므로 다중 행을 반환하도록 해야 한다.
③ 하위 쿼리에서는 GROUP BY나 집계 함수(SUM, AVG 등)를 사용할 수 있으며, 괄호로 묶어야 한다.
④ SELECT, WHERE, FROM절 등 다양한 위치에서 사용할 수 있으며, 메인 쿼리와 연계된다.

47

다음 중 아래의 강의 테이블에 대한 SQL문의 실행 결과로 옳은 것은?

강의ID	과목	수강인원
A1	엑셀	10
A2	파워포인트	20
A3	액세스	30
A4	데이터베이스	40
A5	컴퓨터일반	50

```
SELECT COUNT(*)
FROM 강의
WHERE 수강인원 > (
    SELECT AVG(수강인원)
    FROM 강의
    WHERE 수강인원 > (
        SELECT 수강인원
        FROM 강의
        WHERE 과목 = '엑셀'
    )
);
```

① 1
② 2
③ 3
④ 4

48

다음 중 데이터베이스에 대한 설명으로 옳지 않은 것은?

① 데이터베이스는 관련 있는 데이터를 논리적으로 통합한 구조이며, 중복을 최소화하고 무결성을 유지하도록 설계된다.
② DBMS는 데이터 정의, 조작, 제어 기능을 제공하며, 사용자는 이를 통해 데이터를 효율적으로 관리할 수 있다.
③ 데이터베이스의 논리적 구성 요소에는 테이블, 쿼리, 보고서 등이 있으며, 하드웨어는 주요 구성 요소에 포함된다.
④ 데이터베이스는 지속적으로 저장되는 데이터를 관리하는 시스템으로, 프로그램 종료 후에도 데이터가 유지된다.

49

다음 중 Access에서 외부 데이터 원본을 가져올 때 '연결 테이블'과 '새 테이블로 가져온 테이블'의 차이점에 대한 설명으로 옳지 않은 것은?

① 연결 테이블은 원본 데이터베이스와 지속적으로 연결되어 있으며, 원본이 변경되면 Access에서도 변경 내용이 자동 반영된다.
② 새 테이블로 가져온 경우에는 원본 데이터와 구조가 복사되며, 가져온 후에는 원본 데이터의 변경과 무관하게 독립적으로 동작한다.
③ 연결 테이블은 쿼리 실행이나 보고서 작성은 가능하지만, 원본 데이터 편집은 불가능하다.
④ 새 테이블로 가져온 테이블은 일반 Access 테이블처럼 수정, 삭제, 필터, 정렬, 폼 및 보고서 작성 등이 가능하다.

50

다음 중 보고서 마법사를 이용해 보고서를 만드는 과정에 대한 설명으로 옳지 않은 것은?

① 보고서에 표시할 필드를 먼저 선택한 후, 정렬 순서와 그룹화를 설정할 수 있다.
② 그룹화 수준을 지정하면 특정 필드를 기준으로 데이터를 묶어서 구조화된 보고서를 만들 수 있다.
③ [요약 옵션]에서는 모든 필드에 대해 합계, 평균, 개수 등의 함수를 사용하여 값을 표시할 수 있다.
④ 레코드 원본, 필드, 레이아웃, 서식 등을 직접 선택하여 보고서를 작성할 수 있다.

51

다음 중 보고서에 대한 설명으로 옳지 않은 것은?

① 보고서는 쿼리나 테이블을 기반으로 데이터를 정렬·그룹화하여 시각적으로 요약하고, 인쇄 가능한 형태로 출력할 수 있다.
② 보고서에는 페이지 바닥글, 그룹 머리글 등의 영역이 있으며, 조건부 서식을 활용해 특정 데이터를 강조할 수 있다.
③ 보고서에서 컨트롤을 이용해 합계나 평균 같은 계산 결과를 표시할 수 있으며, 필드에 데이터를 직접 입력하거나 수정할 수도 있다.
④ 보고서의 출력 구조는 보고서 디자인이나 레이아웃 보기에서 설정하며, 관계 보기에서는 테이블 간 참조 관계만 설정한다.

52

다음 중 아래의 SQL문과 동일한 결과를 출력하는 쿼리로 가장 옳은 것은?

SELECT * FROM 고객 WHERE 지역 = "서울"
UNION
SELECT * FROM 고객 WHERE 지역 = "부산"

① SELECT * FROM 고객 WHERE 지역 = "서울" OR 지역 = "부산";
② SELECT * FROM 고객 WHERE 지역 IN ("서울","부산") GROUP BY 지역;
③ SELECT * FROM 고객 WHERE 지역 BETWEEN "서울" AND "부산";
④ SELECT * FROM 고객 WHERE 지역 = "서울" INTERSECT 지역 = "부산";

53

다음 중 [학생보고]의 보고서에 대한 설명으로 옳지 않은 것은?

반	학년	학번	이름	성적
A				
	1	123456	라레	85
	2	123461	민기	78
	3	123460	달콤	92
인원수	3명		평균	85
B				
	2	123458	모찌	95
	2	123457	수현	86
	3	123459	마리	88
인원수	3명		평균	89.7

결과 보고

1/1페이지

① [반] 필드를 기준으로 그룹화가 설정되어 있으며, 그룹 머리글에 반 이름이 표시되고 있다.
② 각 그룹의 바닥글에는 인원수와 성적 평균이 표시되도록 설정되어 있다.
③ [반] 필드에 대해 '중복 내용 숨기기'가 설정되어 있어 동일한 반 이름은 첫 행에만 표시된다.
④ 그룹 바닥글의 인원수는 AVG 함수를 이용하여 계산되었다.

54

다음 중 하위 폼에 설정할 수 있는 속성에 대한 설명으로 옳지 않은 것은?

① [필터 사용]을 '아니오'로 설정하면, 폼에서 필터 버튼이 비활성화되고 필터 조건이 적용되지 않는다.
② [추가 가능] 속성을 '예'로 설정하면 새로운 레코드를 추가할 수 있다.
③ [삭제 가능] 속성을 '아니오'로 설정하면 삭제 아이콘은 비활성화되지만, Delete 키로는 레코드를 삭제할 수 있다.
④ [편집 가능] 속성을 '예'로 설정하면 기존 데이터의 수정이 가능하다.

55

다음 중 Access의 매크로 함수들에 대한 설명으로 옳지 않은 것은?

① OpenForm은 특정 폼을 열 때 사용할 수 있으며, 보기 형식이나 필터 조건을 설정하여 지정된 레코드만 표시되도록 할 수 있다.
② SetValue는 폼이나 보고서에 있는 컨트롤의 값을 설정하는 데 사용되며, 수식 또는 고정값을 지정할 수 있다.
③ GoToRecord는 지정한 컨트롤로 포커스를 이동하는 기능으로, 사용자 입력이 필요한 위치로 커서를 이동시킬 수 있다.
④ GoToControl은 현재 폼이나 보고서에서 특정 컨트롤로 포커스를 이동하여 다음 작업을 수행할 위치를 지정하는 데 사용된다.

56

다음은 데이터베이스의 일부 테이블 구조이며, PK는 기본 키(Primary Key)를 나타낸다. 이 중에서 외래 키(Foreign Key)에 해당하는 필드만 모두 고른 것은? [단, 보기의 형식은 필드명(테이블명)이다]

테이블명	필드 구성
고객	고객ID(PK), 이름, 연락처
주문	주문ID(PK), 고객ID, 주문일자
학생	학번(PK), 이름, 학과코드
학과	학과코드(PK), 학과명, 전화번호
도서	도서ID(PK), 도서명, 출판사ID, 출간일
출판사	출판사ID(PK), 출판사명, 주소

① 고객ID(주문), 학과코드(학생), 출판사ID(출판사)
② 고객ID(주문), 학과코드(학생), 출판사ID(도서)
③ 고객ID(고객), 학번(학생), 출판사ID(도서)
④ 주문ID(주문), 학과명(학과), 출판사명(출판사)

57

다음 중 데이터베이스 암호 설정에 대한 설명으로 옳지 않은 것은?

① 데이터베이스 암호는 [파일] 탭- [정보] 메뉴에서 설정할 수 있다.
② 데이터베이스에 암호가 설정된 경우, 암호를 모르면 해당 데이터베이스에 포함된 테이블, 폼, 쿼리 등의 객체에 접근할 수 없다.
③ 개별 테이블 단위로 암호를 설정할 수 있으며, 사용자마다 접근 권한을 별도로 지정할 수 있다.
④ 데이터베이스의 암호를 변경하기 위해서는 현재 설정된 암호를 알고 있어야 하며, 데이터베이스를 단독 사용 모드로 열어야 암호를 설정할 수 있다.

58

다음 중 폼 작성 시 사용되는 컨트롤에 대한 설명으로 옳지 않은 것은?

① 바운드 컨트롤은 테이블 또는 쿼리의 필드에 연결되어 데이터를 표시하거나 수정할 수 있는 컨트롤이다.
② 계산 컨트롤은 =Date()와 같은 식을 사용하여 계산된 값을 표시할 수 있다.
③ 탭 컨트롤은 여러 테이블을 동시에 연결하고 동기화하는 기능을 하며, 주로 제목이나 캡션을 표시하는 데 사용된다.
④ 레이블 컨트롤은 고정된 텍스트를 표시하기 위한 설명용 컨트롤로, 사용자 입력을 저장하지 않는다.

59

다음 중 아래의 VBA 코드의 실행 결과로 가장 옳은 것은? (단, 현재 날짜와 시간은 5월 7일 오후 9시 8분 3초이다)

```
MsgBox Format(Now(), "dddd, mmmm d h:n:s ampm")
```

① Wednesday, May 7 9:8:3 오후
② 수요일, 5월 7일 09:08:03 오후
③ Wednesday, 05 07 09:08:03 오전
④ Wed, May 7th 9:08:3 오전

60

다음 중 Access에서 제공하는 보고서 관련 마법사에 대한 설명으로 옳지 않은 것은?

① 보고서 마법사는 필드를 선택하고 정렬, 그룹화, 테마 등을 지정하여 다단계 보고서를 생성할 수 있다.
② 하위 보고서 마법사는 관련된 테이블 또는 쿼리를 바탕으로 자동으로 메인 보고서와 하위 보고서를 구성해주는 기능을 제공한다.
③ 업무 문서 양식 마법사는 송장, 청구서, 견적서 등과 같이 사무용 문서를 일정한 서식에 맞게 인쇄할 수 있도록 도와주는 보고서 작성 도구이다.
④ 우편엽서 마법사는 이름, 주소, 우편번호 등을 바탕으로 엽서 형식의 보고서를 생성하는 데 사용된다.

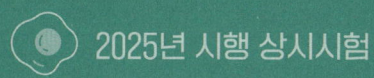

2025년 시행 상시시험
답 없이 푸는 제6회 기출변형문제

⏱ 제한시간: 60분   ✅ 점수: 1과목 ____ / 100점, 2과목 ____ / 100점, 3과목 ____ / 100점

정답과 해설 35쪽

※ 문항당 5점

1과목 컴퓨터 일반

01

다음 중 Windows에서 기본 제공되며, 바이러스, 랜섬웨어, 스파이웨어 등의 위협을 탐지하고 실시간 보호 기능과 무단 액세스 차단 기능을 포함하는 보안 솔루션은?

① Windows 방화벽
② BitLocker 드라이브 암호화
③ Windows Defender 방화벽
④ Windows 보안 센터

02

다음 중 ASCII 코드에 대한 설명으로 옳지 않은 것은?

① 데이터 처리 및 통신 시스템 상호 간의 정보 교환을 위해 사용된다.
② ASCII는 기본적으로 7비트로 구성되어 총 128개의 문자를 표현할 수 있으며, ASCII로 작성된 텍스트는 유니코드 환경에서도 그대로 사용 가능하다.
③ ASCII는 영문자 대소문자, 숫자, 특수문자, 일부 제어 문자를 포함한다.
④ 확장 ASCII는 8비트로 구성되어 한글, 중국어 등 다국어 문자를 직접 표현할 수 있다.

03

다음 중 채널(Channel)에 대한 설명으로 옳지 않은 것은?

① 채널은 CPU보다 처리속도가 빠르기 때문에 입출력 장치의 성능을 크게 향상시킨다.
② 채널은 CPU와 입출력 장치 사이의 속도 차이를 해결하기 위해 사용된다.
③ 채널을 사용하면 CPU가 입출력 작업에 직접 관여하지 않아도 되어 처리 효율이 높아진다.
④ 채널은 독립적으로 입출력 장치를 제어하며, 다중 입출력 장치의 관리도 가능하다.

04

다음 중 Windows 10의 작업표시줄에 대한 설명으로 옳지 않은 것은?

① 작업표시줄은 기본적으로 화면 하단에 위치하며, 사용자가 마우스로 끌어 위치를 상단, 좌측, 우측으로 변경할 수 있다.
② 사용자는 자주 사용하는 앱을 작업표시줄에 고정할 수 있으며, 실행 중인 앱은 자동으로 표시된다.
③ 작업표시줄에는 시작 버튼, 알림 영역, 시계, 고정된 앱 등이 포함되며, 제어판에서 설정한 바로 가기 아이콘은 자동으로 모두 고정된다.
④ [설정]을 통해 작업표시줄을 자동으로 숨기거나, 작은 아이콘으로 전환하거나, 색상을 변경할 수 있다.

05

다음 중 아날로그 컴퓨터와 디지털 컴퓨터에 대한 설명으로 옳지 않은 것은?

① 아날로그 컴퓨터는 전압, 속도, 온도와 같은 연속적인 물리량을 모의하는 데 적합하며, 실시간 처리에 유리하다.
② 디지털 컴퓨터는 2진수 기반의 정밀한 연산과 논리 처리를 수행할 수 있으며, 프로그램 제어가 가능하다.
③ 아날로그 컴퓨터는 복잡한 논리 연산 처리에 최적화되어 있으며, 다양한 범용 소프트웨어를 운용할 수 있다.
④ 디지털 컴퓨터는 데이터 저장과 반복 연산에 강점을 가지며, 일상적인 정보 처리에 널리 사용된다.

06

다음 중 자료의 구성 단위에 대한 설명으로 옳지 않은 것은?

① 비트는 데이터를 구성하는 가장 작은 단위이며, 여러 비트가 모여 바이트를 형성한다.
② 워드는 CPU가 한 번에 처리할 수 있는 데이터 단위로, 시스템마다 크기가 다를 수 있다.
③ 필드는 하나의 속성값을 저장하는 논리적 단위로, 여러 개의 레코드를 구성한다.
④ 레코드는 여러 개의 필드로 구성되며, 하나의 개체에 대한 정보를 표현한다.

07

다음 중 캐시 메모리에 대한 설명으로 옳지 않은 것은?

① 캐시 메모리는 CPU와 주기억장치 간의 속도 차이를 줄이기 위해 사용되며, 자주 접근하는 데이터를 임시 저장하여 성능을 향상시킨다.
② L1, L2, L3로 구성된 캐시 메모리 계층 중 L3는 가장 빠르지만 가장 작은 용량을 갖는다.
③ 캐시 메모리가 충분히 클 경우 CPU는 더 많은 데이터를 빠르게 접근할 수 있어 전체 처리 성능이 향상될 수 있다.
④ 캐시 메모리는 접근 속도가 빠른 정적 램(SRAM)을 사용한다.

08

다음 중 텔레매틱스(Telematics)에 대한 설명으로 가장 옳은 것은?

① 차량 내부에서 사용하는 전기 배선 기술을 의미한다.
② 인터넷 없이도 무선으로 기기를 제어하는 기술이다.
③ 통신 기술과 정보처리 기술을 융합하여 차량이나 운송 장치에 정보를 제공하는 기술이다.
④ GPS 위성을 통해 항공기의 고도를 측정하는 항공전용 시스템이다.

09

다음 중 컴퓨터 바이러스에 대한 설명으로 옳지 않은 것은?

① 컴퓨터 바이러스는 사용자의 동의 없이 시스템에 침입하여 스스로 복제되며 피해를 유발할 수 있다.
② 감염된 USB나 이메일 첨부파일, 인터넷 실행 파일 등을 통해 전파될 수 있다.
③ 운영체제 보안 패치를 설치하는 것은 바이러스 감염의 주요 경로 중 하나이다.
④ 바이러스 예방을 위해 백신 설치, 파일 검토, 의심스러운 이메일 주의 등이 필요하다.

10

다음 중 방화벽(Firewall)에 대한 설명으로 옳지 않은 것은?

① 방화벽은 사전에 정의된 보안 정책을 기준으로 네트워크 트래픽을 필터링하여 허용 또는 차단할 수 있다.
② 운영체제에 내장된 소프트웨어 방화벽은 포트 및 애플리케이션 단위로 접근을 제어할 수 있다.
③ 방화벽은 외부의 불법적인 접근은 차단할 수 있지만, 내부 사용자에 의한 정보 유출이나 악성 코드 실행까지 차단하는 데 한계가 있다.
④ 방화벽은 백신 프로그램과 함께 설치되어 컴퓨터 바이러스를 실시간으로 치료하는 기능을 포함한다.

11

다음 중 컴퓨터의 하드웨어 장치를 교체할 때 고려해야 할 사항으로 옳지 않은 것은?

① CPU를 교체할 때는 메인보드의 소켓 타입과 칩셋의 호환 여부를 반드시 확인해야 한다.
② DRAM은 접근 속도(ns)가 클수록 성능이 좋기 때문에 수치가 큰 제품을 선택하는 것이 바람직하다.
③ 그래픽카드를 교체할 경우, 파워서플라이의 전력 용량과 보조 전원 커넥터 연결 여부를 확인해야 한다.
④ 모니터를 교체할 경우, 그래픽카드의 출력 포트(DVI, HDMI, DP 등)와 모니터 입력 포트의 호환 여부를 확인해야 한다.

12

다음 중 컴퓨터의 소프트웨어 관련 용어에 대한 설명으로 옳지 않은 것은?

① 오픈소스(Open Source)는 소스 코드가 공개되어 누구나 수정하고 재배포가 가능한 소프트웨어이다.
② 셰어웨어는 일정 기간 사용해본 후, 정식 사용을 위해 비용을 지불해야 하는 소프트웨어다.
③ 패치는 보안 취약점이나 기능 오류를 수정하기 위해 배포되는 소프트웨어이다.
④ 알파 버전은 정식 출시 전 다양한 환경에서 테스트하여 안정성을 높이기 위한 목적으로 외부 사용자에게 공개하여 피드백을 수집하기 위한 소프트웨어이다.

13

다음 중 컴퓨터의 CMOS 설정 화면에서 일반적으로 수행할 수 없는 작업은?

① 시스템 날짜와 시간을 변경하거나, 부팅 장치의 우선순위를 설정한다.
② CPU 온도를 모니터링하고, 팬 속도를 자동 또는 수동 모드 등으로 설정한다.
③ 하드디스크와 SSD 등의 장치를 감지하고 저장 장치 모드를 변경한다.
④ 운영체제의 언어 팩을 설치하거나 인터넷 브라우저의 시작 페이지를 설정한다.

14

다음 중 Windows 운영체제의 32비트와 64비트 구조의 차이에 대한 설명으로 옳지 않은 것은?

① 32비트 운영체제는 이론적으로 최대 약 4GB(2^{32})의 메모리까지만 인식 가능하며, 그 이상은 사용할 수 없다.
② 앱이 64비트 버전의 Windows 용으로 설계된 경우 호환성 유지를 위해 32비트 버전의 Windows에서도 작동되도록 설계되어 있다.
③ 64비트 시스템은 대용량 메모리 지원과 함께 보안 기능이 더 강화된 구조를 갖는다.
④ 현재 사용 중인 운영체제가 64비트인지를 확인하려면 '시스템 → 시스템 정보'에서 '시스템 유형'을 확인한다.

15

다음 중 OLED(Organic Light Emitting Diode)에 대한 설명으로 가장 옳지 않은 것은?

① OLED는 백라이트 없이 픽셀 하나하나가 스스로 빛을 내기 때문에 디스플레이의 두께를 얇게 만들 수 있다.
② OLED는 높은 명암비와 빠른 응답 속도, 넓은 시야각을 제공하며 플렉시블 디스플레이 구현도 가능하다.
③ OLED는 구조가 복잡하고 두꺼워지기 쉬워 LCD에 비해 무겁고 곡면 구현에 제약이 있다.
④ OLED는 화면에 표시되는 픽셀만 전력을 소모하므로, 전력 효율 면에서 유리할 수 있다.

16

다음 중 Windows의 [설정]-[시스템]-[저장소] 메뉴에서 수행할 수 있는 기능으로 옳지 않은 것은?

① 드라이브별 공간 사용 현황과 앱·사진·임시 파일 등의 항목별 용량 분석
② 임시 파일, 다운로드 폴더 등에서 불필요한 파일을 정리하여 저장 공간 확보
③ 디스크 조각 모음 및 최적화를 통해 파일 접근 속도 향상
④ 앱 설치 기본 위치를 C 드라이브 외의 다른 드라이브로 변경

17

다음 중 Windows 10의 바로 가기 키에 대한 설명으로 옳지 않은 것은?

① Alt + Tab 을 누르면 현재 열려 있는 창들 간에 전환할 수 있다.
② ⊞ + Ctrl + D 는 새 가상 데스크톱을 생성하는 단축키이다.
③ ⊞ + PrintScreen 은 전체 화면을 캡처하여 자동으로 이미지 파일로 저장한다.
④ Ctrl + Alt + PrintScreen 은 클립보드에 저장된 화면 이미지를 자동으로 그림판에 붙여넣는다.

18

다음 중 플래시 메모리(Flash Memory)에 대한 설명으로 가장 옳은 것은?

① 전원이 꺼지면 저장된 데이터가 모두 사라지는 휘발성 메모리이다.
② 자기 디스크 기반으로 회전하는 플래터를 이용해 데이터를 저장한다.
③ 반도체 기반의 비휘발성 메모리로, 데이터를 전기적으로 기록하고 지울 수 있다.
④ CD나 DVD와 같이 광학 매체에 데이터를 저장하는 방식이다.

19

다음 중 네트워크 구성방식에 대한 설명으로 옳지 않은 것은?

① 메시형은 각 노드가 여러 노드와 직접 연결되어 장애 발생 시에도 우회 경로를 통해 통신할 수 있는 구조이다.
② 스타형은 각 노드가 중앙 장치에 연결되는 구조이며, 노드 간 직접 연결되지 않는다.
③ 링형은 신호가 순환 구조로 흐르며, 한 노드의 장애가 전체 통신에 영향을 줄 수 있다.
④ 버스형은 분산 처리 시스템을 구성하는 방식으로 확장이 많아지면 트래픽이 과중될 수 있다.

20

다음 중 USB(Universal Serial Bus)의 기능 및 버전에 대한 설명으로 옳지 않은 것은?

① USB는 핫 플러그인을 지원하므로, 전원을 끄지 않고 장치를 자유롭게 연결하거나 제거할 수 있다.
② USB 3.0은 최대 5Gbps의 이론 전송 속도를 제공하며, PC 및 연결 기기, 케이블 등의 모든 USB 3.0 단자는 대부분 파랑으로 되어 있어 이전 버전과 구분이 된다.
③ USB 3.0 장치를 USB 2.0 포트에 연결하면 장치가 인식되지 않거나 데이터 전송이 불가능하다.
④ USB는 범용 직렬 장치를 연결할 수 있게 해주는 컴퓨터 인터페이스이다.

2과목   스프레드시트 일반

21

다음 중 아래 VBA 코드의 실행 결과에 대한 설명으로 옳은 것은?

```
Sub 정렬예제()
    Worksheets("매출").Activate
    Range("A1:C10").Sort Key1:=Range("B2"),
    Order1: =xlDescending, Header:=xlYes
End Sub
```

① 현재 활성화된 시트의 [A1:C10] 범위를 [B2] 기준으로 오름차순 정렬한다.
② "매출" 시트를 활성화하고 [A1:C10] 범위를 [B2] 열 기준으로 내림차순 정렬한다.
③ "매출" 시트에서 [B2] 셀의 값만 정렬된다.
④ "매출" 시트를 삭제한 후 정렬을 수행한다.

22

다음 중 아래의 사용자 지정 표시 형식이 적용된 셀에 다양한 값을 입력했을 때의 표시 결과로 옳지 않은 것은?

| 서식 | [>=1000000]0,,"백만 이상";"(-)"0,,;0;<텍스트> |

① 2000000 → 2백만 이상
② -1000000 → (-)1,000,000
③ 0 → 0
④ "Hello" → <텍스트>

23

다음 중 새로운 워크시트를 생성할 때, 워크시트 이름을 지정하는 과정에서 고려해야 할 사항에 대한 설명으로 옳지 않은 것은?

① 워크시트 이름은 최대 31자까지 입력할 수 있으며, 이를 초과하면 오류가 발생한다.
② 워크시트 이름에는 콜론(:), 슬래시(/), 별표(*), 물음표(?), 대괄호([]) 등 특정 특수 문자를 사용할 수 없다.
③ 한 워크북 내에서는 동일한 이름의 워크시트를 여러 개 생성할 수 있으며, Excel은 이를 자동으로 "Sheet1 (2)", "Sheet1 (3)"과 같이 구분하여 표시한다.
④ 워크시트 이름은 대소문자를 구분하지 않으므로, 'Report'와 'report'는 동일한 이름으로 인식된다.

24

학생의 점수 [A2]에 따라 아래 기준으로 성적 등급을 표시하려고 한다. 이에 대한 수식 중 옳지 않은 것은?

점수 범위	등급
90점 이상	A
80점 이상 ~ 90점 미만	B
70점 이상 ~ 80점 미만	C
70점 미만	F

① =IF(A2>=90,"A",IF(A2>=80,"B",IF(A2>=70,"C","F")))
② =IFS(A2>=90,"A",A2>=80,"B",A2>=70,"C",TRUE,"F")
③ =SWITCH(TRUE,A2>=90,"A",A2>=80,"B",A2>=70,"C","F")
④ =CHOOSE(A2/10,"F","F","F","F","F","F","F","C","B","A","A")

25

다음 중 [페이지 설정] 대화상자 탭의 기능 및 설정에 대한 설명으로 옳지 않은 것은?

① [시트] 탭에서는 인쇄 영역, 반복할 행, 반복할 열, 자동 맞춤 등을 설정할 수 있다.
② [머리글/바닥글] 탭에서는 페이지 번호, 날짜, 시간 등 다양한 항목을 머리글 또는 바닥글에 삽입할 수 있으며, 왼쪽·가운데·오른쪽 구역별로 다르게 설정할 수 있다.
③ [여백] 탭에서는 인쇄용 여백을 조정하고, 가로·세로 가운데 맞춤 설정을 통해 인쇄물의 내용을 용지 중앙에 배치할 수 있다.
④ 워크시트에서 차트를 선택한 후 [페이지 설정] 메뉴를 선택하면 [시트] 탭이 [차트] 탭으로 변경된다.

26

다음 중 차트에 대한 설명으로 옳지 않은 것은?

① 기본 차트를 빠르게 생성할 수 있는 단축키는 [Alt]+[F1]이며, 이때 차트는 별도의 차트 시트에 생성된다.
② 차트를 생성하기 위해서는 데이터 범위를 먼저 선택한 후, [삽입] 탭에서 원하는 차트 종류를 선택해야 한다.
③ 방사형, 트리맵, 히스토그램 차트는 3차원 형태로 작성할 수 없으며, 원형 차트는 한 개의 데이터 계열만 사용할 수 있다.
④ 추세선은 차트에 표시된 데이터의 경향을 시각적으로 나타내는 선이며, 이름은 기본적으로 자동으로 지정된다.

27

다음 중 아래 수식들의 기능 또는 실행 결과에 대한 설명으로 옳지 않은 것은?

① =SIGN(MOD(RANDBETWEEN(−9,9),4))은 항상 0 또는 1만 반환된다.
② =MDETERM(A1:B2)이 0이라면, =MINVERSE(A1:B2)는 #NUM! 오류를 반환한다.
③ =MMULT(MINVERSE(A1:B2),B1:C2)은 A1:B2가 역행렬을 가질 때만 계산 가능하며, 행·열의 곱셈 조건을 충족해야 한다.
④ =MMULT(A1:B2,MINVERSE(A1:B2))의 결과는 항상 항등행렬이므로, MDETERM(A1:B2)이 0이어도 오류 없이 계산된다.

28

다음 중 각 차트에 대한 설명으로 옳지 않은 것은?

① 데이터의 시간 흐름에 따른 변화나 추세를 선으로 연결해 시각화하며, 시간에 따른 변동을 분석하는 데 유용한 차트는 꺾은선형 차트이다.
② 항목 간 비율을 직관적으로 나타내며, 한 개의 데이터 계열만 사용할 수 있고, 각 조각이 전체의 일부를 나타내는 차트는 도넛형 차트이다.
③ 두 개의 숫자형 데이터 간 관계를 점으로 표현하여 상관관계나 분포를 시각적으로 분석할 수 있는 차트는 분산형 차트이다.
④ 항목별 절댓값을 비교하는 데 적합하고, 세로 또는 가로 막대를 통해 데이터의 크기를 직접적으로 보여주는 차트는 막대형 차트이다.

29

다음 중 [페이지 설정]에 대한 설명으로 옳지 않은 것은?

① [페이지 설정]에서 인쇄 방향을 가로로 지정하면, 더 넓은 데이터 범위가 한 행에 출력될 수 있다.
② [페이지] 탭에서 '자동 맞춤'의 용지 너비와 용지 높이를 각각 1로 지정하면 여러 페이지가 한 페이지에 인쇄된다.
③ '페이지 가운데 맞춤' 기능을 통해 인쇄 내용이 가로 방향 중앙에 위치하도록 할 수 있다.
④ 배율 설정을 통해 셀 내용이 자동으로 조정되기 때문에, 인쇄 시 셀 병합과 수식 계산도 함께 축소 적용된다.

30

다음 중 VBA 프로시저에 대한 설명으로 옳지 않은 것은?

① Sub 프로시저는 Sub ~ End Sub 구조로 작성되며, 값을 반환하지 않는다.
② Function 프로시저는 Function ~ End Function 구조로 작성되며, 계산된 값을 반환할 수 있다.
③ Sub 및 Function 프로시저 모두 반드시 하나 이상의 매개변수를 포함해야 한다.
④ 하나 이상의 프로시저들을 이용하여 모듈을 구성할 수 있다.

31

다음 중 아래의 시트에서 [E1] 셀에 다음의 수식을 입력한 결과로 옳은 것은?

=OFFSET(C2,MATCH("총무부",B2:B4,0),0)

	A	B	C
1	번호	부서	점수
2	101	영업부	85
3	102	총무부	90
4	103	개발부	88

① 85
② 90
③ 88
④ 오류(#N/A)

32

다음 중 매크로 기록 및 실행과 관련된 설명으로 옳지 않은 것은?

① 매크로 기록을 시작하면 사용자의 셀 선택, 수식 입력 등 모든 작업이 VBA 코드로 자동 기록되며, 기록 중 언제든지 중지할 수 있다.
② [매크로 기록] 기능을 사용할 때 기본 저장 위치는 '현재 통합 문서'이다.
③ 매크로의 바로 가기 키는 Alt와 영문자를 조합하여 설정할 수 있으며, 숫자나 특수 기호는 사용할 수 없다.
④ 매크로를 저장하려면 반드시 .xlsm 형식으로 저장해야 하며, 기록한 코드는 [개발 도구] 탭의 Visual Basic 편집기에서 확인할 수 있다.

33

다음 중 상태 표시줄의 기능과 사용자 지정 설정에 관한 설명으로 옳지 않은 것은?

① 다중 셀 선택 시, 상태 표시줄은 숫자 데이터에 대한 합계, 평균, 개수 등 다양한 통계 값을 자동으로 보여준다.
② 상태 표시줄은 오른쪽 클릭 메뉴를 통해 사용자 지정으로 필요한 통계 항목을 선택하거나 숨길 수 있으며, 이 설정은 저장 후에도 유지된다.
③ 상태 표시줄은 선택한 셀들의 데이터 유형에 관계없이 항상 동일한 통계 정보를 표시하므로, 텍스트가 섞인 범위를 선택해도 수치 통계가 동일하게 나타난다.
④ 상태 표시줄에는 Zoom 슬라이더, Caps Lock, Num Lock 같은 상태 아이콘 등이 표시된다.

34

다음 중 배열 상수로 입력된 데이터를 대상으로 합계를 계산하는 수식으로 옳은 것은?

① =SUM({10,20,30};{40,50,60})
② =SUM({10₩20₩30₩40₩50})
③ =SUM({10,20,30;40,50,60})
④ =SUM(10 20 30 40 50 60)

35

다음 중 엑셀에서 '선택한 영역에서 특정 조건을 만족하는 셀에만 서식을 지정'하는 조건부 서식 기능에 대한 설명으로 옳은 것은?

① 셀 값이 변경되어 규칙을 만족하지 않아도 이미 적용된 조건부 서식은 그대로 유지된다.
② 사용자가 지정한 셀 서식보다 우선 적용되며, 조건을 만족하지 않으면 자동으로 서식이 해제된다.
③ 조건부 서식이 적용된 후 수동으로 서식을 지워야 하므로, 조건이 바뀌어도 서식은 자동으로 남는다.
④ 조건부 서식에서는 둘 이상의 규칙의 서식이 충돌하는 경우 항상 가장 마지막에 설정한 규칙의 서식만 적용된다.

36

다음 중 사용자 지정 표시 형식을 설정하여 다음 조건을 만족하도록 하는 형식으로 옳은 것은?

- 양수는 녹색 숫자로 표시하고, 숫자 뒤에 "이익"이라는 텍스트를 붙인다.
- 음수는 빨간색으로 표시하며, 부호와 함께 "손실"이라는 텍스트를 붙인다.
- 값이 0이면 "보합"이라는 텍스트만 표시되도록 한다.

① [녹색]"이익" #,##0;[빨강]"손실" -#,##0;"보합"
② [녹색]#,##0"이익";[빨강]-#,##0"손실";"보합"
③ [녹색]#,##0"이익";[빨강]#,##0"손실";[회색]"보합"
④ "이익"[녹색]#,##0;"손실"[빨강]-#,##0;"보합"

37

다음 중 아래의 그림과 같이 '표' 기능을 사용하여 이율[E3:E5]과 불입금[F2:H2]에 따른 만기수령액[F3:H5]을 계산할 때 실행하는 작업 내용에 대한 설명으로 옳지 않은 것은?

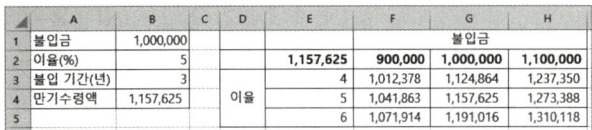

① 표의 왼쪽 열과 상단 행은 각각 서로 다른 입력 셀에 대응된다.
② 수식 셀이 반드시 데이터 표 좌측 상단 셀(E2)에 위치해야 한다.
③ 자동으로 결과가 구해진 셀을 하나 선택해서 살펴보면 {=TABLE(B1,B2)}와 같은 배열 수식이 들어있다.
④ [F3:H5]을 영역지정 후 [데이터]-[예측]-[가상분석]-[데이터 표]를 선택한다.

38

다음 중 창 나누기 기능에 대한 설명으로 옳지 않은 것은?

① 창 나누기를 통해 하나의 워크시트를 최대 4개의 영역으로 나눌 수 있으며, 각 창은 상하/좌우로 데이터를 확인할 수 있다.
② 창 나누기는 [보기] 탭의 [창] 그룹에서 설정할 수 있으며, 특정 셀을 기준으로 행 또는 열 단위로 나눌 수 있다.
③ 창 나누기 상태에서 데이터가 수정되면 나눠진 창 간에 실시간으로 값이 동기화되지 않으며, 각 창에서 별도로 저장해야 한다.
④ 창 나누기는 인쇄 설정과는 무관하며, 인쇄 미리 보기나 출력물에는 나눠진 창의 구분선이 반영되지 않는다.

39

다음 중 워크시트에서 셀을 삽입하거나 삭제하기 위해 아래의 대화상자를 호출할 수 있는 정확한 단축키 조합으로 옳은 것은?

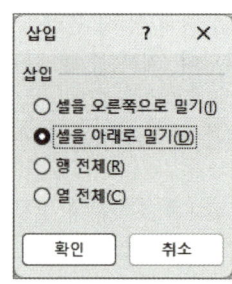 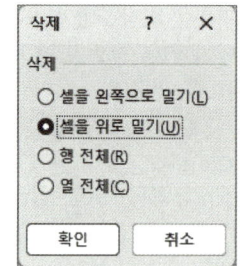

① Alt + +, Alt + −
② Ctrl + +, Ctrl + −
③ Shift + +, Ctrl + −
④ ⊞ + +, ⊞ + −

40

다음 중 데이터 입력에 대한 설명으로 옳지 않은 것은?

① 일반 서식 셀에 123456789012와 같은 큰 수를 입력하면, 자동으로 지수 형태로 표시될 수 있으며, 계산 결과에는 영향을 주지 않는다.
② 현재 날짜를 입력하려면 Ctrl + ;, 현재 시간을 입력하려면 Ctrl + Shift + ; 단축키를 사용한다.
③ 소수점 자동 삽입 옵션이 설정되어 있으면 사용자가 소수점이 명시된 숫자를 입력하더라도 옵션에 지정된 소수점 자릿수로 표시된다.
④ [파일]-[옵션]-[고급]에서 소수점 위치를 지정할 수 있으며, 예를 들어 2로 설정하면 1234 입력 시 12.34로 자동 표시된다.

3과목 데이터베이스 일반

41
다음 중 데이터베이스에 대한 설명으로 옳지 않은 것은?

① DBMS는 중앙 집중적 관리로 데이터 중복을 줄이고 일관성을 향상시킨다.
② 동시성 제어 기능으로 여러 사용자가 동시에 데이터에 접근해도 무결성이 유지된다.
③ 데이터 독립성이 보장되므로 데이터의 구조가 변경되어도 응용프로그램에는 영향을 주지 않는다.
④ DBMS는 일괄 처리를 지원하므로 장애가 발생해도 별도의 백업·복구 작업 없이 데이터를 유지할 수 있다.

42
다음 중 아래와 같이 판매 테이블이 주어졌을 때 SQL문 실행 결과로 옳은 것은?

판매ID	고객명	지역	금액
S001	성수현	서울	10
S002	정민기	부산	20
S003	정수현	서울	30
S004	이라레	대전	40
S005	정민기	서울	50

```
SELECT 고객명, AVG(금액) AS 평균금액
FROM 판매
WHERE 지역 IN ('서울', '부산')
GROUP BY 고객명
ORDER BY 평균금액 DESC;
```

①
고객명	평균금액
정수현	20
정민기	35

②
고객명	평균금액
정민기	35
정수현	20

③
고객명	평균금액
정수현	25
정민기	35

④
고객명	평균금액
정민기	35
이라레	40

43
다음 중 보고서에 대한 설명으로 옳지 않은 것은?

① 보고서는 데이터를 요약하거나 인쇄용으로 정리된 형태로 출력하기 위해 사용되며, 조건부 서식을 통해 특정 조건의 데이터를 강조할 수 있다.
② 보고서에는 보고서 머리글, 페이지 바닥글, 세부 섹션 등 다양한 섹션이 존재하며, 그룹화와 정렬 기능을 통해 데이터 구성도 가능하다.
③ 보고서 디자인에서는 텍스트 상자를 사용해 합계나 평균 같은 계산식도 표현할 수 있으며, 출력된 보고서에서 데이터를 직접 수정할 수 있다.
④ 보고서는 데이터를 조회 및 인쇄하는 데 특화되어 있으며, 폼처럼 사용자의 직접 입력이나 데이터 편집은 허용되지 않는다.

44
다음 중 기본 키(Primary Key)에 대한 설명으로 옳지 않은 것은?

① 각 레코드를 고유하게 식별하기 위한 필드로, 중복 값을 가질 수 없다.
② 하나의 테이블에 여러 개 설정할 수 있다.
③ OLE 개체나 첨부 파일 형식의 필드에는 기본 키를 설정할 수 없다
④ 다른 테이블에서 외래 키(Foreign Key)로 참조될 수 있다.

45
다음 중 Access 보고서의 그룹화(Grouping) 기능에 대한 설명으로 옳지 않은 것은?

① 그룹화는 특정 필드를 기준으로 레코드를 묶어 구분하거나 요약할 수 있게 한다.
② 그룹 머리글에는 해당 그룹의 제목이나 기준 필드를 배치할 수 있으며, 그룹 바닥글에는 합계나 평균 같은 요약 정보를 표시할 수 있다.
③ 그룹화를 설정하려면 [기본값] 속성에 그룹 기준을 입력하면 된다.
④ 그룹화 기준은 필드나 식을 기준으로 10단계까지의 그룹을 설정할 수 있다.

46

다음 중 테이블의 필드 속성에서 '인덱스'를 지정할 수 없는 데이터 형식으로 옳은 것은?

① OLE 개체, 첨부파일, 계산
② 숫자, 통화, 일련번호
③ 짧은 텍스트, 날짜/시간, 예/아니오
④ 계산, 하이퍼링크, 숫자

47

다음 중 폼 보기 형식에 대한 설명으로 옳지 않은 것은?

① 단일 폼은 한 번에 하나의 레코드만 표시하며, 각 필드는 개별 컨트롤로 구성된다.
② 연속 폼은 매 레코드마다 폼 머리글과 폼 바닥글이 표시된다.
③ 데이터 시트 보기는 레코드는 행으로, 필드는 열로 표시되는 형식이다.
④ 분할 표시 폼은 동일한 데이터를 단일 폼과 데이터 시트 보기 형식으로 동시에 제공한다.

48

다음 중 폼 속성에 대한 설명으로 옳지 않은 것은?

① 특정 조건에 맞는 레코드만 하위 폼에 표시하려면, 필터 속성에 조건을 입력하고 '필터 사용'을 '예'로 설정해야 한다.
② 레코드 잠금 속성의 '잠그지 않음'은 레코드 편집 작업이 완료되기 전에 다른 사용자가 레코드를 변경할 수 있다.
③ 하위 폼에서 데이터를 수정할 수 없도록 하려면 '추가 가능' 속성을 '아니오'로 설정한다.
④ 하위 폼에서 사용자가 데이터를 삭제하지 못하도록 하려면 '삭제 가능' 속성을 '아니오'로 설정한다.

49

다음 중 Access에서 사용된 문자열 함수의 실행 결과로 옳지 않은 것은?

① Len("Access") → 6
② Mid("Database",5,3) → "bas"
③ Left("Keyboard",4) → "Keyb"
④ InStr("Welcome","e") → 5

50

다음 중 부서별로 성과급의 합계를 계산하여 해당 부서가 끝날 때마다 표시하려고 할 때, 가장 적절한 Access 보고서 영역으로 옳은 것은?

① 보고서 머리글
② 페이지 바닥글
③ 그룹 바닥글
④ 본문

51

다음 중 아래의 [학생 조회] 폼 일부 화면을 기준으로 설정된 폼 속성에 대한 설명으로 옳지 않은 것은?

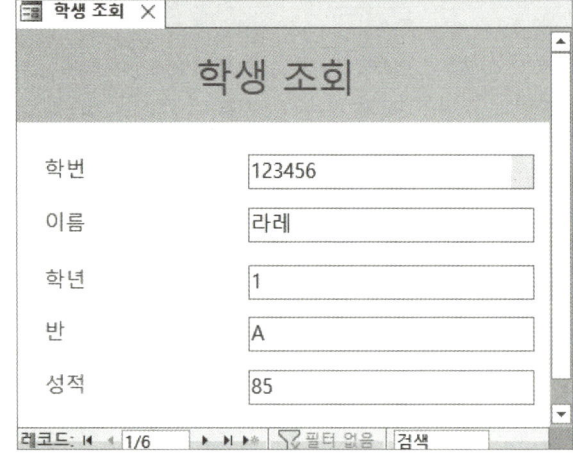

① 레코드 선택기 속성은 '예'로 설정되어 있다.
② 탐색 단추 속성은 '예'로 설정되어 있다.
③ 스크롤 막대 속성은 '표시 안함'이 아닌 값으로 설정되어 있다.
④ 레코드는 총 6개 중 첫 번째 레코드를 표시하고 있다.

52

다음 중 보고서에서 주어진 요구사항을 만족하기 위한 Format 함수 사용 예로 옳지 않은 것은?

① 페이지 번호를 "현재 페이지 : 1" 형식으로 표시
=Format([Page], "현재 페이지 : #")
② 전체 페이지 수와 함께 "페이지 1 / 10" 형태로 표시
="페이지" & Format([Page], "#") & " / " & Format([Pages], "#")
③ 현재 시간을 "오전 10:25" 또는 "오후 03:45"로 출력
=Format(Now(), "hh:mm ampm")
④ 현재 페이지가 5일 때 "005"로 표시하기 위해 사용하는 식
=Format([Page], "###")

53

다음 성적 테이블을 이용하여 SQL문을 실행했을 때, 출력 결과로 옳은 것은?

이름	학년	과목	점수
수현	1	수학	85
민기	2	수학	92
마리	2	영어	76
수현	1	영어	95
민기	2	과학	88
라레	3	수학	65

```
SELECT 과목, COUNT(*) AS 인원수, AVG(점수)
         AS 평균점수
FROM 성적
WHERE 학년 IN (2,3)
GROUP BY 과목
HAVING AVG(점수) >= 80;
```

①
과목	인원수	평균점수
수학	2	78.5
과학	1	88.0

②
과목	인원수	평균점수
수학	2	78.5

③
과목	인원수	평균점수
수학	2	78.5
영어	1	76.0

④
과목	인원수	평균점수
과학	1	88.0

54

다음 중 데이터베이스에 대한 설명으로 옳지 않은 것은?

① 데이터베이스는 데이터의 일관성과 무결성을 보장하고, 여러 사용자가 동시에 접근할 수 있는 기능을 제공한다.
② 데이터베이스는 데이터와 프로그램을 분리하여, 데이터 구조 변경 시 관련 애플리케이션 프로그램을 모두 함께 수정해야 한다.
③ 데이터베이스는 데이터를 통합 관리하여 중복을 최소화하고, 관리 효율성을 높일 수 있다.
④ 데이터베이스는 논리적 구조와 물리적 구조를 분리하여 사용자에게 데이터 독립성을 제공할 수 있다.

55

다음 중 테이블의 디자인 보기에서 설정할 수 있는 작업으로 옳지 않은 것은?

① 필드 속성에서 기본값, 입력 마스크, 유효성 검사 규칙 등을 설정할 수 있다.
② 디자인 보기에서는 하나의 필드를 선택하여 기본 키로 설정할 수 있으며, 여러 필드를 조합하여 만들 수 있다.
③ 디자인 보기에서는 조건부 서식을 적용하여 특정 조건일 때 글자색이나 배경색을 자동으로 변경할 수 있다.
④ 디자인 보기에서는 필드별로 '캡션', '인덱스', '필수 입력 여부' 등의 세부 속성을 지정할 수 있다.

56

다음 중 보고서의 구조와 구성 요소에 대한 설명으로 옳지 않은 것은?

① 보고서의 레코드 원본은 보고서에서 출력할 데이터를 지정하는 테이블이나 쿼리이다.
② 페이지 바닥글은 전체 보고서의 마지막에 한 번만 출력되며, 주로 총합계와 같은 전체 요약 정보를 표시한다.
③ 텍스트 상자 컨트롤에는 =Sum([금액])과 같은 식을 입력하여 그룹별 또는 전체 합계를 계산할 수 있다.
④ 보고서에서 특정 이벤트에는 VBA로 작성된 이벤트 프로시저를 연결할 수 있다.

57

다음 중 아래의 [라레] 테이블에서 [코드] 필드의 속성 설정에 대한 설명으로 옳지 않은 것은?

필드 이름	데이터 형식
코드	숫자

필드 속성

일반	조회	
필드 크기		바이트
형식		
소수 자릿수		자동
입력 마스크		
캡션		
기본값		50
유효성 검사 규칙		<=100
유효성 검사 텍스트		
필수		예
인덱스		예(중복 불가능)
텍스트 맞춤		일반

① 필드의 값은 최대 255자까지 입력할 수 있다.
② 새 레코드를 추가하면 코드 필드에 자동으로 50이 입력된다.
③ 코드는 반드시 입력되어야 한다.
④ 동일한 코드는 입력할 수 없다.

58

다음 중 보고서에 대한 설명으로 옳지 않은 것은?

① 보고서는 데이터를 정렬하거나 그룹화하고, 합계나 평균과 같은 계산 결과를 포함하여 인쇄 가능한 형식으로 출력할 수 있는 객체이다.
② 보고서의 레코드 원본에는 테이블이나 쿼리 그리고 기존 보고서나 VBA 프로시저를 데이터 원본으로 설정할 수 있다.
③ 보고서는 입력이나 수정 기능이 없는 출력 전용 객체이며, 페이지 머리글과 바닥글 등을 포함한 인쇄 레이아웃 구성이 가능하다.
④ 보고서는 데이터를 요약 및 시각화하여 보고서 형식(PDF 등)으로 내보내거나 인쇄하는 데 활용된다.

59

다음 중 SQL문으로 옳지 않은 것은?

① SELECT FROM 직원 WHERE 부서 = "총무부";
② INSERT INTO 고객 (이름, 연락처) VALUES ("김지수", "010-1234-5678");
③ UPDATE 상품 SET 가격 = 가격 * 0.9 WHERE 할인여부 = TRUE;
④ DELETE FROM 주문 WHERE 주문번호 = 105;

60

다음 중 보고서에서 페이지 번호를 표시하는 방법과 출력 결과로 옳은 것은? (단, 현재 페이지는 3, 총 페이지는 10이다)

	입력 형식	출력 예시
a	="Page " & [Page] & " of " & [Pages]	Page 3 of 10
b	="페이지 " & [Page] & "/" & [Pages]	페이지 3 / 10
c	=[Page] & " / " & [Pages]	3 / 10
d	="Page [Page] of [Pages]"	Page 3 of 10

① 모두 올바르다.
② a, b, c만 올바르다.
③ b, c, d만 올바르다.
④ d만 올바르다.

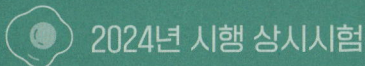

답 없이 푸는 제7회 기출변형문제

- 제한시간: 60분
- 점수: 1과목 ____ / 100점, 2과목 ____ / 100점, 3과목 ____ / 100점

정답과 해설 41쪽

※ 문항당 5점

1과목 컴퓨터 일반

01

다음 중 Windows 10의 파일 탐색기에 대한 설명으로 옳지 않은 것은?

① 파일 및 폴더의 계층적 구조를 표시하고 관리한다.
② Backspace 를 누르면 현재 폴더에서 상위 폴더로 이동한다.
③ 인쇄 기능을 통해 문서를 열지 않고도 바로 인쇄할 수 있는 인쇄 기능을 제공한다.
④ 즐겨찾기는 자주 사용하는 폴더를 추가하여 사용하는 기능으로, 설정된 즐겨찾기의 순서는 변경할 수 없다.

02

다음 중 Windows 10의 화면 설정에 대한 설명으로 옳지 않은 것은?

① 바탕 화면의 배경 화면을 사진, 단색, 슬라이드 쇼 중에서 설정할 수 있다.
② 잠금 화면의 배경을 '사진'이나 '슬라이드 쇼' 중에서 설정할 수 있다.
③ 테마는 바탕 화면의 배경, 색, 소리, 마우스 커서 등을 하나의 그룹으로 묶어 놓은 것이다.
④ [시작] 메뉴의 배경은 사용자의 개성대로 직접 설정할 수 있다.

03

다음 중 Windows에서 제공하는 [접근성] 기능에 대한 설명으로 옳지 않은 것은?

① 화면에서 원하는 영역을 확대하여 크게 표시할 수 있는 돋보기 기능을 제공한다.
② 고대비 기능은 화면에서 텍스트와 이미지를 더 뚜렷하고 쉽게 식별할 수 있도록 한다.
③ 내레이터 기능으로 화면의 모든 텍스트를 소리내어 읽어주도록 설정할 수 있다.
④ 화상 키보드는 키보드 입력을 대신할 수 있는 터치 기능을 제공한다.

04

다음 중 Windows 10에서 프린터 설정에 대한 설명으로 옳지 않은 것은?

① 기본 프린터는 오직 1대만 설정할 수 있다.
② 네트워크 프린터도 기본 프린터로 설정할 수 있다.
③ 사무실 등에서 네트워크를 통해 복수의 PC가 공유해서 사용할 수 있는 프린터는 네트워크 프린터이다.
④ 같은 네트워크에서는 한 대의 프린터만 서로 공유할 수 있다.

05

다음 중 레지스터(Register)에 대한 설명으로 옳지 않은 것은?

① 플립플롭을 여러 개 접속시켜 구성한다.
② CPU 내부에 존재하는 일시적인 기억장치이다.
③ 8비트 레지스터는 9개의 플립플롭이 필요하다.
④ 쉬프트(Shift) 레지스터를 이용하여 곱셈과 나눗셈을 수행할 수 있다.

06

다음 중 인터럽트(Interrupt)에 대한 설명으로 옳지 않은 것은?

① 인터럽트는 입출력 연산, 하드웨어 실패, 프로그램 오류 등에 의해서 발생한다.
② 인터럽트는 프로그램 실행 중에 발생할 수 있으며, 실행 중인 프로그램의 흐름을 일시적으로 멈추게 한다.
③ 인터럽트의 처리 우선순위를 결정하는 방식에는 폴링(Polling) 방식과 데이지 체인(Daisy-chain) 방식이 있다.
④ 인터럽트는 프로그램이 일반적인 흐름대로 실행될 때만 발생하며, 예외 상황에서는 발생하지 않는다.

07

다음 중 아래의 ⊙과 ⓒ에 들어갈 용어가 옳게 짝지어진 것은?

- (⊙): 객체의 상세한 내용을 객체 외부에 철저히 숨기고 단순히 메시지만으로 객체와 상호작용을 하게 하는 것이다.
- (ⓒ): 객체의 세부 사항을 없애고 중요한 부분만 추출하여 간결하고 이해하기 쉽게 하는 과정이다.

① 추상화, 다형성　　② 추상화, 캡슐화
③ 다형성, 캡슐화　　④ 캡슐화, 추상화

08

다음 중 멀티미디어 스트리밍 기술에 대한 설명으로 옳지 않은 것은?

① 데이터 저장을 위한 저장 공간이 적게 든다.
② 스트리밍 서버는 클라이언트에게 콘텐츠를 조각으로 분할하여 전송하고, 클라이언트는 조각을 받아 재생하면서 동시에 이전 조각과 연결한다.
③ 재생을 위한 대기 시간이 짧아 실시간 방송에 적합하다.
④ 스트리밍 서비스는 사용자가 원하는 시간에 콘텐츠를 안전히 다운로드한 후 바로 재생할 수 있도록 저장하고 관리한다.

09

다음 중 아래에서 설명하는 컴퓨터 네트워크 서비스 용어로 옳은 것은?

호스트의 도메인 이름에서 IP 주소를 얻는 서비스를 제공하며, 계층 구조를 지원하는 도메인 기반의 주소 표기 방법을 위한 분산 데이터베이스 시스템이다.

① DNS　　　　② SNMP
③ DHCP　　　 ④ SMTP

10

다음 중 아래에서 설명하는 용어로 옳은 것은?

장시간 동안 비디오 디스플레이 터미널을 사용하여 발생하는 증상을 가리키는 것으로, 눈의 피로, 손목, 어깨, 목, 허리의 통증 등을 일으킨다.

① VDT 증후군
② 텍스트 넥(Text Neck) 증후군
③ 손목터널증후군
④ 수면장애

11

다음 중 Windows 10의 작업 표시줄에 대한 설명으로 옳은 것은?

① 작업 표시줄의 위치는 처음 설정된 상태로 유지되어 임의로 변경할 수 없다.
② 작업 표시줄의 크기는 사용자가 임의로 조절할 수 있으며 화면의 전체 크기만큼 늘릴 수 있다.
③ 작업 표시줄은 항상 숨길 수 있는데 마우스 포인터를 작업표시줄에 올려놓으면 자동으로 숨겨진다.
④ 프로그램의 점프 목록을 보려면 작업 표시줄의 프로그램 아이콘을 마우스 오른쪽 단추로 클릭해야 한다.

12

다음 중 Windows 10에서 폴더 또는 파일을 처음 암호화할 때의 프로세스에 대한 설명으로 옳지 <u>않은</u> 것은?

① 폴더나 파일을 처음 암호화할 때, 수동으로 암호화 인증서를 설치해야 한다.
② 암호화된 파일이나 폴더에 접근하려는 다른 사용자는 해당 파일에 접근하기 전에 자신의 EFS(Encrypting File System) 인증서를 해당 파일에 추가해야 한다.
③ 파일 또는 폴더를 암호화하는 데 사용되는 암호화 키는 항상 암호화 인증서와 관련되어 있거나 연결되어 있어야 한다.
④ 폴더 [속성] 창의 [일반] 탭에서 [고급] 단추를 클릭하고 [고급 특성] 대화상자에서 '데이터 보호를 위해 내용을 암호화'에 체크한다.

13

다음 중 Windows 10에서 원격 데스크톱을 지정하기 위해 선택해야 하는 설정 항목은?

① 시스템
② 장치
③ 네트워크 및 인터넷
④ 개인 설정

14

다음 중 컴퓨터에서 사용하는 정보의 기억 용량의 단위를 크기가 작은 것부터 큰 것 순서대로 바르게 나열한 것은?

① EB, GB, PB, TB
② GB, TB, PB, EB
③ GB, TB, EB, PB
④ EB, PB, GB, TB

15

다음 중 PC의 하드디스크 연결 방법으로 옳지 <u>않은</u> 것은?

① SCSI
② SATA
③ DP
④ EIDE

16

다음 중 Windows 시스템 소프트웨어에 대한 설명으로 옳지 <u>않은</u> 것은?

① 시스템 소프트웨어는 컴퓨터 시스템의 안정성과 성능을 유지하고 최적화하는 데 필수적이며, 컴퓨터의 원활한 작동을 지원한다.
② 컴파일러와 어셈블러는 프로그래밍 언어로 작성된 소스 코드를 기계어로 번역하여 실행할 수 있도록 도와주는 도구이다.
③ 사용자가 원하는 작업을 수행하고 데이터를 처리하며, 특정 작업이나 업무를 실행하도록 설계되었다.
④ 시스템 소프트웨어는 하드웨어와의 상호작용을 관리하고 시스템 자원을 효율적으로 활용한다.

17

다음 중 멀티미디어의 특징에 대한 설명으로 옳지 <u>않은</u> 것은?

① 비선형성: 사용자에게 다양한 경로와 선택지를 제공하여 상호작용성을 높이고 사용자 경험을 향상시킨다.
② 디지털화: 음성, 비디오 등의 디지털 데이터를 컴퓨터로 처리하기 위한 디지털 방식으로 변환하여 처리한다.
③ 쌍방향성: 사용자가 웹 페이지에서 버튼을 클릭하면 시스템은 그에 따라 동적으로 변경되어 다양한 상호작용을 제공할 수 있다.
④ 통합성: 다양한 형식과 유형의 미디어 요소들이 통합되어 함께 작동한다.

18

다음 중 OSI 7계층의 구조를 하위 계층부터 순서대로 나열한 것은?

① 네트워크 계층 → 데이터 링크 계층 → 물리 계층 → 세션 계층 → 표현 계층 → 응용 계층 → 전송 계층
② 응용 계층 → 표현 계층 → 세션 계층 → 물리 계층 → 데이터 링크 계층 → 전송 계층 → 네트워크 계층
③ 세션 계층 → 표현 계층 → 물리 계층 → 응용 계층 → 전송 계층 → 데이터 링크 계층 → 네트워크 계층
④ 물리 계층 → 데이터 링크 계층 → 네트워크 계층 → 전송 계층 → 세션 계층 → 표현 계층 → 응용 계층

19

다음 중 공개키 암호 알고리즘에 대한 설명으로 옳지 않은 것은?

① 공개키 암호화 방식은 암호화와 복호화를 하는 데 비밀키와 공개키라는 서로 다른 두 개의 키를 사용한다.
② 공개키로 암호화한 데이터는 자신만이 알고 있는 비밀키로 해독한다.
③ 공개키 암호 알고리즘의 대표적 활용 예로는 전자서명이 있다.
④ 대칭키 암호 알고리즘보다 암호화와 복호화 속도가 빠르고 키의 길이가 더 적다.

20

수많은 컴퓨터로 특정 서버에 동시에 접속하여 서버를 과부하 상태로 만들어 서비스를 마비시키는 공격을 일컫는 용어는?

① DDoS
② Phishing
③ TLS
④ Hacking

2과목 스프레드시트 일반

21

다음 중 엑셀의 화면 제어에 대한 설명으로 옳지 않은 것은?

① 창 나누기는 화면을 두 개 또는 네 개의 영역으로 분할할 수 있고, 분할선을 드래그하여 분할된 지점을 변경할 수 있다.
② 창 나누기는 [실행 취소] 명령으로 되돌리기 할 수 없고 분할선을 더블클릭하여 해제할 수 있다.
③ 현재의 창 나누기 상태를 유지하면서 추가로 창 나누기를 지정할 수 없다.
④ 틀 고정과 창 나누기는 동시에 수행할 수 있다.

22

다음 중 시트의 삽입, 삭제, 숨기기에 대한 설명으로 옳지 않은 것은?

① 시트의 삽입은 [홈] 탭–[셀] 그룹–[삽입]–[시트 삽입] 또는 [시트] 탭의 바로 가기 메뉴에서 [삽입]을 선택한다.
② 삭제된 시트는 실행 취소로 다시 나타나게 할 수 있다.
③ 모든 시트를 숨길 수는 없고 화면에 보이는 시트가 최소 하나는 있어야 한다.
④ 시트를 숨긴 경우 [시트] 탭에는 표시되지 않지만, 다른 시트나 통합 문서에서 계속 참조할 수 있다.

23

다음 중 '시트 보호 시 이 워크시트의 모든 사용자에게 다음 사항을 허용'으로 지정할 수 있는 내용이 아닌 것은?

① 자동 필터 사용
② 시트 이름 변경
③ 개체 편집
④ 셀 서식

24

다음 중 워크시트에 데이터를 입력하는 방법에 대한 설명으로 옳지 않은 것은?

① 분수는 0을 입력한 다음 한 칸 띄우고 입력한다.
② 날짜 데이터를 입력하면 기본적으로 셀의 오른쪽 맞춤으로 정렬된다.
③ 숫자 앞에 작은 따옴표(')를 붙여서 입력하면 셀의 오른쪽 맞춤으로 정렬된다.
④ 여러 개의 셀에 동일한 데이터를 한 번에 입력할 때 범위는 연속적으로 지정하지 않아도 된다.

25

다음 중 데이터가 입력된 셀에서 자동 채우기 핸들로 데이터를 채우는 경우에 대한 설명으로 옳지 않은 것은?

① 1개의 숫자와 문자가 조합된 텍스트 데이터는 숫자만 1씩 증가하고 문자는 그대로 복사되어 입력된다.
② 문자 데이터는 그대로 복사되고, 날짜 데이터는 1일씩 증가되어 입력된다.
③ 숫자 데이터는 1씩 증가되면서 입력된다.
④ 숫자가 입력된 두 셀을 블록으로 설정하여 채우기 핸들을 드래그하면 두 셀의 차이만큼 증가 또는 감소하며 입력된다.

26

다음 시트에서 [B2:B4] 영역을 선택하여 작업한 결과가 다른 것은?

	A	B	C	D	E
1	성명	컴퓨터일반	스프레드시트	데이터베이스	합계
2	홍길동	80	85	75	240
3	푸르나	85	100	75	260
4	차오름	90	85	90	265
5	이루리	85	90	80	255

① Backspace 를 누른 경우
② 마우스 오른쪽 버튼의 바로 가기 메뉴에서 [내용 지우기]를 선택한 경우
③ Delete 를 누른 경우
④ [홈] 탭 – [편집] 그룹 – [지우기] – [내용 지우기]를 선택한 경우

27

다음 중 찾기 및 바꾸기에 대한 설명으로 옳지 않은 것은?

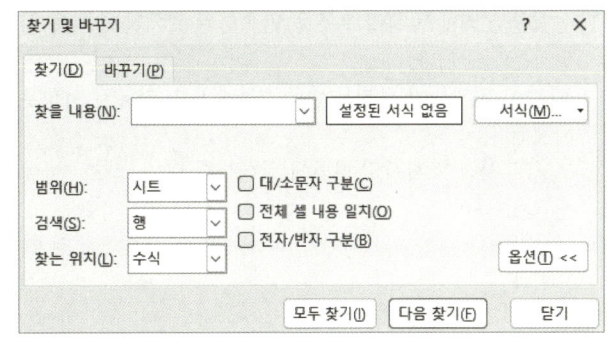

① ?가 포함된 내용을 찾으려면 ??로 지정한다.
② [찾기] 탭에서는 찾는 위치를 수식, 값, 슬라이드 노트, 메모 중에서 선택할 수 있지만 [바꾸기] 탭에서는 수식으로만 지정할 수 있다.
③ 서식을 사용하면 서식 조건에 맞는 셀을 검색할 수 있다.
④ '검색'에서 행 방향을 우선하여 찾을 것인지 열 방향을 우선하여 찾을 것인지를 지정할 수 있다.

28

다음 중 인쇄에 대한 설명으로 옳지 않은 것은?

① 메모 인쇄 방법을 '시트 끝'으로 지정하면 인쇄물의 가장 마지막 페이지에 모아서 인쇄된다.
② 서로 떨어져 있는 영역을 인쇄 영역으로 지정하려면 Shift 를 누른 상태에서 지정한 후 [페이지 레이아웃] – [페이지 설정] – [인쇄 영역] – [인쇄 영역 설정]을 선택한다.
③ 차트만 인쇄를 하려면 차트가 선택된 상태에서 인쇄를 하면 된다.
④ 도형만 제외하고 인쇄하려면 입력된 도형을 선택하고 바로 가기 메뉴에서 [크기 및 속성]을 선택한 후 [속성] 창에서 '개체 인쇄'를 해제한다.

29

다음 중 조건부 서식에 대한 설명으로 옳지 않은 것은?

① 선택한 영역에서 특정 조건을 만족하는 셀에만 서식을 지정하는 기능이다.
② 셀 값이 변경되어 규칙을 만족하지 않으면 적용된 서식은 해제된다.
③ 조건부 서식의 서식 스타일에는 데이터 막대, 색조, 아이콘 집합 등이 있다.
④ 사용자가 지정한 서식이 조건부 서식의 서식보다 우선 적용된다.

30

다음 중 참조 대상 범위로 사용하는 이름 정의 시 이름의 지정 방법에 대한 설명으로 옳지 않은 것은?

① 동일한 통합 문서에서 동일한 이름을 중복하여 사용할 수 없다.
② 셀 주소와 같은 형태의 이름은 사용할 수 없다.
③ 이름 상자의 화살표 단추를 누르고 정의된 이름 중 하나를 클릭하면 해당 셀 또는 셀 범위가 선택된다.
④ 이름의 첫 글자는 문자나 밑줄(_), 역슬래시(\)만 사용할 수 있고, 영문자 대·소문자를 구분한다.

31

다음은 3년간 연이율 4%로 매월 적립하는 월 복리 정기적금의 만기지급금을 계산한 결과이다. [C2] 셀에 들어갈 수식으로 옳은 것은? (단, 만기지급금의 10원 단위 미만은 절삭한다)

	A	B	C
1	성명	월적립금	만기지급금
2	김**	₩30,000	₩1,145,440
3	이**	₩50,000	₩1,909,070

① =ROUNDDOWN(FV(4%,3*12,-B2),-1)
② =ROUNDDOWN(FV(4%,3*12,-B2),-2)
③ =ROUNDDOWN(FV(4%/12,3*12,-B2),-1)
④ =ROUNDDOWN(FV(4%/12,3*12,-B2),-2)

32

다음 중 아래 시트를 이용한 수식의 결과가 옳지 않은 것은?

	A
1	바다
2	사과
3	포도
4	토마토
5	12345.5678

① =REPT("★",LEN(A4)) → ★★★
② {=TEXT(SUM(IF(ISTEXT(A2:A4),1,0)),"과일의 종류는 0가지")} → 과일의 종류는 3가지
③ =FIXED(A5,2,TRUE) → 12,345.57
④ =REPLACE(A1,1,1,"푸른바") → 푸른바다

33

연 6% 이자로 100,000,000원을 대출받아 10년 동안 이자를 포함하여 매월 상환해야 할 금액을 구하려고 한다. PMT 함수를 사용하여 구하는 함수식으로 옳은 것은? (단, 미래 가치는 0이다)

① =PMT(6%,10,0,-100000000)
② =PMT(6%/12,10,0,-100000000)
③ =PMT(6%,10*12,0,-100000000)
④ =PMT(6%/12,10*12,-100000000)

34

다음 중 외부 데이터 가져오기에 대한 설명으로 옳지 않은 것은?

① 데이터베이스 파일과 텍스트 파일 등을 워크시트로 가져오거나 쿼리 형태로 변경하여 엑셀에서 사용할 수 있도록 하는 기능이다.
② 가져올 수 있는 파일 형식은 데이터베이스 파일, 텍스트 파일, 엑셀 파일 등이다.
③ 가져올 수 없는 파일은 한글 파일, MS-Word 파일, 압축된 Zip 파일 등이다.
④ 원본 데이터가 변경될 경우 가져온 데이터에 반영되도록 설정할 수 없다.

35

다음 중 텍스트 나누기에 대한 설명으로 옳지 않은 것은?

① 하나의 셀에 입력된 데이터를 원본 데이터의 형식에 따라 구분 기호나 일정한 너비로 분리하여 여러 셀로 나누는 기능이다.
② 원본 데이터의 형식에는 '구분 기호로 분리됨'과 '너비가 일정함'이 있다.
③ 각 열을 선택하여 데이터 서식을 지정할 수 있다.
④ 범위는 반드시 같은 행에 있어야 하지만 범위의 열 수는 제한이 없다.

36

다음 중 시나리오에 대한 설명으로 옳지 않은 것은?

① 시나리오 결과는 요약 보고서나 피벗 테이블 보고서로 작성할 수 있다.
② '변경 셀'과 '결과 셀'에 이름을 지정한 후 시나리오 요약 보고서를 작성하면 결과에 셀 주소 대신 지정한 이름이 표시된다.
③ 시나리오 보고서는 현재 시트의 오른쪽에 새 워크시트를 삽입해서 표시하며, 별도의 파일에 저장할 수 있다.
④ 시나리오 관리자에서 시나리오를 삭제해도 시나리오 요약 보고서의 해당 시나리오는 삭제되지 않는다.

37

다음 중 피벗 차트에 대한 설명으로 옳지 않은 것은?

① 피벗 테이블을 삭제하면 피벗 차트는 일반 차트로 변경된다.
② 피벗 차트를 삭제하면 관련된 피벗 테이블 보고서도 삭제된다.
③ 피벗 차트에서 분산형, 주식형, 거품형 차트는 만들 수 없다.
④ 피벗 차트에서 필터를 적용하면 자동으로 피벗 테이블 보고서에 적용된다.

38

다음 중 각 차트의 종류에 대한 설명으로 옳지 않은 것은?

① 주식형 차트: 주가 변동을 나타내는 차트로 시가, 종가, 거래량, 저가, 고가 등을 표시한다.
② 영역형 차트: 워크시트의 여러 열이나 행에 있는 데이터에서 시간에 따른 변동의 크기를 강조하여 합계 값을 추세와 함께 살펴볼 때 사용한다.
③ 원형 차트: 여러 열이나 행에 있는 데이터에서 전체에 대한 각 부분의 관계를 비율로 나타내어 각 부분을 비교할 때 사용한다.
④ 표면형 차트: 두 개의 데이터 집합에서 최적의 조합을 찾을 때 사용한다.

39

다음 중 차트의 추세선과 오차 막대에 대한 설명으로 옳지 않은 것은?

① 추세선은 계열의 변화 추세나 방향을 표시하는 선으로, 예측 문제를 분석하는 데 사용한다.
② 추세선을 삭제하려면 추세선을 선택하고 Delete를 누르거나 추세선의 바로 가기 메뉴에서 [삭제]를 선택한다.
③ 3차원 차트는 오차 막대를 표시할 수 없다.
④ 분산형 차트, 거품형 차트에서는 세로 오차 막대, 가로 오차 막대를 적용할 수 없다.

40

다음은 고객 서비스에 대한 서비스 평가를 나타낸 표이다. 평가 기준을 참고하여 [D2] 셀에 입력될 수식으로 옳은 것은?

	A	B	C	D
1	만족도	응답시간(분)	해결여부	서비스평가
2	5	25	Y	매우 우수
3	4	45	N	개선 필요
4	3	55	Y	평균 이상
5	1	65	N	매우 불만족
6	4	35	Y	개선 필요

〈서비스 평가 기준〉
- 매우 우수: 만족도가 5이고, 응답 시간이 30분 이하이고, 해결여부가 "Y"인 경우
- 개선 필요: 만족도가 4이상이고, 응답 시간이 30분 초과이거나 해결여부가 "N"인 경우
- 평균 이상: 만족도가 3이고, 응답 시간이 60분 이하이고, 해결여부가 "Y"인 경우
- 매우 불만족: 만족도가 1 또는 2이고, 응답 시간이 60분을 초과하거나 해결여부가 "N"인 경우
- 평가 불가: 위의 어떤 조건에도 해당되지 않는 경우

① =IFS(AND(A2=5,B2<=30,C2="Y"),"매우 우수", AND(A2>=4,OR(B2>30,C2="N")),"개선 필요", AND(A2=3,B2<=60,C2="Y"),"평균 이상", AND(OR(A2=1,A2=2),OR(B2>60,C2="N")),"매우 불만족",TRUE,"평가 불가")

② IFS(AND(A2=5,B2<=30,C2="Y"),"매우 우수", AND(A2>=4,OR(B2>30,C2="N")),"개선 필요", AND(A2=3,B2<=60,C2="Y"),"평균 이상", AND(OR(A2=1,A2=2),OR(B2>60,C2="N")),"매우 불만족",FALSE,"평가 불가")

③ IFS(AND(A2=5,B2<=30,C2="Y"),"매우 우수", AND(A2>=4,B2>30,C2="N"),"개선 필요", AND(A2=3,B2<=60,C2="Y"),"평균 이상", AND(OR(A2=1,A2=2),OR(B2>60,C2="N")),"매우 불만족",TRUE,"평가 불가")

④ =IFS(AND(A2=5,B2<=30,C2="Y"),"매우 우수", AND(A2>=4,OR(B2>30,C2="N")),"개선 필요", AND(A2=3,B2<=60,C2="Y"),"평균 이상", OR(A2=1,A2=2,B2>60,C2="N"),"매우 불만족", FALSE,"평가 불가")

3과목 데이터베이스 일반

41

다음 중 E-R 다이어그램의 구성 요소에 대한 표현이 옳지 않게 짝지어진 것은?

① 개체 타입 – 직사각형
② 관계 타입 – 마름모꼴
③ 속성 타입 – 타원
④ 밑줄 타원 – 후보 키

42

관계형 데이터베이스 설계에서의 정규화에 대한 설명으로 옳지 않은 것은?

① 질의처리 성능 향상을 위해 비효율적인 릴레이션들을 병합하는 과정이다.
② 데이터 중복을 감소시켜 저장 공간의 효율성을 향상시킨다.
③ 삽입, 삭제, 수정 시 발생할 수 있는 이상(Anomaly) 현상을 제거한다.
④ 정규형에는 1NF, 2NF, 3NF, BCNF, 4NF, 5NF 등이 있다.

43

다음 두 릴레이션에서 외래 키로 사용된 속성은? (단, 밑줄 친 속성은 기본 키이다)

과목(<u>과목 번호</u>, 과목명)
수강(<u>수강 번호</u>, 학번, 과목 번호, 학기)

① 수강 번호
② 학번
③ 과목 번호
④ 학기

44

학생정보 테이블의 'Gender' 필드를 [데이터시트 보기] 상태에서 제목을 '성별'로 표시하고자 한다. 이때 설정해야 할 항목은?

① 입력 마스크
② 유효성 검사
③ 캡션
④ 형식

45

릴레이션 R1에 저장된 튜플이 릴레이션 R2에 있는 튜플을 참조하려면 참조되는 튜플이 반드시 R2에 존재해야 한다는 무결성 규칙은?

① 개체 무결성 규칙
② 참조 무결성 규칙
③ 영역 무결성 규칙
④ 도메인 무결성 규칙

46

다음 쿼리의 유형에 대한 설명으로 옳지 않은 것은?

① 선택 쿼리는 가장 일반적인 유형의 쿼리로 특정 조건을 지정하여 데이터를 추출할 수 있다.
② SQL 쿼리는 SQL문을 사용하여 만드는 쿼리로 관계형 데이터베이스를 업데이트하고 관리할 수 있다.
③ 크로스탭 쿼리는 실행할 때 레코드 검색 조건이나 필드에 삽입할 값과 같은 정보를 입력받아 실행할 수 있다.
④ 실행 쿼리는 추가, 테이블 만들기, 삭제, 업데이트 쿼리 등 기존 테이블을 변화시키는 쿼리이다.

47

그림과 같이 P 테이블과 Q 테이블이 있을 때, SQL 실행 결과로 옳은 것은?

P	학교	번호
	가	1
	나	2
	다	3

Q	번호	선택
	2	X
	3	Y
	4	Z

SELECT P.학교, P.번호, Q.선택
FROM P LEFT JOIN Q
ON P.번호 = Q.번호

①
P.학교	P.번호	Q.선택
나	2	X
다	3	Y

②
P.학교	P.번호	Q.선택
가	1	(NULL)
나	2	X
다	3	Y

③
P.학교	P.번호	Q.선택
나	2	X
다	3	Y
(NULL)	4	Z

④
P.학교	P.번호	Q.선택
가	1	(NULL)
나	2	X
다	3	Y
(NULL)	4	Z

48

다음 중 폼 구성 요소에 대한 설명으로 옳지 않은 것은?

① 폼 머리글 영역을 더블클릭하면 폼 머리글의 속성 창이 열린다.
② 페이지 머리글 영역은 폼 보기에서는 표시되지 않고 인쇄 미리 보기에서만 확인 가능하다.
③ 본문 영역은 실제 레코드가 표시되는 부분으로 하나의 레코드가 표시된다.
④ 폼 바닥글 영역은 인쇄 미리 보기에서 마지막 페이지의 본문 다음에 한 번만 표시된다.

49

데이터베이스의 LR 테이블에서 부서별로 급여의 평균을 구하되 평균이 20000 이상인 부서만 조회하는 SQL 명령으로 옳은 것은? (단, 부서: DEPTNO, 급여: SALARY이다)

① SELECT DEPTNO, AVG(SALARY) FROM LR WHERE AVG(SALARY) >= 20000 GROUP BY DEPTNO;
② SELECT DEPTNO, AVG(SALARY) FROM LR WHERE AVG(SALARY) >= 20000;
③ SELECT DEPTNO, AVG(SALARY) FROM LR HAVING AVG(SALARY) >= 20000;
④ SELECT DEPTNO, AVG(SALARY) FROM LR GROUP BY DEPTNO HAVING AVG(SALARY) >= 20000;

50

폼 속성 중 기본 보기 속성은 폼이 열릴 때 사용자에게 어떻게 보여질지를 결정한다. 다음 중 이에 대한 설명으로 옳지 않은 것은?

① 단일 폼은 한 번에 한 개의 레코드만을 표시한다.
② 연속 폼은 여러 레코드를 연속적으로 나열하여 표시하는 방식으로 레코드는 행으로, 필드는 열로 표시된다.
③ 데이터 시트 보기는 엑셀 스프레드시트와 유사한 형태로 데이터를 표시한다.
④ 분할 표시 폼은 화면이 두 부분으로 나뉘어져 한쪽에는 단일 폼 형태로 다른 한쪽에는 모든 레코드가 데이터 시트 형태로 표시된다.

51

다음 중 조건부 서식에 대한 설명으로 옳지 않은 것은?

① 조건을 지정할 때 와일드카드 문자(?, *)를 사용할 수 없다.
② 레이블 컨트롤에는 조건부 서식을 지정할 수 없다.
③ 하나의 컨트롤에 여러 규칙이 설정된 경우 첫 번째 조건의 서식이 적용된다.
④ 규칙의 우선순위는 변경할 수 없으므로 우선순위를 변경하고자 할 경우에는 규칙을 삭제하고 재설정해야 한다.

52

컨트롤은 사용자의 선택을 받아들이는 등의 역할을 하며 텍스트, 레이블 등의 다양한 컨트롤을 제공하고 있다. 다음 중 폼의 컨트롤에 대한 설명으로 가장 옳지 않은 것은?

① 작성된 컨트롤을 클릭한 후 Shift 를 누른 상태에서 →를 누르면 컨트롤을 세밀하게 이동시킬 수 있다.
② 목록상자 컨트롤은 제공된 항목에서만 값을 선택할 수 있으며 직접 입력할 수는 없다.
③ 같은 구역 내에서 복사하여 붙여넣으면 복사한 컨트롤의 바로 아래에 붙여진다.
④ 일정 영역의 컨트롤들을 한 번에 모두 선택하려면 마우스로 선택할 컨트롤들이 다 포함되도록 해당 영역을 드래그한다.

53

다음 중 보고서의 작성에 대한 설명으로 옳지 않은 것은?

① 폼에서와 같이 이벤트 프로시저를 작성할 수 있다.
② 보고서의 컨트롤을 이용하여 레코드 원본으로 사용된 테이블에 데이터를 입력하거나 수정할 수 있다.
③ 보고서의 레코드 원본으로 테이블, 쿼리를 지정할 수 있다.
④ 보고서의 레코드 원본으로는 여러 개의 테이블이나 쿼리에서 필드를 선택하여 지정할 수 있다.

54

보고서에서 페이지 번호를 인쇄하려고 한다. 페이지 번호 식과 각 페이지에 나타나는 결과가 옳지 않은 것은? (단, 전체 페이지는 2페이지로 가정한다)

식	결과
① =[Page]	1, 2
② =[Page] & "/" & "pages"	1/2, 2/2
③ =[Page] & "/" & [Pages] & "페이지"	1/2페이지, 2/2페이지
④ =Format([Page],"000")	001, 002

55

다음 중 매크로 함수에 대한 설명으로 옳지 않은 것은?

① FindRecord: 조건에 맞는 첫 번째 레코드를 검색한다.
② MessageBox: 메시지 상자를 통해 경고나 알림 등의 정보를 표시한다.
③ GoToControl: 활성화된 폼에서 커서를 특정 컨트롤로 자동으로 이동한다.
④ OpenReport: 디자인 보기, 인쇄 미리 보기, 레이아웃 보기로 보고서를 열 수 있으며 인쇄는 할 수 없다.

56

다음 중 아래와 같은 이벤트 프로시저에 대한 설명으로 옳지 않은 것은?

```
Private Sub cmd라레_Click()
    cmd실행.Caption = "보고서동작"
    DoCmd.OpenReport "라레회원보고서", acViewPreview
    MsgBox cmd실행.Caption & "결과 완료!!"
End Sub
```

① 이름이 'cmd라레'인 컨트롤을 클릭했을 때 이 프로시저가 수행된다.
② "라레회원보고서 결과 완료!!"라는 내용이 적힌 메시지 창이 나타난다.
③ "라레회원보고서"라는 보고서가 미리 보기 모드로 보인다.
④ 'cmd실행' 컨트롤의 캡션에 "보고서동작"이 표시된다.

57

데이터베이스 설계 단계 중 저장 레코드 양식 설계, 레코드 집중의 분석 및 설계, 접근 경로 설계와 관계되는 것은?

① 논리적 설계
② 요구조건 분석
③ 물리적 설계
④ 개념적 설계

58

다음 중 정규화에 대한 설명으로 옳지 않은 것은?

① 데이터 삽입 시 릴레이션을 재구성할 필요성을 줄인다.
② 이상 현상이 발생하지 않도록 테이블을 분해하는 과정이다.
③ 중복을 배제하여 삽입, 삭제, 갱신 이상의 발생을 방지한다.
④ 중복을 완전히 제거하여 테이블 간의 종속성을 없앨 수 있다.

59

다음 중 기본 키(Primary Key)와 외부 키(Foreign Key)에 대한 설명으로 옳지 않은 것은?

① 테이블에서 기본 키는 반드시 존재하여야 하며 두 개 이상의 필드로 지정된 복합 키를 지정할 수도 있다.
② 외부 키 필드의 값은 이 필드가 참조하는 필드의 값들 중 하나와 일치하거나 널(Null)이어야 한다.
③ 기본 키를 이루는 필드의 값은 Null이 될 수 없고 값이 입력되지 않으면 테이블이 저장되지 않는다.
④ 기본 키는 개체 무결성의 제약 조건을 외부 키는 참조 무결성의 제약 조건을 가진다.

60

다음 중 테이블의 필드 속성 설정에 대한 설명으로 옳지 않은 것은?

① 데이터 입력 시 포커스가 위치할 때 입력 모드를 '한글' 또는 '영숫자반자'로 각각 지정하고자 할 경우 설정해야 할 컨트롤 속성은 입력 시스템 모드(IME Mode)이다.
② 인덱스는 여러 개의 필드에 설정할 수 있다.
③ 숫자 형식을 표준으로 지정하면 천 단위 구분 기호(,)를 표시하고 소수 이하 자릿수는 표시되지 않는다.
④ 기본 값은 레코드 추가 시 필드에 기본적으로 입력되는 값을 지정한다.

답 없이 푸는 제8회 기출변형문제

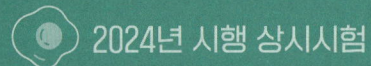

2024년 시행 상시시험

- 제한시간: 60분
- 점수: 1과목 ____ / 100점, 2과목 ____ / 100점, 3과목 ____ / 100점

정답과 해설 48쪽

※ 문항당 5점

1과목 컴퓨터 일반

01 다음 중 Windows의 에어로 피크(Aero Peek) 기능에 대한 설명으로 옳은 것은?

① 모든 창을 최소화할 필요 없이 바탕 화면을 빠르게 미리 볼 수 있게 한다.
② 창을 화면의 가장자리로 드래그하면 자동으로 창의 크기가 조절되어 화면의 일정 부분을 차지하도록 해주는 기능이다.
③ 활성화된 창을 흔들면 다른 모든 열려있는 창들을 최소화 시키는 기능으로 다시 흔들면 최소화되었던 창들이 원래대로 복구된다.
④ 컴퓨터가 작동하는 상태에서 시스템의 장치를 연결하거나 분리하는 기능을 지원한다.

02 다음 중 바로 가기 아이콘에 대한 설명으로 옳은 것은?

① 바로 가기 아이콘은 확장명이 .EXE로 지정된다.
② 바로 가기 아이콘의 왼쪽 아랫부분에는 화살표 모양이 표시된다.
③ 바로 가기 아이콘은 원본 파일이 있는 위치에만 만들 수 있다.
④ 하나의 바로 가기 아이콘에는 여러 개의 원본 파일을 지정할 수 있다.

03 다음 중 Windows 10에서 파일 탐색기의 검색 도구에 대한 설명으로 옳지 않은 것은?

① 와일드카드 문자(?, *)를 사용하여 검색할 수 있다.
② 수정한 날짜를 이용하여 지난주에 수정한 파일들을 검색할 수 있다.
③ 파일 특성이 읽기 전용인 파일들을 검색할 수 있다.
④ 파일의 종류를 선택하여 검색할 수 있다.

04 다음 중 Windows 10의 작업 관리자에 대한 설명으로 옳지 않은 것은?

① 현재 실행 중인 모든 프로세스의 목록을 확인할 수 있으며, 선택한 프로세스를 종료할 수 있다.
② 세부 정보에서 CPU 및 메모리 사용량, 사용자 등의 정보를 확인할 수 있다.
③ 각 프로세스의 CPU, 메모리, 디스크 및 네트워크 사용량을 모니터링할 수 있다.
④ 현재 실행 중인 앱의 순서를 자유롭게 변경할 수 있다.

05 다음 중 Windows의 디스플레이 설정에 대한 설명으로 옳은 것은?

① 디스플레이 해상도는 화면에 표시되는 픽셀의 수를 나타내며, 높은 해상도는 더 선명한 화면을 제공한다.
② 모든 모니터에서 동일한 해상도를 사용해야 하며, 다른 해상도는 호환되지 않는다.
③ 모니터의 밝기는 Windows 설정에서 조절할 수 없으며, 모니터 자체의 설정으로만 변경할 수 있다.
④ Windows는 모니터의 색상 깊이를 자동으로 감지하여 최적의 설정을 제공하며, 사용자가 수동으로 조절할 필요가 없다.

06

다음 중 Windows 10에서 마우스와 키보드의 설정을 변경하기 위해 [시작]-[설정] 항목에서 선택해야 하는 것은?

① 시스템
② 장치
③ 네트워크 및 인터넷
④ 개인 설정

07

다음 중 Windows 10에 포함된 [컴퓨터 관리]에 대한 설명으로 옳지 않은 것은?

① [디스크 관리]는 볼륨 확장 및 축소, 삭제를 할 수 있다.
② [디스크 포맷]은 디스크를 초기화하여 파일 시스템을 설정하고 저장 장치를 사용할 수 있도록 준비하는 프로세스이다.
③ [이벤트 뷰어]는 Windows 운영체제의 이벤트 로그를 검사하고 분석하는 데 사용되는 도구이다.
④ [디스크 관리]는 CPU, 메모리, 디스크 및 네트워크 사용량을 모니터링할 수 있다.

08

다음 중 Windows 10에서 멀티부팅에 대한 설명으로 옳은 것은?

① 멀티부팅은 하나의 컴퓨터에 여러 개의 운영체제를 설치하여 필요에 따라 선택하여 부팅할 수 있는 기능이다.
② 멀티부팅을 설정하면 컴퓨터의 성능이 향상되며 속도가 빨라진다.
③ 윈도우 운영체제에서는 기본적으로 멀티부팅 기능을 지원하지 않는다.
④ 멀티부팅을 사용하면 컴퓨터의 보안이 강화되고 데이터 손실이 최소화된다.

09

다음 중 프린터 스풀링(Spooling)에 대한 설명으로 옳지 않은 것은?

① 프로세서와 입·출력장치와의 속도 차이를 해결하여 시스템의 효율을 높이는 방법이다.
② 스풀링은 인쇄 속도를 크게 향상시킨다.
③ 인쇄하기 전에 인쇄 내용을 하드디스크에 임시로 보관하는 기법이다.
④ 프로그램 실행과 속도가 느린 입·출력을 이원화 한다.

10

다음은 10진수의 양수와 음수를 3비트 2진수로 변환한 예시이다. 음수를 표현하기 위한 부호와 절대치, 1의 보수, 2의 보수 방법이 적용된 순서대로 ㉠, ㉡, ㉢을 나열한 것은?

10진수	㉠	㉡	㉢
1	001	001	001
0	000	000	000
-0	100	111	-
-1	101	110	111

	㉠	㉡	㉢
①	부호와 절대치	1의 보수	2의 보수
②	1의 보수	2의 보수	부호와 절대치
③	2의 보수	부호와 절대치	1의 보수
④	2의 보수	1의 보수	부호와 절대치

11

다음 중 마이크로프로세서의 기능으로 거리가 먼 것은?

① 제어 기능
② 메모리 관리
③ 산술 및 논리 연산
④ 연산 기능

12

다음 중 아래의 설명과 가장 관계 깊은 메모리는?

CPU의 명령어 처리 속도와 주기억장치의 읽기/쓰기 속도 간의 불일치로 인해 고가의 고성능 CPU를 사용하더라도 전체 시스템의 성능은 주기억장치의 속도에 제한을 받는다. 이 문제를 해결하기 위해 CPU 명령어 처리 속도와 유사한 속도의 메모리를 도입하여 데이터를 처리하도록 하는 방법을 사용했다. 이를 통해 CPU의 명령어 처리 성능을 향상시킬 수 있다.

① 가상 메모리
② SSD(Solid State Disk) 버퍼
③ 캐시(Cache) 메모리
④ PC(Program Counter) 메모리

13

전력 공급에 문제가 생겼을 때 중요한 장비가 즉시 꺼지는 것을 방지하고, 전력이 복구될 때까지 일정 시간 동안 전력을 공급하는 장치로, 주로 서버, 컴퓨터, 의료 장비 등 전력이 중단되면 안 되는 중요 시스템에 사용되는 장치는?

① Power Saver ② AVR
③ UPS ④ Power Supply

14

다음 중 운영체제 유형에 대한 설명으로 옳은 것의 개수는?

㉠ 다중 프로세싱은 하나의 CPU를 이용하여 여러 개의 프로그램을 동시에 실행하는 기술이다.
㉡ 분산 처리 시스템은 여러 컴퓨터가 네트워크를 통해 연결되어 작업을 상호 교환할 수 있도록 연결된 방식이다.
㉢ 시분할 시스템은 CPU 시간을 작은 단위로 분할하여 각 작업에게 순서대로 할당한다.
㉣ 실시간 처리 시스템은 입력에 대해 즉각적으로 반응하고, 빠른 응답 시간을 보장하여 실시간 제어를 하는 응용 프로그램에 적합하다.

① 1개 ② 2개
③ 3개 ④ 4개

15

다음 중 인터프리터 방식에 대한 설명으로 옳은 것을 모두 고른 것은?

㉠ 소스 코드를 한 줄씩 읽고 번역한다.
㉡ 전체 프로그램을 한꺼번에 번역하여 기계어로 변환한다.
㉢ 컴파일러가 컴파일을 수행하기 전에 원시 프로그램의 내용을 변경한다.
㉣ 번역시간이 짧지만 실행시간은 상대적으로 느리다.

① ㉠, ㉡ ② ㉠, ㉣
③ ㉡, ㉢ ④ ㉢, ㉣

16

다음 중 컴퓨터 그래픽스의 이미지 작업에서 사선 형태인 경우 나타나는 계단 현상을 완화하기 위해 경계면 픽셀에 물체의 색과 배경색의 중간값을 정하여 표시하는 방법은?

① 안티 앨리어싱(Anti-Aliasing)
② 인터레이싱(Interlacing)
③ 디더링(Dithering)
④ 렌더링(Rendering)

17

네트워크 접속 형태 중 트리형 토폴로지(Tree topology)에 대한 설명으로 옳지 않은 것은?

① 새로운 노드를 추가하는 네트워크의 확장이 용이하다.
② 모든 노드가 중앙 서버에 직접 연결되어 있어야 한다.
③ 계층적인 구조를 가지고 있어서 분산처리 방식을 구현할 수 있다.
④ 중앙의 서버 컴퓨터에 장애가 발생하면 전체 네트워크에 영향을 준다.

18

다음 중 네트워크 장비에 대한 설명으로 옳지 않은 것은?

① 라우터(Router)는 패킷의 목적지 주소를 확인하고 최적의 경로를 선택하여 데이터를 전송한다.
② 브리지(Bridge)는 서로 다른 프로토콜 간에 통신을 가능하게 한다.
③ 리피터(Repeater)는 네트워크에서 신호의 감쇠를 보상하고 신호의 전파 거리를 늘리는 역할을 하는 장치이다.
④ 허브(Hub)는 여러 기기를 연결하여 네트워크를 구성하는 네트워크 장비이다.

19

프로토콜은 컴퓨터 간에 데이터를 주고받는 데 사용되는 규칙이다. 다음 중 수신 측의 처리 용량을 초과하지 않도록 송신 측의 데이터 전송률을 조절하여, 데이터 손실을 방지하고 네트워크의 효율적인 사용을 도모하는 프로토콜 기능은?

① 연결 제어
② 순서 제어
③ 흐름 제어
④ 오류 제어

20

무선 주파수를 이용해 태그나 라벨에 저장된 정보를 읽고 기록하는 기술로서 상품 추적, 도서관 시스템, 접근 제어 등 다양한 분야에서 사용되며 태그, 리더, 그리고 이를 처리하는 소프트웨어로 구성된 기술은?

① MAN(Metropolitan Area Network)
② RFID(Radio Frequency Identification)
③ Bluetooth
④ ZigBee

2과목 스프레드시트 일반

21

다음 중 엑셀의 화면 확대/축소 기능에 대한 설명으로 옳지 않은 것은?

① 여러 시트를 선택하고 확대/축소 배율을 변경하면 선택된 모든 시트에 확대/축소 배율이 적용된다.
② 설정한 확대/축소 배율은 통합 문서의 해당 시트에만 적용된다.
③ 키보드의 Ctrl을 누른 채로 마우스 휠을 위로 스크롤하면 화면이 확대되고, 아래로 스크롤하면 화면이 축소된다.
④ 화면의 크기를 확대하거나 축소하여 보기 편의성을 높이는 기능으로, 특히 축소 기능은 전체 시트를 한눈에 볼 수 있도록 축소하여 인쇄할 수 있다.

22

다음 중 엑셀의 화면 제어에 대한 설명으로 옳지 않은 것은?

① 틀 고정은 특정 행과 열을 화면에 고정하여 스크롤 할 때 계속해서 보이도록 하는 기능으로 큰 데이터 셋에서 작업할 때 매우 유용하다.
② 틀 고정은 셀 포인터의 왼쪽 상단 부분을 고정하는 것으로 해제하려면 [보기] 탭 - [창] 그룹 - [틀 고정 취소]를 선택하면 된다.
③ 창 나누기는 화면을 여러 개로 분할하여 동시에 여러 부분을 볼 수 있도록 하는 기능으로 분할선을 드래그하여 분할된 지점을 변경할 수 있다.
④ 창 나누기를 해제하려면 [실행 취소] 명령이나 분할선을 더블클릭하여 해제할 수 있다.

23

다음 중 시트의 삽입, 삭제, 숨기기에 대한 설명으로 옳지 <u>않은</u> 것은?

① 새로운 시트를 추가하려면 [시트] 탭의 바로 가기 메뉴에서 삽입을 선택하거나 Shift + F11을 누르면 현재 시트의 오른쪽에 새로운 [시트] 탭이 삽입된다.
② Ctrl이나 Shift를 이용하여 여러 개의 [시트] 탭을 선택한 후 한 번에 삭제할 수 있다.
③ 시트의 삭제는 [홈] 탭 - [셀] 그룹 - [삭제] - [시트 삭제] 또는 [시트] 탭의 바로 가기 메뉴에서 [삭제]를 선택한다.
④ 특정 시트를 숨기면 해당 시트가 표시되지 않지만 데이터는 여전히 존재한다.

24

다음 중 통합 문서 공유에 대한 설명으로 옳지 <u>않은</u> 것은?

① 공유 통합 문서를 네트워크 위치에 복사하더라도 원본 문서와의 연결은 그대로 유지된다.
② 공유된 통합 문서에서는 조건부 서식, 차트, 시나리오 등을 추가하거나 변경하는 것이 가능하고, 입력과 편집 작업 모두 가능하다.
③ 공유된 통합 문서는 여러 사용자가 접속하여 동시에 편집할 수 있다.
④ 상위 버전에서 작성한 공유 통합 문서는 더 낮은 버전에서 일부 제한이 있을 수 있다.

25

다음 중 아래 워크시트에서 [B1:B3] 영역의 문자열을 [B4] 셀에 목록으로 표시하여 입력하기 위한 키 조작으로 옳은 것은?

	A	B
1	가	상승
2	나	유지
3	가	하락
4	나	
5	가	상승 유지 하락
6	나	
7	가	

① Shift + ↓
② Alt + ↓
③ Ctrl + ↓
④ Tab + ↓

26

아래 워크시트의 [A1:C1] 셀이 블록으로 지정된 상태에서 채우기 핸들을 오른쪽으로 드래그하였을 때 [G1] 셀에 입력된 값으로 옳은 것은?

	A	B	C	D	E	F	G
1	10		7				
2							

① 10
② 7
③ 1
④ -2

27

다음 중 셀 포인터의 이동 작업에 대한 설명으로 옳지 <u>않은</u> 것은?

① Ctrl + PgDn을 누르면 다음 시트로 이동한다.
② Shift + Tab을 누르면 셀 포인터가 왼쪽으로 이동한다.
③ Alt + PgDn을 누르면 한 화면 오른쪽으로 이동한다.
④ Ctrl + Shift + Home을 누르면 [A1] 셀로 이동한다.

28

다음 중 [셀 서식] 대화상자에 대한 설명으로 옳지 <u>않은</u> 것은?

① [표시 형식] 탭은 데이터가 워크시트에 표시되는 형식을 지정한다.
② [맞춤] 탭의 '자동 줄 바꿈'은 데이터가 셀의 너비보다 긴 경우 자동으로 줄을 나누어 표시한다.
③ [맞춤] 탭의 '셀에 맞춤'은 데이터가 셀의 너비보다 긴 경우 글자 크기를 자동으로 줄인다.
④ [맞춤] 탭의 '셀 병합'은 여러 셀을 병합하는 경우 맨 왼쪽 아래의 셀 내용만 남기고 셀이 병합된다.

29

아래 시트에서 [A2:E9] 영역에 '파이썬' 점수가 80 이상이고, '평가'가 "우수"이면 행 전체의 배경색을 '노랑'으로 설정하는 [조건부 서식]을 지정하려고 한다. 다음 중 [조건부 서식]의 수식 입력란에 입력해야 할 수식은?

	A	B	C	D	E
1	성명	컴활	빅데이터	파이썬	평가
2	파랑새	70	60	60	보통
3	푸르나	70	60	64	보통
4	피어나	80	70	85	우수
5	진달래	85	80	75	우수
6	이루리	40	40	60	노력요함
7	다스리	50	70	40	노력요함
8	무지개	70	80	80	우수
9	은소라	85	75	85	우수

① =OR(D$2>=80,E$2="우수")
② =OR($D2>=80,$E2="우수")
③ =AND(D$2>=80,E$2="우수")
④ =AND($D2>=80,$E2="우수")

30

다음 중 아래의 워크시트에서 [C1] 셀에 '=A1+B1+C1'을 입력할 경우 발생하는 오류 메시지로 옳은 것은?

	A	B	C
1	100	200	
2			

① [C1]셀에 '#NUM' 오류 표시
② 순환 참조 경고 메시지 창 표시
③ [C1]셀에 '#NULL!' 오류 표시
④ [C1] 셀에 '#REF!' 오류 표시

31

다음 중 =SUMPRODUCT({1,2;3,4},{4,3;2,1}) 수식의 결괏값은?

① 10 ② 20
③ 30 ④ 40

32

다음 중 문자 "010-1234-5678"을 "010-****-5678"로 변경하기 위한 수식은?

① =SUBSTITUTE("010-1234-5678",1,"*",1)
② =SUBSTITUTE("010-1234-5678",1,"*",2)
③ =REPLACE("010-1234-5678",5,4,"****")
④ =REPLACE("010-1234-5678",5,4,"*")

33

아래 시트에서 수식을 실행했을 때 표시되는 결괏값이 다른 것은?

	A	B
1	과일명	판매량
2	수박	1
3	망고	2
4	참외	3
5	사과	TRUE
6	배	5

① =CHOOSE(ROWS(A2:B6),A2,A3,A4,A5,A6)
② =CHOOSE(CELL("contents",B2),A2,A3,A4,A5,A6)
③ =CHOOSE(N(B5),A2,A3,A4,A5,A6)
④ =CHOOSE(TYPE(B4),A2,A3,A4,A5,A6)

34

다음 중 데이터 정렬에 대한 설명으로 옳지 않은 것은?

① 오름차순은 숫자＞텍스트＞논리값＞오류값＞빈 셀 순으로 정렬되며 텍스트는 특수 문자＞소문자＞대문자＞한글 순으로 정렬된다.
② 최대 64개의 열을 기준으로 정렬할 수 있으며, 숨겨진 행이나 열도 정렬 결과에 포함된다.
③ 정렬 옵션을 이용하여 영문자의 대·소문자를 구분하여 정렬할 수 있다.
④ 데이터 목록의 첫 행이 필드명이면 정렬 작업에 포함되거나 제외되도록 설정할 수 있으며 범위에 병합된 셀이 있으면 정렬할 수 없다.

35

[데이터] 탭-[데이터 도구] 그룹-[통합]은 데이터를 결합하는 데 유용한 기능이다. 다음 중 이에 대한 설명으로 옳지 않은 것은?

① 데이터 통합은 위치를 기준으로 통합하거나 영역의 이름을 지정하여 통합할 수 있다.
② 계산할 범위를 선택하고 [추가] 단추를 클릭하면 '모든 참조 영역'에 추가되며, 현재 시트의 데이터만 통합에 이용할 수 있으며 다른 통합 문서의 시트는 추가할 수 없다.
③ 지정한 영역에서는 합계, 평균, 개수, 최대, 최소 등과 같은 요약 함수를 사용하여 통합할 수 있다.
④ [원본 데이터에 연결] 옵션을 선택하면 참조한 데이터가 변경될 때 자동으로 계산 결과가 변경되는데 이것은 다른 통합 문서에 있는 경우에만 적용된다.

36

다음 중 차트의 작성에 대한 설명으로 옳지 않은 것은?

① 워크시트의 행과 열에서 숨겨진 데이터는 차트에 표시되지 않는다.
② 2차원 차트와 3차원 차트를 함께 혼합하여 표시할 수 있으며 이를 통해 다양한 데이터를 효과적으로 비교 분석할 수 있다.
③ 차트를 클릭하면 리본 메뉴에 [차트 디자인] 탭과 [서식] 탭이 표시된다.
④ 사용자가 자주 사용하는 차트를 서식 파일로 저장할 수 있으며 이를 통해 동일한 형식의 차트를 일관되게 표시할 수 있다.

37

다음 중 아래 [시나리오 관리자] 대화상자의 각 버튼에 대한 설명으로 옳지 않은 것은?

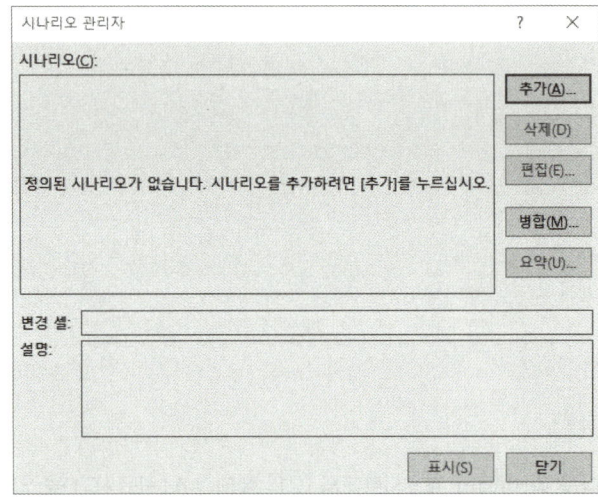

① 편집: 선택한 시나리오를 편집할 수 있는 대화상자가 표시되어 기존의 시나리오를 수정할 수 있다.
② 표시: 선택한 시나리오에 대한 결괏값을 표시한다.
③ 추가: 새로운 시나리오를 추가하는 단추로서 '시나리오 이름'과 '변경 셀'을 지정할 수 있는 대화상자 표시된다.
④ 삭제: 선택한 시나리오를 삭제하는 기능으로, 시나리오를 삭제하면 시나리오 요약 보고서의 시나리오도 동시에 삭제된다.

38

다음 중 아래에서 설명하는 차트의 종류로 옳은 것은?

- 엑셀에서 두 변수 간의 상관관계를 시각화하는 데 사용되는 차트 유형이다.
- 데이터 포인트를 수평 축과 수직 축 위에 점으로 표시하여, 두 변수 사이의 상관관계를 파악하기 용이하다.
- 주로 수치 데이터를 다루며, 데이터 포인트들 사이의 패턴이나 추세를 발견하고자 할 때 유용하다.

① 분산형 차트　　② 도넛형 차트
③ 혼합형 차트　　④ 방사형 차트

39

다음 중 [페이지 설정] 대화상자에 대한 설명으로 옳지 않은 것은?

① 인쇄 확대/축소 배율은 워크시트 표준 크기의 10~400%로 조정할 수 있다.
② 자동 맞춤은 지정한 너비와 높이에 맞추어 인쇄하는 기능으로 '용지 너비'와 '용지 높이'에 모두 '1'을 설정하면 여러 페이지를 한 페이지에 인쇄할 수 있다.
③ 간단하게 인쇄는 차트, 도형, 그림, 클립아트 등의 그래픽 요소를 제외하고 텍스트만 빠르게 인쇄한다.
④ 여러 페이지가 인쇄될 경우 '열 우선'을 선택하면 아래 방향으로 인쇄한 후 오른쪽 방향으로 진행된다.

40

다음 중 매크로를 작성하고 사용하는 방법에 대한 설명으로 옳지 않은 것은?

① 매크로 이름의 첫 글자는 반드시 문자로 지정해야 하고 ?, /, -, #, @, $, %, & 등의 기호를 사용할 수 없다.
② 하나의 통합 문서에서 동일한 매크로 이름을 중복하여 지정할 수 있다.
③ '매크로 저장 위치'에서 '개인용 매크로 통합 문서'를 선택하면 엑셀을 실행할 때마다 매크로를 실행할 수 있다.
④ 매크로 바로 가기 키가 엑셀 바로 가기 키보다 우선한다.

3과목　데이터베이스 일반

41

다음 중 데이터베이스의 정의로 옳지 않은 것은?

① 조직의 존재 목적이나 유용성 면에서 존재 가치가 확실한 필수적 데이터이다.
② 정보 소유 및 응용에 있어 지역적으로 유지되어야 한다.
③ 컴퓨터가 접근할 수 있는 저장 장치에 수록된 데이터이다.
④ 동일 데이터의 중복성을 최소화해야 한다.

42

다음 중 관계형 데이터베이스 모델에 대한 설명으로 옳지 않은 것은?

① 튜플(Tuple)은 테이블의 행을 의미하고 애트리뷰트(Attribute)는 테이블의 열을 의미한다.
② 튜플 내의 각 값은 더 이상 나누어지지 않는 원자값이어야 한다.
③ 튜플 내 어떤 애트리뷰트의 값을 알 수 없거나 값이 지정되지 않을 때는 NULL이라는 특수한 값을 사용한다.
④ 튜플의 집합으로 구성된 릴레이션에서 튜플의 순서는 매우 중요한 의미를 갖는다.

43

테이블의 필드 이름은 최대 64자까지 지정할 수 있다. 다음 중 필드 이름으로 가능한 것은?

① 주민.번호　　② 주민!번호
③ 주민[번호]　　④ 주민_번호

44

다음 중 특정 필드의 입력 마스크를 >L-000;0;#로 설정했을 때 기호에 대한 설명으로 옳지 않은 것은?

① 입력되는 영문자는 모두 대문자로 변환한다.
② 테이블에 저장할 경우 - 기호도 함께 저장된다.
③ 데이터시트 보기 상태에서 자료를 입력할 경우 화면에 #을 표시한다.
④ 숫자는 3자리 이하로 입력 가능하다.

45

다음 중 액세스에서 테이블을 디자인할 때 사용되는 조회 속성에 대한 설명으로 옳지 않은 것은?

① 목록 너비: 콤보 상자 드롭다운 목록의 너비를 지정한다.
② 콤보 상자나 목록 상자 등의 컨트롤을 사용할 수 있다.
③ 바운드 열: 콤보 상자의 드롭다운 목록에 나타날 열(필드)을 지정한다.
④ 콤보 상자나 목록 상자의 목록 값을 직접 입력하여 지정하려면 행 원본 형식을 값 목록으로 선택해야 한다.

46

다음 중 [외부 데이터] 탭-[가져오기 및 연결] 그룹-[새 데이터 원본]을 통하여 외부 데이터를 읽어 오는 방법에 대한 설명으로 옳지 않은 것은?

① 외부 데이터베이스 외에 XML 파일, 텍스트 파일에 저장된 데이터를 가져오기 할 수 있다.
② 여러 개의 워크시트로 이루어진 엑셀 데이터는 가져오기 명령을 한 번만 사용하여 모든 워크시트의 데이터를 가져오기 할 수 있다.
③ 액세스 파일을 가져오기 한 경우 테이블의 관계도 함께 복사할 수 있으며 정의만 가져오기 한 경우 빈 테이블이 생성된다.
④ 원본 개체와 같은 이름의 개체가 이미 대상 데이터베이스에 존재하는 경우 오류가 나지 않고 개체 이름에 숫자(1,2,3, …)가 추가된다.

47

아래는 쿼리의 디자인 보기이다. 다음 중 아래 쿼리의 실행 결과로 옳은 것은?

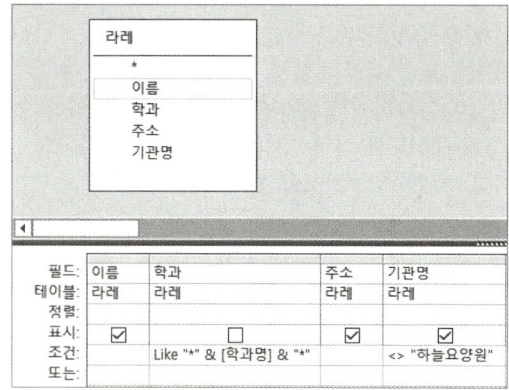

① 이름, 학과, 주소, 기관명 필드의 내용이 표시되며 '라레' 테이블을 원본으로 한 쿼리이다.
② 매개변수 값에 금융을 입력하면 금융정보과에 해당된 이름, 주소, 기관명이 표시된다.
③ 기관명이 '하늘요양원'인 데이터가 표시된다.
④ 이름 순서대로 정렬되어 표시된다.

48

개인정보 테이블을 생성한 후 생년월일 필드가 누락되어 이를 추가하려고 한다. 다음 중 이에 적합한 SQL 명령어는?

① INSERT
② ALTER
③ DROP
④ UPDATE

49

'성적' 테이블에서 '영어 성적'이 30점 미만인 경우 '영어 성적'을 10점 증가시키는 질의문으로 옳은 것은?

① UPDATE 성적 SET 영어 성적=영어 성적+10 WHERE 영어 성적<30;
② UPDATE 성적 SET 영어 성적+10 WHERE 영어 성적<30;
③ UPDATE 성적 SET 영어 성적=40 WHERE 영어 성적<30;
④ UPDATE SET 성적, 영어 성적+10 WHERE 영어 성적<30;

50

사원 폼을 선택한 후 [모달] 대화상자 폼을 생성하려고 한다. 다음 중 [모달] 대화상자 폼의 실행에 대한 설명으로 옳지 않은 것은?

① 취소 단추를 클릭하면 저장 여부를 묻고 대화상자가 닫힌다.
② 사용자가 입력한 정보를 확인하거나 취소할 수 있는 옵션을 제공하며 확인 단추를 클릭하면 사원 폼이 열린다.
③ [모달] 대화상자가 실행된 상태에서는 다른 폼이나 컨트롤에 접근하는 것을 막는다.
④ [만들기] 탭–[폼] 그룹–[기타 폼]–[모달] 대화상자를 선택하여 [모달] 대화상자 폼을 생성할 수 있다.

51

다음 중 하위 폼에 대한 설명으로 옳지 않은 것은?

① 기본 폼과 하위 폼을 연결할 필드의 데이터 형식은 같거나 호환되어야 한다.
② 데이터베이스 창에서 테이블, 쿼리, 폼 등을 폼 창으로 드래그 앤 드롭 하여 하위 폼으로 삽입할 수 있다.
③ 여러 개의 연결 필드를 지정할 때는 필드 이름을 세미콜론(;)으로 구분한다.
④ 기본 폼과 하위 폼은 '단일 폼', '연속 폼', '데이터시트' 형태로 표시할 수 있다.

52

다음 중 컨트롤 속성에 대한 설명으로 옳지 않은 것은?

① IME 모드는 컨트롤에 포커스가 위치할 때 입력 모드를 '한글' 또는 '영문' 등의 입력 상태로 지정하는 경우에 사용한다.
② '상태 표시줄 텍스트' 속성은 컨트롤을 선택했을 때 상태 표시줄에 표시할 메시지를 설정한다.
③ 자동 고침 사용 속성을 예로 지정하면 사용자가 잘못 입력한 영어 단어를 올바른 단어로 자동으로 정정한다.
④ 탭 인덱스를 1로 지정하면 폼을 열 때 포커스가 위치한다.

53

다음 중 [학생] 테이블에서 '반' 필드가 2인 레코드의 개수를 계산하고자 한다. 수식으로 옳은 것은? (단, 학생 테이블의 기본 키는 '학번'이다)

① DCounta("*","학생","반=2")
② DCount("*","학생","반=2")
③ DCount(*,학생,반=2)
④ DCount(학번,학생,반=2)

54

거래처별로 그룹이 설정된 '매출 내역 보고서'에서 본문 영역에 있는 'txt순번' 텍스트 상자 컨트롤에 해당 거래처별로 매출의 순번(1,2,3,…)을 표시하려고 한다. 다음 중 'txt순번' 컨트롤의 속성 설정 방법으로 옳은 것은?

① 입력란의 컨트롤 원본을 '=1'로 지정하고, 누적 합계를 '그룹'으로 지정한다.
② 입력란의 컨트롤 원본을 '+1'로 지정하고, 누적 합계를 '그룹'으로 지정한다.
③ 입력란의 컨트롤 원본을 '+1'로 지정하고, 누적 합계를 '모두'로 지정한다.
④ 입력란의 컨트롤 원본을 '=1'로 지정하고, 누적 합계를 '모두'로 지정한다.

55

다음 중 보고서 인쇄 미리 보기에서의 [페이지 설정] 대화상자에 대한 설명으로 옳지 않은 것은?

① 여러 열로 구성된 보고서를 인쇄할 때에는 [열] 탭에서 열의 개수와 행 간격, 열의 너비, 높이 등을 설정한다.
② [열] 탭에서 지정한 '눈금 설정'과 '열 크기'에 비해 페이지의 가로 크기가 작은 경우 자동으로 축소하여 인쇄된다.
③ [인쇄 옵션] 탭에서 보고서의 위쪽, 아래쪽, 왼쪽, 오른쪽 여백을 밀리미터 단위로 설정할 수 있다.
④ [페이지] 탭에서는 인쇄할 용지의 크기, 용지 방향, 프린터를 지정할 수 있다.

56

다음 중 모듈에 대한 설명으로 옳지 않은 것은?

① 모듈이란 한 단위로 저장된 VBA의 선언문과 프로시저의 모음으로, 표준 모듈은 다른 개체와 연결되지 않은 일반적인 프로시저이고, 클래스 모듈은 폼이나 보고서에 연결된 프로시저이다.
② Function 프로시저는 코드를 실행하고 실행된 결괏값을 반환하지 않고, Sub 프로시저는 코드를 실행하고 결괏값을 반환한다.
③ 이벤트 프로시저를 사용하여 폼과 보고서의 기능뿐 아니라, 명령 단추를 마우스로 누르는 등 사용자 행동에 대한 응답을 제어할 수 있다.
④ 선언문에서 변수에 데이터 형식을 생략하면 변수는 VARIANT 형식을 갖는다.

57

다음 중 Recordset 개체에 대한 설명으로 옳지 않은 것은?

① Recordset 개체는 기본 테이블이나 명령 실행 결과로 얻어진 데이터를 임시로 저장해두는 레코드 집합이다.
② Recordset 개체를 사용하더라도 공급자의 데이터는 조작할 수 없다.
③ 모든 Recordset 개체는 레코드(행)와 필드(열)를 사용하여 구성된다.
④ 공급자가 지원하는 기능에 따라서 Recordset의 속성이나 메소드를 사용할 수 있다.

58

다음 중 릴레이션에서 속성의 수와 튜플의 수를 의미하는 것으로 순서대로 옳게 짝지어진 것은?

① Cardinality, Degree
② Domain, Degree
③ Degree, Cardinality
④ Degree, Domain

59

다음 데이터베이스에서 널(Null) 값이 적용되는 예로 옳지 않은 것은?

① A 남자 환자의 경우의 출산 여부 항목
② B 사원의 주소가 아직 파악되지 않은 경우의 주소 항목
③ 연봉이 동결된 C 사원의 경우의 연봉인상률 항목
④ D 제품에 대한 제품 가격이 담당 부서에서 아직 넘어오지 않은 경우의 제품 가격 항목

60

다음 중 입력 마스크에 대한 설명으로 옳지 않은 것은?

① 입력 마스크가 'L&A'로 설정되어 있을 때 A1B를 입력할 수 있다.
② 입력 마스크가 '>L<???'로 설정되어 있을 때 sun을 입력하면 테이블에 Sun으로 입력된다.
③ 입력 마스크가 'LA09?'로 설정되어 있을 때 A111A를 입력할 수 있다.
④ 입력 마스크가 'LA09#'으로 설정되어 있을 때 A1BCD를 입력할 수 있다.

답 없이 푸는 제9회 기출변형문제

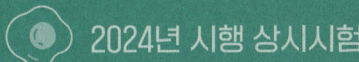

2024년 시행 상시시험

⏱ 제한시간: 60분　✓ 점수: 1과목 ____ / 100점, 2과목 ____ / 100점, 3과목 ____ / 100점

정답과 해설 55쪽

※ 문항당 5점

1과목　컴퓨터 일반

01

다음 중 Windows 10에서 시스템에서 현재 실행 중인 프로그램을 관리하고, 프로그램이 응답하지 않을 때 강제로 종료하기 위해 사용하는 [작업 관리자]를 바로 열기 위한 바로 가기 키는?

① Ctrl + Alt + Delete
② Win + R
③ Win + M
④ Ctrl + Shift + Esc

02

다음 중 Windows 10의 휴지통에 대한 설명으로 옳지 않은 것은?

① 휴지통을 비우면 사용 가능한 하드디스크의 용량이 늘어난다.
② 휴지통에 보관된 파일은 이름을 변경하거나 실행할 수 없다.
③ 휴지통의 최소 크기는 사용자가 설정할 수 있다.
④ USB 메모리에 저장된 파일을 삭제할 때는 휴지통에 저장되지 않는다.

03

다음 중 Windows 10의 폴더 옵션 설정에 대한 설명으로 옳지 않은 것은?

① [보기] 탭에서 파일 확장자 숨기기 기능을 설정할 수 있다.
② [보기] 탭에서 숨김 파일 및 폴더를 표시하는 옵션을 설정할 수 있다.
③ [보기] 탭에서 파일 탐색기의 종류를 변경할 수 있다.
④ [일반] 탭에서 한 번 클릭해서 열기 또는 두 번 클릭해서 열기를 설정할 수 있다.

04

레지스트리는 Windows 시스템 및 응용 프로그램의 구성 정보를 저장하고 관리하는 데 사용된다. 레지스트리에서 컴퓨터의 하드웨어 및 소프트웨어 구성, 네트워크 설정, 시스템 서비스 구성 등과 관련된 정보가 저장되어 있는 곳은?

① HKEY_CLASSES_ROOT
② HKEY_CURRENT_USER
③ HKEY_LOCAL_MACHINE
④ HKEY_CURRENT_CONFIG

05

다음 중 Windows 10의 [제어판]의 [프로그램 및 기능]을 통해 할 수 있는 작업으로 옳은 것은?

① 시스템 복구 옵션을 구성할 수 있다.
② 설치된 프로그램을 제거하거나 변경할 수 있다.
③ 인터넷 브라우저의 기본 설정을 변경할 수 있다.
④ 컴퓨터의 보안 및 바이러스 방지 소프트웨어를 설치할 수 있다.

06

다음 중 Windows 10에서 사용자 계정에 대한 설명 중 옳지 않은 것은?

① 사용자 계정은 [시작]-[설정]-[계정]에서 지정할 수 있다.
② 관리자 계정은 하드웨어를 설치하고 모든 파일에 액세스 할 수 있다.
③ 표준 계정은 자신의 계정에 대한 암호를 설정할 수 있다.
④ 표준 계정은 소프트웨어를 설치하거나 제거할 수 있지만, 컴퓨터 보안에 영향을 주는 설정은 변경할 수 없다.

07

다음 중 Windows에서 백업과 복원에 대한 설명으로 옳은 것은?

① 백업은 중요한 파일이나 데이터를 안전하게 보관하기 위해 컴퓨터의 저장 장치에 복사하는 프로세스이다.
② 백업 파일을 복원하는 경우 초기 설정 시에 지정한 위치로만 복원할 수 있으며 임의로 변경할 수 없다.
③ 여러 파일이 백업되는 경우 원하는 파일을 선택할 수는 없고 전체 파일을 복원할 수 있다.
④ 백업은 컴퓨터를 초기 설정으로 되돌리는 프로세스이며, 모든 파일과 프로그램을 완전히 삭제한다.

08

다음 중 Windows 10의 보조프로그램에 대한 설명으로 옳지 않은 것은?

① 메모장은 텍스트 파일을 작성하고 편집할 수 있는 프로그램으로, 간단한 문서 작성이나 코드 편집에 적합하다.
② 그림판은 이미지 편집 및 그림 작성을 위한 프로그램으로, 다양한 그래픽 요소를 추가하고 편집할 수 있다.
③ 명령 프롬프트는 그래픽 사용자 인터페이스를 제공한다.
④ 메모장에서 F5를 눌러 현재의 시간과 날짜를 자동으로 삽입할 수 있다.

09

다음 중 아래에서 설명하고 있는 것과 가장 관계있는 것은?

> 폰 노이만은 모든 프로그램과 데이터를 주기억장치에 저장하고, 중앙처리장치가 명령에 따라 자동으로 실행하는 방식을 제안하였다.

① 프로그램 내장 방식 컴퓨터
② 인공지능 컴퓨터
③ 중앙처리장치 중심 컴퓨터
④ 다중 처리 컴퓨터

10

다음 중 아래의 다양한 진법으로 표현한 숫자들을 큰 숫자부터 나열한 것은?

> ㉠ $FA_{(16)}$　　㉡ $255_{(10)}$
> ㉢ $11111110_{(2)}$　　㉣ $360_{(8)}$

① ㉠, ㉡, ㉢, ㉣
② ㉡, ㉢, ㉠, ㉣
③ ㉢, ㉣, ㉠, ㉡
④ ㉣, ㉠, ㉡, ㉢

11

다음 중 전원이 꺼져도 데이터의 손실이 없는 메모리로, RAM의 속도에 근접한 성능을 보이는 메모리는?

① 플래시 메모리(Flash Memory)
② DDR SDRAM(Double Data Rate SDRAM)
③ 캐시 메모리(Cache Memory)
④ 채널(Channel)

12

컴퓨터와 주변 장치를 연결하기 위한 접속 부분을 포트(Port)라고 한다. 마우스를 컴퓨터에 연결하여 사용하는 데 사용되지 않는 인터페이스는?

① USB
② IEEE 1394
③ Serial
④ PS/2

13

다음 중 디스크 조각 모음에 대한 설명으로 옳은 것은?

① 디스크 조각 모음은 여러 조각으로 나누어서 저장된 파일을 하나의 연속된 영역으로 다시 정렬하여 저장 공간을 최적화하는 과정이다.
② 디스크 조각 모음은 임시 파일, 휴지통에 있는 파일 등을 식별하고 삭제하여 디스크 공간을 확보한다.
③ 디스크 조각 모음을 실행하면 파일의 액세스 속도가 향상되고 시스템의 성능을 향상시킬 수 있다.
④ 디스크 조각 모음은 네트워크 드라이브에서도 실행 가능하다.

14

다음 중 소프트웨어의 유형에 대한 설명으로 옳지 않은 것은?

① 상용 소프트웨어: 정식으로 사용료를 내고 사용하는 소프트웨어로, 해당 소프트웨어의 모든 기능을 사용할 수 있다.
② 공개 소프트웨어: 소스 코드를 공개해 누구나 해당 코드를 무료로 이용 및 수정하거나 재배포할 수 있는 소프트웨어이다.
③ 프리웨어: 라이선스 없이 무료로 배포되어 자유롭게 사용할 수 있는 소프트웨어이다.
④ 알파 버전: 베타 테스트를 한 후에 제작 회사에서 테스트할 목적으로 제작된 프로그램이다.

15

다음 중 웹 애플리케이션을 개발하기 위한 스크립트 언어의 성격이 다른 것은?

① PHP
② JSP
③ ASP
④ JavaScript

16

다음 중 WAV 파일의 특징으로 옳지 않은 것은?

① 무압축 방식으로 아날로그 사운드를 디지털로 변환한 형식이다.
② 자연의 음향과 사람의 음성을 표현할 수 있다.
③ 전자 음향장치나 디지털 악기 간의 통신 규약이다.
④ 녹음 조건에 따라 파일 크기가 달라질 수 있다.

17

다음 중 P2P(Peer-to-Peer) 네트워크에 대한 설명으로 옳지 않은 것은?

① 각각의 컴퓨터가 동등한 지위를 가지며 서로 직접 통신하여 데이터를 공유한다.
② 파일 공유, 음악 스트리밍, 비디오 채팅 등 다양한 서비스에 사용될 수 있다.
③ 보안 측면에서 중앙 서버가 없기 때문에 P2P 네트워크는 항상 안전하다.
④ P2P 네트워크는 사용자가 증가함에 따라 자동으로 확장될 수 있는 구조를 가지고 있다.

18

IPv4와 IPv6 주소 체계에 대한 설명으로 옳은 것을 모두 고른 것은?

㉠ IPv6은 총 48비트의 주소를 사용하여 IP 주소의 부족 문제를 해결할 수 있다.
㉡ IPv6과 IPv4의 주소를 하나의 주소 내에 함께 표현할 수 있다.
㉢ IPv6은 주소 내에서 연속된 0의 블록을 ::으로 대체하여 표현함으로써 긴 주소를 간단히 표현할 수 있다.
㉣ IPv4는 프로토콜 내에 보안 관련 기능을 탑재할 수 있도록 설계하였다.
㉤ IPv6은 주소 체계는 유니캐스트, 애니캐스트, 멀티캐스트 등 세 가지로 나뉜다.

① ㉠, ㉡, ㉢
② ㉡, ㉢, ㉣
③ ㉡, ㉢, ㉤
④ ㉡, ㉢, ㉣, ㉤

19

다음 중 이메일과 관련된 프로토콜에 대한 설명으로 옳지 않은 것은?

① SMTP는 송신자가 작성한 메일을 수신자의 계정에 전송하는 역할을 담당하는 프로토콜이다.
② POP3는 메일 서버의 이메일을 사용자의 컴퓨터로 가져오기 위한 프로토콜이다.
③ MIME은 멀티미디어 전자우편을 주고 받기 위한 인터넷 메일의 표준 프로토콜이다.
④ POP3는 메일 서버에서 메일을 관리하고 클라이언트에서 메일을 확인하는 데 사용된다.

20

다음 중 저작권법에 대한 설명으로 옳지 않은 것은?

① 저작권은 저작자가 창작한 작품에 대해 가지는 독점적인 권리로, 저작자의 허락 없이 이를 사용할 수 없다.
② 저작물이 공개된 후 일정 기간이 지나면 저작권이 소멸되어 누구나 자유롭게 사용할 수 있게 된다.
③ 저작권은 등록해야만 발생하는 권리로, 저작권 등록을 하지 않으면 저작물을 보호받을 수 없다.
④ 저작권법은 저작물을 사용할 때 저작자에게 정당한 보상을 지급하도록 하여 저작자의 권익을 보호한다.

2과목 스프레드시트 일반

21

다음 중 엑셀의 화면에 대한 설명으로 옳지 않은 것은?

① 빠른 실행 도구 모음은 자주 사용하는 도구들을 모아놓은 도구 모음으로, 사용자가 추가하거나 제거할 수 있으며 리본 메뉴의 아래쪽에 표시할 수 있다.
② 화면의 확대/축소 배율은 10~400% 범위에서 자유롭게 적용할 수 있고, 설정된 배율은 통합 문서의 전체 시트에 바로 적용된다.
③ 여러 시트를 선택하고 확대/축소 배율을 변경하면 선택된 모든 시트에 대해 확대/축소 배율이 적용된다.
④ 상태 표시줄은 현재 작업 상태에 대한 기본적인 정보를 제공하는 데 사용되며, 선택 영역에 대한 평균, 선택한 셀의 개수, 숫자가 포함된 셀의 수, 최대값, 합계 등의 통계 정보를 자동으로 표시한다.

22

회사에서 직원들의 성과 등급을 평가하여, 각 등급에 따른 보너스를 계산하려고 한다. 각 등급별 보너스는 다음의 조건과 같다. [D2] 셀에 입력할 수식으로 옳은 것은?

	A	B	C	D
1	사원번호	기본급	등급	보너스
2	A1001	1,500,000	A	
3	A1002	1,450,000	B	
4	A1003	1,400,000	C	
5	A1004	1,350,000	D	
6	A1004	1,300,000	E	

〈보너스 조건〉
- A등급: 기본급의 20%
- B등급: 기본급의 15%
- C등급: 기본급의 10%
- D등급: 기본급의 5%
- 그 외: 등급 외

① =SWITCH(C2,B2*0.2,"A",B2*0.15,"B",B2*0.1,"C",B2*0.05,"D","등급 외")
② =SWITCH(C2,"A",B2*0.2,"B",B2*0.15,"C",B2*0.1,"D",B2*0.05,"등급 외")
③ =SWITCH(C2=B2*0.2,"A",C2=B2*0.15,"B",C2=B2*0.1,"C",C2=B2*0.05,"D","등급 외")
④ =SWITCH(C2,"A","B2*0.2","B","B2*0.15","C","B2*0.1","D","B2*0.05","등급 외")

23

다음 중 시트 이름 바꾸기에 대한 설명으로 옳지 않은 것은?

① [시트] 탭에서 시트 이름을 더블클릭하거나 [시트] 탭의 바로 가기 메뉴를 이용하여 시트 이름을 변경할 수 있다.
② 워크시트의 이름은 통합 문서 내에서 고유해야 하며 시트 이름은 공백을 포함하여 최대 28자까지 지정할 수 있다.
③ Report*, My?, Sheet[1] 등과 같은 워크시트 이름은 사용할 수 없다.
④ 시트이 이름을 변경하지 못하게 하려면 [검토] 탭 [보호] 그룹-[통합 문서 보호]를 클릭하여 통합 문서를 보호하면 된다.

24

다음 중 통합 문서 공유에 대한 설명으로 옳지 <u>않은</u> 것은?

① 공유 네트워크 폴더를 이용하여 여러 사용자가 공유된 통합 문서를 공동으로 작업할 수 있는 기능으로, 여러 사용자가 파일에 접근하고 편집할 수 있도록 하는 방식이다.
② 통합 문서가 공유되면 제목 표시줄의 파일명 옆에 '[공유]'가 표시된다.
③ 공유된 통합 문서는 여러 사용자가 동시에 변경할 수 있으며, 동일한 셀을 변경해도 충돌은 발생하지 않는다.
④ 암호로 보호된 공유 통합 문서에서 보호를 해제하려면 먼저 통합 문서의 공유 상태를 해제해야 한다.

25

다음 중 데이터 입력에 대한 설명으로 옳지 <u>않은</u> 것은?

① 3e9를 입력하면 자동으로 지수 형식으로 입력되며 3*10^9를 의미한다.
② 현재 날짜와 시간을 입력하려면 Ctrl+;을 누른 다음 한 칸 띄우고 Ctrl+Shift+;을 누른다.
③ 분수를 입력하려면 0 1/2과 같이 분수 앞에 0을 입력한 뒤 한 칸 띄우고 분수를 입력한다. 이렇게 입력하면 분수로 해석하여 셀에는 1/2로 표시된다.
④ [파일]-[옵션]-[고급]에서 소수점 자동 삽입에서 소수점 위치를 2로 설정한 경우 숫자를 입력하면 자동으로 소수점 두 자리로 표시된다. 이러한 고정 소수점 옵션을 무시하고 숫자를 입력하려면 숫자 앞에 느낌표(!)를 입력한다.

26

다음 중 윗주에 대한 설명으로 옳지 않은 것은?

① 셀에 대한 부가적인 내용을 작성하는 기능으로, 반드시 문자 데이터가 입력된 셀에만 표시할 수 있으며 숫자 데이터에는 윗주 기능을 사용할 수 없다.
② 셀에 입력된 데이터를 삭제하면 윗주도 함께 삭제되며, 윗주만 별도로 삭제할 경우에는 윗주 편집에서 할 수 있다.
③ 입력된 윗주의 글꼴, 색 등의 글꼴 서식을 변경할 수 있으며 왼쪽, 가운데, 오른쪽 맞춤을 지원한다.
④ [홈] 탭-[글꼴] 그룹-[윗주 필드 표시/숨기기]-[윗주 편집]을 선택하여 입력한다.

27

다음 중 아래 워크시트에서 [C2:C4] 영역을 선택하여 작업한 결과가 <u>다른</u> 것은?

	A	B	C	D	E
1	이름	국어	영어	수학	평균
2	홍길동	83	90	73	82
3	이루리	65	87	91	81
4	온송이	80	75	100	85
5	평균	76	84	88	82.66667

① Delete 를 누른 경우
② Backspace 를 누른 경우
③ 마우스 오른쪽 버튼의 바로 가기 메뉴에서 [내용 지우기]를 선택한 경우
④ [홈] 탭-[편집] 그룹-[지우기]-[내용 지우기]를 선택한 경우

28

다음 중 사용자 지정 표시 형식에 대한 설명으로 옳지 <u>않은</u> 것은?

① 각 구역은 콜론(:)으로 구분하고 '양수, 음수, 0, 문자'의 표시 형식을 순서대로 지정한다.
② 조건이나 색 이름은 대괄호([ ]) 안에 표시한다.
③ 두 개의 섹션을 지정하면 첫 번째 섹션은 양수 또는 0, 두 번째 섹션은 음수에 대한 표시 형식이다.
④ 소수점 오른쪽의 자리 표시자보다 더 긴 소수점 이하의 숫자가 셀에 입력될 경우 자리 표시자만큼 소수 자릿수로 반올림된다.

29

다음 중 [조건부 서식]에 대한 설명으로 옳지 <u>않은</u> 것은?

① 선택한 영역에서 특정 조건을 만족하는 셀에만 서식을 지정하는 기능으로, 해당 셀을 시각적으로 강조하여 표시할 수 있다.
② 둘 이상의 규칙이 '참'이면 규칙에 지정된 서식이 모두 적용되지만, 서식이 충돌하는 경우에는 에러가 발생한다.
③ 규칙 유형에서 '수식을 사용하여 서식을 지정할 셀 결정'을 지정한 후 조건을 직접 입력할 경우 워크시트의 특정 셀을 클릭하면 기본적으로 절대 참조로 작성된다.
④ 셀 값이 변경되어서 규칙에 만족하지 않으면 적용된 서식은 해제되며, 사용자가 작성한 서식보다 조건부 서식의 서식이 우선 적용된다.

30

다음 중 수식에서 발생하는 각 오류에 대한 원인으로 옳지 <u>않은</u> 것은?

① #DIV/0!: 특정 값을 0 또는 빈 셀로 나눈 경우
② #N/A: 함수나 수식에 사용할 수 없는 값을 지정했을 때
③ #NAME?: 잘못된 함수 이름이나 정의되지 않은 셀 이름을 사용한 경우
④ #VALUE!: 수식이나 함수에 잘못된 숫자값이 포함된 경우

31

다음 워크시트에서 [G3:G7] 영역에 월요일부터 금요일까지 모두 참여(O)하면 "우수", 그렇지 않으면 공백으로 표시하려고 한다. 이에 관한 수식으로 옳은 것은?

	A	B	C	D	E	F	G
1	봉사활동						
2	이름	월	화	수	목	금	비고
3	홍실동	O	O	O	O	O	
4	이루리		O	O		O	
5	은송이	O	O	O	O	O	
6	푸르나	O		O	O	O	
7	진달래	O	O	O	O	O	

① =IF(COUNT(B3:F3)=5,"우수","")
② =IF(COUNTBLANK(B3:F3)=5,"우수","")
③ =IF(COUNTA(B3:F3)=5,"우수","")
④ =IF(COUNTIF(B3:F3)=5,"우수","")

32

다음 중 아래 시트에서 [A7] 셀에 =INDEX(A1:C6,MATCH(LARGE(C2:C6,2),C1:C6,0),2) 수식을 입력했을 때의 결괏값은?

	A	B	C
1	과일명	판매점	판매가격
2	사과	이마트	6,000
3	참외	현대백화점	8,000
4	수박	롯데백화점	25,000
5	포도	세이브존	12,000
6	오렌지	쿠팡	20,000

① 이마트
② 현대백화점
③ 롯데백화점
④ 쿠팡

33

다음 중 배열 상수에 대한 설명으로 옳지 <u>않은</u> 것은?

① 배열 상수는 배열 수식에서 사용하는 인수로서 숫자, 텍스트, 논리값, 오류값 등을 사용할 수 있고, 수식은 사용할 수 없다.
② 배열 상수를 작성할 때, 중괄호 { } 안에 값을 넣으며, 쉼표(,)를 사용해서 같은 행 내의 값을 구분하고 세미콜론(;)을 사용해서 행을 구분한다.
③ {1;2;3}인 배열 상수는 1, 2, 3 각각 다른 열에 위치하고, 한 행을 형성한다.
④ 배열 상수로 텍스트를 입력하려면 {"사과","바나나","체리"}와 같이 큰따옴표(" ")로 묶어서 입력한다.

34

다음 중 엑셀에서 데이터를 정렬을 하는데 다음과 같은 정렬 경고 메시지 창이 나타나는 경우에 대한 설명으로 옳지 않은 것은?

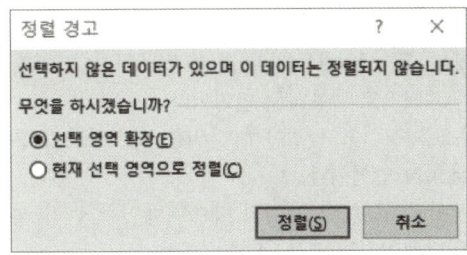

① '현재 선택 영역으로 정렬'을 선택하면 현재 설정한 열만 대상으로 정렬이 된다.
② 표 범위에서 하나의 열만 범위로 지정한 경우에 발생한다.
③ 인접한 데이터를 포함하기 위해서는 '선택 영역 확장'을 선택한다.
④ 셀 포인터가 표 범위 내에 있지 않기 때문에 발생한다.

35

다음 중 데이터 표에 대한 설명으로 옳지 않은 것은?

① 특정 값의 변화에 따른 결괏값의 변화를 한 번의 연산으로 빠르게 계산하여 표의 형태로 시각적으로 나타내는 기능이다.
② 데이터 표를 사용하여 가상 분석을 수행할 수 있으며, 결과는 배열 수식으로 작성되므로 부분적으로 얼마든지 수정할 수 있다.
③ 변수에 입력될 데이터가 같은 행에 입력되어 있으면 '행 입력 셀'로, 같은 열에 입력되어 있으면 '열 입력 셀'로 지정한다.
④ 결괏값은 하나 이상의 변수를 사용하여 계산되는 수식으로 표현되어야 한다.

36

다음 중 아래 [시나리오 추가] 대화상자에 대한 설명으로 옳지 않은 것은?

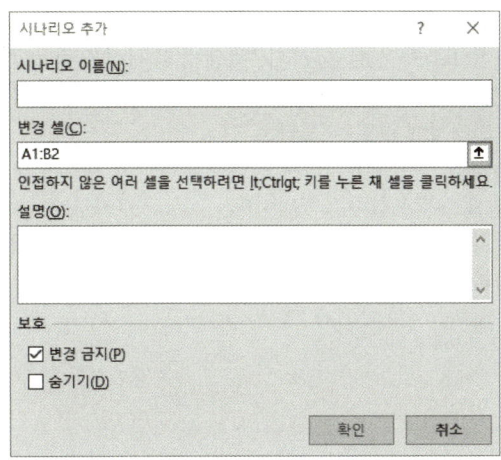

① [데이터] 탭-[예측] 그룹-[가상 분석]-[시나리오 관리자]를 클릭하여 나타난 [시나리오 관리자] 대화상자에서 [추가] 단추를 클릭하면 표시되는 대화상자이다.
② 시나리오 이름은 사용자가 직접 입력해야 한다.
③ '설명'에는 만든 사람과 작성한 날짜를 반드시 입력해야 한다.
④ '변경 셀'은 변경 요소가 되는 값의 그룹이며, 하나의 시나리오에 최대 32개까지 지정할 수 있다.

37

다음 중 차트에 대한 설명으로 옳지 않은 것은?

① 차트를 작성하려면 반드시 원본 데이터가 있어야 하며, 원본 데이터가 변경되면 작성되었던 차트의 내용이 동시에 함께 변경된다.
② 거품형 차트는 세 가지 변수를 사용하여 데이터를 시각화하는 차트 유형으로, x축과 y축은 두 변수를 나타내고, 거품의 크기는 세 번째 변수를 나타낸다.
③ 차트 서식 파일은 미리 정의된 서식을 포함하고 있는 파일로 동일한 서식을 반복적으로 적용하거나 일관된 디자인을 유지하는 데 도움이 된다.
④ [Alt]+[F1]을 누르면 새로운 차트 시트에 차트가 작성되고, [F11]을 누르면 데이터가 있는 현재 워크시트에 차트가 작성된다.

38

다음 중 차트의 구성 요소에 대한 설명으로 옳지 않은 것은?

① 차트 구성 요소에 도형 스타일이나 워드아트 스타일을 적용하여 더욱 시각적으로 표현할 수 있다.
② 차트 구성 요소들은 글꼴, 크기, 색상 등의 서식을 적용할 수 있고, 도형처럼 맞춤, 그룹, 회전 등을 설정하여 시각적으로 화려하게 꾸밀 수 있다.
③ 차트 영역은 차트가 표시되는 영역을 의미하며 차트의 모든 구성 요소를 포함하는 영역이다.
④ 범례는 차트의 한쪽에 배치되며 데이터 계열의 항목별 이름을 나타내며 색상이나 무늬로 데이터 계열을 구분한다.

39

다음 중 [페이지 설정] 대화상자에 대한 설명으로 옳지 않은 것은?

① 시작 페이지 번호는 인쇄할 때 페이지 번호가 시작되는 번호를 지정하는 옵션으로 '자동'으로 설정하면 1페이지부터 인쇄된다.
② [시트] 탭의 인쇄 영역은 엑셀에서 인쇄할 때 출력 범위를 설정하는 영역으로 숨겨진 행과 열은 인쇄에 포함되지 않는다.
③ 짝수 페이지와 홀수 페이지의 머리글 및 바닥글을 다르게 지정할 수 있다.
④ 간단하게 인쇄는 도형, 그림, 클립아트 등의 그래픽 요소를 제외하고 텍스트와 차트만 빠르게 인쇄한다.

40

다음 중 매크로를 작성하고 사용하는 방법에 대한 설명으로 옳지 않은 것은?

① 매크로는 Visual Basic 언어를 기반으로 작성되고 Visual Basic 편집기로 작성하거나 변경할 수 있다.
② 매크로는 기본적으로 절대 참조로 기록되며, 상대 참조로 기록하려면 [보기] 탭-[매크로] 그룹-[매크로]-[상대 참조로 기록] 클릭 후 매크로를 기록한다.
③ 바로 가기 키에는 특수 문자를 사용할 수 없고, 영문자와 숫자만 가능하다.
④ 매크로는 통합 문서에 첨부된 모듈 시트로, 하나의 Sub 프로시저로 기록되며, Sub로 시작하고 End Sub로 끝난다.

3과목 데이터베이스 일반

41

데이터베이스 관리 시스템에서 데이터 언어(Data Language)에 대한 설명으로 옳지 않은 것은?

① 데이터 정의어(DDL)는 데이터베이스를 정의하거나 그 정의를 수행할 목적으로 사용하는 언어이다.
② 데이터베이스를 정의하고 접근하기 위한 시스템과의 통신 수단이 데이터 언어이다.
③ 데이터 조작어(DML)는 사용자와 데이터베이스 관리 시스템 간의 인터페이스를 제공한다.
④ 데이터 제어어(DCL)는 주로 응용 프로그래머와 일반 사용자가 사용하는 언어이다.

42

키의 관계로 가장 옳지 않은 것은?

① 슈퍼 키 ⊃ 후보 키
② 후보 키 ⊃ 대체 키
③ 기본 키 ⊃ 대체 키
④ 후보 키 ⊃ 기본 키

43

다음에서 설명하고 있는 필드의 데이터 형식은?

다른 프로그램에서 생성된 이미지, 문서, 그래프 등 다양한 형태의 데이터를 삽입할 수 있다.

① OLE   ② DLL
③ INI   ④ PCX

44

특정 테이블의 '근무시작일' 필드에 유효성 검사 규칙을 설정하고자 한다. 다음과 같은 조건을 만족하도록 기술한 내용 중 옳은 것은?

- 입력된 날짜는 오늘 날짜보다 이전이어야 한다.
- 입력된 날짜는 2000년 1월 1일 이후여야 한다.
- 이전, 이후는 해당 일을 포함한다.

① >=1/1/2000 And <Now( )
② <=Now( ) And >#1/1/2000#
③ >=#1/1/2000# And <=Now( )
④ <=#1/1/2000# Or >=Now( )

45

액세스의 테이블 구조 변경에 대한 내용 중 옳지 않은 것은?

① 필드 삽입은 새로운 필드를 테이블에 추가하는 것으로 기존 데이터에 영향을 주지 않는다.
② 필드를 삭제하면 해당 필드의 데이터도 함께 삭제된다.
③ 여러 개의 필드를 한꺼번에 삭제할 수 있고, 저장한 다음 삭제한 필드는 Ctrl+Z를 이용하여 되살리기 할 수 있다.
④ 필드 이동은 행 선택기를 클릭한 채 해당 위치로 드래그하여 이동할 수 있다.

46

다음 중 데이터베이스 개체를 다른 응용 프로그램에서 사용할 수 있도록 형식을 변경하여 내보내기 하는 기능에 대한 설명으로 옳은 것은?

① 데이터베이스 개체는 VBA 코드 형식으로만 내보낼 수 있다.
② 테이블을 Access 데이터베이스로 내보낼 때는 '정의 및 데이터' 또는 '정의만'을 선택하여 내보낼 수 있다.
③ 쿼리를 Excel이나 HTML 형식으로 내보낼 경우, 쿼리의 SQL문이 저장된다.
④ 보고서를 Word로 내보낼 경우, 원본 테이블이 필요하다.

47

라레 테이블과 라레 테이블을 참조하는 테이블을 함께 삭제하기 위한 SQL문을 작성하려고 한다. ㉠, ㉡에 들어갈 내용을 옳게 짝지은 것은?

㉠ TABLE 라레 ㉡ ;

	㉠	㉡
①	DROP	RESTRICT
②	DROP	CASCADE
③	DELETE	RESTRICT
④	DELETE	CASCADE

48

직원 테이블의 이메일 주소 목록에서 회사 정책을 준수하지 않는 이메일 주소를 검색하는 쿼리를 작성하고자 한다. INSTR 함수를 사용하여 이메일 주소 내에 "@company.com" 문자열이 포함되지 않은 직원의 이름과 이메일 주소를 검색하여 이름을 기준으로 오름차순 정렬하고자 할 때 SQL 명령으로 옳은 것은?

① SELECT Name, Email FROM 직원
   WHERE INSTR(Email,'@company.com') = 0
   ORDER BY Name ASC;
② SELECT Name, Email FROM 직원
   WHERE INSTR(Email,'@company.com') = 0
   ORDER BY Name DESC;
③ SELECT Name, Email FROM 직원
   WHERE INSTR('@company.com',Email) = 0
   ORDER BY Name ASC;
④ SELECT Name, Email FROM 직원
   WHERE INSTR(Email,'@company.com')
   ORDER BY Name ASC;

49

다음 중 매개변수 쿼리를 작성하기 위한 설명으로 옳지 않은 것은?

① 매개변수 쿼리는 쿼리 실행 시 매개변수를 입력받아 조건에 맞는 결과만 표시하는 쿼리로서 두 개 이상의 정보를 물어보는 쿼리도 만들 수 있다.
② 매개변수를 적용할 필드의 조건 행에서 매개변수 대화상자에 표시할 텍스트를 { } 중괄호로 묶어 입력한다.
③ Like 키워드와 와일드카드 문자를 사용하여 필드 값의 일부로 검색할 수 있는 조건을 만들 수 있다.
④ 매개변수 대화 상자에 표시할 텍스트에 '.', '!', '[ ]'와 같은 특수 문자는 포함시킬 수 없다.

50

다음 중 폼의 모양에 대한 설명으로 옳지 않은 것은?

① 열 형식: 각 필드가 왼쪽의 레이블과 함께 각 행에 표시되고 컨트롤 레이아웃이 자동으로 설정된다.
② 테이블 형식: 각 레코드의 필드들이 한 줄에 나타나며 레이블은 폼의 맨 아래 한 번만 표시된다.
③ 데이터시트: 레코드는 행으로 필드는 열로 표시된다.
④ 맞춤: 필드 내용에 따라 각 필드를 균형 있게 배치한다.

51

다음 중 폼에서 컨트롤 작업에 대한 설명으로 옳지 않은 것은?

① 필드 목록에서 특정 필드 이름을 폼에 드래그하면 컨트롤을 생성하고 자동으로 해당 필드에 바운드시킨다.
② 하나의 컨트롤에 여러 필드를 바운드시킬 수 있다.
③ 컨트롤에 표시된 값을 수정하면 바운드된 필드의 값은 자동으로 변경된다.
④ 레이블 컨트롤은 폼 보기 상태에서 포커스를 가질 수 없다.

52

다음 중 탭 설정에 대한 설명으로 옳은 것은?

① 탭 순서는 폼 보기 상태에서 Tab을 누를 때 각 컨트롤 사이에 포커스가 이동되는 순서를 지정하는 기능이다.
② 탭 인덱스가 클수록 먼저 포커스를 받는다.
③ 폼에서 선, 레이블 컨트롤에도 탭 순서를 지정할 수 있다.
④ 탭 정지 속성은 폼에서만 지정이 가능하고 보고서에서는 지정할 수 없다.

53

다음 중 보고서에 대한 설명으로 옳지 않은 것은?

① 보고서 마법사를 통해 원하는 필드들을 쉽게 선택하여 레코드 원본으로 지정할 수 있다.
② 보고서는 데이터를 출력하기 위한 개체이다.
③ 보고서에서 원본 데이터를 설정하려면 [속성 시트] 창의 [데이터] 탭의 '레코드 원본'에서 테이블이나 쿼리를 선택해야 한다.
④ 보고서는 실시간 데이터 업데이트를 위해 사용자가 직접 데이터베이스에 쿼리를 실행하여, 데이터를 추가·수정·삭제할 수 있도록 설계되었다.

54

다음 중 보고서 그룹화에 대한 설명으로 옳지 않은 것은?

① 그룹화 기준이 되는 필드는 데이터가 정렬되어 표시되며 필드나 식을 기준으로 10개까지 그룹 및 정렬을 지정할 수 있다.
② 그룹화할 필드가 날짜 데이터이면 전체 값, 일, 주, 월, 분기, 연도, 사용자 지정을 기준으로 그룹화할 수 있다.
③ 문자 데이터는 전체 값, 첫 문자, 처음 두 문자, 사용자 지정 문자를 기준으로 그룹화할 수 있다.
④ 그룹 수준을 삭제하면 그룹 머리글 구역에 삽입된 컨트롤은 함께 삭제되지만, 그룹 바닥글 구역에 삽입된 컨트롤은 삭제되지 않는다.

55

다음 중 액세스에서 매크로 작성에 대한 설명으로 옳지 않은 것은?

① 매크로 이름을 'Autoexec'로 저장하면 데이터베이스를 열 때마다 매크로가 실행된다.
② 파일을 열 때 [Shift]를 누르면 자동 실행 매크로가 실행되지 않는다.
③ 매크로가 실행 중일 때 [Ctrl]+[Break]를 누르면 한 단계씩 차례로 매크로를 실행할 수 있다.
④ 매크로를 기록한 후 컨트롤의 이벤트에 연결하여 사용할 수 있다.

56

다음 중 공통점이 있는 이벤트 속성을 모아놓은 것이다. 이 중 나머지와 가장 관련성이 적은 것은?

① AfterUpdate
② Change
③ BeforeUpdate
④ DbClick

57

범 기관적 입장에서 데이터베이스를 정의한 것으로서 데이터베이스에 저장될 데이터의 종류와 데이터 간의 관계를 기술하며 데이터 보안 및 무결성 규칙에 대한 명세를 포함하는 것은?

① 외부 스키마
② 내부 스키마
③ 개념 스키마
④ 물리 스키마

58

키는 개체 집합에서 고유하게 개체를 식별할 수 있는 속성이다. 데이터베이스에서 사용되는 키의 종류에 대한 설명으로 옳지 않은 것은?

① 후보 키(Candidate Key): 개체들을 고유하게 식별할 수 있는 속성
② 슈퍼 키(Super Key): 한 개 이상의 속성들의 집합으로 구성되는 키
③ 외래 키(Foreign Key): 다른 테이블의 기본 키로 사용되는 속성
④ 대체 키(Alternative Key): 후보 키 중에서 대표로 선정된 키

59

다음 중 필드의 각 데이터 형식에 대한 설명 중 옳지 않은 것은?

① 짧은 텍스트: 64,000자 이하의 짧은 문자열을 저장하는 데 사용할 수 있다.
② 통화: 금액을 저장하는 데 사용되며, 소수점 이하 4자리까지 숫자를 저장할 수 있다.
③ 일련번호: 순차적으로 증가하는 고유값을 나타내며, 레코드를 추가할 때마다 자동으로 1씩 증가된다.
④ 하이퍼링크: 웹 주소 등 특정 위치로 이동하는 주소 데이터 입력에 사용된다.

60

다음 중 학생정보 테이블의 '이름' 필드에 유효성 검사 규칙을 아래와 같이 지정했을 때의 입력 상황에 대한 설명으로 옳지 않은 것은?

유효성 검사 규칙: Not Like "* *"
유효성 검사 텍스트: 공백없이 입력하세요

① '이름' 필드에 입력되는 데이터 내용에는 공백이 입력되지 않도록 하는 조건이다.
② 데이터를 입력하려고 하면 항상 '공백없이 입력하세요'라는 메시지를 표시한다.
③ 필드 내용에 '홍길동'을 입력하면 아무런 메시지도 표시되지 않는다.
④ 필드 내용에 '홍 길동'을 입력하면 '공백없이 입력하세요'라는 메시지를 표시한다.

답 없이 푸는 제10회 기출변형문제

2024년 시행 상시시험

제한시간: 60분 | 점수: 1과목 ___ / 100점, 2과목 ___ / 100점, 3과목 ___ / 100점

정답과 해설 62쪽

※ 문항당 5점

1과목 컴퓨터 일반

01
NTFS 파일 시스템은 Windows 운영체제에서 사용되는 파일 시스템이다. 다음 중 이에 대한 설명으로 옳지 않은 것은?

① NTFS는 대용량 파일을 지원하며 FAT32보다 더 큰 파티션 크기를 지원한다.
② NTFS는 파일 암호화 및 액세스 제어와 같은 고급 보안 기능을 제공한다.
③ NTFS는 기본적으로 단순한 파일 및 폴더 구조를 가지고 있기 때문에 복잡한 파일 관리 작업에는 오히려 적합하지 않다.
④ Active Directory를 사용하여 네트워크 자원을 하나로 통합 관리하는 서비스를 제공한다.

02
Windows 10에서는 각각의 작업에 따라 바탕화면을 분리하여 사용할 수 있는 기능을 제공하는데, 이를 가상 데스크톱이라고 한다. 이에 대한 설명으로 옳지 않은 것은?

① 가상 데스크톱을 생성하는 명령은 Ctrl+Win+D이다.
② 가상 데스크톱을 제거하는 명령은 Ctrl+Win+F4이다.
③ 시스템을 재시작하면 가상 데스크톱은 자동으로 제거된다.
④ 가상 데스크톱이 생성되면 작업 보기 화면 위쪽에 데스크톱 아이콘이 표시된다.

03
다음 중 Windows 10에서 마우스의 끌어다 놓기(Drag&Drop) 기능을 이용하여 할 수 있는 작업으로 옳지 않은 것은?

① 파일 탐색기에서 파일 또는 폴더를 선택한 후 같은 드라이브에 다른 폴더로 끌어다 놓으면 이동이 된다.
② 파일 또는 폴더를 선택한 후 Ctrl을 누른 채로 다른 폴더로 끌어다 놓으면 복사가 된다.
③ 바탕 화면의 아이콘을 작업 표시줄에 끌어다 놓으면 작업 표시줄로 아이콘이 이동이 된다.
④ USB에 저장된 파일을 C 드라이브로 끌어다 놓으면 복사가 된다.

04
다음 중 Windows 10에서 파일이나 폴더, 프린터, 드라이브 등 컴퓨터 자원의 공유에 대한 설명으로 옳지 않은 것은?

① 탐색기의 주소 표시줄에 \\localhost를 입력하면 네트워크를 통해 공유한 파일이나 폴더를 확인할 수 있다.
② 폴더 뒤에 $가 붙어 있는 폴더를 공유하거나 공유 이름 뒤에 $를 붙이면 네트워크의 다른 사용자가 공유 여부를 알 수 없다.
③ 공유 폴더에 접속하려면 경로를 \\네트워크 컴퓨터\공유 폴더로 지정하면 된다.
④ 공용 폴더에 대한 접근 권한은 모든 사용자에게 일괄적으로 동일한 권한이 부여되며 사용자에 따라 각각의 권한을 설정할 수는 없다.

05

다음 중 Windows 10의 디스플레이에 대한 설명으로 옳지 않은 것은?

① 야간 모드 설정은 밤에 디스플레이에서 나오는 빛을 눈에 편한 색으로 표시하여 눈의 피로도를 줄인다.
② 화면에 표시되는 텍스트, 앱 및 아이콘 등의 크기를 변경할 수 있으며 사용자가 원하는 비율을 100~200%까지 지정할 수 있다.
③ 두 개 이상의 모니터를 연결하여 각 모니터마다 해상도와 화면 방향을 각각 다르게 설정할 수 있다.
④ 다중 디스플레이에서 바탕 화면의 크기를 확장하여 작업 생산성을 높일 수 있다.

06

다음 중 Windows 10의 [설정]-[시스템]-[정보]에 대한 내용으로 옳지 않은 것은?

① 설치된 RAM의 크기를 확인할 수 있다.
② 제품 키 변경 또는 Windows 버전 업그레이드를 할 수 있다.
③ 시스템 종류를 확인할 수 있으며 목록을 통하여 64비트 또는 32비트 운영체제를 선택할 수 있다.
④ 설치된 Windows 버전과 설치 날짜를 확인할 수 있다.

07

다음 중 Windows 10의 [제어판]-[관리 도구]에 대한 설명으로 옳은 것은?

① [디스크 정리]는 하드웨어 리소스, 구성 요소, 소프트웨어 환경 등의 정보를 확인한다.
② [컴퓨터 관리]는 시스템에서 불필요한 파일을 식별하고 삭제하여 하드디스크 드라이브의 공간을 확보한다.
③ [시스템 정보]는 디스크 관리, 서비스 및 응용 프로그램 관리, 성능 등의 기능을 포함하고 있다.
④ [레지스트리 편집기]는 레지스트리를 확인하거나 수정 등을 할 때 사용하며, HKEY_CLASSES_ROOT, HKEY_CURRENT_USER, HKEY_LOCAL_MACHINE, HKEY_USERS, HKEY_CURRENT_CONFIG의 폴더로 구성되어 있다.

08

다음 중 Windows 10의 인쇄 관리자에 대한 설명으로 옳지 않은 것은?

① 인쇄 중인 문서와 대기 중인 문서를 표시하며 출력 대기 순서는 임의로 변경할 수 있다.
② 현재 인쇄 중이거나 인쇄 대기 중인 문서의 인쇄를 일시 중지하거나 인쇄 취소할 수 있다.
③ 인쇄 작업 중 오류가 발생하면 오류 메시지를 표시하고 다음 대기 중인 문서의 인쇄를 진행한다.
④ 인쇄 중인 문서와 인쇄 대기 중인 문서의 이름, 소유자, 페이지 수 등을 표시한다.

09

다음 중 자료의 구성 단위에 대한 설명으로 옳지 않은 것은?

① 니블(Nibble)은 1바이트를 반으로 나눈 4비트로 구성된 단위이다.
② 필드(Field)는 자료 처리의 최소 단위이며, 필드가 모여 레코드가 된다.
③ 레코드(Record)는 CPU가 한 번에 처리할 수 있는 명령어 단위이다.
④ 블록(Block)은 각종 저장 매체와의 입출력 단위이다.

10

다음 중 RISC(Reduced Instruction Set Computing)에 대한 설명으로 옳은 것은?

① 가격이 비싸고 전력 소모가 많다.
② 복잡한 명령어 집합을 가지고 있으며, 명령어가 실행될 때 시간이 많이 소요된다.
③ 명령어의 길이가 짧고 단순하여 실행 속도가 빠르다.
④ 다양한 명령어를 지원하지만, 명령어의 실행에 필요한 하드웨어가 간단하다.

11

RAID(Redundant Array of Independent Disks)는 여러 개의 하드 디스크를 모아서 하나의 하드디스크처럼 사용할 수 있도록 하는 기술이다. 다음에서 설명하는 RAID 레벨은?

- 디스크 미러링(Disk Mirroring) 방식이다.
- 디스크 오류 시 실시간 데이터 복구가 가능하다.
- RAID 중 구축 비용이 가장 많이 든다.

① RAID 레벨 0
② RAID 레벨 1
③ RAID 레벨 2
④ RAID 레벨 3

12

다음 중 컴퓨터에서 사용되는 운영체제의 목적에 대한 설명으로 옳지 않은 것은?

① 하드웨어와 소프트웨어 간의 인터페이스 역할을 수행한다.
② 자원 관리 및 제어를 통해 CPU, 메모리, 입출력 장치 등의 자원을 효율적으로 관리한다.
③ 사용자와 하드웨어 간의 효율적인 통신을 중재하여 사용자 요청에 따라 적절한 응답을 제공한다.
④ 운영체제는 응용 프로그램의 개발 및 실행을 단순하고 편리하게 도와준다.

13

다음 중 프로그래밍 언어 번역 프로그램에 대한 설명으로 옳지 않은 것은?

① 인터프리터(Interpreter)는 작성된 코드를 한 줄씩 읽어가며 바로 실행한다.
② 컴파일러(Compiler)는 고급 언어로 작성된 전체 소스 코드를 읽어 한 번에 번역하여 목적 프로그램을 생성한다.
③ 어셈블러(Assembler)는 Java 또는 C와 같은 고급 언어로 작성된 원시 프로그램을 기계어로 번역한다.
④ 프리프로세서(Preprocessor)는 컴파일 과정 이전에 소스 코드를 처리한다.

14

다음 중 WWW(World Wide Web)에서 어떤 자료를 가지고 있으면서 다른 문서로의 링크를 가지고 있는 문서는?

① 하이퍼링크(Hyperlink)
② 하이퍼텍스트(Hypertext)
③ HTML(HyperText Markup Language)
④ 브라우저(Browser)

15

네트워크 토폴로지(Topology)에 대한 설명이다. ㉠, ㉡에 들어갈 용어가 옳게 짝지어진 것은?

㉠: 중앙에 있는 전송제어장치에 장애가 발생하면 전체 네트워크가 작동할 수 없고 허브를 이용하여 계층적으로 구성한 형태이다.
㉡: 케이블의 전송 거리가 멀어지면 신호가 점점 약해지기 때문에 증폭기를 사용해야 하며 하나의 통신 회선에 여러 대의 컴퓨터를 연결한 형태이다.

	㉠	㉡
①	버스형	링형
②	트리형	링형
③	트리형	버스형
④	버스형	트리형

16

다음에서 설명하는 OSI 7계층은?

제한된 네트워크의 전송 효율을 높이기 위해 데이터를 압축한다. 또한 송수신 데이터를 보호하기 위해 암호화 알고리즘을 사용하여 데이터의 무결성을 보장한다. 이를 통해 데이터 변조를 방지하고 안전한 통신 환경을 유지한다.

① 전송 계층
② 표현 계층
③ 네트워크 계층
④ 데이터 링크 계층

17

자신의 물리 주소(MAC Address)는 알고 있으나 자신의 IP Address를 모르는 호스트가 요청 메시지를 브로드캐스팅하고, 관계를 알고 있는 서버가 응답 메시지에 IP 주소를 되돌려 주는 프로토콜은?

① ARP(Address Resolution Protocol)
② RARP(Reverse Address Resolution Protocol)
③ ICMP(Internet Control Message Protocol)
④ IGMP(Internet Group Management Protocol)

18

다음 중 웹 캐시(Web Cache)에 대한 설명으로 옳지 않은 것은?

① 웹 페이지의 복사본을 저장하고, 이후에 같은 페이지에 대한 요청이 있을 때 이 복사본을 제공하여 웹 페이지를 더 빠르게 로드할 수 있도록 돕는다.
② 이전에 방문한 웹 페이지의 데이터를 로컬에 저장하여 다시 접속할 때 인터넷으로부터 데이터를 다시 받아오지 않고 빠르게 로드하는 기능이다.
③ 웹 페이지에 대한 다수의 요청을 처리함으로써 웹 서버의 부하를 줄일 수 있고, 이전에 요청한 웹 페이지의 데이터를 로컬에 저장하여 웹 서버에 대한 다수의 요청을 처리하므로 웹 서버의 부하를 줄일 수 있다.
④ 항상 최신 정보를 제공하여 사용자가 항상 최신 상태의 웹 페이지를 볼 수 있도록 한다.

19

다음 중 정당한 사용자가 시스템을 정상적으로 종료하지 않고 자리를 떠날 때 다른 사용자가 해당 자리에서 계정 정보를 무단으로 사용하는 행위로 옳은 것은?

① 스니핑(Sniffing)
② 스푸핑(Spoofing)
③ 피기배킹(Piggybacking)
④ 백도어(Back Door)

20

TCP/IP를 사용하는 웹 서버의 경우, HTTP에서 일반적으로 사용하는 포트 번호는?

① 21
② 23
③ 80
④ 119

2과목 스프레드시트 일반

21

다음 중 저장과 파일 형식에서 [일반 옵션] 대화상자에 대한 설명으로 옳지 않은 것은?

① [일반 옵션] 대화상자는 [다른 이름으로 저장(F12)] 대화상자에서 [도구] - [일반 옵션]을 선택하면 나타난다.
② [일반 옵션] 대화상자에서 '백업 파일 항상 만들기', '쓰기 전용 권장'을 선택할 수 있고, '열기 암호', '쓰기 암호'를 입력할 수 있다.
③ 열기 암호가 설정된 경우 열기 암호를 입력해야 파일을 열 수 있다.
④ 쓰기 암호가 설정된 경우에는 파일을 열 수 있지만, 해당 암호를 모르는 상태에서는 파일을 원래 이름으로 저장할 수 없으며, 대신 새로운 파일 이름으로 저장해야 한다.

22

다음 중 시트의 선택과 그룹에 대한 설명으로 옳지 않은 것은?

① 그룹으로 설정된 시트의 데이터를 복사하여 붙여넣기를 하면 해당 데이터는 모든 시트에 동일하게 붙여넣기가 된다.
② 여러 개의 [시트] 탭을 한 번에 선택하면 제목 표시줄의 파일명 옆에 [그룹]이라고 표시된다.
③ 그룹 상태에서 데이터 입력이나 편집을 하면 그룹으로 설정된 모든 시트에 같이 실행된다.
④ 그룹으로 설정된 시트의 데이터를 복사하거나 잘라내기 한 데이터를 그룹이 설정되지 않은 다른 시트에 붙여넣기 할 수 있다.

23

다음 중 워크시트 이름이 될 수 없는 것은?

① #건설회사#1반
② &건설회사&1반
③ _건설회사_1반
④ [건설회사]1반

24

다음 중 통합 문서 공유에 대한 설명으로 옳지 않은 것은?

① 필요할 때 공유 통합 문서에서 특정 사용자의 연결을 끊을 수 있다.
② 암호로 보호된 공유 통합 문서에서 보호를 해제하려면 먼저 통합 문서의 공유 상태를 해제해야 한다.
③ 통합 문서 공유를 위해서는 [검토] 탭-[보호] 그룹-[통합 문서 공유]를 클릭한다.
④ 공유된 통합 문서는 여러 사용자가 동시에 변경할 수 없다.

25

다음 중 노트에 대한 설명으로 옳지 않은 것은?

① 메모를 삽입할 셀을 선택하고 Shift+F2를 누르거나 [검토] 탭-[메모] 그룹-[메모]-[새 노트]를 클릭한다.
② 메모에 입력된 내용의 일부 글자에만 글자색을 변경할 수 있으며, 메모에 입력된 텍스트에 맞게 메모 크기를 자동으로 조정할 수 있습니다.
③ 메모가 삽입된 셀을 이동하면 메모의 위치도 셀과 함께 변경된다.
④ 메모는 문자 데이터가 입력된 셀에만 지정할 수 있으며, 숫자 데이터나 날짜 데이터가 입력된 셀에는 지정할 수 없다.

26

다음과 같이 주어진 데이터에서 XLOOKUP 함수를 사용하여 '박라레'의 점수를 찾고, XMATCH와 INDEX 함수를 사용하여 점수가 95점인 사람의 이름을 찾고자 한다. 이에 대한 수식이 옳게 짝지어진 것은?

	A	B
1	이름	점수
2	홍길동	85
3	정민기	92
4	이루리	78
5	박라레	88
6	정수현	95

① =XLOOKUP("박라레",A2:A6,B2:B6)
　=INDEX(A2:A6,XMATCH(95,B2:B6,0))
② =XLOOKUP(A2:A6,"박라레",B2:B6)
　=INDEX(A2:A6,XMATCH(95,B2:B6,0))
③ =XLOOKUP("박라레",A2:A6,B2:B6)
　=INDEX(A2:B6,XMATCH(95,B2:B6,0))
④ =XLOOKUP(A2:A6,B2:B6,"박라레",B2:B6)
　=INDEX(A2:A6,XMATCH(95,B2:B6,0))

27

다음 중 이동/복사 선택하여 붙여넣기에 대한 설명으로 옳지 않은 것은?

① 선택한 이동/복사 영역에 숨겨진 행이나 열이 있는 경우 숨겨진 영역도 함께 복사되거나 이동된다.
② 선택하여 붙여넣기의 바로 가기 키는 Ctrl+Alt+V이다.
③ 선택하여 붙여넣기는 복사하거나 잘라내기 한 데이터를 붙여넣을 때 서식, 값, 수식 등 일부 내용만 선택하여 붙여넣는 기능이다.
④ '연결하여 붙여넣기'를 선택하면 원본 셀의 값이 변경되었을 때 붙여넣기 한 셀의 내용도 자동으로 변경된다.

28

다음 중 입력한 데이터에 지정된 표시 형식에 따른 결과 값이 옳지 않은 것은?

	입력 자료	표시 형식	결과
①	-23500	#,##0;#,##0	23,500
②	2025-04-24	mm-dd	Apr-24
③	34567	#.##	34567.
④	0.567	0%	57%

29

다음 중 3차원 참조에 대한 설명으로 옳지 않은 것은?

① 여러 시트로 구성된 통합 문서에서 데이터를 참조할 때 사용하는 방법이다.
② 3차원 참조를 사용하여 =SUM('2022:2024'!B2)를 입력한 경우는 '2022' 시트부터 '2024' 시트까지에 있는 [B2] 셀에 있는 데이터를 합산한다.
③ 3차원 참조에서 SUM 함수, AVERAGE 함수, COUNTA 함수, STDEV.S 함수 등을 사용할 수 있다.
④ 배열 수식에서 3차원 참조를 사용하면 합계, 평균 등의 통계 결과를 쉽게 계산할 수 있다.

30

다음과 같이 데이터가 입력되어 있는 상태에서 함수식의 결과가 옳지 않은 것은? (단, 날짜는 '간단한 날짜' 형식으로 표시되어 있고, 2025-05-01은 목요일이다)

	A	B
1	2025-05-01	2025-05-10

① =EDATE(A1,3) → 2025-08-01
② =EOMONTH(A1,3) → 2025-08-31
③ =NETWORKDAYS(A1,B1) → 7
④ =WORKDAY(A1,5) → 2025-05-06

31

다음 워크시트에서 [F2:F7] 영역에 총점을 기준으로 순위를 구하고자 한다. 이때 순위가 같으면 가장 높은 순위를 반환하려고 할 때 옳은 수식은?

	A	B	C	D	E	F
1	이름	컴일	DB	파이썬	총점	순위
2	홍길동	70	70	60	200	
3	이루리	60	70	70	200	
4	은송이	80	90	80	250	
5	차오름	50	70	60	180	
6	무지개	70	60	70	200	
7	이라레	90	90	80	260	

① =RANK.EQ(E2,$E$2:$E$7)
② =RANK.EQ(E4,E4:E9)
③ =RANK.EQ(E2,$E$2:$E$7,1)
④ =RANK.EQ(E4,E4:E9,1)

32

다음 중 아래 워크시트에서 수식의 결과로 '개발팀'을 출력하지 않는 것은?

	A	B	C	D
1	일련번호	사원명	부서명	직위
2	1	홍길동	영업팀	팀장
3	2	이루리	개발팀	과장
4	3	은송이	인사팀	대리
5	4	차오름	회계팀	과장
6	5	박라레	관리팀	팀장

① =CHOOSE(TYPE(B4),C2,C3,C4,C5,C6)
② =CHOOSE(CELL("row",B3),C2,C3,C4,C5,C6)
③ =INDEX(A2:D6,MATCH(A3,A2:A6,0),3)
④ =OFFSET(A1:A6,2,2,1,1)

33

다음 워크시트에서 컴활실기[B3:B9]를 이용하여 점수 구간별 빈도수를 [F3:F7] 영역에 계산하고자 한다. 다음 중 배열 수식으로 옳은 것은?

	A	B	C	D	E	F
1						
2		컴활실기		점수구간		빈도수
3		30		0	60	2
4		80		61	70	1
5		75		71	80	3
6		77		81	90	1
7		62		91	100	0
8		58				
9		88				

① {=FREQUENCY(B3:B9,E3:E7)}
② {=FREQUENCY(E3:E7,B3:B9)}
③ {=PERCENTILE(B3:B9,E3:E7)}
④ {=PERCENTILE(E3:E7,B3:B9)}

34

다음 중 자동 필터에 대한 설명으로 옳지 않은 것은?

① 여러 필드에 조건을 지정하면 AND 조건으로 설정되고, OR 조건은 설정할 수 없다.
② 같은 열에 날짜, 숫자, 텍스트가 섞여 있으면 셀의 수가 많은 필터로 표시된다.
③ 숫자로만 구성된 하나의 열에서는 색 기준 필터와 숫자 필터를 동시에 적용하여 나타낼 수 있다.
④ '날짜 필터' 목록에서는 일, 주, 월, 분기, 년 등을 필터링 기준으로 사용할 수 있지만, 요일은 필터링할 수 없다.

35

다음 중 부분합에 대한 설명으로 옳지 않은 것은?

① 부분합에서 그룹 사이에는 분리될 수 없으므로 페이지를 별도로 나눌 수 없다.
② 부분합을 실행하면 각 부분합에 대한 정보 행을 표시하고 숨길 수 있도록 목록에 윤곽이 자동으로 설정된다.
③ 한 번에 한 개의 함수를 계산하므로 함수를 추가하려면 부분합을 중첩해서 실행해야 한다.
④ 부분합을 제거하면 부분합과 함께 표에 삽입된 개요 및 페이지 나누기도 모두 제거된다.

36

다음 중 피벗 테이블에 대한 설명으로 옳지 않은 것은?

① 피벗 테이블 보고서는 새 워크시트나 기존 워크시트에서 시작 위치를 선택할 수 있다.
② 작성된 피벗 테이블의 필드 위치는 행 또는 열로 이동하거나 삭제할 수 있다.
③ 피벗 테이블에 새로운 수식을 추가하여 표시할 수 있다.
④ 원본의 자료가 변동되면 피벗 테이블에도 자동으로 반영된다.

37

다음 중 추세선에 대한 설명으로 옳지 않은 것은?

① 3차원, 원형, 도넛형, 방사형, 표면형 차트에는 추세선을 표시할 수 없다.
② 하나의 데이터 계열에 추세선은 하나만 표시할 수 있으며, 두 개 이상의 추세선을 동시에 표시하는 것은 가능하지 않다.
③ 추세선이 추가된 데이터 계열의 차트 종류를 3차원 차트로 변경하면 추세선은 자동으로 삭제된다.
④ 추세선의 종류에는 지수, 선형, 로그 등이 존재하며 데이터의 분포와 특성에 따라 추세선을 선택할 수 있다.

38

다음 중 차트에 대한 설명으로 옳지 않은 것은?

① Alt를 누른 상태에서 차트 크기를 조절하면 차트의 크기가 셀에 맞춰 조절된다.
② 시트에 삽입된 차트는 '차트 이동' 기능을 이용하여 새로운 시트나 현재 통합 문서의 다른 시트로 이동할 수 있다.
③ 차트만 인쇄 시 전체 페이지 사용을 선택하면 여백을 포함한 페이지 크기에 맞게 차트를 확대하여 출력할 수 있으며, 차트 너비와 높이는 비례적으로 확대된다.
④ 전체 데이터 계열을 선택해서 데이터의 값 표시를 할 수 있으며, 하나의 데이터 계열에도 데이터 값을 표시할 수 있다.

39

다음 중 워크시트의 인쇄 영역 설정에 대한 설명으로 옳지 않은 것은?

① 여러 영역이 인쇄 영역으로 설정된 경우 설정한 순서대로 각기 다른 페이지에 인쇄된다.
② 인쇄 영역은 리본 메뉴 [페이지 레이아웃] 탭이나 [페이지 설정] 대화상자의 [시트] 탭에서 지정할 수 있지만, 인쇄 미리 보기 상태의 [페이지 설정] 대화상자에서는 지정할 수 없다.
③ 여러 시트에서 인쇄하고 싶은 영역을 추가하여 인쇄 영역을 확대할 수 있다.
④ 인쇄 영역을 지정하면 이름 상자에 자동으로 'Print_Area'라는 이름이 작성된다.

40

다음과 같이 [A1] 셀에서 [매크로 기록] 대화상자의 단추를 눌러서 [A2:A6] 셀의 범위를 선택한 후 글꼴 스타일을 '굵게', '기울임꼴'로 지정하고 [기록 중지]를 눌러 '글꼴 스타일' 매크로의 작성을 완료했다. 다음 중 매크로 작성 후 [B1] 셀이 선택된 상태에서 '글꼴 스타일' 매크로를 실행한 결과로 옳은 것은?

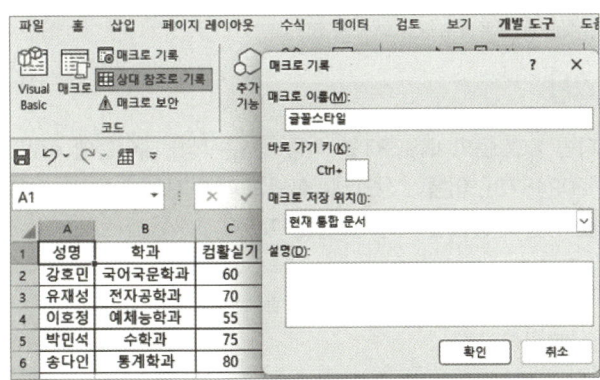

① [A2:A6] 셀의 글꼴 스타일이 '굵게', '기울임꼴'로 지정된다.
② [A2:B6] 셀의 글꼴 스타일이 '굵게', '기울임꼴'로 지정된다.
③ [B2] 셀의 글꼴 스타일이 '굵게', '기울임꼴'로 지정된다.
④ [B2:B6] 셀의 글꼴 스타일이 '굵게', '기울임꼴'로 지정된다.

3과목 데이터베이스 일반

41

다음 중 데이터베이스의 특성에 대한 설명으로 옳지 않은 것은?

① 같은 내용의 데이터를 여러 사람이 동시에 공유할 수 있다.
② 데이터베이스는 데이터의 삽입, 삭제, 갱신으로 내용이 계속적으로 변한다.
③ 동일 데이터의 중복성을 최소화해야 한다.
④ 데이터의 참조는 저장된 데이터 레코드들의 주소나 위치에 의해서 이루어진다.

42

다음에서 설명하는 데이터 모델로 옳은 것은?

개념적 모델링 과정에서 얻는 개념적 구조를 컴퓨터가 이해하고 처리할 수 있는 컴퓨터 세계의 환경에 맞도록 변환하는 과정이다. 필드로 기술된 데이터 타입과 이 데이터 타입들 간의 관계를 이용하여 현실 세계를 표현한다. 데이터 간의 관계를 어떻게 표현하느냐에 따라 관계 모델, 계층 모델, 네트워크 모델로 구분한다.

① 논리적 데이터 모델
② 물리적 데이터 모델
③ 개체-관계 모델
④ 개념적 데이터 모델

43

다음은 학생이라는 개체의 속성을 나타내고 있다. 데이터베이스 구축 시 '이름'을 기본 키로 사용할 수 없는 이유로 가장 타당한 것은?

학생(이름, 학번, 전공, 주소, 우편번호)

① 동일한 이름을 가진 학생이 두 명 이상 존재할 수 있다.
② 이름은 기억하기 어렵다.
③ 이름을 정렬하는 데 많은 시간이 소요된다.
④ 이름은 기억 공간을 많이 요구한다.

44

ACCESS 콤보 상자의 조회 속성은 콤보 상자에 표시되는 항목들을 결정하는 중요한 설정이다. 이에 대한 설명으로 옳지 않은 것은?

① 콤보 상자의 행 원본 유형을 설정하면 행 원본 필드에서 가져온 값들이 콤보 상자에 표시된다.
② 콤보 상자의 바운드 열은 콤보 상자에서 선택한 항목의 값을 저장할 필드를 지정한다.
③ 콤보 상자의 목록 값만 허용 옵션을 선택하면 콤보 상자에 표시된 값 외에 다른 값을 입력할 수 없다.
④ 콤보 상자의 열이 여러 개인 경우, 열 너비는 콜론(:)으로 구분하여 입력한다.

45

다음 중 조인(Join)에 대한 설명으로 옳지 않은 것은?

① 두 테이블의 조인에 사용되는 기준 필드의 데이터 형식은 동일하거나 호환되어야 한다.
② 조인을 이용하면 정규화를 통해 각 테이블로 분리된 데이터를 통합할 수 있다.
③ 테이블을 조인하기 위해서는 조인되는 테이블의 필드 수가 동일해야 한다.
④ 두 테이블의 조인된 필드가 일치하는 행만 포함하는 조인 유형은 내부 조인이다.

46

아래는 쿼리의 디자인 보기이다. 기관명의 데이터가 다음과 같은 경우 표시되지 않는 기관명은?

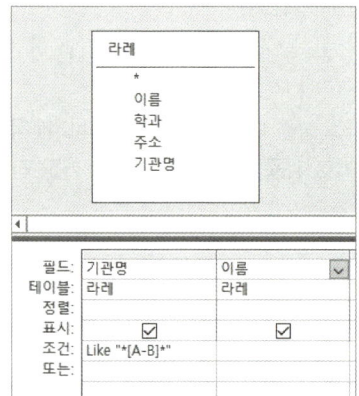

① A123
② 1A23
③ B1C3
④ 123C

47

판매 데이터베이스의 제품과 주문 테이블에서 '정수현' 고객이 2회 이상 주문한 제품의 제품명과 제조업체를 검색하는 SQL 명령을 작성할 때, ㉠과 ㉡에 각각 들어갈 내용으로 옳은 것은?

[스키마]

제품 테이블의 제품번호, 주문 테이블의 주문번호는 각각 기본 키이다.
제품(제품번호, 제품명, 재고량, 단가, 제조업체)
주문(주문번호, 주문고객, 주문제품, 수량, 배송지, 주문일자)

[SQL 명령]

SELECT 제품명, 제조업체
FROM 제품
WHERE 제품번호 ㉠ (SELECT 주문제품
　　　　　FROM 주문
　　　　　WHERE 주문고객='정수현'
　　　　　GROUP BY ㉡
　　　　　HAVING COUNT(*) >= 2);

	㉠	㉡
①	IN	주문고객
②	IN	주문제품
③	=	주문제품
④	=	주문고객

48

다음 SQL문의 INSERT를 이용해서 [학생] 테이블에 학번: "2024878", 이름: "정민기", 학년: "4"인 자료를 삽입하려고 한다. ㉠에 들어갈 내용으로 옳은 것은?

INSERT INTO 학생(학번, 이름, 학년) ㉠ ("2024878", "정민기", "4")

① VALUES
② INTO
③ WHERE
④ FROM

49

다음 중 현재 폼에서 활성화되어 있는 recipe 폼의 DateDue 컨트롤의 Visible 속성을 참조하는 방법으로 옳은 것은?

① Forms![recipe]![DateDue].Visible
② Forms.[recipe]![DateDue].Visible
③ Forms![recipe].[DateDue]!Visible
④ Forms.[recipe].[DateDue].Visible

50

다음 중 하위 폼에 대한 설명으로 옳지 않은 것은?

① 하위 폼을 사용하면 일대다 관계가 설정되어 있는 테이블이나 쿼리에서 기본 폼은 '일'쪽 테이블/쿼리를 원본으로, 하위 폼은 '다'쪽 테이블/쿼리를 원본으로 하여 저장한다.
② 기본 폼과 하위 폼이 서로 연결이 되어 있는 경우, 하위 폼에는 기본 폼의 현재 레코드와 관련된 레코드만 표시된다.
③ 기본 폼에 포함시킬 수 있는 하위 폼의 수는 최대 일곱 개까지 만들 수 있다.
④ [하위 폼 필드 연결기]를 이용하면 기본 폼과 하위 폼의 연결 필드를 한 번에 지정할 수 있다.

51

다음 중 콤보 상자 컨트롤의 각 속성에 대한 설명으로 옳지 않은 것은?

① 행 원본: 콤보 상자 컨트롤에서 사용할 데이터 설정
② 컨트롤 원본: 연결할(바운드 할) 데이터 설정
③ 바운드 열: 콤보 상자 컨트롤의 화면에 표시될 열 설정
④ 사용 가능: 사용자의 입력을 받을 수 있는 상태를 결정

52

[학생] 테이블에서 '사원번호'가 'ABC1004'인 데이터의 '성명' 필드에 저장된 값을 표시하고자 한다. 수식으로 옳은 것은?

① DLOOKUP("성명","학생","[사원번호] = "ABC1004"")
② DLOOKUP("학생","성명","[사원번호] = ABC1004")
③ DLOOKUP("성명","학생","[사원번호] = ABC1004")
④ DLOOKUP("성명","학생","[사원번호] = 'ABC1004'")

53

다음 중 보고서 보기 형태에 대한 설명으로 옳지 않은 것은?

① [보고서 보기]는 출력될 보고서를 화면을 통해 미리 보는 기능으로 페이지의 구분 없이 표시된다.
② [인쇄 미리 보기]에서는 보고서가 인쇄될 때 어떻게 보일지를 정확하게 확인할 수 있다.
③ [레이아웃 보기]에서는 그룹 수준 및 합계를 변경할 수 있지만, 데이터를 변경할 수는 없다.
④ [디자인 보기]는 출력될 데이터를 보면서 컨트롤의 위치와 크기를 변경할 수 있다.

54

보고서를 인쇄하기 위해 [페이지 설정] 대화상자의 속성들을 조절하고자 한다. 이에 대한 설명으로 옳지 않은 것은?

① [인쇄 옵션] 탭의 데이터만 인쇄에 체크를 하면 레이블과 컨트롤의 테두리, 눈금선, 선 등의 그래픽 요소들은 인쇄하지 않고 데이터만 인쇄한다.
② [행] 탭에서는 여러 행으로 구성된 보고서의 행 레이아웃 속성을 이용해서 '행 우선' 또는 '열 우선'을 선택하여 인쇄를 지정한다.
③ [페이지] 탭에서는 용지의 방향 및 크기를 지정한다.
④ [열] 탭에서는 여러 열로 구성된 보고서의 열 레이아웃 속성을 이용해서 '행 우선' 또는 '열 우선'을 선택하여 인쇄를 지정한다.

55

다음 중 데이터를 내보내거나 가져오는 작업과 관련이 있는 매크로 함수로만 짝지어진 것은?

① ExportWithFormatting, EMailDatabaseObject
② FindNextRecord, FindRecord
③ GoToRecord, MessageBox
④ RunMacro, RunMenuCommand

56

다음 중 현재 레코드 셋을 실제 DB에 반영하는 Recordset 개체의 메서드는?

① AddNew
② Delete
③ UpdateBatch
④ Update

57

다음 중 데이터베이스 설계 과정 중 개념적 설계 단계에 대한 설명으로 옳지 않은 것은?

① 산출물로 ERD가 만들어진다.
② DBMS에 독립적인 개념 스키마를 설계한다.
③ 트랜잭션 인터페이스를 설계한다.
④ 논리적 설계 단계의 앞 단계에서 수행된다.

58

다음과 같이 입력 마스크를 설정하였을 때의 설명으로 옳은 것은?

LL-0000-LL;0

① 입력될 자리에 **-****-**과 같이 표시된다.
② 하이픈(-)은 저장되지 않는다.
③ AB-1234-CD와 같은 형식으로 데이터를 입력해야 한다.
④ 처음 두 자리는 영문자를 선택적으로 입력할 수 있다.

59

[직원] 테이블과 [부서] 테이블에는 아래 표와 같이 데이터가 들어있다. [직원] 테이블의 '직원번호'와 [부서] 테이블의 '부서번호'는 기본 키로 설정되어 있으며 [직원] 테이블의 '부서번호' 필드는 [부서] 테이블의 '부서번호'를 참조하는 외래 키이다. 다음 중 이에 대한 설명으로 옳지 않은 것은?

[직원]

직원번호	이름	직급	부서번호
1	홍길동	매니저	101
2	김철수	사원	102
3	이영희	대리	101
4	박영수	사원	103

[부서]

부서번호	부서명	위치
101	영업부	서울
102	인사부	부산
103	개발부	대전

① [직원] 테이블의 '박영수'의 직급을 부장으로 수정해도 참조 무결성은 유지된다.
② [부서] 테이블에 부서번호 104를 추가하여도 참조 무결성은 유지된다.
③ [직원] 테이블의 '김철수'를 삭제해도 참조 무결성은 유지된다.
④ [부서] 테이블의 부서번호 103을 삭제해도 참조 무결성은 유지된다.

60

다음 중 폼이나 보고서에서 조건에 맞는 특정 컨트롤에만 서식을 적용하는 조건부 서식에 대한 설명으로 옳은 것을 모두 고르면?

㉠ 조건부 서식은 식이 아닌 필드 값으로만 설정 가능하다.
㉡ 컨트롤 값이 변경되어 조건을 만족하지 않으면 적용된 서식이 해제되고 기본 서식이 적용된다.
㉢ 조건을 지정할 때 와일드카드 문자(*, ?)를 사용하여 텍스트나 숫자를 나타낼 수는 없다.
㉣ 지정한 조건 중 2개 이상이 참이면 조건이 참인 서식이 모두 적용된다.

① ㉠, ㉡
② ㉡, ㉢
③ ㉢, ㉣
④ ㉠, ㉣

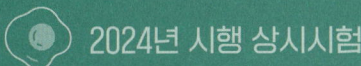

답 없이 푸는 제11회 기출변형문제

2024년 시행 상시시험

제한시간: 60분 | 점수: 1과목 ___ / 100점, 2과목 ___ / 100점, 3과목 ___ / 100점

정답과 해설 69쪽

※ 문항당 5점

1과목 컴퓨터 일반

01

다음 중 Windows 10의 바로 가기 키에 대한 설명으로 옳지 않은 것은?

① Alt + Enter : 선택된 항목의 [속성] 대화상자를 표시한다.
② Ctrl + Esc : [시작] 메뉴를 표시한다.
③ Shift + F10 : 선택 항목의 바로 가기 메뉴를 표시한다.
④ Shift + Space bar : 활성 창의 창 조절 메뉴를 표시한다.

02

다음 중 Windows 10에서 바로 가기 아이콘의 [속성] 대화상자에 대한 설명으로 옳지 않은 것은?

① [일반] 탭에서는 바로 가기 아이콘을 만든 날짜, 수정한 날짜, 액세스한 날짜를 확인할 수 있으며 바로 가기 아이콘의 이름을 변경할 수 있다.
② [바로 가기] 탭에서는 원본 파일의 위치를 확인할 수 있으며 연결된 항목을 바로 열 수 있는 바로 가기 키를 지정할 수 있다.
③ [호환성] 탭에서는 바로 가기가 실행될 때의 호환성을 설정할 수 있다.
④ [보안] 탭에서는 바로 가기 아이콘의 속성 및 개인 정보를 제거할 수 있다.

03

다음 중 Windows 10의 [폴더 옵션] 대화상자에서 설정할 수 있는 작업으로 옳지 않은 것은?

① '라이브러리' 표시 여부를 설정할 수 있다.
② '숨김 파일, 폴더 또는 드라이브 표시 안함'을 설정할 수 있다.
③ '알려진 파일 형식의 파일 확장명 숨기기'를 설정할 수 있다.
④ '옵션란을 사용하여 항목 선택'을 설정할 수 있다.

04

다음 중 Windows 10의 [작업 관리자] 대화상자에 대한 설명으로 옳지 않은 것은?

① [프로세스] 탭에서는 현재 실행 중인 프로세스의 상태를 확인하거나 특정한 앱을 '작업 끝내기' 할 수 있다.
② [성능] 탭에서는 CPU, 메모리, GPU 등의 자원 사용 현황을 그래프로 표시한다.
③ [앱 기록] 탭에서는 특정 날짜 이후 앱별 리소스 사용량을 표시한다.
④ [세부 정보] 탭에서는 현재 컴퓨터에 로그인되어 있는 모든 사용자를 표시한다.

05

다음 중 Windows 10의 [설정]-[앱]-[앱 및 기능]에 대한 설명으로 옳지 않은 것은?

① Windows에 설치된 앱을 수정하거나 제거할 수 있다.
② Windows에서 제공하는 다양한 기능을 선택적으로 추가하거나 제거할 수 있다.
③ 추가된 앱을 이름, 크기, 설치 날짜 기준으로 정렬할 수 있다.
④ 동일한 이름으로 여러 개의 앱이 설치되어 있는 경우 해당 앱을 실행하면 자동으로 먼저 설치된 앱이 실행된다.

06

다음 중 Windows 10의 [설정]-[장치]에 대한 설명으로 옳지 않은 것은?

① 컴퓨터에 연결된 장치를 확인하거나 추가로 설치할 때 사용한다.
② Bluetooth 장치를 추가할 수 있다.
③ [키보드]에서는 입력 중인 인식 언어를 기준으로 텍스트 제안 표시 여부를 설정할 수 있다.
④ [입력]에서는 추천 단어의 표시 여부, 틀린 단어의 자동 고침 사용 여부를 설정할 수 있다.

07

다음 중 Windows 10의 백업과 복원에 대한 설명으로 옳지 않은 것은?

① Windows 10은 파일 히스토리를 사용하여 파일을 백업한다.
② 백업된 데이터 복원 시 파일은 기본적으로 C:/user 폴더에 복원된다.
③ '자동으로 파일 백업'을 이용하여 자동 백업 여부를 지정할 수 있다.
④ 백업할 폴더를 추가하거나 삭제할 수 있으며 백업에서 제외할 폴더를 지정할 수 있다.

08

다음 중 Windows의 시스템 구성에 대한 설명으로 옳지 않은 것은?

① 시작 모드로 정상 모드, 진단 모드, 선택 모드를 선택할 수 있다.
② 안전 부팅의 최소 설치는 중요한 서비스만 실행되는 부팅 모드로 안전 부팅 시 네트워킹은 사용할 수 없다.
③ 선택 모드는 시스템 서비스 로드, 시작 항목 로드, 원래 부팅 구성 사용 중 하나만을 선택할 수 있다.
④ 진단 모드는 기본 장치 및 서비스만 로드한다.

09

다음 중 컴퓨터의 분류에 대한 설명으로 옳지 않은 것은?

① 디지털 컴퓨터는 산술 및 논리 연산을 처리하는 회로에 기반을 둔 범용 컴퓨터로 사용된다.
② 아날로그 신호는 시간에 따라 크기가 연속적으로 변하는 정보를 말한다.
③ 컴퓨터를 처리 능력에 따라 디지털 컴퓨터, 아날로그 컴퓨터, 하이브리드 컴퓨터로 분류할 수 있다.
④ 디지털 신호는 복호화(Decode) 과정을 통해 원래의 아날로그 신호로 변환된다.

10

다음 중 영문자 한 개를 표현하기 위해 필요한 비트 수가 가장 많은 문자 코드 체계는?

① BCD
② ASCII
③ EBCDIC
④ 유니코드(Unicode)

11

다음 중 컴퓨터에 전원이 공급되면 BIOS(Basic Input/Output System)의 설정값에 따라 컴퓨터가 장치를 점검하고 사용 가능하도록 준비하는 과정으로 옳은 것은?

① SSD
② POST
③ OS
④ RAM

12

다음 중 컴퓨터에서 사용하는 기억장치에 대한 설명으로 옳지 않은 것은?

① 플래시 메모리는 EEPROM의 일종으로 비휘발성 메모리이다.
② 연관 메모리는 주소 대신에 기억된 내용의 일부를 이용하여 접근하는 장치이다.
③ 가상 메모리는 보조기억장치의 일부를 주기억장치처럼 사용하여 처리 속도가 향상된다.
④ 캐시 메모리는 CPU와 주기억장치 사이에 위치하여 처리 속도를 향상시키는 역할을 한다.

13

운영체제는 그 방식에 따라 일괄 처리(Batch), 대화식(INteractive), 실시간(Real-Time), 그리고 혼합(Hybrid) 시스템 등으로 구분할 수 있다. 이러한 분류를 결정하는 가장 적합한 기준은?

① 메모리 관리 방식
② 응답 시간과 데이터 입력 방식
③ 버퍼링(Buffering) 기능의 수행 여부
④ 고급 프로그래밍 언어의 사용 여부

14

다음 중 웹 프로그래밍 언어인 HTML5에 대한 설명으로 가장 적절한 것은?

① 다양한 멀티미디어 콘텐츠를 액티브X(ActiveX)의 제약 없이 웹 브라우저에서 실행되도록 만든 마크업 언어이다.
② 구조화된 문서를 제작하기 위한 언어로, 태그의 사용자 정의가 가능하다.
③ 3차원 가상공간을 표현하기 위한 언어이다.
④ 사용자와의 상호작용에 따른 동적인 웹 페이지의 제작이 가능한 언어이다.

15

다음 중 벡터(Vector) 이미지에 대한 설명으로 옳은 것은?

① 기하학적인 객체들을 표현하는 그래픽 함수들로 이미지를 표현한다.
② 대표적인 벡터(Vector) 기반 포맷으로는 GIF와 JPEG가 있다.
③ 다양한 색상을 사용하여 사실적 이미지를 표현한다.
④ 래스터 이미지(Raster Image)라고도 불린다.

16

다음 중 데이터 통신을 위하여 사용되는 통신망에 대한 설명으로 옳지 않은 것은?

① 클라이언트/서버 방식은 정보 요청자인 클라이언트와 정보 제공자인 서버로 이루어진 네트워크 방식으로, 분산 처리 환경에 적합하다.
② B-ISDN은 광대역 네트워크에서 데이터, 음성, 고해상도의 동영상 등 다양한 서비스를 디지털 통신망을 이용하여 제공하는 고속 통신망이다.
③ LAN은 한정된 공간에서 자원 공유를 목적으로 연결된 통신망이며, 전송 거리가 짧고 저속으로 전송되므로 오류 발생률이 높다.
④ 무선 가입자 통신망(WLL)은 전화국과 가입자 단말 사이에 무선 시스템을 이용하여 구성하는 통신망이다.

17

다음 중 데이터 전송 과정에서 선두로 전송된 패킷이 나중에 수신되더라도 수신 측 노드에서 패킷의 순서를 올바르게 재조립하는 것은?

① 연결 제어
② 흐름 제어
③ 오류 제어
④ 순서 제어

18

다음 중 전자우편(E-mail)에 대한 설명으로 옳지 않은 것은?

① 전자우편에 사용되는 프로토콜은 SMTP, POP3, MIME, IMAP 등이 있다.
② 기본적으로 16비트 유니코드(Unicode)를 사용하여 메시지를 전송한다.
③ IMAP은 이메일을 직접 서버에 접속하여 확인하는 방식으로, 이메일을 수신해도 서버에 메일이 남아 있는 프로토콜이다.
④ POP3는 메일 서버에 도착한 이메일을 사용자 컴퓨터로 가져오기 위한 프로토콜이다.

19

다음 중 사물인터넷(IoT)에 대한 설명으로 옳지 않은 것은?

① 인터넷으로 연결된 다양한 사물이 정보를 수집하여 사물, 사람, 공간 등을 연결하여 지능화된 서비스를 제공한다.
② 센서를 통해 환경 정보를 수집하고 무선 통신 기술을 이용하여 실시간으로 데이터를 주고받는다.
③ 가정 환경에서는 스마트 홈 시스템을 통해 조명, 난방, 에어컨 등을 원격으로 제어하거나, 환경 데이터를 수집하여 에너지를 절약할 수 있다.
④ 사물인터넷은 오직 인터넷에 연결된 가전제품에만 적용되는 기술이다.

20

다음 중 방화벽에 대한 설명으로 옳지 않은 것은?

① 역추적 기능이 있어서 외부의 침입자를 역추적하여 흔적을 찾을 수 있다.
② 전자 메일을 통한 바이러스나 온라인 피싱 등을 방지할 수 있다.
③ 사용자의 프라이버시를 보호할 수 있다.
④ 방화벽을 사용하면 네트워크의 부하가 증가하고 전송 처리 속도가 느려질 수 있다.

2과목 스프레드시트 일반

21

다음 중 엑셀의 틀 고정에 대한 설명으로 옳지 않은 것은?

① 화면에 표시되는 틀 고정 형태는 인쇄할 때 적용되지 않는다.
② [보기] 탭에서 [틀 고정] 명령을 이용하여 틀 고정을 할 수 있고 설정된 틀 고정 구분 선은 상황에 따라 경계선을 드래그하여 위치를 조절할 수 있다.
③ 틀 고정을 사용하면 스크롤해도 지정된 행이나 열을 화면에 계속 표시할 수 있다.
④ 틀 고정 구분 선은 셀 포인터의 위쪽과 왼쪽에 생기며 주로 표의 제목 행 또는 제목 열을 고정하여 작업할 때 유용하다.

22

다음 중 시트의 그룹에 대한 설명으로 옳지 않은 것은?

① 시트 그룹 상태에서 도형이나 차트 등의 그래픽 개체가 삽입되지 않는다.
② 시트 그룹이 설정된 상태에서 여러 개의 시트에 정렬이나 필터 기능을 수행할 수 없다.
③ 시트 그룹을 생성하면 해당 그룹의 시트들이 자동으로 병합되어 하나의 시트로 표시된다.
④ 시트 그룹을 해제할 때에는 [시트] 탭에서 오른쪽 마우스 버튼을 클릭하여 메뉴에서 [시트 그룹 해제]를 선택한다.

23

다음 중 시트 보호에 대한 설명으로 옳지 않은 것은?

① 시트 보호를 위해 암호를 지정할 수 있으며, 암호를 지정하지 않으면 모든 사용자가 시트 보호를 해제할 수 있다.
② 시트 보호를 실행하였을 때 시나리오 편집, 정렬 등은 보호할 수 있지만, 시트 이름은 보호 대상에 속하지 않는다.
③ 시트 보호 설정 후 셀에 데이터를 입력하거나 수정할 때 경고 메시지가 표시된다.
④ 시트 보호 시 특정 셀의 내용만 수정 가능하도록 하려면 [셀 서식] 대화상자에서 해당 셀의 '잠금' 설정을 해야 한다.

24

다음 중 아래 워크시트에서 [B4] 셀이 선택된 경우 각 키의 사용 결과로 옳지 않은 것은?

	A	B	C	D	E
1	이름	학과	DB		평균
2	홍길동	경영	270		268
3	이루리	AI	260		
4	온송이	경제	240		
5	차오름	데사	290		
6	박라레	BIT	280		

① Ctrl+End를 누르면 데이터가 포함된 마지막 행/열에 해당하는 [E6] 셀로 이동한다
② Home을 누르면 현재 행의 처음인 [A4] 셀로 이동하고, End를 누르면 현재 행의 마지막인 [C4] 셀로 이동한다.
③ Shift+Enter를 누르면 한 행 위인 [B3] 셀로 이동한다.
④ Ctrl+Home을 누르면 [A1] 셀로 이동한다.

25

다음 중 자동 채우기에 대한 설명으로 옳지 않은 것은?

① 문자 데이터는 같은 데이터가 복사된다.
② 숫자 데이터인 두 개의 셀을 범위로 지정하고 자동 채우기 핸들을 드래그하면 두 셀의 차이 값만큼 증가하거나 감소한다.
③ 문자와 숫자가 혼합된 경우 문자는 그대로 복사되고 숫자는 1씩 증가한다.
④ 날짜는 1일 단위로, 시간은 1분 단위로 증가한다.

26

다음 중 이름 상자에 대한 설명으로 옳지 않은 것은?

① 셀이나 셀 범위에 이름을 정의해 놓은 경우 이름이 표시된다.
② 차트가 선택되어 있는 경우 차트에 정의해 놓은 이름이 표시되는데, 처음 차트를 만든 상태에서는 보통 '차트 1'이 기본적으로 표시된다.
③ 수식을 작성 중인 경우 최근 사용한 함수 목록이 표시된다.
④ Ctrl을 누르고 여러 개의 셀을 선택한 경우 가장 먼저 선택한 셀 주소가 표시된다.

27

다음 중 [찾기 및 바꾸기] 대화상자에 대한 설명으로 옳지 않은 것은?

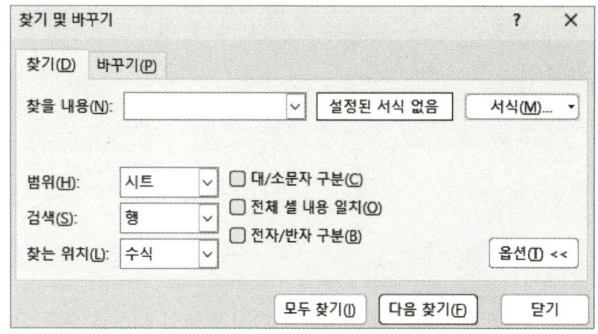

① [홈] 탭-[편집] 그룹-[찾기 및 선택]-[찾기] 또는 [바꾸기]를 선택하여 활용할 수 있다.
② '찾을 내용'에 입력한 내용과 일치하는 이전 항목을 찾으려면 Shift를 누른 채 [다음 찾기]를 클릭한다.
③ '찾을 내용'에 입력한 문자만 있는 셀을 검색하려면 '전체 셀 내용 일치'를 선택한다.
④ [찾기 및 바꾸기] 대화상자의 '찾을 내용'에 '김*혁'을 입력하면 '김혁', '김진', '우혁' 등을 찾을 수 있다.

28

셀의 값이 30,000,000 이상이면 '빨강'을, 10,000,000 이하이면 '파랑'으로 표시하고, 모든 값에 천 단위 구분 기호(,)와 값 뒤에 '원'을 [표시 예]와 같이 표시하는 사용자 지정 표시 형식으로 옳은 것은?

▶ [표시 예: 20000000 → 20,000,000원, 0 → 0원]

① [빨강][>=30000000]#,##0"원";[파랑][<=10000000]#,##0"원";#,##0"원"
② [빨강][>=30000000]#,###"원";[파랑][<=10000000]#,###"원";#,###"원"
③ [빨강][>=3000000]#,##0"원";[파랑][<=1000000]#,##0"원";#,##0"원"
④ [빨강][>=30000000]0,000"원";[파랑][<=10000000]0,000"원";0,000"원"

29

다음 중 아래 워크시트에서 [C1] 셀에 수식 '=SUM($A$1:B1)'을 입력한 후 [C3] 셀에 복사하여 붙여넣기를 했을 때 [C3] 셀에 표시될 값으로 옳은 것은?

	A	B	C
1	5	10	
2	15	20	
3	25	30	

① 15
② 35
③ 50
④ 105

30

아래의 프로시저를 이용하여 [A1:C3] 영역의 서식을 모두 제거하고자 한다. ㉠에 들어갈 코드로 옳은 것은?

```
Sub Procedure( )
    Range("A1:C3").㉠
End Sub
```

① DeleteFormats
② ClearFormats
③ FormatClear
④ FormatDelete

31

다음 중 아래 워크시트에서 작성한 수식의 결괏값이 옳지 않은 것은?

	A	B	C
1	10	20	30
2	40	50	60
3	70	80	90

① =LARGE(A1:B3,ROW(A1)) → 80
② =LARGE(A1:C3,AVERAGE({1,2,3,4,5})) → 70
③ =SMALL(B1:B3,COLUMN(A1)) → 60
④ =LARGE(A1:B3,AVERAGE({1,2,3,4,5})) → 50

32

다음 중 아래 워크시트에서 작성한 수식의 결괏값이 옳지 않은 것은?

	A	B	C	D
1	이름	컴일	엑셀	DB
2	홍길동	80	70	75
3	이루리	85	80	70
4	은송이	70	80	90
5	차오름	90	60	70
6	이라레	80	70	75

① =HLOOKUP("엑셀",B1:D6,3) → 80
② =OFFSET(B1,4,2) → 70
③ =AREAS(A1:D6) → 15
④ =INDEX(A1:D6,5,3) → 60

33

다음 중 아래 시트에서 부서별 인원수[G2:G5]를 구하기 위해서 [G2] 셀에 입력해야 하는 배열 수식으로 옳지 않은 것은?

▲	A	B	C	D	E	F	G
1		사원명	부서명	연봉		부서명	인원수
2		홍길동	인사과	60,000,000		개발과	2
3		박라레	개발과	65,000,000		영업과	2
4		이루리	영업과	62,000,000		인사과	1
5		은송이	개발과	55,000,000		총무과	0
6		하오름	영업과	60,000,000			

① {=SUM(($C$2:$C$6=F2)*1)}
② {=COUNT(($C$2:$C$6=F2)*1)}
③ {=SUM(IF($C$2:$C$6=F2,1))}
④ {=COUNT(IF($C$2:$C$6=F2,1))}

34

아래의 워크시트에서 '성명'이 '정'자로 시작하고 점수가 전체 평균 점수 이상인 데이터를 필터링하고자 한다. 다음 중 이를 위한 고급 필터 조건으로 옳은 것은?

▲	A	B
1	성명	점수
2	정수현	90
3	이루리	70
4	은송정	60
5	차오름	75
6	무지개	55
7	정라레	50
8	정민기	95
9	최마루	55

①
성명	조건
="정*"	=B2>=AVERAGE($B$2:$B$9)

②
성명	점수
="정*"	=B2>=AVERAGE($B$2:$B$9)

③
성명	평균 이상
="정?"	=B2>AVERAGE($B$2:$B$9)

④
성명	점수
="?정"	=B2>=AVERAGE($B$2:$B$9)

35

다음 중 부분합에 대한 설명 중 옳지 않은 것은?

① 그룹화할 항목을 기준으로 먼저 정렬한 후, [데이터] 탭-[개요 그룹]-[부분합]을 클릭한다.
② [부분합] 대화상자에서 '부분합 계산 항목'으로 선택된 항목에는 SUBTOTAL 함수가 자동으로 입력되어 계산된다.
③ 부분합 실행 결과를 워크시트에서 모두 제거하려면 부분합 결과를 범위 지정한 후, Delete를 누르면 된다.
④ [부분합] 대화상자에서 '그룹 사이에서 페이지 나누기'를 체크하면 페이지 구분선이 삽입된다.

36

다음 중 피벗 테이블에 대한 설명으로 옳지 않은 것은?

① 피벗 테이블을 작성할 때 데이터로 외부 데이터나 다중 통합 범위를 지정할 수 있다.
② 원본의 자료가 변동되어도 피벗 테이블에 자동으로 반영되지 않으므로 [데이터] 탭-[쿼리 및 연결] 그룹-[모두 새로 고침]을 선택하여 일괄적으로 새로 고침해야 한다.
③ 하위 데이터 집합에는 필터와 정렬, 조건부 서식을 적용하여 원하는 정보를 강조할 수 없다.
④ 작성된 피벗 테이블의 레이아웃은 마우스로 드래그하여 다시 수정할 수 있다.

37

다음 중 차트의 종류에 대한 설명으로 옳지 않은 것은?

① 데이터 계열을 선택하고 바로 가기 메뉴에서 [계열 차트 종류 변경]을 선택하면 특정 계열만 차트의 종류를 변경할 수 있다.
② 분산형 차트는 두 변수 간의 상관관계를 시각적으로 나타내며 이를 통해 두 변수 간의 관계의 강도 및 방향을 쉽게 파악할 수 있다.
③ 분산형 차트, 도넛형 차트, 방사형 차트, 주식형 차트는 3차원 차트로 변경이 불가능하다.
④ 원형 차트 작성에서 첫째 조각의 각은 첫째 조각이 시작되는 각도로 기본값이 90°이다.

38

다음 중 차트의 편집에 관한 설명으로 옳지 <u>않은</u> 것은?

① 그림 영역, 범례 등을 선택하여 차트의 크기를 조절할 수 있다.
② 계열 겹치기 값은 정수로 표시되며, 0이면 계열이 겹치지 않고 완전히 분리되어 표시되는 것을 의미하고 100은 모든 계열이 완전히 겹쳐서 하나의 영역으로 표시되는 것을 의미한다.
③ 워크시트에서 차트 데이터 영역의 중간에 항목(행)을 삽입하는 경우 차트에서도 항목이 삽입된다.
④ 범례는 차트의 유형과 스타일에 따라 색상 또는 선 스타일 등을 사용하여 시각적으로 표시된다.

39

다음 중 엑셀의 인쇄 기능에 대한 설명으로 옳지 <u>않은</u> 것은?

① 인쇄되는 모든 페이지에 특정 행을 반복하려면 [페이지 설정] 대화상자에서 '인쇄 제목'의 '반복할 행'에 열 레이블이 포함된 행의 참조를 입력해야 한다.
② 시트에 표시된 오류 값을 인쇄하기 위해서는 [페이지 설정] 대화상자의 [시트]에서 '셀 오류 표시'를 '표시된 대로'로 선택한다.
③ 워크시트에 포함된 도형을 인쇄하고 싶지 않을 때는 해당된 도형에서 바로 가기 메뉴의 [도형 서식]-[속성]에서 '개체 인쇄'의 체크 표시를 해제한다.
④ 인쇄 미리 보기를 실행한 상태에서 마우스를 드래그하여 여백과 행의 높이를 조절할 수 있다.

40

다음 중 매크로에 대한 설명으로 옳지 <u>않은</u> 것은?

① 매크로를 기록하는 경우 작업 과정의 모든 단계가 기록되고, 리본 메뉴에서의 탐색은 기록된 단계에 포함되지 않는다.
② 매크로가 엑셀을 시작할 때 자동으로 열리도록 하기 위해서 매크로를 저장하는 개인용 매크로 통합 문서 이름은 Personal.xlsb이다.
③ [매크로] 대화상자에서 [편집]을 누르면 Visual Basic 편집기를 통해 매크로 이름이나 코드를 수정할 수 있다.
④ [매크로] 대화상자에서 [옵션]을 누르면 '매크로 이름', '바로 가기 키', '설명'을 수정할 수 있다.

3과목 데이터베이스 일반

41

다음 중 SQL 명령어에서 데이터 정의어(DDL)만을 고른 것은?

㉠ ALTER
㉡ DROP
㉢ CREATE
㉣ GRANT
㉤ COMMIT

① ㉠, ㉤
② ㉡, ㉢
③ ㉢, ㉣
④ ㉣, ㉤

42

속성(Attribute)은 데이터베이스를 구성하는 중요한 요소 중 하나이다. 다음 중 속성에 대한 설명으로 옳지 <u>않은</u> 것은?

① 속성은 개체의 특성을 기술한다.
② 속성은 테이블의 열을 나타낸다.
③ 속성은 파일 구조상 데이터 항목 또는 데이터 필드에 해당한다.
④ 속성의 수를 Cardinality라고 한다.

43

다음 조건에 적합하도록 필드의 사용자 정의 입력 마스크를 작성한 것은?

- 'B222-33'과 같은 형식으로 영문 대문자 한 자리, 숫자 세 자리, '-', 숫자 두 자리 형태로 입력되도록 설정하시오.
- 숫자는 필수 요소로, 0~9까지의 숫자만 입력할 수 있도록 설정하시오.
- 기호(-)도 저장되도록 설정하시오.
- 데이터가 입력될 자리에 '#'이 표시되도록 설정하시오.

① >L000-00
② >L000-00;0;#
③ >L000-00;;#
④ >L000-00;0

44

다음 중 테이블 연결하기에 대한 설명으로 옳지 않은 것은?

① 연결 테이블로 가져온 테이블을 삭제하면 연결된 원본 데이터베이스의 테이블은 삭제된다.
② [외부 데이터 가져오기] 창의 [연결 테이블을 만들어 데이터 원본에 연결] 명령을 선택하여 테이블을 연결할 수 있다.
③ 원본 데이터의 레코드를 삭제하면 연결된 테이블의 레코드도 같이 삭제된다.
④ 연결된 테이블을 이용하여 폼이나 보고서를 생성할 수 있다.

45

고객계좌 테이블에서 잔고가 100,000원~3,000,000원인 고객들의 등급을 '우대고객'으로 변경하고자 다음과 같은 SQL문을 작성하였다. ㉠과 ㉡에 들어갈 내용으로 옳은 것은?

UPDATE 고객계좌
(㉠) 등급 = '우대고객'
WHERE 잔고 (㉡) 100000 AND 3000000

	㉠	㉡
①	SET	IN
②	SET	BETWEEN
③	VALUES	IN
④	VALUES	BETWEEN

46

참조 무결성을 유지하기 위하여 DROP 문에서 테이블의 특정 필드 값을 삭제할 경우 해당 필드와 연관된 다른 테이블의 내용도 삭제하기 위한 옵션으로 옳은 것은?

① CLUSTER
② NO ACTION
③ CASCADE
④ SET NULL

47

다음 중 자료 분석에 매우 유용한 결과를 보여주는 크로스탭 쿼리에 대한 설명으로 옳지 않은 것은?

① 크로스탭 쿼리를 이용하여 특정한 필드의 합계, 평균, 개수와 같은 요약 값을 표시할 수 있다.
② 열과 행이 교차하는 곳에는 숫자 값을 사용하는 필드만 선택 가능하다.
③ 크로스탭 쿼리 작성 시 행 머리글은 최대 3개까지 필드를 지정할 수 있다.
④ 조건을 지정할 필드를 표시한 후 요약 행에 '조건'을 선택하고 크로스탭 행은 빈칸으로 남겨 둔 상태에서 조건식을 입력하면 쿼리 결과로 표시할 레코드를 제한할 수 있다.

48

폼은 [만들기] 탭-[폼] 그룹에서 작성할 수 있는데 이러한 폼의 작성 방법에 대한 설명으로 옳지 않은 것은?

① '폼 마법사'는 사용자가 간단하게 지정할 수 있는 폼 마법사를 이용하여 작성한다.
② '폼'은 컨트롤이나 형식이 없는 폼을 작성한다.
③ [기타 폼]-'여러 항목'은 한 번에 여러 개의 레코드를 표시하는 폼을 작성한다.
④ '폼 디자인'은 사용자가 직접 텍스트 상자, 레이블, 단추 등의 필요한 컨트롤을 삽입하여 자성할 수 있다.

49

다음 중 폼 작성 시 사용하는 컨트롤에 대한 설명으로 옳지 않은 것은?

① 레이블 컨트롤은 제목이나 캡션 등의 설명 텍스트를 표현하기 위해 많이 사용된다.
② 텍스트 상자는 바운드 컨트롤, 언바운드 컨트롤, 계산 컨트롤로 모두 사용할 수 있다.
③ 목록 상자 컨트롤은 여러 개의 데이터 행으로 구성되며 대개 몇 개의 행을 항상 표시할 수 있는 크기로 지정되어 있다.
④ 옵션 단추는 여러 개의 값 중 하나를 선택할 수 있는 컨트롤로서 'Yes/No' 필드를 추가하면 기본적으로 옵션 단추 컨트롤이 삽입된다.

50

다음 중 하위 보고서에 대한 설명으로 옳지 않은 것은?

① 하위 보고서는 일대다 관계가 설정되어 있는 테이블의 데이터를 표시하기에 적합하다.
② 주 보고서와 연결된 하위 보고서는 원본으로 사용하는 원본 레코드 간의 관계가 만들어져 있어야 한다.
③ 테이블, 쿼리, 폼 또는 다른 보고서를 이용하여 하위 보고서를 작성할 수 있다.
④ 주 보고서에는 최대 7개까지 하위 보고서를 중첩하여 작성할 수 있으며 하위 보고서에서는 그룹화 및 정렬 기능을 설정할 수 없다.

51

다음 중 액세스의 보고서 구역에 대한 설명으로 옳지 않은 것은?

① 보고서 머리글: 보고서의 첫 페이지 상단에 한 번만 표시되며 보고서의 제목이나 시작 페이지 등을 표시하는 데 사용된다.
② 보고서 바닥글: 보고서의 끝 부분에 위치하며, 보고서 총계/평균/안내문 등을 표시하는 데 사용된다.
③ 본문: 보고서에서 실제 데이터가 표시되는 부분으로, 각 레코드에 대한 정보를 나열한다.
④ 요약: 각 그룹에 대한 요약 정보를 표시하는 데 사용되며, 보고서의 마지막에 자동으로 추가된다.

52

다음 중 액세스에서 매크로에 대한 설명으로 옳지 않은 것은?

① 그룹 매크로를 이용하여 하나의 매크로 창에서 여러 개의 매크로를 그룹으로 작성하고 관리할 수 있다.
② 매크로 이름 다음에 점을 입력한 후 하위 매크로 이름을 입력하여 이벤트나 이벤트 프로시저에서 매크로를 실행할 수 있다.
③ 매크로는 하나 이상의 매크로 함수로 구성되고, 각 매크로 함수의 수행 방식을 제어하는 인수를 추가할 수 있다.
④ 하위 매크로 이름에 키를 지정하고 매크로 이름을 Auto로 저장하면 특정 키에 매크로 함수를 할당할 수 있다.

53

다음 중 데이터베이스의 3단계 스키마 구조에 대한 설명으로 옳지 않은 것은?

① 내부적 스키마는 데이터베이스의 논리적 저장 구조를 묘사한다.
② 외부적 스키마는 데이터베이스 전체에서 특정 사용자 그룹이 관심을 가지고 있는 일부분만을 묘사한다.
③ 데이터베이스 관리 시스템은 외부적 스키마에 따라 명시된 사용자의 요구를 개념적 스키마에 적합한 형태로 변경하고 이를 다시 내부적 스키마에 적합한 형태로 변환한다.
④ 개념적 수준에서는 사용자 집단을 위한 전체 데이터베이스의 구조를 묘사한다.

54

다음 중 조인(Join)에 대한 설명으로 옳지 않은 것은?

① 두 테이블의 조인에 사용되는 기준 필드의 데이터 형식은 동일하거나 호환되어야 한다.
② 조인을 이용하면 정규화를 통해 각 테이블로 분리된 데이터를 통합할 수 있다.
③ 테이블을 조인하기 위해서는 조인되는 테이블 필드 수가 동일해야 한다.
④ 두 테이블의 조인된 필드가 일치하는 행만 포함하는 조인 유형은 내부 조인이다.

55

다음의 관계형 데이터베이스와 관련한 글에서 괄호 안에 들어갈 용어로 옳은 것은?

( ) 무결성 제약이란 각 릴레이션(Relation)에 속한 각 애트리뷰트(Attribute)가 해당 도메인을 만족하면서 참조할 수 없는 외래 키 값을 가져서는 안 된다는 것을 말한다.

① 참조 ② 개체
③ 도메인 ④ 키

56

다음 이벤트 프로시저에 대한 설명으로 옳지 않은 것은?

```
Private Sub cmd찾기_Click( )
        Filter = "씨앗명 like '" & txt찾기 & "'"
        FilterOn = True
End Sub
```

① cmd찾기라는 이름의 버튼이 클릭될 때 실행될 프로시저를 정의하고 있다.
② 사용자가 txt찾기 텍스트 박스에 '국화'를 입력하면, 씨앗명이 '국화'인 레코드만 필터링한다.
③ FilterOn = True이므로 Filter 속성에 정의된 조건을 적용한다.
④ 적용된 필터 속성을 해제하려면 FilterOn = False를 입력한다.

57

다음 중 〈직원〉 테이블에 대한 SQL문의 실행 결과로 옳은 것은?

[직원]

직원번호	이름	직급	근무년수	부서번호
1	홍길동	사원	3	A101
2	김철수	사원	3	A102
3	이영희	대리	4	A101
4	박영수	사원	2	A103
5	데이터	사원	1	A101

SELECT AVG([근무년수]) FROM 직원
WHERE 부서번호='A101' GROUP BY 직급
HAVING COUNT(*) >=2;

① 1   ② 2
③ 3   ④ 4

58

폼 속성의 데이터 항목에서 '레코드 집합 종류' 속성은 데이터를 어떻게 처리하고 표시하는지를 결정한다. 이에 대한 설명으로 가장 옳지 않은 것은?

① 스냅숏은 데이터 조회만 할 수 있고 수정할 수 없으므로 데이터를 단순히 조회만 할 때 유용하다.
② 다이너셋은 데이터를 조회하거나 수정할 수 있다.
③ 다이너셋은 데이터를 수정하고 새로고침 단추를 누른 후 변경 사항이 데이터베이스에 반영된다.
④ 스냅숏은 최신 데이터를 보려면 재생성해야 한다.

59

다음 중 아래 보고서에 대한 설명으로 옳지 않은 것은?

경량항공 정차장					
정차장	항공사	등록기호	형식	기령(년)	최대이륙중량
강원도 원주시	선진정공	HL-C219	A-22LS	7.7	600
	수에어	HL-C161	BINGO	18.8	560
				개수	2
경기도 구리시	무지개세상	HL-C137	MAVERICK	26.1	390
		HL-C138	MAVERICK	26.1	390
		HL-C220	AEROPRAKT	7.3	600
				개수	3

① '정차장' 필드를 기준으로 그룹이 설정되어 있다.
② '정차장' 필드와 '항공사' 필드에는 '중복 내용 숨기기' 속성을 '예'로 설정하였다.
③ '정차장'별 개수가 표시된 텍스트 상자는 그룹 바닥글에 삽입하였다.
④ 특정 필드를 기준으로 그룹화를 하는 경우 데이터는 그 필드를 기준으로 내림차순 정렬되어 표시된다.

60

다음 중 인덱스(Index)에 대한 설명으로 옳지 않은 것은?

① OLE 개체, 첨부 파일, 계산 형식의 필드에는 인덱스를 설정할 수 없다.
② 인덱스 속성은 아니요, 예(중복 불가능), 예(중복 가능) 중 한 개의 값을 갖는다.
③ 많은 필드로 구성된 테이블에서 여러 개의 필드로 검색조건을 제공해야 하는 경우 다중필드 인덱스로 정의하면 효과적으로 검색할 수 있다.
④ 단일 필드에 기본 키를 지정하면 해당 필드에 인덱스 속성은 '아니요'로 설정된다.

2024년 시행 상시시험
답 없이 푸는 제12회 기출변형문제

- 제한시간: 60분
- 점수: 1과목 ___ / 100점, 2과목 ___ / 100점, 3과목 ___ / 100점

정답과 해설 76쪽

※ 문항당 5점

1과목 컴퓨터 일반

01

다음 중 Windows 10의 [휴지통]에 보관된 파일을 복원하는 방법으로 옳지 않은 것은?

① 휴지통을 열고 복원할 파일의 바로 가기 메뉴에서 [복원]을 선택하면 원래 위치로 복원되며, 사본은 휴지통에 그대로 남아있게 된다.
② 휴지통을 열고 복원할 파일을 선택한 후 원하는 위치로 드래그 앤 드롭한다.
③ 휴지통을 열고 복원할 파일에서 [잘라내기]를 선택한 후 바탕 화면의 바로 가기 메뉴에서 [붙여넣기]를 선택한다.
④ 휴지통의 모든 파일을 복원하려면 휴지통을 열고 [모든 항목 복원]을 클릭한다.

02

다음 중 [파일 탐색기]의 검색 상자에 대한 설명으로 옳지 않은 것은?

① 파일 탐색기에서 F3이나 Ctrl+F를 누르면 검색 상자로 포커스가 옮겨진다.
② 와일드카드 문자(*, ?)를 사용하여 검색할 수 있다.
③ 내용 앞에 ~를 붙이면 해당 내용이 포함되지 않은 파일이나 폴더가 검색된다.
④ 파일 탐색기에서 데이터를 검색한 다음 검색 기준을 저장할 수 있고, 저장된 검색을 열면 원래 검색과 일치하는 최신 파일이 나타난다.

03

다음 중 Windows 10의 레지스트리에 대한 설명으로 옳지 않은 것은?

① 작업 표시줄의 검색 상자에 'regedit'를 입력하여 레지스트리 편집기를 실행할 수 있다.
② 레지스트리 정보는 윈도우가 작동하는 동안 지속적으로 참조된다.
③ 레지스트리 편집기를 이용하여 잘못된 수정은 시스템에 심각한 오류를 초래할 수 있기 때문에 변경하기 전에 반드시 백업을 수행하는 것이 좋다.
④ 사용자 프로필과 관련된 부분은 'ntuser.dat' 파일에 저장되며 이 파일은 'C:/관리자'의 하위 폴더인 관리자 계정 폴더에 하나의 파일로 저장된다.

04

다음 중 Windows 10의 [글꼴]에 대한 설명으로 옳지 않은 것은?

① 시스템에 설치되어 있는 글꼴이 설치되어 있는 폴더의 위치는 'C:\Windows\Fonts'이다.
② 트루 타입(True Type)과 오픈 타입(Open Type) 글꼴을 제공하며 설치된 글꼴은 대부분의 앱에서 사용할 수 있다.
③ 글꼴 파일은 TTF, OTF, FON 등의 확장자를 가지고 있다.
④ 글꼴을 추가하거나 제거하려면 [제어판]에서 [프로그램 추가/제거]를 이용한다.

05

다음 중 Windows 10의 [설정]-[계정]에 대한 설명으로 옳지 않은 것은?

① 컴퓨터를 공유하는 각 사용자별로 Windows를 설정하며, 고유한 계정 이름, 그림 및 암호를 선택하고 개별적으로 적용되는 다른 설정을 선택할 수 있다.
② 관리자 계정은 소프트웨어와 하드웨어를 설치하고 모든 파일에 액세스할 수 있다.
③ 일반 계정은 자신의 계정 암호를 설정할 수 있으나, 컴퓨터 보안에 영향을 주는 설정은 변경할 수 없다.
④ 로그인 옵션에서 사용자가 자리를 비울 때 자동으로 컴퓨터를 잠그도록 설정할 수 있다.

06

다음 중 Windows 10의 그림판에 대한 설명으로 옳지 않은 것은?

① 그림판에서 작성한 그림은 다른 문서에 붙여넣기 하거나 바탕 화면의 배경으로 사용할 수 있다.
② 그림판에서 BMP, GIF, TIF, PNG, JPG 형식의 파일을 편집할 수 있다.
③ [Shift]를 누른 상태에서는 수평선, 수직선을 그릴 수 있고 [Ctrl]을 누른 상태에서는 45°의 대각선을 그릴 수 있다.
④ 그림판에서는 레이어 기능을 지원하지 않는다.

07

다음 중 Windows 10의 프린터에 대한 설명으로 옳지 않은 것은?

① 로컬 프린터 설치 시 프린터가 USB(범용 직렬 버스) 모델인 경우에는 프린터를 컴퓨터에 연결하면 Windows에서 자동으로 검색하고 설치한다.
② [장치 및 프린터] 창에서 기본 프린터에는 프린터 아이콘에 확인 표시가 나타난다.
③ 로컬 프린터 설치 시 선택할 수 있는 포트에는 LPT1, LPT2, LPT3, COM1, COM2, COM3 등이 있고, 네트워크 프린터 설치 시에는 포트를 선택하지 않아도 자동으로 지정된다.
④ 기본 프린터와 공유 프린터는 한 대만 지정할 수 있다.

08

다음 중 10진수 45.1875를 2진수로 바르게 변환한 것은?

① $101100.0011_{(2)}$
② $101100.0101_{(2)}$
③ $101101.0011_{(2)}$
④ $101101.0101_{(2)}$

09

다음 중 컴퓨터의 구성 요소에 대한 설명으로 옳은 것을 모두 고른 것은?

㉠ 입·출력장치는 기계적 동작을 수반하기 때문에 동작 속도가 주기억장치보다 빠르다.
㉡ 중앙처리장치는 클록 주기에 따라 명령을 수행하며 클록 주파수가 낮을수록 연산 속도는 빠르다.
㉢ 중앙처리장치는 명령어 실행 과정에서 제어장치, 내부 레지스터, 연산기 등의 구성 요소를 필요로 한다.
㉣ 중앙처리장치는 명령어 인출 단계에서 인출된 명령어를 저장하는 명령어 레지스터와 다음에 실행할 명령어가 있는 기억장치의 주소를 저장하는 프로그램 카운터를 필요로 한다.

① ㉠, ㉡
② ㉡, ㉢
③ ㉠, ㉣
④ ㉢, ㉣

10

다음 중 바이오스(BIOS)에 대한 설명으로 옳지 않은 것은?

① BIOS는 컴퓨터의 부팅 프로세스 중 초기화 및 자가 진단을 수행하는 소프트웨어이다.
② BIOS는 컴퓨터의 하드웨어 구성을 인식하고 운영체제가 부팅될 수 있도록 준비한다.
③ BIOS는 일반적으로 플래시 메모리에 저장되어 있으며, 사용자가 변경할 수 있다.
④ BIOS는 시스템의 시간, 날짜 및 부팅 순서와 같은 기본 설정을 관리한다.

11

다음 중 임베디드 시스템에 대한 설명으로 옳은 것은?

① 임베디드 시스템은 주로 PC나 서버와 같은 일반적인 컴퓨터 시스템에 사용되며, 특정한 제어 작업을 수행하기 위해 설계된다.
② 임베디드 시스템은 주로 네트워크 장비, 가전제품, 자동차 내부 시스템 등의 장치에 내장되어 작동하는 특수 목적 컴퓨터 시스템이다.
③ 임베디드 시스템은 사용자가 직접 조작하는 대화형 시스템이며, 주로 휴대폰, 태블릿, 노트북 등의 개인용 컴퓨터에 사용된다.
④ 임베디드 시스템은 대부분의 경우에 사용자에게 보이지 않고 백그라운드에서 자동으로 작동되는 시스템으로, 주로 제어 및 모니터링을 위해 사용된다.

12

다음 중 저작권에 따른 소프트웨어의 분류에 대한 설명으로 옳지 않은 것은?

① 애드웨어는 사용자에게 광고를 보여주는 방식으로 수익을 창출하는 소프트웨어이다.
② 셰어웨어는 일정 기간 동안 무료로 사용해볼 수 있지만, 그 후에는 구매를 유도하는 소프트웨어이다.
③ 데모 버전은 정식 프로그램의 기능을 홍보하기 위해 사용 기능을 제한하여 배포하는 소프트웨어이다.
④ 프리웨어는 소스 코드를 공개해서 누구나 해당 코드를 무료로 이용하고 배포할 수 있는 소프트웨어이다.

13

다음 중 객체 지향 프로그래밍 언어에 대한 설명으로 옳지 않은 것은?

① C++, Actor, Smalltalk, Java는 객체 지향 언어이다.
② 소프트웨어의 재사용으로 프로그램의 개발 시간을 단축할 수 있다.
③ 추상화, 캡슐화, 상속성, 다형성 등의 특징을 가지고 있다.
④ 입력과 출력이 각각 하나씩 이루어진 구조로 GOTO문을 사용하지 않으며, 순서, 선택, 반복의 3가지 논리 구조를 사용한다.

14

다음 중 멀티미디어와 관련된 용어에 대한 설명으로 옳지 않은 것은?

① 시퀀싱(Sequencing)은 여러 오디오 트랙을 조합하여 하나의 연속된 오디오 파일을 만드는 과정이다.
② 스트리밍(Streaming)은 멀티미디어 데이터를 다운로드 하면서 동시에 재생해 주는 기술이다.
③ 샘플링(Sampling)은 음성, 영상 등의 디지털 신호를 아날로그 신호로 변환하는 과정이다.
④ MIDI는 전자악기 간의 디지털 신호에 의한 통신이나 컴퓨터와 전자악기 간의 통신 규약이다.

15

멀티미디어 콘텐츠의 전자상거래(생성, 거래, 전달, 관리, 소비)를 위한 상호 운용성을 보장하는 통합 멀티미디어 프레임워크를 표준화하는 것은?

① MPEG-2
② MPEG-7
③ MPEG-21
④ MPEG-Z

16

다음 중 C 클래스의 IP Address로 적절한 것은?

① 190.234.56.34
② 124.76.133.234
③ 130.15.45.120
④ 192.168.117.134

17

다음 중 숫자로 표현된 인터넷 IP 주소를 사람이 알기 쉽게 문자로 표현한 것은?

① Domain Name System
② IP Address
③ DHCP
④ Web Browser

18

다음 중 컴퓨터 바이러스에 대한 내용으로 가장 옳지 않은 것은?

① 파일의 크기가 갑자기 작아지고 프로그램이 실행되지 않는다면 바이러스 감염 증상으로 볼 수 있다.
② 최신 버전의 백신 프로그램으로 바이러스의 감염 여부를 검사하여 피해를 예방할 수 있다.
③ 프로그램의 디렉터리 영역에 저장된 프로그램의 시작 위치를 바이러스의 시작 위치로 변경하는 파일 바이러스는 연결형 바이러스이다.
④ 바이러스는 사용자 몰래 스스로 복제하여 다른 프로그램을 감염시키고, 정상적인 프로그램이나 다른 데이터 파일 등을 파괴한다.

19

다음 중 OSI 7 Layer 계층이 다른 프로토콜로 옳은 것은?

① ICMP(Internet Control Message Protocol)
② IP(Internet Protocol)
③ ARP(Address Resolution Protocol)
④ TCP(Transmission Control Protocol)

20

시스템이나 소프트웨어에 의도적으로 설치되거나 숨겨진 비밀적인 접근 경로로서 시스템에 악의적으로 접근하기 위한 컴퓨터 범죄는?

① 스니핑(Sniffing)
② 스푸핑(Spoofing)
③ 피기배킹(Piggybacking)
④ 백도어(Back Door)

2과목 스프레드시트 일반

21

다음 중 매크로에 대한 설명으로 옳지 않은 것은?

① 매크로 코드에서 ActiveCell.Offset(3,4)는 현재 셀로부터 아래쪽으로 3행, 오른쪽으로 4열 떨어진 위치의 셀을 의미한다.
② 엑셀을 사용할 때마다 매크로를 사용할 수 있게 하려면 매크로 저장 위치를 '개인용 매크로 통합 문서'로 선택한다.
③ 하나의 모듈 시트에는 하나의 매크로만 기록해야 한다.
④ 작은 따옴표(')가 붙은 문장은 주석으로 처리되어 매크로 실행에 영향을 주지 않는다.

22

다음 중 워크시트에 대한 설명으로 옳지 않은 것은?

① 행과 열이 교차되면서 만들어진 사각형으로 데이터가 입력되는 기본 단위를 셀이라고 한다.
② 그룹으로 묶은 시트에서 복사하거나 잘라낸 데이터는 다른 한 개의 시트에만 붙여넣을 수 없다.
③ 리본 메뉴를 빠르게 최소화하려면 활성 탭의 이름을 두 번 클릭하고 리본 메뉴를 원래 상태로 되돌리려면 탭을 다시 두 번 클릭한다.
④ 상태 표시줄의 바로 가기 메뉴를 이용하여 선택한 범위에 대한 숫자 데이터가 입력된 셀의 수와 문자 데이터가 입력된 셀의 수를 표시할 수 있다.

23

다음 중 시트 보호와 통합 문서 보호에 대한 설명으로 옳지 않은 것은?

① 시트 보호는 시트의 내용, 개체, 시나리오를 보호하도록 설정하는 기능으로 시트 보호를 설정한 후 셀에 데이터를 입력하거나 수정하려고 하면 경고 메시지가 나타난다.
② 통합 문서를 보호하면 포함된 차트, 도형 등의 그래픽 개체를 변경 및 이동, 복사할 수 없다.
③ 통합 문서 보호는 시트 삽입, 삭제, 이동, 숨기기, 이름 바꾸기 등의 작업을 할 수 없도록 보호하는 기능이다.
④ 시트 보호는 통합 문서 전체가 아닌 특정 시트만을 보호한다.

24

다음 중 데이터 입력에 대한 설명으로 옳지 않은 것은?

① 여러 셀에 같은 데이터를 입력하려면 범위를 지정하고 데이터를 입력한 후 Ctrl+Enter를 누른다.
② 셀 안에서 줄 바꿈을 하려면 Alt+Enter를 누른다.
③ 숫자 앞에 작은 따옴표(')를 붙이면 문자로 인식하고 수식 자체를 표시하게 하려면 Ctrl+~을 누른다.
④ 한글 자음(ㄱ~ㅎ)에 한자를 누르면 특수문자 목록이 나타나며 쌍자음(ㄲ, ㄸ, ㅃ, ㅆ)에 한자는 특수문자 목록이 나타나지 않는다.

25

다음과 같은 워크시트에서 [A1:A3] 영역을 범위로 지정 후 자동 채우기 핸들을 아래쪽으로 드래그했을 때 [A4] 셀에 입력되는 값으로 옳은 것은?

	A	B	C
1	31.1		
2			
3	33.1		
4			
5			

① 31.1
② 33.1
③ 공백
④ 35.1

26

다음 중 연속적인 위치에 데이터가 입력되어 있는 여러 개의 셀을 범위로 지정한 후, 셀 병합을 실행했을 때의 결과로 옳은 것은?

① 데이터가 들어있는 여러 셀은 셀 보호가 자동으로 설정되어 병합할 수 없다.
② 가장 위쪽 또는 왼쪽의 셀 데이터만 남고 나머지 셀 데이터는 모두 지워진다.
③ 기존에 입력되어 있던 데이터들이 한 셀에 모두 표시된다.
④ 가장 아래쪽 또는 오른쪽의 셀 데이터만 남고 나머지 셀 데이터는 모두 지워진다.

27

다음 중 [찾기 및 바꾸기] 대화상자에서 '*' 문자 자체를 찾는 방법으로 옳은 것은?

① '찾을 내용'에 "?*"를 입력한다.
② '찾을 내용'에 "%*"를 입력한다.
③ '찾을 내용'에 "~*"를 입력한다.
④ '찾을 내용'에 "!*"를 입력한다.

28

다음 중 셀 스타일에 대한 설명으로 옳지 않은 것은?

① 셀 스타일은 글꼴과 글꼴 크기, 숫자 서식, 셀 테두리, 셀 음영 등의 정의된 서식의 집합으로, 셀 서식을 일관성 있게 적용하는 기능이다.
② 사용 중인 셀 스타일을 수정하면 해당 셀에는 자동으로 셀 스타일이 적용된다.
③ '표준' 셀 스타일은 새로운 워크시트를 만들 때 기본적으로 적용되는 스타일로서 필요에 따라 변경하거나 삭제할 수 있다.
④ 사용자가 만든 셀 스타일은 기본적으로 현재 엑셀 통합 문서에서 사용할 수 있다.

29

다음 중 아래 워크시트에서 [D1] 셀에 수식 '=$A$1+$B1'을 입력한 후 [D5] 셀에 복사하여 붙여넣기를 했을 경우, [D5] 셀에 표시될 결괏값은?

	A	B	C	D
1	1	2	3	
2	2	4	6	
3	3	6	9	
4	4	8	12	
5	5	10	15	

① 3
② 6
③ 9
④ 11

30

다음 워크시트에서 취업도[C2:C5]는 취업률[B2:B5]을 10%로 나눈 값을 표현한 것으로, 취업률이 60%를 초과하면 "★"를, 그 외는 "☆"를 나눈 값의 몫만큼 반복하여 표시하였다. 다음 중 이에 대해 [C2] 셀에 들어갈 수식으로 옳은 것은?

	A	B	C
1	학과	취업률	취업도
2	국어국문학과	55%	☆☆☆☆☆
3	건축학과	78%	★★★★★★★
4	전자공학과	85%	★★★★★★★★
5	반도체학과	92%	★★★★★★★★★

① =REPLACE(QUOTIENT(B2,10%),IF(B2>60%,"★","☆"))
② =REPT(QUOTIENT(B2,10%),IF(B2>60%,"★","☆"))
③ =REPLACE(IF(B2>60%,"★","☆"),QUOTIENT(B2,10%))
④ =REPT(IF(B2>60%,"★","☆"),QUOTIENT(B2,10%))

31

다음 아래 시트에서 〈변경 전〉의 내용을 〈변경 후〉의 내용으로 변경하기 위한 수식으로 적절한 것은?

	A
1	〈변경 전〉
2	서울시 노원구 초안산로 2길 2 2동 1004호
3	〈변경 후〉
4	서울시 노원구 초안산로 2길 123 2동 1004호

① =SUBSTITUTE(A2,"2","123",1)
② =SUBSTITUTE(A2,"2","123",2)
③ =SUBSTITUTE(A2,"123","2",1)
④ =SUBSTITUTE(A2,"123","2",2)

32

연이율 4% 복리로 5년 만기인 저축을 매월 초에 100,000원씩 한다고 할 때, 만기에 찾을 수 있는 금액을 구하려고 한다. 다음 중 수식으로 옳은 것은?

① =FV(4%,5,-100000)
② =FV(4%,5,-100000,,1)
③ =FV(4%/12,5*12,-100000)
④ =FV(4%/12,5*12,-100000,,1)

33

다음 시트에서 각 학교마다 학년별로 '실기' 점수의 합계를 구하려고 한다. 다음 중 [B17] 셀에 입력해야 할 수식은?

	A	B	C	D	E
1	학교명	학년	필기	실기	면접
2	A학교	1학년	30	40	10
3	B학교	2학년	35	35	20
4	A학교	2학년	30	25	15
5	C학교	2학년	30	40	15
6	B학교	3학년	20	25	15
7	A학교	1학년	25	30	20
8	C학교	3학년	15	30	10
9	C학교	2학년	30	20	15
10	A학교	1학년	40	30	20
11	B학교	2학년	20	20	10
12	B학교	1학년	15	20	10
13	A학교	3학년	25	30	15
14					
15					
16	학교명	1학년	2학년	3학년	
17	A학교				
18	B학교				
19	C학교				

① {=SUM(($A$2:$A$13=$A17)*($B$2:$B$13=B$16)*$D$2:$D$13)}
② {=SUM(($A$2:$A$13=A$17)*($B$2:$B$13=$B16)*$D$2:$D$13)}
③ {=SUM(IF(($A$2:$A$13=A$17)*($B$2:$B$13=$B16)*$D$2:$D$13))}
④ {=SUM(IF(($A$2:$A$13=A17)*($B$2:$B$13=B16)*$D$2:$D$13))}

34

다음 중 과일명이 '사과' 또는 '참외'이고, 가격이 5,000원 이상인 데이터를 추출하기 위한 고급 필터의 조건식으로 옳은 것은?

①
과일명	가격
사과	>=5000
참외	

②
과일명	가격
사과	>=5000
참외	>=5000

③
과일명	과일명	가격
사과	참외	
		>=5000

④
과일명	과일명	가격
사과		
	참외	>=5000

35

다음 중 목표값 찾기에 대한 설명으로 옳지 않은 것은?

① 목표값 찾기에서 입력값은 하나만 지정할 수 있다.
② [목표값 찾기] 대화상자에서 '값을 바꿀 셀'은 목표값을 얻기 위해 데이터를 조절할 셀로 수식에서 이 셀을 반드시 참조할 필요는 없다.
③ 수식에서 원하는 결과를 알고 있지만, 그 결과를 얻는 데 필요한 입력값을 구하는 경우에 사용하는 기능이다.
④ [목표값 찾기] 대화상자에서 '수식 셀'은 특정 값이 나오기를 원하는 수식이 들어있는 셀이다.

36

다음 중 피벗 테이블 필드의 그룹 설정에 대한 설명으로 옳지 않은 것은?

① 그룹을 해제하려면 그룹으로 설정된 영역의 바로 가기 메뉴에서 [그룹 해제]를 선택하여 실행한다.
② 그룹 만들기는 특정 필드를 일정한 단위로 묶어 표현할 때 사용하는데 문자나 숫자로 된 필드에서는 사용할 수 있지만, 날짜나 시간으로 된 필드에서는 사용할 수 없다.
③ 문자 필드일 경우 그룹 이름은 피벗 테이블 화면에서 해당 그룹 이름을 직접 선택한 후 변경해야 한다.
④ 숫자 필드일 경우에는 [그룹화] 대화상자에서 시작, 끝, 단위를 지정해야 한다.

37

다음 중 분산형 차트에 대한 설명으로 옳지 않은 것은?

① 데이터의 불규칙한 간격을 보여주는 것으로 과학, 통계 및 공학 데이터와 같은 숫자값을 표시하고 비교한다.
② 시간에 따른 값의 변화량을 비교할 때 사용하는 것으로 각 값의 합계와 전체에 대한 관계를 비교한다.
③ 가로 축의 값이 일정한 간격이 아닌 경우나 가로 축의 데이터 요소 수가 많은 경우에 사용한다.
④ 데이터 요소 간의 차이점보다는 큰 데이터 집합 간의 유사점을 표시하려는 경우에 사용한다.

38

다음 중 차트의 추세선과 오차 막대에 대한 설명으로 옳지 않은 것은?

① 추세선의 종류에는 지수, 선형, 로그, 다항식, 거듭제곱, 이동 평균 등이 있으며, 누적평균추세선은 제공하지 않는다.
② 추세선이 추가된 데이터 계열의 차트 종류를 3차원 차트로 변경해도 추세선은 삭제되지 않는다.
③ 추세선이 불가능한 차트는 3차원 차트, 원형 차트, 도넛형 차트, 방사형 차트, 표면형 차트 등이며 세로 막대형, 꺾은선형, 주식형 등의 차트에는 추세선을 추가할 수 있다.
④ 추세선에 사용된 수식을 추세선과 함께 나타나게 할 수 있으며, 하나의 데이터 계열에 두 개 이상의 추세선을 동시에 표시할 수 있다.

39

다음 중 인쇄 미리 보기 화면과 인쇄 옵션에서 설정할 수 있는 것으로 옳지 않은 것은?

① [파일]-[인쇄]-[페이지 설정]에서 '인쇄 영역'을 변경하여 인쇄할 수 있다.
② [머리글/바닥글]로 설정한 내용은 매 페이지 상단이나 하단의 별도 영역에 반복 출력된다.
③ [페이지 설정]에서 확대/축소 배율을 10%~400%로 설정하여 인쇄할 수 있다.
④ '여백 표시'를 통해 워크시트의 열 너비를 조정할 수 있다.

40

다음 중 아래의 프로시저를 이용하여 [A2:D10] 셀 영역의 서식만 지우려고 할 때 괄호 안에 들어갈 코드로 옳은 것은?

```
Sub Procedure( )
    Range("A2:D10").Select
    Selection.(        )
End Sub
```

① Clear
② ClearContents
③ ClearFormats
④ ClearComments

3과목 데이터베이스 일반

41

키(Key)란 데이터베이스에서 조건을 만족하는 튜플을 검색하거나 정렬할 때 다른 튜플들과 구별할 수 있는 유일한 기준이 되는 속성이다. 그중 릴레이션을 구성하는 모든 튜플에 대해 유일성은 만족하지만, 최소성은 만족하지 않는 키로 옳은 것은?

① 기본 키(Primary Key)
② 대체 키(Alternate Key)
③ 슈퍼 키(Super Key)
④ 후보 키(Candidate Key)

42

정규화를 거치지 않으면 릴레이션 조작 시 데이터 중복으로 인한 곤란한 현상이 발생할 수 있다. 이러한 이상(Anomaly) 현상의 종류에 해당하지 않는 것은?

① 삭제 이상
② 삽입 이상
③ 갱신 이상
④ 조회 이상

43

다음 중 테이블의 필드 속성 설정 시 사용하는 인덱스에 대한 설명으로 옳지 않은 것은?

① 인덱스를 사용하면 특정 필드에 대한 검색이 더욱 빠르게 수행된다.
② 인덱스를 사용하면 필드 값에 따라 데이터를 정렬하는 데 필요한 시간이 줄어든다.
③ 고유한 값으로 설정된 필드에 대해 인덱스를 생성하면 해당 필드 값이 중복되지 않도록 보장할 수 있다.
④ 인덱스를 설정하면 레코드의 추가, 수정, 삭제의 속도를 향상시킬 수 있다.

44

다음 중 액세스의 크로스탭 쿼리에 대한 설명으로 옳지 않은 것은?

① 데이터를 행과 열의 교차로 표현하여 특정 기준에 따라 행과 열을 설정하고 데이터를 집계한다.
② 데이터를 요약하고 집계하여 표 형식으로 나타내며 이를 통해 대량의 데이터를 쉽게 이해하고 분석할 수 있다.
③ 저장된 데이터에 변경 사항이 있을 경우, 크로스탭 쿼리를 다시 실행하면, 그 변경 사항을 반영한 새로운 결과가 표시된다.
④ 열 머리글 옵션과 행 머리글 옵션, 값 옵션에는 반드시 2개 이상의 필드를 지정해야 한다.

45

쿼리에서 각 연산식에 대한 결괏값이 옳지 <u>않은</u> 것은?

① IIF(5 > 3, "Yes", "No")의 결과는 "Yes"이다.
② MID("Hello World", 2, 3)의 결과는 "ell"이다.
③ "Data" & "base"의 결과는 "Database"이다.
④ 10 MOD 3의 결과는 3이다.

46

아래의 두 테이블을 다음과 같이 조인하여 질의를 수행한 결과에 대한 설명으로 옳지 <u>않은</u> 것은?

[Order] 테이블

OrderID	Odong	OrderDate
1	101	04-01
2	102	04-02
3	103	04-03

[Customer] 테이블

Cdong	CustomerName	City
101	John	Seoul
102	Mary	Busan
104	David	Daegu

```
SELECT *
FROM Order
INNER JOIN Customer ON Order.Odong = Customer.Cdong;
```

① 조회된 필드 수는 3개이다.
② 조회된 레코드 수는 2개이다.
③ OrderID 필드의 3에 대한 정보는 나타나지 않는다.
④ Cdong 필드의 104에 대한 정보는 나타나지 않는다.

47

다음 중 폼 마법사를 이용하여 폼을 작성할 때 폼의 모양을 지정하기 위한 선택 항목에 해당하지 <u>않는</u> 것은?

① 열 형식
② 피벗 테이블
③ 데이터시트
④ 맞춤

48

폼 속성의 데이터 항목에서 '레코드 잠금' 속성은 레코드의 동시 수정을 관리하는 방법을 정의한다. 이에 대한 설명으로 옳지 <u>않은</u> 것은?

① '잠그지 않음'은 여러 사용자가 동시에 같은 레코드를 수정할 수 있는 옵션으로 동시성 문제가 발생할 가능성이 있다.
② '모든 레코드'는 사용자가 폼의 레코드 중 하나를 수정하기 시작하면 해당 폼의 모든 레코드가 잠긴다.
③ '편집한 레코드'는 사용자가 실제로 수정하고 있는 레코드만 잠그므로 다른 사용자들과 동시에 다른 레코드를 편집할 수 있게 해준다.
④ 레코드 잠금 속성의 기본값은 '모든 레코드'이다.

49

다음 중 탭 순서에 대한 설명으로 옳지 <u>않은</u> 것은?

① 속성 창의 '탭 인덱스' 속성을 이용하여 설정할 수 있다.
② 탭 이동 시에 '탭 정지' 속성을 '아니요'로 설정한 컨트롤에만 포커스가 옮겨간다.
③ [탭 순서] 대화상자를 이용하면 컨트롤의 탭 순서를 컨트롤 이름 행을 드래그해서 조정할 수 있다.
④ 마법사 또는 레이아웃과 같은 도구를 사용하여 폼을 만든 경우 컨트롤이 폼에 표시되는 순서(위쪽에서 아래쪽 및 왼쪽에서 오른쪽)와 같은 순서로 탭 순서가 설정된다.

50

다음과 같은 보고서를 작성하기 위해서는 어떠한 기준으로 정렬 및 그룹화를 하는 것이 가장 적절한가?

봉사현황					2024년 4월 28일 일요일
기관명	학과	이름	봉사날짜	봉사내용	시수
꿈나래 복지관	회계학과	김민교	2024년 6월 18일 화요일	청소도우미	3
	회계학과	김민교	2024년 6월 25일 화요일	목욕도우미	2
	회계학과	이재후	2024년 7월 16일 화요일	빨래도우미	4
	금융정보과	박정은	2024년 7월 17일 수요일	스마트폰 활용	3
	국제통상과	정민섭	2024년 7월 9일 화요일	스마트폰 활용	5
	국제통상과	엄시우	2024년 6월 11일 화요일	스마트폰 활용	4
	국제통상과	강경민	2024년 8월 13일 화요일	악기 연주	4
	관광경영과	이소연	2024년 9월 10일 화요일	급식도우미	3
기관명	학과	이름	봉사날짜	봉사내용	시수
믿음 청소년관	회계학과	김민교	2024년 11월 12일 화요일	수학 멘토	5
	금융정보과	김미나	2024년 10월 29일 화요일	수학 멘토	3
	국제통상과	강경민	2024년 10월 15일 화요일	영어 멘토	2
	관광경영과	민철호	2024년 10월 22일 화요일	영어 멘토	4

① 기관명과 학과를 기준으로 오름차순 정렬하고 기관명 기준으로 그룹화한다.
② 기관명과 학과를 기준으로 내림차순 정렬하고 기관명 기준으로 그룹화한다.
③ 기관명 기준으로 오름차순, 학과 기준으로 내림차순 정렬하고 기관명 기준으로 그룹화한다.
④ 기관명 기준으로 오름차순, 학과 기준으로 내림차순 정렬하고 학과 기준으로 그룹화한다.

51

보고서의 머리글 영역에 다음과 같이 현재의 날짜와 시간이 출력되게 하고자 할 경우에 사용해야 할 함수로 옳은 것은?

25-10-31 오전 10:22:09

① NOW( )
② DATE( )
③ TIME( )
④ WEEKDAY( )

52

다음 중 각 마우스 이벤트에 대한 설명으로 옳지 않은 것은?

① Click: 개체를 마우스로 클릭했을 때 발생한다.
② DblClick: 개체를 마우스로 더블클릭했을 때 발생한다.
③ MouseDown: 포인터가 컨트롤에 있는 동안 마우스 오른쪽을 클릭했을 때 발생한다.
④ lr성명_DblClick( ): 'lr성명' 컨트롤이 더블클릭될 때 실행된다.

53

인쇄 버튼(cmd인쇄)에 대한 클릭 이벤트 프로시저가 다음과 같다. 이에 대한 설명으로 옳지 않은 것은?

Private Sub cmd인쇄_Click()
　　DoCmd.OpenReport "라레회원보고서",
　　acViewPreview, "반 = " & txt반
End Sub

① 버튼을 클릭하면 '라레회원보고서' 보고서를 '미리 보기' 형태로 연다.
② 현재 폼에는 'txt반'이라는 컨트롤이 존재하는 것으로 볼 수 있다.
③ 현재 폼이 사용하는 데이터에는 '반'이라는 필드가 존재하는 것으로 볼 수 있다.
④ 보고서는 '반' 필드의 값이 'txt반' 컨트롤에 입력된 값과 동일한 데이터만을 표시하게 된다.

54

다음 중 DBA의 수행 역할에 대한 설명으로 옳지 않은 것은?

① 데이터베이스 구축
② 응용 프로그램 개발
③ 사용자 요구 정보 결정 및 효율적 관리
④ DBMS의 관리

55

속성 A, B, C로 정의된 릴레이션의 인스턴스가 아래와 같을 때, 후보 키의 조건을 충족하는 것은?

A	B	C
1	a	가
1	a	나
2	a	나
3	b	나

① A
② A, C
③ B, C
④ A, B, C

56

한 릴레이션의 기본 키를 구성하는 어떠한 속성값도 널(Null) 값이나 중복값을 가질 수 없다는 것을 의미하는 것은?

① 개체 무결성 제약 조건
② 참조 무결성 제약 조건
③ 보안 무결성 제약 조건
④ 정보 무결성 제약 조건

57

다음 [블록시행] 테이블과 [블록주택] 테이블을 참조하여 아래의 SQL문을 실행한 결과로 옳은 것은?

[블록시행] 테이블

id	블록
1	A
2	B
3	C
4	D

[블록주택] 테이블

id	블록
1	A
2	C
3	E

```
SELECT Count(*) FROM 블록시행
WHERE 블록 NOT IN(SELECT 블록 FROM 블록주택);
```

① 1
② 2
③ 3
④ 4

58

폼 바닥글에 〈직원〉 테이블에서 직위가 '매니저'인 레코드들의 평균 급여를 구하고자 할 때 함수식으로 옳은 것은?

① =DAVG("직원","급여","직위='매니저'")
② =DAVG("급여","직원","직위='매니저'")
③ =DAVG("급여","직위='매니저'","직원")
④ =DAVG("직원","직위='매니저'","급여")

59

다음 설명에 해당하는 컨트롤로 옳은 것은?

- 사용자에게 정보 또는 사용자 인터페이스 요소에 대한 설명을 제공하는 데 사용된다.
- 탭 순서에 포함되지 않으며 다른 컨트롤에 첨부하여 사용할 수 있다.

① 텍스트 상자
② 옵션 단추
③ 레이블
④ 콤보 상자

60

다음 중 실행 쿼리의 삽입(INSERT)문에 대한 설명으로 옳지 않은 것은?

① 삽입문은 데이터베이스 테이블에 새로운 레코드를 추가한다.
② VALUES 절을 사용하여 삽입할 데이터의 값을 명시한다.
③ 삽입문을 실행하면 새로운 레코드는 항상 테이블의 끝에 추가된다.
④ 삽입문의 컬럼 목록과 VALUES 절의 값의 순서와 개수는 일치해야 한다.

2023년 시행 상시시험
답 없이 푸는 제13회 기출변형문제

◆ 제한시간: 60분   ◆ 점수: 1과목 ____ / 100점, 2과목 ____ / 100점, 3과목 ____ / 100점

정답과 해설 83쪽

※ 문항당 5점

1과목 컴퓨터 일반

01
다음 중 Windows 10의 레지스트리(Registry)에 대한 설명으로 옳지 않은 것은?

① 컴퓨터에 설치된 모든 하드웨어와 소프트웨어의 실행 정보를 관리하는 데이터베이스이다.
② 컴퓨터의 하드웨어 구성 정보는 HKEY_CURRENT_USER 키에 저장된다.
③ Windows 10에 탑재된 레지스트리 편집기는 'regedit.exe'이다.
④ 레지스트리 정보는 Windows가 작동하는 동안 지속적으로 참조된다.

02
다음 중 시스템 소프트웨어에 대한 설명으로 옳지 않은 것은?

① 컴퓨터와 사용자의 중간에서 시스템을 효율적으로 운영할 수 있도록 도와주는 프로그램이다.
② 시스템 소프트웨어 중 운영체제는 제어 프로그램과 처리 프로그램으로 구분된다.
③ 사용자들이 특정한 용도에 맞게 활용하기 위해 개발된 소프트웨어이다.
④ 응용 소프트웨어가 실행될 때 컴퓨터 하드웨어를 효율적으로 사용하도록 인터페이스 역할을 한다.

03
다음 중 멀티미디어 그래픽 중 벡터(Vector) 방식에 대한 설명으로 옳지 않은 것은?

① AI, WMF와 같은 형식은 벡터 파일 형식이다.
② 픽셀로 이미지를 표현하며, '래스터(Raster) 이미지'라고도 한다.
③ 비트맵 방식에 비해 적은 메모리를 차지한다.
④ 점과 점을 연결하는 직선이나 곡선을 이용하여 이미지를 표현하는 방식이다.

04
다음 중 압축 프로그램에 대한 설명으로 옳지 않은 것은?

① 'WAV'의 형식은 파일 압축을 사용한 대표적인 경우이다.
② 압축을 함으로써 파일을 전송할 때 빠르게 처리할 수 있다.
③ 압축 프로그램은 데이터의 용량을 줄여 주는 프로그램이다.
④ 대부분의 압축 프로그램에는 분할 압축이나 암호 설정 기능이 포함되어 있다.

05
다음 중 송신한 패킷이 어떤 경로로 가는지 추적하는 명령어인 'Tracert'에 대한 설명으로 옳은 것은?

① 현재 자신의 컴퓨터에 연결된 다른 컴퓨터의 IP 주소나 포트 정보를 확인하는 명령이다.
② IP 주소, 목적지까지 거치는 경로의 수, 각 구간 사이의 데이터 왕복 속도를 확인할 수 있다.
③ DNS(Domain Name System)가 가지고 있는 특정 도메인의 IP Address를 검색하는 서비스이다.
④ 지정된 호스트에 대해 네트워크 계층의 통신이 가능한지를 확인하는 서비스이다.

06
다음 중 레지스터에 대한 설명으로 옳은 것은?

① 메모리 버퍼 레지스터(MBR; Memory Buffer Register)는 메모리 주소 레지스터의 내용을 일시적으로 기억하는 레지스터이다.
② 명령 레지스터(IR; Instruction Register)는 현재 실행 중인 명령어를 해독하는 레지스터이다.
③ 메모리 주소 레지스터(MAR; Memory Address Register)는 다음에 실행할 명령어의 주소를 기억하는 레지스터이다.
④ 프로그램 카운터(PC; Program Counter)는 기억장치에 입·출력되는 데이터의 주소 번지를 기억하는 레지스터이다.

07

다음 중 Windows 10에서 마우스 사용에 대한 설명으로 옳지 않은 것은?

① 이동식 디스크에 있는 해당 파일을 마우스로 클릭한 후에 하드디스크로 끌어 놓기 하면 복사가 된다.
② 해당 파일을 마우스로 선택한 후에 같은 드라이브의 다른 폴더로 끌어 놓기 하면 복사가 된다.
③ 키보드로 명령을 직접 입력하지 않고, 아이콘이나 메뉴를 마우스로 선택하여 모든 작업을 수행하는 사용자 작업 환경을 GUI(Graphical User Interface)라고 한다.
④ 폴더에서 마우스 오른쪽 단추를 클릭한 후 바로 가기 메뉴에서 [속성]을 선택하여 폴더에 대한 속성을 설정할 수 있다.

08

다음 중 컴퓨터 시스템에서 사용하는 채널(Channel)에 대한 설명으로 옳지 않은 것은?

① CPU와 입·출력장치 사이의 속도 차이 때문에 발생하는 문제점을 해결하기 위한 것이다.
② 입·출력 작업이 끝나면 CPU에게 인터럽트 신호를 보낸다.
③ 멀티플렉서 채널은 고속 입·출력장치에 사용되며, 한 개의 장치를 독점하여 처리하는 방식이다.
④ 채널에는 셀렉터(Selector), 멀티플렉서(Multiplexer), 블록 멀티플렉서(Block Multiplexer) 등이 있다.

09

7비트 ASCII 코드에서 1Bit 홀수 패리티(Odd Parity) 비트를 첨부하여 데이터를 송신하였을 경우 수신된 데이터에 에러가 발생한 것은? (단, 오른쪽에서 첫 번째 비트가 패리티 비트이다)

① 10101101
② 10110010
③ 10010111
④ 10010100

10

다음 중 Windows 10에서 바로 가기 아이콘에 대한 설명으로 옳지 않은 것은?

① 실제 프로그램이 아니라 응용 프로그램의 경로를 기억하고 있는 아이콘으로, 확장명은 '.LNK'이다.
② 바로 가기 아이콘의 [속성] 대화상자에서 연결된 항목의 디스크 할당 크기를 확인할 수 있다.
③ 하나의 원본 파일에 대한 바로 가기 아이콘은 여러 개 만들어서 사용할 수 있으나 하나의 바로 가기 아이콘에는 하나의 원본 파일만 지정할 수 있다.
④ 바로 가기 아이콘의 [속성] 대화상자에서 바로 가기 아이콘을 만든 날짜와 수정한 날짜, 액세스한 날짜 등을 확인할 수 있다.

11

다음 중 방화벽(Firewall)에 대한 설명으로 옳지 않은 것은?

① 컴퓨터 네트워크에서 안전을 유지하기 위해 사용되는 시스템이다.
② 외부로부터의 침입은 막을 수 있지만, 내부에서 일어나는 해킹은 막을 수 없다.
③ 로그 정보를 통해 역추적하는 기능이 있어 외부 침입자의 흔적을 찾을 수 있다.
④ IP 주소 및 포트 번호를 이용하거나 사용자 인증을 기반으로 접속을 차단하여 네트워크의 출입로를 다양화한다.

12

다음 중 소프트웨어 용어에 대한 설명으로 옳지 않은 것은?

① 공개 소프트웨어(Open Source Software)는 소스 코드를 공개해 누구나 해당 코드를 무료로 이용 및 수정하거나 재배포할 수 있는 소프트웨어이다.
② 셰어웨어(Shareware)는 특정 기능이나 사용 기간에 제한을 두고 무료로 배포하는 소프트웨어이다.
③ 애드웨어(Adware)는 광고를 보는 대가로 무료로 사용할 수 있는 소프트웨어이다.
④ 데모 버전(Demo Version)은 소프트웨어가 개발되기 전에 내부 테스터가 소프트웨어의 기능을 테스트하기 위한 역할을 한다.

13

다음 중 아날로그 컴퓨터와 대비되는 디지털 컴퓨터의 특징으로 옳지 않은 것은?

① 과학 연구 등의 특수한 문제를 해결하기 위해 설계되며, 그 범위 밖의 일을 처리하는 데는 제한이 있다.
② 데이터를 이진 형태로 취급하며, 0과 1로 표현되는 디지털 신호를 사용해 연산과 처리를 수행한다.
③ 우리가 사용하는 대부분의 컴퓨터는 디지털 컴퓨터에 속한다.
④ 회로는 논리 회로로 구성된다.

14

다음 중 Windows 10의 [시스템]-[정보]에 대한 내용으로 옳지 않은 것은?

① [컴퓨터 이름] 탭은 컴퓨터 이름, 컴퓨터 설명, 작업 그룹 등을 확인하거나 변경하는 데 사용된다.
② [하드웨어] 탭의 [장치 관리자]에서는 장치들의 드라이버를 확인하거나 업데이트하며 하드웨어가 올바르게 작동하는지 확인한다.
③ [고급] 탭의 [성능]에서는 시각 효과, 프로세서 일정, 메모리 사용 및 가상 메모리 등을 설정할 수 있다.
④ [고급] 탭의 [시작 및 복구]에서는 컴퓨터를 이전 복원 지점으로 되돌려 시스템 변경을 취소하는 옵션을 제공한다.

15

다음 중 Windows 10의 [명령 프롬프트] 창에서 원격 장비의 네트워크 연결 상태 및 작동 여부를 확인할 때 사용하는 명령어는?

① Echo
② Ipconfig
③ Regedit
④ Ping

16

다음 중 멀티미디어의 특징에 대한 설명으로 옳지 않은 것은?

① 멀티미디어는 디지털 데이터를 아날로그 데이터로 변환하여 통합 처리한다.
② 사용자 선택에 따라 비순차적으로 처리되는 비선형성 특징을 가지고 있다.
③ 텍스트, 그래픽, 사운드, 동영상 등의 다양한 미디어를 통합 처리한다.
④ 대표적인 정지 화상 포맷으로는 손실 압축과 무손실 압축 기법을 모두 사용할 수 있는 JPEG와 무손실 압축 기법을 사용하는 GIF가 있다.

17

다음 중 프린터 스풀(SPOOL)의 기능에 대한 설명으로 옳지 않은 것은?

① 프린터와 같은 저속의 입·출력장치를 CPU와 병행 처리하여 컴퓨터의 전체 효율을 향상시키는 기능이다.
② 프린터에서 인쇄하기 전에 인쇄 내용을 하드디스크에 임시로 저장하는 기능이다.
③ 인쇄 도중에도 다른 작업을 할 수 있는 기능으로, 인쇄 속도를 향상시킨다.
④ 스풀링은 인쇄할 문서 전체 또는 한 페이지 단위로 할 수 있다.

18

다음 중 운영체제의 운영 방식에 대한 내용으로 옳지 않은 것은?

① 듀얼 시스템(Dual System)은 두 개의 CPU가 같은 업무를 동시에 처리한 후 결과를 상호 점검하면서 운영하는 방식이다.
② 듀플렉스 시스템(Duplex System)은 두 개의 CPU로, 하나가 가동될 때 다른 하나는 고장을 대비해 대기하는 방식이다.
③ 다중 처리 시스템(Multi-processing System)은 여러 대의 컴퓨터가 작업한 결과를 통신망을 이용하여 상호 교환할 수 있도록 연결된 방식의 시스템이다.
④ 클러스터링 시스템(Clustering System)은 여러 대의 컴퓨터를 병렬로 연결하는 방식이다.

19

다음 중 Windows 10의 [제어판]-[사용자 계정] 유형에 대한 설명으로 옳지 않은 것은?

① 표준 계정은 설치되어 있는 프로그램을 제거할 수 없다.
② 관리자 계정은 소프트웨어나 하드웨어를 설치하고 모든 파일에 액세스할 수 있다.
③ 표준 계정은 다른 계정의 계정 유형, 계정 이름, 암호를 변경할 수 있다.
④ 표준 계정은 컴퓨터 보안에 영향을 주는 설정을 변경할 수 없다.

20

다음 중 Windows 10의 작업 표시줄에 대한 설명으로 옳지 않은 것은?

① 작업 표시줄은 현재 실행 중인 프로그램 단추와 미리 등록한 고정 프로그램 단추 등이 표시되는 공간이다.
② 작업 표시줄의 위치를 변경하거나 크기를 조절할 수 있으며, 크기는 화면의 1/4까지 늘릴 수 있다.
③ 작업 표시줄은 설정을 통해 자동으로 숨겨지게 할 수 있고, 마우스 포인터를 작업 표시줄 위치에 다시 가져다 대면 다시 나타난다.
④ 작업 표시줄의 오른쪽 끝에는 알림 영역이 있으며 시계, 볼륨 조절, 네트워크 상태 등의 시스템 관련 정보가 표시된다.

2과목 스프레드시트 일반

21

다음 중 차트에 대한 설명으로 옳지 않은 것은?

① 원형 차트는 한 개의 데이터 계열만 가질 수 있으므로 축을 표시할 수 없다.
② 차트 위치는 '새 시트'와 '워크시트에 삽입' 중 하나를 선택하여 수행한다.
③ 추세선은 기본적으로 '선형' 추세선으로 표시되지만 사용자가 다른 추세선으로 변경할 수 있다.
④ 워크시트의 행과 열에서 숨겨진 데이터도 차트에 표시된다.

22

다음 중 오류값 '#VALUE!'가 발생하는 원인으로 옳은 것은?

① 수식에서 특정 값을 0 또는 빈 셀로 나눈 경우
② 함수나 수식에서 사용할 수 없는 값을 지정한 경우
③ 셀 참조를 잘못 사용한 경우
④ 잘못된 인수나 피연산자를 사용했을 경우

23

다음 중 [시트 보호] 기능에 대한 설명으로 옳지 않은 것은?

① 시트의 모든 셀은 기본적으로 '잠금' 속성이 설정되어 있지만, 시트 보호 전까지는 효과가 없다.
② 시트 보호를 설정하면 셀에 데이터를 입력하거나 수정할 때 경고 메시지 창이 나타난다.
③ 시트 삽입, 삭제, 이동, 숨기기, 이름 바꾸기 등의 작업을 할 수 없도록 보호하는 기능이다.
④ 시트 보호 시 특정 셀의 내용만 수정하려면 해당 셀의 [셀 서식]에서 '잠금' 설정을 해제해야 한다.

24

다음 중 아래와 같이 워크시트에 데이터가 입력되어 있을 때 수식과 그 결괏값으로 옳지 않은 것은?

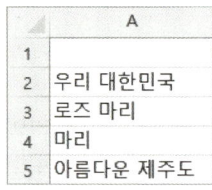

① =MID(A5,SEARCH(A1,A5)+5,3) → 제주도
② =REPLACE(A5,SEARCH("우",A2),5,"") → 제주도
③ =MID(A2,SEARCH(A4,A3),2) → 대힌
④ =REPLACE(A3,SEARCH(A4,A3),2,"플라워")
   → 로즈 마리 플라워

25

다음 중 [페이지 설정]의 [머리글/바닥글] 탭에 대한 설명으로 옳지 않은 것은?

① '페이지 여백에 맞추기'를 선택하면 머리글/바닥글을 표시하기에 충분한 여백을 확보할 수 있다.
② '짝수와 홀수 페이지를 다르게 지정'을 선택하면 짝수 페이지와 홀수 페이지의 머리글 및 바닥글을 다르게 지정할 수 있다.
③ '문서에 맞게 배율 조정'을 선택하면 인쇄될 워크시트를 워크시트의 실제 크기의 백분율에 따라 확대/축소한다.
④ 첫 페이지에만 머리글/바닥글을 표시하지 않으려면 '첫 페이지를 다르게 지정'을 선택한 후 머리글과 바닥글 편집에서 첫 페이지 머리글/바닥글에 아무것도 설정하지 않는다.

26

다음 중 아래와 같은 시나리오 요약 보고서에 대한 설명으로 옳지 않은 것은?

시나리오 요약		현재 값:	적립율상향	적립율하향
변경 셀:				
	실버적립율	3%	5%	1%
	골드적립율	6%	10%	3%
	프리미엄적립율	9%	15%	5%
결과 셀:				
	총적립포인트	7,982,658	13,304,430	4,159,701
참고: 현재 값 열은 시나리오 요약 보고서가 작성될 때의 변경 셀 값을 나타냅니다. 각 시나리오의 변경 셀들은 회색으로 표시됩니다.				

① [시나리오 관리자] 대화상자에서 '변경 셀'은 '결과 셀'의 값을 예측할 수 있는 숫자 값이 입력된 셀이고, '결과 셀'은 수식이 입력된 셀이다.
② 시나리오 결과는 요약 보고서나 피벗 테이블 보고서로 작성할 수 있다.
③ '변경 셀'과 '결과 셀'에 이름을 지정한 후 시나리오 요약 보고서를 작성하면 결과에 셀 주소 대신 지정한 이름이 표시된다.
④ 원본 데이터에서 '변경 셀'의 현재 값을 수정하면 시나리오 요약 보고서는 자동으로 업데이트된다.

27

다음 중 피벗 테이블 보고서와 피벗 차트 보고서에 대한 설명으로 옳지 않은 것은?

① 행 또는 열 레이블에서 데이터를 정렬할 때 수동(항목을 끌어 다시 정렬), 오름차순, 내림차순 정렬이 가능하다.
② 피벗 테이블은 현재 작업 중인 워크시트나 새로운 워크시트에 작성할 수 있다.
③ 피벗 테이블과 피벗 차트를 함께 만든 후 피벗 테이블을 삭제하면 피벗 차트는 일반 차트로 변경된다.
④ 원본 데이터가 변경되면 피벗 테이블의 데이터도 자동으로 변경된다.

28

다음 중 원형 차트에 대한 설명으로 옳은 것은?

① 3차원 원형 차트는 차트의 각 조각을 분리하여 표시할 수 있다.
② 원형 차트 계열 요소의 값들은 [데이터 테이블]로 나타낼 수 있다.
③ 각 항목의 값이 합계의 비율로 표시되고, 여러 데이터 계열을 표시할 수 있다.
④ 첫째 조각이 시작되는 '첫째 조각의 각'의 기본값은 90°로 설정되어 있고 임의로 조정 가능하다.

29

다음 중 화면 제어에 대한 설명으로 옳지 않은 것은?

① 틀 고정과 창 나누기는 동시에 수행 가능하다.
② 창 나누기는 '실행 취소' 명령으로 해제할 수 없고, 분할선을 더블클릭하여 해제할 수 있다.
③ 화면을 네 개의 영역으로 분할할 수 있고, 셀 포인터의 위쪽과 왼쪽에 창 분할선이 생긴다.
④ 셀 편집 모드일 때는 틀 고정을 설정할 수 없다.

30

다음 중 아래의 VBA 코드를 입력한 후 실행되는 내용으로 옳은 것은?

```
Private Sub Worksheet_Change(ByVal Target As Range)
    If Target.Address = Range("B2").Address Then
        Target.Font.ColorIndex = 3
        MsgBox Range("B2").Value
    End If
End Sub
```

①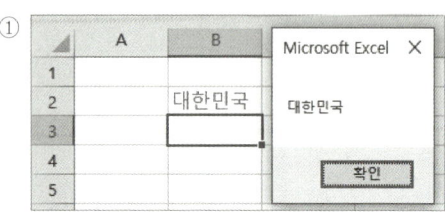

②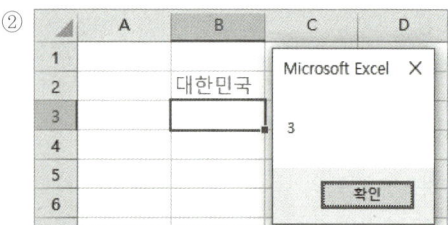

③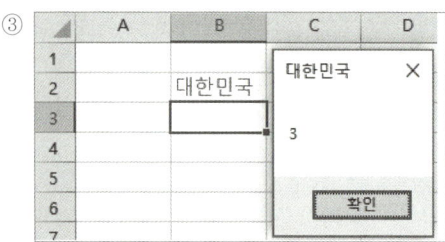

④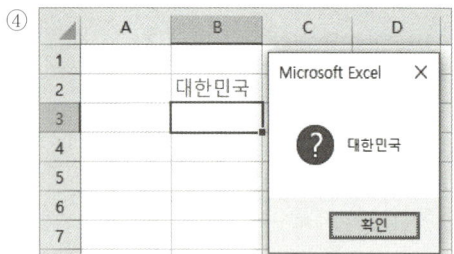

31

다음 워크시트에서 차트 제목을 [B2] 셀의 텍스트와 연결하여 표시하고자 할 때, 차트 제목이 선택된 상태에서 수식 입력줄에 들어갈 내용으로 옳은 것은?

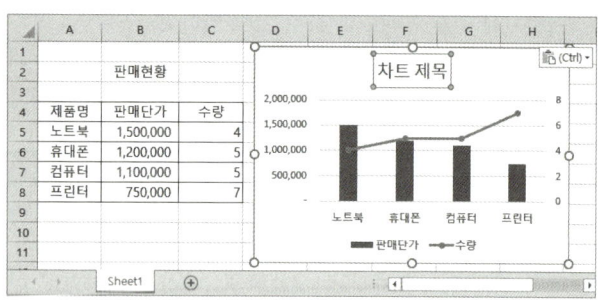

① ='$B$2'
② =B2
③ ='Sheet1'!$B$2
④ =Sheet1!$B$2

32

다음 중 아래 워크시트 (가)를 (나)와 같이 정렬하기 위한 방법으로 옳은 것은?

(가)

	A	B	C	D
1	이름	학년	생년월일	학과
2	나오미	2	19940815	행정학과
3	한누리	2	20000509	연극영화
4	엘레나	3	19951009	국어국문
5	크리스	1	19841104	전자공학

(나)

	A	B	C	D
1	생년월일	이름	학과	학년
2	19940815	나오미	행정학과	2
3	20000509	한누리	연극영화	2
4	19951009	엘레나	국어국문	3
5	19841104	크리스	전자공학	1

① 정렬 옵션을 '왼쪽에서 오른쪽'으로 설정
② 정렬 기준을 '셀 색', 정렬을 '아래쪽에 표시'로 설정
③ 정렬 옵션을 '위쪽에서 아래쪽'으로 설정
④ 정렬 기준을 '셀 색', 정렬을 '위에 표시'로 설정

33

다음 중 학과가 '전자공학' 또는 '건축공학'이고, 점수가 80점 이상인 데이터를 추출하기 위한 고급 필터의 조건식은?

①
학과명	점수
전자공학	>=80
건축공학	2

②
학과명	점수
전자공학	>=80
건축공학	>=80

③
학과명	학과명	점수
전자공학	건축공학	
		>=80

④
학과명	학과명	점수
전자공학		
	건축공학	>=80

34

다음 중 [틀 고정]에 대한 설명으로 옳지 않은 것은?

① 화면을 스크롤해도 특정 행이나 열이 계속 표시되도록 하는 기능이다.
② 화면에 표시되는 틀 고정 형태는 인쇄할 때 적용되지 않는다.
③ 셀 포인터의 위쪽과 왼쪽에 틀 고정 구분선이 생기고, 틀 고정 구분선의 위치는 드래그로 조절이 가능하다.
④ 셀 편집 모드나 페이지 레이아웃 상태에서는 틀 고정 설정이 불가능하다.

35

다음 중 차트의 축에 대한 설명으로 옳지 않은 것은?

① 3차원 꺾은선형 차트는 세 개의 축(가로, 세로, 깊이)에 따라 데이터 요소를 비교한다.
② 거품형 차트와 방사형 차트에서는 기본 가로 축만 표시된다.
③ [축 서식]에서 '값을 거꾸로'로 지정하면 세로 축에 표시되는 값을 거꾸로 나열한다.
④ 가로(항목) 축에서 [축 위치] 옵션은 데이터 표시와 레이블이 축에 표시되는 방식에 영향을 주며, 2차원 영역형 차트, 세로 막대형 차트 및 꺾은선형 차트에 사용할 수 있다.

36

다음 중 숫자 -1386000을 입력한 후, 셀 서식에서 아래의 사용자 지정 표시 형식을 적용했을 때 표시되는 결괏값은?

#,##0.0,"천원";(#,##0.0,"천원");0.0;@"귀하"

① (1,386.0천원)
② 1386.0천원
③ 1386000귀하
④ (-1,386.0천원)

37

아래 워크시트에서 '사원명'이 두 글자이고 점수가 전체 점수의 평균보다 큰 데이터를 필터링하고자 한다. 다음 중 고급 필터 실행을 위한 조건의 입력값은?

	A	B
1	사원명	점수
2	튼마루	85
3	푸르나	90
4	우주	88
5	정수현	85
6	이송이	70
7	소예	80
8	누리보듬	83
9	이진	72
10	모두가람	77

①
사원명	점수
="=??"	=B2>AVERAGE($B$2:$B$10)

②
사원명	조건
="=??"	=B2>AVERAGE($B$2:$B$10)

③
사원명	점수
="=??"	
	=B2>AVERAGE($B$2:$B$10)

④
사원명	조건
="=??"	
	=B2>AVERAGE($B$2:$B$10)

38

다음 중 아래 시트에서 [A8] 셀에 =INDEX(A1:C6,MATCH(MAX(C2:C6),C1:C6,0),2) 수식을 입력했을 때의 결괏값은?

	A	B	C
1	학과명	성명	점수
2	전자공학과	파랑새	100
3	국어국문학과	푸르나	95
4	컴퓨터학과	타코나	95
5	경영학과	진달래	85
6	영어영문학과	이루리	90

① 전자공학과 ② 파랑새
③ 100 ④ 1

39

다음 중 아래 워크시트의 [A1] 셀에 사용자 지정 표시 형식 '#,###,'을 적용했을 때의 결괏값은?

	A
1	3141592

① 3,141 ② 3,142
③ 3 ④ 3141592

40

다음 중 워크시트에 입력된 도형만 제외하고 인쇄하는 방법으로 옳은 것은?

① 입력된 도형을 선택하고 바로 가기 메뉴에서 '크기 및 속성'을 선택한 후 [도형 서식] 창에서 속성 중에 '개체 인쇄'의 체크를 해제한다.
② [페이지 설정] 대화상자의 [시트] 탭에서 '흑백으로' 항목을 체크하고 '확인'을 클릭한다.
③ [페이지 설정] 대화상자의 [시트] 탭에서 '간단하게 인쇄' 항목을 체크하고 '확인'을 클릭한다.
④ [페이지 설정] 대화상자의 [시트] 탭에서 특정 항목을 체크하고 '확인'을 클릭한다.

3과목 데이터베이스 일반

41

다음 중 분양(지역, 건설회사, 가구수, 평수, 경쟁률) 테이블에서 아래와 같은 결과를 표시하는 SQL문은?

지역	건설회사	가구수	평수	경쟁률
서울	백제건설	800	35	6.8
서울	고려건설	700	35	3.0
서울	한국건설	650	45	5.6
수도권	민국건설	800	45	1.9
수도권	한국건설	500	35	3.7
수도권	조건건설	350	45	4.2
수도권	백제건설	300	35	3.1

① SELECT * FROM 분양 ORDER BY 지역 DESC, 가구수 ASC;
② SELECT * FROM 분양 ORDER BY 건설회사 ASC, 평수 DESC;
③ SELECT * FROM 분양 ORDER BY 가구수 DESC, 지역 ASC;
④ SELECT * FROM 분양 ORDER BY 지역 ASC, 가구수 DESC;

42

다음 중 Access 개체에 대한 설명으로 옳지 않은 것은?

① Form 개체의 Refresh 메서드는 포커스를 이동한다.
② Application 개체를 이용해 메서드나 속성을 설정하면 액세스 응용 프로그램 전체에 적용된다.
③ DoCmd 개체는 Access의 매크로 함수를 Visual Basic에서 실행하기 위한 개체이다.
④ Control 개체는 폼이나 보고서에 있거나 연결된 모든 컨트롤을 참조한다.

43

다음 중 아래와 같이 입력 마스크를 설정하였을 때의 설명으로 옳은 것은?

000000-0000000;0

① 입력 자리에 ******-*******과 같이 표시된다.
② 13자리 숫자를 선택적으로 입력할 수 있다.
③ 하이픈(-)은 저장되지 않는다.
④ 13자리 숫자를 입력해야 하며, 문자는 입력할 수 없다.

44

다음 중 [학생] 테이블에서 '점수'가 70 이상인 학생들의 인원 수를 구하는 식은? (단, '학번' 필드는 [학생] 테이블의 기본 키이다)

① =DLookUp("[학생]","[학번]","[점수]>=70")
② =DLookUp("*","[학생]","[점수]>=70")
③ =DCount("[학생]","[학번]","[점수]>=70")
④ =DCount("[학번]","[학생]","[점수]>=70")

45

다음 중 보고서 그룹화에 대한 설명으로 옳지 않은 것은?

① 그룹으로 지정된 필드는 기본적으로 오름차순으로 정렬되지만 사용자가 정렬 기준을 변경할 수 있다.
② 텍스트 형식은 전체 값, 첫 문자, 처음 두 문자, 사용자 지정 문자를 기준으로 그룹화할 수 있다.
③ 페이지의 나머지 공간에 그룹을 표시할 수 없는 경우 다음 페이지에서 그룹이 시작되게 하려면 그룹화 옵션에서 '같은 페이지에 표시 안함'을 지정한다.
④ 그룹 수준을 삭제하면 그룹 머리글 구역이나 그룹 바닥글 구역에 삽입된 모든 컨트롤도 함께 삭제된다.

46

다음 중 특정 데이터를 시각적으로 강조 표시하는 조건부 서식에 대한 설명으로 옳지 않은 것은?

① 지정한 조건 중 세 개의 조건이 참이면 첫 번째 조건의 서식이 적용된다.
② 폼이나 보고서를 다른 파일 형식으로 출력하면 조건부 서식은 해제된다.
③ 컨트롤 값이 변경되어 조건에 만족하지 않으면 적용된 서식이 해제된다.
④ 조건을 지정할 때 와일드카드 문자(?, *)를 사용할 수 있다.

47

다음 중 보고서의 그룹화에 대한 설명으로 옳지 않은 것은?

① '그룹'은 머리글과 같은 소계 및 요약 정보와 함께 표시되는 레코드의 모음으로, 그룹 머리글, 세부 레코드 및 그룹 바닥글로 구성된다.
② 그룹화할 필드가 날짜 데이터이면 전체 값(기본), 일, 주, 월, 분기, 연도 중 선택한 기준으로 그룹화할 수 있다.
③ COUNT(*) 함수를 그룹 머리글이나 그룹 바닥글에 추가하면 Null 필드를 포함한 그룹별 레코드의 개수를 표시한다.
④ 그룹 수준을 삭제해도 그룹 머리글 구역이나 그룹 바닥글 구역에 삽입된 모든 컨트롤은 삭제되지 않는다.

48

다음 중 아래 질의문을 옳게 해석한 것은?

```
SELECT 소속, 이름
FROM 동아리
WHERE 소속 LIKE "KOR*";
```

① 동아리 테이블에서 소속이 KOR을 포함하는 구성원의 소속과 이름을 표시한다.
② 동아리 테이블에서 소속이 KOR로 시작하는 네 글자 구성원의 소속과 이름을 표시한다.
③ 동아리 테이블에서 소속이 KOR로 끝나는 구성원의 소속과 이름을 표시한다.
④ 동아리 테이블에서 소속이 KOR로 시작하는 구성원의 소속과 이름을 표시한다.

49

다음 중 폼 작성 시 사용하는 컨트롤에 대한 설명으로 옳지 않은 것은?

① 레이블 컨트롤은 제목이나 캡션 등의 설명 텍스트를 표현하기 위해 사용된다.
② 텍스트 상자는 바운드 컨트롤로 사용할 수 있으나 언바운드 컨트롤은 사용할 수 없다.
③ 목록 상자 컨트롤은 여러 개의 데이터 행으로 구성되며 대개 몇 개의 행을 항상 표시할 수 있다.
④ 콤보 상자 컨트롤은 선택 항목 목록을 보다 간단한 방식으로 나타내기 위해 화살표가 클릭하기 전까지는 드롭다운 목록에 숨겨져 있다.

50

다음 중 정규화에 대한 설명으로 옳지 <u>않은</u> 것은?

① 정규화를 실행하면 테이블을 여러 개로 나누기 때문에 테이블의 크기가 작아지지만, 모든 테이블의 필드 수가 같아지는 것은 아니다.
② 추가, 갱신, 삭제 등의 작업 시 이상 현상(Anomaly)이 발생하지 않도록 테이블을 분해하는 과정이다.
③ 정규화를 통해 테이블 간의 종속성을 줄일 수 있어 중복을 완전히 제거할 수 있다.
④ 정규화를 실행하면 테이블이 나누어져 최종적으로 일관성을 유지하게 된다.

51

다음 중 기본 키에 대한 설명으로 옳지 <u>않은</u> 것은?

① 릴레이션에서 특정 레코드를 유일하게 구별할 수 있는 필드이다.
② 기본 키에는 Null 값을 입력할 수 없고, 값이 입력되지 않으면 테이블이 저장되지 않는다.
③ 여러 개의 필드를 합쳐서 기본 키를 지정할 수 있으며, 기본 키는 여러 개를 지정할 수 있다.
④ 기본 키로 지정된 필드는 다른 레코드와 같은 값을 가질 수 없다.

52

다음 중 테이블을 만드는 과정에 대한 설명으로 옳지 <u>않은</u> 것은?

① [데이터시트 보기]에서 데이터가 입력된 마지막 열의 필드명 부분을 더블클릭하여 이름을 변경하면 데이터 형식을 선택할 수 있는 바로 가기 메뉴가 표시된다.
② 테이블 [디자인 보기]나 [데이터시트 보기]에서 새로운 필드를 추가할 수 있다.
③ [데이터시트 보기]에서 [추가하려면 클릭] 필드에 데이터를 입력하면 자동으로 '짧은 텍스트'로 형식이 지정된다.
④ [디자인 보기]에서 테이블 디자인을 클릭한 후 바로 가기 메뉴에서 '행 삽입'을 클릭하여 필드를 추가할 수 있다.

53

다음 중 사원(사번, 이름, 나이, 주소) 테이블에서 이름이 '홍길동'인 회원의 주소를 '세종'으로 변경하는 질의문은?

① UPDATE 사원 SET 이름 = '홍길동' WHERE 주소 = '세종';
② UPDATE 사원 SET 주소 = '세종' WHERE 이름 = '홍길동';
③ SELECT 이름, 주소='세종' FROM 사원 WHERE 이름 = '홍길동';
④ INSERT INTO 이름, 주소='세종' FROM 사원 WHERE 이름 = '홍길동';

54

입력값 31415926에 다음의 입력 마스크를 설정했을 때의 결괏값으로 옳은 것은?

① (000)-000-0000 → (003)-141-5926
② #999 → 31415926
③ (999)-000-0000 → (314)-1592-6000
④ 9999-0000 → 3141-5926

55

다음은 보고서 보기 형식에 대한 내용이다. ㉠, ㉡에 해당하는 형식으로 옳게 짝지어진 것은?

> ㉠: 컨트롤 도구를 이용하여 보고서를 만들거나 수정할 수 있으며, 컨트롤의 속성, 맞춤, 위치 등을 설정한다.
> ㉡: 데이터를 보면서 컨트롤의 크기 및 위치를 변경할 수 있지만 데이터를 변경할 수는 없다.

	㉠	㉡
①	레이아웃 보기	디자인 보기
②	디자인 보기	인쇄 미리 보기
③	디자인 보기	레이아웃 보기
④	보고서 보기	디자인 보기

56

다음 중 매크로에 대한 설명으로 옳지 않은 것은?

① 매크로는 하나 이상의 매크로 함수로 구성되고, 각 매크로 함수의 수행 방식을 제어하는 인수를 추가할 수 있다.
② 매크로 함수는 여러 번 반복되는 작업을 자동화하는 기능으로, 모듈에 비해 비교적 간단한 작업을 처리할 수 있다.
③ 매크로 이름을 'Auto'로 저장하면 데이터베이스를 열 때마다 매크로가 실행된다.
④ [매크로 기록] 기능은 엑셀에서는 지원되지만, 액세스에서는 지원되지 않는다.

57

다음 중 보고서의 [페이지 설정] 대화상자에 대한 설명으로 옳지 않은 것은?

① [열] 탭의 '열 레이아웃'에서 열을 인쇄할 방향을 '행 우선'이나 '열 우선'으로 지정할 수 있다.
② [열] 탭에서 열 크기에 대한 너비와 높이를 직접 지정할 수 있다.
③ [열] 탭의 '눈금 설정'에서 여러 열로 구성된 보고서를 인쇄할 때 행 간격, 열 간격을 지정할 수 있으며 한 페이지에 인쇄할 열의 개수는 사용자가 임의로 변경할 수 없다.
④ [열] 탭의 '열 크기'에서 '본문과 같게'를 선택하면 열의 너비와 높이를 보고서 본문의 너비와 높이에 맞춰 인쇄할 수 있다.

58

다음 중 아래 〈분양 현황〉 폼에서 '평수'의 내용을 수정할 수 없도록 설정하는 방법은?

분양 현황				
지역	건설회사	가구수	평수	경쟁률
서울	한국건설	900	25	7.7
부산	나라건설	800	35	6.8
대구	우리건설	700	35	3

① '탭 정지' 속성을 '아니오'로 설정한다.
② '잠금' 속성을 '예'로 지정한다.
③ '표시' 속성을 '아니오'로 설정한다.
④ '사용 가능' 속성을 '아니오'로 설정한다.

59

테이블 디자인의 조회 표시에서 콤보 상자나 목록 상자를 선택하면 여러 가지 속성이 표시된다. 다음 중 속성에 대한 설명으로 옳지 않은 것은?

① 행 원본 유형: '테이블/쿼리', '값 목록', '필드 목록' 중에서 선택한다.
② 바운드 열: 선택한 목록의 여러 열 중 해당 컨트롤이 저장될 열을 지정한다.
③ 컨트롤 표시: 조회 속성을 지정하려면 콤보 상자나 목록 상자를 선택한다.
④ 열 너비: 열이 여러 개인 경우 콜론(:)으로 구분하며, 0인 경우 열이 숨겨진다.

60

다음 중 컨트롤에 대한 설명으로 옳지 않은 것은?

① 토글 단추: 여러 개의 값 중 하나를 선택할 수 있는 컨트롤이다.
② 콤보 상자: 목록에서 한 개의 값을 선택하거나 값을 직접 입력할 수 있는 컨트롤이다.
③ 목록 상자: 목록에서 여러 개의 값을 선택할 수 있지만 직접 입력할 수 없는 컨트롤이다.
④ 레이블: 제목이나 캡션, 설명 등과 같이 고정된 텍스트를 표시하는 컨트롤이다.

답 없이 푸는 제14회 기출변형문제

2023년 시행 상시시험

제한시간: 60분 · 점수: 1과목 ___ / 100점, 2과목 ___ / 100점, 3과목 ___ / 100점

정답과 해설 91쪽

※ 문항당 5점

1과목 컴퓨터 일반

01

다음 중 펌웨어(Firmware)에 대한 설명으로 옳지 않은 것은?

① 하드웨어와 소프트웨어의 중간 형태로, 주로 하드디스크의 부트 레코드 부분에 저장된다.
② 하드웨어를 교체하지 않고 소프트웨어의 업그레이드로 기능을 향상시킬 수 있다.
③ 기계어 처리, 데이터 전송, 부동 소수점 연산, 채널 제어 등의 처리 루틴을 가지고 있다.
④ 하드웨어의 동작을 지시하는 소프트웨어이지만 하드웨어적으로 구성되어 하드웨어의 일부분으로도 볼 수 있다.

02

다음 중 확장명이 COM인 파일로 만들어서 실행 파일 확장명인 EXE보다 먼저 실행되도록 만드는 바이러스 유형은?

① 기생형 바이러스
② 산란형 바이러스
③ 겹쳐쓰기형 바이러스
④ 연결형 바이러스

03

다음 중 CMOS 셋업 프로그램에서 설정할 수 없는 항목은?

① 시스템 암호
② 하드디스크의 타입
③ Windows 로그인 암호 변경
④ 하드디스크나 USB 등의 부팅 순서

04

다음 중 컴퓨터에서 사용하는 자료의 표현에 대한 설명으로 옳지 않은 것은?

① 부동 소수점 방식은 '부호', '지수부', '가수부'로 구분하여 실수를 표현한다.
② 컴퓨터 연산에서 뺄셈을 수행하기 위해 덧셈 연산에 보수를 사용한다.
③ 10진 연산에는 팩(Pack) 형식과 언팩(Unpack) 형식이 사용된다
④ 2진 연산은 부동 소수점 방식보다 표현할 수 있는 범위가 제한적이고, 연산 속도도 느리다.

05

다음 중 네트워크 운영 방식 중 하나인 클라이언트/서버 방식에 대한 설명으로 옳은 것은?

① 중앙 컴퓨터가 모든 단말기에서 요구하는 데이터 처리를 담당하는 방식이다.
② 서버와 클라이언트가 모두 처리 능력을 가지며, 분산 처리 환경에 적합하다.
③ 컴퓨터와 컴퓨터가 동등하게 연결되는 방식으로 각 컴퓨터는 클라이언트인 동시에 서버가 될 수 있다.
④ 한쪽 방향으로만 데이터 전송이 진행된다.

06

다음 중 컴퓨터 보조기억장치로 사용되는 SSD(Solid State Drive)에 대한 설명으로 옳은 것은?

① 반도체를 이용한 컴퓨터 보조기억장치로, 크기가 작고 충격에 강하며, 소음 발생이 없는 대용량 저장장치이다.
② 650nm 파장의 적색 레이저를 사용하여 데이터를 기록한다.
③ 자성 물질을 입힌 금속 원판을 여러 장 겹쳐서 만든 기억 매체로, 충격에 약하다.
④ 4.7~17GB의 저장이 가능한 기억 매체로, 뛰어난 화질과 음질의 멀티미디어 데이터를 저장할 수 있다.

07

다음 중 Windows 10에서 메모리의 용량 부족 문제가 발생했을 때의 해결 방법으로 적절하지 않은 것은?

① 불필요한 프로그램을 종료한다.
② 드라이브 조각 모음 및 최적화를 수행하여 하드디스크의 단편화를 제거한다.
③ 시스템을 재부팅한다.
④ 불필요한 시작 프로그램을 삭제한다.

08

다음 중 고정된 장소가 아니라 이동하면서 초고속 인터넷을 이용할 수 있는 무선 휴대 인터넷 서비스 기술은?

① 와이브로(WiBro)
② 블루투스(Bluetooth)
③ 와이파이(Wi-Fi)
④ 테더링(Tethering)

09

다음 중 프로그래밍 기법에 대한 설명으로 옳지 않은 것은?

① 구조적 프로그래밍: 입력과 출력을 각각 하나씩 처리하는 구조를 가지며, 순서, 선택, 반복의 세 가지 논리 구조를 활용한다.
② 절차적 프로그래밍: 정의된 문법 규칙에 따라 처리 절차를 순서대로 기술하는 프로그래밍 방법이다.
③ 객체 지향 프로그래밍: 객체를 중심으로 프로그래밍하며, 소프트웨어의 재사용성과 유지 보수가 용이하다.
④ 비주얼 프로그래밍: 기호화된 아이콘을 문자 방식의 명령어로 변환하는 프로그래밍 방법이다.

10

다음 중 USB(Universal Serial Bus) 장치에 대한 설명으로 옳지 않은 것은?

① 범용 직렬 장치를 연결시키는 컴퓨터 인터페이스이다.
② 허브를 이용하면 최대 127개의 주변 기기를 연결할 수 있다.
③ 핫 플러그(Hot Plug) 기능은 지원하지 않는다.
④ USB 3.0 단자는 파란색으로 되어 있으며, 하위 버전에서도 호환된다.

11

다음 중 컴퓨터 시스템에서 사용하는 채널(Channel)에 대한 설명으로 옳은 것은?

① 컴퓨터에서 데이터를 주고받는 통로로, 용도에 따라 구분된다.
② 적외선을 이용하여 데이터를 무선으로 전송하는 통신 기술이다.
③ CPU 대신 주변 장치에 대한 입·출력을 관리하는 프로세서로, CPU와 입·출력장치 사이의 속도 차이 때문에 발생하는 문제점을 해결하기 위해 사용된다.
④ CPU와 주기억장치의 속도 차이를 해결하기 위하여 사용된다.

12

다음 중 컴퓨터 운영체제의 운영 방식에 대한 설명으로 옳지 않은 것은?

① 일괄 처리 시스템은 처리할 데이터를 일정 시간 동안 모아서 한번에 처리하는 방식이다.
② 분산 처리 시스템은 다수의 컴퓨터를 연결하는 방식을 통해 단일 작업을 여러 컴퓨터에 분산 처리하여 향상된 성능을 기대할 수 있다.
③ 임베디드 시스템은 한 대의 시스템을 여러 사용자가 동시에 사용하는 방식으로, 처리 시간을 짧은 시간 단위로 나누어 각 사용자에게 순차적으로 할당하여 처리하는 방식이다.
④ 실시간 처리 시스템은 처리할 데이터가 입력될 때마다 즉시 처리하는 방식으로, 각종 예약 시스템이나 은행 업무 등에서 사용될 수 있다.

13

다음 중 네트워크의 구성 형태에 대한 설명으로 옳지 않은 것은?

① 성(Star)형: 통신망의 처리 능력 및 신뢰성이 중앙 컴퓨터의 제어장치에 의존하는 형태이다.
② 계층(Tree)형: 허브를 이용하여 계층적으로 구성한 형태로, 분산 처리 시스템을 구성하는 방식이다.
③ 링(Ring)형: 하나의 통신 회선에 여러 대의 컴퓨터를 연결한 형태로, 단말장치가 고장나더라도 통신망 전체에 영향을 주지 않는다.
④ 망(Mesh)형: 모든 컴퓨터를 그물 모양으로 서로 연결한 형태로, 통신 회선 장애 시 다른 경로로 데이터를 전송할 수 있다.

14

다음 중 컴퓨터에서 사용하는 기억장치에 대한 설명으로 옳지 않은 것은?

① 플래시 메모리(Flash Memory)는 비휘발성 기억장치로, 디지털 카메라와 같은 휴대용 기기에서 대용량 정보를 저장하는 데 주로 사용된다.
② 가상 메모리(Virtual Memory)는 보조기억장치를 주기억장치와 같이 사용하여 컴퓨터 처리 속도를 향상시킨다.
③ 레디부스트(Ready Boost)는 윈도우 운영체제에서 제공하는 기능으로, 시스템의 성능을 향상시키기 위해 USB 메모리를 캐시 전용으로 활용해서 부팅이나 응용 프로그램 실행 속도를 높이는 기능이다.
④ 캐시 메모리(Cache Memory)는 CPU와 주기억장치 사이에 위치하여 두 장치 간의 속도 차이를 줄여 컴퓨터의 처리 속도를 빠르게 하기 위한 메모리이다.

15

다음 중 3D 프린터에 대한 설명으로 옳지 않은 것은?

① 입력한 도면을 기반으로 3차원 입체 물품을 만들어 내는 프린터이다.
② 3D 프린터에 사용되는 기본 인쇄 방식은 레이저 방식과 절단형 방식이 있다.
③ 기계, 건축, 예술, 우주 등 다양한 분야에서 응용되고 있으며, 의료 분야에서도 활발히 활용되고 있다.
④ 인쇄 원리는 잉크를 종이 표면에 분사하여 2D 이미지를 인쇄하는 잉크젯 프린터의 원리와 같다.

16

다음 중 컴퓨터에서 데이터를 주고 받는 통로인 버스(Bus)에 대한 설명으로 옳지 않은 것은?

① 내부 버스는 CPU의 내부에서 레지스터들을 연결하는 버스이다.
② 외부 버스는 CPU와 주변 장치를 연결하는 버스이다.
③ 확장 버스는 메인보드에서 지원하는 기능 외에 다른 기능을 지원하는 장치를 연결하는 버스이다.
④ 외부 버스는 전달하는 신호의 종류에 따라 데이터 버스, 주소 버스, 장치 버스로 구분된다.

17

다음 중 OSI 7계층에서 각 계층별 특징에 대한 설명으로 옳지 않은 것은?

① 응용 계층은 응용 프로세스 간의 정보 교환, 파일 전송 등을 담당한다.
② 표현 계층은 네트워크에서 일관성 있게 데이터를 표현하도록 코드 변환이나, 데이터의 재구성, 암호화 등을 담당한다.
③ 세션 계층에서는 사용자와 전송 계층 간의 인터페이스를 위한 연결을 제공한다.
④ 전송 계층에서는 송·수신 시스템 간의 논리적인 연결과 균일한 서비스를 제공하기 위해 브리지, 스위치의 장치가 사용된다.

18

다음 중 저작권법에 대한 설명으로 적절하지 않은 것은?

① 인간의 사상 또는 감정을 표현한 창작물인 저작물에 대한 배타적·독점적 권리이다.
② 공동저작물의 저작재산권은 저작자가 처음으로 사망한 후 70년간 유효하다.
③ 저작재산권의 보호 기간은 저작자가 사망하거나 저작물을 공표한 다음 해 1월 1일부터 계산한다.
④ 프로그램을 작성하기 위해 사용하는 프로그램 언어, 규약 및 해법에는 저작권법을 적용하지 않는다.

19

다음 중 Windows 10의 [글꼴]에 대한 설명으로 옳지 않은 것은?

① 글꼴 파일의 확장명은 .TTF, .OTF, FON 등이 사용된다.
② 시스템에서 사용하는 글꼴은 'C:\Windows\Fonts' 폴더에 저장되어 있다.
③ 현재 시스템에 설치된 글꼴 종류를 확인하고, 새로운 글꼴을 추가하거나 기존의 글꼴을 삭제할 수 있다.
④ [글꼴] 창에서 특정 글꼴을 선택한 후 '숨기기'를 하면 해당 글꼴을 다른 응용 프로그램에서 사용할 수 없다.

20

다음 중 Windows 10에서 삭제한 파일이나 폴더를 임시 보관하는 장소인 [휴지통]에 대한 설명으로 옳지 않은 것은?

① 휴지통에는 이름, 원래 위치, 삭제된 날짜, 크기, 항목 유형, 수정된 날짜 등의 정보가 표시된다.
② USB 드라이브, 네트워크 드라이브, 하드디스크에서 삭제한 파일은 휴지통에 들어가지 않는다.
③ 휴지통의 용량이 초과되면 보관된 파일 중 가장 오래된 파일부터 자동으로 삭제된다.
④ 하드디스크 드라이브마다 휴지통의 최대 크기를 설정할 수 있다.

2과목 스프레드시트 일반

21

다음 중 과학, 통계 및 공학 데이터와 같은 숫자 값을 표시하고 비교하는 데 주로 사용되며, 두 개의 숫자 그룹을 XY 좌표로 이루어진 하나의 계열로 표시하기에 적합한 차트는?

① 주식형 차트
② 분산형 차트
③ 방사형 차트
④ 영역형 차트

22

다음 중 아래 시트에서 학과별 인원수[H3:H6]를 구하기 위해 [H3] 셀에 입력해야 되는 배열 수식으로 옳지 <u>않은</u> 것은?

	A	B	C	D	E	F	G	H
1								
2		성명	학과명	입학년도	점수		학과별	인원수
3		김두한	국어국문	2020	85		국어국문	2
4		나판수	전자공학	2019	88		전자공학	3
5		김종기	건축공학	2021	90		건축공학	1
6		김영수	전자공학	2020	75		연극영화	1
7		고도석	연극영화	2021	70			
8		박현심	전자공학	2022	80			
9		이기자	국어국문	2023	85			
10								

① {=SUM(($C$3:$C$9=G3)*1)}
② {=SUM(IF($C$3:$C$9=G3,1))}
③ {=COUNT(($C$3:$C$9=G3)*1)}
④ {=COUNT(IF($C$3:$C$9=G3,1))}

23

다음 중 연속적인 위치에 데이터가 입력되어 있는 여러 개의 셀을 범위로 설정한 후 셀 병합을 실행했을 때, 결과로 옳은 것은?

① 데이터가 들어 있는 여러 셀은 셀 보호가 자동으로 설정되어 병합할 수 없다.
② 기존에 입력되어 있던 데이터들이 한 셀에 모두 표시된다.
③ 가장 왼쪽 또는 위쪽의 셀 데이터만 남고 나머지 셀 데이터는 모두 지워진다.
④ 가장 아래쪽 또는 오른쪽 셀 데이터만 남고 나머지 셀 데이터는 모두 지워진다.

24

다음 중 [인쇄] 화면에서 [페이지 설정] 대화상자를 클릭하여 설정할 수 있는 내용으로 옳지 <u>않은</u> 것은?

① 워크시트의 행 머리글과 열 머리글을 포함하여 인쇄할 수 있다.
② '간단하게 인쇄'를 선택하면 워크시트에 삽입된 차트, 도형, 그림, 클립아트 등의 그래픽 요소들을 제외하고 텍스트만 빠르게 인쇄할 수 있다.
③ 시트에 표시된 오류값을 제외하고 인쇄하기 위해서는 [시트] 탭에서 [셀 오류 표시]를 '공백'으로 선택한다.
④ 반복할 행과 반복할 열을 지정하여 인쇄할 수 있다.

25

다음 중 공유 통합 문서에 대한 설명으로 옳지 <u>않은</u> 것은?

① 공유 네트워크 폴더를 이용하여 여러 사용자가 공유된 통합 문서를 공동으로 작업할 수 있게 하는 기능이다.
② 통합 문서가 공유되면 제목 표시줄의 파일명 옆에 '[공유]'가 표시된다.
③ 공유된 통합 문서에서는 입력과 편집이 가능하지만, 조건부 서식, 차트, 시나리오 등을 추가하거나 변경할 수 없다.
④ 공유 통합 문서에서 특정 사용자와 연결이 설정되면 이후에는 상대방의 승인을 얻은 후에 연결을 해지할 수 있다.

26

다음 중 메모(노트)에 대한 설명으로 옳지 <u>않은</u> 것은?

① 새 메모를 작성하려면 바로 가기 키 Shift + F2 를 누르거나 [검토] 탭-[메모] 그룹-[새 메모]를 클릭한다.
② 메모가 항상 표시되도록 설정할 수 있고, 메모에 입력된 텍스트에 맞도록 메모 크기를 자동으로 조정할 수 있다.
③ 피벗 테이블의 셀에 메모를 삽입한 경우 데이터를 정렬하면 메모도 데이터와 함께 정렬된다.
④ 메모는 시트에 표시된 대로 인쇄하거나 시트의 끝에 인쇄할 수 있다.

27

다음 중 데이터 정렬에 대한 설명으로 옳지 <u>않은</u> 것은?

① 빈 셀은 오름차순과 내림차순 정렬 시 항상 마지막에 정렬된다.
② 오름차순 정렬 시 텍스트는 '특수 문자 - 소문자 - 대문자 - 한글' 순으로 정렬된다.
③ 범위에 병합된 셀이 포함되어 있어도 정렬이 가능하다.
④ 오름차순 정렬에서 논리값은 FALSE 다음에 TRUE 순으로 정렬된다.

28

다음 중 아래 워크시트에서 [B1:B4] 영역의 문자열을 [B5] 셀에 목록으로 표시하여 입력하기 위하여 사용하는 키는?

① Alt + Enter
② Shift + Enter
③ Ctrl + ↓
④ Alt + ↓

29

다음 중 VBA의 배열에 대한 설명으로 옳지 <u>않은</u> 것은?

① 1차원 배열은 행, 2차원 배열은 행과 열, 3차원 배열은 면, 행, 열로 이루어진 배열이다.
② 배열의 위치는 0부터 시작하지만 1부터 시작하고자 하는 경우에는 모듈 선언부에 Option Base 1을 선언한다.
③ 배열을 선언할 때는 변수 이름 다음에 따옴표를 붙여 배열의 크기를 지정한다.
④ 배열이란 데이터형이 같은 여러 개의 변수를 하나의 변수로 연결한 것이다.

30

다음 시트에서 [A8] 셀에 =INDEX(A1:C6,MATCH(SMALL(C2:C6,2),C1:C6,0),2) 수식을 입력했을 때, 결괏값으로 옳은 것은?

① 파랑새
② 이루리
③ 타코나
④ 진달래

31

아래 워크시트에서 '마우스'라는 상품의 위치인 3을 찾고자 하는데 만약 상품이 없는 경우 'Not Found'를 반환하고자 한다. 이에 대한 수식으로 옳은 것은?

① =XMATCH("마우스",A2:A6,"Not Found")
② =IFERROR(XMATCH("마우스",A2:A6),"Not Found")
③ =IFERROR(XMATCH(A2:A6,"마우스"),"Not Found")
④ =XMATCH(A2:A6,"마우스","Not Found")

32

다음 중 상태 표시줄에 대한 설명으로 옳지 <u>않은</u> 것은?

① 상태 표시줄은 현재 작업 상태에 대한 기본적인 정보를 표시한다.
② 선택 영역에 대한 평균, 문자 셀 수, 최소값, 최대값 등을 표시할 수 있다.
③ 시트의 보기 상태를 '기본' 보기, '페이지 레이아웃' 보기, '페이지 나누기 미리 보기'로 지정할 수 있다.
④ 확대/축소 슬라이드 바를 이용하여 화면 확대 또는 축소할 수 있다.

33

다음 중 [매크로 기록] 대화상자에 대한 설명으로 옳지 않은 것은?

① 매크로 이름의 첫 글자는 반드시 문자로 지정해야 하며 이름에 공백을 사용할 수 없다.
② 매크로 저장 위치는 '현재 통합 문서', '새 통합 문서', '개인용 매크로 통합 문서' 중에서 선택할 수 있다.
③ 바로 가기 키는 특수 문자와 숫자는 사용할 수 없고, 영문자만 사용 가능하다.
④ 매크로에 대한 설명은 반드시 입력해야 한다.

34

다음 중 아래 데이터를 이용하여 각 구성원들의 과목별 값을 비교하는 차트를 작성하고자 할 때, 적합하지 않은 차트는?

	A	B	C	D
1	성명	국어	영어	수학
2	이루리	90	75	80
3	다스리	85	80	75
4	보르미	88	85	90
5	무지개	55	54	25

① 방사형 차트
② 꺾은선형 차트
③ 세로 막대형 차트
④ 원형 차트

35

아래 워크시트에서 [그림A]는 원본 데이터이고, [그림B]의 [E11] 셀은 [목표값 찾기]가 실행된 결과를 나타내고 있다. 다음 중 워크시트에 대한 설명으로 옳은 것은?

	A	B	C	D	E
1	[그림A]				
2	이름	데이터베이스	텍스트마이닝	데이터분석	평균
3	이두온	58	78	95	77.0
4	박들샘	77	88	99	88.0
5	최라라	65	85	94	81.3
6	하라미	98	57	48	67.7
7					
8	[그림B]				
9	이름	데이터베이스	텍스트마이닝	데이터분석	평균
10	이두온	58	78	95	77.0
11	박들샘	77	94	99	90.0
12	최라라	65	85	94	81.3
13	하라미	98	57	48	67.7

① [목표값 찾기] 대화상자의 '수식 셀'은 목표값을 찾기 위한 수식이 들어있는 셀로, [C11] 셀을 지정하였다.
② 값을 바꿀 셀은 [E11] 셀을 지정하였다.
③ 찾는 값은 90을 지정하였다.
④ 박들샘의 평균이 90이 되기 위하여 필요한 데이터분석 점수를 찾기 위한 것이다.

36

다음 중 엑셀의 [Microsoft Query에서] 가져오기 기능에 대한 설명으로 옳지 않은 것은?

① 외부 데이터베이스에서 여러 테이블을 조인(Join)한 결과를 가져오거나 원본 데이터와 동기화할 수 있는 기능이다.
② 데이터 연결 마법사를 이용하여 여러 테이블을 조인할 수 있다.
③ [Microsoft Query에서]는 외부 데이터를 엑셀로 가져오는 기능이다.
④ SQL, 쿼리 파일, OLAP 큐브 파일을 가져올 수 있다.

37

다음 중 [페이지 설정] 대화상자에 대한 설명으로 옳지 <u>않은</u> 것은?

① [여백] 탭에서 세로 방향의 가운데 맞춤 기능은 지원하지 않는다.
② [시트] 탭에서 '눈금선'의 표시 여부를 지정할 수 있다.
③ [머리글/바닥글] 탭에서 짝수 페이지와 홀수 페이지의 머리글 및 바닥글을 다르게 지정할 수 있다.
④ [페이지] 탭에서 '용지 너비'와 '용지 높이'에 모두 '1'을 설정하면 여러 페이지를 한 페이지에 인쇄할 수 있다.

38

다음 시트에서 [A3] 셀에 =SUBSTITUTE(A2,"38","999",1)의 수식을 입력한 경우 표시되는 결과로 옳은 것은?

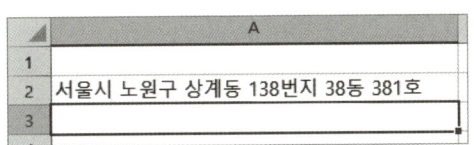

① 서울시 노원구 상계동 138번지 999동 381호
② 서울시 노원구 상계동 138번지 38동 9991호
③ 서울시 노원구 상계동 1999번지 38동 381호
④ 서울시 노원구 상계동 1999번지 999동 9991호

39

다음 중 피벗 테이블 필드의 그룹 설정에 대한 설명으로 옳지 <u>않은</u> 것은?

① 그룹을 해제하려면 그룹으로 설정된 영역의 바로 가기 메뉴에서 [그룹 해제]를 선택하여 실행할 수 있다.
② 그룹 만들기는 특정 필드를 일정한 단위로 묶어 표현할 때 사용하는 것으로 문자, 숫자, 날짜, 시간으로 된 필드에서 사용할 수 있다.
③ 숫자 필드일 경우에는 [그룹화] 대화상자에서 시작, 끝, 단위를 지정해야 한다.
④ 문자 필드일 경우에는 [그룹화] 대화상자에서 그룹 이름을 반드시 지정해야 한다.

40

다음 중 아래 워크시트에서 배열 상수 형태로 배열 수식이 입력되어 있을 때, [A5] 셀에서 =SUM(A1,B2)를 실행한 결괏값은?

	A	B	C
1	={3,6,9;2,4,6}	={3,6,9;2,4,6}	={3,6,9;2,4,6}
2	={3,6,9;2,4,6}	={3,6,9;2,4,6}	={3,6,9;2,4,6}

① 3
② 5
③ 7
④ 9

3과목　데이터베이스 일반

41

다음 중 우편 레이블 보고서 작성에 대한 설명으로 옳지 <u>않은</u> 것은?

① 우편물 발송을 위한 레이블을 작성하는 기능으로서 반드시 우편번호와 주소가 들어가야 한다.
② 레이블 형식은 낱장 용지나 연속 용지를 선택할 수 있다.
③ 보고서의 특정 필드에 고정적으로 출력할 내용을 추가하여 출력할 수 있다.
④ 레이블의 크기는 선택하거나 사용자가 직접 지정할 수 있다.

42

수강생 명단(학번, 이름, 연락처, 사진) 테이블에서 사진 필드에 회원 사진을 저장하려고 할 때 가장 적절한 데이터 형식은?

① 하이퍼링크
② 첨부 파일
③ 일련 번호
④ 통화 형식

43

다음 중 하위 폼에 대한 설명으로 옳지 않은 것은?

① 여러 개의 연결 필드를 지정할 때는 필드 이름을 세미콜론(;) 구분하여 입력한다.
② 테이블 간에 관계가 설정되어 있지 않은 경우에도 하위 폼으로 연결할 수 있다.
③ 하위 폼은 폼 안에 삽입된 또 하나의 폼을 의미하고, 별도의 독립된 형태로도 열 수 있다.
④ 기본 폼은 '단일 폼', '연속 폼', '데이터시트' 형태로 표시할 수 있지만 하위 폼은 '단일 폼'으로만 표시할 수 있다.

44

다음 중 개체 관계(Entity Relationship) 모델링에 대한 설명으로 옳지 않은 것은?

① 쉽게 개념적 설계를 하는 방법으로, 1976년에 피터 첸(Peter Chen)이 제안하였다.
② E-R 모델은 데이터를 개체(Entity), 속성(Attribute), 관계(Relationship)로 묘사한다.
③ 개체와 관계를 도식으로 표현하여 현실 세계를 개념적으로 모델링한 결과물을 시각적으로 표현한 것이다.
④ '개체'는 독립적으로 존재하면서 고유하게 식별할 수 있는 실제의 객체나 개념을 나타낸다.

45

다음 중 E-R 다이어그램의 구성 요소와 표현이 옳지 않게 짝 지어진 것은?

① 개체 타입-사각형
② 관계 타입-마름모
③ 속성 타입-타원
④ 개체 타입과 속성 연결-화살표

46

다음 중 폼에 대한 설명으로 옳지 않은 것은?

① 테이블, 쿼리, SQL을 원본으로 하여 데이터의 입력, 수정, 삭제, 조회 등의 작업을 편리하게 수행할 수 있도록 지원하는 개체이다.
② 이벤트 속성을 설정하여 매크로와 모듈이 특정 기능을 수행할 수 있다.
③ 폼은 데이터가 연결되지 않는 '바운드 폼'과 연결된 '언바운드 폼'으로 구분한다.
④ '자동 가운데 맞춤' 속성을 사용하여 폼을 열 때 자동으로 중앙 정렬하여 표시할 수 있다.

47

다음 중 기본 키(Primary Key)에 대한 설명으로 옳지 않은 것은?

① 데이터가 이미 입력된 필드도 기본 키로 지정할 수 있다.
② 하나 이상의 관계가 있는 테이블의 기본 키를 제거하려면 관계를 먼저 삭제해야 한다.
③ 다른 테이블의 속성을 참조하는 키로서 참조된 테이블에 존재하는 값이어야 한다.
④ 기본 키 필드에는 Null 값을 입력할 수 없고, 값이 입력되지 않으면 테이블이 저장되지 않는다.

48

다음 SQL문에서 사용된 BETWEEN 연산의 의미로 옳은 것은?

SELECT * FROM 성적
WHERE (점수 BETWEEN 90 AND 95)
　　　AND 학과 = 'AI응용';

① 점수 >= 90 AND 점수 <= 95
② 점수 > 90 AND 점수 < 95
③ 점수 > 90 AND 점수 <= 95
④ 점수 >= 90 AND 점수 < 95

49

다음 중 아래와 같은 식을 입력하였을 때 설명으로 옳지 않은 것은?

=Format(Date( ),"mm/dd")

① Date는 현재 시스템의 날짜와 시간을 표시하는 함수이다.
② Format은 값을 지정된 형식으로 표시하는 함수이다.
③ 오늘 날짜가 '2024-07-06'이면 '07/06'으로 표시된다.
④ 컨트롤에 입력되는 식은 '='으로 시작해야 한다.

50

다음 중 정규화에 대한 설명으로 옳지 않은 것은?

① 추가, 갱신, 삭제 등의 작업 시 이상 현상(Anomaly)이 발생하지 않도록 테이블을 분해하는 과정이다.
② 정규형은 제1정규형에서 제5정규형까지 있으며 반드시 제5정규형까지 완료되어야 한다.
③ 정규화를 실행하는 목적 중 하나는 데이터 중복의 최소화이다.
④ 정규화를 실행하면 테이블이 여러 개로 나누어져 테이블의 크기가 작아지지만 모든 테이블의 필드 수가 같아지는 것은 아니다.

51

어떤 〈학생〉 테이블의 '학과' 필드에 '컴퓨터공학' 학생 30명, 'AI응용' 학생 30명, '빅데이터' 학생 30명의 정보가 저장되어 있다. 다음 SQL문의 실행 결과 ㉠과 ㉡에 들어갈 튜플 수는?

㉠ SELECT 학과 FROM 학생
㉡ SELECT DISTINCT 학과 FROM 학생

	㉠	㉡
①	3	3
②	30	3
③	90	3
④	90	90

52

다음 중 폼을 [디자인 보기]나 [데이터시트 보기]로 열기 위해 사용하는 매크로 함수는?

① Open Form
② Open Report
③ Run Macro
④ Quit Access

53

다음 중 보고서의 각 구역에 대한 설명으로 옳지 않은 것은?

① 페이지 머리글 영역에는 필드 제목 등을 삽입하며, 모든 페이지의 맨 위에 출력된다.
② 그룹 머리글/바닥글 영역에는 일반적으로 그룹별 이름, 요약 정보를 삽입한다.
③ 보고서 바닥글 영역은 전체 데이터에 대한 합계와 같은 요약 정보를 나타내는 데 사용되며 보고서의 모든 페이지에 출력된다.
④ 본문 영역은 실제 데이터가 레코드 단위로 반복 출력되는 부분이다.

54

다음 중 폼 바닥글에 있는 텍스트 상자의 컨트롤 원본으로 〈학생〉 테이블에서 학과가 '전자공학'인 레코드들의 점수 평균을 구하는 함수식은?

① =DAVG("[점수]","[학생]","[학과]='전자공학'")
② =DAVG("[학생]","[점수]","[학과]='전자공학'")
③ =AVG("[점수]","[학생]","[학과]='전자공학'")
④ =AVG("[학생]","[점수]","[학과]='전자공학'")

55

다음 중 콤보 상자의 속성에 대한 설명으로 옳지 않은 것은?

① 기본값: 컨트롤에 연결할 데이터를 지정한다.
② 바운드 열: 여러 열 중 해당 컨트롤에 저장되는 열을 지정한다.
③ 사용 가능: 컨트롤에 포커스를 이동할 수 있는지 지정한다.
④ 잠금: 컨트롤의 데이터를 보호하기 위해 수정할 수 없도록 지정한다.

56

다음 중 보고서에서 순번 항목과 같이 그룹 내의 데이터에 대한 일련 번호를 표시하기 위해 텍스트 상자 컨트롤의 속성을 설정하는 방법으로 옳은 것은?

① 텍스트 상자의 컨트롤 원본을 '=1'로 지정하고, 누적 합계 속성을 '그룹'으로 지정한다.
② 텍스트 상자의 컨트롤 원본을 '+1'로 지정하고, 누적 합계 속성을 '그룹'으로 지정한다.
③ 텍스트 상자의 컨트롤 원본을 '=1'로 지정하고, 누적 합계 속성을 '모두'로 지정한다.
④ 텍스트 상자의 컨트롤 원본을 '+1'로 지정하고, 누적 합계 속성을 '모두'로 지정한다.

57

다음 중 아래 〈매출〉 테이블에 대해 함수를 적용한 결과로 옳지 않은 것은?

[매출]

제품	수량	금액
딸기	20	2000
바나나	Null	3000
자몽	30	2500
유자	Null	4500
커피	10	2000

① =Count([수량]) → 5
② =Avg([수량]) → 20
③ =Max([금액]) → 4500
④ =Sum([수량]) → 60

58

다음 중 매크로 함수에 대한 설명으로 옳지 않은 것은?

① FindRecord: 특정한 조건에 맞는 첫 번째 레코드를 검색한다.
② MessageBox: 사용자에게 필요한 메시지를 화면에 표시하고, 경고음을 설정할 수 있다.
③ ApplyFilter: 테이블이나 쿼리로부터 레코드를 필터링하거나 정렬한다.
④ FindNextRecord: 커서를 특정 레코드로 이동한다.

59

다음 중 폼의 탭 순서(Tab Order) 지정에 대한 설명으로 옳지 않은 것은?

① [폼 보기]에서 Tab 이나 Enter 를 눌렀을 때 포커스(Focus)의 이동 순서를 지정하는 것이다.
② 해당 컨트롤의 '탭 정지' 속성에서 '예'를 선택하면 탭 순서에서 제외된다.
③ 기본적으로는 컨트롤을 작성한 순서대로 탭 순서가 설정되고 선이나 레이블에는 설정할 수 없다.
④ 컨트롤의 '탭 정지' 속성이 '예'로 설정된 경우에만 Tab 이나 Enter 를 이용하여 포커스를 이동할 수 있다.

60

〈제품〉 테이블에 있는 '잔고' 필드를 참조하려고 한다. 참조 형식으로 옳은 것은?

① [Forms]@[제품]@[잔고]
② [Forms]![제품]![잔고]
③ [Forms]@[제품]![잔고]
④ [Forms]![제품]@[잔고]

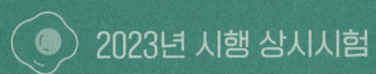

답 없이 푸는 제15회 기출변형문제

● 제한시간: 60분 ● 점수: 1과목 ____ / 100점, 2과목 ____ / 100점, 3과목 ____ / 100점   정답과 해설 98쪽

※ 문항당 5점

1과목 컴퓨터 일반

01

다음 중 스트리밍(Streaming)에 대한 설명으로 옳은 것은?

① 전송되는 데이터를 끊임없이 지속적으로 처리하기 때문에 파일을 다운로드하면서 재생할 수 있는 기능이다.
② 음성 신호나 영상 신호를 디지털 신호로 변환하는 코더(Coder)와 그 반대로 변환시켜 주는 디코더(Decoder)의 기능을 함께 갖춘 기술이다.
③ 컴퓨터를 이용하여 음악을 제작, 녹음, 편집하는 작업을 의미한다.
④ MPEG-4와 MP3를 재조합한 것으로 DVD와 유사한 수준의 화질로 영상을 볼 수 있게 지원한다.

02

다음 중 정보보안에서 공개키 암호화 기법에 대한 설명으로 옳지 않은 것은?

① 공개키 암호화 기법에서 사용되는 대표적인 알고리즘으로 RSA가 있다.
② RSA 알고리즘에서 사용되는 키 중 복호화에 사용되는 키는 개인키이다.
③ 알고리즘이 복잡하여 암호화와 복호화 속도가 상대적으로 느릴 수 있다.
④ 키의 분배가 용이하고, 관리해야 할 키의 수가 상대적으로 많다.

03

트래픽이 높은 웹 사이트는 네트워크상에서 데이터 전송량이 증가하여 접속이 어렵고 속도가 저하되는 문제를 겪을 수 있다. 다음 중 이를 방지하기 위해 자신이 가진 정보를 여러 곳에 복사하여 저장시켜 놓는 인터넷 서비스는?

① 포털 사이트
② 미러 사이트
③ Meta Mall
④ WAP

04

다음 중 인터넷상의 보안을 위협하는 행위에 대한 설명으로 옳지 않은 것은?

① 크래킹(Cracking)은 불법적인 방법으로 다른 사람의 시스템에 침입하여 정보를 탈취하거나 정보의 내용을 자신의 이익에 맞게 변경하는 것이다.
② 훅스(Hoax)는 이메일이나 인터넷 메신저, 문자메시지 등에 거짓 정보나 괴담 등을 실어 사용자를 속이는 가짜 정보이다.
③ 키로거(Key Logger)는 키보드상의 키 입력을 기록하는 프로그램을 이용하여 ID나 암호와 같은 개인정보를 탈취하는 것이다.
④ 스푸핑(Spoofing)은 네트워크 주변을 돌아다니며 상대방의 패킷을 엿보면서 계정과 패스워드를 알아내는 행위이다.

05

다음 중 그래픽에서 사용되는 비트맵(Bitmap) 방식의 파일 형식에 대한 설명으로 옳은 것은?

① 이미지의 크기를 확대해도 화질에 손상이 없다.
② 점과 점을 연결하는 직선이나 곡선을 이용하여 이미지를 구성한다.
③ 대표적인 파일 형식에는 AI, WMF 등이 있다.
④ 픽셀로 이미지를 표현하며, '래스터(Raster) 이미지'라고도 한다.

06

다음 중 Windows 10의 [그림판]에 대한 내용으로 옳지 않은 것은?

① 그림판의 기본 파일 확장명은 .BMP이다.
② 파일 확장명을 .JPG, .GIF, .TIF 등으로 저장할 수 있다.
③ 그림판에서 그림을 그린 후에 다른 문서에 붙여넣기 하거나 바탕 화면 배경으로 지정할 수 있다.
④ 레이어 기능은 이용할 수 없다.

07

다음 중 테더링(Tethering) 기술에 대한 설명으로 옳은 것은?

① 이동 중에도 빠른 인터넷을 이용할 수 있는 무선 휴대 인터넷 서비스이다.
② 컴퓨터나 노트북 등의 IT 기기를 스마트폰에 연결하여 무선으로 인터넷을 공유하는 기능이다.
③ 이동통신망이나 위성 신호 등을 이용하여 모바일 단말기의 위치를 측정하고, 정보 서비스를 제공하는 모바일 커뮤니케이션 서비스이다.
④ 휴대폰, 노트북, 이어폰, 헤드폰 등의 휴대용 기기들을 근거리에서 서로 연결하여 정보를 교환하는 무선 기술 표준이다.

08

다음 중 바탕 화면의 바로 가기 메뉴에서 [개인 설정]에 대한 설명으로 옳지 않은 것은?

① 바탕 화면의 배경 화면은 '사진', '단색', '슬라이드 쇼' 중에서 설정할 수 있다.
② 바탕 화면에 표시되는 아이콘들은 변경이 가능하며, 한 번 삭제된 아이콘은 다시 표시할 수 없다.
③ 테마는 바탕 화면의 배경, 색, 소리, 마우스 커서 등을 하나의 그룹으로 묶어 놓은 것이다.
④ 잠금 화면의 배경도 사용자가 변경할 수 있다.

09

다음 중 바이러스에 대한 설명으로 옳지 않은 것은?

① 의심스러운 이메일은 내용을 확인한 후 반드시 삭제해야 한다.
② 소프트웨어뿐만 아니라 하드웨어의 성능에도 영향을 미칠 수 있으므로 주의가 필요하다.
③ 인터넷과 USB 메모리 등 외부에서 가져온 파일을 통해서도 감염될 수 있는 위험이 있다.
④ 웜(Worm)은 감염 대상을 갖고 있지는 않지만 연속적으로 복제하여 시스템의 부하를 높이는 악성 프로그램이다.

10

다음 중 자료 구성 단위에 대한 설명으로 옳지 않은 것은?

① 워드(Word)는 CPU가 한 번에 처리할 수 있는 명령 단위이다.
② 레코드는 여러 개의 필드가 모여서 구성된 단위이다.
③ 컴퓨터에서 사용하는 자료의 구성 단위를 작은 것부터 나열하면 '비트-바이트-워드-필드-레코드' 순서이다.
④ 니블(Nibble)은 8개의 비트가 모여 1개의 니블을 구성한다.

11

다음 중 네트워크 관련 장비인 라우터(Router)에 대한 설명으로 옳지 않은 것은?

① 데이터 전송을 위한 최적의 IP 경로를 찾아 전송하는 장치이다.
② OSI 7계층에서 네트워크 계층에서 사용된다.
③ 디지털 신호의 장거리 전송을 위해 수신한 신호를 재생하거나 출력 전압을 높여 전송하기 위한 장치이다.
④ RIP(Routing Information Protocol)는 소규모 네트워크에서 효율적인 라우팅 프로토콜이고, OSPF(Open Shortest Path First)는 대규모 네트워크에서 많이 사용하는 라우팅 프로토콜이다.

12

다음 중 XML을 기반으로 하고 휴대폰이나 PDA, 그리고 양방향 호출기와 같은 무선 단말기에서 텍스트 기반의 콘텐츠를 제공하기 위해 사용하는 마크업 언어는?

① HTML
② VRML
③ WML
④ SGML

13

다음 중 HDD와 비교할 때 SSD에 대한 설명으로 옳지 않은 것은?

① 자기디스크를 이용하는 기억장치로, 초고속 메모리 칩에 데이터를 저장하는 방식이다.
② 하드디스크보다 속도가 빠르고 외부의 충격에도 강하다.
③ 소형화, 경량화가 가능하다는 장점이 있다.
④ 기계적 지연이나 오류의 확률이 적다.

14

다음 중 HTTP 프로토콜에 대한 설명으로 옳지 않은 것은?

① HyperText Transfer Protocol의 약어로, 하이퍼텍스트 웹 문서를 전송하는 통신 규약이다.
② 일반적으로 HTTP 서비스는 80번 포트를 사용한다.
③ 인터넷 환경에서 파일을 송수신할 때 사용되는 원격 파일 전송 프로토콜이다.
④ TCP 프로토콜을 이용하여 HTML 문서를 전송하는 프로토콜이다.

15

다음 중 JPEG 파일 형식에 대한 설명으로 옳지 않은 것은?

① 손실 압축 기법과 무손실 압축 기법을 모두 사용하는 형식이다.
② 8비트 알파 채널을 이용하여 이미지에 부드러운 투명층을 표현할 수 있다.
③ 평균 25:1의 압축률을 가지며, 사용자가 원하는 압축률로 이미지를 저장할 수 있다.
④ 압축률이 높을수록 이미지의 질이 저하될 수 있다.

16

다음 중 BIOS(Basic Input Output System)에 대한 설명으로 옳지 않은 것은?

① 기본 입·출력장치나 메모리 등 하드웨어 작동에 필요한 소프트웨어이다.
② 기본 입·출력장치나 메모리 등 하드웨어의 상태를 확인하고 이상 유무를 검사한다.
③ BIOS는 메인보드에 위치한 EPROM, 혹은 플래시 메모리 칩에 저장되어 있다.
④ 주기억장치의 접근 속도 개선을 위해 가상 메모리의 페이징 파일 크기를 설정할 수 있다.

17

다음 중 Windows 10의 [제어판]-[접근성 센터]에 대한 설명으로 옳지 않은 것은?

① [돋보기]는 화면에서 원하는 영역을 확대하여 크게 표시하는 기능이다.
② [다중 디스플레이]를 설정하여 두 대의 모니터에 화면을 확장하여 표시할 수 있다.
③ [내레이터]를 실행하면 화면의 텍스트를 읽어주도록 설정할 수 있다.
④ [화상 키보드]를 실행하여 키보드가 화면에 표시되어 내용 입력이 가능하다.

18

다음 중 Windows 10 제어판에서 [시스템]-[정보]의 [시스템 보호] 탭에 대한 설명으로 옳지 않은 것은?

① 컴퓨터 설명, 작업 그룹 등을 확인하거나 변경한다.
② 컴퓨터를 이전 복원 지점으로 되돌려서 시스템 변경을 취소하는 기능이다.
③ 시스템 복원은 사용자 문서, 사진 또는 개인 데이터에는 영향을 주지 않는다.
④ 시스템 복원 시 Windows Update에 의한 변경 사항도 복원한다.

19

다음 중 네트워크 장치에 대한 설명으로 옳지 않은 것은?

① 모뎀(MODEM)은 네트워크에서 여러 대의 컴퓨터를 연결하고 각 회선을 통합 관리하는 장치이다.
② 라우터(Router)는 네트워크에서 패킷의 최적 경로를 결정하여 전송하는 장치이다.
③ 리피터(Repeater)는 약해진 신호를 증폭하여 다음 구간으로 전달하는 장치이다.
④ 게이트웨이(Gateway)는 서로 다른 통신 네트워크를 연결하는 데 사용되며, 프로토콜 변환 등의 다양한 기능을 수행한다.

20

다음 중 Windows 10에서 하드디스크의 용량 부족 문제가 발생하였을 때의 해결 방법으로 적절하지 않은 것은?

① 디스크 정리를 실행하여 불필요한 파일을 삭제한다.
② 휴지통 비우기를 실행하여 휴지통에 있는 모든 파일을 완전히 삭제한다.
③ 사용 빈도가 낮은 파일은 외부 저장매체에 백업한 후 하드디스크에서 삭제한다.
④ 드라이브 조각 모음 및 최적화를 실행하여 하드디스크의 단편화를 최소화한다.

2과목 스프레드시트 일반

21

다음 중 바닥글 영역에 페이지 번호를 인쇄하도록 설정한 여러 개의 시트를 출력하면서 전체 출력물의 페이지 번호가 일련번호로 이어지게 하는 방법으로 옳지 않은 것은?

① 각 시트의 [페이지 설정] 대화상자에서 '시작 페이지 번호'를 일련번호에 맞게 설정한 후 인쇄한다.
② [인쇄]의 '설정'을 '전체 통합 문서 인쇄'로 선택하여 인쇄한다.
③ 전체 시트를 그룹으로 설정한 후 인쇄한다.
④ 각 시트의 [페이지 설정] 대화상자에서 '일련번호로 출력'을 선택한 후 인쇄한다.

22

다음 중 매크로를 작성하고 사용하는 방법에 대한 설명으로 옳지 않은 것은?

① 매크로는 기본적으로 절대 참조로 기록된다.
② 매크로 이름의 첫 글자는 반드시 문자로 지정해야 하고 공백을 포함할 수 있다.
③ 실행하려는 작업을 완료하는 데 필요한 모든 단계가 매크로 레코더에 기록되며, 리본 메뉴에서의 탐색은 기록된 단계에 포함되지 않는다.
④ [매크로 기록] 대화상자에 설명을 반드시 입력해야 하는 것은 아니다.

23

다음 중 배열 상수에 대한 설명으로 옳지 않은 것은?

① 배열 상수는 배열 수식에서 사용하는 인수로서 숫자, 텍스트, 논리값, 오류값, 수식 등을 사용할 수 있다.
② 같은 배열 상수에 다른 종류의 값을 사용할 수 있다.
③ $, 괄호, %, 길이가 다른 행이나 열, 셀 참조는 배열 상수로 사용할 수 없다.
④ 열은 쉼표(,)로 행은 세미콜론(;)으로 구분한다.

24

다음 중 수식의 결과가 나머지 셋과 다른 것은?

	A	B
1	제품명	수량
2	노트북	5
3	컴퓨터	#N/A
4	냉장고	20
5	세탁기	FALSE
6	모니터	30

① =CHOOSE(N(B5)+1,A2,A3,A4,A5,A6)
② =CHOOSE(CELL("contents",B2)/5,A2,A3,A4,A5,A6)
③ =CHOOSE(ROWS(A2:B6),A2,A3,A4,A5,A6)
④ =CHOOSE(TYPE(B4),A2,A3,A4,A5,A6)

25

다음 중 셀 포인트의 이동에 대한 설명으로 옳지 않은 것은?

① Ctrl+End를 누르면 데이터가 입력된 마지막 셀로 이동한다.
② Ctrl+PageUp을 누르면 이전 워크시트로 이동한다.
③ Alt+PageDn을 누르면 한 화면 오른쪽으로 이동한다.
④ Ctrl+Shift+Home을 누르면 [A1] 셀로 이동한다.

26

다음 중 [시나리오 추가] 대화상자에 대한 설명으로 옳지 않은 것은?

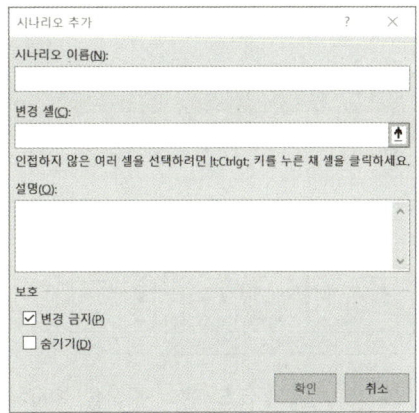

① [데이터] 탭-[예측] 그룹-[가상 분석]-[시나리오 관리자] 대화상자에서 [추가] 단추를 클릭하면 표시되는 대화상자이다.
② '숨기기'를 선택하면 설정된 모든 시나리오를 잠시 보이지 않게 지정할 수 있다.
③ 워크시트가 보호되는 경우 시나리오를 편집하지 않도록 '변경 금지'를 선택한다.
④ '변경 셀'은 변경 요소가 되는 값의 그룹이며, 하나의 시나리오에 최대 32개까지 지정할 수 있다.

27

다음 중 워크시트의 [데이터]-[개요]에 대한 설명으로 옳지 않은 것은?

① 그룹별로 요약된 데이터에 설정된 개요를 제거하면 윤곽 기호와 함께 요약 정보가 표시된 원본 데이터도 삭제된다.
② 부분합을 제거하면 부분합과 함께 표에 삽입된 개요 및 페이지 나누기도 모두 제거된다.
③ 한 번에 한 개의 함수를 계산하므로 함수를 추가하려면 부분합을 중첩해서 실행해야 한다.
④ 윤곽 기호가 표시되지 않는 경우 [Excel 옵션]-[고급]에서 설정할 수 있다.

28

다음 워크시트는 기간과 이율에 따른 월불입액의 변화를 표의 형태로 나타낸 것이다. 이와 같은 데이터 표 작업에 대한 설명으로 옳지 않은 것은? (단, 월불입액 계산 수식은 '=PMT(B3/12, B2*12,−B4)'이다)

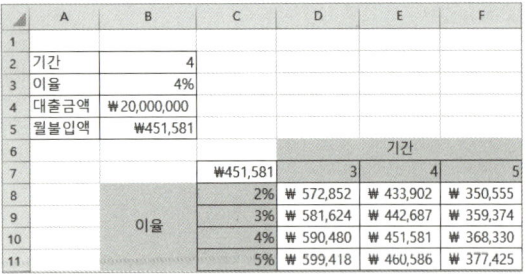

① [C7] 셀에 '=B5'를 입력하거나 [B5] 셀의 수식을 복사하여 붙여넣기를 한다.
② 대출금액(B4)이 변경되면 수동 계산으로 F9를 눌러야 [D8:F11] 영역의 월불입액도 변경된다.
③ [데이터 표] 대화상자에서 '행 입력 셀'에 [B2], '열 입력 셀'에 [B3]을 입력한다.
④ [C7:F11] 영역을 선택하고, [데이터]-[예측]-[가상 분석]-[데이터 표]를 선택하여 실행한다.

29

다음 중 아래 시트에서 주문금액이 50,000 이상인 제품의 개수를 구하는 배열 수식으로 옳지 않은 것은? (단, 주문금액은 '단가×수량'으로 계산한다)

	A	B	C
1	메뉴	단가	수량
2	꼬마김밥	1,200	10
3	햄김밥	4,300	15
4	참치김밥	3,500	12
5	멸치김밥	4,000	13

① {=SUM(IF(B2:B5*C2:C5>=50000,1))}
② {=COUNT((B2:C2*B5:C5>=50000)*1)}
③ {=SUM((B2:B5*C2:C5>=50000)*1)}
④ {=COUNT(IF(B2:B5*C2:C5>=50000,1))}

30

다음 중 데이터 입력에 대한 설명으로 옳지 않은 것은?

① 숫자 앞에 작은따옴표(')를 붙이면 문자로 인식한다.
② 분수를 입력할 때는 앞에 0을 입력한 후 한 칸 띄고 분수를 입력한다.
③ 현재 날짜를 입력하려면 Ctrl + Shift + ;를 누른다.
④ 날짜의 연도를 두 자리로 입력할 때 연도가 30 이상이면 1900년대로, 29 이하이면 2000년대로 인식한다.

31

다음 중 아래 [그림]과 같이 데이터가 입력된 워크시트에서 '문제' 폼 코드를 실행했을 때 표시되는 메시지 박스로 옳은 것은?

[그림]

	A	B	C
1	학과명	성명	점수
2	전자공학과	파랑새	100
3	국어국문학과	푸르나	95
4	컴퓨터학과	타코나	95
5	경영학과	진달래	85
6	영어영문학과	이루리	90

```
Sub 문제( )
    Dim disp As Range
        Set disp = Range("A1").CurrentRegion.Cells
        MsgBox disp.Address & "영역", 64, "셀주소"
End Sub
```

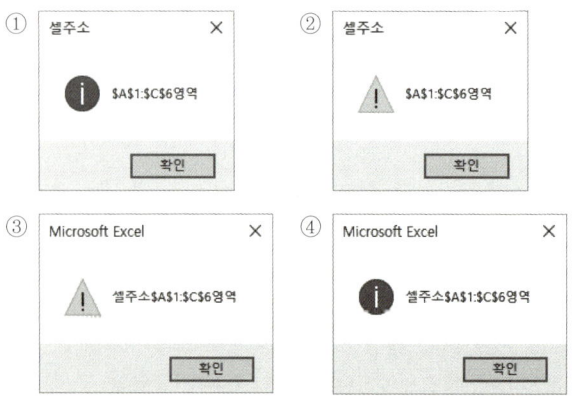

32

다음 중 [C2] 셀을 삭제하기 위해 아래와 같은 대화상자를 표시하는 단축키는?

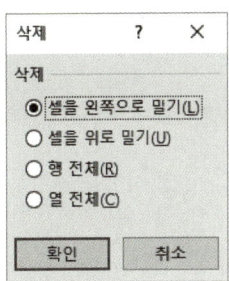

① Ctrl + +
② Ctrl + −
③ Shift + +
④ Shift + −

33

아래 워크시트에서 성취도[C2:C6]는 성취율[B2:B6]을 10%로 나눈 값만큼 표시한 것이다. 성취율이 60%를 초과하면 "♥"을, 그 외는 "♡"을 반복하여 표시하고자 한다. 다음 중 이를 위한 수식으로 옳은 것은?

	A	B	C
1	이름	성취율	성취도
2	김양배	88%	♥♥♥♥♥♥♥♥
3	고진덕	46%	♡♡♡♡
4	문민환	72%	♥♥♥♥♥♥♥
5	김재철	55%	♡♡♡♡♡
6	정군호	85%	♥♥♥♥♥♥♥♥

① =REPLACE(QUOTIENT(B2,10%),IF(B2>60%,"♥","♡"))
② =REPLACE(QUOTIENT(B2,10%),IF(B2>60%,"♥","♡"))
③ =REPLACE(IF(B2>60%,"♥","♡"),QUOTIENT(B2,10%))
④ =REPT(IF(B2>60%,"♥","♡"),QUOTIENT(B2,10%))

34

다음 중 엑셀의 [인쇄]에 대한 설명으로 옳지 않은 것은?

① 차트의 일부분만 인쇄하기 위해 인쇄 영역을 지정할 수 없다.
② 차트만 제외하고 인쇄하기 위해서는 [차트 영역 서식] 창의 차트 옵션에서 '개체 인쇄'의 체크를 해제한다.
③ 선택된 차트의 [페이지 설정] 대화상자에서 '확대/축소' 배율을 지정하여 차트를 확대 인쇄할 수 있다.
④ 시트에 표시된 오류값을 제외하고 인쇄하기 위해서는 [페이지 설정] 대화상자에서 '셀 오류 표시'를 〈공백〉으로 선택한다.

35

아래 워크시트에서 다음 〈프로시저〉를 실행시켰을 때 나타나는 결과로 옳은 것은?

	A	B	C
1	하나		
2		둘	
3	셋		넷

[프로시저]

Private Sub Worksheet_Activate( )
　　Range("B2").CurrentRegion.Select
End Sub

① [A1:B2] 셀이 선택된다.
② [B2] 셀이 선택된다.
③ [A1:C3] 셀이 선택된다.
④ [A1:B3] 셀이 선택된다.

36

다음 중 셀에 수식을 입력하는 방법에 대한 설명으로 옳지 않은 것은?

① 계산할 셀 범위를 선택하여 수식을 입력한 후 Ctrl + Enter 를 누르면 선택한 영역에 수식을 한번에 채울 수 있다.
② 통합 문서의 여러 워크시트에 있는 동일한 셀 범위 데이터를 이용하려면 수식에서 3차원 참조를 사용한다.
③ 수식을 입력한 후 결괏값이 상수로 입력되게 하려면 수식을 입력한 후 바로 Alt + F9 를 누른다.
④ Ctrl + ~ 을 누르면 입력된 수식을 볼 수 있다.

37

다음 중 통합 문서 공유에 대한 설명으로 옳지 않은 것은?

① 공유된 통합 문서에서는 입력과 편집뿐 아니라 조건부 서식, 차트, 시나리오 등을 추가하거나 변경할 수 있다.
② 상위 버전에서 작성한 공유 통합 문서는 하위 버전에서 사용할 수 없다.
③ 공유 통합 문서를 네트워크의 위치에 복사해도 다른 통합 문서와의 연결은 그대로 유지된다.
④ 공유 통합 문서에서는 셀을 삽입하거나 삭제할 수 있지만 병합은 할 수 없다.

38

다음 중 셀의 값이 200 이상이면 파랑의 "▲", -200 이하이면 빨강의 "▼", 그 외에는 값이 그대로 표시되도록 하는 사용자 지정 표시 형식은?

[표시 예]

- 400: ▲
- 0: 0
- -100: -100
- -450: ▼

① [>=200][파랑]"▲";#;[빨강][<=-200]"▼"
② [파랑]>=200]"▲";0;[<=-200][빨강]"▼"
③ [>=200][파랑]"▲";[<=-200][빨강]"▼";#
④ [파랑][>=200]"▲";[빨강][<=-200]"▼";0

39

아래 프로시저를 이용하여 [A1:C3] 영역의 서식만 지우려고 한다. 다음 중 빈칸에 들어갈 코드로 옳은 것은?

```
Sub Procedure( )
    Range("A1:C3").Select
    Selection._____
End Sub
```

① FreeFormats
② ClearFormats
③ DeleteFormats
④ DeactivateFormats

40

다음 중 워크시트의 인쇄 명령에 대한 설명으로 옳지 않은 것은?

① 인쇄 영역을 정의하고 워크시트를 인쇄하면 해당 인쇄 영역만 인쇄된다.
② 추가할 인쇄 영역을 선택하여 인쇄 영역에 추가할 수 있지만 인쇄 영역 설정은 하나의 시트에서만 가능하다.
③ 페이지 나누기 미리 보기에서 인쇄 영역으로 설정된 부분은 어둡게 표시되며 설정되지 않은 부분은 밝게 표시된다.
④ 인쇄 영역을 지정하면 이름 상자에 자동으로 'Print_Area'라는 이름이 작성된다.

3과목 데이터베이스 일반

41

다음 중 [보고서 마법사]로 보고서를 만드는 방법에 대한 설명으로 옳지 않은 것은?

① [요약 옵션]은 모든 필드의 합계, 평균, 개수 등의 함수를 사용하여 값을 표시할 수 있다.
② 보고서 마법사는 정해진 절차에 따라 설정 사항을 지정하면 보고서를 자동으로 만들어준다.
③ 그룹을 설정한 경우 보고서 모양을 단계, 블록, 외곽선 중에서 선택할 수 있다.
④ 모든 필드가 한 페이지에 들어가도록 필드 너비를 자동으로 조정할 수 있다.

42

다음 중 기본 키(Primary Key)에 대한 설명으로 옳지 않은 것은?

① 기본 키는 반드시 지정할 필요가 없고, 두 개 이상의 필드로 지정된 복합 키를 지정할 수도 있다.
② 기본 키로 설정된 필드에는 Null 값이 허용되지 않고 값이 입력되지 않으면 테이블은 저장되지 않는다.
③ 하나 이상의 관계가 있는 테이블은 기본 키를 제거하려면 관계를 먼저 삭제해야 한다.
④ 데이터가 이미 입력된 필드는 기본 키로 지정할 수 없다.

43

다음 중 [회원] 테이블에서 '등록일자' 필드에 2024년 1월 1일부터 2024년 12월 31일까지의 날짜만 입력되도록 하는 유효성 검사 규칙은?

① In (#2024/01/01#, #2024/12/31#)
② Between #2024/01/01# And #2024/12/31#
③ In (#2024/01/01#-#2024/12/31#)
④ Between #2024/01/01# Or #2024/12/31#

44

다음 중 폼에 대한 설명으로 옳지 않은 것은?

① 폼은 테이블, 쿼리, SQL을 원본으로 하여 데이터를 입력하거나 편리하고 쉽게 조회, 편집 등의 작업을 할 수 있도록 지원하는 개체이다.
② 폼은 데이터가 연결되어 있는지에 따라 '바운드 폼'과 '언바운드 폼'으로 구분된다.
③ 폼에서 데이터를 입력하거나 수정해도 연결된 테이블이나 쿼리에는 변경된 내용이 반영되지 않는다.
④ '필드 목록' 창에서 여러 필드를 선택한 후 폼 영역으로 드래그하면 선택된 여러 필드를 한번에 추가할 수 있다.

45

다음 중 [홈]-[레코드]-[Σ 요약]에 대한 설명으로 옳지 않은 것은?

① 'Σ 요약' 기능을 실행했을 때 생기는 요약 행을 통해 집계 함수를 좀 더 쉽고 빠르게 사용할 수 있다.
② 'Σ 요약' 기능이 설정된 상태에서 '텍스트' 데이터 형식의 필드에는 '개수' 집계 함수만 지정할 수 있다.
③ 'Σ 요약' 기능은 데이터시트 형식으로 표시되는 테이블, 폼, 쿼리, 보고서 등에서 사용할 수 있다.
④ 'Σ 요약' 기능이 설정된 상태에서 'Yes/No' 데이터 형식의 필드에 '개수' 집계 함수를 지정하면 체크된 레코드의 총 개수가 표시된다.

46

다음 중 테이블의 필드와 레코드 삭제에 대한 설명으로 옳지 않은 것은?

① 필드를 삭제하면 필드에 입력된 모든 데이터도 함께 삭제된다.
② [데이터시트 보기] 상태에서 필드를 삭제하려면 열 이름을 클릭한 후 바로 가기 메뉴에서 '열 삭제'를 선택하면 된다.
③ [데이터시트 보기] 상태에서 레코드를 삭제하려면 행 이름을 클릭한 후 바로 가기 메뉴에서 '레코드 삭제'를 선택하면 된다.
④ 여러 개의 필드를 한꺼번에 삭제할 수 있고, 삭제한 필드는 Ctrl+Z 명령으로 되살릴 수 있다.

47

다음 중 아래 [조건]에 부합하는 SQL문을 작성하고자 할 때, [SQL문]의 빈칸에 들어갈 내용으로 옳은 것은? (단, '팀코드' 및 '이름'은 속성이며, '직원'은 테이블이다)

[조건]

이름이 '정수현'인 팀원이 소속된 팀코드를 이용하여 해당 팀에 소속된 팀원들의 이름을 출력하는 SQL문 작성

[SQL문]

SELECT 이름
FROM 직원
WHERE 팀코드=(   );

① WHERE 이름 = '정수현'
② SELECT 팀코드 FROM 이름 WHERE 직원 = '정수현'
③ WHERE 직원 = '정수현'
④ SELECT 팀코드 FROM 직원 WHERE 이름 = '정수현'

48

다음 중 데이터베이스의 인덱스에 대한 설명으로 옳지 않은 것은?

① 인덱스를 설정하면 테이블에서 검색 및 정렬 작업 속도를 향상시킬 수 있다.
② 인덱스를 설정하면 레코드의 추가, 수정, 삭제 속도가 느려진다.
③ 인덱스는 한 개의 필드에만 설정할 수 있다.
④ 인덱스는 '아니오', '예(중복 가능)', '예(중복 불가능)' 중에서 선택 가능하다.

49

다음 중 다른 테이블의 레코드와 일치하지 않는 레코드를 찾아서 쿼리를 만드는 기능으로, 반드시 두 개 이상의 테이블을 갖는 쿼리는?

① 선택 쿼리
② 크로스탭 쿼리
③ 불일치 쿼리
④ 매개변수 쿼리

50

다음 중 학생(학과, 이름, 학번, 학년) 테이블에서 학과가 '전자공학'이고 학년이 '2학년'인 학생의 학번과 이름만 출력하는 SQL문으로 옳은 것은?

① SELECT 학번, 이름 FROM 학생 WHERE 학과='전자공학' AND 학년=2;
② SELECT 학번, 이름 FROM 학생 WHERE 학과='전자공학' OR 학년=2;
③ SELECT 학번, 이름 FROM 학생 WHERE 학과 LIKE '전자공학' OR 학년 IN (2);
④ SELECT 학번, * FROM 학생 WHERE 학과='전자공학' AND 학년=2;

51

다음 중 기본 보기 속성을 통해 설정하는 폼의 종류에 대한 설명으로 옳지 않은 것은?

① 단일 폼은 한 번에 하나의 레코드만 표시하는 폼이다.
② 연속 폼은 10개의 레코드씩 표시하는 폼이다.
③ 데이터시트 형식은 스프레드시트처럼 행과 열로 정렬된 폼 필드를 표시한다.
④ 분할 표시 폼은 [데이터시트 보기]와 [폼 보기]를 동시에 표시하는 기능이며, 이 두 보기는 같은 데이터 원본에 연결되어 있어 상호 동기화된다.

52

다음 중 필드의 각 데이터 형식에 대한 설명으로 옳지 않은 것은?

① 통화 형식은 화폐 형식으로 표시되는 숫자로, 기본 필드 크기가 8바이트이다.
② 일련 번호 형식은 새 레코드를 만들 때 1부터 시작하여 레코드가 추가될 때 자동으로 1씩 증가되는 번호이다.
③ Yes/No 형식은 Yes/No, True/False, On/Off 등과 같이 두 값 중 하나만 입력하는 것으로, 기본 필드 크기는 1비트이다.
④ 짧은 텍스트 형식은 텍스트나 텍스트와 숫자가 조합된 데이터를 입력할 수 있는 형식으로, 최대 64,000자까지 저장된다.

53

다음 중 정규화에 대한 설명으로 옳지 않은 것은?

① 정규화를 통해 데이터의 중복을 최소화하고 테이블 간의 종속성을 줄일 수 있다.
② 중복을 최소화하여 삽입, 삭제, 갱신 이상의 발생을 도모한다.
③ 한 테이블에 너무 많은 정보를 포함해서 발생하는 이상 현상을 제거한다.
④ 데이터베이스의 논리적 설계 단계에서 수행된다.

54

아래 보고서에서 '건설회사' 내용의 표시 형태가 ㉠에서 ㉡과 같이 표시되도록 설정하고자 한다. 다음 중 설정 방법으로 옳은 것은?

㉠
지역	건설회사	가구수	평수	경쟁률
서울	한국건설	650	45	560%
	한국건설	700	35	300%
	한국건설	800	35	680%
	한국건설	900	25	770%
	민국건설	500	25	620%
	민국건설	550	25	1002%
	민국건설	600	25	480%

㉡
지역	건설회사	가구수	평수	경쟁률
서울	한국건설	650	45	560%
		700	35	300%
		800	35	680%
		900	25	770%
	민국건설	500	25	620%
		550	25	1002%
		600	25	480%

① 해당 컨트롤의 '화면 표시' 속성을 '아니오'로 설정한다.
② 해당 컨트롤의 '확장 가능' 속성을 '예'로 설정한다.
③ 해당 컨트롤의 '중복 내용 숨기기' 속성을 '예'로 설정한다.
④ 해당 컨트롤의 '누적 총계' 속성을 '전체'로 설정한다.

55

다음 중 탭 컨트롤에 대한 설명으로 옳지 않은 것은?

① [양식 디자인]의 컨트롤에서 탭 컨트롤 도구를 선택한 후 드래그하여 탭 컨트롤을 추가할 수 있다.
② 탭 컨트롤의 바로 가기 메뉴에서 [탭 순서]를 선택하면 탭 컨트롤 내의 페이지 표시 순서를 설정할 수 있다.
③ 탭 형식의 대화상자를 작성하는 컨트롤로 다른 컨트롤을 탭 컨트롤로 복사하거나 추가할 수 있다.
④ 탭 컨트롤의 바로 가기 메뉴에서 [페이지 삽입], [페이지 삭제]를 선택하여 페이지를 추가하거나 삭제할 수 있다.

56

다음 중 컨트롤에 대한 설명으로 옳지 않은 것은?

① 텍스트 상자: 데이터를 표시하는 컨트롤이며, 계산 컨트롤을 작성할 때 사용된다.
② 레이블: 바운드 컨트롤로, 다른 레코드로 이동하면 내용이 자동으로 변경된다.
③ 콤보 상자: 제공된 항목에서 한 개의 값을 선택할 수 있거나 값을 직접 입력할 수 있는 컨트롤이다.
④ 목록 상자: 제공된 항목에서 여러 개의 값을 선택할 수 있지만, 직접 입력할 수는 없는 컨트롤이다.

57

다음 중 입력 마스크에 대한 설명으로 옳지 않은 것은?

① 입력 마스크는 데이터 입력 시 지정된 형식에 따라 데이터를 신속하고 정확하게 입력하기 위한 것으로, 세미콜론(;)으로 구역을 구분한다.
② 입력 마스크의 첫 번째 구역에는 사용자 정의 기호를 사용하여 입력 마스크를 지정한다.
③ 서식 문자 저장 여부를 지정하는 입력 마스크의 두 번째 구역이 '0'이면 서식 문자를 제외한 입력 값만 저장된다.
④ 입력 마스크의 세 번째 구역은 데이터가 입력되어야 하는 자리에 표시할 문자를 지정한다.

58

다음 중 아래 〈판매〉 테이블에 대한 SQL문의 실행 결과로 옳지 않은 것은? (단, 빈칸은 Null이다)

제품번호	제품명	판매량
a001	무화과	20
a002	오렌지	40
a003	바나나	

① 'SELECT COUNT(제품명) FROM 판매;'를 실행한 결과는 3이다.
② 'SELECT COUNT(판매량) FROM 판매;'를 실행한 결과는 3이다.
③ 'SELECT COUNT(*) FROM 판매;'를 실행한 결과는 3이다.
④ 'SELECT COUNT(*) FROM 판매 WHERE 판매량 Is Null;'을 실행한 결과는 1이다.

59

다음 중 실행 쿼리의 삽입(INSERT)문에 대한 설명으로 옳지 않은 것은?

① 필드 값을 직접 지정하거나 다른 테이블의 레코드를 추출하여 추가할 수 있다.
② 한 개의 INSERT문으로 하나의 테이블에 여러 개의 레코드를 삽입할 수 있지만, 여러 개의 테이블에 동시에 레코드를 추가할 수는 없다.
③ 레코드의 전체 필드를 추가할 경우에는 필드 이름을 반드시 입력하여야 한다.
④ INSERT문으로 테이블에 값을 삽입하는 경우 기본 키 필드에는 반드시 값이 입력되어야 한다.

60

다음 중 보고서의 각 그룹에서 첫 번째 레코드 위에 표시되고, 그룹 이름이나 그룹별 계산 결과를 표시할 때 사용하는 구역은?

① 보고서 머리글
② 페이지 머리글
③ 그룹 머리글
④ 보고서 바닥글

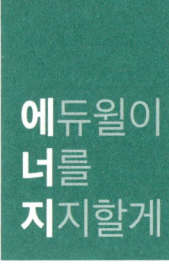

내가 꿈을 이루면
나는 누군가의 꿈이 된다.

– 이도준

MEMO

MEMO

MEMO

MEMO

여러분의 작은 소리 에듀윌은 크게 듣겠습니다.

본 교재에 대한 여러분의 목소리를 들려주세요.
공부하시면서 어려웠던 점, 궁금한 점,
칭찬하고 싶은 점, 개선할 점, 어떤 것이라도 좋습니다.

에듀윌은 여러분께서 나누어 주신 의견을
통해 끊임없이 발전하고 있습니다.

EXIT 합격 서비스 exit.eduwill.net
- 부가학습자료 및 정오표: EXIT 합격 서비스 → 자료실 / 정오표 게시판
- 교재문의: EXIT 합격 서비스 → 실시간 질문답변 게시판(내용) /
  Q&A 게시판(내용 외)

에듀윌 컴퓨터활용능력 1급 필기 초단기끝장

발 행 일	2025년 7월 4일 초판
편 저 자	문혜영 · 이상미
펴 낸 이	양형남
펴 낸 곳	(주)에듀윌
I S B N	979-11-360-3792-3
등록번호	제25100-2002-000052호
주 소	08378 서울특별시 구로구 디지털로34길 55
	코오롱싸이언스밸리 2차 3층

* 이 책의 무단 인용 · 전재 · 복제를 금합니다.

www.eduwill.net
대표전화 1600-6700

IT자격증 단기 합격!
에듀윌 EXIT 시리즈

데이터자격검정

- **데이터분석 준전문가 ADsP**
  이론부터 탄탄하게! 한번에 확실한 합격!
- **SQL 개발자 SQLD**
  비전공자도 이해할 수 있게! 단 2주면 합격 구조 완성!

컴퓨터활용능력

- **필기 초단기끝장(1/2급)**
  문제은행 최적화, 이론은 가볍게 기출은 무한반복!
- **필기 기본서(1/2급)**
  기초부터 제대로, 한권으로 한번에 합격!
- **실기 기본서(1/2급)**
  출제패턴 집중훈련으로 한번에 확실한 합격!

실무 엑셀

- **회사에서 엑셀을 검색하지 마세요**
  자격증은 있지만 실무가 어려운 직장인을 위한
  엑셀 꿀기능 모음 zip

* 2024 에듀윌 데이터분석 준전문가 ADsP 2주끝장: YES24 수험서 자격증 > 기타/신규 자격증 베스트셀러 1위 (2024년 9월 5주 주별 베스트)
* 2024 에듀윌 EXIT 컴퓨터활용능력 1급 필기 초단기끝장: YES24 수험서 자격증 > 컴퓨터 수험서 > 컴퓨터활용능력 베스트셀러 1위 (2023년 10월 4주 주별 베스트)

에듀윌
컴퓨터활용능력
1급 필기 초단기끝장
정답과 해설

답 없이 푸는 제1회 기출변형문제

문제 ➡ 122쪽

01	③	02	②	03	④	04	④	05	③
06	②	07	②	08	④	09	④	10	④
11	③	12	③	13	④	14	④	15	③
16	③	17	③	18	②	19	④	20	④
21	①	22	②	23	④	24	④	25	①
26	④	27	④	28	②	29	①	30	①
31	①	32	③	33	①	34	④	35	④
36	④	37	③	38	①	39	④	40	④
41	③	42	③	43	④	44	②	45	②
46	④	47	③	48	④	49	④	50	①
51	②	52	②	53	④	54	②	55	④
56	③	57	④	58	④	59	④	60	②

1과목 컴퓨터 일반

01 ③ ➡ 노른자 030

GPU는 병렬 계산에 특화되어 있지만, 일반적인 운영체제 제어/조건 분기/논리 연산 등은 CPU의 역할이다. 모든 범용 연산에서 GPU가 뛰어난 것은 아니다.

> **가장 빠른 합격비법**
> GPU의 강점은 '병렬 처리와 그래픽 연산, 그리고 AI 연산에서의 활용'임을 기억하도록 합니다.

02 ② ➡ 노른자 051

오답 해설
①, ③, ④ 압축 및 암호화는 표현 계층, 전기적 신호전송은 물리 계층, 사용자와 응용 프로그램 간의 인터페이스는 응용 계층이다.

> **가장 빠른 합격비법**
> OSI 7계층 문제는 자주 출제되므로 각 계층별 역할을 정리하도록 합니다.

03 ④ ➡ 노른자 030

플립플롭 여러 개가 모여 하나의 레지스터를 구성한다.

> **가장 빠른 합격비법**
> 레지스터의 종류별 특징을 정리하도록 합니다.

04 ④ ➡ 노른자 002

제어판 단축키는 제공되지 않는다.

> **가장 빠른 합격비법**
> 자주 사용되는 Windows의 바로 가기 키를 정리하도록 합니다.

05 ③ ➡ 노른자 028

EBCDIC은 IBM 메인프레임에서 사용되는 독자적 문자 코드로, 웹이나 모바일 환경에서는 거의 사용되지 않는다.

> **가장 빠른 합격비법**
> 문자를 표현하는 코드의 종류별 특징을 정리하도록 합니다.

06 ② ➡ 노른자 023

확대/축소 기능은 보기 탭에 있다.

> **가장 빠른 합격비법**
> 그림판의 기능을 정리하도록 합니다.

07 ② ➡ 노른자 012

[제어판]-[글꼴]-[글꼴 설정]에서는 글꼴 숨기기 또는 표시 설정을 할 수 있다.

> **가장 빠른 합격비법**
> 글꼴 설치방법에 대해 정리하도록 합니다.

08 ④ ➡ 노른자 012

잠금 화면 탭에서는 잠금 화면의 배경을 설정할 수 있다.

> **가장 빠른 합격비법**
> 개인 설정 메뉴에서 변경할 수 있는 내용을 정리하도록 합니다.

09 ④
로더는 이미 생성된 실행 파일을 메모리에 적재하고 실행을 준비한다.

> ⚠ 가장 빠른 합격비법
> 컴파일러, 인터프리터, 링커, 로더의 순서와 역할을 흐름 중심으로 정리하도록 합니다.

10 ④
MIME은 이메일에 텍스트 외에도 이미지, 파일, 오디오 등을 첨부할 수 있게 해주는 통신 규약이다.

> ⚠ 가장 빠른 합격비법
> 이메일 관련 프로토콜을 정리하도록 합니다.

11 ③
저장 장치의 상태를 분석하거나 악성코드 여부를 판단하는 기능은 백신의 역할이다.

> ⚠ 가장 빠른 합격비법
> 방화벽(Firewall)은 자주 출제되므로 개념을 꼭 정리하도록 합니다.

12 ③
Wi-Fi는 고정된 구역에서 사용하는 무선 LAN 기술이다.

> ⚠ 가장 빠른 합격비법
> 무선 통신 및 연결 기술에 대해 정리하도록 합니다.

13 ④
NFC(근거리 무선통신)는 파일 전송, 기기 연결 등에 사용되며 테더링 기능은 제공하지 않는다.

> ⚠ 가장 빠른 합격비법
> 스마트폰의 데이터를 Wi-Fi, USB, Bluetooth의 방법으로 다른 기기에 공유하는 기능에 대해 정리하도록 합니다.

14 ③
네트워크 드라이브에는 조각 모음이 불가능하다.

> ⚠ 가장 빠른 합격비법
> 디스크 조각 모음 도구의 적용대상과 기능을 정리하도록 합니다.

15 ③
NAT(Network Address Translation)는 내부 사설 IP를 공인 IP로 변환하여, 여러 기기가 하나의 IP로 인터넷을 공유하도록 돕는 기술로서 IPv4에서 사용하며 IPv6는 NAT 없이 작동하도록 설계된다.

> ⚠ 가장 빠른 합격비법
> IPv4와 IPv6를 비교하여 정리하도록 합니다.

16 ③
BIOS는 컴퓨터 전원이 켜졌을 때 하드웨어 상태를 점검하고, 운영체제를 부트 로더로 넘기는 역할을 수행하는 기본 펌웨어이다.

> ⚠ 가장 빠른 합격비법
> BIOS에 대한 개념을 확실히 정리하도록 합니다.

17 ③
스트리밍은 전체 다운로드를 기다리지 않는다.

> ⚠ 가장 빠른 합격비법
> 멀티미디어 데이터 처리 방식의 특징에 대해 정리하도록 합니다.

18 ②
IP나 MAC 주소를 위조하여 신뢰받는 호스트처럼 행동하는 것은 스푸핑이고, 사용자 입력을 감청하여 비밀번호를 알아내는 방식은 스니핑이다.

> ⚠ 가장 빠른 합격비법
> 키보드 입력을 직접 기록해 정보를 탈취하는 것은 키로거, 네트워크의 트래픽을 훔쳐보는 것(감청)은 스니핑이다.

19 ①
데이터의 실제 내용은 데이터 버스를 통해 전송된다.

> ⚠ 가장 빠른 합격비법
> 주소는 주소 버스, 데이터는 데이터 버스, 제어는 제어 버스로 정확히 구분하여 정리하도록 합니다.

20 ③

OTT는 인터넷을 통해 영상 콘텐츠를 직접 제공하는 서비스로서 넷플릭스, 웨이브, 티빙, 유튜브 등이 대표적인 예이다.

> ⓘ 가장 빠른 합격비법
> OTT는 인터넷 기반 스트리밍 서비스임을 기억하도록 합니다.

2과목 스프레드시트 일반

21 ①

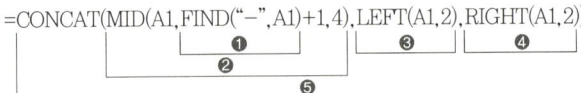

❶ FIND("-",A1)은 문자열 'KR-2023Q4'에서 '-' 기호의 위치(3)를 반환함
❷ MID(A1,3+1,4)는 4번째 문자부터 4글자를 잘라 '2023'을 가져옴
❸ LEFT(A1,2)는 왼쪽에서 2글자를 추출하므로 'KR'을 반환함
❹ RIGHT(A1,2)는 오른쪽에서 2글자를 추출하므로 'Q4'를 반환함
❺ CONCAT은 이 문자열들을 순서대로 연결하므로 결괏값은 '2023KRQ4'

> ⓘ 가장 빠른 합격비법
> CONCAT, LEFT, MID, RIGHT, FIND 함수를 조합하여 문자열을 자유자재로 분리/결합할 수 있도록 연습하도록 합니다.

22 ③

차트의 [페이지 설정] 대화상자의 [머리글/바닥글] 탭에서 '짝수와 홀수 페이지를 다르게 지정'을 설정할 수 있다.

> ⓘ 가장 빠른 합격비법
> 차트를 선택하고 페이지 설정하는 옵션을 정리하도록 합니다.

23 ③

 : 파일 경로 삽입, 파일 이름 삽입

> ⓘ 가장 빠른 합격비법
> [페이지 설정] 대화상자에서 머리글/바닥글에서 사용하는 단추 이름을 기억하도록 합니다.

24 ④

CSV 파일은 [텍스트/CSV] 항목에 포함되며, [기타 원본] 범주에는 포함되지 않는다.

> ⓘ 가장 빠른 합격비법
> 기타 원본은 단순 파일이 아닌 데이터베이스, XML, 쿼리 연결, OLE DB/ODBC처럼 고급 외부 연결이 필요한 경우에 사용된다는 점을 기억하도록 합니다.

25 ①

조건이 2개일 경우 최대값을 구하는 배열 수식은 =MAX(IF((조건1)*(조건2),최대값을 구할 범위))이다.

> ⓘ 가장 빠른 합격비법
> 배열 수식의 형식을 정리하도록 합니다.

26 ④

오답 해설

① 데이터를 삭제하면 메모는 남지만 윗주는 삭제된다
② 메모와 윗주는 동일한 셀에 동시에 삽입할 수 있다.
③ 메모는 마우스를 올렸을 때 자동으로 표시된다.

> ⓘ 가장 빠른 합격비법
> 메모와 윗주를 비교하여 정리하도록 합니다.

27 ④

- ActiveCell.Offset: 현재 활성 셀에서 상대 위치를 지정하는 함수로, 코드에서 한 행 아래로 이동할 때 사용된다.
- FormulaR1C1: R1C1 표기법을 사용해 수식을 입력할 때 유용하며, "=R[-1]C+10"은 현재 셀의 바로 위 셀의 값을 참조한다.
- Range.Select와 ActiveCell.Offset을 사용하여 셀 선택을 명시적으로 수행하고 있으며, 셀 [A1]의 값이 변경되면 셀 [A2] 수식의 결과도 자동으로 변경된다.

> ⓘ 가장 빠른 합격비법
> 자주 사용되는 VBA 매크로 코드에 대해 정리하도록 합니다.

28 ②

서로 다른 단위를 동일 축에 정렬하면 오히려 왜곡된 비교가 발생할 수 있다. 이 경우 '보조 축'을 사용해야 올바른 시각화가 가능하다.

> ⓘ 가장 빠른 합격비법
> 콤보 차트는 서로 다른 차트 유형과 축을 결합해 복합적인 데이터를 시각화하는 도구이며, 단위가 다른 데이터는 반드시 보조 축을 통해 비교해야 왜곡 없이 분석할 수 있다는 점을 구분해서 정리하도록 합니다.

29 ①

DAYS(종료일, 시작일): 종료일에서 시작일을 뺀 두 날짜 사이의 일수 차이를 반환하므로
=DAYS("2025-12-31","2026-01-01")은 -1이다.

오답 해설

② =EDATE("2026-01-31",1): 해당 날짜에서 1개월 후는 2026-02-31이지만 2월에 31일이 없으므로 2026-02-28로 자동 보정된다.
③ =EOMONTH("2026-02-28",1): 해당 날짜에서 1개월 뒤는 월말이므로 2026-03-31이 된다.
④ =DATEVALUE("2026-02-30"): 2026년 2월은 28일까지밖에 없기 때문에 유효하지 않으므로 오류가 발생한다.

⚠ 가장 빠른 합격비법
자주 출제되는 날짜 함수 수식에 대해 정리하도록 합니다.

30 ①

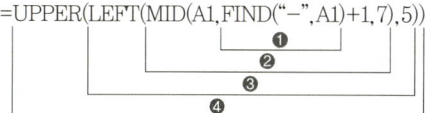

❶ FIND("-",A1): 문자열 "hy-ExcelGPT2025"에서 "-"는 3번째 문자
❷ MID(A1,4,7): 4번째 문자부터 7글자 추출함. 결과는 "ExcelGP"
❸ LEFT("ExcelGP",5): 왼쪽부터 5글자를 추출함. 결과는 "Excel"
❹ UPPER("Excel"): 대문자로 변환함. 결과는 "EXCEL"

⚠ 가장 빠른 합격비법
FIND, MID, LEFT, UPPER 함수의 형식을 정리하도록 합니다.

31 ①

시나리오 이름에 대부분의 문자(한글, 영문, 숫자, 일부 기호)는 사용 가능하다.

⚠ 가장 빠른 합격비법
시나리오 추가에서 지정할 수 있는 내용을 정리하도록 합니다.

32 ③

병합된 셀이 포함된 범위를 정렬하려고 하면 엑셀이 오류 메시지를 출력하고 정렬 자체를 차단한다.

⚠ 가장 빠른 합격비법
사용자 지정 정렬에 대해 정리하도록 합니다.

33 ①

목표값 찾기를 실행하면 수식 셀[B6]의 결과를 20,000,000으로 만들기 위해 입력 셀[B1]의 값을 자동 계산한다.
즉, "월 불입액이 얼마여야 만기 수령액이 2천만원이 되는가?"를 계산한다.

⚠ 가장 빠른 합격비법
목표값 찾기의 의미를 정리하도록 합니다.

34 ③

SLN 함수는 자산의 정액법으로 감가상각(매년 일정 금액만큼 감가상각) 금액을 계산한다.
SYD 함수는 연수합계법으로 감가상각을 계산하며, 감가상각 초기에 더 큰 비용을 배분하는 방식으로 사용 연수에 따라 감소한다.

⚠ 가장 빠른 합격비법
PMT, FV, NPV, PV, SLN, SYD 함수에 대해 정리하도록 합니다.

35 ④

R[-1]C는 현재 셀 기준 윗행 같은 열(B1)을 의미하고, R[-1]C[2]는 현재 셀 기준 윗행의 오른쪽 두 번째 열(D1)을 의미한다. 따라서 =SUM(R[-1]C:R[-1]C[2])는 [B1:D1]의 합계를 의미한다.

⚠ 가장 빠른 합격비법
R1C1 참조방식과 AutoFill 메서드의 동작 원리를 정확히 이해하도록 합니다.

36 ①

데이터 표의 왼쪽 위 셀에는 실적률 계산 수식 '=B6/B5'가 입력되어야 한다. 열 방향으로 판매수량 값이 변화되고 있으므로, 이 값이 입력되는 대상은 수식에 참조된 셀 [B6]이 되어야 한다.

⚠ 가장 빠른 합격비법
데이터 표에서 값이 변할 셀을 열/행 입력 셀로 정확히 지정해야 하며, 수식은 표의 왼쪽 위 셀에 위치해야 합니다.

37 ④

잘못된 범위 참조 시 발생하는 오류는 주로 #REF!, #NAME?, #N/A 등이며, 항상 #VALUE! 오류가 발생하는 것은 아니다.

⚠ 가장 빠른 합격비법
#VALUE! 오류는 주로 데이터 형식이 맞지 않거나, 숫자와 문자의 잘못된 결합, 잘못된 인수 입력에서 발생한다는 것을 기억하도록 합니다.

38 ① 　　　　　　　　　　　노른자 115

확대/축소 배율은 10%~400% 범위 내에서 1% 단위로 설정할 수 있다.

> **⚠ 가장 빠른 합격비법**
> [페이지 설정] 대화상자에서 지정할 수 있는 기능에 대해 정리하도록 합니다.

39 ② 　　　　　　　　　　　노른자 105

데이터 표는 왼쪽 위 셀 [F2]에 수식을 한 번 입력하면, 나머지 셀에는 엑셀이 자동으로 결과를 계산해 채워준다. 사용자가 직접 복사하거나 수식을 입력하지 않아도 된다.

> **⚠ 가장 빠른 합격비법**
> 데이터 표는 수식을 한 번만 입력한 뒤, 입력 셀을 기준으로 여러 값의 결과를 자동 계산하는 분석 도구입니다.

40 ③ 　　　　　　　　　　　노른자 078

[찾기 및 바꾸기] 대화상자에서는 와일드카드를 지원한다.

> **⚠ 가장 빠른 합격비법**
> [찾기 및 바꾸기] 대화상자에서 지정할 수 있는 조건을 정리하도록 합니다.

3과목　데이터베이스 일반

41 ③ 　　　　　　　　　　　노른자 138

인덱스 속성을 '중복 불가능'으로 지정하면 중복된 값이 입력될 수 없다.

> **오답 해설**
> ① 입력 마스크는 입력 형식을 강제할 뿐 중복 여부는 제어하지 않는다.
> ② 유효성 검사 규칙은 값의 유효 범위를 제한하지만, 중복을 제어하지 않는다.
> ④ 외래 키는 다른 테이블과의 참조 관계를 나타내는 것이며, 중복을 허용할 수도 있다.

> **⚠ 가장 빠른 합격비법**
> 기본 키가 아니어도 중복 방지를 원하면 '고유 인덱스'를 설정한다는 것을 기억하도록 합니다.

42 ③ 　　　　　　　　　　　노른자 173

- **Me**: 현재 폼을 가리키는 예약어이다.
- **![txt마감일]**: 현재 폼 안에 있는 이름이 "txt마감일"인 컨트롤을 참조한다.
- **.Visible = False**: 해당 컨트롤의 Visible 속성(표시 여부)을 False(숨김)로 설정한다.

> **오답 해설**
> ① txt마감일.Visible = False: txt마감일이라는 컨트롤을 참조하고 있지만, Me를 생략하면 폼 외부에서는 인식 오류가 발생할 수 있다.
> ② Me.txt마감일.Hide: .Hide는 Access VBA에서 존재하지 않는 속성으로 문법 오류가 발생한다.
> ④ Me![txt마감일].Enabled = False: 컨트롤을 비활성화하기만 숨기지는 않는다.

> **⚠ 가장 빠른 합격비법**
> Me![ ]는 폼 내 컨트롤을 런타임에 참조할 때 사용하는 방식이며, .Visible = False는 해당 컨트롤을 화면에서 숨기는 속성이라는 것을 기억하도록 합니다.

43 ③ 　　　　　　　　　　　노른자 128

데이터 구조는 유연하게 변경 가능해야 하며, 보안성과는 관련이 없다.

> **⚠ 가장 빠른 합격비법**
> 데이터베이스 시스템의 주요 장점에 대해 정리하도록 합니다.

44 ② 　　　　　　　　　　노른자 164, 165, 169

바운드 컨트롤은 값을 표시만 한다.

> **⚠ 가장 빠른 합격비법**
> Access 보고서는 데이터를 표시하는 출력 전용 객체로, 바운드 컨트롤은 데이터를 수정하는 기능이 없고, 레코드 원본에는 SQL도 직접 입력할 수 있다는 것을 기억하도록 합니다.

45 ② 　　　　　　　　　　　노른자 143

보고서를 Word(RTF) 형식으로 내보낼 경우, 출력 시점의 레코드가 보고서에 포함되어 함께 저장되므로, 원본 테이블과 관계없이 데이터가 표시된다.

> **⚠ 가장 빠른 합격비법**
> Access의 내보내기에 대한 개념을 정리하도록 합니다.

46 ④ 　노른자 136

- &&-000: 문자 2자 + 숫자 3자(필수) → 입력값 ab12는 숫자 3자(000)를 충족하지 않으므로 오류가 발생한다.
- 정리하면, L은 영문자 필수 입력, &는 공백 포함해서 모든 문자 필수 입력, ?는 영문자, 한글 선택 입력, 0은 숫자 필수 입력, 9는 숫자 선택 입력, 〈는 소문자로 변환, 〉는 대문자로 변환이다.

> ⚠ 가장 빠른 합격비법
> 입력 마스크 형식을 정리하도록 합니다.

47 ② 　노른자 153

폼은 데이터 구조 설계나 관계 설정을 위한 도구가 아니라 사용자 친화적인 데이터 입력 및 조회 인터페이스를 구성하는 데 사용된다.

> ⚠ 가장 빠른 합격비법
> 폼은 사용자 인터페이스 역할을 한다는 것을 기억하도록 합니다.

48 ③ 　노른자 164

보고서는 데이터를 저장하지 않으며, 테이블이나 쿼리와 같은 레코드 원본을 기반으로 출력만 할 수 있다.

> ⚠ 가장 빠른 합격비법
> Access의 주요 개체인 테이블, 쿼리, 폼, 보고서의 각각의 특징을 이해하도록 합니다.

49 ④ 　노른자 143

Access는 다양한 형식으로 데이터를 내보낼 수 있지만, JSON은 기본 메뉴에서 직접 내보내기 기능을 제공하지 않는다.

> ⚠ 가장 빠른 합격비법
> '내보내기'가 가능한 파일 형식에 대해 정리하도록 합니다.

50 ① 　노른자 147

- SELECT 이름, 학년, 성적 → 결과에 이름, 학년, 성적만 표시된다.
- 학년 = [Grade] → 실행 시 사용자가 학년을 직접 입력한다.
  예 사용자가 2 입력 시 학년 = 2가 된다.
- AND 성적 >= 90 → 성적이 90 이상인 학생만 필터링된다.

> ⚠ 가장 빠른 합격비법
> SELECT ~ FROM~ WHERE ~; 형식을 정리하도록 합니다.

51 ② 　노른자 139, 158

콤보 상자는 복수 선택을 지원하지 않는다.

> ⚠ 가장 빠른 합격비법
> 콤보 상자와 목록 상자의 속성을 정리하도록 합니다.

52 ② 　노른자 150

INNER JOIN은 양쪽 테이블에 모두 존재하는 키 값(C001, C003)에 대해서만 조인된다.
매칭되는 고객ID는
C001 → 주문 2건 → 정수현: 2행
C003 → 주문 1건 → 이라레: 1행
→ 총 3행이다.

> ⚠ 가장 빠른 합격비법
> INNER JOIN은 두 테이블 모두에 존재하는 값만 연결됩니다. 한쪽에만 있는 데이터는 제외된다는 것을 기억하도록 합니다.

53 ③ 　노른자 150

- LEFT OUTER JOIN이므로 왼쪽 테이블인 [고객] 테이블의 모든 레코드가 표시된다.
- C001, C002는 주문과 연결되어 주문ID 및 상품명이 표시된다.
- C003은 주문이 없으므로 NULL로 표시되며, [주문] 테이블에만 있는 C004는 표시되지 않는다.

> ⚠ 가장 빠른 합격비법
> LEFT OUTER JOIN은 왼쪽 테이블의 모든 레코드를 포함하고, 오른쪽 테이블은 조인 조건이 맞을 때만 연결되며, 불일치 시 NULL로 표시된다는 것을 기억하도록 합니다.

54 ① 　노른자 151

UPDATE문은 UPDATE 테이블명 SET 필드명 = 값 WHERE 조건 형식으로 작성한다.

> ⚠ 가장 빠른 합격비법
> 'UPDATE 테이블명 SET 필드명 = 값 WHERE 조건' 형식을 기억하도록 합니다.

55 ④ 　노른자 169

보고서 머리글/바닥글에 대한 내용은 [보고서 디자인] 탭을 사용한다.

> ⚠ 가장 빠른 합격비법
> [페이지 설정] 대화상자의 내용에 대해 정리하도록 합니다.

56 ③ 　　　　　　　　　　　노른자 147

WHERE 이름 = '홍길동' OR 수학 >= 90 AND 학년 = 2 OR 학년 = 3;은 연산의 우선순위에 따라 괄호를 하면 WHERE (이름 = '홍길동') OR (수학 >= 90 AND 학년 = 2) OR (학년 = 3);이 되어 주어진 조건에 맞지 않는다.

> ⓘ 가장 빠른 합격비법
> 연산의 우선순위를 명확히 이해하도록 합니다.

57 ④ 　　　　　　　　　　　노른자 147

HAVING 절은 GROUP BY 이후에 실행되며, 집계 함수가 적용된 그룹화 결과를 필터링하는 데 사용된다.

> ⓘ 가장 빠른 합격비법
> WHERE 절은 개별 행을 필터링, HAVING 절은 집계 결과에 조건 적용, 실행 순서도 WHERE → GROUP BY → HAVING임을 기억하도록 합니다.

58 ④ 　　　　　　　　　　　노른자 171

RunApp은 Access 외부의 응용 프로그램(.exe 등)을 실행하는 데 사용된다.

> ⓘ 가장 빠른 합격비법
> 자주 출제되는 매크로 함수를 중심으로 정리하도록 합니다.

59 ③ 　　　　　　　　　　　노른자 167

보고서는 출력 전용 객체이므로, 그룹화된 필드나 보고서 내의 어떤 데이터도 직접 입력하거나 수정할 수 없다.

> ⓘ 가장 빠른 합격비법
> 그룹화는 데이터를 묶고 요약하기 위한 기능이며, 보고서는 출력용 도구이므로 데이터를 입력하거나 수정할 수는 없다는 것을 기억하도록 합니다.

60 ② 　　　　　　　　　　　노른자 080, 149

- mmmm → September(월 전체 이름)
- d → 8(앞에 0 없이 출력)
- h → 7(12시간제, 앞에 0 없음)
- n → 4(분, 앞에 0 없음)
- ampm → 오전

> ⓘ 가장 빠른 합격비법
> 날짜와 시간을 표시하는 format 형식을 정리하도록 합니다.

답 없이 푸는 제2회 기출변형문제

문제 ▶ 135쪽

01	②	02	③	03	③	04	④	05	④	
06	②	07	③	08	④	09	③	10	③	
11	③	12	③	13	④	14	④	15	②	
16	②	17	③	18	④	19	③	20	③	
21	③	22	②	23	④	24	③	25	③	
26	③	27	④	28	④	29	④	30	④	
31	②	32	③	33	②	34	③	35	④	
36	④	37	②	38	④	39	①	40	②	
41	③	42	④	43	④	44	①	45	④	
46	③	47	②	48	④	49	②	50	①	
51	③	52	④	53	④	54	④	55	②	
56	④	57	③	58	③	59	③	60	③	

1과목 컴퓨터 일반

01 ② ▶ 노른자 051

서로 다른 프로토콜을 사용하는 네트워크 간의 변환 기능을 수행하는 것은 게이트웨이이다.

> ⚠ 가장 빠른 합격비법
> 네트워크 장비의 종류별 특징을 정리하도록 합니다.

02 ③ ▶ 노른자 058

방대한 양의 데이터들로부터 유용한 정보를 추출하는 기능은 데이터 마이닝이다.

> ⚠ 가장 빠른 합격비법
> 사물인터넷의 개념을 정리하도록 합니다.

03 ③ ▶ 노른자 061

키로거는 키보드 입력을 기록하여 사용자 정보를 탈취하는 악성코드로 암호화 해독과는 관련이 없다.

> ⚠ 가장 빠른 합격비법
> 보안 위협의 유형별 특징을 정리하도록 합니다.

04 ④ ▶ 노른자 037, 038

웹 브라우저의 즐겨찾기, 확장 기능 등은 앱의 기능으로 웹 브라우저의 즐겨찾기 손상은 보통 브라우저 설정 복원으로 해결한다.

> ⚠ 가장 빠른 합격비법
> Windows 시스템에서 복구나 성능저하를 해결하기 위한 방법에 대해 정리하도록 합니다.

05 ④ ▶ 노른자 046

투명한 배경 처리에는 GIF, PNG가 적합하다.

> ⚠ 가장 빠른 합격비법
> 이미지 파일 형식에 따른 특징을 정리하도록 합니다.

06 ② ▶ 노른자 015, 034

가상메모리는 디스크 기반이라 상대적으로 매우 느리다.

> ⚠ 가장 빠른 합격비법
> 가상메모리는 보완용으로 사용하는 것으로 속도가 느리다는 것을 기억하도록 합니다.

07 ③ ▶ 노른자 002, 003

알림 센터는 작업표시줄 오른쪽 하단에서 실행된다.

> ⚠ 가장 빠른 합격비법
> 시작 메뉴는 앱 실행과 기본 설정 접근의 중심이며, 알림 센터는 작업표시줄에서 실행된다는 점을 혼동하지 않도록 구분하여 정리합니다.

08 ④ ▶ 노른자 007

이름:보고서는 파일이름에 '보고서'가 포함된 모든 파일을 검색한다. 등호(=)는 사용하지 않는다.

> ⚠ 가장 빠른 합격비법
> Windows 파일 탐색기의 검색조건에 대해 정리하도록 합니다.

09 ③ ▶ 노른자 064

백신은 파일 기반 악성코드 탐지를 주로 담당하고, 방화벽이 꺼져 있으면 무단 접속, 해킹 시도 등 네트워크 차원의 공격에 매우 취약해진다.

> ⚠ 가장 빠른 합격비법
> 외부 접근을 차단하는 네트워크 보안 장치에 대해 정리하도록 합니다.

10 ③ 노른자 058

3D 프린터의 출력 속도는 보통 mm/s(밀리미터/초)로 나타낸다.

> ⓘ 가장 빠른 합격비법
> 3D프린터의 특징을 정리하도록 합니다.

11 ③ 노른자 004

파일을 Ctrl+Shift 을 누른 채 드래그하면 바탕화면에 바로 가기 아이콘이 생성된다.

> ⓘ 가장 빠른 합격비법
> 바로 가기 아이콘을 만드는 단축키를 기억하도록 합니다.

12 ③ 노른자 051

서로 다른 프로토콜 변환 기능은 게이트웨이(Gateway)의 역할이다.

> ⓘ 가장 빠른 합격비법
> 네트워크 장치들의 특징에 대해 정리하도록 합니다.

13 ③ 노른자 058

핀테크는 비대면·자동화 서비스 확대를 목표로 하며, 기존 대면 서비스와는 반대 경향을 보인다.

> ⓘ 가장 빠른 합격비법
> 핀테크(FinTech)의 개념을 정리하도록 합니다.

14 ③ 노른자 040

감시 프로그램은 시스템 전체를 감시하고, 자원 할당·오류 처리·인터럽트 관리를 수행한다. GUI를 제공하고 응용 프로그램 실행은 처리 프로그램의 역할이다.

> ⓘ 가장 빠른 합격비법
> 운영체제의 구성별 특징을 정리하도록 합니다.

15 ② 노른자 001

데스크톱 PC에서는 자동으로 태블릿 모드가 활성화되지 않는다.

> ⓘ 가장 빠른 합격비법
> 태블릿 설정에 대해 정리하도록 합니다.

16 ② 노른자 053

IPv4 장비는 별도 설정 없이 IPv6를 인식할 수 없다. 전환 기술이 필요하다.

> ⓘ 가장 빠른 합격비법
> IPv6에 대한 개념을 정리하도록 합니다.

17 ③ 노른자 128

비정형 데이터는 빅데이터의 핵심 분석 대상 중 하나이다. SNS 글, 영상, 음성, 로그 파일 등이 핵심 자원으로 활용된다.

> ⓘ 가장 빠른 합격비법
> 비정형 데이터는 분석이 어렵지만, 빅데이터 핵심 자원이라는 것 기억하도록 합니다.

18 ④ 노른자 041

벤치마크(Benchmark)는 하드웨어 또는 소프트웨어의 성능을 정량적으로 측정하고 비교하는 테스트 기준이다.

> ⓘ 가장 빠른 합격비법
> 벤치마크는 성능측정이 핵심목적이라는 것을 기억하도록 합니다.

19 ③ 노른자 008

프로그램의 관리자 권한 실행 설정은 프로그램 속성 창에서 설정할 수 있다.

> ⓘ 가장 빠른 합격비법
> [폴더 옵션] 대화상자에서 자주 사용하는 명령어 위주로 정리하도록 합니다.

20 ③ 노른자 033

RAID 1은 미러링 방식, RAID 5는 패리티 분산 저장 방식이다.

> ⓘ 가장 빠른 합격비법
> RAID의 개념에 대해 정리하도록 합니다.

2과목 스프레드시트 일반

21 ③ 노른자 111

트리맵은 계층적 데이터를 사각형의 면적을 이용하여 각 항목의 상대적 비중을 시각화한다.

> ⚠ 가장 빠른 합격비법
> 차트의 기본 용도와 기능을 정확히 구분하도록 합니다.

22 ②   ↗ 노른자 106

부분합을 여러 번 적용하면, 가장 먼저 적용한 항목은 아래쪽에 표시되므로 급여의 합계가 먼저 계산된 후 개수가 추가되었다.

> ⚠ 가장 빠른 합격비법
> 부분합을 여러 번 적용할 경우 표시 순서를 기억하도록 합니다.

23 ②   ↗ 노른자 090

- EXACT(값1,값2): 두 텍스트가 완전히 동일한지를 비교하여 모두 일치하면 TRUE가 된다.
- TEXT(값,형식): 값을 지정된 형식의 텍스트로 변환한다.
TEXT(A2,"00000.000")은 "00123.456"을 반환하며, EXACT("00123.456","00123.456")은 완전일치하므로 TRUE이다.

오답 해설

① FIXED(인수,자릿수,논리값): 숫자 값을 텍스트 형식으로 변환하며 소수점 이하 N자릿수로 고정한다. FIXED(A2,3)은 "123.456"이 반환되어 "00123.456"과 다르므로 FALSE이다.
③ FIXED(A2,3)="00123.456"은 FIXED(A2,3)의 결과가 "123.456"이므로 FALSE이다.
④ EXACT(A2,"00000.000")은 숫자와 텍스트를 비교하는 것으로 일치하지 않으므로 FALSE이다.

> ⚠ 가장 빠른 합격비법
> EXACT, FIXED, TEXT 함수의 형식을 정리하도록 합니다.

24 ③   ↗ 노른자 096

[웹]을 이용하면 그림과 스크립트의 내용은 가져올 수 없다.

> ⚠ 가장 빠른 합격비법
> 외부 데이터 가져오기 기능에 대해 정리하도록 합니다.

25 ③   ↗ 노른자 116

페이지 나누기 선은 사용자가 직접 조정하여 위치를 지정할 수 있으나, 데이터 변경이나 인쇄 영역 재설정에 따라 페이지 나누기 선은 영향을 받을 수 있다. 즉, 완전히 고정되어 있다고 보기는 어렵다.

> ⚠ 가장 빠른 합격비법
> 페이지 나누기 미리 보기 모드에서는 셀 데이터를 수정할 수 있고, 변경 사항이 인쇄 페이지 구성에 실시간으로 반영된다는 점을 반드시 기억하도록 합니다.

26 ③   ↗ 노른자 109

그룹 상단에 모든 부분합이 표시되어 있다.

> ⚠ 가장 빠른 합격비법
> 피벗 테이블에서 '필터 적용 위치'와 '부분합 설정 여부'의 조건을 꼼꼼히 읽고 설정 흐름을 이해하도록 합니다.

27 ④   ↗ 노른자 073

소수점 위치에 입력한 숫자가 -1이므로 소수점을 오른쪽으로 한 자리 이동시킨다. 따라서 126을 입력하면 1260이 된다.

> ⚠ 가장 빠른 합격비법
> 소수점 자동 삽입에 대해 정리하도록 합니다.

28 ③   ↗ 노른자 116, 117

페이지 나누기 미리 보기에서는 인쇄 영역으로 설정된 부분은 흰색으로 표시되고, 그 외의 셀은 회색 음영 배경으로 나타나지만 숨겨지는 것은 아니다.

> ⚠ 가장 빠른 합격비법
> 페이지 나누기 미리 보기는 인쇄될 영역과 그렇지 않은 영역을 시각적으로 구분해준다는 것을 기억하도록 합니다.

29 ③   ↗ 노른자 097

필터가 설정된 상태에서도 정렬 기능은 정상 작동한다.

> ⚠ 가장 빠른 합격비법
> 엑셀 정렬 기능에서는 전체 범위를 정확히 선택하고, 병합된 셀은 정렬 전에 해제해야 한다는 것을 기억하도록 합니다.

30 ③   ↗ 노른자 065

상태 표시줄에서는 정보 확인 및 표시 항목 조정만 가능하다. 셀 병합, 자동 계산, 유효성 검사 등의 리본 메뉴 명령은 실행할 수 없다.

> ⚠ 가장 빠른 합격비법
> 상태 표시줄은 표시 설정은 가능하지만 직접 명령 실행은 불가능하다는 것을 기억하도록 합니다.

31 ②   ↗ 노른자 080

셀에 0을 입력하면 0이 표시된다.

오답 해설

① 셀에 1000을 입력하면 1,000으로 표시된다.

③ 셀에 -500을 입력하면 빨간색으로 -500이 표시된다.
④ 셀에 "합계"라는 텍스트를 입력하면 "없음"으로 표시된다.

> ⚠ 가장 빠른 합격비법
> 사용자 지정 서식의 네 구간은 순서대로 양수;음수;0;텍스트이며, 숫자 0은 세 번째, 텍스트는 네 번째 형식이 적용됨을 정확히 정리하도록 합니다.

32 ③   ↗ 노른자 099

고급필터의 조건 범위에 입력하는 조건은 수식 형태로 작성할 수 있으며, 반드시 배열 수식으로 입력할 필요는 없다.

> ⚠ 가장 빠른 합격비법
> 고급필터 조건 지정의 핵심 포인트를 정확히 이해하도록 합니다.

33 ②   ↗ 노른자 067

[모두 정렬]은 여러 창이 열려 있을 때 그 창들이 겹치지 않게 정렬하는 기능이다.

> ⚠ 가장 빠른 합격비법
> [창] 그룹의 명령에 대해 정리하도록 합니다.

34 ③   ↗ 노른자 115

[페이지 설정]-[페이지] 탭에서 설정하는 '확대/축소 배율'은 워크시트 셀 데이터의 인쇄 배율만 조정한다. 머리글/바닥글의 글꼴 크기나 배율은 자동으로 조정되지 않는다.

> ⚠ 가장 빠른 합격비법
> 확대/축소 배율은 셀 인쇄에만 적용된다는 점을 꼭 기억하도록 합니다.

35 ③   ↗ 노른자 111

엑셀의 원형 차트는 입력된 실제 값의 비율을 자동으로 계산하여 시각화할 뿐, 총합이 100이 되도록 자동 보정하거나 수정하지 않는다.

> ⚠ 가장 빠른 합격비법
> 원형 차트는 단일 계열의 구성비를 시각화할 때 사용하며, 총합 보정 없이 입력값의 상대 비율로 계산된다는 점을 꼭 기억하도록 합니다.

36 ④   ↗ 노른자 085

순환 참조 셀은 #REF! 오류로 표시되지 않으며 순환 참조를 제거하면 정상 계산된다.

> ⚠ 가장 빠른 합격비법
> 순환 참조가 발생하면 순환 참조 경고 메시지가 나온다는 것을 주의하도록 합니다.

37 ②   ↗ 노른자 099

=AND($D2>2,ISERROR(FIND("영업",$B2)))

❶ FIND("영업",$B2) : 셀 $B2의 내용 중에서 "영업"이라는 단어가 몇 번째 글자 위치에 있는지 찾음. "영업"이 없으면 오류를 발생시킴
❷ ISERROR(FIND("영업",$B2)) : ISERROR(...)는 괄호 안의 결과가 오류인지 판단하여, 오류이면 TRUE, 오류가 아니면 FALSE를 반환함. 즉, "영업"이라는 단어가 없으면 TRUE가 됨
❸ AND($D2>2,ISERROR(FIND("영업",$B2))) : 근무연수가 2 초과이고 부서에 "영업"이 없는 데이터를 추출함

> ⚠ 가장 빠른 합격비법
> 함수를 이용한 고급필터를 자주 연습하도록 합니다.

38 ②   ↗ 노른자 111

표면형 차트는 행과 열 두 방향 모두에 범주가 존재해야 시각화가 제대로 가능하다. 한 방향만 있을 경우 차트가 생성되지 않거나 오류가 발생한다.

> ⚠ 가장 빠른 합격비법
> 표면형 차트의 구조와 목적을 정확하게 이해하도록 합니다.

39 ①   ↗ 노른자 074

세로로만 패턴이 있는 데이터를 가로 방향으로 드래그하면 패턴을 찾을 수 없어 복사로 처리된다.

> ⚠ 가장 빠른 합격비법
> 범위 선택 후 채우기 핸들을 드래그하면 나타나는 다양한 결과를 정리하도록 합니다.

40 ②   ↗ 노른자 095

n번째로 큰 값을 구하는 수식은 다음과 같다.
=LARGE(IF((조건1)*(조건2),n번째로 큰 값을 구할 범위),n)
주어진 조건에서, 부서 조건은 '$C$2:$C$6=$A10', 지점 조건은 '$B$2:$B$6=B$9', 급여 범위는 '$D$2:$D$6'이며 해당 조건이 없을 경우 공백을 반환하기 위하여 IFERROR(...," ")를 사용한다.

> ⚠ 가장 빠른 합격비법
> 배열 수식의 형식을 정리하도록 합니다.

3과목 데이터베이스 일반

41 ③
> 노른자 147

AND를 사용할 때는 양쪽 조건에 모두 필드명이 명시되어야 하며, 올바른 형태는 연령 >= 30 AND 연령 <= 40이다.

> **가장 빠른 합격비법**
> AND나 OR로 여러 조건을 연결할 때는 각 조건에 필드명을 반드시 반복 지정해야 문법 오류가 발생하지 않는다는 것을 기억하도록 합니다.

42 ③
> 노른자 171

GoToRecord는 레코드 간 탐색만 수행하며, 편집은 별도의 함수로 처리한다.

> **가장 빠른 합격비법**
> GoToRecord는 이동 전용 함수로 편집은 별도 동작을 통해 수행된다는 것을 기억하도록 합니다.

43 ②
> 노른자 147

- SELECT AVG(점수) FROM 학생 → 평균점수 = 480 / 6 = 80
- SELECT COUNT(*) FROM 학생 WHERE 점수 > 80 → 점수가 80 초과인 학생은 홍길동(90), 이순신(85), 신사임당(95)이므로 총 3명이다.

> **가장 빠른 합격비법**
> SELECT ~ FROM~ WHERE ~;의 구조를 정확히 이해하도록 합니다.

44 ①
> 노른자 133

필드 이름에 마침표(.), 느낌표(!), 악센트 기호(`), 대괄호([ ])를 제외한 특수 문자 및 문자, 숫자, 공백 등을 조합하여 포함할 수 있다.

> **가장 빠른 합격비법**
> 필드 이름을 작성하는 규칙을 정리하도록 합니다.

45 ③
> 노른자 165

디자인 보기는 가장 정밀하게 보고서를 설계할 수 있는 보기지만, 데이터가 표시되지 않은 상태에서 컨트롤을 조정한다.

> **가장 빠른 합격비법**
> 보고서의 인쇄 미리 보기, 레이아웃 보기, 디자인 보기, 보고서 보기의 차이점에 대해 정리하도록 합니다.

46 ③
> 노른자 149

- Mid(str,3,4) → 3번째 문자부터 4글자 "cess"
- Left(str,2) → 왼쪽에서 2글자 "Ac"
- Right(str,3) → 오른쪽에서 3글자 "VBA"

> **가장 빠른 합격비법**
> Mid는 특정 위치에서 시작해 지정된 길이만큼 잘라내며, Left와 Right는 문자열의 양쪽에서 원하는 글자 수만큼 추출한다는 것을 기억하도록 합니다.

47 ②
> 노른자 137

BETWEEN 10 AND 20은 10 이상, 20 이하를 포함하는 조건이다.

> **가장 빠른 합격비법**
> BETWEEN은 경계값을 포함하며, LIKE, NOT, <>는 조건 설정 시 의미를 정확히 이해하도록 합니다.

48 ④
> 노른자 134

Yes/No 형식을 텍스트 상자 컨트롤에 바운드할 때는 형식 속성에 양수;음수;0;NULL 형식으로 표시 문자열을 지정할 수 있다. YES=-1, NO는 0으로 인식한다. '₩남'은 '남'이라는 글자를 표시한다는 의미이다.

- 첫 세미콜론 앞(양수): Yes/No에는 필요 없으므로 비워 둔다.
- 두 번째 구역(음수): -1 → Yes → "남"을 표시 → ₩남
- 세 번째 구역(0): 0 → No → "여"를 표시 → ₩여

> **가장 빠른 합격비법**
> 형식 속성(Format)에 대해 정리하도록 합니다.

49 ②
> 노른자 157

레이블은 하위 폼의 데이터 원본으로는 사용할 수 없다.

> **가장 빠른 합격비법**
> 하위 폼의 특징을 정리하도록 합니다.

50 ①
> 노른자 163

DCount("필드명","테이블명","조건"): 조건은 고객ID가 'C001'이고, 지역이 '부산'이며, 품목이 '전자제품'이므로, 고객ID = 'C001' AND 지역 = '부산' AND 품목 = '전자제품'이 된다.

> **가장 빠른 합격비법**
> DCount함수의 형식에 대해 정리하도록 합니다.

51 ③ 노른자 174

DoCmd.Close는 보고서나 폼 등의 개체를 닫는 명령이며, 삭제 기능은 없다.

> ⓘ **가장 빠른 합격비법**
> acViewPreview는 보고서를 인쇄 미리 보기, acViewDesign은 디자인 편집용 보기로 여는 명령이라는 것을 기억하도록 합니다.

52 ④ 노른자 157

여러 개의 연결 필드를 지정하려면 세미콜론(;)으로 필드명을 구분하여 입력한다.

> ⓘ **가장 빠른 합격비법**
> 하위 폼은 폼 간 연결을 위해 필드명을 세미콜론(;)으로 구분하여 설정한다는 것을 기억하도록 합니다.

53 ④ 노른자 161

레이블에는 탭 순서를 지정할 수 없다.

> ⓘ **가장 빠른 합격비법**
> 탭 순서는 컨트롤의 생성 순서나 설정에 따라 결정되며, 레이블처럼 포커스를 가질 수 없는 컨트롤에는 적용되지 않는다는 것을 기억하도록 합니다.

54 ④ 노른자 159

[눈금]-[눈금]이 아니라 [눈금]-[눈금자]는 눈금자를 표시하거나 숨긴다.

> ⓘ **가장 빠른 합격비법**
> [크기/공간]에 대한 기능을 정리하도록 합니다.

55 ② 노른자 141

외래 키는 반드시 기준 테이블(봉사기관)의 기본 키를 참조해야 하므로 자유롭게 아무 값이나 입력할 수 없다.

> ⓘ **가장 빠른 합격비법**
> 참조 무결성 원칙에 대한 개념을 정리하도록 합니다.

56 ③ 노른자 166

오답 해설

① 보고서 머리글은 보고서 시작 시 한 번만 출력되며, 페이지마다 반복되지 않는다.
② 정렬과 그룹화는 동시에 사용 가능하며, 그룹화된 필드에 중복 내용 숨기기도 적용할 수 있다.
④ 보고서 머리글이 그룹마다 반복되는 것이 아니라, 그룹 머리글이 그룹마다 반복된다. 또한, 그룹 바닥글은 요약 정보 표시가 가능하다.

> ⓘ **가장 빠른 합격비법**
> 보고서 영역별로 특징을 정리하도록 합니다.

57 ③ 노른자 142

Access에서는 외부 파일을 저장하려면 해당 필드의 데이터 형식을 '첨부파일'로 설정해야 한다.

> ⓘ **가장 빠른 합격비법**
> 외부 파일 삽입은 '첨부파일' 형식으로 설정한다는 것을 기억하도록 합니다.

58 ③ 노른자 132

삽입 이상은 일부 정보만으로 레코드를 삽입할 수 없는 상황을 의미한다.

> ⓘ **가장 빠른 합격비법**
> 정규화는 이상 현상을 방지하기 위한 것이며, 삽입 이상은 필요한 정보가 부족해 레코드를 추가할 수 없는 상황에서 발생한다는 것을 이해하도록 합니다.

59 ③ 노른자 133

필드 이름은 공백으로 시작할 수 없다.

> ⓘ **가장 빠른 합격비법**
> 필드 이름을 지정하는 규칙에 대해 정리하도록 합니다.

60 ③ 노른자 157

기본 폼과 하위 폼에서 기본 폼은 단일 폼으로만 표시할 수 있으며, 하위 폼은 '단일 폼', '연속 폼', '데이터시트' 형태로 표시할 수 있다.

> ⓘ **가장 빠른 합격비법**
> 하위 폼의 기능과 작성방법에 대해 정리하도록 합니다.

3과목 데이터베이스 일반

41 ③ 노른자 147

AND를 사용할 때는 양쪽 조건에 모두 필드명이 명시되어야 하며, 올바른 형태는 연령 >= 30 AND 연령 <= 40이다.

> ⓘ **가장 빠른 합격비법**
> AND나 OR로 여러 조건을 연결할 때는 각 조건에 필드명을 반드시 반복 지정해야 문법 오류가 발생하지 않는다는 것을 기억하도록 합니다.

42 ③ 노른자 171

GoToRecord는 레코드 간 탐색만 수행하며, 편집은 별도의 함수로 처리한다.

> ⓘ **가장 빠른 합격비법**
> GoToRecord는 이동 전용 함수로 편집은 별도 동작을 통해 수행된다는 것을 기억하도록 합니다.

43 ② 노른자 147

- SELECT AVG(점수) FROM 학생 → 평균점수 = 480 / 6 = 80
- SELECT COUNT(*) FROM 학생 WHERE 점수 > 80 → 점수가 80 초과인 학생은 홍길동(90), 이순신(85), 신사임당(95)이므로 총 3명이다.

> ⓘ **가장 빠른 합격비법**
> SELECT ~ FROM~ WHERE ~;의 구조를 정확히 이해하도록 합니다.

44 ① 노른자 133

필드 이름에 마침표(.), 느낌표(!), 악센트 기호(`), 대괄호([ ])를 제외한 특수 문자 및 문자, 숫자, 공백 등을 조합하여 포함할 수 있다.

> ⓘ **가장 빠른 합격비법**
> 필드 이름을 작성하는 규칙을 정리하도록 합니다.

45 ③ 노른자 165

디자인 보기는 가장 정밀하게 보고서를 설계할 수 있는 보기지만, 데이터가 표시되지 않은 상태에서 컨트롤을 조정한다.

> ⓘ **가장 빠른 합격비법**
> 보고서의 인쇄 미리 보기, 레이아웃 보기, 디자인 보기, 보고서 보기의 차이점에 대해 정리하도록 합니다.

46 ③ 노른자 149

- Mid(str,3,4) → 3번째 문자부터 4글자 "cess"
- Left(str,2) → 왼쪽에서 2글자 "Ac"
- Right(str,3) → 오른쪽에서 3글자 "VBA"

> ⓘ **가장 빠른 합격비법**
> Mid는 특정 위치에서 시작해 지정된 길이만큼 잘라내며, Left와 Right는 문자열의 양쪽에서 원하는 글자 수만큼 추출한다는 것을 기억하도록 합니다.

47 ② 노른자 137

BETWEEN 10 AND 20은 10 이상, 20 이하를 포함하는 조건이다.

> ⓘ **가장 빠른 합격비법**
> BETWEEN은 경계값을 포함하며, LIKE, NOT, <>는 조건 설정 시 의미를 정확히 이해하도록 합니다.

48 ④ 노른자 134

Yes/No 형식을 텍스트 상자 컨트롤에 바운드할 때는 형식 속성에 양수;음수;0;NULL 형식으로 표시 문자열을 지정할 수 있다. YES=-1, NO는 0으로 인식한다. '₩남'은 '남'이라는 글자를 표시한다는 의미이다.

- 첫 세미콜론 앞(양수): Yes/No에는 필요 없으므로 비워 둔다.
- 두 번째 구역(음수): -1 → Yes → "남"을 표시 → ₩남
- 세 번째 구역(0): 0 → No → "여"를 표시 → ₩여

> ⓘ **가장 빠른 합격비법**
> 형식 속성(Format)에 대해 정리하도록 합니다.

49 ② 노른자 157

레이블은 하위 폼의 데이터 원본으로는 사용할 수 없다.

> ⓘ **가장 빠른 합격비법**
> 하위 폼의 특징을 정리하도록 합니다.

50 ① 노른자 163

DCount("필드명","테이블명","조건"): 조건은 고객ID가 'C001'이고, 지역이 '부산'이며, 품목이 '전자제품'이므로, 고객ID = 'C001' AND 지역 = '부산' AND 품목 = '전자제품'이 된다.

> ⓘ **가장 빠른 합격비법**
> DCount함수의 형식에 대해 정리하도록 합니다.

51 ③ 　노른자 174

DoCmd.Close는 보고서나 폼 등의 개체를 닫는 명령이며, 삭제 기능은 없다.

> **가장 빠른 합격비법**
> acViewPreview는 보고서를 인쇄 미리 보기, acViewDesign은 디자인 편집용 보기로 여는 명령이라는 것을 기억하도록 합니다.

52 ④ 　노른자 157

여러 개의 연결 필드를 지정하려면 세미콜론(;)으로 필드명을 구분하여 입력한다.

> **가장 빠른 합격비법**
> 하위 폼은 폼 간 연결을 위해 필드명을 세미콜론(;)으로 구분하여 설정한다는 것을 기억하도록 합니다.

53 ④ 　노른자 161

레이블에는 탭 순서를 지정할 수 없다.

> **가장 빠른 합격비법**
> 탭 순서는 컨트롤의 생성 순서나 설정에 따라 결정되며, 레이블처럼 포커스를 가질 수 없는 컨트롤에는 적용되지 않는다는 것을 기억하도록 합니다.

54 ④ 　노른자 159

[눈금]-[눈금]이 아니라 [눈금]-[눈금자]는 눈금자를 표시하거나 숨긴다.

> **가장 빠른 합격비법**
> [크기/공간]에 대한 기능을 정리하도록 합니다.

55 ② 　노른자 141

외래 키는 반드시 기준 테이블(봉사기관)의 기본 키를 참조해야 하므로 자유롭게 아무 값이나 입력할 수 없다.

> **가장 빠른 합격비법**
> 참조 무결성 원칙에 대한 개념을 정리하도록 합니다.

56 ③ 　노른자 166

오답 해설
① 보고서 머리글은 보고서 시작 시 한 번만 출력되며, 페이지마다 반복되지 않는다.
② 정렬과 그룹화는 동시에 사용 가능하며, 그룹화된 필드에 중복 내용 숨기기도 적용할 수 있다.
④ 보고서 머리글이 그룹마다 반복되는 것이 아니라, 그룹 머리글이 그룹마다 반복된다. 또한, 그룹 바닥글은 요약 정보 표시가 가능하다.

> **가장 빠른 합격비법**
> 보고서 영역별로 특징을 정리하도록 합니다.

57 ③ 　노른자 142

Access에서는 외부 파일을 저장하려면 해당 필드의 데이터 형식을 '첨부파일'로 설정해야 한다.

> **가장 빠른 합격비법**
> 외부 파일 삽입은 '첨부파일' 형식으로 설정한다는 것을 기억하도록 합니다.

58 ③ 　노른자 132

삽입 이상은 일부 정보만으로 레코드를 삽입할 수 없는 상황을 의미한다.

> **가장 빠른 합격비법**
> 정규화는 이상 현상을 방지하기 위한 것이며, 삽입 이상은 필요한 정보가 부족해 레코드를 추가할 수 없는 상황에서 발생한다는 것을 이해하도록 합니다.

59 ③ 　노른자 133

필드 이름은 공백으로 시작할 수 없다.

> **가장 빠른 합격비법**
> 필드 이름을 지정하는 규칙에 대해 정리하도록 합니다.

60 ③ 　노른자 157

기본 폼과 하위 폼에서 기본 폼은 단일 폼으로만 표시할 수 있으며, 하위 폼은 '단일 폼', '연속 폼', '데이터시트' 형태로 표시할 수 있다.

> **가장 빠른 합격비법**
> 하위 폼의 기능과 작성방법에 대해 정리하도록 합니다.

답 없이 푸는 제3회 기출변형문제

문제 ▶ 148쪽

01	③	02	②	03	③	04	③	05	③
06	②	07	④	08	④	09	②	10	②
11	③	12	③	13	③	14	④	15	④
16	①	17	③	18	③	19	②	20	③
21	④	22	②	23	④	24	④	25	②
26	④	27	①	28	②	29	③	30	②
31	①	32	①	33	①	34	②	35	③
36	③	37	②	38	③	39	③	40	②
41	②	42	③	43	①	44	②	45	②
46	④	47	③	48	③	49	④	50	②
51	③	52	③	53	②	54	②	55	④
56	③	57	②	58	②	59	④	60	③

1과목 컴퓨터 일반

01 ③ ▶노른자 058

블록체인은 분산된 구조에서의 암호 기술로 데이터의 무결성과 신뢰성을 보장한다.

> ⓘ 가장 빠른 합격비법
> 블록체인의 개념을 정리하도록 합니다.

02 ② ▶노른자 043

전체 오류 사전 확인은 컴파일러의 특징이다.

> ⓘ 가장 빠른 합격비법
> 컴파일러와 인터프리터를 비교하여 정리하도록 합니다.

03 ③ ▶노른자 032

펌웨어는 운영체제처럼 수시로 실행하고 수정하는 형태가 아니며, 보통 사용자는 내용을 임의로 바꾸지 못한다.

> ⓘ 가장 빠른 합격비법
> 펌웨어의 개념에 대해 정리하도록 합니다.

04 ③ ▶노른자 003

기본 설정은 모든 데스크톱의 앱이 작업표시줄에 함께 표시된다.

> ⓘ 가장 빠른 합격비법
> 가상 데스크톱에 대한 기본 설정값, 단축키에 대해 정확히 정리하도록 합니다.

05 ③ ▶노른자 036

제어 버스는 제어 신호 전달용이다.

> ⓘ 가장 빠른 합격비법
> 시스템 버스의 구성별 특징에 대해 정리하도록 합니다.

06 ② ▶노른자 056

SMTP는 전송용 프로토콜로, 수신 클라이언트에서 사용하는 수신 기능은 아니다.

> ⓘ 가장 빠른 합격비법
> 메일에 관련된 프로토콜에 대해 정리하도록 합니다.

07 ④ ▶노른자 030

명령 해독기는 명령어 해석 및 제어 신호 생성을 수행한다.

> ⓘ 가장 빠른 합격비법
> CPU의 구성 요소의 각각의 특징을 정리하도록 합니다.

08 ④ ▶노른자 057

동일한 사이트 접속 시 자동으로 자료를 불러오는 것은 캐시의 기능이다.

> ⓘ 가장 빠른 합격비법
> 쿠키와 캐시의 차이를 정리하도록 합니다.

09 ② ▶노른자 058

클라우드 컴퓨팅은 인터넷을 통해 컴퓨팅 자원을 서비스 형태로 제공받아 효율적이고 유연한 IT 운영이 가능하다.

> ⓘ 가장 빠른 합격비법
> 클라우드 컴퓨팅의 개념을 정리하도록 합니다.

10 ②   📗 노른자 036

키보드나 마우스 입력과 관련된 것은 하드웨어 인터럽트에 해당된다.

> ⓘ **가장 빠른 합격비법**
> 인터럽트의 종류와 특징에 대해 정리하도록 합니다.

11 ③   📗 노른자 064

방화벽은 사용자의 생체 정보를 다루지 않는다.

> ⓘ **가장 빠른 합격비법**
> 방화벽의 개념에 대해 정리하도록 합니다.

12 ③   📗 노른자 051

경로 설정 기능을 수행하는 것은 라우터이다.

> ⓘ **가장 빠른 합격비법**
> 네트워크 장비의 종류별 특징을 정리하도록 합니다.

13 ③   📗 노른자 051

라우터는 네트워크 계층에서 IP 주소를 기준으로 동작한다.

> ⓘ **가장 빠른 합격비법**
> 라우터의 특징을 정리하도록 합니다.

14 ④   📗 노른자 038

바이러스 검사는 백신 프로그램, 시스템 메모리 검사는 Windows 메모리 진단에서 가능하다.

> ⓘ **가장 빠른 합격비법**
> Windows에서 드라이브 오류 검사에 대한 특징을 정리하도록 합니다.

15 ④

'캡처 및 스케치'는 스크롤 캡처를 기본적으로 지원하지 않는다.

> ⓘ **가장 빠른 합격비법**
> '캡처 및 스케치'는 사각형/자유형/전체 화면캡처 + 간단한 편집이 가능하며, 스크롤 캡처는 불가하다는 것을 기억하도록 합니다.

16 ①

OMR은 문자의 모양이 아닌, 미리 정해진 위치에 마크된 부분을 감지한다.

> ⓘ **가장 빠른 합격비법**
> 입력장치 문제에서는 OMR, OCR, BCR, MICR 각각의 '인식 대상', '방식', '용도'를 정확히 구분해 정리하도록 합니다.

17 ③   📗 노른자 012

잠금 화면은 [설정]-[개인설정]-[잠금 화면]에서 설정할 수 있으며 표시할 앱은 하나만 설정할 수 있다.

> ⓘ **가장 빠른 합격비법**
> 잠금 화면에 대한 내용을 정리하도록 합니다.

18 ③   📗 노른자 047

MIDI는 실제 음향 데이터를 저장하지 않는다.

> ⓘ **가장 빠른 합격비법**
> 사운드 파일의 형식별 특징을 정리하도록 합니다.

19 ②   📗 노른자 040

시분할 시스템은 사용자 응답 시간을 짧게 유지한다.

> ⓘ **가장 빠른 합격비법**
> 운영체제의 처리방식에 대해 정리하도록 합니다.

20 ③   📗 노른자 062

연결형 바이러스는 프로그램의 위치 정보를 바이러스의 위치 정보로 바꾼다.

> ⓘ **가장 빠른 합격비법**
> 바이러스의 유형별 특징을 정리하도록 합니다.

2과목   스프레드시트 일반

21 ④   📗 노른자 080

[양수 형식];[음수 형식];[0 형식];[텍스트 형식]의 구조로, #,##0;#,##0;#,##0;"TEXT"는 양수/음수/0은 각각 #,##0 형식으로 표시되고 텍스트는 입력한 내용과 관계없이 "TEXT"라는 고정 문자열이 표시된다. 즉, "사과"를 입력해도 "TEXT"라고 표시된다.

> ⓘ **가장 빠른 합격비법**
> 사용자 지정 표시 형식의 [텍스트] 구간에 "문자"를 넣으면 입력값 대신 해당 문자열만 표시됩니다. 숫자, 0, 텍스트 각각에 대한 출력 형식을 구분해서 암기하도록 합니다.

22 ② 노른자 094

=TYPE(A2): 문자이므로 2가 표시된다. TYPE 함수는 숫자는 1, 문자열은 2, 논리값은 4, 오류 값은 16, 배열은 64로 표시된다.

> **가장 빠른 합격비법**
> 정보함수의 각 형식과 의미를 정리하도록 합니다.

23 ④ 노른자 109

피벗 테이블이 선택된 상태에서 [삽입]-[차트] 그룹의 세로 막대형 차트를 추가하면, 피벗 테이블이 작성된 동일한 시트에 피벗 차트가 삽입된다. 즉, Chart 시트가 새로 생성되는 것은 아니다.

> **가장 빠른 합격비법**
> 피벗 테이블과 피벗 차트에 대한 개념을 정리하도록 합니다.

24 ④ 노른자 115

'확대/축소 배율'을 사용하면 셀 크기, 글꼴 크기가 모두 함께 확대/축소되므로 인쇄 결과에 직접 영향을 준다.

> **가장 빠른 합격비법**
> 페이지 설정의 '확대/축소 배율' 기능은 인쇄에도 영향을 미친다는 것을 기억하도록 합니다.

25 ② 노른자 104, 107, 108, 109

'통합' 기능은 항목 레이블 기준으로 통합 가능하며, 위치가 다르더라도 범위 이름이나 레이블 기준으로 병합이 가능하다.

> **가장 빠른 합격비법**
> 분석 기능의 각각의 사용 목적을 기능별로 비교하도록 합니다.

26 ④ 노른자 090

=SUBSTITUTE(A4,"Banana","Apple",2): 두 번째 "Banana"만 "Apple"로 변경하므로 결과는 "Banana+Apple+Banana"이다.

오답 해설

① =REPLACE(A1,6,5,"Data"): 6번째 문자부터 5글자를 "Data"로 변경하므로 결과는 "HelloDataWorld"이다.
② =SUBSTITUTE(A2,"apple","orange",2): 두 번째 "apple"만 "orange"로 변경하므로 결과는 "apple banana orange"이다.
③ =SUBSTITUTE(A3,"Data","Info",1): 첫 번째 "Data"를 "Info"로 변경하므로 결과는 "Info+Science+Data"이다.

> **가장 빠른 합격비법**
> REPLACE와 SUBSTITUTE 함수의 형식을 기억하도록 합니다.

27 ① 노른자 115

머리글/바닥글 크기는 [페이지] 탭에서 자동 조정되지 않는다.

> **가장 빠른 합격비법**
> [페이지 설정]은 총 4개의 탭(페이지, 여백, 머리글/바닥글, 시트)으로 구성되어 있으며 각 탭의 기능을 정리하도록 합니다.

28 ③ 노른자 118

매크로의 자동 실행 설정은 VBA 코드를 통해 지정해야 한다.

> **가장 빠른 합격비법**
> [매크로 기록] 대화상자에서 지정 가능한 기능들을 정리하도록 합니다.

29 ③ 노른자 121

VBE에 작성한 코드는 사용자가 수동으로 실행하거나, 특정 이벤트를 통해 실행되어야 한다. 작성만으로 셀에 자동 반영되거나 실시간 결과가 나타나지 않는다.

> **가장 빠른 합격비법**
> 비주얼 베이직 코드는 직접 실행하거나 이벤트에 연결되어야 작동한다는 것을 기억하도록 합니다.

30 ② 노른자 095

조건이 2개일 때 배열 수식을 이용하여 개수를 구하는 방법은 다음과 같다.

- SUM((조건1)*(조건2))
- SUM(IF((조건1)*(조건2),1))
- COUNT(IF((조건1)*(조건2),1))
- SUMPRODUCT((조건1)*(조건2))

> **가장 빠른 합격비법**
> 배열 수식에서 개수를 계산하는 형식에 대해 정리하도록 합니다.

31 ① 노른자 095

배열 수식에서 최대값을 구하는 수식은 '=MAX(IF(조건,최대값을 구할 범위))'이다.

> **가장 빠른 합격비법**
> 조건에 따라 최대값을 구할 때는 '=MAX(IF(조건 범위=조건셀,값범위))' 형식을 기억하도록 합니다.

32 ①
노른자 089

FREQUENCY(IF(조건 범위=조건,데이터 범위),구간): 조건에 맞는 값들의 구간별 개수 분포를 반환하는 배열 수식이다.

> ⚠️ 가장 빠른 합격비법
> FREQUENCY 함수에 대해 정리하도록 합니다.

33 ①
노른자 080

- 양수 영역(#,##0): 숫자 값에 천 단위 구분 기호를 적용하여 표시된다.
- 음수 영역([빨강]-#,##0): 음수 값은 "-" 기호가 앞에 붙어 빨간색으로 표시된다.
- 0 영역("매출없음"): 0인 경우는 지정된 텍스트 "매출없음"이 그대로 표시된다.
- 텍스트 영역(@): 텍스트 입력 시 원래의 텍스트가 그대로 표시된다.

> ⚠️ 가장 빠른 합격비법
> 사용자 지정 표시 형식은 기본적으로 [양수];[음수];[0];[텍스트] 순서로 구분된다는 점 기억하도록 합니다.

34 ②
노른자 103

'중지'는 입력 자체를 차단하여 계속 진행할 수 없다.

> ⚠️ 가장 빠른 합격비법
> 데이터 유효성 검사의 오류 메시지 스타일(중지/경고/정보)의 동작 차이를 정리하도록 합니다.

35 ③
노른자 097

병합된 셀이 포함된 범위에서 정렬을 시도하면 오류 메시지가 나타난다.

> ⚠️ 가장 빠른 합격비법
> 병합 셀이 있으면 정렬이 제한된다는 점 기억하도록 합니다.

36 ③
노른자 105, 107, 108

- 데이터 표: 하나의 수식에 다양한 이자율을 입력해 결과를 자동 계산한다.
- 목표값 찾기: 결과(10억원)를 고정하고 입력값(예 광고비)을 역산한다.
- 시나리오: 변수 조합(전략별 가정)을 저장하고 비교가 가능하다.

> ⚠️ 가장 빠른 합격비법
> 데이터 표 / 목표값 찾기 / 시나리오 각각의 사용 목적을 구분해서 정리하도록 합니다.

37 ②
노른자 080

사용자 지정 서식은 양수;음수;0;텍스트 순서로 지정되며 "텍스트" 자리에는 ""을 넣으면 입력된 내용이 표시되지 않는다.

> ⚠️ 가장 빠른 합격비법
> 사용자 지정 서식 형식을 정리하도록 합니다.

38 ③
노른자 118, 119

동일한 이름의 매크로를 같은 통합문서에 중복 저장할 수 없다.

> ⚠️ 가장 빠른 합격비법
> 매크로 이름은 중복 불가하다는 것을 기억하도록 합니다.

39 ④
노른자 091

=XMATCH("오렌지",{"사과","바나나","오렌지","포도"},0,-1): {"사과","바나나","오렌지","포도"} 배열에서 "오렌지"는 인덱스 3에 있으므로, 결과는 3이 된다(0은 정확히 일치, -1은 거꾸로 검색을 의미한다).

오답 해설

① =COLUMNS(INDIRECT("A2:C2")): 텍스트 참조 A2:C2를 실제로 참조하는 A2, B2, C2로 바꾸어서 열의 개수인 3을 반환한다.
② =ROWS(TRANSPOSE({1,2,3;4,5,6})): {1,2,3;4,5,6}은 2행 3열짜리 배열이고 TRANSPOSE를 사용하면 3행 2열 배열이 되며, ROWS()는 행 수인 3을 반환한다.
③ =INDEX(TRANSPOSE(A3:C3),ROWS(A1:A2)): TRANSPOSE(A3:C3)에 의해 배열 {7;8;9}를 반환하고 ROWS(A1:A2)의 행수가 2이므로 2번째 행 값은 8이 된다.

> ⚠️ 가장 빠른 합격비법
> XMATCH 함수에 대해 정리하도록 합니다.

40 ③
노른자 089

=PERCENTILE.INC(범위, k)는 0 ≤ k ≤ 1 범위의 백분위수를 계산하며, k = 1(100%)이면 항상 범위 내 최대값을 돌려주므로 =PERCENTILE.INC(B2:B11,1)의 결과는 97이 된다.

오답 해설

① =RANK.EQ(B11,B$2:B$11)은 지정된 값(B11)이 범위(B2:B11)에서 몇 등인지를 계산하므로 결과는 4이며 동일한 점수가 있을 경우 동일한 순위를 부여한다.
② =MODE.SNGL(B2:B11)는 지정 범위에서 가장 자주 등장한(최빈) 숫자를 찾으므로 결과는 88이다.

④ =MAXA(B2:B11)은 텍스트와 논리값을 포함한 모든 인수 중에서 가장 큰 값을 반환하므로 결과는 97이 된다.

> ! 가장 빠른 합격비법
> RANK.EQ, MODE.SNGL, PERCENTILE.INC, MAXA 함수의 사용법을 정리하도록 합니다.

3과목 데이터베이스 일반

41 ②   노른자 165, 166

보고서 마법사 단계에서 그룹화와 정렬 모두 설정 가능하다.

> ! 가장 빠른 합격비법
> 보고서에서 그룹화는 보고서 마법사에서도 설정할 수 있다는 것을 기억하도록 합니다.

42 ③   노른자 141

참조 무결성이 설정되어 있으면 기본 키가 참조되는 레코드는 삭제 자체가 차단되며, 외래 키를 NULL로 바꾸는 동작도 자동으로 일어나지 않는다.

> ! 가장 빠른 합격비법
> [데이터시트 보기]에서 할 수 있는 레코드 작업에 대해 정리하도록 합니다.

43 ①   노른자 147

학생 테이블에서 학년이 2인 학생들을 대상으로 '성적'을 내림차순으로 이름과 성적을 표시하는 SQL문이다.

> ! 가장 빠른 합격비법
> SQL문의 SELECT~ FROM ~ WHERE~ ;의 구성 형태를 정리하도록 합니다.

44 ②   노른자 165

페이지 설정이나 인쇄 전 상태 확인은 '인쇄 미리 보기'에서만 가능하며, 보고서 보기에서는 페이지 관련 설정을 조정할 수 없다.

> ! 가장 빠른 합격비법
> '보고서 보기'는 보고서를 페이지 구분 없이 모두 표시하며 인쇄 설정이나 컨트롤 편집은 불가능하다는 것을 기억하도록 합니다.

45 ②   노른자 143, 158

보고서는 PDF, Excel, Word(RTF) 등은 지원하지만, PSD(Photoshop 파일)로는 내보낼 수 없다.

> ! 가장 빠른 합격비법
> 보고서 내보내기 가능한 파일을 정리하도록 합니다.

46 ④   노른자 141

참조되고 있는 [봉사기관] 테이블에 새로운 '기관코드'를 추가하는 것은 아무런 제약이 없으며, 이는 참조 무결성을 위반하지 않는다.

> ! 가장 빠른 합격비법
> 참조되는 테이블에서 데이터를 추가하는 것은 자유롭다는 것을 기억하도록 합니다.

47 ③

문자열을 선언할 때는 String을 사용해야 한다.

> ! 가장 빠른 합격비법
> VBA에서 문자열 변수는 String으로 선언해야 하며, 변수의 범위는 Dim, Private, Public 위치에 따라 지역/모듈/전역으로 달라진다는 것을 기억하도록 합니다.

48 ③   노른자 153

머리글/바닥글은 기본적으로 숨겨져 있으며, 폼 선택기(■)를 더블 클릭하면 폼 속성 시트 창이 표시된다.

> ! 가장 빠른 합격비법
> 폼 디자인 보기에서 각 영역의 특징을 정리하도록 합니다.

49 ④   노른자 137

〈〉는 "같지 않다"는 의미의 비교 연산자로, 등급 〈〉 "VIP"는 등급이 VIP가 아닐 때 참이다.

> ! 가장 빠른 합격비법
> LIKE는 패턴 일치, BETWEEN은 범위, NOT과 OR는 논리 조건, 〈〉는 '같지 않음'을 의미하는 비교 연산자라는 것을 정리하도록 합니다.

50 ②   노른자 129

데이터베이스 설계는 일반적으로 요구조건 분석 → 개념적 설계(ER 모델) → 논리적 설계(스키마 변환) → 물리적 설계(저장 구조 고려) → 구현(SQL)의 순으로 진행된다.

> ! 가장 빠른 합격비법
> 데이터베이스 설계순서에 대해 정리하도록 합니다.

51 ③ 노른자 154

폼 마법사에서는 분할 표시 폼 형식을 직접 지정할 수 없고 여러 테이블을 기반으로 분할 폼을 생성하는 것도 불가능하다.

> ⚠ 가장 빠른 합격비법
> 분할 표시 폼은 단일 데이터 원본을 기반으로 폼 보기와 데이터시트를 동시에 표시하며, 폼 마법사에서는 생성되지 않는다는 것을 기억하도록 합니다.

52 ③ 노른자 134

이미 데이터가 입력된 필드의 데이터 형식을 일련번호 형식으로 변경할 수 없다.

> ⚠ 가장 빠른 합격비법
> 데이터 형식의 각 특징을 정리하도록 합니다.

53 ③ 노른자 164

레이블 마법사에는 조건부 서식 자동 적용 기능이 없다.

> ⚠ 가장 빠른 합격비법
> 보고서 관련 마법사는 레이아웃 목적에 따라 명확히 구분되며, 조건부 서식은 마법사가 아닌 수동 설정으로만 가능하다는 점을 반드시 기억하도록 합니다.

54 ④

Const는 상수 선언용으로 값 변경이 불가능하다.

> ⚠ 가장 빠른 합격비법
> Static은 값 유지, Option Base는 배열 인덱스 설정이라는 것을 기억하도록 합니다.

55 ④ 노른자 170

매크로는 VBA 없이도 폼 열기, 메시지 상자 표시, 조건 분기 등 다양한 자동화 작업을 단독으로 수행할 수 있는 도구이다.

> ⚠ 가장 빠른 합격비법
> 매크로에 대한 내용을 정리하도록 합니다.

56 ③ 노른자 131

외래 키는 기본 키일 필요는 없고, 참조되는 테이블의 기본 키값을 가리키기만 하면 참조 무결성을 설정할 수 있다.

> ⚠ 가장 빠른 합격비법
> 참조 무결성은 참조하는 테이블의 외래 키가 참조되는 테이블의 기본 키에 존재해야 함을 보장하며, 외래 키 필드가 기본 키일 필요는 없다는 것을 기억하도록 합니다.

57 ② 노른자 132

- 모든 속성이 원자값 → 1NF를 만족함
- 그러나 부분 함수 종속이 존재 → 2NF를 만족하지 못함 → 현재 상태는 1NF임

> ⚠ 가장 빠른 합격비법
> 정규형의 각 단계별 특징을 정리하도록 합니다.

58 ② 노른자 158

탭 컨트롤 내 탭 페이지의 표시 순서를 변경하려면 탭 페이지의 바로 가기 메뉴에서 [페이지 순서]를 사용해야 한다.

> ⚠ 가장 빠른 합격비법
> 탭 컨트롤에 대한 개념을 정리하도록 합니다.

59 ④ 노른자 156

연속 폼은 폼 보기에서 여러 레코드가 반복하여 표시된다.

> ⚠ 가장 빠른 합격비법
> 연속 폼과 단일 폼의 차이점을 정리하도록 합니다.

60 ③ 노른자 135

기본 키의 조건은 중복 불가, NULL 불가, 유일하게 레코드를 식별할 수 있어야 한다는 것이다.
- 학생 테이블: 학번은 학교에서 고유하게 부여되는 식별자이다.
- 고객 테이블: 주민등록번호는 개인 고유 식별자이다.
- 도서 테이블: ISBN은 책마다 고유한 코드이다.

> ⚠ 가장 빠른 합격비법
> 기본 키의 개념을 정리하도록 합니다.

답 없이 푸는 제4회 기출변형문제

문제 ▶ 161쪽

01	②	02	②	03	②	04	②	05	④
06	③	07	④	08	③	09	④	10	③
11	③	12	③	13	④	14	③	15	④
16	④	17	③	18	④	19	③	20	③
21	②	22	②	23	②	24	③	25	①
26	③	27	②	28	②	29	③	30	②
31	③	32	④	33	③	34	②	35	④
36	④	37	②	38	②	39	③	40	③
41	②	42	②	43	②	44	②	45	④
46	③	47	③	48	②	49	④	50	①
51	④	52	③	53	①	54	②	55	②
56	③	57	④	58	④	59	②	60	②

1과목 컴퓨터 일반

01 ② ▶ 노른자 007, 008

Shift는 연속된 항목을 선택할 때 사용하고, Ctrl은 서로 떨어진 개별 항목을 선택할 때 사용한다.

> ⓘ 가장 빠른 합격비법
> Shift와 Ctrl의 파일 선택 방식에 대해 정리하도록 합니다.

02 ② ▶ 노른자 040

분산 운영체제는 여러 대의 컴퓨터가 하나의 시스템처럼 동작하는 구조를 의미한다.

> ⓘ 가장 빠른 합격비법
> 운영체제의 종류별 개념 차이를 구분하여 정리하도록 합니다.

03 ② ▶ 노른자 049

이중 연결은 링형의 특징이다.

> ⓘ 가장 빠른 합격비법
> 네트워크 구성방식의 특성에 대해 정리하도록 합니다.

04 ② ▶ 노른자 034

캐시 적중(Cache Hit) 시에는 캐시에 이미 데이터가 있어 주기억장치 접근 없이 빠르게 처리된다.

> ⓘ 가장 빠른 합격비법
> 캐시 메모리의 개념을 정리하도록 합니다.

05 ④ ▶ 노른자 008

디스크 조각 모음은 제어판 또는 드라이브 최적화 도구에서 설정한다.

> ⓘ 가장 빠른 합격비법
> 폴더 옵션 대화상자에서 지정할 수 있는 내용을 정리하도록 합니다.

06 ③ ▶ 노른자 040

실시간 응답 성능은 실시간 처리방식의 목적이다.

> ⓘ 가장 빠른 합격비법
> 운영체제의 목적, 구성요소, 처리 방식에 대해 정리하도록 합니다.

07 ④ ▶ 노른자 025

스풀링은 프린터 드라이버나 오류 복구 기능은 포함하지 않는다.

> ⓘ 가장 빠른 합격비법
> 스풀링의 기능에 대해 정리하도록 합니다.

08 ③ ▶ 노른자 033

스트라이핑은 성능만 향상되고 복구 기능이 없으며, 미러링과 저장 효율도 다르다.

> ⓘ 가장 빠른 합격비법
> RAID 개념에 대해 정리하도록 합니다.

09 ④ ▶ 노른자 046

BMP는 파일 크기가 매우 커서 웹 전송에는 부적합하다.

> ⓘ 가장 빠른 합격비법
> 이미지 파일 형식별로 특징을 정리하도록 합니다.

10 ③ 노른자 042

HTML, SQL은 객체지향 언어가 아니다.

> **가장 빠른 합격비법**
> 객체지향 언어의 핵심 개념을 명확하게 정리하도록 합니다.

11 ③ 노른자 047

샘플링 비트 수는 압축률과는 관련이 없고 별도의 압축 알고리즘과 관련이 있다.

> **가장 빠른 합격비법**
> 사운드 카드 관련 용어에 대해 정리하도록 합니다.

12 ③ 노른자 011

레지스트리에서 불필요한 항목을 제거한다고 해서 하드웨어 성능이 크게 개선되는 것은 아니며, 오히려 부적절한 삭제 시 시스템 오류가 발생할 가능성이 크다.

> **가장 빠른 합격비법**
> 레지스트리에 대한 내용을 정리하도록 합니다.

13 ④ 노른자 028

EBCDIC은 8비트 문자 코드 체계이다.

> **가장 빠른 합격비법**
> 문자를 표현하는 코드의 특징을 정리하도록 합니다.

14 ③

오답 해설

① winver – Windows 정보
② taskmgr – 작업 관리자
④ control – 제어판

> **가장 빠른 합격비법**
> 자주 사용되는 실행 명령어 위주로 정리하도록 합니다.

15 ④ 노른자 046

오답 해설

① PNG는 비손실 압축 방식이므로 화질 손상이 없다.
② PNG는 투명 배경을 지원해 웹 디자인에 매우 적합하다.
③ GIF는 256색 제한이 있지만, PNG는 수천만 색상(24비트)을 지원한다.

> **가장 빠른 합격비법**
> PNG와 JPG, GIF를 서로 비교하여 특징을 정리하도록 합니다.

16 ④ 노른자 018

고정 키에 대한 설명이다. 토글 키는 Caps Lock, Num Lock, Scroll Lock 키가 켜지거나 꺼질 때 경고음을 통해 상태를 알려주는 기능이다.

> **가장 빠른 합격비법**
> 접근성 항목에서 설정할 수 있는 내용을 정리하고 토글 키와 고정 키의 개념을 정리하도록 합니다.

17 ③ 노른자 046

비트맵 이미지는 확대 시 픽셀 깨짐이 발생한다.

> **가장 빠른 합격비법**
> 비트맵 이미지와 벡터 이미지를 비교하여 정리하도록 합니다.

18 ④ 노른자 042

객체 지향 언어는 프로그램 작성 시 객체를 중심으로 기술해 나간다. 처리 절차를 순서대로 기술하는 것은 절차적 언어에 대한 설명이다.

> **가장 빠른 합격비법**
> 객체 지향 언어의 특징을 정리하도록 합니다.

19 ③ 노른자 019, 020

외장 드라이브 포맷, 조각 모음, 시스템 백업은 [디스크 관리], [디스크 조각 모음], [백업] 등 다른 시스템 도구에서 수행하며, 저장소 메뉴에서는 제공되지 않는다.

> **가장 빠른 합격비법**
> 디스크 조각 모음, 백업은 저장소 메뉴에 해당 안 된다는 것을 기억하도록 합니다.

20 ③ 노른자 046

PNG는 비트맵 방식의 이미지이다.

> **가장 빠른 합격비법**
> 이미지 표현 방식의 각각의 특징에 대해 정리하도록 합니다.

2과목 스프레드시트 일반

21 ② 노른자 075

메모는 셀의 값이 변경되어도 자동으로 업데이트되지 않고 별도로 수정해야 최신 정보가 반영된다.

> **가장 빠른 합격비법**
> 메모는 셀 값과 자동 연동되지 않으므로, 데이터가 변경되면 메모도 수동으로 갱신해야 한다는 점을 반드시 숙지하도록 합니다.

22 ② 노른자 091, 092

VLOOKUP 함수의 형식은 VLOOKUP(찾는값, 범위, 열번호, 옵션)이고 찾는 값은 범위의 첫 번째 열에 존재해야 한다. 찾고자 하는 "모찌"는 A열에 존재하지 않으므로 오류가 발생한다.

> **가장 빠른 합격비법**
> INDEX, VLOOKUP, XLOOKUP, DGET 함수의 형식을 정리하도록 합니다.

23 ② 노른자 073

수식을 입력할 때는 '등호(=)'로 시작해야 엑셀이 수식으로 인식한다.

> **가장 빠른 합격비법**
> 데이터를 입력하는 방식을 구분하여 정리하도록 합니다.

24 ③ 노른자 095

조건이 여러 개일 때 개수 구하는 배열 수식은 다음과 같다.
- =SUM((조건1)*(조건2))
- =SUM(IF((조건1)*(조건2), 1))
- =COUNT(IF((조건1)*(조건2), 1))

> **가장 빠른 합격비법**
> 배열 수식을 구하는 형식은 반드시 정리하도록 합니다.

25 ① 노른자 099

- ?는 문자의 한 자리만을 대신하는 문자이므로 두 글자인 데이터를 찾는 조건은 ="=??"로 작성해야 한다. 그리고 두 가지 조건이 모두 만족(AND)해야 하므로 같은 행에 작성해야 한다.
- 고급 필터에서 조건이 수식인 경우 필드명은 비워 두거나 제시된 표의 어느 열과도 이름이 겹치지 않도록 해야 한다.
- FIND 함수는 일치하는 문자를 찾으면 해당 문자의 위치 번호를 반환하고 없으면 #VALUE! 오류를 반환하며, ISNUMBER 함수는 숫자인지 판정한다.

> **가장 빠른 합격비법**
> 고급 필터의 조건을 지정하는 방법은 반드시 정리하도록 합니다.

26 ③ 노른자 107

값을 바꿀 셀에는 수식이 없어야 하며 값이 직접 입력되어 있어야 한다.

> **가장 빠른 합격비법**
> 목표값 찾기 기능에 대해 정리하도록 합니다.

27 ② 노른자 111

항목이 많으면 조각이 많아져 가독성이 급격히 떨어지며, 분석보다는 혼란을 줄 수 있다.

> **가장 빠른 합격비법**
> 차트는 '데이터의 구조'와 '분석 목적'에 따라 적절한 것을 선택해야 하며, 원형 차트는 항목이 많으면 절대 추천되지 않는 대표적인 차트임을 기억하도록 합니다.

28 ② 노른자 162

조건부 서식이 여러 개 설정된 경우 충돌이 발생하면 우선순위가 높은 규칙의 서식이 적용된다.

> **가장 빠른 합격비법**
> 조건부 서식의 동작 원리를 정확히 이해하도록 합니다.

29 ③ 노른자 170

양식 컨트롤의 '단추'를 추가하여야 [매크로 지정] 대화상자가 표시된다.

> **가장 빠른 합격비법**
> 매크로를 작성하는 방법에 대해 정리하도록 합니다.

30 ③ 노른자 086

=WORKDAY("2025-04-01", 5, "2025-04-04")는 2025년 4월 1일부터 영업일 기준 5일 후인 2025-04-09를 반환한다.
(2025-04-05 토, 2025-04-06 일, 2024-04-04 휴일)

오답 해설

① =WEEKDAY("2025-04-01")은 화요일이므로 결과가 3이다. 기본 설정은 일요일은 1로, 토요일은 7로 표시된다.

② =WEEKNUM("2025-01-01")은 해당 날짜가 포함된 연도의 주차를 반환하므로 결과는 1이다.
④ =NETWORKDAYS("2025-04-01","2025-04-08","2025-04-03")은 2025-04-03 휴일, 토요일, 일요일을 제외하고 총 5일의 영업일 수를 반환한다.

> ⚠️ **가장 빠른 합격비법**
> WEEKDAY, WEEKNUM, WORKDAY, NETWORKDAYS 함수에 대해 정리하도록 합니다.

31 ③ ↗ 노른자 067

틀 고정은 선택한 셀의 위쪽 행과 왼쪽 열까지만 한 번에 고정할 수 있다. 임의의 여러 행이나 열을 따로 고정하는 기능은 없다.

> ⚠️ **가장 빠른 합격비법**
> '틀 고정'에 대한 내용을 정리하도록 합니다.

32 ④ ↗ 노른자 114

오차 막대는 추세선과는 별개로 설정되며, 자동으로 함께 생성되지 않는다.

> ⚠️ **가장 빠른 합격비법**
> 오차 막대에 대한 개념을 정리하도록 합니다.

33 ③ ↗ 노른자 170

.xlsx 형식은 매크로를 저장할 수 없는 파일 형식이며 매크로를 포함하려면 반드시 .xlsm(매크로 사용 통합 문서) 형식으로 저장해야 한다.

> ⚠️ **가장 빠른 합격비법**
> 매크로 작성에 대한 흐름을 정확히 정리하도록 합니다.

34 ③ ↗ 노른자 104

원본 변경 시 결과를 자동 갱신하려면 다시 통합을 실행해야 한다.

> ⚠️ **가장 빠른 합격비법**
> 엑셀의 통합 기능은 여러 범위를 함수 기반으로 요약하며, 결과는 자동으로 갱신되지 않는다는 것을 기억하도록 합니다.

35 ④ ↗ 노른자 099

동일한 레코드가 여러 조건을 만족하더라도 결과 목록에는 한 번만 나타난다.

> ⚠️ **가장 빠른 합격비법**
> 고급 필터 조건표 작성 시 '같은 행은 AND, 서로 다른 행은 OR' 조건으로 해석된다는 기본 원칙을 명확히 이해해야 합니다.

36 ④ ↗ 노른자 109

[A1]부터 표시되었다면 새 워크시트에 작성되었다고 볼 수 있지만 그렇지 않으므로 이 피벗 테이블은 '기존 워크시트'에 작성되었다.

> ⚠️ **가장 빠른 합격비법**
> 피벗 테이블 문제에서는 행/열/값 필드의 배치 방식을 정리하도록 합니다.

37 ② ↗ 노른자 086, 090

WEEKDAY($B2,1): 일요일부터 1로 표시하므로 월요일이면 2가 표시된다.

오답 해설

① TEXT($B2,"aaaa"): 날짜의 요일을 "월요일" 형식으로 추출한다.
③ TEXT(B2,"dddd"): 날짜의 요일을 Monday 형식으로 추출한다.
④ WEEKDAY($B2,2): 월요일부터 1로 표시한다.

> ⚠️ **가장 빠른 합격비법**
> WEEKDAY함수의 형식과 내용에 대해 정리하도록 합니다.

38 ② ↗ 노른자 115, 117

'전체 통합 문서 인쇄'를 선택하면 통합 문서에 포함된 모든 시트를 순서대로 인쇄한다.

> ⚠️ **가장 빠른 합격비법**
> 페이지 설정에 대한 각 명령을 정리하도록 합니다.

39 ③ ↗ 노른자 091

INDEX($A$1:$E$4,4,3)은 범위 [A1:E4]에서 '4행 3열'인 [C4] 셀을 의미한다. 따라서 [C4]에는 9가 있으므로, 결과는 9이다.

오답 해설

① HLOOKUP("사과",$A$1:$E$4,3,FALSE)은 범위의 '첫 번째 행'에서 "사과" 텍스트를 찾는다. 하지만 첫 행(A1:E1)에는 "항목, 1월, 2월, 3월, 4월"이 있으므로 "사과"를 찾을 수 없어 #N/A가 반환된다.
② OFFSET($A$1,3,2)는 기준 셀 [A1]에서 '3행 아래, 2열 오른쪽'인 [C4] 셀을 가리킨다. [C4]의 값은 9이므로 결과는 9이다.
④ AREAS(($A$1:$C$2,$D$3:$F$4))는 두 개의 참조 영역(A1:C2와 D3:E4)을 합쳐 놓은 것이므로 영역의 개수는 2이다.

> ⓘ 가장 빠른 합격비법
> HLOOKUP, OFFSET, INDEX, AREAS 함수에 대해 정리하도록 합니다.

40 ③
[Visual Basic] 버튼은 VBA 편집기(VBE)를 열고 편집하는 용도이며 매크로가 바로 실행되지는 않는다.

> ⓘ 가장 빠른 합격비법
> 매크로 단축키와 기록 시 참조방식을 구분해서 이해하도록 합니다.

3과목 데이터베이스 일반

41 ④
폼에는 테이블 객체 자체를 컨트롤로 삽입할 수 없다.

> ⓘ 가장 빠른 합격비법
> 폼에 삽입할 수 있는 컨트롤을 정리하도록 합니다.

42 ②
Public으로 선언된 변수는 모든 모듈에서 사용 가능한 전역 변수이다. 해당 모듈 내에서만 사용되는 변수는 Private, Dim으로 선언해야 한다.

> ⓘ 가장 빠른 합격비법
> VBA에서 변수는 Dim, Static, Private, Public 등으로 선언되며 각각의 개념을 정리하도록 합니다.

43 ③
삭제 쿼리는 필드의 값을 초기화하는 것이 아니라 레코드를 삭제한다.

> ⓘ 가장 빠른 합격비법
> 쿼리의 종류별 특징을 정리하도록 합니다.

44 ②
Me![컨트롤명].Visible = False는 현재 폼(Me)에 있는 컨트롤의 표시를 숨기기 한다.

> ⓘ 가장 빠른 합격비법
> 컨트롤의 표시를 숨기기할 때는 False, 표시할 때는 True임을 기억하도록 합니다.

45 ④
페이지 1/10의 표현은 ="페이지 "&Format([Page],"0")&"/"&Format([Pages],"0")이다. 현재 페이지는 [Page], 전체 페이지는 [Pages]이다.

> ⓘ 가장 빠른 합격비법
> Format 함수에 대해 정리하도록 합니다.

46 ③
크로스탭 쿼리에서 열 머리글은 하나의 필드만 지정 가능하다.

> ⓘ 가장 빠른 합격비법
> 크로스탭 쿼리의 개념을 정리하도록 합니다.

47 ③
조건부 서식은 폼과 보고서의 텍스트 상자처럼 데이터 표시가 가능한 컨트롤에만 적용할 수 있다. 레이블, 이미지, 단추에는 적용 불가하며, 테이블 디자인 보기에서는 조건부 서식을 설정할 수 없다.

> ⓘ 가장 빠른 합격비법
> 조건부 서식은 폼과 보고서에서 조건에 맞는 특정 컨트롤에만 적용되며, 테이블이나 레이블, 이미지에는 적용되지 않는다는 것을 기억하도록 합니다.

48 ②
조건부 서식은 컨트롤에 특정 조건이 만족될 때만 서식(색상, 글꼴 등)을 동적으로 적용하는 기능이다. [성별] = "여"와 같은 조건식을 직접 입력하는 방식은 필드가 "여"일 때만 정확하게 적용된다.

> ⓘ 가장 빠른 합격비법
> 조건부 서식은 특정 조건을 만족할 때만 컨트롤의 글꼴, 색상 등의 서식을 자동으로 변경할 수 있다는 것을 기억하도록 합니다.

49 ④
acViewForm은 폼 보기에서만 사용하며, OpenReport에는 사용할 수 없다.

> ⓘ 가장 빠른 합격비법
> DoCmd 개체의 메서드 활용에 대해 정리하도록 합니다.

50 ①
기존 테이블에서 데이터를 선택해 다른 기존 테이블로 복사할 때 사용되는 것은 추가 쿼리이다.

> ⚠️ **가장 빠른 합격비법**
> 쿼리 유형별로 특징을 정리하도록 합니다.

51 ④
Replace("puppy","p","X"): REPLACE(문자열,텍스트1,텍스트2)는 '문자열'에서 '텍스트1'을 찾아 '텍스트2'로 교체하여 반환한다. 따라서 "puppy"에서 "p"를 "X"로 바꾸면 "XuXXy"가 된다.

오답 해설

① Len(Mid("AccessDB",2,4))
  - ❶ MID(문자열,시작 위치,개수)는 문자열의 시작 위치에서 개수만큼 추출하는 것으로 2번째부터 4글자를 추출.
    따라서 Mid("AccessDB",2,4)는 "cces"
  - ❷ Len(문자열)은 길이를 나타냄. 따라서 Len("cces")는 4

② Mid("Database",InStr("Database","a")+1,2)
  - ❶ InStr(시작 위치,문자열,찾을 문자열,옵션)은 문자열의 '시작 위치'에서 '찾을 문자열'의 위치를 표시하는 기능.
    따라서 InStr("Database","a")는 "Database"에서 첫 "a" 위치는 2가 되어 2+1=3
  - ❷ Mid("Database",3,2)는 "ta"

③ InStr(Replace("HelloWorld","l","L"),"LL")
  - ❶ Replace("HelloWorld","l","L")는 "HelloWorld"에서 "l"을 "L"로 바꾸면 "HeLLoWorLd"
  - ❷ InStr("HeLLoWorLd","LL")는 3

> ⚠️ **가장 빠른 합격비법**
> 자주 출제되는 함수 위주로 형식과 사용법을 정리하도록 합니다.

52 ③
RunSQL은 INSERT, DELETE, UPDATE 등 실행 쿼리에만 사용하고 SELECT문은 실행 불가이다.

> ⚠️ **가장 빠른 합격비법**
> 자주 출제되는 DoCmd 명령어 위주로 정리하도록 합니다.

53 ①
DROP TABLE은 테이블 구조까지 완전히 제거한다.

> ⚠️ **가장 빠른 합격비법**
> DROP은 테이블 전체를 완전히 제거하고, DELETE는 데이터만 삭제, INSERT는 추가, UPDATE는 수정, SELECT는 조회를 수행한다는 것을 기억하도록 합니다.

54 ②
영어의 평균 점수는 (80+60)/2 = 70으로, HAVING AVG(점수) >= 75 조건을 만족하지 않기 때문에 제외된다. 따라서 과목에는 수학만 표시된다.

> ⚠️ **가장 빠른 합격비법**
> WHERE는 그룹화 전에 행을 필터링하고, GROUP BY는 그룹화를 하며, HAVING은 그룹화된 집계 결과에 조건을 적용해 최종 출력 대상을 결정한다는 것을 정리하도록 합니다.

55 ②
Like '*텍스트*' 형태는 입력값이 포함된 모든 레코드를 찾는 형태이며, FilterOn = True로 필터가 실제 적용된다.

> ⚠️ **가장 빠른 합격비법**
> Like '*텍스트*'를 사용하면 포함 검색이 가능하고, 필터 적용을 위해 반드시 FilterOn = True가 함께 필요하다는 것을 기억하도록 합니다.

56 ③
목록 상자는 단일 또는 다중 항목 선택이 가능하다.

> ⚠️ **가장 빠른 합격비법**
> 목록 상자는 단일 또는 다중 항목 선택이 모두 가능하며, 외부 데이터와도 연동할 수 있다는 것을 기억하도록 합니다.

57 ④
성명과 진료과목의 두 필드가 조합되어도 중복될 가능성이 있기 때문에 기본 키로는 부적절하다.

> ⚠️ **가장 빠른 합격비법**
> 기본 키는 테이블의 각 레코드를 유일하게 식별하기 위한 필드로, 중복과 NULL이 허용되지 않아야 한다는 것을 기억하도록 합니다.

58 ④

노른자 136, 137, 138

인덱스는 숫자형이 아니어도 사용 가능하며, 텍스트형 필드에도 인덱스 설정이 가능하다.

> **가장 빠른 합격비법**
> 입력 형식은 입력 마스크, 값 범위는 유효성 검사에서 설정한다는 것을 정리하도록 합니다.

59 ②

노른자 133

Access에서는 숫자로 시작하는 필드 이름도 허용된다.

> **가장 빠른 합격비법**
> 필드 이름을 지정하는 방법에 대해 정리하도록 합니다.

60 ②

노른자 134

Yes/No 형식은 콤보 상자로 여러 값을 선택할 수 있는 기능이 없다.

> **가장 빠른 합격비법**
> 데이터 형식을 구분하고 각각의 특징을 정리하도록 합니다.

답 없이 푸는 제5회 기출변형문제

문제 ➡ 174쪽

01	②	02	④	03	④	04	③	05	①
06	③	07	③	08	②	09	④	10	④
11	①	12	③	13	②	14	②	15	②
16	③	17	③	18	②	19	④	20	②
21	③	22	②	23	④	24	②	25	①
26	②	27	①	28	③	29	②	30	②
31	①	32	②	33	①	34	②	35	④
36	②	37	③	38	②	39	③	40	②
41	②	42	②	43	②	44	②	45	④
46	②	47	②	48	③	49	③	50	③
51	②	52	①	53	④	54	③	55	③
56	②	57	③	58	③	59	①	60	②

1과목 컴퓨터 일반

01 ② ➡ 노른자 058

Wi-Fi는 수십~수백m 수준의 거리까지만 안정적이며, 수십km 전송은 불가하다.

> ⓘ 가장 빠른 합격비법
> Zigbee, Wi-Fi, RFID, WiBro 등 무선통신기술의 개념을 정리하도록 합니다.

02 ④ ➡ 노른자 013

디스플레이마다 개별 해상도 설정이 가능하다.

> ⓘ 가장 빠른 합격비법
> 디스플레이에서 설정할 수 있는 항목을 정리하도록 합니다.

03 ④ ➡ 노른자 046

블러링(Blurring)은 이미지를 흐릿하게 만들어 부드럽게 처리하는 방식이다.

> ⓘ 가장 빠른 합격비법
> 그래픽 처리 기술의 종류별 특징을 정리하도록 합니다.

04 ③ ➡ 노른자 006, 008

색인 기능은 파일 검색 속도에 영향을 주며, 시스템 부팅 시간이나 자동 저장 기능과는 관련 없다.

> ⓘ 가장 빠른 합격비법
> 파일 탐색기에서 자주 사용하는 옵션에 대해 정리하도록 합니다.

05 ①

이더넷 설정은 유선 네트워크 연결 정보와 IP, DNS와 같은 연결 설정을 변경하는 곳이다. 다른 컴퓨터의 파일을 탐색하는 기능은 네트워크 공유 및 파일 탐색기에서 수행하는 작업으로, 이더넷 탭 자체 기능은 아니다.

> ⓘ 가장 빠른 합격비법
> 설정 문제는 메뉴별로 할 수 있는 기능을 정리하도록 합니다.

06 ③ ➡ 노른자 028

EBCDIC은 IBM 메인프레임 중심으로 사용되며, 웹이나 모바일 환경에서는 거의 사용되지 않는다. ASCII나 UTF-8이 현대 시스템에서 훨씬 더 널리 사용된다.

> ⓘ 가장 빠른 합격비법
> ASCII와 EBCDIC의 구조를 비교 정리하도록 합니다.

07 ③ ➡ 노른자 031

CISC는 명령어가 가변 길이로, 명령어마다 실행 속도가 일정하지 않다.

> ⓘ 가장 빠른 합격비법
> CISC와 RISC를 비교하여 정리하도록 합니다.

08 ② ➡ 노른자 035

USB는 범용 직렬 장치를 연결할 수 있게 해준다.

> ⓘ 가장 빠른 합격비법
> USB의 개념에 대해 정리하도록 합니다.

09 ④ ➡ 노른자 055

MAC 주소는 네트워크 어댑터에 고유하게 할당된 물리 주소로, 일반 사용자가 변경하거나 수동 입력하지 않는다.

> ⚠️ 가장 빠른 합격비법
> 네트워크 설정 항목을 정리하도록 합니다.

10 ④ ↗노른자 032

Mask ROM은 제조 과정에서 데이터를 '마스킹'해 기록하므로 유연한 업데이트가 불가하다.

> ⚠️ 가장 빠른 합격비법
> RAM과 ROM의 종류별 특징을 정리하도록 합니다.

11 ① ↗노른자 039

워드 프로세서, 회계 소프트웨어 등은 응용 소프트웨어로 분류되며, 시스템 소프트웨어에는 포함되지 않는다.

> ⚠️ 가장 빠른 합격비법
> 시스템 소프트웨어의 종류와 정의에 대해 정리하도록 합니다.

12 ③ ↗노른자 027

4비트로 표현할 수 있는 2진수 값의 가짓수는 2의 4승으로 16개이다.

> ⚠️ 가장 빠른 합격비법
> 정보 표현 단위에 대해 정리하도록 합니다.

13 ② ↗노른자 058

프린터 드라이버는 텔레매틱스의 구성 요소가 아니다. GPS, 통신 모듈, 서버 등이 필수 구성 요소이다.

> ⚠️ 가장 빠른 합격비법
> 텔레매틱스에 대한 개념을 정리하도록 합니다.

14 ② ↗노른자 064

방화벽은 네트워크 트래픽을 분석하고, 미리 설정된 정책에 따라 허용 또는 차단하여 내부 시스템을 보호하는 역할을 한다.

> ⚠️ 가장 빠른 합격비법
> 방화벽의 기능을 정리하도록 합니다.

15 ② ↗노른자 036

외부로부터 인터럽트 요청이 들어오면 인터럽트 서비스 루틴이 실행된다.

> ⚠️ 가장 빠른 합격비법
> 인터럽트 개념을 정리하도록 합니다.

16 ③ ↗노른자 048

MPEG-7은 오디오 압축 표준이 아니다.

> ⚠️ 가장 빠른 합격비법
> MPEG에 대한 개념을 정리하도록 합니다.

17 ③ ↗노른자 053

NAT는 사설 IP 주소를 공인 IP 주소로 변환하여 내부 네트워크의 장비들이 인터넷에 접속할 수 있도록 해주는 기술로서 NAT를 사용하면 여러 장치가 하나의 공인 IP 주소를 공유할 수 있어 IP 주소를 절약할 수 있다. IPv6는 매우 넓은 주소 공간(2의 128제곱)이 있기 때문에 기기마다 고유한 공인 IP를 쓸 수 있어 NAT가 필요 없다.

> ⚠️ 가장 빠른 합격비법
> IPv6는 넓은 주소 공간으로 NAT가 불필요하다는 것을 기억하도록 합니다.

18 ③ ↗노른자 063

오답 해설
① 가로막기-서비스 차단
② 수정-데이터 변조
④ 가로채기-전송 중 데이터 몰래 엿보기

> ⚠️ 가장 빠른 합격비법
> 수정·가로채기·가로막기·위조의 행위에 대해 정리하도록 합니다.

19 ④ ↗노른자 028

국제 통합 문자 체계는 Unicode이다.

> ⚠️ 가장 빠른 합격비법
> ASCII 코드에 대한 특징을 정리하도록 합니다.

20 ② ↗노른자 042

구조적 프로그래밍은 순차, 선택, 반복 구조 기반의 절차적 방식이다.

> ⚠️ 가장 빠른 합격비법
> 프로그래밍 기법의 각각의 특징에 대해 정리하도록 합니다.

2과목　스프레드시트 일반

21　③　　　노른자 112

데이터 테이블에 '범례 표지 없음'으로 표시되어 있다.

> **! 가장 빠른 합격비법**
> 차트의 각 영역의 이름과 표시형태를 정리하도록 합니다.

22　②　　　노른자 073

수식에서 날짜를 인수로 사용할 때는 작은따옴표가 아니라 큰따옴표("2025-12-31")로 묶어야 엑셀이 날짜로 인식한다.
예 =DATEDIF("2026-01-01", "2026-04-01", "d")

> **! 가장 빠른 합격비법**
> 날짜 데이터를 수식에서 인수로 사용하려면 큰따옴표로 묶어줘야 한다는 것을 기억하도록 합니다.

23　④　　　노른자 118

매크로 기록 대화상자에서는 보안 수준 설정, 사용자 권한 제어 등은 제공되지 않으며, 보안 설정은 [파일]-[옵션]-[보안 센터] 메뉴에서 따로 관리한다.

> **! 가장 빠른 합격비법**
> 매크로 기록 대화상자에서는 기본정보(이름, 단축키, 위치, 설명)만 지정할 수 있으며, 매크로 보안 관련 설정은 별도의 보안 센터에서 조정한다는 점을 반드시 기억하도록 합니다.

24　②　　　노른자 126

(가) 값만 삭제, 서식 유지 → ClearContents
(나) 값, 서식, 메모 포함 전체 삭제 → Clear
(다) 서식만 삭제, 값/주석 유지 → ClearFormats

> **! 가장 빠른 합격비법**
> VBA에서 Selection.Clear 계열은 내용, 서식, 메모, 하이퍼링크 등을 분리하여 제어할 수 있는 도구입니다. 각 메서드가 어떤 요소를 제거하는지 반드시 구분해서 기억하도록 합니다.

25　①　　　노른자 091

=INDEX(B2:D4,MATCH(G1,A2:A4,0),MATCH(G2,B1:D1,0))
　　　　　　　　❶　　　　　　　❷
　　　　　　　　　　❸

❶ MATCH(G1,A2:A4,0): [A2:A4] 범위에서 '상품B'(G1)가 두 번째 행에 위치. 결괏값은 2
❷ MATCH(G2,B1:D1,0): [B1:D1] 범위에서 '지역3'(G2)이 세 번째 열에 위치. 결괏값은 3
❸ INDEX(B2:D4,2,3) → INDEX(범위,행,열): '범위'에서 지정한 '행'과 '열'의 교차값을 반환. 여기서 범위는 실제 데이터만 참조하므로 [B2:D4]이며 따라서 결괏값은 170

> **! 가장 빠른 합격비법**
> INDEX와 MATCH 함수의 개념을 정리하도록 합니다.

26　②　　　노른자 072

공유된 통합 문서에 표 삽입, 조건부 서식 추가/수정 작업에 제한이 있다.

> **! 가장 빠른 합격비법**
> 공유된 통합 문서에 기능이 제한되는 경우를 정리하도록 합니다.

27　①　　　노른자 074

'2, 공백, 6'이 입력된 셀을 선택하여 아래로 드래그하면, 이 숫자 간의 패턴을 추론하여 4씩 증가하면서 나머지 셀들을 자동으로 채운다.

> **! 가장 빠른 합격비법**
> 채우기 핸들을 사용하는 예제를 많이 풀어보면서 개념을 정리하도록 합니다.

28　③　　　노른자 071

통합 문서 보호는 워크시트 구조의 변경(시트 추가, 삭제, 이름 변경 등)을 제한하는 기능이며, 워크시트 안의 셀에 데이터를 입력하거나 수정하는 기능은 제한하지 않는다. 셀 편집을 제한하려면 시트 보호를 따로 설정해야 한다.

> **! 가장 빠른 합격비법**
> '통합 문서 보호' 설정에 대한 내용을 정리하도록 합니다.

29　②　　　노른자 095

함수 내부에 배열 상수를 직접 입력하는 경우는 일반 Enter 키로 입력 가능하다.

> **! 가장 빠른 합격비법**
> 배열 상수는 { }로 묶고 쉼표/세미콜론으로 열/행을 구분하며, 함수 내부 사용 시에는 일반 Enter 키만으로도 작동한다는 것을 정리하도록 합니다.

30 ④ 　노른자 071, 072

통합 문서가 공유 상태일 경우에는 [공유]로 표시되지만, 통합 문서 보호 설정 시에는 파일 이름 옆에 [보호]로 표시되지 않는다.

> ⚠️ 가장 빠른 합격비법
> 통합 문서 보호, 시트 보호, 통합 문서 공유, 범위 편집 허용은 각각 적용 대상과 기능이 다르므로 구분하여 정리하도록 합니다.

31 ① 　노른자 071

시트의 셀 편집을 제한하는 것은 시트 보호에 대한 설명이다.

> ⚠️ 가장 빠른 합격비법
> 통합 문서 보호 기능에 대해 정리하도록 합니다.

32 ② 　노른자 066

'쓰기 암호'를 설정하면 암호를 모르는 사용자는 파일을 수정하지 못하지만 읽기 전용으로 파일을 열 수 있다.

> ⚠️ 가장 빠른 합격비법
> 백업 파일 생성, 암호 설정, 읽기 전용 권장 등은 모두 엑셀 파일 저장 대화상자의 일반 옵션에서 직접 설정할 수 있습니다.

33 ① 　노른자 071

조건부 서식 설정, 셀 삭제, 매크로 실행은 '워크시트에서 허용할 내용'으로 지정할 수 없다.

> ⚠️ 가장 빠른 합격비법
> [시트 보호] 대화상자에서 '워크시트에서 허용할 내용'을 정리하도록 합니다.

34 ② 　노른자 082

'조건부 서식 규칙 관리자' 대화상자에서 '열려 있는 다른 통합문서'에 지정된 서식은 확인할 수 없다.

> ⚠️ 가장 빠른 합격비법
> 조건부 서식 규칙 관리자 대화상자의 기능과 범위를 정확히 파악하도록 합니다.

35 ④ 　노른자 092

DCOUNT(데이터베이스,필드,조건 범위): 조건을 만족하는 필드의 숫자 개수를 반환한다. =DCOUNT(A1:C7,2,A9:A10)에서 2번 필드는 '이름' 열이므로 조건에 만족하는 이름은 2개지만 모두 텍스트이므로 0을 반환한다. 만약에 =DCOUNT(A1:C7,3,A9:A10)이면 3번 필드에서 조건에 만족하는 것은 2가 된다.

> ⚠️ 가장 빠른 합격비법
> 데이터베이스 함수의 형식을 정리하도록 합니다.

36 ② 　노른자 074

- [B1] 10 → 11: 숫자 자동 증가
- [B2] Monday → Tuesday: 요일 시리즈
- [B3] 3월 → 4월: 한글 월도 인식함
- [B4] 9:30 PM → 10:30 PM: 시간 값 → 1시간 증가

> ⚠️ 가장 빠른 합격비법
> 복수 셀을 선택하면 엑셀은 각행 별 패턴을 독립적으로 계산해서 반복한다는 점을 기억하도록 합니다.

37 ③ 　노른자 087

"점수(B열) ≥ 70"의 조건과 OR(C2<>"재응시",C2=" ")이 AND로 연결되면 된다.

> ⚠️ 가장 빠른 합격비법
> IF, AND, OR 함수에 대해 확실히 정리하도록 합니다.

38 ② 　노른자 079

'균등 분할'은 병합하지 않아도 사용 가능하다.

> ⚠️ 가장 빠른 합격비법
> 셀 서식의 맞춤 탭의 내용을 정리하도록 합니다.

39 ③ 　노른자 084

이름은 반드시 문자 또는 밑줄(_)로 시작해야 하며, 숫자로 시작할 수 없다.

> ⚠️ 가장 빠른 합격비법
> 엑셀의 이름 정의는 범위뿐만 아니라 수식과 상수에도 가능하며, 자주 쓰는 계산을 변수처럼 재사용할 수 있다는 점을 기억하도록 합니다.

40 ② 노른자 113

차트 선택 후 [차트 디자인] 탭-[데이터] 그룹-[데이터 선택]-[데이터 원본 선택] 대화상자-[숨겨진 셀/빈 셀]을 선택하여 '빈 셀 표시 형식'을 지정할 수 있다.

- '간격': 데이터 중간에 빈 셀이 있을 경우 그 부분을 '선 없이 끊어 두는 방식'으로 표시
- '0으로 처리': 차트에 연결된 데이터에서 빈 셀이 있을 때, 이를 0으로 간주하여 그래프에 표시
- '선으로 데이터 요소 연결': 차트 데이터에 빈 셀이 있을 경우 해당 빈 셀을 무시하고 앞뒤 값 사이를 선으로 연결해주는 기능

> ⚠ 가장 빠른 합격비법
> [숨겨진 셀/빈 셀]에서 선택해야 할 항목을 정리하도록 합니다.

3과목 데이터베이스 일반

41 ③ 노른자 137

유효성 검사 규칙은 입력 가능한 값을 제한하는 조건이며, 계산이나 서식 설정과는 관계가 없다.

> ⚠ 가장 빠른 합격비법
> 유효성 검사의 개념을 정리하도록 합니다.

42 ④ 노른자 147

IN ("서울","부산")처럼 쉼표로 항목을 구분해야 한다.

> ⚠ 가장 빠른 합격비법
> SELECT~ FROM ~ WHERE~;의 문법적인 구조와 IN, AND, OR의 형식을 정리하도록 합니다.

43 ② 노른자 134

첨부파일 데이터 형식은 하나의 필드에 여러 개의 파일을 첨부할 수 있다.

> ⚠ 가장 빠른 합격비법
> 다양한 데이터 형식의 개념을 정리하도록 합니다.

44 ② 노른자 147

WHERE 지역 = '서울' AND 직급 IN ('과장', '부장'): (지역이 서울)이고 (직급이 과장 또는 부장)을 조회한다.

오답 해설

① WHERE 지역 = '서울' AND 직급 = '과장' OR 직급 = '부장': (지역 = '서울' AND 직급 = '과장') 수행 후 (OR 직급 = '부장')이 수행되어 (지역이 서울이고 직급이 과장)이 먼저 수행되고 또는 (직급이 부장)인 것을 조회한다. 따라서 지역이 서울이 아니어도 조회가 된다.

> ⚠ 가장 빠른 합격비법
> 연산의 우선순위를 정리하도록 합니다.

45 ④ 노른자 141

관계 편집 창에서 '관련 필드 모두 업데이트' 옵션을 활성화하면, 기본 키 변경 시 참조 중인 외래 키도 자동으로 갱신되어 오류 없이 변경할 수 있다.

> ⚠ 가장 빠른 합격비법
> 기본 키값을 변경하려면, 관계 설정에서 '관련 필드 모두 업데이트'를 체크해야 외래 키도 함께 자동으로 바뀐다는 것을 기억하도록 합니다.

46 ② 노른자 147

하위 쿼리는 단일 행 또는 다중 행 모두 반환 가능하다.

> ⚠ 가장 빠른 합격비법
> 하위 쿼리는 메인 쿼리보다 먼저 실행되며, 단일 또는 다중 행을 반환할 수 있다는 것을 기억하도록 합니다.

47 ② 노른자 147

SELECT 수강인원 FROM 강의 WHERE 과목 = '엑셀' → 10
SELECT AVG(수강인원) FROM 강의 WHERE 수강인원 > 10
→ 수강인원: 20, 30, 40, 50
→ 평균 = (20+30+40+50)/4 = 35
WHERE 수강인원 > 35
→ 해당하는 수강인원: 40, 50 → 2건

> ⚠ 가장 빠른 합격비법
> SELECT~ FROM ~ WHERE~ ;의 형식을 정리하도록 합니다.

48 ③ 〉 노른자 128

하드웨어는 데이터베이스의 물리적 환경이지, 테이블이나 쿼리와 같은 논리적 구성 요소가 아니다.

> ⓘ 가장 빠른 합격비법
> 데이터베이스의 개념을 정리하도록 합니다.

49 ③ 〉 노른자 142

연결 테이블도 편집이 가능한 구조이다.

> ⓘ 가장 빠른 합격비법
> 연결 테이블과 새 테이블로 가져온 테이블을 비교하여 정리하도록 합니다.

50 ③ 〉 노른자 165

[요약 옵션]에서는 숫자 필드에 대해서만 합계, 평균, 개수 등의 요약 정보를 설정할 수 있다.

> ⓘ 가장 빠른 합격비법
> [요약 옵션]은 숫자 필드만 가능, 문자열 필드는 요약 대상이 아니라는 것을 기억하도록 합니다.

51 ③ 〉 노른자 164

보고서는 출력 전용 객체로, 데이터 입력이나 수정은 불가능하다.

> ⓘ 가장 빠른 합격비법
> 보고서는 데이터를 입력하거나 수정할 수 없고, 정렬·그룹화·계산·조건부 서식 등을 통해 출력용 문서를 만드는 도구라는 것을 기억하도록 합니다.

52 ① 〉 노른자 152

쿼리는 UNION을 사용하여 서울과 부산인 레코드를 각각 조회한 후 중복 없이 합쳐서 출력한다. 동일 조건을 OR로 묶으면 같은 결과가 나온다.

> ⓘ 가장 빠른 합격비법
> UNION은 중복 없이 결과를 결합하고, 동일 조건을 OR로 묶으면 같은 결과가 나온다는 점을 기억하도록 합니다.

53 ④ 〉 노른자 166, 167

그룹 바닥글의 인원수는 개수를 계산하는 COUNT 함수를 이용하여 계산되었다.

> ⓘ 가장 빠른 합격비법
> 보고서의 구역별 설정 내용을 정리하도록 합니다.

54 ③ 〉 노른자 156

[삭제 가능]을 '아니오'로 설정하면, 삭제 아이콘은 물론 Delete 를 통한 삭제도 모두 차단된다.

> ⓘ 가장 빠른 합격비법
> 하위 폼의 [추가 가능], [편집 가능], [삭제 가능], [필터 사용] 속성은 각각 입력, 수정, 삭제, 필터 기능을 제어하며, '아니오'로 설정하면 해당 기능은 완전히 차단된다는 것을 기억하도록 합니다.

55 ③ 〉 노른자 171

GoToRecord는 레코드 포인터를 이동하는 함수로, 컨트롤 포커스 이동 기능이 아니다.

> ⓘ 가장 빠른 합격비법
> OpenForm은 폼 열기, SetValue는 값 설정, GoToRecord는 레코드 이동, GoToControl은 포커스 이동이라는 명확한 기능 차이를 기억하도록 합니다.

56 ② 〉 노른자 131

외래 키는 다른 테이블(여기서는 출판사)의 기본 키를 참조하는 필드이다.

- **고객ID(주문)**: 고객 테이블의 고객ID(PK)를 참조 → 외래 키
- **학과코드(학생)**: 학과 테이블의 학과코드(PK)를 참조 → 외래 키
- **출판사ID(도서)**: 출판사 테이블의 출판사ID(PK)를 참조 → 외래 키

> ⓘ 가장 빠른 합격비법
> 외래 키는 다른 테이블의 기본 키를 참조하는 필드라는 것을 기억하도록 합니다.

57 ③ 〉 노른자 133

데이터베이스 전체 단위로 암호를 설정하며, 개별 테이블 단위의 암호 설정 기능은 제공하지 않는다.

> ⓘ 가장 빠른 합격비법
> 데이터베이스 암호 설정을 하는 방법을 정리하도록 합니다.

58 ③   노른자 158

탭 컨트롤은 폼 내에서 여러 페이지(탭)를 구분하여 다양한 데이터를 시각적으로 구성하는 요소이다. 여러 테이블을 연결하거나 동기화하는 기능은 없으며, 제목이나 캡션을 표시하는 데 사용되는 것은 레이블 컨트롤이다.

> ⓘ 가장 빠른 합격비법
> 폼의 탭 컨트롤은 여러 개의 페이지를 시각적으로 구분하여 표시하는 요소라는 것을 기억하도록 합니다.

59 ①   노른자 149

- dddd → 전체 요일 이름 → Wednesday
- mmmm → 전체 월 이름 → May
- d → 일 → 7 (앞에 0 없음)
- h → 시 (12시간제, 앞에 0 없음) → 9
- n → 분 → 8
- s → 초 → 3

> ⓘ 가장 빠른 합격비법
> Format(Now(), "dddd, mmmm d h:n:s ampm")는 요일, 월 전체 이름, 일, 시간:분:초, 오전/오후를 출력한다는 것을 기억하도록 합니다.

60 ②   노른자 164

Access에는 하위 보고서 마법사라는 명칭의 마법사가 존재하지 않는다.

> ⓘ 가장 빠른 합격비법
> Access에는 보고서 마법사, 라벨 마법사, 우편 엽서 마법사, 업무 문서 양식 마법사가 있지만 '하위 보고서 마법사'는 존재하지 않는다는 것을 정리하도록 합니다.

답 없이 푸는 제6회 기출변형문제

문제 ▷ 187쪽

01	③	02	④	03	①	04	③	05	③
06	③	07	②	08	③	09	③	10	④
11	②	12	②	13	④	14	②	15	③
16	③	17	④	18	②	19	④	20	③
21	②	22	②	23	③	24	④	25	①
26	②	27	④	28	②	29	④	30	②
31	③	32	③	33	③	34	③	35	②
36	②	37	③	38	③	39	②	40	③
41	④	42	③	43	③	44	②	45	③
46	①	47	②	48	③	49	④	50	③
51	③	52	④	53	②	54	②	55	③
56	②	57	①	58	②	59	①	60	②

1과목 컴퓨터 일반

01 ③ ▷ 노른자 001

오답 해설

① Windows 방화벽: 네트워크 트래픽을 규칙에 따라 허용 또는 차단하여 외부 침입을 방어하는 소프트웨어 방화벽이다.
② BitLocker 드라이브 암호화: 전체 드라이브를 암호화해 분실·도난 시에도 데이터가 유출되지 않도록 보호한다.
④ Windows 보안 센터: Defender, 방화벽, 계정 보호 등 Windows의 다양한 보안 상태와 설정을 한눈에 관리하는 대시보드 역할을 한다.

> ⓘ 가장 빠른 합격비법
> Windows Defender의 개념을 정리하도록 합니다.

02 ④ ▷ 노른자 028

유니코드에서 0~127번까지의 코드값은 ASCII와 동일하게 매핑되어 있어서 유니코드 인코딩 환경에서도 그대로 사용이 가능하다. 확장 ASCII는 일부 유럽 문자나 기호는 표현할 수 있지만, 한글, 중국어 등 다국어는 표현할 수 없다.

> ⓘ 가장 빠른 합격비법
> 확장 ASCII와 유니코드의 역할을 구분해서 정리하도록 합니다.

03 ① ▷ 노른자 036

채널은 느린 입출력 장치와 빠른 CPU 간의 속도 차이를 조정하는 제어 장치이다. 속도 향상이 아닌 효율적인 분산 처리가 핵심이다.

> ⓘ 가장 빠른 합격비법
> 채널은 CPU와 입출력 장치 간 속도 차이를 해결하기 위한 기능이라는 것을 기억하도록 합니다.

04 ③ ▷ 노른자 003

작업표시줄에 고정되는 아이콘은 사용자가 수동으로 고정해야 한다.

> ⓘ 가장 빠른 합격비법
> 작업표시줄의 개념에 대해 정리하도록 합니다.

05 ③ ▷ 노른자 026

논리 연산과 범용 소프트웨어 실행에는 디지털 컴퓨터가 적합하다.

> ⓘ 가장 빠른 합격비법
> 아날로그 컴퓨터와 디지털 컴퓨터의 특징에 대해 정리하도록 합니다.

06 ③ ▷ 노른자 027

필드가 모여 레코드를 구성한다.

> ⓘ 가장 빠른 합격비법
> 자료의 구성 단위에 대해 정리하도록 합니다.

07 ② ▷ 노른자 034

L3는 가장 느리고 가장 큰 용량을 갖는 계층이다.

> ⓘ 가장 빠른 합격비법
> 캐시 메모리의 개념을 정리하도록 합니다.

08 ③ ▷ 노른자 058

텔레매틱스는 통신과 정보처리의 결합으로, 차량 내비게이션, 긴급 호출, 실시간 교통 정보 등에 사용된다.

> ⓘ 가장 빠른 합격비법
> 텔레매틱스의 개념을 정리하도록 합니다.

09 ③   노른자 062

운영체제 보안 패치는 바이러스 감염을 막는 역할을 한다.

> ⓘ **가장 빠른 합격비법**
> 컴퓨터 바이러스의 정의, 감염 경로, 예방 방법을 정리하도록 합니다.

10 ④   노른자 064

바이러스 치료는 백신 프로그램 역할이다.

> ⓘ **가장 빠른 합격비법**
> 방화벽의 개념에 대해 정리하도록 합니다.

11 ②   노른자 037

DRAM의 접근 속도(ns)는 작을수록 성능이 좋다.

> ⓘ **가장 빠른 합격비법**
> 하드웨어 부품 교체 시 필수 호환 요소 중심으로 정리하도록 합니다.

12 ④   노른자 041

외부 사용자에게 공개하여 피드백을 수집하기 위한 소프트웨어는 베타 버전이다.

> ⓘ **가장 빠른 합격비법**
> 소프트웨어 관련 용어를 특징별로 정리하도록 합니다.

13 ④   노른자 035

언어 팩을 설치하거나 브라우저 설정은 운영체제의 역할이다.

> ⓘ **가장 빠른 합격비법**
> CMOS 설정에 대해 정리하도록 합니다.

14 ②

앱이 64비트 버전의 Windows 용으로 설계된 경우 32비트 버전의 Windows에서는 작동되지 않는다.

> ⓘ **가장 빠른 합격비법**
> Windows 운영체제의 32비트와 64비트 구조를 비교하여 정리하도록 합니다.

15 ③   노른자

OLED는 구조가 간단하고 얇기 때문에 LCD보다 더 가볍고 유연하며, 곡면 구현에 유리하다.

> ⓘ **가장 빠른 합격비법**
> OLED와 LCD의 구조/전력/두께/화질 차이를 정리하도록 합니다.

16 ③   노른자 038

디스크 조각 모음 및 최적화는 [드라이브 최적화] 도구 또는 제어판 – Windows 도구(Windows Tools)에서 실행한다.

> ⓘ **가장 빠른 합격비법**
> 저장소 메뉴에서 수행할 수 있는 기능에 대해 정리하도록 합니다.

17 ④   노른자 002

클립보드에 저장된 화면 이미지를 그림판에 붙여 넣으려면 Ctrl+V를 사용한다.

> ⓘ **가장 빠른 합격비법**
> 자주 출제되는 Windows 단축키를 정리하도록 합니다.

18 ③   노른자 034

플래시 메모리는 전원이 꺼져도 데이터가 유지되는 비휘발성 메모리이며, 반도체 기반으로 전기적으로 읽고 쓰는 저장 장치이다.

> ⓘ **가장 빠른 합격비법**
> 플래시 메모리의 특징에 대해 정리하도록 합니다.

19 ④   노른자 049

버스형은 하나의 통신회선에 여러 단말장치가 연결되어 있는 형태이다.

> ⓘ **가장 빠른 합격비법**
> 네트워크 구성방식의 개념에 대해 정리하도록 합니다.

20 ③   노른자 035

USB 3.0 장치도 USB 2.0 포트에서 문제없이 작동한다(단, 속도는 제한됨).

> ⓘ **가장 빠른 합격비법**
> USB 3.0의 특징을 정리하도록 합니다.

2과목 스프레드시트 일반

21 ②
- Worksheets("매출").Activate: "매출" 시트를 활성화
- Range("A1:C10").Sort: 정렬 범위 지정
- Key1:=Range("B2"): 정렬 기준은 B열
- Order1:=xlDescending: 내림차순
- Header:=xlYes: 첫 행을 제목으로 인식하고 정렬함

> **가장 빠른 합격비법**
> VBA에서 시트를 다룰 때 Worksheets("시트명").Activate로 활성화한 후 Range().Sort, Range().Value 등을 조합하면 정렬이나 데이터 입력이 가능합니다.

22 ②
사용자 지정 서식은 [양수];[음수];[0];[텍스트] 순서로 구성되며 두 개의 쉼표(,,)는 1,000,000 단위 축소를 나타낸다. -1000000은 (-)1로 표시된다.

오답 해설
① 셀 서식에서 마지막 두 개의 쉼표(,,)는 1,000,000 단위 축소(백만 단위)를 나타내므로 2000000이 입력되면 2로 표시된다.

> **가장 빠른 합격비법**
> 사용자 지정 서식의 순서와 표시되는 결과를 이해하도록 합니다.

23 ①
동일한 이름의 워크시트를 중복 생성할 수 없으며, Excel은 자동으로 이름을 "Sheet1 (2)"와 같이 변경해 주지 않는다. 중복된 이름을 입력하려고 하면 오류가 발생하며, 사용자가 직접 이름을 수정해야 한다.

> **가장 빠른 합격비법**
> 워크시트 이름을 지정하는 것에 대한 개념을 정리하도록 합니다.

24 ④
CHOOSE 함수는 인덱스가 1부터 시작하기 때문에, 10점 미만 구간에서 오류가 발생한다.

> **가장 빠른 합격비법**
> IF, IFS, SWITCH, CHOOSE 함수의 사용법에 대해 정리하도록 합니다.

25 ①
자동 맞춤은 [페이지] 탭에서 지정할 수 있다.

> **가장 빠른 합격비법**
> 페이지 설정 대화상자는 [페이지], [여백], [머리글/바닥글], [시트] 탭으로 구성되어 있으며, 각 탭의 기능을 구분해서 정리하도록 합니다.

26 ①
별도의 차트 시트에 기본 차트를 작성하려면 F11을 사용한다.
Alt+F1은 현재 시트에 기본 차트를 작성한다.

> **가장 빠른 합격비법**
> 차트 관련 기본 단축키와 차트 유형 특성, 그리고 추세선의 역할을 정확히 구분하도록 합니다.

27 ④
=MMULT(A1:B2,MINVERSE(A1:B2))에서 MDETERM = 0이면 역행렬이 존재하지 않으므로 MINVERSE 사용 자체가 오류이다.

> **가장 빠른 합격비법**
> SIGN, MOD, RANDBETWEEN, MINVERSE, MMULT 함수의 내용을 정리하도록 합니다.

28 ②
도넛형 차트는 2개 이상의 계열도 표현 가능하며, 중앙이 비어 있는 원형 차트이다.

> **가장 빠른 합격비법**
> 차트는 데이터 유형, 표현 목적, 계열 수에 따라 적절한 유형을 선택해야 합니다. 특히 원형 차트와 도넛형 차트, 분산형 차트와 꺾은선형 차트의 차이를 구별하도록 합니다.

29 ④
배율 조정은 단지 출력 화면 비율만 조절할 뿐이며, 셀 병합이나 수식 계산 결과에는 영향을 주지 않는다.

> **가장 빠른 합격비법**
> [페이지 설정]의 배율은 인쇄 레이아웃에만 영향을 준다는 것을 기억하도록 합니다.

30 ③ 노른자 121
매개변수는 선택 사항이며, 생략이 가능하다.

> ⚠ 가장 빠른 합격비법
> VBA 프로시저의 개념에 대해 정리하도록 합니다.

31 ③ 노른자 091
=OFFSET(C2,MATCH("총무부",B2:B4,0),0)
          ❶
    ❷

❶ MATCH(찾으려는 값,찾을 범위,옵션): MATCH("총무부",B2:B4,0)에서 위치는 2가 됨
❷ OFFSET(시작 셀,행_이동수,열_이동수,[높이],[너비]): OFFSET(C2,2,0)이므로 [C2] 셀부터 2행 아래로 이동하면 88이 됨

> ⚠ 가장 빠른 합격비법
> OFFSET과 MATCH 함수의 형식을 기억하도록 합니다.

32 ③ 노른자 118
매크로의 바로 가기 키는 기본적으로 Ctrl과 영문자를 조합하여 지정할 수 있다.

> ⚠ 가장 빠른 합격비법
> 매크로 단축키는 Ctrl과 영문자만 가능하다는 것을 기억하도록 합니다.

33 ③ 노른자 065
상태 표시줄은 선택된 셀들의 데이터 유형에 따라 표시되는 통계 정보가 달라진다. 예를 들어, 숫자만 있는 경우와 텍스트가 포함된 범위를 선택했을 때 표시되는 통계 값이 서로 다르므로 '항상 동일'하다고 할 수 없다.

> ⚠ 가장 빠른 합격비법
> 상태 표시줄은 선택한 셀의 데이터 유형(숫자, 텍스트, 날짜 등)에 따라 표시되는 통계 정보가 달라지므로, '항상 동일한 통계 정보'라는 표현은 명백히 틀리다는 것을 기억하도록 합니다.

34 ③ 노른자 095
{10,20,30;40,50,60}은 올바른 2행 3열 배열 형식으로 SUM 사용 가능하며, 10+20+30+40+50+60=210이 된다.

> ⚠ 가장 빠른 합격비법
> 배열 상수는 { } 중괄호 안에서 쉼표(,)는 열 구분, 세미콜론(;)은 행 구분이라는 것을 기억하도록 합니다.

35 ② 노른자 082
조건부 서식은 선택한 영역에서 조건을 만족하는 셀에만 서식을 지정하는 기능이다. 셀의 값이 변경되어 조건이 더 이상 만족되지 않으면, 자동으로 서식이 해제된다.

오답 해설
④ 서식이 서로 충돌하는 경우에는 우선순위가 높은 규칙의 서식이 최종적으로 적용된다.

> ⚠ 가장 빠른 합격비법
> 셀 값 변화에 따라 서식이 자동으로 적용/해제되는 점과 기본 셀 서식보다 우선 적용된다는 점을 반드시 기억하도록 합니다.

36 ② 노른자 080
사용자 지정 형식은 '양수;음수;0;텍스트' 순서로 설정된다.

> ⚠ 가장 빠른 합격비법
> 사용자 지정 형식의 '양수;음수;0;텍스트' 순서를 기억하도록 합니다.

37 ④ 노른자 105
[E2:H5]을 영역지정 후 [데이터 표] 명령을 진행해야 한다.

> ⚠ 가장 빠른 합격비법
> 데이터 표를 진행하는 방법을 숙지하도록 합니다.

38 ③ 노른자 067
창 나누기는 단순 보기 방식이므로 동일한 워크시트를 나눠서 보여주는 것일 뿐, 모든 창은 동일 데이터에 연결된다.

> ⚠ 가장 빠른 합격비법
> 창 나누기 기능에 대해 정리하도록 합니다.

39 ②
- Ctrl + + → 셀 삽입 대화상자 호출
- Ctrl + - → 셀 삭제 대화상자 호출

> ⚠ 가장 빠른 합격비법
> 셀 삽입/삭제 관련 단축키는 Ctrl + +, Ctrl + -을 기억하도록 합니다.

40 ③ 노른자 073
소수점 자동 삽입 옵션이 설정되어 있어도 사용자가 소수점을 직접 입력하면 소수점 자동 삽입 옵션 기능은 해당 입력에서 무시되고, 사용자가 입력한 소수점 위치가 그대로 반영된다.

> ⓘ 가장 빠른 합격비법
> 소수점 직접 입력 시, 소수점 자동 삽입 옵션 기능은 무시된다는 규칙을 기억하도록 합니다.

3과목 데이터베이스 일반

41 ④
데이터베이스의 장점 중 하나는 데이터의 실시간 처리이다. 또한, 백업·복구 전략은 여전히 필수이며, 장애가 나면 백업이 없을 경우 데이터 손실 위험이 존재한다.

> ⓘ 가장 빠른 합격비법
> DBMS의 특징을 정리하도록 합니다.

42 ②
- FROM 판매 → 가장 먼저, 판매 테이블에서 데이터를 불러온다.
- WHERE 지역 IN ('서울','부산') → 지역이 '서울' 또는 '부산'인 레코드만 필터링한다.
- GROUP BY 고객명 → 필터링된 데이터에서 고객명별로 그룹을 생성한다.
- SELECT 고객명, AVG(금액) AS 평균금액 → 각 그룹에 대해 집계함수(AVG)를 적용하고, 필요한 컬럼을 선택한다.
- ORDER BY 평균금액 DESC → 평균금액 기준으로 내림차순 정렬한다.

> ⓘ 가장 빠른 합격비법
> SELECT~ FROM~ WHERE~;의 형식을 정리하고 ORDER BY, GROUP BY 명령어도 정리하도록 합니다.

43 ③
보고서는 출력 전용 객체로서, 데이터를 직접 수정할 수 없다.

> ⓘ 가장 빠른 합격비법
> 폼과 보고서의 기능을 구분하여 보고서에서 가능한 작업을 정리하도록 합니다.

44 ②
한 테이블에는 기본 키를 하나만 설정할 수 있다.

> ⓘ 가장 빠른 합격비법
> 기본 키는 중복 없이 레코드를 식별하고, 한 테이블에는 반드시 하나만 설정할 수 있다는 점을 반드시 기억하도록 합니다.

45 ③
그룹화는 [보고서 디자인] 탭 – [그룹화 및 요약] 그룹 – [그룹화 및 정렬]에서 설정해야 한다.

> ⓘ 가장 빠른 합격비법
> 보고서의 그룹화는 [그룹화 및 정렬]에서 설정한다는 것을 기억하도록 합니다.

46 ①
OLE 개체, 첨부파일, 긴 텍스트, 계산 필드 등에는 인덱스를 지정할 수 없다.

> ⓘ 가장 빠른 합격비법
> 인덱스를 지정할 수 없는 데이터 형식을 정리하도록 합니다.

47 ②
연속 폼은 레코드 마다가 아닌 폼 창마다 폼 머리글과 폼 바닥글이 표시된다.

> ⓘ 가장 빠른 합격비법
> 단일 폼은 하나의 레코드, 연속 폼은 여러 레코드의 반복, 데이터 시트는 테이블처럼, 분할 폼은 단일 + 데이터 시트 보기를 동기화하여 함께 표시한다는 점을 구분하여 기억하도록 합니다.

48 ③
'추가 가능' 속성을 '아니오'로 하면 새로운 레코드가 추가되지 않는다. 데이터 수정에 대한 내용은 '편집 가능' 속성에서 지정한다.

> ⓘ 가장 빠른 합격비법
> 폼 속성에 대한 내용을 정리하도록 합니다.

49 ④
InStr("Welcome","e"): 문자 "e"가 처음 나타나는 위치는 2번째이므로 결과는 2이다.

오답 해설
① Len("Access"): 문자 수 세기. 결괏값은 6
② Mid("Database",5,3): "Database"에서 5번째 문자부터 3자 추출. 결괏값은 "bas"
③ Left("Keyboard",4): 왼쪽에서 4글자 추출. 결괏값은 "Keyb"

> ⓘ 가장 빠른 합격비법
> 자주 사용되는 함수에 대해 정리하도록 합니다.

50 ③
→ 노른자 166

부서별 레코드 출력이 끝날 때마다 출력되는 영역은 그룹 바닥글이다.

오답 해설
① 보고서 머리글: 보고서 전체에서 한 번만 출력되는 영역
② 페이지 바닥글: 각 페이지 하단에 반복 출력되는 영역
④ 본문: 각 개별 레코드가 출력되는 영역

> ⚠ 가장 빠른 합격비법
> 보고서 영역별 특징을 정리하도록 합니다.

51 ①
→ 노른자 156

레코드 선택기 속성은 '아니오'로 설정되어 있다.

> ⚠ 가장 빠른 합격비법
> 폼의 각각의 속성 설정 상태에 대해 정리하도록 합니다.

52 ④
→ 노른자 168

"###"은 입력된 값만 표시하므로, 현재 페이지가 5일 경우 "5"로 출력된다. 따라서 "005"처럼 세 자리 고정 형식으로 출력하려면 =Format([Page], "000")을 사용해야 한다.

> ⚠ 가장 빠른 합격비법
> Format 함수의 형식에 대해 확실하게 정리하도록 합니다.

53 ④
→ 노른자 147

- WHERE 학년 IN (2,3) → 민기(2), 마리(2), 라레(3)의 데이터만 포함된다.
- GROUP BY 과목 HAVING AVG(점수) >= 80; → 수학 평균 78.5, 영어 평균 76, 과학 평균 88이므로 과학만 조건이 만족한다.

> ⚠ 가장 빠른 합격비법
> WHERE 절은 행 필터링, HAVING 절은 그룹 결과 필터링이며, WHERE → GROUP BY → HAVING 순서로 진행된다는 것을 기억하도록 합니다.

54 ②
→ 노른자 128

데이터베이스는 데이터 독립성을 통해 구조 변경 시에도 프로그램 전체 수정이 필요 없다.

> ⚠ 가장 빠른 합격비법
> DBMS의 장점은 무결성, 통합성, 독립성, 동시 접근 가능이라는 것을 기억하도록 합니다.

55 ③
→ 노른자 135, 162

조건부 서식은 폼이나 보고서에서 설정할 수 있으며, 테이블의 디자인 보기에서는 지원되지 않는다.

> ⚠ 가장 빠른 합격비법
> 조건부 서식은 폼이나 보고서에서 지정할 수 있다는 것을 기억하도록 합니다.

56 ②
→ 노른자 166

페이지 바닥글은 각 페이지의 하단마다 반복 출력되며, 전체 보고서의 마지막에만 출력되는 것은 보고서 바닥글이다.

> ⚠ 가장 빠른 합격비법
> 보고서의 페이지 바닥글은 각 페이지 하단에 반복 출력된다는 것을 기억하도록 합니다.

57 ①
→ 노른자 138

필드의 형식이 바이트형이므로 실제 값 제한은 0~255 범위의 숫자 값이지만 유효성 검사로 인하여 100 이하의 데이터 입력만 가능하다.

> ⚠ 가장 빠른 합격비법
> 필드 속성에 대한 개념을 정리하도록 합니다.

58 ②
→ 노른자 164

보고서의 레코드 원본에는 테이블, 쿼리, SQL SELECT문은 가능하지만, 보고서나 VBA 프로시저는 지정할 수 없다.

> ⚠ 가장 빠른 합격비법
> Access 보고서는 데이터를 출력하는 전용 객체로, 레코드 원본에는 테이블·쿼리·SQL을 지정할 수 있다는 것을 기억하도록 합니다.

59 ①
→ 노른자 147

SELECT * FROM 직원 WHERE ~; 형태로 조회할 필드가 있어야 한다.

> ⚠ 가장 빠른 합격비법
> SELECT ~ FROM ~ WHERE ~;의 형식을 정리하도록 합니다.

60 ②
→ 노른자 168

="Page [Page] of [Pages]"의 출력 결과는 수식 전체가 큰따옴표(" ")로 감싸져 있기 때문에 Page [Page] of [Pages]가 된다.

> ⚠ 가장 빠른 합격비법
> [Page]는 현재 페이지, [Pages]는 전체 페이지라는 것을 기억하도록 합니다.

2024년 시행

상시시험 꼼꼼하고 확실하게 끝내는 **정답과 해설**

답 없이 푸는 제7회 기출변형문제

문제 ➡ 199쪽

01	④	02	④	03	④	04	④	05	③
06	④	07	④	08	④	09	①	10	①
11	④	12	①	13	①	14	②	15	③
16	③	17	②	18	④	19	②	20	①
21	④	22	④	23	④	24	④	25	③
26	①	27	①	28	④	29	③	30	④
31	④	32	③	33	③	34	④	35	④
36	③	37	②	38	③	39	④	40	①
41	④	42	①	43	④	44	④	45	②
46	④	47	③	48	④	49	④	50	④
51	④	52	①	53	②	54	②	55	④
56	②	57	③	58	④	59	①	60	③

1과목 컴퓨터 일반

01 ①　　　　　　　　　　　　　　➡ 노른자 006

설정된 즐겨찾기의 순서는 변경할 수 있다.

> **⚠ 가장 빠른 합격비법**
> 즐겨찾기 목록에서 순서를 변경하고 싶은 항목을 드래그하여 원하는 위치로 이동할 수 있습니다. Windows 문제는 직접 실습을 해보면서 익히도록 합니다.

02 ④　　　　　　　　　　　　　　➡ 노른자 012

[시작] 메뉴의 배경은 사용자가 직접 설정할 수 없다.

> **⚠ 가장 빠른 합격비법**
> 시작 - 설정 - 개인설정에서 색상과 투명도는 어느 정도 조정할 수 있지만 시작 메뉴의 배경 이미지를 직접 설정하는 기능은 기본적으로 제공되지 않습니다.

03 ④　　　　　　　　　　　　　　➡ 노른자 018

화상 키보드는 키보드가 없어도 입력이 가능한 화상 키보드를 표시하는 기능이다. 화상 키보드는 마우스 또는 터치로 입력하지만, 터치 기능 자체를 제공하는 것은 아니다.

> **⚠ 가장 빠른 합격비법**
> [접근성] 기능은 내레이터, 돋보기, 고대비 등의 기능을 이용하여 모든 사용자가 컴퓨터를 쉽게 사용할 수 있도록 지원하는 기능으로 시험에 꾸준히 출제되고 있습니다.

04 ④　　　　　　　　　　　　　　➡ 노른자 024

같은 네트워크에서 여러 대의 프린터를 서로 공유할 수 있다.

> **⚠ 가장 빠른 합격비법**
> 네트워크를 구축하는 주요 목적은 다양한 자원을 효율적으로 공유하고 관리하기 위함입니다.

05 ③　　　　　　　　　　　　　　➡ 노른자 030

각 비트를 저장하기 위해 플립플롭이 하나씩 필요하다. 즉, 8비트 레지스터를 구성하기 위해서는 8개의 플립플롭이 필요하다.

> **⚠ 가장 빠른 합격비법**
> 레지스터의 비트 수와 플립플롭의 개수 관계를 명확히 기억하도록 합니다.

06 ④　　　　　　　　　　　　　　➡ 노른자 036

예외 상황이란 프로그램 실행 중에 발생할 수 있는 예상치 못한 사건을 의미한다. 예를 들면, '숫자를 0으로 나누기'와 같은 상황을 말한다. 인터럽트는 예외 상황에서도 발생할 수 있다.

> **⚠ 가장 빠른 합격비법**
> 인터럽트의 발생 조건과 역할을 명확히 이해하고, 예외 상황에서도 인터럽트가 발생할 수 있다는 점을 기억하도록 합니다.

07 ④　　　　　　　　　　　　　　➡ 노른자 042

㉠ 캡슐화: 객체의 속성과 메소드를 하나의 단위로 묶고, 외부에서 접근할 수 있는 방법을 제한하는 기능이다.
㉡ 추상화: 복잡한 실제 세계의 객체를 필요한 정보만을 간략화하여 모델링하는 기능이다.

오답 해설

다형성: 같은 이름의 메소드가 동작하는 객체에 따라 다른 방식으로 작동할 수 있도록 하는 기능이다.

> ⓘ **가장 빠른 합격비법**
> 객체 지향 프로그래밍의 핵심 원칙은 꾸준히 출제되고 있으니 구분하여 이해하도록 합니다.

08 ④   노른자 048

스트리밍 서비스는 전송되는 데이터를 끊임없이 처리하기 때문에 파일을 다운로드하면서 재생할 수 있는 기술이다.

> ⓘ **가장 빠른 합격비법**
> 스트리밍의 작동 원리에 대해 명확히 이해하도록 합니다.

09 ①   노른자 054

DNS(Domain Name System)는 사용자가 웹 브라우저에 웹사이트의 주소를 입력할 때, DNS는 해당 도메인 이름을 서버의 IP 주소로 변환하여 사용자를 올바른 서버에 연결시킨다.

오답 해설

② SNMP(Simple Network Management Protocol): 간이 네트워크 관리 프로토콜이다.
③ DHCP(Dynamic Host Configuration Protocol): 네트워크 내에서 장치에 IP 주소를 자동으로 할당해주는 프로토콜이다.
④ SMTP(Simple Mail Transfer Protocol): 전자 메일을 전송하기 위한 표준 통신 프로토콜이다.

> ⓘ **가장 빠른 합격비법**
> 프로토콜의 정의는 데이터 통신 부분에서 중요하게 다루는 부분입니다.

10 ①   노른자 060

VDT 증후군(Visual Display Terminal Syndrome)이란 장시간 모니터를 보며 키보드를 두드리는 작업을 할 때 생기는 각종 신체적, 정신적 장애를 이르는 말이다.

오답 해설

② **텍스트 넥(Text Neck) 증후군**: 스마트폰을 장시간 사용하면서 머리를 앞으로 굽혀 보는 자세이다.
③ **손목터널 증후군**: 스마트폰을 잡고 타이핑하는 동작이 반복될 때 손목의 신경이 눌려 손목과 손에 통증이나 저림이 발생하는 상태이다.
④ **수면장애**: 잠을 제대로 잘 수 없거나 잔 이후에도 졸음이 계속 쏟아지는 상태이다.

> ⓘ **가장 빠른 합격비법**
> 올바른 자세를 유지하고 실천하면 VDT 증후군을 효과적으로 방지하고, 증상을 완화할 수 있습니다.

11 ④   노른자 003

오답 해설

① 작업 표시줄의 위치는 상하좌우로 변경할 수 있다.
② 작업 표시줄의 크기는 화면의 1/2까지만 늘릴 수 있다.
③ 작업 표시줄이 숨겨져 있을 때 마우스 포인터를 작업 표시줄에 올려놓으면 다시 표시된다.

> ⓘ **가장 빠른 합격비법**
> 작업 표시줄의 위치, 크기 조절, 숨기기 기능에 대해 명확히 이해하도록 합니다.

12 ①   노른자 009

폴더나 파일을 처음 암호화할 때, 자동으로 암호화 인증서가 생성된다.

> ⓘ **가장 빠른 합격비법**
> 자주 출제되는 내용은 아닙니다. 노른자 009의 내용을 통해 학습하세요.

13 ①   노른자 021

[시작]-[설정]-[시스템]-[원격 데스크톱] 또는 [시작]-[Windows 시스템]-[제어판]-[시스템]을 선택한다.

> ⓘ **가장 빠른 합격비법**
> 원격 데스크톱 설정이 어디에 있는지 기억하도록 합니다. Windows 10에서 원격 데스크톱을 지정하는 설정 항목은 [시스템]입니다.

14 ②   노른자 028

기억 용량 단위: KB(2^{10}Byte) → MB(2^{20}Byte) → GB(2^{30}Byte) → TB(2^{40}Byte) → PB(2^{50}Byte) → EB(2^{60}Byte)

> ⓘ **가장 빠른 합격비법**
> 문제에서 정보량의 단위가 작은 것부터인지 큰 것부터인지 꼼꼼하게 살펴보아 실수하지 않도록 합니다. 크고(K) 멋진(M) 기차(G) 터널(T)의 페인트(P) 에서 (E)로 외워볼까요?

15 ③   노른자 033

하드디스크 연결 방식에는 IDE, EIDE, SCSI, SATA 등이 있다.

> ⓘ **가장 빠른 합격비법**
> PC 하드디스크와 관련된 연결 방법의 종류를 기억하도록 합니다.

16 ③

사용자가 원하는 작업을 수행하고 데이터를 처리하며, 특정 작업이나 업무를 지원하도록 설계하는 것은 응용 소프트웨어에 대한 설명이다.

> **가장 빠른 합격비법**
> 시스템 소프트웨어와 응용 소프트웨어의 차이점을 정리하도록 합니다.

17 ②

디지털화: 음성, 비디오 등의 아날로그 데이터를 컴퓨터로 처리하기 위한 디지털 방식으로 변환하여 처리한다.

> **가장 빠른 합격비법**
> 디지털 데이터와 아날로그 데이터를 비교하도록 합니다. 음성, 비디오는 아날로그 데이터입니다.

18 ④

OSI 7 계층은 제1계층부터 '물리 계층 → 데이터 링크 계층 → 네트워크 계층 → 전송 계층 → 세션 계층 → 표현 계층 → 응용 계층' 순이다.

> **가장 빠른 합격비법**
> OSI 7계층은 정보통신에서 중요한 부분입니다(물리 → 데이터 링크 → 네트워크 → 전송 → 세션 → 표현 → 응용).

19 ④

대칭키 알고리즘은 동일한 키를 암호화와 복호화에 사용하기 때문에 연산이 빠르고, 키의 길이도 일반적으로 짧다.

> **가장 빠른 합격비법**
> 대칭키와 비대칭키 암호 알고리즘을 비교하여 정리하도록 합니다.

20 ①

오답 해설

② Phishing(피싱): 일반적으로 신뢰할 수 있는 개인이나 기관으로 가장한 이메일, 문자 메시지, 웹사이트 등을 사용하여 개인 정보나 금융 정보를 요구한다.
③ TLS(Transport Layer Security): 데이터의 기밀성과 무결성을 보장하며, 웹 사이트와 사용자 간의 통신을 암호화하여 중간자 공격으로부터 보호한다.
④ Hacking(해킹): 컴퓨터 시스템에 무단으로 접근하고, 제어하거나 정보를 훔치려는 행위이다.

> **가장 빠른 합격비법**
> DDoS(Distributed Denial of Service) 공격에 대한 내용은 종종 출제되고 있습니다. 개념을 정리하도록 합니다.

2과목 스프레드시트 일반

21 ④

틀 고정과 창 나누기는 동시에 수행할 수 없다.

> **가장 빠른 합격비법**
> 각 설명이 엑셀의 화면 제어 기능과 관련된 올바른 정보를 포함하고 있는지를 판단하는 것입니다.

22 ②

삭제된 시트는 실행 취소로 되살릴 수 없다.

> **가장 빠른 합격비법**
> 엑셀에서 시트를 삭제하면 영구적으로 삭제되고 실행 취소로 되살릴 수 없으니 주의하도록 합니다.

23 ②

시트 보호와 상관없이 시트 이름은 변경할 수 있다.

> **가장 빠른 합격비법**
> [검토] 탭 – [보호] 그룹 – [시트 보호]에서 시트 보호 시 워크시트에서 허용할 내용을 확인할 수 있습니다.

24 ③

숫자 데이터를 입력하면 셀의 오른쪽 맞춤으로 정렬되지만, 숫자 앞에 작은따옴표(')를 붙여서 입력하면 문자 데이터로 인식하므로 셀의 왼쪽 맞춤으로 정렬된다.

> **가장 빠른 합격비법**
> 문자는 기본적으로 왼쪽 정렬, 숫자와 날짜는 기본적으로 오른쪽 정렬입니다.

25 ③

숫자 데이터는 자동 채우기 핸들을 드래그하면 그대로 복사되고 Ctrl을 누르면서 자동 채우기 핸들을 드래그하면 1씩 증가하면서 채우기가 된다.

> ⓘ 가장 빠른 합격비법
> 셀의 데이터가 문자, 숫자, 날짜, 혼합된 내용인 경우 채우기 핸들을 사용한 결과를 정리하기 바랍니다.

26 ①   ↗ 노른자 076

지정한 범위의 첫 셀([B2])의 내용만 지워진다.

오답 해설

②, ③, ④ 지정한 범위([B2:B4] 셀)의 데이터 내용이 모두 지워진다.

> ⓘ 가장 빠른 합격비법
> 엑셀에서 [Delete]와 [Backspace] 역할이 혼동될 수 있으니 명확히 정리하도록 합니다.

27 ①   ↗ 노른자 078

?, *, ~ 등의 문자가 포함된 내용을 찾으려면 찾으려는 문자 앞에 ~ 기호를 입력한다.

◑ ~?, ~*, ~~

> ⓘ 가장 빠른 합격비법
> 만능 문자 자체를 찾는 경우 찾으려는 만능 문자 앞에 물결표(~)를 입력한다는 것을 기억하도록 합니다.

28 ②   ↗ 노른자 117

서로 떨어져 있는 영역을 인쇄 영역으로 지정하려면 [Ctrl]을 누른 상태에서 지정한 후 [페이지 레이아웃]-[페이지 설정]-[인쇄 영역]-[인쇄 영역 설정]을 선택한다.

> ⓘ 가장 빠른 합격비법
> 비연속적인 범위를 지정하는 경우 [Ctrl]을 사용하고 연속적인 범위를 지정하는 경우 [Shift]를 사용합니다.

29 ④   ↗ 노른자 082

사용자가 지정한 서식보다 조건부 서식의 서식이 우선 적용된다.

> ⓘ 가장 빠른 합격비법
> 셀 값이 조건을 만족하면 조건부 서식이 적용되며, 조건을 만족하지 않으면 사용자가 지정한 일반적인 서식이 적용됩니다.

30 ④   ↗ 노른자 084

이름의 첫 글자는 문자나 밑줄(_), 역슬래시(\)만 사용할 수 있고, 영문자 대·소문자를 구분하지 않는다.

> ⓘ 가장 빠른 합격비법
> 엑셀에서 지정된 범위의 이름을 지정하는 규칙에 대해 정리하도록 합니다.

31 ③   ↗ 노른자 088, 093

- FV(이자, 기간, 금액, 현재 가치, 납입 시점): 미래 가치를 반환한다.
  - 월이율: 4%/12
  - 납입할 개월 수: 3*12
- ROUNDDOWN(숫자, 자릿수): '숫자'를 내림하여 지정한 '자릿수'까지 표시한다.

> ⓘ 가장 빠른 합격비법
> FV, PV, PMT등의 재무함수에 대해 정리하도록 하고 ROUND, ROUNDDOWN, ROUNDUP 함수에 대해서도 정리하도록 합니다.

32 ③   ↗ 노른자 090, 094

결괏값은 12345.57이 되어야 한다.

FIXED(인수, 자릿수, 논리값): 숫자를 나타낼 때 소수점 '자릿수'나 쉼표의 표시 여부에 맞게 반환한다. 인수를 반올림하여 자릿수만큼 나타내는 함수로서 논리값이 'TRUE'이면 쉼표(,)를 표시하지 않고, 'FALSE'이면 쉼표(,)를 표시한다.

> ⓘ 가장 빠른 합격비법
> 함수는 필기/실기시험에서 모두 중요한 부분이므로 많은 시간을 투자하여 꼭 이해를 높이도록 합니다.

33 ④   ↗ 노른자 093

PMT(이자, 기간, 현재 가치, 미래 가치, 납입 시점)

- **이자**: 월 이자 = 연이율/12 = 6%/12
- **기간**: 10년간 월 납입이므로 납입 개월 수 = 10*12
- **현재 가치**: 대출금액에 −를 붙임
- **미래 가치**: 최종 불입 후 잔금, 생략하면 0
- **납입 시점**: 0 또는 생략하면 매월 말, 1은 매월 초

> ⓘ 가장 빠른 합격비법
> PMT 함수를 사용하는 데 있어서 이자와 기간은 개월 단위로 한다는 것을 주의하도록 합니다.

34 ④

원본 데이터가 변경될 경우 가져온 데이터에 반영되도록 설정할 수 있다.

> ⚠ 가장 빠른 합격비법
> 외부데이터 가져오기 기능을 이용하여 엑셀외의 데이터를 엑셀로 가져와서 작업할 수 있습니다.

35 ④

나눌 범위에 포함할 수 있는 열은 반드시 하나만 가능하다.

> ⚠ 가장 빠른 합격비법
> 인터넷의 데이터를 드래그하여 엑셀로 가져오면 하나의 셀에 입력되는 경우가 종종 있는데 이럴 경우 텍스트 나누기 기능을 유용하게 이용할 수 있습니다. 구분 기호로 분리됨은 각 필드가 탭, 세미콜론, 쉼표, 공백, 기타 문자로 분리된 경우에 지정할 수 있고 너비가 일정함은 각 필드가 일정한 너비로 정렬된 경우에 선택할 수 있습니다.

36 ③

시나리오 보고서는 현재 시트의 왼쪽에 새 워크시트를 삽입해서 표시하며, 별도의 파일에 저장할 수 없다.

> ⚠ 가장 빠른 합격비법
> 시나리오에 대한 내용은 필기/실기 모두에서 꾸준히 출제되고 있습니다.

37 ②

피벗 차트를 삭제해도 관련된 피벗 테이블 보고서는 삭제되지 않는다.

> ⚠ 가장 빠른 합격비법
> 필기시험에서는 피벗테이블, 피벗차트의 내용이 출제되고 실기에서는 피벗테이블의 내용이 출제되고 있습니다. 피벗차트의 내용이 생소할 수 있으니 정확히 정리하도록 합니다.

38 ③

도넛형 차트에 대한 설명이다. 원형 차트는 각 항목의 값이 항목 합계의 비율로 표시되고, 하나의 데이터 계열만 표시할 수 있다.

> ⚠ 가장 빠른 합격비법
> 도넛형 차트와 원형 차트의 특징을 구분하도록 합니다.

39 ④

분산형 차트, 거품형 차트에서 세로 오차 막대, 가로 오차 막대를 적용할 수 있다.

> ⚠ 가장 빠른 합격비법
> 오차 막대를 적용할 수 있는 차트의 종류를 정리하도록 합니다.

40 ①

형식 IFS(조건1, 결과1, [조건2], [결과2], …, [TRUE], [그 외 결과])

- "매우 우수" 조건: AND(A2=5, B2<=30, C2="Y")
- "개선 필요" 조건: AND(A2>=4, OR(B2>30, C2="N"))
- "평균 이상" 조건: AND(A2=3, B2<=60, C2="Y")
- "매우 불만족" 조건: AND(OR(A2=1, A2=2), OR(B2>60, C2="N"))
- "평가 불가" 조건: TRUE

> ⚠ 가장 빠른 합격비법
> IFS, AND, OR 함수식을 이해하고 문장에서 쉼표가 있는 위치를 확인하도록 합니다.

3과목 데이터베이스 일반

41 ④

밑줄 타원은 기본 키 속성을 의미한다.

> ⚠ 가장 빠른 합격비법
> E-R(Entity Relationship) 다이어그램의 구성 요소에 대한 표현은 종종 출제되고 있으니 명확히 정리하도록 합니다.

42 ①

정규화는 추가, 갱신, 삭제 등의 작업 시 이상 현상(Anomaly)이 발생하지 않도록 테이블을 분해하는 과정이다.

> ⚠ 가장 빠른 합격비법
> 정규화는 데이터베이스의 핵심적인 내용으로 병합이 아닌 분해 과정이라는 것을 기억하도록 합니다.

43 ③

외래 키는 두 테이블에서 다른 테이블의 기본 키를 참조하는 키이다.

> ⚠ 가장 빠른 합격비법
> 후보 키, 기본 키, 외래 키, 대체 키, 슈퍼 키의 개념을 확실히 정리하도록 합니다.

44 ③ 　　　　　　　　　　　노른자 138

캡션: 해당 필드가 표시될 때 사용되는 이름이다.

오답 해설
① **입력 마스크**: 특정 형식에 의해 데이터 입력을 제한한다.
② **유효성 검사**: 사용자가 입력한 데이터가 특정 조건을 만족하는지 검사한다.
④ **형식**: 데이터를 표시하는 방법을 지정한다.

> ⓘ 가장 빠른 합격비법
> 'Gender' 필드를 사용자에게 보다 이해하기 쉬운 '성별'로 나타내고자 할 경우 캡션 속성을 이용할 수 있습니다.

45 ② 　　　　　　　　　　　노른자 131

참조 무결성 조건: 외래 키는 참조할 수 없는 값을 가질 수 없다.

> ⓘ 가장 빠른 합격비법
> 예를 들어 R2는 쇼핑몰이고 R1은 장바구니라고 생각하면 R2 쇼핑몰에 존재하는 것만 R1장바구니에 담을 수 있고 이러한 것이 참조 무결성이라고 이해하면 되겠습니다.

46 ③ 　　　　　　　　　　　노른자 144

매개변수 쿼리에 대한 내용이다. 크로스탭 쿼리는 필드별 합계, 개수, 평균 등의 요약을 계산한 후 스프레드시트 형태로 표시하는 쿼리이다.

> ⓘ 가장 빠른 합격비법
> 다양한 쿼리의 특징을 정리하도록 합니다.

47 ② 　　　　　　　　　　　노른자 147

왼쪽 테이블의 모든 레코드와 오른쪽 테이블의 일치하는 레코드가 결과에 포함된다. 왼쪽 테이블의 레코드가 포함되고, 오른쪽 테이블에 일치하는 레코드가 없는 경우, 오른쪽 테이블의 필드는 NULL로 표시된다.

> ⓘ 가장 빠른 합격비법
> INNER JOIN, LEFT JOIN, RIGHT JOIN을 구분하여 정리하도록 합니다.

48 ③ 　　　　　　　　　　　노른자 153

본문 영역의 레코드는 폼 보기 형식에 따라 하나의 레코드 또는 여러 개의 레코드가 표시된다.

> ⓘ 가장 빠른 합격비법
> 폼의 구성 요소들의 표시 위치와 표시되는 내용을 숙지하고 있어야 합니다.

49 ④ 　　　　　　　　　　　노른자 146, 147

GROUP BY로 부서별로 데이터를 그룹화한 후 HAVING 구문으로 평균 급여가 20000 이상인 그룹을 필터링하는 방식을 사용해야 한다.

> ⓘ 가장 빠른 합격비법
> HAVING은 반드시 GROUP BY와 함께 해야 합니다.

50 ② 　　　　　　　　　　　노른자 156

레코드는 행으로, 필드는 열로 표시되는 방식은 기본 보기 속성 중 데이터시트 보기이다.

> ⓘ 가장 빠른 합격비법
> 단일 폼, 연속 폼, 데이터시트 보기, 분할 표시 폼의 보여지는 형태를 비교하여 이해하도록 합니다.

51 ④ 　　　　　　　　　　　노른자 162

목록에서 규칙을 위, 아래로 이동해 규칙의 우선순위를 변경할 수 있다.

> ⓘ 가장 빠른 합격비법
> 조건부 서식은 폼이나 보고서에서 맞는 특정 컨트롤에만 서식을 적용하는 기능으로 사용 방법을 정확히 이해하도록 합니다.

52 ① 　　　　　　　　　　　노른자 158

작성된 컨트롤을 클릭한 후 [Shift]를 누른 상태에서 방향키(□)를 누르면 컨트롤의 크기를 세밀하게 조절할 수 있다.

> ⓘ 가장 빠른 합격비법
> 작성된 컨트롤을 클릭한 후 [Shift]와 방향키를 사용하면 크기가 세밀하게 조절되고 [Ctrl]과 방향키를 사용하면 세밀한 이동이 됩니다.

53 ② 　　　　　　　　　　　노른자 164

보고서의 컨트롤을 이용하여 사용된 레이블에는 데이터를 입력하거나 수정할 수 없다.

> ⓘ 가장 빠른 합격비법
> 컨트롤에서 레이블과 텍스트 상자의 차이를 정리하도록 합니다.

34 ④
원본 데이터가 변경될 경우 가져온 데이터에 반영되도록 설정할 수 있다.

> ⚠️ **가장 빠른 합격비법**
> 외부데이터 가져오기 기능을 이용하여 엑셀외의 데이터를 엑셀로 가져와서 작업할 수 있습니다.

35 ④
나눌 범위에 포함할 수 있는 열은 반드시 하나만 가능하다.

> ⚠️ **가장 빠른 합격비법**
> 인터넷의 데이터를 드래그하여 엑셀로 가져오면 하나의 셀에 입력되는 경우가 종종 있는데 이럴 경우 텍스트 나누기 기능을 유용하게 이용할 수 있습니다. 구분 기호로 분리됨은 각 필드가 탭, 세미콜론, 쉼표, 공백, 기타 문자로 분리된 경우에 지정할 수 있고 너비가 일정함은 각 필드가 일정한 너비로 정렬된 경우에 선택할 수 있습니다.

36 ③
시나리오 보고서는 현재 시트의 왼쪽에 새 워크시트를 삽입해서 표시하며, 별도의 파일에 저장할 수 없다.

> ⚠️ **가장 빠른 합격비법**
> 시나리오에 대한 내용은 필기/실기 모두에서 꾸준히 출제되고 있습니다.

37 ②
피벗 차트를 삭제해도 관련된 피벗 테이블 보고서는 삭제되지 않는다.

> ⚠️ **가장 빠른 합격비법**
> 필기시험에서는 피벗테이블, 피벗차트의 내용이 출제되고 실기에서는 피벗테이블의 내용이 출제되고 있습니다. 피벗차트의 내용이 생소할 수 있으니 정확히 정리하도록 합니다.

38 ③
도넛형 차트에 대한 설명이다. 원형 차트는 각 항목의 값이 항목 합계의 비율로 표시되고, 하나의 데이터 계열만 표시할 수 있다.

> ⚠️ **가장 빠른 합격비법**
> 도넛형 차트와 원형 차트의 특징을 구분하도록 합니다.

39 ④
분산형 차트, 거품형 차트에서 세로 오차 막대, 가로 오차 막대를 적용할 수 있다.

> ⚠️ **가장 빠른 합격비법**
> 오차 막대를 적용할 수 있는 차트의 종류를 정리하도록 합니다.

40 ①
형식 IFS(조건1,결과1,[조건2],[결과2],…,[TRUE],[그 외 결과])
- "매우 우수" 조건: AND(A2=5,B2<=30,C2="Y")
- "개선 필요" 조건: AND(A2>=4,OR(B2>30,C2="N"))
- "평균 이상" 조건: AND(A2=3,B2<=60,C2="Y")
- "매우 불만족" 조건: AND(OR(A2=1, A2=2),OR(B2>60,C2="N"))
- "평가 불가" 조건: TRUE

> ⚠️ **가장 빠른 합격비법**
> IFS, AND, OR 함수식을 이해하고 문장에서 쉼표가 있는 위치를 확인하도록 합니다.

3과목 데이터베이스 일반

41 ④
밑줄 타원은 기본 키 속성을 의미한다.

> ⚠️ **가장 빠른 합격비법**
> E – R(Entity – Relationship) 다이어그램의 구성 요소에 대한 표현은 종종 출제되고 있으니 명확히 정리하도록 합니다.

42 ①
정규화는 추가, 갱신, 삭제 등의 작업 시 이상 현상(Anomaly)이 발생하지 않도록 테이블을 분해하는 과정이다.

> ⚠️ **가장 빠른 합격비법**
> 정규화는 데이터베이스의 핵심적인 내용으로 병합이 아닌 분해 과정이라는 것을 기억하도록 합니다.

43 ③
외래 키는 두 테이블에서 다른 테이블의 기본 키를 참조하는 키이다.

> ⚠️ **가장 빠른 합격비법**
> 후보 키, 기본 키, 외래 키, 대체 키, 슈퍼 키의 개념을 확실히 정리하도록 합니다.

44 ③ 노른자 138

캡션: 해당 필드가 표시될 때 사용되는 이름이다.

오답 해설

① 입력 마스크: 특정 형식에 의해 데이터 입력을 제한한다.
② 유효성 검사: 사용자가 입력한 데이터가 특정 조건을 만족하는지 검사한다.
④ 형식: 데이터를 표시하는 방법을 지정한다.

> ⓘ 가장 빠른 합격비법
> 'Gender' 필드를 사용자에게 보다 이해하기 쉬운 '성별'로 나타내고자 할 경우 캡션 속성을 이용할 수 있습니다.

45 ② 노른자 131

참조 무결성 조건: 외래 키는 참조할 수 없는 값을 가질 수 없다.

> ⓘ 가장 빠른 합격비법
> 예를 들어 R2는 쇼핑몰이고 R1은 장바구니라고 생각하면 R2 쇼핑몰에 존재하는 것만 R1장바구니에 담을 수 있고 이러한 것이 참조 무결성이라고 이해하면 되겠습니다.

46 ③ 노른자 144

매개변수 쿼리에 대한 내용이다. 크로스탭 쿼리는 필드별 합계, 개수, 평균 등의 요약을 계산한 후 스프레드시트 형태로 표시하는 쿼리이다.

> ⓘ 가장 빠른 합격비법
> 다양한 쿼리의 특징을 정리하도록 합니다.

47 ② 노른자 147

왼쪽 테이블의 모든 레코드와 오른쪽 테이블의 일치하는 레코드가 결과에 포함된다. 왼쪽 테이블의 레코드가 포함되고, 오른쪽 테이블에 일치하는 레코드가 없는 경우, 오른쪽 테이블의 필드는 NULL로 표시된다.

> ⓘ 가장 빠른 합격비법
> INNER JOIN, LEFT JOIN, RIGHT JOIN을 구분하여 정리하도록 합니다.

48 ③ 노른자 153

본문 영역의 레코드는 폼 보기 형식에 따라 하나의 레코드 또는 여러 개의 레코드가 표시된다.

> ⓘ 가장 빠른 합격비법
> 폼의 구성 요소들의 표시 위치와 표시되는 내용을 숙지하고 있어야 합니다.

49 ④ 노른자 146, 147

GROUP BY로 부서별로 데이터를 그룹화한 후 HAVING 구문으로 평균 급여가 20000 이상인 그룹을 필터링하는 방식을 사용해야 한다.

> ⓘ 가장 빠른 합격비법
> HAVING은 반드시 GROUP BY와 함께 해야 합니다.

50 ② 노른자 156

레코드는 행으로, 필드는 열로 표시되는 방식은 기본 보기 속성 중 데이터시트 보기이다.

> ⓘ 가장 빠른 합격비법
> 단일 폼, 연속 폼, 데이터시트 보기, 분할 표시 폼의 보여지는 형태를 비교하여 이해하도록 합니다.

51 ④ 노른자 162

목록에서 규칙을 위, 아래로 이동해 규칙의 우선순위를 변경할 수 있다.

> ⓘ 가장 빠른 합격비법
> 조건부 서식은 폼이나 보고서에서 맞는 특정 컨트롤에만 서식을 적용하는 기능으로 사용 방법을 정확히 이해하도록 합니다.

52 ① 노른자 158

작성된 컨트롤을 클릭한 후 Shift를 누른 상태에서 방향키(□)를 누르면 컨트롤의 크기를 세밀하게 조절할 수 있다.

> ⓘ 가장 빠른 합격비법
> 작성된 컨트롤을 클릭한 후 Shift와 방향키를 사용하면 크기가 세밀하게 조절되고 Ctrl과 방향키를 사용하면 세밀한 이동이 됩니다.

53 ② 노른자 164

보고서의 컨트롤을 이용하여 사용된 레이블에는 데이터를 입력하거나 수정할 수 없다.

> ⓘ 가장 빠른 합격비법
> 컨트롤에서 레이블과 텍스트 상자의 차이를 정리하도록 합니다.

54 ②
노른자 168

결과: 1/pages, 2/pages
- [Page]: 현재 페이지
- [Pages]: 전체 페이지

> **가장 빠른 합격비법**
> [Page]와 [Pages]에는 모두 대괄호가 있어야 합니다. 그리고 &를 사용할 때 양쪽에 공백이 있어야 된다는 것도 정리하도록 합니다.

55 ④
노른자 171

OpenReport: 디자인 보기, 인쇄 미리 보기, 레이아웃 보기로 보고서를 열 수 있으며 바로 인쇄할 수 있다.

> **가장 빠른 합격비법**
> 매크로 함수는 매우 다양하지만 자주 출제되는 함수의 기능 중심으로 학습하도록 합니다.

56 ②
노른자 172

'보고서동작 결과 완료!!'라는 내용이 적힌 메시지 창이 나타난다.

> **가장 빠른 합격비법**
> - cmd실행.Caption = "보고서동작": cmd실행이라는 컨트롤의 캡션을 "보고서동작"으로 설정한다.
> - DoCmd.OpenReport "라레회원보고서", acViewPreview: 라레회원보고서를 미리 보기 모드로 연다.
> - MsgBox cmd실행.Caption & " 결과 완료!!": cmd실행.Caption의 값인 "보고서동작"과 " 결과 완료!!"가 결합된 문자열의 메시지를 표시한다.

57 ③
노른자 129

물리적 설계: 데이터를 디스크 등의 물리적 저장장치에 저장할 수 있는 물리적 구조의 데이터로 변환하는 과정이다.

오답 해설
① 논리적 설계: 데이터 모델링의 단계로서, 목표 DBMS에 맞는 스키마를 설계하는 단계이다.
④ 개념적 설계: 요구조건 명세를 E-R 다이어그램과 같은 DBMS에 독립적인 표현 기법으로 기술하는 정보 모델링의 단계이다.

> **가장 빠른 합격비법**
> 첫 글자만 살펴보면 개-논-물 의 단계 순서대로 정리하면 되겠습니다.

58 ④
노른자 132

중복을 완전히 제거하기보다는 중복을 최소화하여 테이블 간의 종속성을 줄일 수 있다.

> **가장 빠른 합격비법**
> 데이터베이스에서 정규화는 매우 중요한 부분입니다. 꼭 개념을 명확히 정리하도록 합니다.

59 ①
노른자 131

테이블에서 기본 키는 반드시 지정해야 하는 것은 아니다.

> **가장 빠른 합격비법**
> 슈퍼 키, 후보 키, 기본 키, 대체 키, 외래 키에 대한 명확한 정의를 기억하도록 합니다. 키에 대한 내용은 매번 출제되고 있습니다.

60 ③
노른자 138

숫자 형식을 표준으로 지정하면 천 단위 구분 기호(,)를 표시하고 소수 이하 자릿수는 2자리 표시된다.

> **가장 빠른 합격비법**
> 테이블의 필드 속성은 매우 다양하지만 자주 출제되고 있는 속성 위주로 개념을 정리하도록 합니다.

답 없이 푸는 제8회 기출변형문제

문제 ▶ 210쪽

01	①	02	②	03	③	04	④	05	①
06	②	07	④	08	①	09	②	10	①
11	②	12	③	13	③	14	③	15	②
16	①	17	②	18	②	19	③	20	②
21	④	22	④	23	①	24	②	25	②
26	④	27	④	28	④	29	④	30	④
31	②	32	③	33	①	34	②	35	④
36	②	37	④	38	①	39	④	40	②
41	④	42	②	43	④	44	④	45	③
46	②	47	②	48	②	49	①	50	②
51	④	52	④	53	②	54	①	55	②
56	②	57	②	58	③	59	③	60	④

1과목 컴퓨터 일반

01 ① ▶ 노른자 001

에어로 피크(Aero Peek)는 작업 표시줄에 있는 프로그램 아이콘 위에 마우스 커서를 올리면 열려있는 창의 미리 보기를 제공한다.

오답 해설

② 에어로 스냅(Aero Snap)에 대한 설명이다.
③ 에어로 쉐이크(Aero Shake)에 대한 설명이다.
④ 핫 스왑에 대한 설명이다.

> ⓘ **가장 빠른 합격비법**
> 에어로 피크, 에어로 스냅, 에어로 셰이크 등의 에어로 인터페이스 기능에 대해 이해하도록 합니다.

02 ② ▶ 노른자 004

오답 해설

① 확장명이 '.LNK'이다.
③ 원본 파일이 있는 위치와 관계없이 만들 수 있다.
④ 하나의 바로 가기 아이콘에는 하나의 원본 파일만 지정할 수 있다.

> ⓘ **가장 빠른 합격비법**
> 바로 가기 아이콘은 어렵지 않은 내용이므로 확실하게 이해하도록 합니다.

03 ③ ▶ 노른자 006

검색 도구에서 파일 특성이 읽기 전용인 파일을 검색하는 기능은 없다.

> ⓘ **가장 빠른 합격비법**
> Windows 10에서 파일 탐색기의 검색 도구의 기능에 대해 정리하도록 합니다.

04 ④ ▶ 노른자 010

실행 중인 앱의 순서를 변경할 수 없다.

> ⓘ **가장 빠른 합격비법**
> 작업 관리자 창은 Ctrl+Shift+Esc를 누르면 나타납니다. 작업 관리자에서 제공하는 기능을 정리하도록 합니다.

05 ① ▶ 노른자 013

오답 해설

② 모든 모니터에서 동일한 해상도를 사용하지 않아도 된다.
③ 모니터 밝기는 [시작-[설정]-[시스템]-[디스플레이]의 디스플레이 설정 화면에서 '밝기 및 색'에서 화면의 밝기를 조절할 수 있다. 즉 Windows 설정에서 조절 가능하다.
④ 사용자의 환경에 따라 수동으로 조절해야 할 수도 있다.

> ⓘ **가장 빠른 합격비법**
> 해상도 문제는 꾸준히 출제되고 있으니 개념을 정리하도록 합니다.

06 ② ▶ 노른자 016

[시작]-[설정]-[장치]에서 마우스와 키보드의 설정을 변경할 수 있다.

> ⓘ **가장 빠른 합격비법**
> Windows 10에서 [시작] - [설정] 항목에서 선택해야 하는 옵션에 대해 정리를 하도록 합니다.
> • [시스템] 항목은 디스플레이, 소리, 전원 및 배터리 설정
> • [장치] 항목은 블루투스, 프린터, 마우스, 키보드 등의 설정
> • [네트워크 및 인터넷] 항목은 Wi-Fi, 이더넷, VPN 등 네트워크 관련 설정
> • [개인 설정] 항목은 배경, 색, 잠금 화면, 테마 등의 개인 설정

07 ④ ▶ 노른자 019

[성능]에서 CPU, 메모리, 디스크 및 네트워크 사용량을 모니터링할 수 있다. [디스크 관리]는 디스크 포맷, 볼륨 조정 등 저장 공간 관리를 위한 도구이다.

> ⓘ **가장 빠른 합격비법**
> 디스크 관리, 디스크 포맷, 이벤트 뷰어 기능에 대해 비교하여 정리하도록 합니다.

08 ① 노른자 022

오답 해설

② 멀티부팅을 설정하는 것만으로는 컴퓨터의 성능이 향상되지 않는다.
③ 윈도우 운영체제는 기본적으로 멀티부팅 기능을 지원한다.
④ 멀티부팅과 컴퓨터의 보안 강화, 데이터 손실 최소화는 직접적으로 연관되지 않는다.

> ⓘ **가장 빠른 합격비법**
> 멀티부팅의 개념에 대해 정리하도록 합니다.

09 ② 노른자 025

프린터 스풀링을 통해 병행 처리가 가능하나 인쇄 속도가 빨라지는 것은 아니다.

> ⓘ **가장 빠른 합격비법**
> 스풀링에 대한 문제는 인쇄 부분에서 꾸준히 출제되고 있습니다.

10 ① 노른자 029

10진수 1을 3비트 2진수로 표현하면 001이다. 양수는 어떤 방식(부호화 절대치, 1의 보수, 2의 보수)으로 표현하더라도 동일하게 001이 된다.

- 부호화 절대치 방식에서 −1은 양수 001의 부호 비트(맨 앞자리)를 1로 바꿔 101로 표현한다.
- 1의 보수 방식에서 −1은 양수 001의 각 비트를 반전하여 110이 된다.
- 2의 보수 방식에서 −1은 1의 보수인 110에 1을 더한 값으로 111이 된다.

> ⓘ **가장 빠른 합격비법**
> 음수를 표현하기 위한 부호와 절대치, 1의 보수, 2의 보수에 대해 비교하여 개념을 정리하도록 합니다.

11 ② 노른자 031

마이크로프로세서는 제어장치, 연산장치, 레지스터가 하나의 반도체 칩에 내장된 장치이다. 메모리 관리 기능 자체는 일반적으로 마이크로프로세서의 직접적인 기능이 아니다.

> ⓘ **가장 빠른 합격비법**
> 마이크로프로세서는 자주 출제되는 문제는 아니지만 개념을 정리해 놓도록 합니다.

12 ③ 노른자 034

캐시 메모리는 CPU가 빈번하게 접근하는 데이터와 명령어를 미리 저장해두어 빠르게 제공함으로써 컴퓨터의 전체적인 성능을 향상시킬 수 있다.

> ⓘ **가장 빠른 합격비법**
> 캐시는 컴퓨터 속도를 향상시킬 수 있는 것으로 자주 출제되고 있습니다. 가상 메모리는 보조기억장치를 주 기억장치처럼 사용하는 기법, SSD는 보조기억장치, PC는 다음에 실행할 명령어의 번지를 기억하는 레지스터입니다.

13 ③ 노른자 037

UPS(Uninterruptible Power Supply)는 무정전 전원 공급 장치로, 갑자기 정전되었을 때 이를 감지하여 빠르게 전원을 공급하는 장치이다.

오답 해설

① Power Saver: 하드웨어와 소프트웨어 시스템에서 전력 소모를 최소화하고 에너지 효율을 최적화하기 위해 설계된 기능이다.
② AVR(Automatic Voltage Regulator): 자동 전압 조정기로, 컴퓨터 시스템 운영 시 전압이 일정하게 유지되도록 조절해 주는 장치이다.
④ Power Supply: 전기 장치를 작동시키기 위해 필요한 전력을 공급하는 장치이다.

> ⓘ **가장 빠른 합격비법**
> 전력이 중단되면 기업의 업무가 마비될 수 있습니다. UPS는 일정 시간 동안 전력을 공급하여 업무가 지속될 수 있도록 도와주며, 이를 통해 생산성을 유지할 수 있습니다.

14 ③ 노른자 040

오답 해설

㉠ 다중 프로그래밍에 대한 설명이다.

> ⓘ **가장 빠른 합격비법**
> 하나의 CPU를 사용하면 다중 프로그래밍, 여러 개의 CPU를 사용하면 다중 처리 방식입니다.

15 ② 노른자 043

오답 해설

㉡ 컴파일러 방식에 대한 설명이다.
㉢ 프리프로세서 방식에 대한 설명이다.

> ⓘ **가장 빠른 합격비법**
> 인터프리터, 컴파일러, 어셈블러, 프리프로세서의 개념을 비교하여 정리하도록 합니다.

16 ①

안티 앨리어싱(Anti-Aliasing): 디지털 이미지에서 픽셀의 계단 현상을 줄이기 위해 사용되는 기술이다.

오답 해설

② 인터레이싱(Interlacing): 인터레이싱은 이미지가 홀수 줄과 짝수 줄이 번갈아 가면서 그려지는 방식으로, 더 빠르게 이미지를 보여줄 수 있다.
③ 디더링(Dithering): 제한된 색상 팔레트 내에서 두 가지 이상의 색상을 이용하여 그 사이의 색상처럼 보이게 만들어 이미지에 깊이와 질감을 더해준다.
④ 렌더링(Rendering): 이미지에 조명, 질감, 음영 등 다양한 시각적 요소가 적용되어 실제 이미지처럼 보이게 한다.

가장 빠른 합격비법
다양한 그래픽 관련 용어 중에서 시험에 자주 출제되는 내용 중심으로 개념을 정리하도록 합니다. 앨리어싱과 안티앨리어싱은 자주 출제되고 있습니다.

17 ②

모든 컴퓨터를 중앙 컴퓨터와 일대일로 연결한 형태인 성(Star)형에 대한 설명이다.

가장 빠른 합격비법
성형, 트리형, 링형, 버스형 망형의 네트워크의 구성 형태의 개념을 정리하도록 합니다.

18 ②

게이트웨이에 대한 설명이다. 브리지(Bridge)는 동일한 프로토콜 간에 통신을 가능하게 한다.

가장 빠른 합격비법
브리지, 라우터, 리피터, 게이트웨이등의 네트워크 장치에 대한 개념이 필요합니다.

19 ③

오답 해설

① 연결 제어: 두 장치 간의 연결의 성립으로, 유지 및 종료를 관리함으로써 안정적인 데이터 통신을 보장한다.
② 순서 제어: 데이터 패킷들이 송신된 순서대로 수신되어야 할 때, 이 순서를 관리하는 기능이다. 데이터가 전송 중에 순서가 바뀌거나 중복되는 것을 방지한다.
④ 오류 제어: 데이터 전송 과정에서 발생할 수 있는 오류를 감지하고, 수정하는 과정이다.

가장 빠른 합격비법
프로토콜의 기능 중 연결 제어, 순서 제어, 오류 제어 등의 개념을 비교하여 정리하도록 합니다.

20 ②

오답 해설

① MAN: 대도시 규모에서 통신을 가능하게 하는 데이터 네트워크 유형이다.
③ Bluetooth: 소규모 통신 영역에서 기기 간 무선 연결을 제공하는 기술이다.
④ ZigBee: 저전력, 저속 전송이 특성인 무선 통신 기술이나.

가장 빠른 합격비법
인터넷 서비스의 종류를 비롯하여 신기술 관련 용어를 숙지하도록 합니다.

2과목 스프레드시트 일반

21 ④

화면 확대/축소 기능은 인쇄할 때 적용되지 않는다.

가장 빠른 합격비법
화면에서 이루어진 작업이 인쇄에도 영향을 미치는지 확인하도록 합니다.

22 ④

창 나누기는 [실행 취소] 명령으로 해제할 수 없고, 분할선을 더블 클릭해서 해제할 수 있다.

가장 빠른 합격비법
틀 고정, 창 나누기 등의 [창] 그룹에 관련된 기능은 엑셀을 편리하게 사용할 수 있도록 제공하는 기능으로 개념을 정리하도록 합니다.

23 ①

[Shift]+[F11]을 누르면 현재 시트의 왼쪽에 새로운 시트 탭이 삽입된다.

가장 빠른 합격비법
많은 단축키 중에서 자주 출제되는 단축키 위주로 기억하도록 합니다.

24 ②

공유된 통합 문서에서는 입력과 편집이 가능하지만, 조건부 서식, 차트, 시나리오 등을 추가하거나 변경할 수 없다.

> ⓘ 가장 빠른 합격비법
> 통합 문서 공유는 중요하고 자주 출제되는 부분이므로 잘 숙지하시기 바랍니다.

25 ②   ↗노른자 073

셀을 선택하고 Alt+↓를 누르면 같은 열에 입력된 문자열 목록이 표시된다.

> ⓘ 가장 빠른 합격비법
> 데이터 입력 부분은 매우 중요하고 자주 출제되는 부분으로 데이터의 형식과 데이터 입력을 실제로 실행해 보면서 이해하는 것이 숙지하는 데 도움이 됩니다.

26 ④   ↗노른자 074

[A1:C1] 셀이 블록으로 지정된 상태에서 채우기 핸들을 오른쪽으로 드래그하면, 두 셀 간의 차이인 3씩 감소되어 입력된다.

	A	B	C	D	E	F	G
1	10			7	4	1	-2
2							

> ⓘ 가장 빠른 합격비법
> 본 문제와 같이 블록으로 지정된 부분의 중간[B1] 셀이 비어있는 상태에서 채우기 핸들을 드래그하였을 때 주의해야 합니다. 여기에서는 특히 [D1] 셀과 [G1] 셀을 집중해서 살펴보세요.

27 ④   ↗노른자 073

Ctrl+Shift+Home을 누르면 현재 셀 포인터가 있는 위치부터 [A1] 셀까지가 블록으로 지정된다(Ctrl+Home를 누르면 [A1] 셀로 이동된다).

> ⓘ 가장 빠른 합격비법
> 셀 포인터의 이동작업에 사용되는 키에 대해서는 자주 출제되는 부분으로 실제로 실행해 보면서 이해하는 것이 숙지하는 데 도움이 됩니다.

28 ④   ↗노른자 079

[맞춤] 탭의 '셀 병합'은 여러 셀을 병합하는 경우 맨 왼쪽 위의 셀 내용만 남기고 셀이 병합된다.

> ⓘ 가장 빠른 합격비법
> [셀 서식] 대화상자에서 [표시 형식] 탭, [맞춤] 탭에 있는 기능은 중요하므로 꼭 개념을 정리하도록 합니다.

29 ④   ↗노른자 082

두 조건을 모두 만족해야 하므로 AND를 입력해야 하고, '파이썬'이 80 이상이어야 하므로 $D2>=80, '평가'가 "우수"이므로 $E2="우수"로 입력해야 한다.

> ⓘ 가장 빠른 합격비법
> AND(~이고), OR(~이거나)를 사용하는 것과 주소(상대주소, 절대주소, 혼합주소)에 관하여 이해하도록 합니다.

30 ②   ↗노른자 085

수식에 자기 자신의 셀을 참조하는 경우 순환 참조 경고 메시지 창이 표시된다.

오답 해설
① #NUM!: 수식이나 함수에 잘못된 숫자값이 포함된 경우
③ #NULL!: 교차하지 않은 두 영역의 교차점을 지정한 경우
④ #REF!: 셀 참조를 잘못 사용한 경우

> ⓘ 가장 빠른 합격비법
> 오류 메시지 부분은 종종 출제되는 부분입니다. 반드시 숙지하도록 합니다.

31 ②   ↗노른자 088

SUMPRODUCT(배열1,배열2): 배열에서 대응하는 요소끼리 모두 곱하고 그 곱의 합계를 반환한다.
=SUMPRODUCT({1,2;3,4},{4,3;2,1})
→ $(1\times4)+(2\times3)+(3\times2)+(4\times1)=4+6+6+4=20$

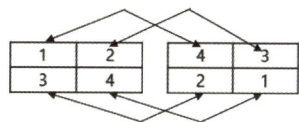

> ⓘ 가장 빠른 합격비법
> {1,2;3,4}와 {4,3;2,1}은 각각 2×2 행렬입니다.

32 ③   ↗노른자 090

- SUBSTITUTE(문자열,인수1,인수2,변환할 문자 위치): '문자열'에서 변환할 위치에 있는 '인수1'을 '인수2'로 교체하여 반환한다.
- REPLACE(문자열1,시작 위치,개수,문자열2): '문자열1'의 '시작 위치'에서 '개수'만큼 '문자열2'로 교체하여 반환한다.

오답 해설
① =SUBSTITUTE("010-1234-5678",1,"*",1)
   → 0*0-1234-5678
② =SUBSTITUTE("010-1234-5678",1,"*",2)
   → 010-*234-5678

④ =REPLACE("010-1234-5678",5,4,"*")
→ 010-*-5678

> ⚠ 가장 빠른 합격비법
> REPLACE와 SUBSTITUTE 함수의 차이점을 이해하도록 합니다.

33 ①   📎 노른자 091

=CHOOSE(ROWS(A2:B6),A2,A3,A4,A5,A6)

❶ ROWS(A2:B6): [A2:B6] 영역에서 행의 수인 5를 반환함
❷ CHOOSE(5,A2,A3,A4,A5,A6): 다섯 번째 인수의 값을 반환하므로 [A6] 셀의 값인 '배'를 반환함

오답 해설

② =CHOOSE(CELL("contents",B2),A2,A3,A4,A5,A6)

❶ CELL("contents",B2): "contents"는 셀의 값을 의미하므로 [B2] 셀의 값인 1을 반환함
❷ CHOOSE(1,A2,A3,A4,A5,A6): 첫 번째 인수의 값을 반환하므로 [A2] 셀의 값인 '수박'을 반환함

③ =CHOOSE(N(B5),A2,A3,A4,A5,A6)

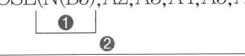

❶ N(B5): [B5] 셀의 'TRUE'의 숫자 값 1을 반환함
❷ CHOOSE(1,A2,A3,A4,A5,A6): 첫 번째 인수의 값을 반환하므로 [A2] 셀의 값인 '수박'을 반환함

④ =CHOOSE(TYPE(B4),A2,A3,A4,A5,A6)

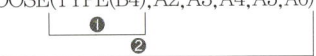

❶ TYPE(B4): [B4] 셀에 입력된 값이 숫자이므로 1을 반환함
❷ CHOOSE(1,A2,A3,A4,A5,A6): 첫 번째 인수의 값을 반환하므로 [A2] 셀의 값인 '수박'을 반환함

> ⚠ 가장 빠른 합격비법
> 찾기/참조 함수는 자주 출제되는 부분입니다.

34 ②   📎 노른자 097

숨겨진 행이나 열은 정렬 결과에 포함되지 않는다.

> ⚠ 가장 빠른 합격비법
> 정렬에서는 오름차순, 내림차순, 사용자 지정 목록이 있고, 빈 셀은 오름차순, 내림차순 모두 항상 마지막에 정렬된다는 점과 숨겨진 행이나 열은 정렬 결과에 포함되지 않는다는 점을 기억하도록 합니다.

35 ②   📎 노른자 104

다른 통합 문서의 시트도 추가하여 통합할 수 있다.

> ⚠ 가장 빠른 합격비법
> 여러 범위의 데이터를 하나로 통합할 수 있는 [데이터 도구] 그룹 – [통합] 기능의 개념을 정리하도록 합니다.

36 ②   📎 노른자 110

차트에 두 개 이상의 차트 종류를 사용하여 혼합형 차트를 만들 수 있지만, 2차원 차트와 3차원 차트는 혼합할 수 없다.

> ⚠ 가장 빠른 합격비법
> 혼합형 차트를 만들려면 2차원 꺾은선형, 2차원 세로 막대형, 분산형 또는 거품형 차트 등의 2차원 차트를 사용해야 합니다.

37 ④   📎 노른자 108

시나리오를 삭제해도 시나리오 요약 보고서의 시나리오는 삭제되지 않는다.

> ⚠ 가장 빠른 합격비법
> 시나리오와 관련된 문제는 꾸준히 출제되고 있으니 기능을 정확하게 익히도록 합니다.

38 ①   📎 노른자 111

오답 해설

② **도넛형 차트**: 원형 차트와 유사하지만 여러 데이터 계열을 표시할 수 있다.
③ **혼합형 차트**: 서로 다른 유형의 차트를 하나로 결합하여 표시한다.
④ **방사형 차트**: 여러 변수를 기준으로 한 데이터 포인트의 상대적인 크기를 비교하기 위해 사용한다.

> ⚠ 가장 빠른 합격비법
> 주어진 목적에 따라 가장 적합한 차트 유형을 선택해야 합니다.

39 ④   📎 노른자 115

여러 페이지가 인쇄될 경우 '열 우선'을 선택하면 왼쪽에서 오른쪽으로 우선적으로 진행한다. 즉, 오른쪽 방향으로 인쇄한 후 아래쪽 방향으로 진행된다.

> ⚠ 가장 빠른 합격비법
> 행은 아래 방향, 열은 오른쪽 방향을 의미합니다.

40 ②   📎 노른자 118, 119, 120

하나의 통합 문서에서 동일한 매크로 이름을 지정할 수 없다.

> ⚠️ 가장 빠른 합격비법
> 매크로에 관한 문제는 꾸준히 출제되고 있습니다. 하나의 통합 문서에서 동일한 매크로 이름을 중복하여 지정할 수 없다는 것을 기억하도록 합니다.

3과목 | 데이터베이스 일반

41 ②   ↗ 노른자 127

데이터베이스는 전역적으로 유지되어야 한다.

> ⚠️ 가장 빠른 합격비법
> 데이터베이스는 여러 사용자가 동시에 접근하여 데이터를 공유하고 관리하기 때문에 지역적이 아닌 전역적으로 유지되어야 한다.

42 ④   ↗ 노른자 130

튜플들 사이에는 순서가 없다.

> ⚠️ 가장 빠른 합격비법
> 튜플에 관련된 문제는 꾸준히 출제되고 있습니다. 튜플의 순서는 중요하지 않는 다는 것을 기억하도록 합니다.

43 ④   ↗ 노른자 133

필드 이름에 마침표(.), 느낌표(!), 따옴표('), 대괄호([ ]) 등은 포함할 수 없다.

> ⚠️ 가장 빠른 합격비법
> 테이블의 필드 이름을 지정할 경우 이름은 일반적으로 알파벳, 숫자, 그리고 언더스코어(_)를 사용할 수 있습니다. 사용할 수 없는 문자도 기억하도록 합니다.

44 ④   ↗ 노른자 136

000: 숫자를 필수로 입력할 것을 의미하므로 반드시 3자이어야 한다.

> ⚠️ 가장 빠른 합격비법
> 입력 마스크는 거의 매번 출제되고 있으니 사용하는 형식을 반드시 정리하도록 합니다.

45 ③   ↗ 노른자 139

바운드 열은 컨트롤이 저장되는 열을 지정한다.

> ⚠️ 가장 빠른 합격비법
> 테이블 디자인 할 때 조회 속성을 이용하여 콤보 상자나 목록 상자를 지정할 수 있습니다. 각각의 세부 속성을 정리하도록 합니다.

46 ②   ↗ 노른자 142

엑셀 데이터는 한 번에 오직 하나의 워크시트만 가져오기 할 수 있다.

> ⚠️ 가장 빠른 합격비법
> 엑셀 데이터가 여러 워크시트로 이루어진 경우 각각의 워크시트에 나누어져 있는 데이터를 하나의 테이블로 한꺼번에 가져온다면 매우 혼돈이 있을 것입니다.

47 ②   ↗ 노른자 145

Like "*" & [학과명] & "*"은 학과명의 일부를 입력받는 매개변수 쿼리이다.

오답 해설
① 이름, 주소, 기관명 필드의 내용이 표시된다.
③ 기관명이 '하늘요양원'이 아닌 데이터가 표시된다.
④ 정렬 조건은 없다.

> ⚠️ 가장 빠른 합격비법
> Like 연산자는 필기, 실기 모두에서 중요한 부분입니다.

48 ②   ↗ 노른자 148

구조 변경은 ALTER 명령어를 사용한다.

> ⚠️ 가장 빠른 합격비법
> DDL, DCL, DML을 구분하여 각각의 명령어를 정리하도록 합니다.

49 ①   ↗ 노른자 151

UPDATE문은 'UPDATE 테이블 SET 필드=값 WHERE 조건;' 형식으로 사용한다.

> ⚠️ 가장 빠른 합격비법
> UPDATE 명령어의 기본 형식을 정리하도록 합니다.

50 ②   ↗ 노른자 154

[모달] 대화상자 폼에서 확인 단추를 클릭하면 저장 여부를 묻고 대화상자가 닫힌다.

> ⚠️ 가장 빠른 합격비법
> 생소할 수 있는 문제인데 액세스에서 직접 실습하면서 명령어를 이해하도록 합니다.

51 ④ 노른자 157

기본 폼은 '단일 폼' 형태로만, 하위 폼은 '단일 폼', '연속 폼', '데이터시트' 형태로 표시할 수 있다.

> ⓘ 가장 빠른 합격비법
> 하위 폼은 기본 폼과 연결되어 데이터의 관계를 보여주는 방식입니다. 따라서 기본 폼은 단일 폼 형태로만 표시됩니다.

52 ④ 노른자 160

탭 인덱스를 0으로 지정하면 폼을 열 때 포커스가 위치한다.

> ⓘ 가장 빠른 합격비법
> 컨트롤의 다양한 속성 중 시험에 자주 출제되는 속성 위주로 이해하도록 합니다.

53 ② 노른자 163

DCount("필드명","테이블명","조건")은 '테이블명'에서 '조건'에 맞는 '필드'의 개수를 의미한다.

> ⓘ 가장 빠른 합격비법
> DCount 함수의 형식을 정확하게 기억하도록 합니다.

54 ① 노른자 166

컨트롤 원본은 '=1', 누적 합계 속성은 '그룹'으로 설정하면 그룹별로 순번을, '모두'로 설정하면 전체에 대한 순번을 구한다.

> ⓘ 가장 빠른 합격비법
> 거래처별로 그룹이 설정되어 있고 거래처별로 순번을 표시하고자 하므로 누적 합계를 그룹으로 지정해야 합니다.

55 ② 노른자 169

[열] 탭에서 지정한 '눈금 설정'과 '열 크기'에 비해 페이지의 가로 크기가 작은 경우 오류 메시지 창이 나타나며 확인을 누르면 일부 데이터가 표시되지 않을 수 있다.

> ⓘ 가장 빠른 합격비법
> 보고서의 페이지 크기가 작은 경우 자동으로 조절되지 않는다는 것을 기억하도록 합니다.

56 ② 노른자 172

Function 프로시저는 코드를 실행하고 실행된 결괏값을 반환하고, Sub 프로시저는 코드를 실행하고 결괏값을 반환하지 않는다.

> ⓘ 가장 빠른 합격비법
> Function 프로시저와 Sub 프로시저의 차이점을 정리하도록 합니다.

57 ② 노른자 175

Recordset 개체를 사용하면 공급자의 데이터를 조작할 수 있다.

> ⓘ 가장 빠른 합격비법
> 수험자들이 어려워 하는 부분입니다. Recordset 개체의 특징에 대해 정리하도록 합니다.

58 ③ 노른자 130

차수(Degree)는 속성의 수(열의 수)이고, 기수(Cardinality)는 튜플의 수(행의 수)이다.

> ⓘ 가장 빠른 합격비법
> Degree(차수)와 Cardinality(기수)의 개념을 혼동하지 않도록 정리합니다.

59 ③ 노른자 131

널(Null) 값은 모르는 값으로 '해당 없음'을 의미하는데 연봉이 동결되었다고 명확하게 제시하였기 때문에 0%가 되어 널(Null) 값이 될 수 없다.

> ⓘ 가장 빠른 합격비법
> 널(Null) 값은 정해지지 않은 값이라고 보면 되겠습니다. 이러한 Null 값을 어떻게 처리해야 하는지는 데이터 분석의 전처리 과정에서 중요한 부분입니다.

60 ④ 노른자 136

- L: 영문자, 한글 필수 입력
- A: 영문자, 한글, 숫자 필수 입력
- 0: 숫자 필수 입력
- 9: 숫자 선택 입력
- #: 숫자, +, − 선택 입력

> ⓘ 가장 빠른 합격비법
> 입력 마스크에 대한 내용은 꾸준히 출제되고 있으므로 반드시 기억하도록 합니다.

답 없이 푸는 제9회 기출변형문제

문제 ➡ 221쪽

01	④	02	③	03	③	04	③	05	②
06	④	07	①	08	③	09	①	10	②
11	①	12	②	13	③	14	④	15	④
16	③	17	③	18	③	19	③	20	③
21	②	22	②	23	②	24	③	25	④
26	③	27	②	28	①	29	②	30	③
31	③	32	③	33	③	34	④	35	③
36	③	37	③	38	③	39	④	40	③
41	④	42	②	43	①	44	③	45	②
46	②	47	②	48	①	49	②	50	②
51	②	52	①	53	④	54	④	55	④
56	④	57	③	58	④	59	①	60	②

1과목 컴퓨터 일반

01 ④
> 노른자 002

오답 해설

① Ctrl + Alt + Delete : 보안 옵션
② Win + R : 실행 대화상자
③ Win + M : 열려있는 모든 창 최소화

> **가장 빠른 합격비법**
> Ctrl + Alt + Delete 는 보안 옵션을 보여주는 화면을 열 때 사용되며, 그 안에 작업 관리자를 선택할 수 있습니다. 하지만 시스템에서 직접 작업 관리자를 열기 위해서는 Ctrl + Shift + Esc 키 조합을 사용하는 것이 가장 빠르고 직접적인 방법입니다.

02 ③
> 노른자 005

휴지통의 최대 크기를 사용자가 설정할 수 있지만 최소 크기는 설정할 수 없다.

> **가장 빠른 합격비법**
> 휴지통의 최소 크기는 0이고 하드디스크 드라이브마다 휴지통의 최대 크기를 설정할 수 있습니다.

03 ③
> 노른자 008

Windows 10에서는 파일 탐색기의 종류를 변경하는 옵션을 제공하지 않는다.

> **가장 빠른 합격비법**
> Windows 10의 파일 탐색기에서 [보기] 탭에서 지정할 수 있는 명령어를 정리하도록 합니다.

04 ③
> 노른자 011

오답 해설

① HKEY_CLASSES_ROOT: 파일 확장명과 응용 프로그램 간의 연결 및 파일 형식 정보가 저장된다.
② HKEY_CURRENT_USER: 현재 사용자에 대한 설정이 저장된다.
④ HKEY_CURRENT_CONFIG: 현재 하드웨어 구성 및 관련 설정이 저장된다.

> **가장 빠른 합격비법**
> 레지스트리는 매우 신중하게 다루어야 하는 부분이며 레지스트리 중에서 HKEY_LOCAL_MACHINE은 컴퓨터의 하드웨어 및 소프트웨어 설정을 포함하고 있습니다.

05 ②
> 노른자 014

[시작]-[제어판]-[프로그램 및 기능]에서는 설치된 프로그램을 제거하거나 변경할 수 있다. 하지만 새로운 프로그램을 설치할 수는 없다.

> **가장 빠른 합격비법**
> Windows 10의 제어판에서 [프로그램 및 기능]은 컴퓨터에 설치된 소프트웨어를 관리하는 중요한 기능 중 하나입니다.

06 ④
> 노른자 017

표준 계정은 소프트웨어를 설치하거나 제거할 수 없다.

> **가장 빠른 합격비법**
> 표준 계정과 관리자 계정의 역할을 정리하도록 합니다.

07 ①
> 노른자 020

오답 해설

② 백업 파일의 복원 위치를 지정할 수 있다.
③ 원하는 파일을 선택하여 복원할 수 있다.
④ 백업이 컴퓨터를 초기 설정으로 되돌리는 것은 아니다.

> **가장 빠른 합격비법**
> 데이터를 다루는 분야에서 백업은 중요한 업무로서 데이터가 손실된 경우 백업 기능을 이용하여 데이터를 복구할 수 있습니다.

08 ③　노른자 023

명령 프롬프트는 텍스트 기반의 사용자 인터페이스를 제공한다.

> **가장 빠른 합격비법**
> 기본적으로 출제되는 내용으로 GUI(Graphical User Interface)의 개념을 정리하도록 합니다.

09 ①　노른자 026

프로그램 내장 방식이란 프로그램과 데이터를 주기억장치에 저장하여 처리하는 기술이다.

> **가장 빠른 합격비법**
> ChatGPT가 우리들의 생활 패턴을 크게 변화시킨 것처럼 컴퓨터의 발전 과정에서 프로그램 내장 방식은 컴퓨터에 큰 변화를 가져온 개념입니다.

10 ②　노른자 029

숫자들을 모두 같은 진수로 변환한 후 비교하면 된다. ㉠~㉣을 2진수로 모두 변환하면 다음과 같다.

㉠: $11111010_{(2)}$
㉡: $11111111_{(2)}$
㉢: $11111110_{(2)}$
㉣: $11110000_{(2)}$

따라서 가장 큰 순서부터 나열하면 ㉡>㉢>㉠>㉣이다.

> **가장 빠른 합격비법**
> 진법 변환 문제는 자주 출제되고 있지는 않지만 대표적으로 10진법이나 2진법으로 비교하는 것이 편리합니다.

11 ①　노른자 034

오답 해설

② DDR SDRAM(Double Data Rate SDRAM): 컴퓨터의 주 메모리로 사용되며 각 클럭 주기마다 데이터를 두 번 전송하여 메모리의 처리 속도를 향상시킨다.
③ 캐시 메모리(Cache Memory): CPU와 메인 메모리 간의 속도 차이를 줄이기 위해 사용되는 메모리이다.
④ 채널(Channel): CPU의 이용률을 높이기 위한 방법으로, CPU를 대신하여 입출력 장치와 주기억장치를 연결하고 제어하는 역할을 한다.

> **가장 빠른 합격비법**
> 플래시 메모리는 디지털카메라 등의 대용량 정보를 저장하는 용도로서 전원이 꺼져도 저장된 사진 등은 없어지지 않습니다.

12 ②　노른자 035

IEEE 1394는 컴퓨터와 디지털 가전기기를 연결해 데이터를 교환할 수 있게 하는 표준으로, 주로 디지털 비디오 카메라 등의 멀티미디어 장치에 사용된다.

> **가장 빠른 합격비법**
> 컴퓨터와 주변 장치를 연결하기 위한 부분은 다양하게 발전되고 있습니다. 각 연결 장치에 대한 개념을 정리하도록 합니다.

13 ③　노른자 038

오답 해설

① 저장 공간을 최적화하는 것이 아니라 속도를 향상시킨다.
② 디스크 정리에 해당한다.
④ 디스크 조각 모음을 할 수 없는 경우로는 CD-ROM 드라이브, 네트워크 드라이브, Windows가 지원하지 않는 형식의 압축 프로그램 등이 있다.

> **가장 빠른 합격비법**
> 디스크 조각 모음에 대한 기본적인 개념은 가끔 출제되고 있습니다. 디스크 조각 모음을 하는 이유는 속도 향상을 위해서입니다.

14 ④　노른자 041

알파 버전은 베타 테스트를 하기 전에 제작 회사에서 테스트할 목적으로 제작된 프로그램이다.

> **가장 빠른 합격비법**
> 알파 버전과 베타 버전을 비교하여 정리하도록 합니다.

15 ④　노른자 044

JavaScript는 클라이언트 측 스크립트 언어이다.

오답 해설

①, ②, ③ 서버 측 스크립트 언어이다.

> **가장 빠른 합격비법**
> 서버 측과 클라이언트 측으로 구분하여 정리하도록 합니다.

16 ③　노른자 047

전자 음향장치나 디지털 악기 간의 통신 규약은 MIDI(Musical Instrument Digital Interface)에 대한 설명이다.

> **가장 빠른 합격비법**
> 사운드 파일 중 WAV 파일의 개념을 정리하도록 합니다.

17 ③
노른자 050

사용자 간 직접 통신을 기반으로 하기 때문에 보안에 취약하여 문제가 발생할 수 있다.

> ⓘ **가장 빠른 합격비법**
> P2P 네트워크는 중앙 서버가 없이 사용자들 간에 직접적인 연결이 이루어지기 때문에 보안 측면에서 취약할 수 있습니다. 데이터 무단 접근이나 악의적인 파일 공유 등의 문제가 발생할 수 있습니다.

18 ③
노른자 053

오답 해설

㉠ IPv6은 총 128비트로 구성된다.
㉣ IPv6는 프로토콜 내에 보안 관련 기능을 탑재할 수 있도록 설계되었다.

> ⓘ **가장 빠른 합격비법**
> IP 주소는 자주 출제되는 부분으로 IPv4와 IPv6를 비교하면서 차이점 위주로 숙지해주세요.

19 ④
노른자 056

IMAP에 대한 내용이다.

> ⓘ **가장 빠른 합격비법**
> 이메일에서 사용되는 프로토콜인 SMTP, POP3, MIME, IMAP에 대해서 비교하여 정리하도록 합니다.

20 ③
노른자 059

저작권은 저작물이 창작되는 순간 자동으로 발생한다.

> ⓘ **가장 빠른 합격비법**
> 지능 정보화 사회에서 특히 저작권은 소중하게 보호 받아야 하는 부분입니다.

2과목 | 스프레드시트 일반

21 ②
노른자 065

설정한 확대/축소 배율은 통합 문서의 해당 시트에만 적용된다.

> ⓘ **가장 빠른 합격비법**
> 확대/축소 배율은 각 시트마다 개별적으로 확대/축소 배율을 설정해야 합니다.

22 ②
노른자 087

switch(식,값1,결과1,값2,결과2…[기본값])

- 식: C2
- 값1: "A"
- 결과1: B2*0.2
- 값2: "B"
- 결과2: B2*0.15,
- 값3: "C"
- 결과3: B2*0.1,
- 값4: "D"
- 결과4: B2*0.05
- 기본값: "등급 외"

> ⓘ **가장 빠른 합격비법**
> 함수는 많은 학습자들이 어려워 하는 부분으로 반복 학습을 통하여 꼭 개념을 정리해야 합니다.

23 ②
노른자 070

시트 이름은 공백을 포함하여 최대 31자까지 지정할 수 있다.

> ⓘ **가장 빠른 합격비법**
> 시트 이름을 지정하는 방법에 대해 정리하도록 합니다.

24 ③
노른자 072

여러 사용자가 동시에 동일한 셀을 변경하려고 하면 충돌이 발생한다.

> ⓘ **가장 빠른 합격비법**
> 여러 사용자가 공유해서 작업을 하고 있는데 동일한 셀을 서로 동시에 변경하려고 하면 컴퓨터 입장에서는 난해할 것입니다. 예를 들어 아이에게 엄마와 아빠가 동시에 다른 행동을 하라고 지시하면 아이는 누구 말을 들어야 하는지 혼란이 올 것입니다.

25 ④
노른자 073

고정 소수점 옵션을 무시하고 숫자를 입력하려면 숫자 뒤에 소수점을 입력하면 된다(예 30. → 30).

> ⓘ **가장 빠른 합격비법**
> 데이터의 형식과 데이터 입력은 기초적인 내용으로 중요한 부분입니다.

26 ③
노른자 075

윗주의 맞춤은 왼쪽, 가운데, 균등 분할을 지원한다.

ⓘ 가장 빠른 합격비법
윗주는 [윗주 속성] 창의 [설정] – 맞춤에서 지정할 수 있습니다.

27 ②   노른자 076

오답 해설

①, ③, ④ 선택한 영역의 모든 내용이 삭제된다. Backspace를 누르면 범위의 첫 번째 셀인 [C2] 셀의 내용만 삭제된다.

ⓘ 가장 빠른 합격비법
범위를 지정하고 [Backspace] 키를 누르면 범위의 첫 셀만 지워진다는 사실을 반드시 숙지하세요. 추가로 범위를 지정하고 [Delete] 키를 누르거나 [내용 지우기]는 모든 내용이 삭제됩니다.

28 ①   노른자 080

사용자 지정 표시 형식에서 각 구역은 세미콜론(;)으로 구분한다.

ⓘ 가장 빠른 합격비법
사용자 지정 표시 형식에서 각 구역을 구분할 때 콜론(:)이 아니라 세미콜론(;)을 사용한다는 것을 기억합니다.

29 ②   노른자 082

서식이 충돌하는 경우에는 우선 순위가 높은 규칙의 서식만 적용된다.

ⓘ 가장 빠른 합격비법
조건부 서식에서 규칙이 충돌할 때 에러가 발생하는 것이 아니라, 규칙의 우선 순위에 따라 처리됩니다.

30 ④   노른자 085

'#NUM!'에 대한 오류 메시지이다. #VALUE!는 잘못된 인수나 피연산자를 사용할 때 발생하는 오류 메시지이다.

ⓘ 가장 빠른 합격비법
각 오류 코드의 의미와 발생 원인을 기본적으로 숙지하면 문제를 빠르게 해결할 수 있습니다.

31 ③   노른자 089

=IF(COUNTA(B3:F3)=5,"우수","")
          ❶
       ❷

❶ COUNTA(B3:F3): [B3:F3] 영역에서 공백이 아닌 셀의 개수를 반환함
❷ IF(❶=5,"우수",""): ❶의 개수가 5이면 '우수'를 반환하고 그외에는 빈칸을 반환함

ⓘ 가장 빠른 합격비법
- COUNT: 숫자 셀의 개수를 반환
- COUNTA: 공백이 아닌 숫자, 문자, 날짜, 시간 셀의 개수를 반환
- COUNTBLANK: 공백인 셀의 개수를 반환
- COUNTIF: 조건을 만족하는 셀의 개수를 반환

32 ④   노른자 091

❶ LARGE(C2:C6,2): [C2:C6] 영역에서 2번째로 큰 값인 20,000을 반환함
❷ MATCH(20,000,C1:C6,0): [C1:C6] 영역에서 20,000과 정확히 일치하는 값을 찾은 후 그 위치의 일련번호인 6을 반환함
❸ INDEX(A1:C6,6,2): [A1:C6] 영역에서 6행 2열의 값인 '쿠팡'을 반환함

ⓘ 가장 빠른 합격비법
찾기/참조 함수는 매회 출제되는 부분입니다. LARGE, MATCH, INDEX 함수의 사용법을 정리하도록 합니다.

33 ③   노른자 095

{1;2;3}인 배열 상수는 1, 2, 3 각각 다른 행에 위치하고, 한 열을 형성한다.

ⓘ 가장 빠른 합격비법
배열 상수 {1,2,3}은 중괄호 { } 안에 값이 세미콜론(;)으로 구분되어 있다는 것을 반드시 알아야 합니다.

34 ④   노른자 097

정렬 경고 메시지와 상관이 없는 내용이다.

ⓘ 가장 빠른 합격비법
이 메시지는 정렬하려는 데이터 범위 외에 선택되지 않은 데이터가 존재할 경우 사용자에게 알려줍니다.

35 ②   노른자 105

데이터 표의 결과는 배열 수식으로 작성되므로 부분적으로 수정 또는 삭제할 수 없다.

ⓘ 가장 빠른 합격비법
데이터 표는 특정 값들을 구조화하여 행과 열로 나열한 형태로 데이터 분석, 예측, 추세 파악 등의 작업에 유용하게 활용됩니다.

36 ③
'설명'은 시나리오에 대한 추가적인 설명으로, 입력하지 않아도 된다.

> **⚠ 가장 빠른 합격비법**
> [시나리오 추가] 대화상자에서 설명란에는 시나리오의 목적이나 특징을 간단히 기술하는 것이 일반적입니다.

37 ④
F11을 누르면 새로운 차트 시트에 차트가 작성되고, Alt+F1을 누르면 데이터가 있는 현재 워크시트에 차트가 작성된다.

> **⚠ 가장 빠른 합격비법**
> 차트에 관련된 문제는 꾸준히 출제되고 있으므로 차트에서 사용하는 단축키를 정리하여 기억하도록 합니다.

38 ②
차트 구성 요소들은 도형처럼 맞춤, 그룹, 회전 등을 설정할 수 없다.

> **⚠ 가장 빠른 합격비법**
> 차트의 구성 요소에 적용할 수 있는 내용을 꼼꼼하게 살펴보도록 합니다.

39 ④
간단하게 인쇄는 차트, 도형, 그림, 클립아트 등의 그래픽 요소를 제외하고 텍스트만 빠르게 인쇄한다.

> **⚠ 가장 빠른 합격비법**
> '간단하게 인쇄' 옵션은 사용자가 빠르고 간편하게 텍스트를 인쇄할 수 있도록 도와주는 기능입니다.

40 ③
바로 가기 키는 특수 문자와 숫자는 사용할 수 없고, 영문자만 가능하다.

> **⚠ 가장 빠른 합격비법**
> 매크로 기록에서 바로 가기 키는 반드시 설정하지 않아도 되지만 지정하려면 영문자로 입력해야 합니다.

3과목 데이터베이스 일반

41 ④
주로 응용 프로그래머와 일반 사용자가 사용하는 언어는 DML이고, 데이터 제어어(DCL)은 DBA(데이터베이스 관리자)가 사용한다.

> **⚠ 가장 빠른 합격비법**
> DCL(Data Control Language), DML(Data Manipulation Language), DCL(Data Control Language)에 대해서 정리하도록 합니다.

42 ③
후보 키 중에서 기본 키로 선택되지 못한 나머지 키가 대체 키이다.

> **⚠ 가장 빠른 합격비법**
> 슈퍼 키, 후보 키, 기본 키, 대체 키, 외래 키에 대한 개념을 정리하도록 합니다.

43 ①
주어진 내용은 OLE(Object Linking and Embedding)에 대한 설명이다.

> **⚠ 가장 빠른 합격비법**
> - OLE(Object Linking and Embedding): 프로그램 간의 개체 연결 및 포함 기술
> - DLL(Dynamic Link Library): 여러 프로그램에서 공유할 수 있는 함수와 프로시저를 포함하는 라이브러리 파일
> - INI(Initialization): 소프트웨어 설정 정보를 저장하는 텍스트 파일 형식
> - PCX(PiCture eXchange): 래스터 그래픽 파일 형식

44 ③
'>=#1/1/2000#'은 입력된 날짜가 2000년 1월 1일 이후여야 한다는 조건을, '<=Now( )'는 입력된 날짜가 현재 날짜(오늘) 이전이어야 한다는 조건을 의미한다.

> **⚠ 가장 빠른 합격비법**
> "이전, 이후는 해당 일을 포함한다."이므로 등호(=)가 반드시 들어가야 합니다.

45 ③
삭제한 필드는 되살리기 할 수 없다.

> **⚠ 가장 빠른 합격비법**
> 액세스에서 여러 개의 필드를 한꺼번에 삭제할 수는 있지만, 필드를 삭제한 후 되살리는 것은 불가능합니다. 필드를 삭제하면 해당 데이터는 영구적으로 삭제됩니다.

46 ② 노른자 143

오답 해설
① VBA 코드로는 내보낼 수 없다.
③ 쿼리의 SQL문이 아니라 SQL문의 실행 결과가 저장된다.
④ 보고서만을 Word 형식으로 내보낼 경우 보고서에 사용된 원본 테이블이 없어도 데이터는 표시된다.

> **⚠ 가장 빠른 합격비법**
> Access에서는 테이블 내보내기에서 '정의 및 데이터' 옵션을 선택하여 테이블의 구조와 데이터를 모두 내보내거나, '정의만' 옵션을 선택하여 테이블의 구조만 내보낼 수 있습니다.

47 ② 노른자 146

㉠: DROP은 테이블을 삭제하는 명령이다.
㉡: CASCADE는 관련된 테이블 삭제를 연쇄적으로 수행하도록 한다. 참고로 RESTRICT은 참조하는 객체가 있을 경우 삭제를 진행하지 않는다.

> **⚠ 가장 빠른 합격비법**
> CASCADE의 개념을 정리하도록 합니다.

48 ① 노른자 149

INSTR(시작 위치,문자열,찾을 문자열,옵션): 문자열의 시작 위치에서 찾을 문자열의 위치를 표시하는 기능으로 시작 위치를 생략하면 기본값은 1이다.
- INSTR(Email,'@company.com') → Email이라는 필드 내에서 '@company.com' 문자열이 처음으로 나타나는 위치의 인덱스를 반환한다.
- SELECT Name,Email FROM 직원 → 직원 테이블에서 Name과 Email 속성을 조회한다.
- WHERE INSTR(Email,'@company.com') = 0 → Email 필드 내에서 '@company.com' 문자열이 처음으로 나타나는 위치의 인덱스가 0이면 존재하지 않는 조건을 의미한다.
- ORDER BY Name ASC; → Name 필드를 오름차순 정렬한다.

> **⚠ 가장 빠른 합격비법**
> INSTR 함수의 개념을 정리하도록 합니다. 오름차순 정렬 ASC, 내림차순 정렬은 DESC를 사용합니다.

49 ② 노른자 152

매개변수를 적용할 필드의 조건 행에서 매개변수 대화상자에 표시할 텍스트를 [ ] 대괄호로 묶어 입력한다.

> **⚠ 가장 빠른 합격비법**
> 매개변수 대화상자에 표시할 텍스트는 [ ] 대괄호로 묶어 입력해야 합니다. 중괄호는 사용되지 않습니다.

50 ② 노른자 155

테이블 형식에서 레이블은 폼의 맨 위에 한 번만 표시된다.

> **⚠ 가장 빠른 합격비법**
> 테이블 형식에서는 각 레코드의 필드들이 한 줄에 나타나는 것은 맞지만, 레이블은 각 필드의 맨 위에 한 번씩 나타납니다. 폼의 맨 아래 한 번만 표시되는 것이 아닙니다.

51 ② 노른자 158

하나의 컨트롤에 하나의 필드를 바운드시킬 수 있고, 하나의 필드는 여러 컨트롤에 바운드시킬 수 있다.

> **⚠ 가장 빠른 합격비법**
> 컨트롤 바운드란 폼에서 컨트롤(입력 상자, 레이블 등)이 특정 필드와 연결되어 있어서, 그 컨트롤을 통해 컨트롤에 표시된 값이 데이터베이스의 해당 필드와 동기화되는 상태를 말합니다.

52 ① 노른자 161

오답 해설
② 탭 인덱스가 작을수록 먼저 포커스를 받는다. 탭 인덱스는 [속성 시트] – [기타] 탭에서 지정할 수 있다.
③ 폼에서 선, 레이블 컨트롤에는 탭 순서를 지정할 수 없다.
④ 탭 정지 속성은 폼과 보고서에서 모두 지정할 수 있다.

> **⚠ 가장 빠른 합격비법**
> 탭 순서는 폼이나 보고서에서 Tab을 사용하여 각 컨트롤 사이를 이동할 때의 순서를 지정하는 기능입니다.

53 ④ 노른자 164

보고서에서는 데이터의 입력 · 추가 · 삭제 등의 작업이 불가능하다.

> **⚠ 가장 빠른 합격비법**
> 보고서는 일반적으로 데이터를 출력하거나 요약하는 용도로 설계되며, 데이터를 직접 수정하는 용도로는 사용되지 않습니다.

54 ④ 　노른자 167

그룹 수준을 삭제하면 그룹 머리글 구역과 그룹 바닥글 구역에 삽입된 모든 컨트롤은 삭제된다.

> ⓘ 가장 빠른 합격비법
> 그룹화와 정렬에 대한 개념을 정리하도록 합니다.

55 ④ 　노른자 170

액세스는 매크로 기록 기능을 지원하지 않는다.

> ⓘ 가장 빠른 합격비법
> 엑셀에서는 매크로 기록 기능이 있지만 액세스에서는 지원하지 않는다는 것을 기억하도록 합니다.

56 ④ 　노른자 173

①, ②, ③은 데이터 이벤트이고, ④는 마우스 이벤트이다.

> ⓘ 가장 빠른 합격비법
> - After Update: 데이터가 업데이트된 후 발생하는 이벤트입니다.
> - On Change: 데이터 값이 변경될 때 발생하는 이벤트입니다.
> - Before Update: 데이터가 업데이트되기 전에 발생하는 이벤트입니다.
> - On Db Click: 마우스로 더블클릭할 때 발생하는 이벤트입니다.

57 ③ 　노른자 128

개념 스키마: 기관이나 조직체의 입장

오답 해설

① 외부 스키마: 사용자의 입장
② 내부 스키마: 시스템 프로그래머나 시스템 설계자의 입장

> ⓘ 가장 빠른 합격비법
> 외부 스키마, 개념 스키마, 내부 스키마에 대한 개념을 정리하도록 합니다.

58 ④ 　노른자 131

대체 키는 후보 키 중에서 기본 키를 제외한 나머지 후보 키들을 말한다.

> ⓘ 가장 빠른 합격비법
> 슈퍼 키, 후보 키, 대체 키, 기본 키, 외래 키에 대한 개념을 정리하도록 합니다.

59 ① 　노른자 134

짧은 텍스트는 255자 이하의 짧은 문자열을 저장하는 데 사용할 수 있다.

> ⓘ 가장 빠른 합격비법
> 데이터 형식의 종류에서 짧은 텍스트는 최대 255까지, 긴 텍스트는 최대 64,000자까지 저장 가능합니다.

60 ② 　노른자 137

유효하지 않은 값이 입력되면 '공백없이 입력하세요'라는 메시지를 표시한다.

> ⓘ 가장 빠른 합격비법
> Not Like "* *"은 공백을 포함하지 않는다는 조건입니다.

답 없이 푸는 제10회 기출변형문제

문제 ▶ 232쪽

01	③	02	③	03	③	04	④	05	②
06	③	07	④	08	③	09	③	10	③
11	②	12	④	13	③	14	②	15	③
16	②	17	②	18	④	19	③	20	③
21	②	22	④	23	④	24	④	25	④
26	①	27	③	28	②	29	④	30	④
31	③	32	③	33	①	34	③	35	①
36	④	37	③	38	③	39	③	40	④
41	③	42	①	43	③	44	③	45	③
46	④	47	②	48	③	49	①	50	③
51	③	52	④	53	④	54	②	55	①
56	③	57	③	58	③	59	④	60	②

1과목 컴퓨터 일반

01 ③

NTFS는 복잡한 파일 및 폴더 구조를 가지고 있어 복잡한 파일 관리 작업에도 적합하다.

> **① 가장 빠른 합격비법**
> NTFS의 개념에 대해 정리하도록 합니다.

02 ③

시스템을 재시작해도 가상 데스크톱은 제거되지 않는다.

> **① 가장 빠른 합격비법**
> 생소할 수 있는 문제입니다. 가상 데스크톱은 Windows 10에서 다양한 작업을 효율적으로 관리하고자 할 때 유용한 기능으로 가상 데스크톱 간 전환 (Ctrl + ⊞ + →) 혹은 Ctrl + ⊞ + ←)을 사용하여 생성된 가상 데스크톱 간에 전환을 할 수 있습니다.

03 ③

바탕 화면의 아이콘을 작업 표시줄에 끌어다 놓으면 작업 표시줄로 아이콘이 고정되어 복사된다.

> **① 가장 빠른 합격비법**
> 바탕화면의 아이콘을 작업 표시줄에 Drag&Drop하면 이동이 아닌 복사라는 것을 기억하도록 합니다.

04 ④

공용 폴더의 접근 권한은 사용자에 따라 다르게 설정할 수 있다.

> **① 가장 빠른 합격비법**
> Windows 운영체제에서 공유 폴더에 대한 접근 권한은 모든 사용자에게 일괄적으로 부여되는 것이 아닙니다. 사용자 계정 및 그룹을 통해 각 사용자 또는 그룹마다 서로 다른 접근 권한을 설정할 수 있습니다. 이를 통해 공유 폴더에 접근할 수 있는 사용자를 선택적으로 지정하거나 권한을 설정할 수 있습니다.

05 ②

사용자가 원하는 비율을 100~500%까지 지정할 수 있다.

> **① 가장 빠른 합격비법**
> Windows 10에서는 [디스플레이 설정]에서 텍스트, 앱 및 기타 항목의 크기를 조정할 수 있습니다.

06 ③

시스템 종류에서 64비트 운영체제인지 확인만 할 수 있고, 선택은 할 수 없다.

> **① 가장 빠른 합격비법**
> [시작] – [설정] – [시스템] – [정보]에서는 장치 이름, 프로세서, 설치된 RAM, 시스템 종류 등을 확인할 수 있습니다.

07 ④

오답 해설

① [시스템 정보]는 하드웨어 리소스, 구성 요소, 소프트웨어 환경 등의 정보를 확인한다.
② [디스크 정리]는 시스템에서 불필요한 파일을 식별하고 삭제하여 하드 드라이브의 공간을 확보한다.
③ [컴퓨터 관리]는 디스크 관리, 서비스 및 응용 프로그램 관리, 성능 등의 기능을 포함하고 있다.

> **① 가장 빠른 합격비법**
> [레지스트리 편집기]는 Windows 운영체제의 중요한 부분인 레지스트리를 관리하기 위해 사용됩니다. 사용자는 여기서 레지스트리의 키와 값을 확인하거나 수정할 수 있습니다.

08 ③

인쇄 작업 중 오류가 발생하면 해당 문서가 인쇄 대기열에서 삭제될 때까지 모든 인쇄 작업이 보류된다.

> **① 가장 빠른 합격비법**
> Windows 10의 인쇄 관리자는 일반적으로 인쇄 작업 중 오류가 발생하면 해당 문서의 인쇄를 중지하고 오류 메시지를 표시합니다.

09 ③ 노른자 027

워드(Word)는 CPU가 한 번에 처리할 수 있는 명령어 단위이다.

> ⚠ **가장 빠른 합격비법**
> 레코드는 필드가 모여서 구성되며 프로그램 내에서 입출력하는 처리 단위입니다. 블록(Block)은 각종 저장 매체와의 입출력 단위이며 일반적으로 물리 레코드를 의미합니다.

10 ③ 노른자 031

RISC는 명령어의 길이가 짧고 단순하여 실행 속도가 빠르다.

RISC의 특징

구분	RISC
특징	적은 수의 명령어와 주소 지정 모드 지원
명령어 길이	고정적
처리 속도	빠름
가격	저렴
전력 소모	적음
용도	성능이 좋은 그래픽용이나 워크스테이션에서 주로 사용

> ⚠ **가장 빠른 합격비법**
> RISC와 CISC의 특징을 비교하여 정리하도록 합니다.

11 ② 노른자 033

- RAID 0(=Striping)
- RAID 1(=Mirroring)
- RAID 2(=해밍 코드)
- RAID 3(=패리티 정보 저장)
- RAID 4(=블록 단위 분산 저장)
- RAID 5(=패리티 블록 round-robin)

> ⚠ **가장 빠른 합격비법**
> RAID는 비용을 줄이기 위해 출발한 기법으로 레벨별로 특징을 정리하여 기억하도록 합니다.

12 ④ 노른자 040

운영체제는 응용 프로그램의 개발 및 실행을 직접적으로 담당하지는 않고 응용 프로그램이 하드웨어와 통신하여 필요한 작업을 수행할 수 있도록 환경을 제공한다.

> ⚠ **가장 빠른 합격비법**
> 운영체제가 응용 프로그램의 개발을 돕는 것은 아니라는 것을 기억하도록 합니다.

13 ③ 노른자 043

어셈블러(Assembler)는 어셈블리어로 작성한 프로그램을 기계어로 번역한다.

> ⚠ **가장 빠른 합격비법**
> 인터프리터, 컴파일러, 어셈블러, 프리프로세서에 대해 서로 비교하여 정리하도록 합니다.

14 ② 노른자 044, 045

오답 해설

① **하이퍼링크**: 사용자가 클릭하여 다른 웹 페이지나 문서로 이동할 수 있게 하는 구체적인 연결 요소이다.
③ **HTML**: 웹 페이지를 만들기 위한 표준 마크업 언어이다.
④ **브라우저**: 인터넷을 통해 웹 페이지를 검색하고 보여주는 응용 프로그램이다.

> ⚠ **가장 빠른 합격비법**
> 하이퍼링크와 하이퍼텍스트의 개념 차이를 정리하도록 합니다.

15 ③ 노른자 049

㉠: 트리형은 허브를 이용해서 계층적으로 구성한 형태이다.
㉡: 버스형은 하나의 통신 회선에 여러 대의 컴퓨터를 연결한 형태이다.

> ⚠ **가장 빠른 합격비법**
> 성형, 트리형, 링형, 버스형, 망형 등의 네트워크의 구성 형태의 특징을 정리하도록 합니다. 계층적으로 구성한 형태라는 힌트가 있으면 트리형입니다.

16 ② 노른자 051

암호화, 압축, 데이터 재구성, 코드 변환, 구문 검색은 표현 계층에 대한 설명이다.

> ⚠ **가장 빠른 합격비법**
> OSI 7계층은 정보통신에서 매우 중요한 부분입니다. 꼭 정리하여 기억하도록 합니다.

17 ② 노른자 055

RARP는 호스트의 물리적인 MAC 주소를 사용하여 IP 주소를 찾는 데 사용되는 프로토콜이다.

> ⚠ **가장 빠른 합격비법**
> ARP와 RARP를 비교하여 개념을 정리하도록 합니다.

18 ④ 노른자 057

웹 캐시는 항상 최신 정보를 제공하는 것을 보장하지는 않는다.

> ⓘ **가장 빠른 합격비법**
> 웹 캐시는 웹 페이지의 복사본을 저장하여 동일한 페이지에 대한 요청이 있을 때 이 복사본을 제공함으로써 웹 페이지 로딩 속도를 향상시키는 역할을 합니다. 따라서 웹 캐시는 항상 최신의 정보를 제공하는 것이 아닙니다.

19 ③ 노른자 061

피기배킹(Piggybacking)에 대한 설명이다. 피기배킹은 다른 사용자의 데이터 전송 과정을 이용하여 자신의 데이터를 전송하는 것을 의미한다.

오답 해설

① 스니핑(Sniffing): 네트워크상에서 데이터를 도청하거나 가로채는 행위이다.
② 스푸핑(Spoofing): 다른 사용자로 가장하여 속이는 행위이다.
④ 백도어(Back Door): 일반적인 접근 방법과 다른 비밀 경로를 통해 시스템에 접근하거나 제어하는 것이다.

> ⓘ **가장 빠른 합격비법**
> 아이가 성인 등의 등에 업혀서 이동하는 것을 "피기백"이라고 합니다. 이때 아이는 성인의 움직임에 의해 함께 이동하게 되어 자신의 노력을 줄일 수 있습니다. 여기서 피기배킹이라는 이름은 다른 데이터에 업혀서 이동하는 ACK 메시지의 상황을 물리적 피기백에 비유한 것입니다.

20 ③ 노른자 055

TCP/IP를 사용하는 웹 서버의 경우, 일반적으로 사용하는 포트 번호는 80번이다. 이 포트는 HTTP(HyperText Transfer Protocol) 통신에 사용된다.

> ⓘ **가장 빠른 합격비법**
> 잘 알려진 포트 번호인 HTTP-80, FTP-21, TELNET-23, News-119, Gopher-70을 기억하도록 합니다.

2과목 스프레드시트 일반

21 ② 노른자 066

'쓰기 전용 권장'이 아니라 '읽기 전용 권장'을 체크할 수 있다.

> ⓘ **가장 빠른 합격비법**
> [일반 옵션] 대화상자에서 선택할 수 있는 옵션을 정리하도록 합니다.

22 ④ 노른자 068

그룹으로 설정된 시트의 데이터를 복사하거나 잘라내기 한 데이터를 그룹이 설정되지 않은 다른 시트에 붙여넣기 할 수 없다.

> ⓘ **가장 빠른 합격비법**
> 그룹으로 설정된 시트의 데이터를 복사하거나 잘라내기 한 데이터를 그룹이 설정되지 않은 다른 시트에 붙여넣기를 시도하면 에러 메시지가 표시된다.

23 ④ 노른자 070

시트 이름에 ₩, /, ?, *, [,] 등의 문자는 사용할 수 없다.

> ⓘ **가장 빠른 합격비법**
> 시트 이름으로 사용할 수 없는 문자를 정리하여 기억하도록 합니다.

24 ④ 노른자 072

공유된 통합 문서는 여러 사용자가 동시에 변경할 수 있다.

> ⓘ **가장 빠른 합격비법**
> 통합 문서 공유는 공유 네트워크 폴더를 이용하여 여러 사용자가 공유된 통합 문서를 공동으로 작업할 수 있게 하는 기능이다.

25 ④ 노른자 075

메모는 모든 셀에 지정할 수 있다.

> ⓘ **가장 빠른 합격비법**
> 메모는 문자 데이터뿐만 아니라 숫자 데이터나 날짜 데이터가 입력된 셀에도 지정할 수 있습니다. 문자 데이터에만 지정할 수 있는 것은 윗주 기능입니다.

26 ① 노른자 091

=INDEX(A2:A6,XMATCH(95,B2:B6,0))

❶ XMATCH(95,B2:B6,0): [B2:B6] 영역에서 95와 정확히 일치하는 값을 반환하면 결괏값은 '5'
❷ =INDEX(A2:A6,5): [A2:A6] 영역에서 다섯 번째 값을 반환하므로 결괏값은 '정수현'

> ⓘ **가장 빠른 합격비법**
> 찾기/참조 함수는 어려운 만큼 중요하고 자주 출제되기 때문에, 실제로 함수를 실행하면서 이해하는 것이 합격의 지름길입니다.

27 ③ 노른자 077

잘라내기 한 데이터는 선택하여 붙여넣을 수 없다.

> ⓘ 가장 빠른 합격비법
> [선택하여 붙여넣기] 대화상자에서 지정할 수 있는 옵션을 정리하도록 합니다.

28 ② 노른자 079, 080

2025-04-24에 표시 형식 'mm-dd'를 적용하면 결괏값은 '04-24'이다. 표시 형식으로 'mmm-dd'를 적용하면 결괏값은 'Apr-24'이다.

> ⓘ 가장 빠른 합격비법
> 날짜를 나타내는 서식 중 월에 해당하는 표시 형식은 다음과 같습니다.
> m: 1~12, mm: 01~12, mmm: Jan~Dec, mmmm: January~December

29 ④ 노른자 083

배열 수식에서는 3차원 참조는 사용할 수 없다.

> ⓘ 가장 빠른 합격비법
> 3차원 참조는 배열 수식과 함께 사용되지 않는다는 것을 기억하도록 합니다.

30 ④ 노른자 086

=WORKDAY(A1,5): 2025-05-01로부터 토, 일을 제외하고 5일 후는 2025-05-08이다.

오답 해설

① =EDATE(A1,3): 2025-05-01로부터 3개월 후는 2025-08-01이다.
② =EOMONTH(A1,3): 2025-05-01로부터 3개월 후는 2025-8-1이고 8월의 마지막 날짜는 2025-08-31이다.
③ =NETWORKDAYS(A1,B1): 2025-05-01로부터 토, 일을 제외하고 2025-05-10 사이는 7일이다.

> ⓘ 가장 빠른 합격비법
> - =EDATE(시작 날짜,개월 수) → '시작 날짜'를 기준으로 이전이나 이후 날짜의 일련번호로 반환함(문제에서는 '간단한 날짜' 형식)
> - =EOMONTH(시작 날짜,개월 수) → '시작 날짜'를 기준으로 이전이나 이후 달 마지막 날짜의 일련번호로 반환함(문제에서는 '간단한 날짜' 형식)
> - =NETWORKDAYS(시작 날짜,끝 날짜,휴일 날짜) → '토요일', '일요일', 지정한 '휴일 날짜'를 제외하고 '시작 날짜'와 '끝 날짜' 사이의 작업일수를 계산하여 반환함
> - =WORKDAY(시작 날짜,날짜 수,휴일 날짜) → '시작 날짜'에서 토요일, 일요일, 지정한 '휴일 날짜'를 제외하고 지정한 '날짜 수'만큼 경과한 날짜를 반환함

31 ① 노른자 089

=RANK.EQ(수,범위,방법)
- '범위'에서 '수'의 순위를 반환한다.
- 순위가 같으면 가장 높은 순위를 반환한다.
- '방법'을 생략하거나 0으로 지정하면 내림차순으로, 나머지는 오름차순으로 반환한다.

> ⓘ 가장 빠른 합격비법
> RANK.EQ(수,범위,방법) 함수에서 범위는 절대 주소로 해야 한다는 것 꼭 기억하도록 합니다.

32 ② 노른자 091

=CHOOSE(CELL("row",B3),C2,C3,C4,C5,C6)
　　　　　　❶
　　　　❷

❶ CELL("row",B3): B3의 행 번호를 의미하므로 3을 반환함
❷ =CHOOSE(3,C2,C3,C4,C5,C6): 'C2,C3,C4,C5,C6'에서 세 번째는 [C4] 셀이고 '인사팀'을 반환함

> ⓘ 가장 빠른 합격비법
> 찾기/참조 함수는 어려운 만큼 중요하고 자주 출제되기 때문에, 실제로 함수를 실행하면서 이해하는 것이 합격의 지름길입니다.

33 ① 노른자 089

- FREQUENCY(배열1,배열2): '배열2' 범위에 대한 '배열1' 요소의 빈도수를 반환한다.
- PERCENTILE(배열,백분위수): 배열에서 백분위수에 해당하는 값을 반환한다.

> ⓘ 가장 빠른 합격비법
> 배열의 범위에서 다른 배열 요소의 빈도수를 반환할 때 사용하는 함수는 FREQUENCY입니다.

34 ③ 노른자 098

숫자로만 구성된 하나의 열에서는 색 기준 필터와 숫자 필터를 동시에 적용하여 나타낼 수 없다.

> ⓘ 가장 빠른 합격비법
> 자동 필터의 특징을 정리하여 기억하도록 합니다.

35 ① 노른자 106
부분합에서는 그룹 사이에도 페이지를 나눌 수 있다.

> ⚠️ **가장 빠른 합격비법**
> 엑셀의 부분합은 꾸준히 출제되고 있습니다. 개념을 정리하도록 합니다.

36 ④ 노른자 109
원본의 자료가 변동되어도 피벗 테이블에는 자동으로 반영되지 않는다.

> ⚠️ **가장 빠른 합격비법**
> 원본 데이터가 변동된 경우 [피벗 테이블 분석] 탭-[데이터] 그룹-[새로 고침]-[모두 새로 고침]을 선택하여야 반영됩니다.

37 ② 노른자 114
하나의 데이터 계열에 두 개 이상의 추세선을 동시에 표시할 수 있다.

> ⚠️ **가장 빠른 합격비법**
> 추세선의 정의, 종류, 표시할 수 없는 경우 등을 정리하여 기억하도록 합니다.

38 ③ 노른자 113
차트만 인쇄 시 전체 페이지 사용을 선택하면 차트에 대한 배율은 지원하지 않는다.

> ⚠️ **가장 빠른 합격비법**
> 차트에 대한 기능은 꾸준히 출제되고 있습니다.

39 ③ 노른자 117
인쇄 영역 설정은 하나의 시트에서만 가능하다.

> ⚠️ **가장 빠른 합격비법**
> 워크시트의 인쇄 영역 설정은 인쇄할 때 포함하길 원하는 셀 범위를 지정하는 것입니다. 하나의 시트에서만 영역을 추가할 수 있다는 것을 기억하도록 합니다.

40 ④ 노른자 118
'상대 참조로 기록'이 선택된 상태에서 [A1] 셀에서 실행하면 [A2:A6] 셀의 글꼴이 변경되도록 매크로를 기록했으므로 [B1] 셀에서 실행하면 [B2:B6] 셀의 글꼴이 변경된다.

> ⚠️ **가장 빠른 합격비법**
> 매크로는 꾸준히 출제되고 있는 문제입니다. 그림에서 '상대 참조로 기록'이 선택되어 있다는 것을 꼼꼼하게 살펴보도록 합니다.

3과목 데이터베이스 일반

41 ④ 노른자 127
데이터베이스는 데이터 참조 시 데이터 위치나 주소가 아닌 값을 이용해서 참조한다.

> ⚠️ **가장 빠른 합격비법**
> 데이터베이스의 특징은 종종 출제되고 있습니다.

42 ① 노른자 129
논리적 데이터 모델에 대한 설명이다.

오답 해설

② 물리적 데이터 모델: 논리적 모델을 바탕으로 실제 데이터 저장 방식을 정의한다.
③ 개념적 데이터 모델: 개체의 속성과 관계를 이용하여 현실 세계를 추상화하여 정의한다.

> ⚠️ **가장 빠른 합격비법**
> 개 – 논 – 물 순서대로 개념을 정리하도록 합니다.

43 ① 노른자 131
기본 키는 유일성과 최소성을 만족해야 한다.

> ⚠️ **가장 빠른 합격비법**
> 기본 키는 중복된 값을 가질 수 없습니다. 이름 속성은 다수의 사람이 동일한 이름을 가질 수 있으므로 기본 키로 적합하지 않습니다.

44 ④ 노른자 139
콤보 상자의 열이 여러 개인 경우, 열 너비는 세미콜론(;)으로 구분하여 입력한다.

> ⚠️ **가장 빠른 합격비법**
> 콤보 상자에서 열 너비를 설정할 때는 각 열의 너비를 콜론(:)이 아닌 세미콜론(;)으로 구분하여 입력합니다.

45 ③ 노른자 150
조인되는 테이블의 필드 수는 동일하지 않아도 된다.

> ⚠️ **가장 빠른 합격비법**
> 조인에 대한 개념과 내부 조인(Inner Join), 왼쪽 외부 조인(Left Join), 오른쪽 외부 조인(Right Join)의 특징을 비교하여 정리하도록 합니다.

46 ④
Like "*[A-B]*"은 기관명이 A부터 B까지의 문자 중 하나라도 포함된 것만 조회 대상으로 한다.

> ⚠️ **가장 빠른 합격비법**
> Like "*[A-B]*"는 A부터 B까지의 문자가 하나라도 포함되어야 한다는 의미인데 ④에는 문자 A 또는 B가 없습니다.

47 ② 노른자 151, 152
고객이 2회 이상 주문한 제품에 대한 내용이므로 주문제품으로 그룹화하여야 한다.

> ⚠️ **가장 빠른 합격비법**
> GROUP BY 주문제품은 주문제품으로 그룹화한다는 의미입니다.

48 ① 노른자 151
INSERT INTO 테이블(필드1, 필드2...) VALUES(값1, 값2...): 새 레코드를 추가하는 쿼리로, 필드값을 직접 지정하거나 다른 테이블의 레코드를 추출하여 추가할 수 있다.

> ⚠️ **가장 빠른 합격비법**
> INSERT 명령문에서 VALUES는 새로운 레코드를 삽입할 때 사용하며 괄호 안에 삽입할 데이터 값들을 기술합니다.

49 ①
- Forms![recipe]: 'recipe'라는 이름의 폼
- ![DateDue]: 'recipe' 폼 내에서 'DateDue'라는 이름의 컨트롤
- .Visible: 'DateDue' 컨트롤의 'Visible' 속성을 참조

> ⚠️ **가장 빠른 합격비법**
> Forms![폼 이름]![컨트롤 이름]은 폼의 특정 컨트롤에 접근할 때 사용하는 형식입니다.

50 ③ 노른자 157
기본 폼에 포함시킬 수 있는 하위 폼의 수는 무제한이다.

> ⚠️ **가장 빠른 합격비법**
> 하위 폼의 기능과 작성 방법에 대해 정리하도록 합니다.

51 ③ 노른자 160
바운드 열은 콤보 상자 컨트롤에 저장할 열을 설정한다.

> ⚠️ **가장 빠른 합격비법**
> 바운드 열은 화면에 표시되는 열을 설정하는 용도가 아니라, 데이터를 저장할 필드를 지정하는 역할을 합니다.

52 ④ 노른자 162
DLOOKUP("필드", "테이블 또는 쿼리", "조건"): 테이블 또는 쿼리에서 조건에 맞는 필드 표시한다.

> ⚠️ **가장 빠른 합격비법**
> DLOOKUP 함수에서 "사원번호" 필드가 'ABC1004'인 레코드를 찾고자 하는 조건을 기술할 때 "[사원번호] = 'ABC1004'"임을 유의하도록 합니다.

53 ④ 노른자 165
레이아웃 보기에 대한 설명이다.

> ⚠️ **가장 빠른 합격비법**
> [레이아웃 보기]와 [디자인 보기]에 대해 비교하고, [보고서 보기]와 [인쇄 미리 보기]에 대해 비교하여 정리하도록 합니다.

54 ② 노른자 169
[페이지 설정] 대화상자에 [행] 탭은 존재하지 않는다.

> ⚠️ **가장 빠른 합격비법**
> [페이지 설정] 대화상자에는 [인쇄 옵션], [페이지], [열] 탭이 있으며, [행] 탭은 없습니다.

55 ① 노른자 171

- ExportWithFormatting: 액세스의 개체를 엑셀, 텍스트, 서식 있는 문서 파일 형식 등으로 내보낸다.
- EMailDatabaseObject: 액세스의 개체를 전자우편 메시지에 첨부하여 전송한다.

> **가장 빠른 합격비법**
> 매크로 함수는 매우 다양하며 많은 수험생이 어려워 하는 부분입니다. 시험에 출제되고 있는 함수 위주로 정리하여 학습하도록 합니다.

56 ③ 노른자 175

오답 해설

① AddNew: 새 레코드 추가
② Delete: 레코드 삭제
④ Update: 변경 사항 저장

> **가장 빠른 합격비법**
> UpdateBatch와 Update를 혼동하지 않게 정리하도록 합니다.

57 ③ 노른자 129

트랜잭션 인터페이스를 설계하는 단계는 논리적 설계 단계이다.

> **가장 빠른 합격비법**
> 개 – 논 – 물의 단계별 특징을 기억하도록 합니다. 자주 출제되고 있는 내용입니다.

58 ③ 노른자 136

오답 해설

① 입력 마스크를 설정할 때 데이터가 입력되는 자리에 표시할 문자를 지정하지 않으면 기본값으로 밑줄(_)이 사용된다.
② LL-0000-LL;0에서 마지막 0은 하이픈(-)을 저장한다는 것을 의미한다.
④ L은 알파벳 문자, 0은 숫자를 의미하며 필수로 입력해야 한다.

> **가장 빠른 합격비법**
> 입력 마스크에 대한 문제는 꾸준히 출제되고 있습니다.

59 ④ 노른자 131

[직원] 테이블의 부서번호가 [부서] 테이블의 부서번호를 참조하고 있으므로 [부서] 테이블의 부서번호 103을 삭제하면 [직원] 테이블의 부서번호 103의 참조 대상이 없으므로 참조 무결성에 위배된다.

> **가장 빠른 합격비법**
> 참조 무결성의 개념을 정리하고 쇼핑몰과 장바구니의 예를 생각하면 되겠습니다. 쇼핑몰에서 103제품이 삭제되었다면 장바구니에 들어있던 103은 어떻게 될까요? 문제가 생기겠지요?

60 ② 노른자 162

오답 해설

㉠ 조건부 서식은 필드 값, 식, 필드에 포커스가 있음의 3가지 기준으로 설정할 수 있다.
㉣ 지정한 조건 중 두 개 이상이 참이면, 첫 번째 조건에 대한 서식이 적용된다.

> **가장 빠른 합격비법**
> 조건부 서식은 자주 출제되고 있으니 개념을 확실히 정리하도록 합니다.

답 없이 푸는 제11회 기출변형문제

문제 ▶ 243쪽

01	④	02	④	03	④	04	④	05	④
06	③	07	②	08	③	09	③	10	④
11	②	12	③	13	②	14	①	15	①
16	③	17	④	18	②	19	④	20	③
21	②	22	③	23	④	24	②	25	④
26	④	27	④	28	①	29	④	30	②
31	④	32	④	33	④	34	①	35	③
36	③	37	④	38	④	39	④	40	④
41	②	42	③	43	④	44	④	45	②
46	④	47	④	48	④	49	④	50	④
51	④	52	④	53	①	54	③	55	①
56	②	57	②	58	③	59	④	60	④

1과목 컴퓨터 일반

01 ④ ▶ 노른자 002

Alt + Space bar : 활성 창의 바로 가기 메뉴를 표시한다.

> ⓘ 가장 빠른 합격비법
> Windows의 바로 가기 키에 대한 기본적인 이해를 바탕으로 설명이 맞는지 확인합니다. 필요하면 직접 실습하면서 확인해보는 것도 좋은 방법입니다.

02 ④ ▶ 노른자 004

[자세히] 탭에서 바로 가기 아이콘의 속성 및 개인 정보를 제거할 수 있다. [보안] 탭에서는 사용자의 사용 권한 등을 설정할 수 있다.

> ⓘ 가장 빠른 합격비법
> Windows 10의 각 탭의 기능에 대해 정확히 이해하고, 속성 대화상자의 내용을 구체적으로 기억하도록 합니다. 참고로 [보안] 탭은 파일이나 폴더의 권한 설정 및 보안 관련 속성을 다룹니다.

03 ④ ▶ 노른자 008

'확인란을 사용하여 항목 선택'을 선택할 수 있다.

> ⓘ 가장 빠른 합격비법
> Windows 10의 [폴더 옵션] 대화상자에서 설정할 수 있는 다양한 옵션을 숙지해두세요. 문제를 읽고 각 옵션이 실제로 [폴더 옵션]에서 설정 가능한지 빠르게 판단할 수 있도록 학습합니다. 실습을 통해 [폴더 옵션]의 각 설정을 직접 확인해보는 것도 좋은 방법입니다.

04 ④ ▶ 노른자 010

[사용자] 탭에서 현재 컴퓨터에 로그인되어 있는 모든 사용자를 표시한다.

> ⓘ 가장 빠른 합격비법
> [세부 정보] 탭에서는 각 프로세스에 대한 세부 정보를 제공합니다.

05 ④ ▶ 노른자 014

동일한 이름으로 여러 개의 앱이 설치되어 있는 경우 명령 프롬프트 창에서 해당 앱을 실행하는 데 사용할 이름을 선택한다.

> ⓘ 가장 빠른 합격비법
> Windows 10의 [설정] – [앱] – [앱 및 기능]에서 제공하는 기능을 이해하도록 합니다.

06 ③ ▶ 노른자 016, 024

[입력]에서 입력 중인 인식 언어를 기준으로 텍스트 제안 표시 여부를 설정할 수 있다.

> ⓘ 가장 빠른 합격비법
> Windows 10의 [설정] – [장치]에서 제공하는 기능과 옵션을 명확히 이해하고 기억하도록 합니다. 특히 해당 설정이 제공하는 기능을 확실히 구분할 수 있도록 합니다.

07 ② ▶ 노른자 020

백업된 데이터 복원 시 파일은 원래 위치로 복원되거나 원하는 위치를 설정할 수 있다.

> ⓘ 가장 빠른 합격비법
> Windows 10의 백업과 복원 기능에 대해 명확히 이해하고, 각 기능의 동작 방식을 정확히 기억하도록 합니다.

08 ③ ▶ 노른자 022

선택 모드는 시스템 서비스 로드, 시작 항목 로드, 원래 부팅 구성 사용 중 하나 이상을 선택할 수 있다.

> ⓘ 가장 빠른 합격비법
> 선택 모드에서는 세 가지 항목을 모두 선택하거나 일부만 선택할 수 있습니다. 정상 모드, 진단 모드, 선택 모드의 시작 모드에 대해 명확하게 이해하는 것이 중요합니다.

09 ③ 노른자 026

컴퓨터를 데이터 취급 형태에 따라 디지털 컴퓨터, 아날로그 컴퓨터, 하이브리드 컴퓨터로 분류할 수 있다.

> ⚠️ **가장 빠른 합격비법**
> 기초적인 문제로서 자주 출제되고 있습니다. 기본 개념을 정확히 이해하고, 관련 용어를 명확하게 구분하세요.

10 ④ 노른자 028

영문자 1자를 표현하는 데 필요한 비트 수는 다음과 같다.
- BCD: 6비트
- ASCII: 7비트
- EBCDIC: 8비트
- 유니코드(Unicode): 16비트

> ⚠️ **가장 빠른 합격비법**
> 문자 코드 체계의 비트 수와 사용 범위에 대한 기본적인 지식을 정확히 이해하는 것이 중요합니다. 특히 유니코드는 다양한 언어를 지원하기 위해 설계되었으며, 다른 문자 코드 체계보다 더 많은 비트를 사용한다는 점을 명심하세요.

11 ② 노른자 032, 033

POST(Power-On Self Test): 컴퓨터가 전원이 켜진 후 부팅 프로세스 중에 실행되는 자체 진단 프로세스이다.

> ⚠️ **가장 빠른 합격비법**
> POST는 컴퓨터가 전원이 켜질 때 BIOS가 하드웨어의 기본적인 기능을 테스트하고 초기화하는 과정을 말합니다. 이 과정에서 메모리(RAM), 그래픽 카드, 저장 장치 등의 기본 하드웨어가 정상적으로 작동하는지 확인합니다. 컴퓨터의 부팅 과정에 대한 기본적인 이해가 필요하며, POST가 이 과정 중 하나임을 잘 기억하도록 합니다.

12 ③ 노른자 034

가상 메모리는 주기억장치의 용량을 확대하여 사용하는 기법으로 처리 속도는 저하될 수 있다.

> ⚠️ **가장 빠른 합격비법**
> 가상메모리는 주기억장치의 용량을 확대하여 사용하는 기법으로 주기억장치보다 용량이 큰 프로그램을 실행할 때 유용합니다.

13 ② 노른자 040

- 일괄 처리: 입력되는 데이터를 일정기간 동안 모아두었다가 한꺼번에 처리한다.
- 대화식: 사용자와의 상호작용을 통해 신속하게 응답한다.
- 실시간: 데이터가 발생하는 즉시 처리하여 실시간으로 결과를 출력한다.

> ⚠️ **가장 빠른 합격비법**
> 운영체제의 운영 방식에 대해 전반적인 이해가 필요합니다.

14 ① 노른자 044

오답 해설

② XML에 대한 설명이다.
③ VRML에 대한 설명이다.
④ DHTML에 대한 설명이다.

> ⚠️ **가장 빠른 합격비법**
> ActiveX는 마이크로소프트가 만든 기술로, 주로 인터넷 익스플로러(Internet Explorer) 웹 브라우저에서 특별한 기능을 실행할 수 있게 해주는 작은 프로그램입니다. 은행 웹사이트에서 금융 거래를 할 때, 보안을 위해 ActiveX 프로그램을 설치하라는 메시지가 나오는 경우가 많았습니다. 과거에는 많이 사용되었지만, 보안 문제와 호환성 문제로 인해 요즘은 잘 사용되지 않습니다. 대신 HTML5 같은 새로운 웹 기술이 더 많이 사용되고 있습니다.

15 ① 노른자 046

오답 해설

②, ③, ④ 비트맵(Bitmap) 이미지에 대한 설명이다.

> ⚠️ **가장 빠른 합격비법**
> 벡터 이미지와 비트맵 이미지의 특징을 비교하여 각각 정리하여 기억하도록 합니다.

16 ③ 노른자 049

LAN은 전송 거리가 짧아서 고속으로 전송되므로 오류 발생률이 낮다.

> ⚠️ **가장 빠른 합격비법**
> 근거리 통신망(LAN; Local Area Network)에 대한 내용은 기본적인 내용이므로 꼭 정리하여 기억하도록 합니다.

17 ④ 노른자 055

오답 해설

① 연결 제어: 통신 개체 간의 연결을 시작하고 끝내는 과정을 제어
② 흐름 제어: 데이터의 흐름을 조절하여 송신자와 수신자 간의 속도 차이를 관리
③ 오류 제어: 데이터 전송 과정에서 발생하는 오류를 감지하고 복구

> ⓘ **가장 빠른 합격비법**
> 순서 제어 과정은 패킷이 네트워크를 통해 전송될 때 순서가 뒤바뀌거나 지연될 수 있기 때문에 수신 측에서는 이러한 패킷들을 올바른 순서로 재배치하여 데이터의 정확성을 보장합니다.

18 ② 　　　　　　　　　　　　　 노른자 056

전자우편은 기본적으로 7비트의 ASCII 코드를 사용한다.

> ⓘ **가장 빠른 합격비법**
> 16비트 유니코드(Unicode)는 다국어를 지원하는 문자 인코딩 방식입니다.

19 ④ 　　　　　　　　　　　　　 노른자 058

사물인터넷은 가전제품뿐 아니라 산업용 센서, 토양 습도 센서, 도로 교통 관리 시스템 등의 다양한 분야에 적용할 수 있다.

> ⓘ **가장 빠른 합격비법**
> 사물인터넷은 가전제품에만 제한되는 것이 아니라 다양한 사물에 적용될 수 있습니다.

20 ③ 　　　　　　　　　　　　　 노른자 064

방화벽은 사용자의 프라이버시를 보호하는 역할을 하지 않는다.

> ⓘ **가장 빠른 합격비법**
> 방화벽은 네트워크나 컴퓨터 시스템을 외부의 침입이나 공격으로부터 보호하기 위한 중요한 보안 장치입니다.

2과목　스프레드시트 일반

21 ② 　　　　　　　　　　　　　 노른자 067

틀 고정 구분 선은 드래그하여 위치를 조절할 수 없다.

> ⓘ **가장 빠른 합격비법**
> 틀 고정 구분 선을 수정하려면 틀 고정을 해제한 후 다시 설정해야 합니다.

22 ③ 　　　　　　　　　　　　　 노른자 068

시트 그룹을 생성해도 해당 그룹의 시트들은 병합되지 않고 각각의 시트로 유지된다.

> ⓘ **가장 빠른 합격비법**
> 시트 그룹은 그룹 상태에서 동일한 작업을 여러 시트에 동시에 적용할 수 있는 기능입니다.

23 ④ 　　　　　　　　　　　　　 노른자 071

시트 보호 시 특정 셀의 내용만 수정 가능하도록 하려면 [셀 서식] 대화상자에서 '잠금' 설정을 해제해야 한다.

> ⓘ **가장 빠른 합격비법**
> 시트 보호에 대한 개념을 정리하도록 합니다.

24 ② 　　　　　　　　　　　　　 노른자 073

End를 눌러도 선택된 셀 포인터는 이동하지 않는다.

> ⓘ **가장 빠른 합격비법**
> Home을 누르면 현재 행의 처음인 [A4] 셀로 이동하지만, End는 셀 포인터를 이동시키지 않습니다. End는 단독으로 사용되지 않고, 다른 키와 함께 사용하여 특정 기능을 수행합니다. 예를 들어 End + → 는 데이터가 있는 마지막 셀로 이동합니다.

25 ④ 　　　　　　　　　　　　　 노른자 074

시간은 1시간 단위로 증가한다.

> ⓘ **가장 빠른 합격비법**
> 날짜는 1일 단위로 증가하지만, 시간은 1분 단위로 증가하지 않고 1시간 단위로 증가합니다.

26 ④ 　　　　　　　　　　　　　 노른자 084

Ctrl을 누르고 여러 개의 셀을 선택한 경우 가장 나중에 선택한 셀 주소가 표시된다.

> ⓘ **가장 빠른 합격비법**
> 이름 상자는 스프레드시트의 왼쪽 상단에 위치해 있으며, 복잡한 워크시트에서 특정 셀이나 셀 범위를 쉽게 찾고 관리하는 데 유용합니다.

27 ④ 　　　　　　　　　　　　　 노른자 078

'김*혁'은 첫 글자가 '김'이고 마지막 글자가 '혁'이어야 하므로 '김진', '우혁'은 조회되지 않는다.

> ⓘ **가장 빠른 합격비법**
> [찾기 및 바꾸기] 대화상자에서 지정할 수 있는 옵션에 대해 정리하도록 합니다.

28 ① 　　　　　　　　　　　　　 노른자 080

조건이나 글꼴 색을 지정할 때는 대괄호[ ] 안에 입력한다.
- #: 유효한 자릿수만 표시하고 유효하지 않은 0은 표시하지 않는다.
- 0: 유효하지 않은 자릿수는 0으로 표시한다.

> ① 가장 빠른 합격비법
> 표시 형식의 #과 0의 사용법에 대해 반드시 정리하여 기억하도록 합니다.
> ③은 조건의 값이 30,000,000과 10,000,000이 아닌 3,000,000과 1,000,000으로 설정되어 있습니다.

29 ④ 노른자 083, 088

절대 참조는 셀을 복사해도 주소가 변경되지 않고, 상대 참조는 아래 방향으로 복사하면 행 번호가 변경된다. 절대 주소($A$1)는 변화가 없지만 상대 주소(B1)는 'B3'으로 변경된다. 그러므로 [C3] 셀의 수식은 '=SUM($A$1:B3)'이고, 결괏값은 105이다.

> ① 가장 빠른 합격비법
> 절대 주소와 상대 주소에 대한 이해가 필요합니다.

30 ② 노른자 126

ClearFormats는 범위의 서식을 모두 제거하는 데 사용되는 명령어이다.

> ① 가장 빠른 합격비법
> Clear 메서드에 대해 정리하도록 합니다.
> • Clear: 모두 지우기
> • ClearContents: 내용 지우기
> • ClearFormats: 서식 지우기
> • ClearComments: 메모 지우기

31 ③ 노른자 089

=SMALL(B1:B3,COLUMN(A1))

❶ COLUMN(A1): A1셀의 열 번호를 반환하므로 결괏값은 1
❷ SMALL(B1:B3,1): [B1:B3]영역에서 첫 번째로 작은 수를 반환하므로 결괏값은 20

오답 해설

① =LARGE(A1:B3,ROW(A1))

　❶ ROW(A1): [A1] 셀의 행 번호를 반환하므로 결괏값은 1
　❷ =LARGE(A1:B3,1): [A1:B3] 영역에서 첫 번째로 큰 수를 반환하므로 결괏값은 80
② =LARGE(A1:C3,AVERAGE({1,2,3,4,5}))

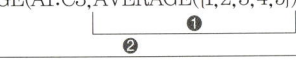

　❶ AVERAGE({1,2,3,4,5}): 1, 2, 3, 4, 5의 평균을 구하므로 결괏값은 3
　❷ =LARGE(A1:C3,3): [A1:C3] 영역에서 세 번째로 큰 수를 반환하므로 결괏값은 70

④ =LARGE(A1:B3,AVERAGE({1,2,3,4,5}))

　❶ AVERAGE({1,2,3,4,5}): 1, 2, 3, 4, 5의 평균을 구하므로 결괏값은 3
　❷ =LARGE(A1:B3,3): [A1:B3] 영역에서 세 번째로 큰 수를 반환하므로 결괏값은 50

> ① 가장 빠른 합격비법
> COLUMN(A1)은 [A1] 셀의 열 번호 반환하므로 1이 됩니다.

32 ③ 노른자 091

=AREAS(A1:D6): 참조 범위에 있는 영역 수 반환(영역이 1개이므로 1을 반환함)한다.

오답 해설

① =HLOOKUP("엑셀",B1:D6,3): [B1:D6] 영역의 첫 번째 행에서 "엑셀"을 찾은 후 해당 열의 3행에 있는 값 80을 반환한다.
② =OFFSET(B1,4,2): [B1] 셀을 기준으로 4행 2열 떨어진 [D5] 셀의 값 70을 반환한다.
④ =INDEX(A1:D6,5,3): [A1:D6] 영역에서 5행 3열의 값 60을 반환한다.

> ① 가장 빠른 합격비법
> HLOOKUP, OFFSET, AREAS, INDEX 함수의 형식과 사용법을 기억하도록 합니다.

33 ② 노른자 095

조건이 하나일 때 배열 수식을 이용하여 개수를 구하는 방법
• 방법1: {=SUM((조건)*1)}
• 방법2: {=SUM(IF(조건,1)}
• 방법3: {=COUNT(IF(조건,1))}

> ① 가장 빠른 합격비법
> 수식을 입력한 후 Ctrl+Shift+Enter를 누르면 중괄호 { }가 표시되면서 배열 수식으로 입력됩니다.

34 ① 노른자 099

• 두 조건이 동시에 만족해야 하므로 AND 조건으로 조건을 모두 같은 행에 입력해야 한다.
• '성명'이 "정"자로 시작해야 하므로 ="정*"을 입력한다.
• 점수가 평균 이상이어야 하므로 =B2>=AVERAGE($B$2:$B$10)을 입력한다.
• 고급 필터에서 일반식이 아닌 함수나 식의 계산값으로 찾을 조건을 지정하는 경우 조건 지정 범위의 첫 행에는 원본 데이터의 필드명과 다른 필드명을 입력하거나 생략해야 하므로 필드명을 '점수'로 입력하면 안 된다.

> **가장 빠른 합격비법**
> ②는 필드명이 점수가 아닌 다른 필드명을 입력해야 합니다.
> ③은 평균 이상이라는 조건이므로 >=가 되어야 합니다.
> ④는 필드명이 점수가 아닌 다른 필드명을 입력해야 하며 성명의 조건도 주어진 조건과는 다르게 기술되어 있습니다.

35 ③ 　　　　　　　　　　　　　노른자 106

부분합을 제거하려면 [데이터] 탭-[개요] 그룹-[부분합]에서 '모두 제거' 단추를 클릭한다.

> **가장 빠른 합격비법**
> 범위 지정 후 Delete를 누르면 내용이 모두 삭제됩니다.

36 ③ 　　　　　　　　　　　　　노른자 109

하위 데이터 집합에도 필터와 정렬, 조건부 서식을 적용하여 원하는 정보만 강조할 수도 있다.

> **가장 빠른 합격비법**
> 피벗 테이블에 대한 내용은 출제 빈도가 높으니 꼭 정리하여 기억하도록 합니다.

37 ④ 　　　　　　　　　　　　　노른자 111

원형 차트 작성에서 첫째 조각의 각은 기본값이 0°이다.

> **가장 빠른 합격비법**
> 원형 차트에서 첫째 조각의 각은 기본값이 0°이지만 사용자가 수정할 수 있습니다.

38 ② 　　　　　　　　　　　　　노른자 113

계열 겹치기 값은 %로 표시되며 100%는 모든 계열이 완전히 겹쳐서 하나의 영역으로 표시되는 것을 의미한다.

> **가장 빠른 합격비법**
> 계열 겹치기와 간격 너비에 대해서 비교하여 정리하도록 합니다. 계열 겹치기는 숫자값이 클수록 겹쳐지는 부분이 커지며 -100% ~ 100% 사이에서 지정합니다.

39 ④ 　　　　　　　　　　　　　노른자 117

엑셀의 인쇄 미리 보기에서는 행의 높이를 조절할 수 없다.

> **가장 빠른 합격비법**
> 인쇄 미리 보기에서는 머리글, 바닥글, 열의 너비는 조절할 수 있지만, 행의 높이는 조절할 수 없습니다.

40 ④ 　　　　　　　　　　　　　노른자 118

매크로 [옵션]에서는 '매크로 이름'을 수정할 수 없다.

> **가장 빠른 합격비법**
> [매크로] 대화상자에서 [옵션]을 누르면 '매크로 이름'은 수정할 수 없고 '바로 가기 키'와 '설명'은 수정할 수 있습니다.

3과목　데이터베이스 일반

41 ② 　　　　　　　　　　　　　노른자 128

데이터 정의어: CREATE, ALTER, DROP

> **가장 빠른 합격비법**
> DDL, DML, DCL에 대한 명령어의 종류를 기억하도록 합니다.
> • 데이터 조작어: SELECT, INSERT, UPDATE, DELETE
> • 데이터 제어어: COMMIT, ROLLBACK, GRANT, REVOKE

42 ④ 　　　　　　　　　　　　　노른자 130

속성의 수를 Degree라고 한다.

> **가장 빠른 합격비법**
> 차수(Degree)는 속성의 개수, 기수(Cardinality)는 튜플의 개수임을 기억하도록 합니다.

43 ② 　　　　　　　　　　　　　노른자 136

〈입력 마스크 사용자 지정〉
입력 마스크 지정;구분 기호를 데이터와 함께 저장할지 지정;데이터가 입력될 자리에 포함할 문자

〈입력 마스크 사용자 지정 기호〉
• L: 영문자 입력(필수)
• 0: 숫자 입력(필수)

> **가장 빠른 합격비법**
> 입력 마스크 문제는 자주 출제되므로 꼭 이해하도록 합니다.
> • L: 영문자나 한글 입력(필수)
> • 0: 숫자 입력(필수)

44 ① 　　　　　　　　　　　　　노른자 142

연결된 테이블을 삭제해도 원본 데이터에 영향을 주지 않는다.

> **가장 빠른 합격비법**
> 외부 데이터 가져오기는 다른 형식의 데이터를 현재 데이터베이스 파일로 불러오는 기능으로 데이터를 가져와도 원본 데이터는 변경되지 않으며, 가져온 데이터를 변경해도 원본 데이터에 영향을 미치지 않습니다.

45 ②
노른자 147, 151

- 형식: UPDATE 테이블명 SET 속성명=데이터 WHERE 조건
- BETWEEN A AND B → A와 B 사이

> ⚠️ **가장 빠른 합격비법**
> UPDATE 명령어에서 잔고가 100,000원에서 3,000,000원 사이는 잔고 BETWEEN 100,000 AND 3,000,000으로 나타내며 등급을 '우대고객'으로 변경하는 것은 SET 등급 = '우대고객'으로 나타냅니다.

46 ③
노른자 148

연관된 다른 테이블의 내용도 삭제하는 옵션은 CASCADE이다.

> ⚠️ **가장 빠른 합격비법**
> CASCADE는 관계형 데이터베이스에서 참조 무결성을 유지하기 위해 사용됩니다.

47 ②
노른자 144, 152

열과 행이 교차하는 곳에는 숫자 필드, 날짜 필드, 텍스트 필드를 선택하여 요약한다.

> ⚠️ **가장 빠른 합격비법**
> 크로스탭 쿼리는 자주 출제되고 있으니 꼭 정리하여 기억하도록 합니다. 일반적으로 숫자 필드를 요약하지만 날짜 필드나 텍스트 필드를 요약하는 것도 가능합니다.

48 ②
노른자 154

[폼] 그룹 – '새 폼': 컨트롤이나 형식이 없는 폼을 작성한다.

> ⚠️ **가장 빠른 합격비법**
> [만들기] 탭 – [폼] 그룹에서 폼을 작성할 수 있습니다. 폼을 작성하는 다양한 방법에 대해 정리하도록 합니다.

49 ④
노른자 158

'Yes/No' 필드를 추가하면 기본적으로 확인란 컨트롤이 삽입된다.

> ⚠️ **가장 빠른 합격비법**
> 옵션 단추는 단일 선택 옵션을 제공하는 라디오 버튼과 비슷한 형태의 컨트롤입니다.

50 ④
노른자 164

주 보고서와 하위 보고서에 모두 그룹화 및 정렬 기능을 설정할 수 있다.

> ⚠️ **가장 빠른 합격비법**
> 하위 보고서는 보고서에 삽입되는 또 하나의 보고서입니다.

51 ④
노른자 166

그룹 머리글/바닥글: 그룹에 대한 요약 정보를 표시한다.

> ⚠️ **가장 빠른 합격비법**
> 보고서의 구성 요소별 위치와 용도를 정리하도록 합니다.

52 ④
노른자 170

하위 매크로 이름에 키를 지정하고 매크로 이름을 'Autokeys'로 저장하면 특정 키에 매크로 함수를 할당할 수 있다.

> ⚠️ **가장 빠른 합격비법**
> 매크로에 관련된 문제는 꾸준히 출제되고 있으니 꼭 관련된 내용을 정리하도록 합니다.

53 ①
노른자 128

내부적 스키마는 데이터베이스의 물리적 저장 구조를 묘사한다.

> ⚠️ **가장 빠른 합격비법**
> 외부 스키마, 개념 스키마, 내부 스키마에 대해 이해하도록 합니다.

54 ③
노른자 150

조인되는 테이블의 필드 수는 동일하지 않아도 된다.

> ⚠️ **가장 빠른 합격비법**
> 조인 유형을 내부 조인(Inner Join), 왼쪽 외부 조인(Left Join), 오른쪽 외부 조인(Right Join)으로 구분하여 정리하도록 합니다.

55 ①
노른자 131

참조 무결성 조건에 의해 외래 키는 참조할 수 없는 값을 가질 수 없다.

> ⚠️ **가장 빠른 합격비법**
> 참조 무결성은 외래 키와, 개체 무결성은 기본 키와 관련이 있습니다.

56 ② ▶ 노른자 121

사용자가 txt찾기 텍스트 박스에 "국화"를 입력하면, 씨앗명이 "국화"를 포함하는 모든 레코드를 필터링한다.

> ⓘ **가장 빠른 합격비법**
> LIKE 연산자에 대해 이해하도록 합니다.

57 ② ▶ 노른자 147

- WHERE 부서번호='A101': 부서번호가 'A101'인 레코드를 대상으로 검색한다.

직원번호	이름	직급	근무년수	부서번호
1	홍길동	사원	3	A101
3	이영희	대리	4	A101
5	데이터	사원	1	A101

- GROUP BY 직급: 직급별로 그룹화한다.

직원번호	이름	직급	근무년수	부서번호
1	홍길동	사원	3	A101
5	데이터	사원	1	A101
3	이영희	대리	4	A101

- HAVING COUNT(*) >=2;: 그룹별로 레코드 개수가 2 이상인 그룹만을 대상으로 검색한다.

직원번호	이름	직급	근무년수	부서번호
1	홍길동	사원	3	A101
5	데이터	사원	1	A101

- SELECT AVG([근무년수]): 근무년수의 평균을 구한다.
따라서 근무년수의 3과 1의 평균인 2가 반환된다.

> ⓘ **가장 빠른 합격비법**
> SELECT 명령어의 기본 형식을 이해하도록 합니다.

58 ③ ▶ 노른자 156

다이너셋은 데이터를 수정하면 그 변경 사항이 데이터베이스에 즉시 반영된다.

> ⓘ **가장 빠른 합격비법**
> [폼 속성] – [데이터] 탭에서 레코드 집합 종류를 확인할 수 있으며 스냅숏과 다이너셋을 구분하여 정리하도록 합니다.

59 ④ ▶ 노른자 165

특정 필드를 기준으로 그룹화를 하는 경우 데이터는 그 필드를 기준으로 오름차순과 내림차순 정렬을 선택하여 표시할 수 있다.

> ⓘ **가장 빠른 합격비법**
> 보고서의 그룹화에 대한 문제는 꾸준히 출제되고 있습니다.

60 ④ ▶ 노른자 138

단일 필드에 기본 키를 지정하면 해당 필드에 인덱스 속성은 중복 불가능이 설정된다.

> ⓘ **가장 빠른 합격비법**
> 테이블의 필드 속성에 대한 내용을 꼼꼼하게 정리하도록 합니다.

답 없이 푸는 제12회 기출변형문제

문제 ▶ 254쪽

01	①	02	③	03	④	04	④	05	③
06	③	07	④	08	③	09	④	10	③
11	②	12	④	13	④	14	③	15	③
16	④	17	①	18	①	19	④	20	④
21	③	22	④	23	②	24	④	25	④
26	②	27	③	28	③	29	③	30	④
31	②	32	③	33	①	34	③	35	②
36	④	37	③	38	②	39	①	40	③
41	③	42	④	43	④	44	②	45	④
46	①	47	②	48	④	49	②	50	③
51	①	52	③	53	③	54	②	55	②
56	①	57	②	58	②	59	③	60	③

1과목　컴퓨터 일반

01 ①

휴지통의 파일을 복원하면 선택된 파일은 휴지통에서 제거되고 복원한 파일은 이전의 위치로 복원된다.

> ⓘ 가장 빠른 합격비법
> 휴지통에 대한 내용은 자주 출제되고 있으니 개념을 확실히 정리하도록 합니다.

02 ③

내용 앞에 −를 붙이면 해당 내용이 포함되지 않은 파일이나 폴더가 검색된다.

> ⓘ 가장 빠른 합격비법
> 파일이나 폴더를 검색하는 다양한 방법을 정리하도록 합니다.

03 ④

사용자 프로필과 관련된 부분은 'ntuser.dat' 파일에 저장되며 이 파일은 'C:/사용자'의 하위 폴더인 사용자 계정 폴더에 하나씩 저장된다.

> ⓘ 가장 빠른 합격비법
> 레지스트리는 하드웨어와 소프트웨어의 실행 정보를 관리하는 중요한 부분으로 편집할 경우 매우 신중하게 처리해야 합니다.

04 ④

글꼴을 추가하려면 새로운 글꼴 파일을 C:\Windows\Fonts 폴더에 복사하면 된다.

> ⓘ 가장 빠른 합격비법
> 글꼴을 추가하는 방법에 대해 정리하도록 합니다.

05 ③

표준 계정은 자신의 계정에 대한 암호를 설정할 수 있으나, 컴퓨터 보안에 영향을 주는 설정은 변경할 수 없다.

> ⓘ 가장 빠른 합격비법
> 사용자 계정은 관리자 계정과 표준 계정으로 나눌 수 있으며 각각의 권한에 대해 정리하도록 합니다.

06 ③

Shift를 누른 상태에서 수평선, 수직선, 45°의 대각선을 그릴 수 있다.

> ⓘ 가장 빠른 합격비법
> 그림판에서 Shift의 기능에 대해 숙지하도록 합니다.

07 ④

한 대의 프린터를 여러 대의 컴퓨터에서 공유할 수 있으며, 같은 네트워크에서 여러 대의 프린터를 공유할 수 있다.

> ⓘ 가장 빠른 합격비법
> 기본 프린터, 공유 프린터, 로컬 프린터, 네트워크 프린터의 개념을 정리하도록 합니다.

08 ③

- 45를 2로 나누기

    45÷2=22 (나머지 1)

    22÷2=11 (나머지 0)

    11÷2=5 (나머지 1)

    5÷2=2 (나머지 1)

    2÷2=1 (나머지 0)

    1÷2=0 (나머지 1)

- 나머지를 역순으로 배열하면 45의 이진수 표현: 101101

    0.1875 소수부를 2배씩 하면서 정수부를 추출

    0.1875×2=0.375 (정수부 0)

    0.375×2=0.75 (정수부 0)

    0.75×2=1.5 (정수부 1)

    0.5×2=1.0 (정수부 1)

- 추출한 정수부를 순서대로 배열하여 0.1875의 이진수 표현: 0.0011
따라서 10진수 45.1875의 이진수 표현은 정수 부분인 101101과 소수 부분인 0.0011을 합쳐서 101101.0011이 된다.

> ⓘ **가장 빠른 합격비법**
> 10진수, 2진수, 8진수, 16진수의 관계를 정리하도록 합니다.

09 ④
노른자 030

오답 해설
㉠ 입출력장치의 동작 속도는 주기억장치보다 느리다.
㉡ 중앙처리장치는 클록 주파수가 높을수록 연산 속도가 빠르다.

> ⓘ **가장 빠른 합격비법**
> 클록 주기에 대한 개념을 정리하도록 합니다.

10 ③
노른자 035

BIOS는 일반적으로 ROM(Read-Only Memory)에 저장되어 있으며, 사용자가 변경할 수 없다.

> ⓘ **가장 빠른 합격비법**
> 바이오스(BIOS; Basic Input Output System)에 대한 문제는 꾸준히 출제되고 있습니다. 사용자가 임의로 변경할 수 없다는 것을 기억하도록 합니다.

11 ②
노른자 031

임베디드 시스템은 특수 목적의 컴퓨터 시스템으로, 주로 네트워크 장비, 가전제품, 자동차 내부 시스템 등의 장치에 내장되어 작동하며, 일반적인 PC나 서버와는 다르다.

> ⓘ **가장 빠른 합격비법**
> 임베디드 시스템(Embedded System)은 특정 기능을 수행하기 위해 설계된 컴퓨터 시스템이라는 것을 기억합니다.

12 ④
노른자 041

소스 코드를 공개해서 누구나 해당 코드를 무료로 이용하고 배포할 수 있는 소프트웨어는 공개 소프트웨어이다.

> ⓘ **가장 빠른 합격비법**
> 애드웨어(Adware), 셰어웨어(Shareware), 데모 버전(Demo Version), 프리웨어(Freeware)의 개념을 정리하도록 합니다.

13 ④
노른자 042

구조적 프로그래밍 기법에 대한 설명이다.

> ⓘ **가장 빠른 합격비법**
> 객체 지향 프로그래밍은 최근 주로 출제되고 있는 문제입니다. 객체 지향 프로그래밍의 특징에 대해 기억하도록 합니다.

14 ③
노른자 047, 048

샘플링(Sampling)은 음성, 영상 등의 아날로그 신호를 디지털 신호로 변환하는 과정이다.

> ⓘ **가장 빠른 합격비법**
> 멀티미디어의 용어는 생소할 수 있는데 주로 사용되는 용어 중심으로 정리하도록 합니다.

15 ③
노른자 048

MPEG-21은 디지털 콘텐츠의 생성, 거래, 전달, 관리, 소비 등 모든 과정을 관리할 수 있다.

> ⓘ **가장 빠른 합격비법**
> MPEG 규격에 관련된 내용은 꾸준히 출제되고 있습니다.

16 ④
노른자 053

C 클래스의 첫째 옥텟 범위는 192~223이다. 따라서 192.168.117.134는 IP Address가 될 수 있다.

> ⓘ **가장 빠른 합격비법**
> IPv4의 클래스별 첫째 옥텟의 범위를 정리하고 추가로 IPv6과 비교하여 특징적인 부분을 정리하도록 합니다.

17 ①
노른자 054, 055

오답 해설
② IP Address: 네트워크상에서 장치를 식별하는 숫자로 된 주소이다.
③ DHCP: 네트워크에서 컴퓨터나 장치에 자동으로 IP 주소를 할당하는 프로토콜이다.
④ Web Browser: 인터넷상의 웹 페이지를 보여주고 탐색할 수 있게 해주는 소프트웨어이다.

> ⓘ **가장 빠른 합격비법**
> 문자로 표현한 것은 도메인 네임이고 숫자로 표현한 것은 IP 주소라는 것을 기억하도록 합니다.

18 ①   노른자 062

바이러스에 감염되면 파일의 크기가 커진다.

> ⓘ **가장 빠른 합격비법**
> 바이러스에 관련된 내용은 기본적인 내용으로 출제되고 있습니다. 문장을 꼼꼼하게 검토하면 쉽게 맞출 수 있는 내용입니다. 바이러스에 감염되면 파일의 크기는 작아지는 것이 아니라 매우 커지게 됩니다.

19 ④   노른자 051

TCP는 전송 계층이고, ICMP, IP, ARP는 네트워크 계층이다.

> ⓘ **가장 빠른 합격비법**
> OSI 7계층은 데이터 통신 분야에서 매우 중요한 개념이니 꼭 기억하도록 합니다.

20 ④   노른자 061

오답 해설

① 스니핑(Sniffing): 네트워크에서 데이터를 도청하는 행위이다.
② 스푸핑(Spoofing): ID를 속여서 다른 사용자로 가장하여 보안을 침해하는 행위이다.
③ 피기배킹(Piggybacking): 다른 사용자의 네트워크 연결을 무단으로 이용하는 행위이다.

> ⓘ **가장 빠른 합격비법**
> 지능적 정보화 시대에 컴퓨터와 인터넷의 발전으로 다양한 형태의 컴퓨터 범죄가 증가하고 있으며 점점 더 정교해지고 있습니다. 컴퓨터 범죄의 유형과 특징을 정리하도록 합니다.

2과목   **스프레드시트 일반**

21 ③   노른자 120

하나의 모듈 시트에 여러 개의 매크로를 기록할 수 있다.

> ⓘ **가장 빠른 합격비법**
> 매크로와 관련된 문제는 자주 출제되고 있으니 개념을 정리하도록 합니다.

22 ④   노른자 065

상태 표시줄의 바로 가기 메뉴를 이용해서 선택한 범위에 대한 숫자 데이터가 입력된 셀의 수는 표시할 수 있지만, 문자 데이터가 입력된 셀의 수를 표시되지 않는다.

> ⓘ **가장 빠른 합격비법**
> 워크시트에 대한 기본 개념을 꼼꼼하게 정리하도록 합니다.

23 ②   노른자 071

통합 문서를 보호해도 포함된 차트 또는 도형 등의 그래픽 개체를 변경 및 이동, 복사할 수 있다.

> ⓘ **가장 빠른 합격비법**
> 시트 보호와 통합 문서 보호에 관련된 명령어를 숙지하도록 합니다.

24 ④   노른자 073

한글 쌍자음(ㄲ, ㄸ, ㅃ, ㅆ)과 한자를 함께 눌러도 특수문자 목록이 나타난다.

> ⓘ **가장 빠른 합격비법**
> 한글의 모든 자음에는 특수문자 목록이 나타난다는 것을 기억하도록 합니다.

25 ④   노른자 074

[A4] 셀은 35.1, [A5] 셀은 공백, [A6] 셀은 37.1이 입력된다.

> ⓘ **가장 빠른 합격비법**
> 여러 상황에서 숫자 데이터에 채우기 핸들을 하는 경우의 결괏값을 예상해보는 연습을 하도록 합니다.

26 ②   노른자 079

기존에 입력되어 있는 연속적인 셀을 병합하면 가장 위쪽 또는 왼쪽의 셀 데이터만 남고 나머지 셀 데이터는 모두 지워진다.

> ⓘ **가장 빠른 합격비법**
> 여러 셀에 데이터가 각각 있었을 때 셀 병합을 하면 결과가 어떻게 되는지 실습을 통해 확인해보기 바랍니다.

27 ③   노른자 078

와일드카드 문자(만능 문자)
- ?: 한 문자를 대신하여 사용한다.
- *: 여러 문자를 대신하여 사용한다.
- ~: 만능 문자 자체를 찾는 경우 찾으려는 만능 문자 앞에 물결표(~)를 입력한다.

> ⓘ **가장 빠른 합격비법**
> 와일드카드 문자는 반드시 정리하여 기억하도록 합니다.

28 ③
📤 노른자 081

'표준' 셀 스타일은 변경하거나 삭제할 수 없다.

> ⚠️ **가장 빠른 합격비법**
> 사용자가 셀 스타일을 직접 만들 수 있지만 엑셀에서 기본적으로 제공하고 있는 '표준' 셀 스타일은 변경하거나 삭제할 수 없습니다.

29 ④
📤 노른자 074

절대 참조를 적용한 [$A$1] 셀에는 변화가 없지만, 혼합 참조를 적용한 [$B1] 셀은 '$B5'으로 변경된다. 따라서 [D5] 셀의 수식은 '=$A$1+$B5'이므로 결괏값은 11이다.

> ⚠️ **가장 빠른 합격비법**
> 상대 참조, 절대 참조, 혼합 참조의 개념을 정리하여 이해하도록 합니다.

30 ④
📤 노른자 090

=REPT(IF(B2>60%,"★","☆"),QUOTIENT(B2,10%))
         ❶   ❷
                 ❸

❶ IF(B2>60%,"★","☆"): [B2] 셀의 값이 60%보다 크지 않으므로 "☆"을 반환함
❷ QUOTIENT(B2,10%): [B2] 셀의 값 55%를 10%로 나눈 몫 5를 반환함
❸ =REPT("☆",5): "☆"를 5번 반복하여 표시함

> ⚠️ **가장 빠른 합격비법**
> IF, QUOTIENT, REPT, REPLACE 함수의 형식과 의미를 정리하여 기억하도록 합니다.

31 ②
📤 노른자 090

SUBSTITUTE(문자열,인수1,인수2,변환할 문자 위치)
=SUBSTITUTE(A2,"2","123",2): [A2] 셀의 문자열에서 인수 '2'를 인수 '123'으로 대체하며, 이때 앞에서부터 2번째에 위치한 인수를 바꾼다.

> ⚠️ **가장 빠른 합격비법**
> SUBSTITUTE 함수의 형식과 사용 방법을 이해하도록 합니다.

32 ④
📤 노른자 093

FV(이자,기간,금액,현재 가치,납입 시점)
• 연이율 4%를 월이율로 바꾸면 4%/12
• 총납입 개월 수: 5*12
• 납입 시점: 0 또는 생략하면 투자 주기 말, 1은 투자 주기 초

> ⚠️ **가장 빠른 합격비법**
> 재무 함수 중에서 FV, PV, PMT 함수를 비교하여 정리하도록 합니다.

33 ①
📤 노른자 095

조건이 두 개일 때 배열 수식을 이용하여 개수를 구하는 방법
• 방법1: {=SUM((조건1)*(조건2)*합계를 구할 범위)}
    {=SUM(($A$2:$A$13=$A17)*($B$2:$B$13=B16)*$D$2:$D$13)}
• 방법2: {=SUM(IF((조건1)*(조건2),합계를 구할 범위))}
    {=SUM(IF(($A$2:$A$13=$A17)*($B$2:$B$13=B16),$D$2:$D$13))}

> ⚠️ **가장 빠른 합격비법**
> 배열 수식은 매우 중요한 부분으로 매번 출제되고 있습니다. 개념을 천천히 정리하도록 합니다.

34 ②
📤 노른자 099

문제를 좀 더 쉽게 이해할 수 있도록 설명을 해보면 과일명이 '사과' 또는 '참외'이고, 가격이 5,000원 이상인 데이터 → 과일명이 '사과'이면서 가격이 5,000원 이상이거나 과일명이 '참외'이면서 가격이 5,000원 이상인 데이터를 찾는 조건이 필요하다.

> ⚠️ **가장 빠른 합격비법**
> 조건으로 주어진 문장의 쉼표가 있는 곳을 꼼꼼하게 살펴봐야 합니다.

35 ②
📤 노른자 107

[목표값 찾기] 대화상자에서 '값을 바꿀 셀'은 목표값을 얻기 위해 데이터를 조절할 셀로, 반드시 수식에서 이 셀을 참조하고 있어야 한다.

> ⚠️ **가장 빠른 합격비법**
> 목표값 찾기에 대한 내용은 꾸준히 출제되고 있으니 개념을 정리하도록 합니다.

36 ②
노른자 109

그룹 만들기는 특정 필드를 일정한 단위로 묶어 표현할 때 사용하는데 문자, 숫자, 날짜, 시간으로 된 필드에서 사용할 수 있다.

> ⓘ 가장 빠른 합격비법
> 피벗 테이블의 그룹 설정에 대한 개념을 확실하게 정리하도록 합니다.

37 ②
노른자 111

영역형 차트에 대한 설명이다.

> ⓘ 가장 빠른 합격비법
> 다양한 차트에 대한 개념과 특징을 정리하도록 합니다.

38 ②
노른자 114

추세선이 추가된 데이터 계열의 차트 종류를 3차원 차트로 변경하면 추세선은 자동으로 삭제된다.

> ⓘ 가장 빠른 합격비법
> 추세선에 대한 내용은 꾸준히 출제되고 있습니다. 추세선에 대한 개념, 종류, 불가능한 차트 등을 기억하도록 합니다.

39 ①
노른자 117

- [파일]-[인쇄]-[페이지 설정]에서 '인쇄 영역'을 변경하여 인쇄할 수 없다.
- [페이지 레이아웃]-[페이지 설정]의 [페이지 설정] 대화상자를 호출하여 '인쇄 영역'을 변경할 수 있다.

> ⓘ 가장 빠른 합격비법
> [파일]-[인쇄]-[페이지 설정]에서는 [시트] 탭이 비활성화되어 있어서 '인쇄 영역' 옵션을 지정할 수 없다는 것을 기억하도록 합니다.

40 ③
노른자 126

ClearFormats: 서식 지우기

오답 해설

① Clear: 모두 지우기
② ClearContents: 내용 지우기
④ ClearComments: 메모 지우기

> ⓘ 가장 빠른 합격비법
> 프로시저 문제는 어려운 내용이 많습니다. 시험에 자주 출제되는 내용 위주로 정리하는 합격전략이 필요합니다.

3과목 데이터베이스 일반

41 ③
노른자 131

슈퍼 키: 속성의 집합으로 구성된 키이며, 유일성은 만족하지만 최소성은 만족하지 못한다.

오답 해설

④ 후보 키: 유일성과 최소성을 모두 만족하는 키이다.

> ⓘ 가장 빠른 합격비법
> 슈퍼 키, 후보 키, 대체 키, 기본 키, 외래 키에 대한 개념을 확실히 정리하도록 합니다.

42 ④
노른자 132

이상(Anomaly) 현상에는 삽입, 삭제, 갱신 이상이 있다.

> ⓘ 가장 빠른 합격비법
> 정규화는 데이터베이스에서 매우 중요한 부분입니다. 정규화를 하는 목적과 세부 내용을 꼭 정리해 두기 바랍니다.

43 ④
노른자 138

인덱스를 설정하면 레코드의 추가, 수정, 삭제 속도가 느려진다.

> ⓘ 가장 빠른 합격비법
> 책 맨앞에 목차를 생각한다면 책의 내용이 추가, 수정, 삭제되어 목록별 페이지 번호가 바뀌게 되면 앞에 있는 목차의 페이지 번호도 변경해야 하는 번거로움이 있어서 이러한 일이 자주 발생된다면 목차가 없는 것보다 더 속도가 느려진다고 생각하면 되겠습니다.

44 ④
노른자 152

열 머리글에 사용될 필드는 하나만 지정할 수 있다.

> ⓘ 가장 빠른 합격비법
> 자주 출제되는 유형입니다. 노른자 152를 참고하여 크로스탭 쿼리, 매개변수 쿼리, 통합 쿼리에 대해 학습하세요.

45 ④
노른자 088, 090, 149

10 MOD 3의 실제 결과는 10을 3으로 나눈 나머지이므로 1이다.

> ⓘ 가장 빠른 합격비법
> - IIF(5>3,"Yes","No")은 5가 3보다 크면 "Yes", 그 외에는 "No"이므로 결과는 "Yes"이다.
> - MID("Hello World",2,3)는 "Hello World"에서 2번째부터 3개의 글자를 추출하므로 결과는 "ell"이다.
> - "Data"&"base"는 "Data"와 "base"를 연결하여 표시하므로 결과는 "Database"이다.

46 ① 노른자 130, 150

- 조회된 필드 수(열)는 6개이다.
- Inner Join은 조인된 필드가 일치하는 행(레코드)만 추출되며 결과는 다음과 같다.

OrderID	Odong	OrderDate	Cdong	CustomerName	City
1	101	04-01	101	John	Seoul
2	102	04-02	102	Mary	Busan

> ⓘ 가장 빠른 합격비법
> 내부 조인(Inner Join), 왼쪽 외부 조인(Left Join), 오른쪽 외부 조인(Right Join)에 대한 개념을 정리하도록 합니다.

47 ② 노른자 155

폼의 모양에는 열 형식, 테이블 형식, 데이터시트, 맞춤 모양이 있다.

> ⓘ 가장 빠른 합격비법
> 폼 마법사를 직접 실행하여 해당 내용을 확인해 보도록 합니다.

48 ④ 노른자 156

레코드 잠금 속성의 기본값은 '잠그지 않음'이다.

> ⓘ 가장 빠른 합격비법
> 레코드 잠금 속성은 폼의 디자인 보기에서 [속성 시트] – [데이터] 탭에 있다.

49 ② 노른자 161

탭 이동 시에 '탭 정지' 속성을 '예'로 설정한 컨트롤에만 포커스가 이동할 수 있다.

> ⓘ 가장 빠른 합격비법
> 키보드에서 Tab 을 누르면 이동되는 순서를 지정하는 것이 탭 순서 기능입니다.

50 ③ 노른자 167

기관명을 기준으로 나누어져 있으므로 기관명 기준으로 그룹화한 것이다.

> ⓘ 가장 빠른 합격비법
> 제시한 그림을 살펴보면 기관명으로 그룹화되었고 꿈나래 → 믿음 순서이므로 오름차순인 것을 확인할 수 있습니다. 또한 학과에서는 회계 → 관광 순서이므로 내림차순인 것을 확인할 수 있습니다.

51 ① 노른자 149

NOW( ) 함수는 현재 날짜와 시간을 표시한다.

> ⓘ 가장 빠른 합격비법
> DATE( )는 현재 날짜, NOW( )는 현재 날짜와 시간을 표시한다는 것을 기억하기 바랍니다.

52 ③ 노른자 173

MouseDown: 포인터가 컨트롤에 있는 동안 마우스를 클릭했을 때 발생한다.

> ⓘ 가장 빠른 합격비법
> 각각의 마우스 이벤트에 대해 꼼꼼하게 정리하도록 합니다.

53 ③ 노른자 172

"반 = " & txt반을 전달하는 것으로 '반' 필드는 보고서에서 사용되는 필터 조건이다. 폼이 사용하는 데이터에 '반'이라는 필드가 반드시 존재해야 한다는 것을 의미하지는 않는다.

> ⓘ 가장 빠른 합격비법
> DoCmd 개체의 명령어 형식을 정리하여 기억하도록 합니다.

54 ② 노른자 128

응용 프로그램의 개발은 응용 프로그래머의 역할이다.

> ⓘ 가장 빠른 합격비법
> DBA(데이터베이스 관리자)는 데이터베이스 시스템의 성능, 안정성, 보안성을 유지하고 관리하는 전문 인력입니다.

55 ② 노른자 131

후보 키는 유일성과 최소성을 만족시켜야 한다.
- A: 필드 내용 중복 있음
- B: 필드 내용 중복 있음
- C: 필드 내용 중복 있음
- A+B: 필드 내용 중복 있음
- B+C: 필드 내용 중복 있음
- A+C: 필드 내용 중복 없음

따라서 유일성과 최소성을 만족한 후보 키는 A 필드와 C 필드의 결합이 된다.

> ⓘ 가장 빠른 합격비법
> 후보 키가 될 수 있는 조건을 실제 테이블을 파악하고 찾아낼 수 있도록 합니다.

56 ① ▷ 노른자 131

개체 무결성은 릴레이션에서 기본 키를 구성하는 속성은 널(Null) 값이나 중복값을 가질 수 없다는 것을 말한다.

> ⓘ **가장 빠른 합격비법**
> 기본 키 또는 외래 키와 관련 있는 무결성 제약 조건은 한 번 더 정리하여 기억하도록 합니다.

57 ② ▷ 노른자 144

'블록시행' 테이블의 '블록' 열값 중 '블록주택' 테이블의 '블록' 열에 존재하지 않는 값의 개수를 반환해야 하므로 여기서는 'B'와 'D' 2개이다.

> ⓘ **가장 빠른 합격비법**
> - IN: 특정 값이 목록에 있는지 확인
> - NOT IN: 특정 값이 목록에 없는지 확인

58 ② ▷ 노른자 163

=DAVG("필드","테이블 또는 쿼리","조건")

> ⓘ **가장 빠른 합격비법**
> DAVG 함수에 대한 형식을 기억하도록 합니다.

59 ③ ▷ 노른자 158

레이블은 제목이나 캡션, 설명 등과 같은 텍스트를 표시하는 컨트롤이다.

> ⓘ **가장 빠른 합격비법**
> 대표적으로 사용되는 컨트롤에 대해 정리를 꼼꼼하게 하도록 합니다.

60 ③ ▷ 노른자 151

삽입문을 실행하면 새로운 레코드가 테이블의 끝에 추가되는 것은 아니다. 삽입문은 새로운 레코드를 테이블에 추가하지만, 테이블에서 그 레코드가 삽입되는 위치는 알 수 없다.

> ⓘ **가장 빠른 합격비법**
> INSERT문에 대한 접근 방법을 정리해 놓도록 합니다.

2023년 시행 상시시험 꼼꼼하고 확실하게 끝내는 **정답과 해설**

답 없이 푸는 제13회 기출변형문제

문제 ▶ 265쪽

01	②	02	③	03	②	04	①	05	②
06	①	07	②	08	③	09	②	10	②
11	④	12	④	13	①	14	④	15	④
16	①	17	③	18	③	19	③	20	③
21	④	22	③	23	③	24	④	25	③
26	④	27	④	28	①	29	①	30	①
31	④	32	①	33	④	34	③	35	②
36	①	37	④	38	④	39	②	40	①
41	④	42	①	43	④	44	④	45	④
46	④	47	③	48	④	49	③	50	④
51	③	52	③	53	②	54	④	55	③
56	④	57	③	58	②	59	④	60	①

1과목 컴퓨터 일반

01 ② 노른지 011

HKEY_CURRENT_USER 키에는 현재 사용자의 환경설정 정보가 저장된다.

> **가장 빠른 합격비법**
> 레지스트리는 Windows 시스템과 관련된 중요한 정보를 담고 있어서 신중하게 다루어야 하는 부분으로, 어려운 내용 중 하나입니다. 레지스트리 편집기에 관한 내용은 반드시 기억하도록 합니다.

02 ③ 노른자 039

사용자들이 특정한 용도에 맞게 활용하기 위해 작성된 소프트웨어는 응용 소프트웨어이다.

> **가장 빠른 합격비법**
> 시스템 소프트웨어의 개념과 종류를 기억하도록 합니다.

03 ② 노른자 046

비트맵(Bitmap) 방식에 대한 설명이다.

> **가장 빠른 합격비법**
> 벡터(Vector) 방식과 비트맵(Bitmap) 방식의 개념을 비교하는 문제는 종종 출제되고 있습니다. 노른자 046을 통해 두 개념을 비교하면서 정리하도록 합니다.

04 ① 노른자 039

파일 압축의 대표적인 형식으로는 'ZIP'이 있다. 'WAV'는 오디오 파일의 형식이다.

> **가장 빠른 합격비법**
> 압축 프로그램의 사용 목적과 대표적인 파일의 형식(ZIP, RAR, TAR 등)을 정리하도록 합니다.

05 ② 노른자 052

오답 해설

① Netstat에 관한 설명이다.
③ Nslookup에 관한 설명이다.
④ Ping에 관한 설명이다.

> **가장 빠른 합격비법**
> 네트워크 관련 명령어 중에서 Ping, Tracert, Ipconfig 등은 시험에 자주 출제되고 있습니다. 노른자 052를 보면서 정확하게 개념을 정리하도록 합니다.

06 ① 노른자 030

오답 해설

② 명령어 해독기(Instruction Decoder)에 대한 설명이다.
③ 프로그램 카운터(PC; Program Counter)에 대한 설명이다.
④ 메모리 주소 레지스터(MAR; Memory Address Register)에 대한 설명이다.

> **가장 빠른 합격비법**
> 레지스터에 관련된 내용은 꾸준히 출제되고 있습니다. 종류별 특징은 반드시 정리하고, 기억하도록 합니다.

07 ②
노른자 001, 007

같은 드라이브 내에서 파일을 드래그하면 파일 복사가 아닌, 이동이 된다. 파일 복사는 'Ctrl+드래그'를 해야 한다.

> ⚠ **가장 빠른 합격비법**
> 같은 드라이브인 경우와 다른 드라이브인 경우의 복사와 이동이 시험에 출제되면 평소 많이 이용하는 기능임에도 헷갈릴 수 있습니다. 눈으로 아는 것뿐만 아니라 개념을 확실히 정리해야 합니다. 컴퓨터로 실습을 하면서 외우는 것이 좋습니다.

08 ③
노른자 036

셀렉터 채널에 관한 설명이다.

> ⚠ **가장 빠른 합격비법**
> 채널에 관한 내용은 종종 출제되고 있습니다. 저속 입·출력장치에 사용되는 멀티플렉서 채널 방식과 고속 입·출력장치에 사용되는 셀렉터 채널 방식의 차이를 정확하게 비교해야 합니다.

09 ②
노른자 028

ASCII 코드는 7비트이고 패리티 비트가 1비트이므로 총 8비트가 되고 1의 개수가 홀수 개여야 한다는 것이 홀수 패리티 방식이다. 따라서 1의 개수가 4개인 10110010은 에러가 발생한다.

> ⚠ **가장 빠른 합격비법**
> ASCII 코드, 홀수 패리티, 짝수 패리티에 관한 개념을 정리하도록 합니다.

10 ②
노른자 004

연결된 항목의 디스크 할당 크기는 원본 항목의 [속성] 대화상자에서 확인할 수 있다.

> ⚠ **가장 빠른 합격비법**
> 바로 가기 아이콘의 [속성] 대화상자에서 설정할 수 있는 작업을 정리하도록 합니다. 또한 원본 항목의 [속성]에서 확인할 수 있는 내용도 비교하여 정리하면 더 좋습니다.

11 ④
노른자 064

네트워크의 출입로를 단일화한다.

> ⚠ **가장 빠른 합격비법**
> 방화벽에 관한 내용은 매우 빈번하게 출제됩니다. 방화벽의 개념과 역할을 확실하게 정리하도록 합니다.

12 ④
노른자 041

주어진 내용은 '알파 버전(Alpha Version)'에 관한 설명이다. 데모 버전(Demo Version)은 프로그램의 홍보를 목적으로, 주요 기능을 시연하는 소프트웨어이다.

> ⚠ **가장 빠른 합격비법**
> 소프트웨어의 종류별 특징은 종종 출제되고 있으므로 개념을 정리하도록 합니다. 알파와 베타의 의미를 기억하면 쉽게 암기할 수 있습니다.

13 ①
노른자 026

과학 연구 등의 특수 목적으로 사용되는 컴퓨터는 아날로그 컴퓨터이다.

> ⚠ **가장 빠른 합격비법**
> 아날로그와 디지털 컴퓨터를 비교하는 내용은 종종 출제되고 있습니다. 노른자 026을 통해 두 개념을 비교하면서 각각의 특징을 정리하도록 합니다.

14 ④
노른자 015

주어진 내용은 [시스템 보호] 탭에 관한 내용이다. [고급] 탭의 [시작 및 복구]에서는 시스템의 시작과 시스템 오류 및 디버깅 정보를 지정한다.

> ⚠ **가장 빠른 합격비법**
> [시스템]의 [정보]에서는 기본적으로 Windows 버전, 시스템, 컴퓨터 이름, 정품 인증 등을 제공합니다. 다양한 명령어가 존재하므로 각 명령이 어떤 기능을 하는지 정리하면 되겠습니다. Windows 명령어는 컴퓨터로 직접 실습하면서 공부하면 빠르게 익힐 수 있습니다.

15 ④
노른자 052

Ping은 네트워크 기기 간의 연결 상태를 확인하는 명령어이다.

오답 해설

① Echo: 입력한 텍스트를 출력할 때 사용하는 명령어이다.
② Ipconfig: 네트워크 구성 및 IP 주소를 확인하는 명령어이다.
③ Regedit: 레지스트리 편집기를 실행하는 명령어이다.

> ⚠ **가장 빠른 합격비법**
> 명령 프롬프트에 입력하는 네트워크 관련 명령어는 매우 다양합니다. 특히 Ping, Tracert, Ipconfig 등은 시험에 자주 출제되고 있으므로 정확하게 알아두는 것이 좋습니다.

16 ①

멀티미디어는 아날로그 데이터를 디지털 데이터로 변환하여 통합 처리한다.

> **가장 빠른 합격비법**
> 현대 사회는 아날로그에서 디지털로 변화된 사회라는 것을 생각하면 되겠습니다.

17 ③

프린터 스풀(SPOOL)은 다른 작업과의 병행 처리가 가능하지만, 인쇄 속도 자체가 빨라지지는 않는다.

> **가장 빠른 합격비법**
> 인쇄에서 스풀(SPOOL)은 자주 출제되고 있습니다. 노른자 025를 통해 개념을 정리하도록 합니다.

18 ③

주어진 내용은 분산 처리 시스템(Distributed Processing System)에 관한 설명이다. 다중 처리 시스템(Multi-processing System)은 여러 개의 CPU와 하나의 주기억장치를 이용하여 처리 능력을 향상시키는 방식이다.

> **가장 빠른 합격비법**
> 다중 처리 시스템과 다중 프로그래밍 시스템을 비교하는 문제가 자주 출제되므로 개념을 정리하도록 합니다. 또한 분산 처리 시스템도 다중 처리 시스템과 함께 종종 출제되고 있습니다. 용어가 비슷하면 함께 출제될 가능성이 높으므로 묶어서 학습하세요.

19 ③

주어진 내용은 관리자 계정에 대한 설명이다. 표준 계정은 자신의 계정에 관한 암호만 설정할 수 있다.

> **가장 빠른 합격비법**
> 사용자 계정 유형에는 관리자 계정과 표준 계정이 있고, 대부분의 권한은 관리자 계정에 있다는 것을 기억하도록 합니다.

20 ②

작업 표시줄의 크기는 화면의 1/2까지 늘릴 수 있다.

> **가장 빠른 합격비법**
> 컴퓨터 작업 시 작업 표시줄은 항상 접하는 부분입니다. 작업 표시줄에서 표시하고 있는 내용과 기능을 정리하도록 합니다.

2과목 스프레드시트 일반

21 ④

워크시트의 행과 열에서 숨겨진 데이터는 차트에 표시되지 않는다.

> **가장 빠른 합격비법**
> 차트에 관한 내용은 자주 출제되고 있습니다. 차트의 작성, 종류, 구성 요소, 편집 등의 내용은 꼼꼼하고 정확하게 학습하세요.

22 ④

오답 해설

① #DIV/0!의 원인이다.
② #N/A의 원인이다.
③ #REF!의 원인이다.

> **가장 빠른 합격비법**
> 오류 메시지와 그 원인은 종종 출제되고 있습니다. 엑셀을 사용하다 오류가 발생했다면 그냥 넘어가지 말고 원인을 한번 생각해 보세요.

23 ③

주어진 내용은 [통합 문서 보호] 기능에 관한 설명이다. [시트 보호] 기능은 시트의 내용, 개체, 시나리오를 보호하도록 설정하는 기능이다.

> **가장 빠른 합격비법**
> 시트 보호와 통합 문서 보호를 구분하여 정리하도록 합니다.

24 ④

=REPLACE(A3,SEARCH(A4,A3),2,"플라워")

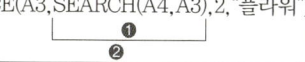

❶ SEARCH(A4,A3): [A3] 셀에서 [A4] 셀의 내용을 찾아서 위치를 표시하면 결괏값은 '4'
❷ REPLACE(A3,4,2,"플라워"): [A3] 셀에서 네 번째 글자부터 두 글자를 "플라워"로 변경하면 결괏값은 '로즈 플라워'

오답 해설

① =MID(A5,SEARCH(A1,A5)+5,3)

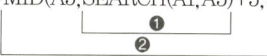

❶ SEARCH(A1,A5): [A5] 셀에서 [A1] 셀의 내용을 찾아서 위치를 표시함. 첫 번째 인수를 공백으로 지정한 경우 1이 표시되므로 결괏값은 '1'
❷ MID(A5,1+5,3): [A5] 셀의 여섯 번째부터 세 글자를 표시하면 결괏값은 '제주도'

② =REPLACE(A5,SEARCH("우",A2),5,"")

❶ SEARCH("우",A2): [A2] 셀에서 "우"의 위치를 찾아서 표시하면 결괏값은 '1'
❷ REPLACE(A5,1,5,""): [A5] 셀에서 첫 번째부터 다섯 글자를 ""로 바꾸므로 다섯 글자가 제거되므로 결괏값은 '제주도'

③ =MID(A2,SEARCH(A4,A3),2)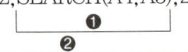

❶ SEARCH(A4,A3): [A3] 셀에서 [A4] 셀의 내용의 위치를 찾아서 표시하면 결괏값은 '4'
❷ MID(A2,4,2): [A2] 셀의 네 번째부터 두 글자를 표시하면 결괏값은 '대한'

① 가장 빠른 합격비법
SEARCH, MID, REPLACE 함수의 사용법을 기억하도록 합니다. 실제 Excel상에서 연습을 하며 익히는 것도 좋은 방법입니다.

25 ③ 　　　　　　　　　　　　　　　　노른자 115

'문서에 맞게 배율 조정'은 머리글/바닥글 글꼴 크기를 문서 글꼴 크기와 같은 배율로 조정할 때 사용된다.

① 가장 빠른 합격비법
페이지 설정에서 페이지, 여백, 머리글/바닥글, 시트 탭의 역할에 대해 정리하도록 합니다. 페이지 설정의 문제는 빈번하게 출제되고 있습니다.

26 ④ 　　　　　　　　　　　　　　　　노른자 108

원본 데이터에서 '변경 셀'의 현재 값을 수정해도 시나리오 요약 보고서는 자동으로 업데이트되지 않는다.

① 가장 빠른 합격비법
시나리오 요약 보고서는 시나리오 결과를 나타낸 것입니다. 시나리오에 관한 내용은 종종 출제되고 있으므로 노른자 108의 내용을 확실히 공부하도록 합니다. 특히 업데이트에 관한 선지는 자주 출제되고 있으므로 반드시 기억하도록 합니다.

27 ④ 　　　　　　　　　　　　　　　　노른자 109

원본 데이터가 변경되어도 피벗 테이블의 데이터는 자동으로 변경되지 않는다. 따라서 [데이터] 탭-[쿼리 및 연결] 그룹-[모두 새로 고침]을 클릭하여 일괄적으로 새로 고침해야 한다.

① 가장 빠른 합격비법
피벗 테이블 보고서과 피벗 차트의 특징을 묻는 문제는 종종 출제되고 있습니다. 실제 엑셀에서 자주 사용하지 않아서 헷갈릴 수 있으므로 노른자 109의 내용을 확실히 공부하도록 합니다. 특히 업데이트에 관한 선지는 자주 출제되고 있으므로 반드시 기억하도록 합니다.

28 ① 　　　　　　　　　　　　　　　　노른자 111

오답 해설
② 원형 차트 계열 요소의 값은 [데이터 테이블]로 나타낼 수 없다.
③ 원형 차트는 하나의 데이터 계열만 표시할 수 있다.
④ 원형 차트에서 첫째 조각이 시작되는 각도의 기본값은 0°이다.

① 가장 빠른 합격비법
원형 차트의 특징은 종종 출제되고 있습니다.

29 ① 　　　　　　　　　　　　　　　　노른자 067

틀 고정과 창 나누기는 동시에 수행할 수 없다.

① 가장 빠른 합격비법
틀 고정과 창 나누기 기능을 구분하여 기억하도록 합니다. 두 개념 모두 빈출되는 개념입니다.

30 ① 　　　　　　　　　　　　　　　　노른자 124, 126

Private Sub Worksheet_Change(ByVal Target As Range)
　└ 코드는 셀에 값이 변화가 있을 때 실행함
　If Target.Address = Range("B2").Address Then
　　└ 현재 작업하고 있는 셀의 주소가 [B2] 셀이면 아래쪽 명령을 실행함
　　Target.Font.ColorIndex = 3
　　　└ 현재 작업하고 있는 셀의 글꼴 색을 Color.Index가 '3'인 '빨강색'으로 지정함
　　MsgBox Range("B2").Value
　　　└ [B2] 셀의 값이 표시된 메시지 박스를 실행함
　End If
End Sub

※ 메시지 박스에서 Color.Index는 1(검정), 2(흰색), 3(빨강), 4(초록), 5(파랑)이다.

① 가장 빠른 합격비법
VBA 코드는 수험자분들이 어려워 하는 부분이지만 자주 출제되는 코드는 정해져 있습니다. 때문에 자주 출제되고 있는 내용 위주로 정리하면 되겠습니다. 메시지 박스에서 해당된 명령어가 화면에서 표시되는 위치를 기억하도록 합니다.

31 ④ 　　　　　　　　　　　　　　　　노른자 112

차트 제목을 선택한 상태에서 수식 입력줄에 '='을 입력하고 [B2] 셀을 클릭하면 수식 입력줄에 '=Sheet1!$B$2'가 표시된다.

> ⚠ 가장 빠른 합격비법
> 차트 제목은 '=시트이름!셀 주소' 형태로 특정 셀과 연결시킬 수 있다는 것을 기억하도록 합니다.

32 ①   노른자 097

정렬은 기본적으로 행 단위로, 위에서 아래 방향으로 정렬되는데, (나)에서는 1행을 기준으로 '왼쪽에서 오른쪽'으로 정렬된 것을 알 수 있다.

> ⚠ 가장 빠른 합격비법
> 정렬에 관련된 문제는 자주 출제되고 있습니다. 노른자 097의 내용을 확실히 공부하도록 합니다. 정렬 방향, 오름차순 시 정렬 기준은 특히 빈출되고 있습니다.

33 ②   노른자 099

AND 조건은 같은 행에 입력하고 OR 조건은 서로 다른 행에 입력한다. 문제의 조건이 '전자공학' 또는 '건축공학'이므로 서로 다른 행에 조건식을 입력해야 한다.

> ⚠ 가장 빠른 합격비법
> 고급 필터의 조건 지정 방법은 매우 중요합니다. AND 조건과 OR 조건을 사용하는 방법을 정확하게 학습하도록 합니다.

34 ③   노른자 067

틀 고정 구분선은 드래그하여 위치를 조절할 수 없다.

> ⚠ 가장 빠른 합격비법
> 창 나누기와 틀 고정을 비교하는 문제는 종종 출제됩니다. 두 가지 개념을 서로 비교하여 정리하도록 합니다.

35 ②   노른자 111

거품형 차트는 가로 축과 세로 축이 모두 표시되고, 방사형 차트는 세로 축만 표시된다.

> ⚠ 가장 빠른 합격비법
> 차트 특징에 관한 문제가 자주 출제되고 있습니다. 차트별 특징적인 개념을 정리할 때 차트 종류별 이미지를 알고 있으면 외우지 않아도 특징을 떠올릴 수 있습니다. 특히 축에 관한 선지는 자주 등장하므로 반드시 기억하도록 합니다.

36 ①   노른자 080

#,##0.0,"천원";(#,##0.0,"천원");0.0;@"귀하"
 ❶   ❷   ❸   ❹

❶ 양수인 경우 #,##0.0,"천원"을 적용함. 1386000 → 1,386.0천원
❷ 음수인 경우 (#,##0.0,"천원")을 적용함. -1386000 → (1,386.0천원)
❸ 0인 경우 0.0을 적용함. 0 → 0.0
❹ 텍스트인 경우 @"귀하"를 적용함. 텍스트 다음에 "귀하" 표시

> ⚠ 가장 빠른 합격비법
> 셀 서식은 매우 중요합니다. 사용자 지정 표시 형식에 대해서는 개념을 반드시 정리하도록 합니다.

37 ②   노른자 078, 099

와일드카드 문자(만능 문자)에서 ?는 한 문자를 대신하여 사용하고, *는 여러 문자를 대신하여 사용한다. 두 글자인 데이터를 찾는 조건은 ="=??"로 작성해야 한다. 고급 필터의 조건을 같은 행에 입력하면 AND 조건, 다른 행에 입력하면 OR 조건으로 연결된다. 고급 필터의 조건으로 수식을 입력할 경우에는 조건으로 지정될 범위의 첫 행에는 아무것도 입력하지 않거나, 원본 데이터의 필드명과 다른 내용을 입력해야 한다.

> ⚠ 가장 빠른 합격비법
> 고급 필터의 조건 지정 방법은 매우 중요합니다. AND 조건과 OR 조건을 구분하고 와일드카드 문자 사용법에 대해 정리하도록 합니다.

38 ②   노른자 089, 091

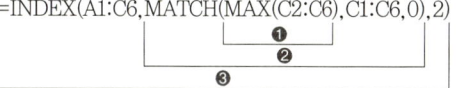

=INDEX(A1:C6,MATCH(MAX(C2:C6),C1:C6,0),2)
                        ❶
                     ❷
                  ❸

❶ MAX(C2:C6): [C2:C6] 영역에서 가장 큰 값을 구하면 결괏값은 '100'
❷ MATCH(100,C1:C6,0): [C1:C6] 영역에서 100과 정확히 일치하는 값을 찾은 후 상대 위치를 표시하면 결괏값은 '2'
❸ INDEX(A1:C6,2,2): [A1:C6] 영역에서 2행 2열의 값을 표시하므로 결괏값은 '파랑새'

> ⚠ 가장 빠른 합격비법
> INDEX, MATCH 함수는 자주 사용되고 있습니다. 사용법 및 함수의 개념을 정확히 정리하도록 합니다.

39 ②   노른자 080

'#,###' 다음에 표시된 콤마(,)는 천 단위 생략을 의미한다. 따라서 백의 자리에서 반올림하면 결괏값은 '3,142'가 된다.

> ⚠ 가장 빠른 합격비법
> 셀 서식의 사용법은 '필수기능 NO.33'을 통해 정리하도록 합니다.

40 ①
노른자 115, 117

오답 해설

② '흑백으로'는 흑백으로 인쇄할 때 사용한다.
③ '간단하게 인쇄'는 '차트, 그림, 클립아트' 등의 모든 그래픽 요소를 제외한 텍스트만 인쇄한다.
④ 특정 항목에 도형이 입력되어 있다면 함께 인쇄된다.

> **⚠ 가장 빠른 합격비법**
> 도형만 제외하고 인쇄하는 방법과 그냥 인쇄하는 방법에 대해 정리하도록 합니다. 인쇄 방법을 묻는 문제는 자주 출제되고 있습니다.

3과목 데이터베이스 일반

41 ④
노른자 147

SQL문의 형식은 다음과 같다.

> SELECT 필드명 FROM 테이블 이름 WHERE [조건] ORDER BY 필드 이름 정렬 방식

'지역 ASC, 가구수 DESC'는 지역 필드를 기준으로 오름차순 정렬하고, 같은 지역인 경우 가구수로 내림차순 정렬한다는 의미이다.

> **⚠ 가장 빠른 합격비법**
> SELECT문의 형식은 반드시 기억하도록 합니다. 특히 오름차순과 내림차순에 관한 내용은 SELECT문의 짝꿍입니다. 프로그램에서 사용해 본 적이 없더라도 형식을 암기하고 있다면 어렵지 않게 맞힐 수 있습니다.

42 ①
노른자 174, 175

Form 개체의 SetFocus 메서드는 포커스를 이동한다. Refresh 메서드는 폼의 원본으로 사용하는 레코드를 즉시 업데이트한다.

> **⚠ 가장 빠른 합격비법**
> 자주 출제되는 문제는 아니지만, 고득점을 원한다면 Access 개체의 기본 개념을 정리하도록 합니다.

43 ④
노른자 136

기호 0은 숫자만 입력 가능하며 필수 요소인데 두 번째 구역인 구분 기호에 0을 지정하였으므로 구분 기호인 하이픈(-)과 함께 저장된다. 세 번째 구역이 입력되는 자리에 표시할 문자를 지정하지 않았으므로 기본 문자인 '_'으로 표시된다.

> **⚠ 가장 빠른 합격비법**
> 입력 마스크의 사용자 지정 형식은 자주 출제되고 있습니다. 노른자 136을 통해 입력 마스크에서 사용되는 서식을 정리하고 기출 문제를 통해 다양한 예시를 학습하세요.

44 ④
노른자 163

- DLookUp("필드","도메인","조건"): '도메인'에서 '조건'에 맞는 '필드'를 표시한다.
- DCount("필드","도메인","조건"): '도메인'에서 '조건'에 맞는 '필드'의 개수를 표시한다.

따라서 "필드"는 '학번', "도메인"은 '학생'이므로 DCount("[학번]", "[학생]", "[점수]>=70")이 적절하다.

> **⚠ 가장 빠른 합격비법**
> 도메인 함수에 관한 내용은 종종 출제되고 있습니다. 노른자 163을 통해 도메인 함수의 형식과 사용 방법을 정리하도록 합니다.

45 ③
노른자 167

'같은 페이지에 표시 안함'이 아니라 '전체 그룹을 같은 페이지에 표시'를 지정해야 한다. '같은 페이지에 표시 안 함'은 페이지의 나머지 공간에 그룹을 표시할 수 없는 경우 다음 페이지에 나누어서 표시한다.

> **⚠ 가장 빠른 합격비법**
> 보고서는 그룹별 통계 작업에 자주 사용되고 있습니다. 노른자 167을 통해 그룹화의 개념에 대해 정리하도록 합니다.

46 ④
노른자 162

조건을 지정할 때는 와일드카드 문자(?, ∗)를 사용할 수 없다.

> **⚠ 가장 빠른 합격비법**
> 가끔 출제되는 내용입니다. 노른자 162를 통해 조건부 서식의 특징적인 개념을 정리하도록 합니다.

47 ④
노른자 167

그룹 수준을 삭제하면 그룹 머리글 구역이나 그룹 바닥글 구역에 삽입된 모든 컨트롤도 함께 삭제된다.

> **⚠ 가장 빠른 합격비법**
> 보고서는 그룹별 통계 작업에 자주 사용되고 있습니다. 노른자 167을 통해 그룹화의 개념에 대해 정리하도록 합니다.

48 ④
노른자 137, 147

'∗'은 여러 개의 문자를 의미하므로 LIKE "KOR∗"은 KOR로 시작하는 문자를 검색한다는 의미한다. 주어진 SELECT문은 '동아리' 테이블에서 KOR로 시작하는 구성원의 소속과 이름을 표시한다는 의미이다.

> ⚠ 가장 빠른 합격비법
> SQL문은 자주 출제되고 있습니다. SELECT문의 기본 형식은 반드시 정확하게 기억하고 관련 문제를 많이 풀어봐야 합니다.

49 ② ↗ 노른자 158

텍스트 상자에는 바운드 컨트롤, 언바운드 컨트롤, 계산 컨트롤을 모두 사용할 수 있다.

> ⚠ 가장 빠른 합격비법
> 컨트롤은 종류가 굉장히 많고, 그에 따라 쓰임도 다양합니다. 자주 출제되고 있으므로 노른자 158을 통해 각 컨트롤별 쓰임새와 특징을 학습하세요.

50 ③ ↗ 노른자 132

정규화를 통해 데이터의 중복을 최소화하고 테이블 간의 종속성을 최소화할 수 있으나, 중복을 완전히 제거할 수는 없다.

> ⚠ 가장 빠른 합격비법
> 정규화는 데이터베이스의 중요한 내용 중 하나입니다. 정규화의 기본 개념과 단계별 특징을 기억하도록 합니다. 특히, 정규화를 한다고 해서 중복이 완전히 제거되지는 않는다는 점을 꼭 기억하도록 합니다.

51 ③ ↗ 노른자 131, 135

기본 키는 한 개만 지정할 수 있다.

> ⚠ 가장 빠른 합격비법
> 기본 키는 데이터베이스에서 매우 중요하고 기본적인 내용입니다. 기본 키로 설정하는 방법, 개념, 특징을 기억하도록 합니다.

52 ③ ↗ 노른자 140

문자 데이터를 입력하면 '짧은 텍스트' 형식으로, 숫자 데이터를 입력하면 '숫자' 형식이 자동으로 지정된다.

> ⚠ 가장 빠른 합격비법
> 자주 출제되는 내용은 아닙니다. 하지만 1급 실기에서도 유용한 내용이므로 [데이터시트 보기]에서 테이블을 작성하는 방법은 알아두도록 합니다.

53 ② ↗ 노른자 150, 151

UPDATE문의 형식은 다음과 같다.

| UPDATE 테이블 SET 변경 내용 WHERE 조건; |

이때 변경 내용은 주소 = '세종'이고, 조건은 이름 = '홍길동'이다.

> ⚠ 가장 빠른 합격비법
> SQL문은 종종 출제되고 있습니다. 노른자 151을 통해 UPDATE문의 기본 형식과 의미를 정리하도록 합니다. SELECT문과 함께 자주 출제되는 SQL문입니다.

54 ④ ↗ 노른자 136

오답 해설

① 에러(0은 필수 입력 기호로서 입력값이 왼쪽부터 채워진다. 0의 개수가 10개이므로 열 자리의 숫자가 입력되어야 한다)
② 3141
③ 에러(0은 필수 입력 기호이다)

> ⚠ 가장 빠른 합격비법
> 입력 마스크에 관련된 내용은 종종 출제되고 있습니다. 입력 마스크에서 사용하는 기호 중 0, 9, #의 의미를 정확하게 정리하도록 합니다.

55 ③ ↗ 노른자 165

- 디자인 보기: 컨트롤 도구를 이용하여 보고서를 만들거나 수정하는 기능이다.
- 레이아웃 보기: 데이터를 보면서 컨트롤의 크기 및 위치를 변경할 수 있다.
- 인쇄 미리 보기: 출력되는 모양 전체를 미리 보는 기능이다.
- 보고서 보기: 출력될 보고서를 미리 보는 기능으로, 페이지의 구분 없이 표시된다.

따라서 ㉠은 '디자인 보기', ㉡은 '레이아웃 보기'이다.

> ⚠ 가장 빠른 합격비법
> 보고서의 다양한 보기 형식의 특징적인 부분을 정리하도록 합니다.

56 ③ ↗ 노른자 170

매크로 이름을 'Autoexec'로 저장하면 데이터베이스를 열 때마다 매크로가 실행된다.

> ⚠ 가장 빠른 합격비법
> 매크로에 관련된 문제는 종종 출제되는 내용입니다. 노른자 170을 통해 매크로의 기본 개념을 정리하도록 합니다.

57 ③ 노른자 169

[열] 탭의 '눈금 설정'에서 여러 열로 구성된 보고서를 인쇄할 때 사용자는 한 페이지에 인쇄할 열의 개수, 행 간격, 열 간격을 지정할 수 있다.

> ⓘ **가장 빠른 합격비법**
> 페이지 설정은 자주 출제되고 있지는 않지만, 프로그램을 사용할 때 가장 기본적인 기능이므로 기본 명령은 알고 있도록 합니다.

58 ② 노른자 160

- **탭 정지**: 탭을 이용하여 포커스를 이동시킬 수 있는지 지정한다.
- **잠금**: 컨트롤의 데이터를 보호하기 위해 수정할 수 없도록 지정한다.
- **표시**: 화면에 컨트롤의 표시 여부를 지정한다.
- **사용 가능**: 컨트롤에 포커스를 이동할 수 있는지 지정한다.

> ⓘ **가장 빠른 합격비법**
> 탭 정지, 탭 순서 변경 등에 관한 개념은 빈출되는 내용이므로 꼼꼼하게 정리하도록 합니다.

59 ④ 노른자 139

열이 여러 개인 경우 세미콜론(;)으로 구분한다.

> ⓘ **가장 빠른 합격비법**
> 조회 속성에 관한 내용은 가끔 출제되고 있습니다. 조회 속성을 지정하는 방법과 사용하는 명령어의 의미에 대해 기억하도록 합니다.

60 ① 노른자 158

'토글 단추'는 'Yes'나 'No' 중 하나를 선택할 수 있는 컨트롤이다. 여러 개의 값 중 하나를 선택할 수 있는 컨트롤은 '옵션 단추'이다.

> ⓘ **가장 빠른 합격비법**
> 컨트롤에 관련된 문제는 종종 출제되고 있습니다. 실기에도 큰 도움이 되므로 컨트롤별로 특징을 정리하여 기억하도록 합니다.

답 없이 푸는 제14회 기출변형문제

문제 → 276쪽

01	①	02	②	03	③	04	④	05	②
06	①	07	②	08	①	09	④	10	③
11	③	12	③	13	③	14	②	15	②
16	④	17	④	18	②	19	④	20	②
21	②	22	③	23	③	24	④	25	④
26	④	27	④	28	④	29	③	30	④
31	②	32	④	33	④	34	④	35	③
36	②	37	①	38	④	39	④	40	③
41	②	42	③	43	④	44	③	45	④
46	③	47	③	48	①	49	①	50	④
51	③	52	①	53	③	54	①	55	①
56	①	57	①	58	④	59	②	60	②

1과목 컴퓨터 일반

01 ① → 노른자 032

펌웨어(Firmware)는 ROM에 기록된다.

> **가장 빠른 합격비법**
> 하드웨어와 소프트웨어를 구분하고 노른자 032를 통해 펌웨어의 특징에 대해 정리하도록 합니다.

02 ② → 노른자 062

오답 해설
① **기생형 바이러스**: 프로그램을 손상시키지 않으면서 프로그램의 앞이나 뒤에 기생하는 바이러스이다.
③ **겹쳐쓰기형 바이러스**: 원래 프로그램의 일부에 겹쳐쓰는 바이러스이다.
④ **연결형 바이러스**: 프로그램의 위치 정보를 바이러스의 위치 정보로 변경하는 바이러스이다.

> **가장 빠른 합격비법**
> 바이러스의 종류는 매우 다양합니다. 시험에 자주 출제되고 있는 바이러스 종류별 특징 위주로 학습하도록 합니다.

03 ③ → 노른자 035

CMOS에서 설정할 수 있는 항목으로 '시스템의 날짜와 시간, 하드디스크의 타입, 부팅 순서, 칩셋 설정, 전원 관리, 시스템 암호' 등이 있다.

> **가장 빠른 합격비법**
> 자주 출제되는 문제는 아니지만 고득점을 위해 CMOS에 관한 개념과 특징을 정리하세요.

04 ④ → 노른자 028

2진 연산은 부동 소수점 방식보다 표현할 수 있는 범위가 제한적이지만 연산 속도는 빠르다.

> **가장 빠른 합격비법**
> 자료의 표현을 숫자와 문자로 나누어서 정리하고 2진 연산과 10진 연산으로 구분하여 체계적으로 개념을 정리하도록 합니다.

05 ② → 노른자 050

오답 해설
① 중앙 집중 방식에 관한 설명이다.
③ P2P 방식(동배 간 처리 방식)에 관한 설명이다.
④ 단방향 전송에 관한 설명이다.

> **가장 빠른 합격비법**
> 네트워크 운영 방식의 종류별 개념을 정리하고 클라이언트/서버 방식의 특징을 기억하도록 합니다.

06 ① → 노른자 033

오답 해설
②, ④ DVD(Digital Video Disk)에 관한 설명이다.
③ HDD(Hard Disk Drive)에 관한 설명이다.

> **가장 빠른 합격비법**
> 하드디스크와 SSD에 관한 문제는 꾸준히 출제되고 있습니다. 하드디스크와 비교하여 SSD의 특징을 정리하도록 합니다.

07 ② → 노른자 037

드라이브 조각 모음 및 최적화는 시스템의 속도가 느려진 경우 드라이브의 접근 속도를 향상시키기 위한 방법이다.

> **가장 빠른 합격비법**
> 노른자 037을 통해 컴퓨터 처리 속도를 해결하기 위한 방법과 용량의 문제를 해결하기 위한 방법을 구분하여 정리하도록 합니다.

08 ①
> 노른자 058

오답 해설

② 블루투스(Bluetooth)는 다양한 기기들이 무선 주파수를 이용하여 서로 통신하고 정보를 교환할 수 있도록 하는 기술이다.
③ 와이파이(Wi-Fi)는 전자기기들이 일정한 거리 안에서 무선 랜(WLAN; Wireless Local Area Network)에 연결하여 네트워크에 접속할 수 있도록 하는 기술이다.
④ 테더링(Tethering)은 컴퓨터나 노트북 등의 IT 기기를 스마트폰에 연결하여 스마트폰의 무선 인터넷을 공유하고 사용할 수 있도록 하는 기능이다.

> **가장 빠른 합격비법**
> 정보화의 기술은 매우 다양합니다. 책에 있는 내용 외에도 눈에 띄는 기술이 있다면 정리하도록 합니다.

09 ④
> 노른자 042

비주얼 프로그래밍은 문자 방식의 명령어 전달 방식을 기호나 아이콘으로 바꿔 사용자가 대화형 프로그래밍을 할 수 있게 하는 방법이다. 비주얼 프로그래밍은 비전문가가 프로그래밍을 쉽게 접근할 수 있도록 도와주며, 대표적으로 스크래치가 있다.

> **가장 빠른 합격비법**
> 프로그래밍 기법의 종류와 각 특징을 비교하여 개념을 정리하도록 합니다. 특히 비주얼 프로그래밍에 관한 내용은 최근에 종종 출제되고 있으므로 노른자 042를 통해 반드시 알아두세요.

10 ③
> 노른자 035

USB(Universal Serial Bus) 장치는 플러그 앤 플레이(Plug & Play) 기능과 핫 플러그(Hot Plug) 기능을 모두 지원한다.
- 플러그 앤 플레이(Plug & Play): 새로운 하드웨어가 연결되면 운영체제가 자동으로 장치를 인식하는 기능
- 핫 플러그(Hot Plug): 컴퓨터에 전원이 들어온 상태에서도 장치를 연결하거나 분리할 수 있는 상태

> **가장 빠른 합격비법**
> 보조기억장치 중에서 널리 사용되고 있는 USB는 빈출되는 키워드 중 하나입니다. 지원되는 기능, 플러그 앤 플레이와 핫 플러그에 관한 개념을 정리하세요.

11 ③
> 노른자 036

오답 해설

① 버스(Bus)에 관한 설명이다.
② IrDA(Infrared Data Association)에 관한 설명이다.
④ 캐시(Cache)에 관한 설명이다.

> **가장 빠른 합격비법**
> 빈번하게 출제되는 내용입니다. 채널, 인터럽트, DMA의 특징은 반드시 학습하고 넘어가세요.

12 ③
> 노른자 031, 040

주어진 내용은 시분할 처리 시스템(Time Sharing System)에 관한 내용이다. 임베디드 시스템(Embedded System)은 전자제품에 마이크로프로세서를 내장한 시스템으로, 주로 TV와 냉장고 등의 가전제품에 사용된다.

> **가장 빠른 합격비법**
> 운영체제의 운영 방식은 빈출되는 주제 중 하나입니다. 노른자 040을 통해 각각의 특징을 잘 정리하도록 합니다.

13 ③
> 노른자 049

주어진 내용은 버스(Bus)형에 관한 내용이다. 링(Ring)형은 여러 대의 컴퓨터를 원 모양으로 연결한 형태이다.

> **가장 빠른 합격비법**
> 노른자 049를 통해 네트워크의 구성 형태의 종류별 특징을 정리하도록 합니다.

14 ②
> 노른자 034

가상 메모리(Virtual Memory)는 보조기억장치를 주기억장치처럼 사용하므로 오히려 컴퓨터의 처리 속도가 느려진다.

> **가장 빠른 합격비법**
> 레디부스트는 처음으로 출제된 개념이지만 다른 기억장치의 개념을 정확히 알고 있다면 오답 소거를 통해 정답을 고를 수 있습니다.

15 ②
> 노른자 058

3D 프린터의 인쇄 방식으로는 '적층형'과 '절삭형' 두 가지가 있다. 적층형 방식은 재료를 레이어별로 쌓아서 입체적인 형상을 만드는 방법이고, 절삭형 방식은 큰 재료 블록에서 필요한 부분을 깎아 내어 원하는 형태를 만드는 방법이다.

> **가장 빠른 합격비법**
> 자주 출제되지는 않지만 고득점을 원한다면 노른자 058에 있는 정도의 3D 프린터에 관한 내용은 정리하도록 합니다.

16 ④ 노른자 036

버스는 기능에 따라 데이터 버스, 주소 버스, 제어 버스로 구분되며, 사용 용도에 따라 내부 버스, 외부 버스, 확장 버스로 구분된다.

> ⓘ **가장 빠른 합격비법**
> 버스에는 내부 버스, 외부 버스, 확장 버스가 있습니다. 노른자 036을 통해 버스의 종류별 특징을 기억하도록 합니다.

17 ④ 노른자 051

브리지, 스위치의 장치가 사용되는 계층은 데이터 링크 계층이다. 전송 계층에서는 게이트웨이를 통해 작동된다.

> ⓘ **가장 빠른 합격비법**
> OSI 7계층은 정보통신에서 매우 중요한 부분입니다. 노른자 051을 통해 각 계층별 역할을 정리하도록 합니다.

18 ② 노른자 059

공동저작물의 저작재산권은 맨 마지막으로 사망한 저작자가 사망한 후 70년간 존속한다.

> ⓘ **가장 빠른 합격비법**
> 법률적인 내용 전부는 아니더라도 존속 조건과 기간은 기억하도록 합니다.

19 ④ 노른자 012

'숨기기'가 아닌 '삭제'를 한 경우에 다른 응용 프로그램에서 사용할 수 없다.

> ⓘ **가장 빠른 합격비법**
> 글꼴은 숨긴다고 해서 실행이 안 되는 것은 아닙니다. 이렇게 헷갈리는 포인트들이 선지로 출제됩니다.

20 ② 노른자 005

하드디스크에서 삭제한 파일이나 폴더도 휴지통에 들어간다.

> ⓘ **가장 빠른 합격비법**
> 휴지통에 관련된 문제는 꾸준히 출제되고 있습니다. 노른자 005를 통해 휴지통에 관한 개념을 정리하도록 합니다.

2과목 | 스프레드시트 일반

21 ② 노른자 111

오답 해설

① **주식형 차트**: 주가 변동을 나타내는 차트로, 시가, 종가, 거래량, 저가, 고가 등을 표시한다.
③ **방사형 차트**: 가운데에서 뻗어가는 형태의 차트로, 데이터 계열이 많을 때 사용하고 가로 축이 없다.
④ **영역형 차트**: 시간의 경과에 따른 변화를 보여주고, 각 값의 합계와 전체에 관한 관계를 비교한다.

> ⓘ **가장 빠른 합격비법**
> 종류별 차트의 특징을 묻는 문제가 종종 출제됩니다. 노른자 111을 통해 각 차트별 특징을 정리하도록 합니다.

22 ③ 노른자 095

조건이 하나일 때 배열 수식을 이용하여 개수를 구하는 방법은 다음과 같다.

- 방법1: {=SUM(조건)*1}
- 방법2: {=SUM(IF(조건,1))}
- 방법3: {=COUNT(IF(조건,1))}

위의 배열 수식에 조건을 대입하면 다음과 같다.

- 방법1: {=SUM(($C$3:$C$9=G3)*1)}
- 방법2: {=SUM(IF($C$3:$C$9=G3,1))}
- 방법3: {=COUNT(IF($C$3:$C$9=G3,1))}

> ⓘ **가장 빠른 합격비법**
> 배열 수식을 이용하여 수식을 만드는 문제는 거의 매회 출제되고 있습니다. 수식을 입력한 후 Ctrl+Shift+Enter를 누르면 중괄호 { }가 표시됩니다. 노른자 095를 통해 자주 출제되는 배열 수식을 정리하세요.

23 ③ 노른자 079

셀 병합을 하면 다음과 같이 가장 왼쪽 또는 위쪽의 셀 데이터만 남고 나머지 셀 데이터는 모두 지워진다.

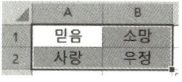 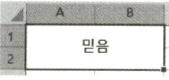

> ⓘ **가장 빠른 합격비법**
> 셀에 데이터가 입력되어 있는 상태에서 셀 병합을 하면 입력된 데이터에 어떠한 변화가 있는지 직접 확인하는 것이 좋습니다.

24 ④ 노른자 115, 117

[인쇄]의 [페이지 설정] 대화상자에서는 '반복할 행', '반복할 열', '인쇄 영역' 부분이 비활성화되어 있으므로 지정하여 사용할 수 없다.

> ⓘ 가장 빠른 합격비법
> [인쇄]의 [페이지 설정] 대화상자에서는 지정할 수 있는 항목이 제한적입니다. [페이지 레이아웃] 탭의 [페이지 설정] 그룹과 비교하여 정리하도록 합니다.

25 ④ 노른자 072

상대방의 승인 없이도 필요할 때 공유 통합 문서에서 특정 사용자의 연결을 끊을 수 있다.

> ⓘ 가장 빠른 합격비법
> 통합 문서 공유는 빈출되는 개념입니다. 통합 문서 공유에 관한 개념을 정리하도록 합니다.

26 ③ 노른자 075

피벗 테이블 보고서에 삽입된 메모는 데이터를 정렬해도 데이터와 함께 이동되지 않는다.

> ⓘ 가장 빠른 합격비법
> 자주 출제되는 내용은 아닙니다. 고득점을 위해 노른자 075에 정리된 메모의 특징을 기억하도록 합니다. 메모는 버전에 따라 노트로 불릴 수 있습니다.

27 ③ 노른자 097

정렬할 범위에 병합된 셀이 포함되어 있으면 정렬을 할 수 없다.

> ⓘ 가장 빠른 합격비법
> 여러 데이터 형식이 혼합되어 있는 경우의 정렬 순서는 자주 출제되는 내용이므로 기억하도록 합니다.

28 ④ 노른자 073

셀을 선택하고 Alt+↓를 누르면 같은 열에 입력된 문자열에 관한 목록이 표시된다.

> ⓘ 가장 빠른 합격비법
> 문제의 시트는 데이터 입력을 빠르게 진행하기 위하여 이미 입력된 내용의 목록을 표시하고 있습니다. 이처럼 빠른 데이터 입력을 위해 사용하는 단축키를 노른자 073을 통해 정리하도록 합니다.

29 ③ 노른자 121

배열의 크기를 지정할 때는 변수 이름 다음에 괄호( )를 붙인다.

> ⓘ 가장 빠른 합격비법
> VBA는 어려운 내용에 속합니다. 배열에 관련된 내용은 거의 출제되지 않으므로 선지의 내용만 간단히 정리하도록 합니다.

30 ② 노른자 089, 091

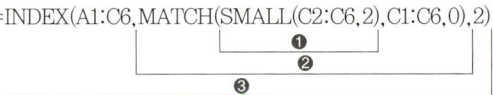

❶ SMALL(C2:C6,2): [C2:C6] 영역에서 두 번째로 작은 값을 구하므로 결괏값은 '90'
❷ MATCH(90,C1:C6,0): [C1:C6] 영역에서 90과 정확히 일치하는 값을 찾은 후 상대 위치를 표시하므로 결괏값은 '6'
❸ =INDEX(A1:C6,6,2): [A1:C6] 영역에서 6행 2열의 값이 반환되므로 결괏값은 '이루리'

> ⓘ 가장 빠른 합격비법
> INDEX와 MATCH 함수는 혼용하여 자주 사용됩니다. 각 함수의 형식과 기능을 실습하면서 정리하도록 합니다.

31 ②

=IFERROR(XMATCH("마우스",A2:A6),"Not Found")

❶ XMATCH("마우스",A2:A6): XMATCH(lookup_value,lookup_array,[match_mode],[search_mode]))는 특정 목록에서 원하는 값의 위치를 찾는 함수로 lookup_value는 찾으려는 값, lookup_array는 찾으려는 값이 포함된 배열 또는 범위, [match_mode](선택)는 원하는 값이 발견되지 않을 경우 동작 방식 결정, [search_mode](선택)는 배열에서 값을 찾는 방식을 결정함. 따라서 결괏값은 '3'
❷ IFERROR(3,"Not Found"): IFERROR는 엑셀에서 오류를 처리하는 함수로 "마우스"가 없는 경우 "Not Found"를 반환하여 결괏값은 '3'

> ⓘ 가장 빠른 합격비법
> XMATCH 함수는 2024년 출제 기준에 새롭게 추가된 함수로서 생소할 수 있습니다. 함수의 기본 형식과 의미를 기억하도록 합니다.

32 ② 노른자 065

선택 영역의 문자 셀 수가 아닌 숫자의 셀 수를 표시할 수 있다.

> ⓘ 가장 빠른 합격비법
> 노른자 065를 통해 엑셀 화면에서 상태 표시줄에 관한 개념을 정리하도록 합니다.

33 ④ 노른자 118

설명은 매크로에 설명이 필요한 경우에만 입력하면 된다.

> ⓘ **가장 빠른 합격비법**
> 엑셀에서 매크로는 자주 사용되는 명령어이고 시험에도 자주 출제되고 있습니다. 매크로에 관한 내용은 꼼꼼히 학습하도록 합니다.

34 ④ 노른자 111

원형 차트는 각 항목의 값이 항목 합계의 비율로 표시되고, 하나의 데이터 계열만 표시할 수 있다.

> ⓘ **가장 빠른 합격비법**
> 차트의 종류별로 특징적인 개념을 정리하도록 합니다. 특히 데이터 계열이 하나인 차트는 자주 출제되는 편이므로 그 종류를 정리하세요.

35 ③ 노른자 107

주어진 워크시트는 목표값인 박들샘의 평균이 90이 되기 위하여 필요한 텍스트마이닝 점수를 찾기 위한 것이다. 이때 [목표값 찾기] 대화상자에서 '수식 셀'은 [E11], '찾는 값'은 90, '값을 바꿀 셀'은 [C11]을 지정해야 한다.

> ⓘ **가장 빠른 합격비법**
> 목표값 찾기 기능을 진행하기 위한 단계별 의미를 알아야 합니다. 문제의 워크시트 내용을 엑셀에 직접 입력하고 실습해 보세요.

36 ② 노른자 096

조인된 결과는 가져올 수 있지만 여러 테이블을 엑셀로 가져와서 조인하는 기능은 없다.

> ⓘ **가장 빠른 합격비법**
> 엑셀 프로그램이 업데이트되면서 용어 변경이 있는 내용 중 하나입니다. 노른자 096을 통해 외부 데이터 가져오기 기능을 정리하도록 합니다.

37 ① 노른자 115

[페이지 설정] 대화상자의 [여백] 탭에서는 페이지의 가로 또는 세로 방향의 가운데에 맞춰서 인쇄하는 기능을 지원한다.

> ⓘ **가장 빠른 합격비법**
> 노른자 115를 통해 [페이지 설정] 대화상자의 각 명령어에 관한 개념을 정리하도록 합니다.

38 ③ 노른자 090

SUBSTITUTE(문자열,인수1,인수2,n): 문자열에서 n번째의 인수1을 인수2로 교체하여 변환한다. n을 생략한 경우 모든 인수1을 인수2로 변경한다. 따라서 문제의 수식은 첫 번째로 표시된 38을 찾아 999로 변환하여 표시하므로 결괏값은 '서울시 노원구 상계동 1999번지 38동 381호'이다.

> ⓘ **가장 빠른 합격비법**
> SUBSTITUTE 함수의 기능과 사용 형식을 정리하도록 합니다.

39 ④ 노른자 109

문자 필드인 경우 그룹 이름은 [그룹화] 대화상자에서 지정하는 것이 아니라 피벗 테이블 화면에서 해당 그룹 이름을 직접 선택한 후 변경해야 한다.

> ⓘ **가장 빠른 합격비법**
> 노른자 109를 통해 피벗 테이블의 그룹화 개념을 정리하도록 합니다.

40 ③ 노른자 095

배열 상수를 입력할 때 열의 구분은 쉼표(,)로 행의 구분은 세미콜론(;)으로 한다. [A1:C2] 영역을 블록으로 지정한 후 ={3,6,9;2,4,6}을 입력하고 Ctrl+Shift+Enter를 누르면 다음과 같이 입력된다.

	A	B	C
1	3	6	9
2	2	4	6

따라서 =SUM(A1,B2)의 결괏값은 3+4=7이다.

> ⓘ **가장 빠른 합격비법**
> 배열 수식에 관련된 문제는 자주 출제되고 있습니다.

3과목 | 데이터베이스 일반

41 ① 노른자 164

우편 레이블 보고서에 반드시 우편번호와 주소가 들어갈 필요는 없다.

> ⓘ **가장 빠른 합격비법**
> 우편물 레이블 보고서는 빈출되는 내용입니다. 노른자 164를 통해 기본적인 개념을 정리하도록 합니다.

42 ②   노른자 134
첨부 파일 기능을 사용하여 문서, 프레젠테이션, 이미지를 비롯한 다양한 형태의 파일을 데이터베이스의 레코드에 추가할 수 있다.

> ⓘ **가장 빠른 합격비법**
> 테이블에서 사진을 나타내는 경우 첨부 파일을 활용한다는 것을 기억하고, 다양한 데이터 형식의 종류에 대해서도 정리하도록 합니다.

43 ④   노른자 157
기본 폼은 '단일 폼' 형태로만, 하위 폼은 '단일 폼', '연속 폼', '데이터시트' 형태로 표시할 수 있다.

> ⓘ **가장 빠른 합격비법**
> 하위 폼은 빈출 키워드 중 하나입니다. 노른자 157을 통해 하위 폼의 특징을 반드시 기억하도록 합니다.

44 ③   노른자 129
주어진 내용은 E-R 다이어그램(ERD)에 관한 내용이다.

> ⓘ **가장 빠른 합격비법**
> 자주 출제되는 내용은 아니지만 고득점을 위해 노른자 129에 나와 있는 개체 관계 모델의 개념을 정리하도록 합니다.

45 ④   노른자 129
개체 타입과 속성, 개체 타입 간의 연결은 선으로 나타낸다.

> ⓘ **가장 빠른 합격비법**
> ERD에 사용되는 기본 구성 요소(사각형, 마름모, 타원, 선)와 관계를 정리하도록 합니다.

46 ③   노른자 153, 156
폼은 데이터가 연결된 '바운드 폼'과 연결되지 않은 '언바운드 폼'으로 구분한다.

> ⓘ **가장 빠른 합격비법**
> 노른자 153을 통해 폼의 특징과 다양한 속성에 관한 개념을 정리하도록 합니다. '언(un)'은 부정의 의미를 담고 있습니다.

47 ③   노른자 131, 135
외래 키에 관한 설명이다. 외래 키는 다른 테이블의 기본 키를 참조하는 키로, 참조하는 기본 키와 일치하는 값을 갖거나 Null 값을 가져야 한다.

> ⓘ **가장 빠른 합격비법**
> 기본 키는 빈출되는 매우 중요한 개념입니다. 노른자 135를 통해 기본 키의 특징을 반드시 기억하도록 합니다. 문제처럼 기본 키의 특징을 물으면서 다른 키의 개념이 섞인 형태로 출제됩니다.

48 ①   노른자 137, 147
점수 BETWEEN 90 AND 95는 점수가 90 이상 95 이하인 레코드를 검색한다.

> ⓘ **가장 빠른 합격비법**
> SELECT문의 기본 형식을 기억하고 BETWEEN의 의미를 정리하도록 합니다.

49 ①   노른자 149
'Date( )'는 현재 시스템의 날짜 표시하는 함수이다. 현재 시스템의 날짜와 시간 표시하는 함수는 'Now( )'이다. 또한 'mm'은 01~12까지 두 자리 숫자로 월을 표시하고, 'dd'는 01~31까지 두 자리 숫자로 일을 표시한다.

> ⓘ **가장 빠른 합격비법**
> 날짜만 묻는 것인지, 날짜와 시간을 모두 묻는 것인지는 빈출되는 선지 중 하나입니다.

50 ②   노른자 132
정규화는 제5정규형까지 마무리하지 않아도 된다.

> ⓘ **가장 빠른 합격비법**
> 데이터베이스에서 정규화는 매우 중요합니다. 각 단계별 특징을 정리하도록 합니다.

51 ③   노른자 147
주어진 SELECT문의 의미는 테이블 또는 쿼리에서 조건에 만족하는 필드명을 검색한다는 것이다.
㉠ 〈학생〉 테이블에서 '학과' 필드를 표시하므로 컴퓨터공학 30명, AI응용 30명, 빅데이터 30명, 총 90개의 튜플이 표시된다.
㉡ DISTINCT는 중복을 제외하고 표시하므로 컴퓨터공학, AI응용, 빅데이터, 3가지가 표시된다.

> ⓘ **가장 빠른 합격비법**
> SELECT문은 자주 출제되고 있습니다. 기본 형식과 DISTINCT 사용법을 정리하도록 합니다.

52 ①
노른자 171

오답 해설

② Open Report: 보고서를 열거나 인쇄한다.
③ Run Macro: 매크로를 실행한다.
④ Quit Access: 액세스를 종료한다.

> ⓘ 가장 빠른 합격비법
> 매크로 함수는 다양하고 어려운 부분입니다. 자주 출제되는 매크로 함수 위주로 정리하도록 합니다.

53 ③
노른자 166

보고서 바닥글은 보고서의 마지막 페이지에 한 번만 표시되며, 전체 데이터의 합계와 같은 요약 정보를 나타내는 데 사용한다.

> ⓘ 가장 빠른 합격비법
> 보고서의 각 구역별 특징을 정리하도록 합니다. 보고서의 머리글 영역과 바닥글 영역의 인쇄에 관한 내용은 빈출되는 내용 중 하나입니다.

54 ①
노른자 163

DAVG("필드","도메인","조건"): 도메인에서 조건에 맞는 필드의 평균를 구한다. 따라서 도메인에서 조건에 맞는 필드의 평균을 구하는 함수식은 =DAVG("[점수]", "[학생]", "[학과]='전자공학'")이다.

> ⓘ 가장 빠른 합격비법
> 노른자 163에 정리되어 있는 도메인 함수의 형식과 의미를 정리하도록 합니다. 도메인 함수의 첫 글자는 'D'로 시작합니다.

55 ①
노른자 139, 160

주어진 내용은 '컨트롤 원본'에 관한 설명이다. '기본값'은 레코드 추가 시 필드에 기본적으로 입력되는 값을 지정한다.

> ⓘ 가장 빠른 합격비법
> 노른자 160을 통해 다양한 컨트롤에서 콤보 상자의 각각의 속성에 대해 정리하도록 합니다.

56 ①
노른자 166

누적 합계는 레코드나 그룹별로 누적값을 계산하는 기능이다. 컨트롤 원본은 '=1'로, 누적 합계 속성에서 '그룹'을 지정하면 그룹별로 일련 번호가 나타난다. 만약 컨트롤 원본은 '=1'과 누적 합계 속성에서 '모두'를 지정하면 전체 일련 번호가 나타난다.

> ⓘ 가장 빠른 합격비법
> 일련 번호를 누적하여 표시하는 방법을 그룹별과 전체로 구분하여 기억하도록 합니다.

57 ①
노른자 149

=Count([수량])은 Null을 제외한 개수를 구하므로 3이 된다.

> ⓘ 가장 빠른 합격비법
> COUNT(*)과 COUNT(필드)의 차이점에 대해 정리하도록 합니다.

58 ④
노른자 171

GoToRecord 함수에 관한 설명이다. FindNextRecord 함수는 FindRecord 함수나 [찾기 및 바꾸기] 대화상자에서 지정한 조건에 맞는 다음 레코드를 찾는다.

> ⓘ 가장 빠른 합격비법
> 다양한 매크로 함수가 존재합니다. 노른자 171을 통해 자주 출제되는 매크로 함수 위주로 개념을 정리하도록 합니다. 이 부분은 실기와 함께 학습하면 더욱 효과적입니다.

59 ②
노른자 161

해당 컨트롤의 '탭 정지' 속성에서 '아니오'를 선택하면 탭 순서에서 제외된다. 그리고 '탭 정지' 속성의 기본 값은 '예'로 설정되어 있다.

> ⓘ 가장 빠른 합격비법
> 탭 순서 지정과 탭 정지에 관한 개념을 정리하도록 합니다.

60 ②

다른 개체에 있는 컨트롤을 컨트롤 원본에 지정할 경우의 형식은 =[개체]![개체 이름]![컨트롤 이름]과 같이 지정한다.

> ⓘ 가장 빠른 합격비법
> 개체의 필드나 컨트롤을 참조할 때 개체와 개체 이름과 컨트롤 이름은 !(느낌표)로 구분한다는 것을 기억하도록 합니다.

답 없이 푸는 제15회 기출변형문제

문제 ▶ 287쪽

01	①	02	④	03	②	04	④	05	④
06	①	07	②	08	②	09	①	10	④
11	③	12	③	13	①	14	③	15	②
16	④	17	②	18	①	19	①	20	④
21	④	22	②	23	①	24	③	25	④
26	②	27	①	28	②	29	②	30	③
31	①	32	②	33	④	34	③	35	②
36	③	37	①	38	④	39	②	40	②
41	②	42	③	43	①	44	③	45	②
46	④	47	②	48	③	49	③	50	①
51	②	52	④	53	②	54	③	55	②
56	②	57	③	58	②	59	③	60	③

1과목 컴퓨터 일반

01 ① ▶ 노른자 048

오답 해설

② 코덱(CODEC)에 관한 설명이다.
③ 시퀀싱(Sequencing)에 관한 설명이다.
④ DIVX에 관한 설명이다.

> ⓘ 가장 빠른 합격비법
> 스트리밍(Streaming)은 동영상 데이터에서 중요한 핵심적인 기술이므로 꼭 기억하도록 합니다.

02 ④ ▶ 노른자 063

공개키 암호화 기법은 공개키로 암호화를 하고, 개인키로 복호화를 하기 때문에 관리해야 할 키의 수가 적다.

> ⓘ 가장 빠른 합격비법
> 보안에 관한 중요성이 강조됨에 따라 보안과 관련한 문제는 꾸준히 출제되고 있습니다. 특히 공개키 암호화 기법과 비밀키 암호화 기법은 비교하여 자주 출제되므로 노른자 063을 통해 개념을 정리하도록 합니다.

03 ② ▶ 노른자 058

미러 사이트(Mirror Site)는 사용자가 원본 사이트에 직접 접속하지 않고도 동일한 정보를 더 빠르게 얻을 수 있도록 돕는다. 원본 사이트의 트래픽 부담을 줄이고 전체 네트워크 성능을 향상시키는 데 도움이 된다.

> ⓘ 가장 빠른 합격비법
> 미러 사이트(Mirror Site)에서 Mirror는 거울을 의미합니다. 사이트 복사와 거울의 역할을 연결하여 암기하세요.

04 ④ ▶ 노른자 061

주어진 내용은 스니핑(Sniffing)에 관한 설명이다. 스푸핑(Spoofing)은 IP, 이메일, 도메인 네임 등을 속여서 검증된 사람의 정보를 자신의 정보인 것처럼 위장하여 공격하는 것이다.

> ⓘ 가장 빠른 합격비법
> 정보보안 위협 행위에 관한 용어를 전반적으로 정리하세요. 특히 스니핑(Sniffing)과 스푸핑(Spoofing)은 이름이 비슷하여 헷갈리는 경우가 있습니다. 용어가 비슷할수록 개념을 정확히 정리하도록 합니다.

05 ④ ▶ 노른자 046

오답 해설

①, ②, ③ 벡터(Vector) 방식 이미지에 관한 내용이다.

> ⓘ 가장 빠른 합격비법
> 비트맵 이미지와 벡터 이미지에 관한 특징은 비교되어 자주 출제됩니다. 노른자 046을 통해 정확하게 정리하도록 합니다.

06 ① ▶ 노른자 023

그림판의 기본 파일 확장명은 .PNG이다.

> ⓘ 가장 빠른 합격비법
> Windows가 업데이트되면서 그림판의 기본 파일 확장자가 PNG로 변경되었습니다.

07 ② ▶ 노른자 058

오답 해설

① 와이브로(WiBro)에 관한 설명이다.
③ LBS(Location Based Services)에 관한 설명이다.
④ 블루투스(Bluetooth)에 관한 설명이다.

> ⓘ 가장 빠른 합격비법
> 기술에 관한 용어는 쉬운 듯 하지만 실제 시험에서 만나면 헷갈릴 수 있습니다. 노른자 058을 통해 주요 개념들을 정리하세요.

08 ②

컴퓨터, 휴지통, 문서 등 바탕 화면에 표시되는 아이콘을 삭제한 경우라도 다시 표시할 수 있다.

> **가장 빠른 합격비법**
> 컴퓨터를 켜면 항상 접하게 되는 바탕 화면이지만 문제로 나오면 생소할 수 있습니다. 그냥 외우지 말고 실제로 대화상자를 열어서 바탕 화면의 기능을 정리하세요.

09 ①

내용을 열면 바이러스에 감염될 수 있으므로 의심스러운 이메일은 확인하지 않고 곧바로 삭제해야 한다.

> **가장 빠른 합격비법**
> 바이러스에 대처하는 방법은 상식적으로 생각하면 쉽습니다. 노른자 062를 통해 바이러스의 종류별 특징도 정리하도록 합니다.

10 ④

4개의 비트(Bit)가 모여 1개의 니블(Nibble)을 구성한다.

> **가장 빠른 합격비법**
> 자료 구성 단위는 출제되면 헷갈릴 수 있으므로 노른자 027을 통해 개념을 정리하도록 합니다. 특히 크기와 숫자를 집중적으로 학습하세요.

11 ③

주어진 내용은 리피터(Repeater)에 관한 설명이다.

> **가장 빠른 합격비법**
> 네트워크에 관련된 장비 중 라우터(Router)와 리피터(Repeater)의 특징을 정리하도록 합니다.

12 ③

주어진 내용은 WML(Wireless Markup Language)에 관한 설명이다. 마크업 언어(Markup Language)는 텍스트를 구조화하고 정보를 추가하는 데 사용되는 컴퓨터 언어이다.

> **가장 빠른 합격비법**
> 다양한 프로그래밍 언어가 존재합니다. 노른자 044를 통해 자주 출제되는 언어와 특징을 정리하도록 합니다.

13 ①

SSD(Solid State Drive)는 반도체를 이용한 기억장치이다.

> **가장 빠른 합격비법**
> 하드디스크가 점점 사라지면서 SSD로 대체되고 있습니다. SSD의 특징과 하드디스크의 특징을 비교하는 문제가 자주 출제되고 있으므로 둘을 비교하여 정리하도록 합니다.

14 ③

주어진 내용은 FTP(File Transfer Protocol)에 관한 내용이다.

> **가장 빠른 합격비법**
> 인터넷 사용 시 사용하는 HTTP 프로토콜에 관한 내용으로 선지의 내용은 알고 시험장에 가도록 합니다.

15 ②

주어진 내용은 PNG 파일에 관한 설명이다. JPEG 파일은 24비트 컬러를 사용하여 트루컬러로 이미지를 표현한다.

> **가장 빠른 합격비법**
> JPEG의 특징을 정리하고 이와 비교하여 PNG의 특징도 정리하도록 합니다.

16 ④

가상 메모리는 보조기억장치를 주기억장치처럼 사용하는 메모리로, BIOS와 관련이 없는 개념이다. BIOS는 컴퓨터가 부팅될 때 실행되는 소프트웨어이다.

> **가장 빠른 합격비법**
> BIOS는 Windows에서 중요한 역할을 하고 있습니다. 노른자 035를 통해 기본 개념을 잘 정리하도록 합니다.

17 ②

[접근성 센터]는 시각장애나 청각장애가 있는 사용자들을 위해 다양한 기능을 제공하여 컴퓨터를 편리하게 사용할 수 있도록 도와주는 기능이다. [다중 디스플레이] 설정은 여러 대의 모니터를 연결할 때 사용하는 기능으로, 윈도우 바탕 화면에서 마우스 오른쪽 클릭 – [디스플레이 설정] 창에서 실행 가능하다.

> **가장 빠른 합격비법**
> 접근성 센터에서는 컴퓨터를 편리하게 사용하기 위한 다양한 기능을 제공하고 있습니다. 제공되는 기능별 특징을 정리하도록 합니다.

18 ①

컴퓨터 설명, 작업 그룹 등은 [시스템]–[정보]–[컴퓨터 이름] 탭에서 지정할 수 있다.

> ⓘ 가장 빠른 합격비법
> Windows의 제어판 기능에 관한 내용은 방대하기 때문에 자주 출제되는 기능 위주로 정리하도록 합니다.

19 ① 　　　　　　　　　　　　　　　 노른자 051

주어진 내용은 허브(Hub)에 관한 설명이다. 모뎀(MODEM)은 디지털 신호를 아날로그로 변환하여 전송한 후, 다시 디지털 신호로 변환하는 장치이다.

> ⓘ 가장 빠른 합격비법
> 네트워크 장치별 특징을 정리하도록 합니다. 허브, 라우터, 리피터, 게이트웨이는 빈출되는 개념입니다.

20 ④ 　　　　　　　　　　　　　　　 노른자 037

드라이브 조각 모음 및 최적화는 드라이브의 접근 속도를 향상시키기 위한 방법이다.

> ⓘ 가장 빠른 합격비법
> 컴퓨터 관리 부분에서 특별히 용량 부족 문제를 해결하기 위한 것인지, 속도 향상을 위한 것인지를 잘 구분하여 정리하도록 합니다.

2과목　스프레드시트 일반

21 ④ 　　　　　　　　　　　　　　 노른자 115, 117

[페이지 설정] 대화상자에는 '일련번호로 출력' 옵션이 없다.

> ⓘ 가장 빠른 합격비법
> 노른자 115를 통해 [페이지 설정] 대화상자의 각 탭의 특징을 정리하도록 합니다. 엑셀에서 인쇄에 관한 여러 옵션 내용이 빈출되고 있으므로 선지의 내용 정도는 반드시 알고 있어야 합니다.

22 ② 　　　　　　　　　　　　　　　 노른자 118

매크로 이름에는 공백을 사용할 수 없다.

> ⓘ 가장 빠른 합격비법
> 매크로 이름을 설정하는 것에 관한 내용은 빈출되는 주제 중 하나입니다. 매크로 이름의 첫 글자는 문자, 그리고 공백은 불가하다는 점을 기억하도록 합니다.

23 ① 　　　　　　　　　　　　　　　 노른자 095

배열 상수에 수식은 사용할 수 없다.

> ⓘ 가장 빠른 합격비법
> 노른자 095를 통해 배열 상수와 배열 수식에 관한 개념과 특징을 정리하도록 합니다.

24 ③ 　　　　　　　　　　　　　　　 노른자 091

=CHOOSE(ROWS(A2:B6),A2,A3,A4,A5,A6)
　　　　　❶
　　　　　　❷

❶ ROWS(A2:B6): [A2:B6]의 행 개수를 의미하므로 결괏값은 '5'
❷ CHOOSE(5,A2,A3,A4,A5,A6): 다섯 번째 요소인 [A6] 셀의 값이 나오므로 결괏값은 '모니터'

오답 해설

① =CHOOSE(N(B5)+1,A2,A3,A4,A5,A6)
　　　　　　❶
　　　　　　　❷

❶ N(B5)+1: N(B5)는 [B5] 셀의 값을 표시하라는 의미인데, FALSE는 0으로 표현되므로 N(B5)+1의 결괏값은 '1'
❷ CHOOSE(1,A2,A3,A4,A5,A6): 첫 번째 요소인 [A2] 셀의 값이 나오므로 결괏값은 '노트북'

② =CHOOSE(CELL("contents",B2)/5,A2,A3,A4,A5,A6)
　　　　　　❶
　　　　　　　❷

❶ CELL("contents",B2)/5: contents는 서식을 제외한 셀 값의 반환을 의미하므로 [B2] 셀의 값인 5를 가져오게 되고, 5÷5를 하여 결괏값은 '1'
❷ CHOOSE(1,A2,A3,A4,A5,A6): 첫 번째 요소인 [A2] 셀의 값이 나오므로 결괏값은 '노트북'

④ =CHOOSE(TYPE(B4),A2,A3,A4,A5,A6)
　　　　　　❶
　　　　　　　❷

❶ TYPE(B4): [B4] 셀에 입력된 값은 숫자이므로 결괏값은 '1'
❷ CHOOSE(1,A2,A3,A4,A5,A6): 첫 번째 요소인 [A2] 셀의 값이 나오므로 결괏값은 '노트북'

> ⓘ 가장 빠른 합격비법
> ROWS, CHOOSE 함수에 관한 개념과 N, CELL, TYPE 함수의 형식과 의미를 정리하도록 합니다.

25 ④ 　　　　　　　　　　　　　　 노른자 068, 073

Ctrl + Shift + Home 을 누르면 현재 셀 포인터가 있는 위치부터 [A1] 셀까지 블록으로 지정된다.

> ⓘ 가장 빠른 합격비법
> 셀 포인터 이동에 사용되는 단축키를 정리하도록 합니다. 엑셀에서 단축키는 실기뿐만 아니라 실무에서도 중요합니다.

26 ② → 노른자 108

'숨기기'를 선택하면 모든 시나리오가 아니라 워크시트가 보호되는 시나리오를 표시하지 않도록 할 수 있다.

> ⚠ **가장 빠른 합격비법**
> 시나리오는 실제 잘 사용하지 않아 생소할 수 있지만 필기와 실기에 모두 출제되는 중요한 개념입니다. 시나리오를 실행하는 방법과 각 단계별 특징을 알아두세요.

27 ① → 노른자 101, 106

윤곽 기호를 삭제하면 윤곽 기호만 삭제되고 요약 정보는 삭제되지 않는다.

> ⚠ **가장 빠른 합격비법**
> 개요 설정 기능은 자주 사용하는 기능은 아니지만 알아두면 필기와 실기에 모두 도움되므로 노른자 101, 106을 통해 개념을 정리하도록 합니다.

28 ② → 노른자 093, 105

대출금액([B4] 셀)이 변경되면 자동으로 [D8:F11] 영역의 월불입액도 변경된다.

> ⚠ **가장 빠른 합격비법**
> 함수를 해석하는 문제는 매 시험에 출제되고 있습니다. 어렵다고 피하지 말고 데이터 표의 기능과 PMT 함수의 형식과 의미를 기억하도록 합니다.

29 ② → 노른자 095

조건이 하나일 때 배열 수식을 이용하여 개수를 구하는 방법은 다음과 같다.

- 방법1: {=SUM(조건)*1}
- 방법2: {=SUM(IF(조건,1))}
- 방법3: {=COUNT(IF(조건,1))}

조건은 주문금액이 50,000 이상으로 (B2:B5)*(C2:C5)>=50000과 같이 표시할 수 있다. 배열 수식에 위의 조건을 대입하면 다음과 같다.

- 방법1: {=SUM((B2:B5*C2:C5>=50000)*1)}
- 방법2: {=SUM(IF(B2:B5*C2:C5>=50000,1))}
- 방법3: {=COUNT(IF(B2:B5*C2:C5>=50000,1))}

> ⚠ **가장 빠른 합격비법**
> 노른자 095를 통해 배열 수식에서 조건이 한 개인 경우와 조건이 여러 개인 경우를 구분하여 형식을 정리하도록 합니다. 수식을 입력한 후 Ctrl+Shift+Enter를 누르면 중괄호 { }가 표시됩니다.

30 ③ → 노른자 073

현재 날짜를 나타내는 단축키는 Ctrl+;이고, 현재 시간을 나타내는 단축키는 Ctrl+Shift+;이다.

> ⚠ **가장 빠른 합격비법**
> 데이터 입력 시 사용할 수 있는 단축키의 개념을 정리하도록 합니다.

31 ① → 노른자 124, 126

- Range("A1").CurrentRegion.Cells: [A1] 셀과 연결된 인접된 모든 셀 표시
- MsgBox (메시지 내용, 버튼 종류+아이콘, 제목 표시줄에 표시될 글자) 표시
  - disp.Address: [A1] 셀과 인접된 셀 영역의 주소 표시
  - 버튼 종류: 생략 시 〈확인〉 단추 표시되고 1 입력 시 〈확인〉과 〈취소〉 단추 표시
  - 아이콘: 48은 경고(⚠) 아이콘이 표시되고 64는 정보(ⓘ) 아이콘이 표시됨

> ⚠ **가장 빠른 합격비법**
> MsgBox 형식에서 표시되는 아이콘 모양과 표시되는 위치에 대해 개념을 정리하도록 합니다. 개념적으로 이해하는 것보다 예시를 통해 형식을 익히는 것이 훨씬 쉽게 학습할 수 있습니다.

32 ② → 노른자 076

셀을 삽입하는 단축키는 Ctrl+⊞이고, 셀을 삭제하는 단축키는 Ctrl+⊟이다.

> ⚠ **가장 빠른 합격비법**
> 엑셀에서 자주 사용하는 단축키를 정리하도록 합니다. 이때 실제 엑셀 워크시트를 통해 연습하면 쉽게 기억할 수 있습니다.

33 ④ → 노른자 090

=REPT(IF(B2>60%,"♥","♡"), QUOTIENT(B2,10%))
        ❶   ❷
              ❸

❶ IF(B2>60%,"♥","♡"): [B2] 셀의 값이 60%보다 크면 "♥"를 반환하므로 결괏값은 '♥'
❷ QUOTIENT(B2,10%): [B2] 셀의 값 88%를 10%로 나눈 값을 반환하므로 결괏값은 '8'
❸ REPT("♥",8): "♥"를 8번 반복하여 표시함

> ⚠ **가장 빠른 합격비법**
> REPLACE, IF, QUOTIENT 함수의 기본 형식과 사용법을 정리하도록 합니다.

34 ③ 노른자 115, 117

차트는 '확대/축소' 배율을 지정하여 인쇄할 수 없다. 차트를 선택하고 페이지 설정 메뉴로 이동하면 차트 페이지 설정에 관한 명령을 확인할 수 있다.

> ⚠️ **가장 빠른 합격비법**
> 특정한 목적으로 인쇄하고자 할 경우 선택해야 하는 인쇄 명령에 대해 정리하도록 합니다.

35 ③ 노른자 126

CurrentRegion: 특정 셀과 연결된 사각형 모양의 인접 셀 영역을 의미한다. 따라서 [B2] 셀을 둘러싼 사각형 형태를 의미하므로 [A1:C3]이 된다.

> ⚠️ **가장 빠른 합격비법**
> CurrentRegion과 Range 개체는 빈출되는 내용입니다. 노른자 126을 통해 의미를 정리하도록 합니다.

36 ③ 노른자 073, 083

수식을 입력한 후 결괏값이 수식이 아닌 상수로 입력되게 하려면 수식을 입력한 후 바로 F9를 누른다.

> ⚠️ **가장 빠른 합격비법**
> 수식을 입력하는 방법 중 단축키를 사용하는 경우에 대해 정리하도록 합니다.

37 ① 노른자 072

공유된 통합 문서에서 입력과 편집은 가능하지만 조건부 서식, 차트, 시나리오 등을 추가하거나 변경할 수 없다.

> ⚠️ **가장 빠른 합격비법**
> 노른자 072를 통해 통합 문서 공유의 특징을 정리하도록 합니다.

38 ④ 노른자 080

사용자 지정 표시 형식은 '양수;음수;0;텍스트' 순서로 지정하며, 조건이나 글꼴 색은 대괄호([ ]) 안에 입력한다. 셀의 값이 0일 때 0이 표시되게 하려면 표시 형식을 0으로 지정해야 한다.

> ⚠️ **가장 빠른 합격비법**
> 사용자 지정 표시 형식은 매우 중요한 내용이므로 다양한 예제로 연습하여 개념을 확실하게 정리하도록 합니다.

39 ② 노른자 126

Clear 메서드는 다음과 같다.
- Clear: 모두 지우기
- ClearContents: 내용 지우기
- ClearFormats: 서식 지우기
- ClearComments: 메모 지우기

> ⚠️ **가장 빠른 합격비법**
> 프로시저의 명령어는 다양하고 어렵게 느껴질 수 있습니다. 자주 출제되고 있는 명령어 위주로 정리해 나가도록 합니다.

40 ③ 노른자 117

페이지 나누기 미리 보기에서 인쇄 영역으로 설정된 부분은 밝게, 설정되지 않은 부분은 어둡게 표시된다.

> ⚠️ **가장 빠른 합격비법**
> 인쇄와 관련된 명령어와 의미를 정리하도록 합니다.

3과목 | 데이터베이스 일반

41 ① 노른자 165

[요약 옵션]은 숫자 필드에 대해서만 합계, 평균, 최대/최소 함수를 사용해서 값을 표시할 수 있다.

> ⚠️ **가장 빠른 합격비법**
> 보고서 마법사를 사용하여 보고서를 작성하는 과정과 각 단계의 의미를 정리하도록 합니다.

42 ④ 노른자 135

데이터가 이미 입력된 필드도 기본 키로 지정할 수 있다.

> ⚠️ **가장 빠른 합격비법**
> 기본 키는 빈출되는 개념입니다. 노른자 135를 통해 개념과 특징을 기억하도록 합니다. 특히 외래 키의 특징과 비교되어 출제될 수 있습니다.

43 ② 노른자 137

날짜 데이터는 양쪽에 #을 붙여야 하므로 #연도/월/일#의 형태로 표시한다. 또한 'Between A And B'는 A와 B 사이 값을 의미한다. 따라서 Between #2024/01/01# And #2024/12/31#로 나타내는 것이 적절하다.

> ⓘ **가장 빠른 합격비법**
> 노른자 137을 통해 Between 과 In의 기본 형식과 의미를 정리하도록 합니다. In은 지정한 값 중 하나를 의미합니다.

44 ③ 📱 노른자 153

폼에서 데이터를 입력하거나 수정하면 연결된 테이블이나 쿼리에도 변경된 내용이 반영된다.

> ⓘ **가장 빠른 합격비법**
> 노른자 153을 통해 폼에 관련된 개념과 폼에서 지정할 수 있는 속성을 정리하도록 합니다.

45 ③ 📱 노른자 144

'Σ 요약' 기능은 쿼리에서 사용되는 기능으로, 폼이나 테이블에서 사용할 수 없다.

> ⓘ **가장 빠른 합격비법**
> 요약에서 설정할 수 있는 것들을 정리하도록 합니다.

46 ④ 📱 노른자 140

한번 삭제한 필드는 되살릴 수 없다.

> ⓘ **가장 빠른 합격비법**
> 삭제된 필드는 절대 되살릴 수 없다는 것을 기억하도록 합니다. 노른자 140을 통해 필드 삭제의 특징을 학습하세요.

47 ④ 📱 노른자 147

SELECT문의 형식은 다음과 같다.

    SELECT 필드명 FROM 테이블 또는 쿼리 WHERE 조건

테이블 또는 쿼리에서 조건에 만족하는 필드명을 검색한다. 하위 질의문은 하위 질의를 먼저 처리하고 검색된 결과는 상위 질의에 적용되어 검색된다. 주어진 SELECT문의 의미는 직원 테이블에서 "정수현"의 팀코드를 검색하여 상위 질의에 반환한다는 것이다.

> ⓘ **가장 빠른 합격비법**
> 노른자 147을 통해 SELECT문의 기본 형식과 조건에 SELECT문을 사용하는 경우에 대해 정리하도록 합니다.

48 ③ 📱 노른자 138

인덱스는 여러 개의 필드에 설정할 수 있다.

> ⓘ **가장 빠른 합격비법**
> 노른자 138을 통해 인덱스를 사용하는 목적과 제한 조건 등을 정리하도록 합니다.

49 ③ 📱 노른자 144

오답 해설

① **선택 쿼리**: 테이블이나 쿼리에서 특정 조건을 지정하여 해당 데이터를 추출하는 쿼리이다.
② **크로스탭 쿼리**: 필드별 합계, 개수, 평균 등의 요약을 계산한 후 스프레드시트 형태로 표시하는 쿼리이다.
④ **매개변수 쿼리**: 쿼리를 실행할 때 값이나 패턴을 묻는 메시지를 표시하고 조건에 맞는 결과만 표시하는 쿼리이다.

> ⓘ **가장 빠른 합격비법**
> 노른자 144를 통해 쿼리의 종류별 특징에 대해 정리하도록 합니다.

50 ① 📱 노른자 147

SELECT문의 형식은 다음과 같다.

    SELECT 필드명 FROM 테이블 또는 쿼리 WHERE 조건

위의 조건식의 의미는 테이블 또는 쿼리에서 조건에 만족하는 필드명을 검색한다는 것이고, AND는 '~이고', OR는 '~이거나'의 조건이다. 문제에서는 전공이 '전자공학'이면서 '2학년'인 사람을 추출해야 하므로 AND를 사용해야 한다.

> ⓘ **가장 빠른 합격비법**
> SELECT문의 기본 형식을 이해하고 함께 사용되는 AND와 OR의 특징을 정리하도록 합니다.

51 ② 📱 노른자 156

연속 폼은 현재 창을 채울 만큼 여러 개의 레코드를 표시하는 폼이다.

> ⓘ **가장 빠른 합격비법**
> 폼의 기본 보기 속성의 전반적인 내용을 정리하고 단일 폼과 연속 폼의 차이점에 대해서 정리하세요.

52 ④ 📱 노른자 134

짧은 텍스트 형식은 최대 255자까지 저장할 수 있고, 긴 텍스트 형식은 최대 64,000자까지 저장할 수 있다.

제15회 기출변형문제(2023년 상시) **103**

> ⓘ 가장 빠른 합격비법
> 빈출되는 개념입니다. 노른자 134를 통해 다양한 데이터 형식의 종류별 특징을 정리하도록 합니다. 숫자는 오답 선지로 만들기에 매력적인 요소이므로 정확하게 알고 넘어가세요.

53 ②   ↗ 노른자 132

중복을 최소화하여 삽입, 삭제, 갱신 이상의 발생을 방지하는 것이 정규화의 목적이다.

> ⓘ 가장 빠른 합격비법
> 데이터베이스에서 정규화는 매우 중요한 내용입니다. 정규화의 목적과 단계별 특징에 대해서도 정리하도록 합니다.

54 ③   ↗ 노른자 166

컨트롤의 데이터가 이전 레코드와 동일한 경우에 표시되지 않도록 설정하려면 해당 컨트롤의 '중복 내용 숨기기' 속성을 '예'로 설정하면 된다.

> ⓘ 가장 빠른 합격비법
> 두 보고서의 차이점에 대해 판단하고 사용하는 속성에 관한 개념을 정리하도록 합니다.

55 ②   ↗ 노른자 158, 161

탭 컨트롤의 바로 가기 메뉴에서 [탭 순서]를 선택하면 폼 안에서 Tab 이나 Enter 를 눌렀을 때 이동되는 컨트롤들의 순서를 정의할 수 있다.

> ⓘ 가장 빠른 합격비법
> 탭 순서, 탭 정지의 개념을 정리하도록 합니다.

56 ②   ↗ 노른자 158

레이블은 언바운드 컨트롤로, 다른 레코드로 이동해도 내용이 변경되지 않는다.

> ⓘ 가장 빠른 합격비법
> 실기에서도 유용하게 쓰이는 기능입니다. 노른자 158을 통해 자주 사용되는 컨트롤의 특징과 개념을 정리하도록 합니다.

57 ③   ↗ 노른자 136

사용자 지정 형식은 세 개의 구역으로 나누며, 세미콜론(;)으로 구분한다. 그중 두 번째 구역은 구분 기호를 데이터와 함께 저장할지 지정하는 역할을 한다.

- 0: 구분 기호와 함께 저장
- 1: 구분 기호를 제외하고 저장

> ⓘ 가장 빠른 합격비법
> 입력 마스크의 사용자 지정 형식에서 사용하는 세 구역에 관한 개념을 확실하게 정리하도록 합니다.

58 ②   ↗ 노른자 147, 149

- COUNT(*): Null까지 포함한 개수
- COUNT(필드명): Null을 제외한 개수

따라서 COUNT(판매량)에서 Null을 제외한 개수는 2이다.

> ⓘ 가장 빠른 합격비법
> SELECT문의 기본 형식을 이해하고 COUNT(*)과 COUNT(필드명)에 관한 차이점을 정리하도록 합니다.

59 ③   ↗ 노른자 151

레코드의 전체 필드를 추가할 경우에는 필드 이름을 생략할 수 있다.

> ⓘ 가장 빠른 합격비법
> 노른자 151을 통해 INSERT문의 기본 형식과 개념을 정리하도록 합니다.

60 ③   ↗ 노른자 166

오답 해설

① **보고서 머리글**: 보고서의 첫 페이지에 한 번만 표시한다.
② **페이지 머리글**: 보고서 모든 페이지의 상단에 표시한다.
④ **보고서 바닥글**: 보고서의 맨 마지막 페이지에 한 번만 표시한다.

> ⓘ 가장 빠른 합격비법
> 보고서의 각 구역별 특징에 대해 정리하도록 합니다. 머리글/바닥글은 빈출되는 내용이므로 반드시 정리해야 합니다.

에듀윌
컴퓨터활용능력

1급 필기 초단기끝장

시험에 자주 출제되는 **엑셀 & 액세스**
필수기능
NO.33

실습으로 빠르게 익히자!

시험에 자주 출제되는 **엑셀 기능**

※ 실습파일, 완성파일은 EXIT 합격 서비스(exit.eduwill.net)의 [자료실 게시판]에서 다운로드

기능 01	사용자 지정 서식	노른자 080

지정된 서식 기호를 이용하여 사용자가 직접 표시 형식을 지정하는 기능

📥 실습파일 01사용자지정.xlsx　　📥 완성파일 01사용자지정_완성.xlsx

실습문제

A열의 '표시 형식' 항목에 설정된 사용자 지정 서식을 활용하여 결괏값을 구하시오.

❶ [C4] 셀에서 마우스 오른쪽 단추를 클릭하고, 바로 가기 메뉴에서 [셀 서식]을 클릭한다.

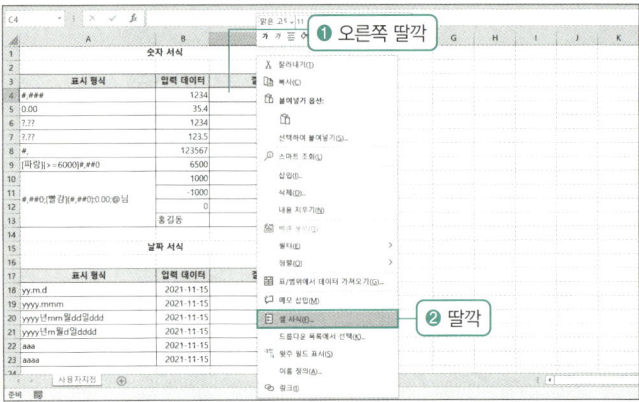

더 보기

[C4] 셀을 선택하고 바로 가기 키 Ctrl + 1 을 누르거나 [홈] 탭-[표시 형식] 그룹-[표시 형식] 아이콘(🗔)을 클릭해도 됩니다.

❷ [셀 서식] 대화상자가 나타나면 [표시 형식] 탭에서 '사용자 지정' 범주를 선택하고 '형식'에 [A4] 셀에 제시된 표시 서식인 '#,###'을 입력한 후 [확인] 단추를 클릭한다.

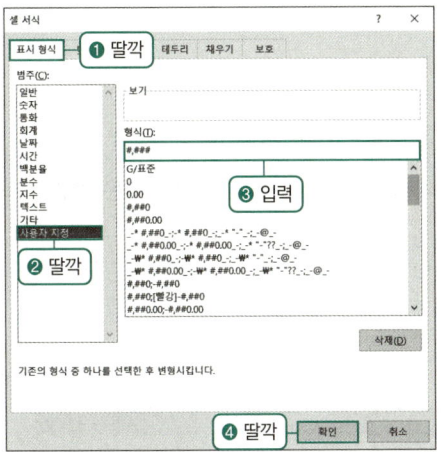

❸ 이와 같은 방법으로 [C5:C13] 영역에 '표시 형식' 항목에 제시된 사용자 지정 서식을 각각 지정한다.

❹ 이와 같은 방법으로 [C18:C23] 영역과 [C28:C29] 영역, [C34:C35] 영역에 날짜 서식과 시간 서식, 문자열 서식을 각각 지정한다.

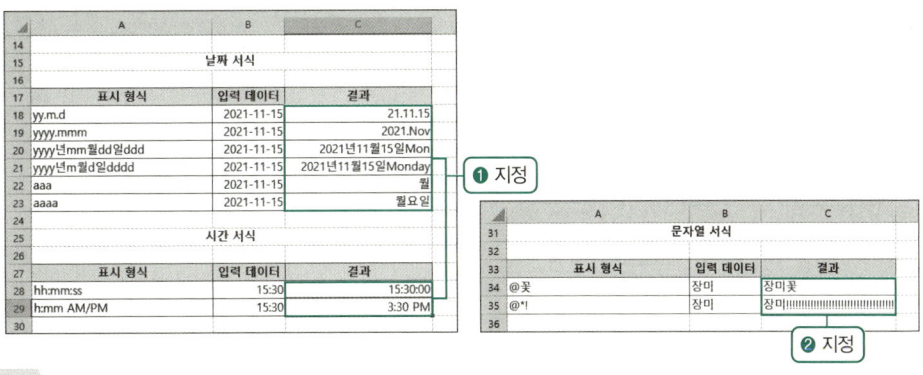

더 보기

• @: 문자 뒤에 @ 다음 문자열을 함께 표시
• *: * 뒤의 문자를 셀 너비만큼 채워서 표시

기능 02 조건부 서식

선택한 영역에서 특정 조건을 만족하는 셀에만 서식을 지정하는 기능

▶ 노른자 082

📥 **실습파일** 02조건부서식.xlsx   📥 **완성파일** 02조건부서식_완성.xlsx

실습문제

조건부 서식을 이용하여 총점이 '200점 이상'인 행에 글꼴 스타일은 '굵게', 글꼴 색은 '표준 색'의 '파랑'을 표시하시오.

❶ [A2:E6] 영역을 드래그하여 선택하고 [홈] 탭-[스타일] 그룹-[조건부 서식]을 클릭한 후 [새 규칙]을 클릭한다.

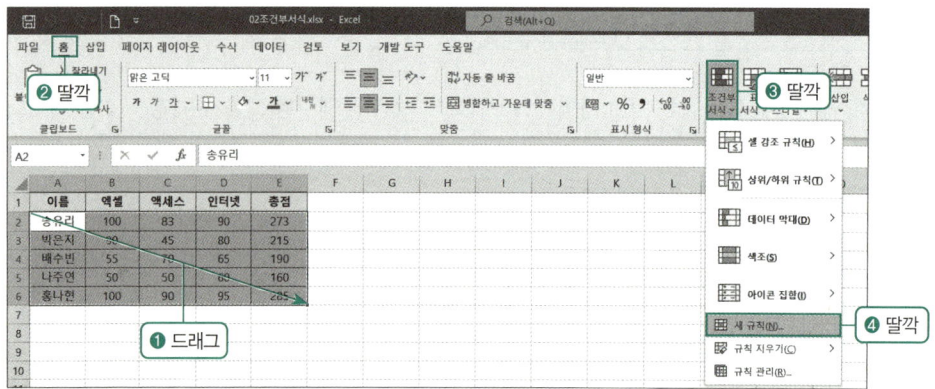

❷ [새 서식 규칙] 대화상자가 나타나면 '규칙 유형 선택'에서 '수식을 사용하여 서식을 지정할 셀 결정'을 선택하고 '다음 수식이 참인 값의 서식 지정'에 '=$E2>=200'을 입력한 후 [서식] 단추를 클릭한다.

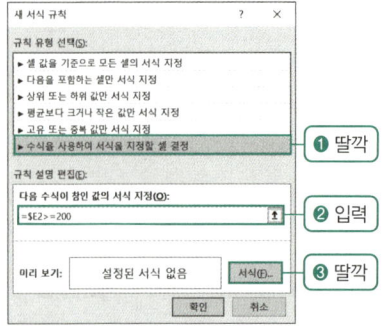

더 보기

'다음 수식이 참인 값의 서식 지정'에 '=$E2>=200'을 입력하는 이유는 실습문제에서 제시한 '총점이 200점 이상'이라는 조건값을 등록하기 위해서이다. 행 전체에 조건부 서식을 지정하기 위해서는 '$E2'와 같이 열을 고정해야 한다.

❸ [셀 서식] 대화상자가 나타나면 [글꼴] 탭에서 '글꼴 스타일'은 '굵게', '색'은 '표준 색'의 '파랑'을 선택하고 [확인] 단추를 클릭한다.

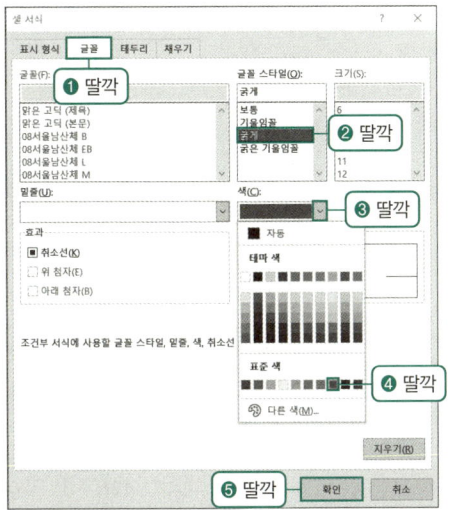

❹ [새 서식 규칙] 대화상자로 되돌아오면 '미리 보기'에서 지정한 서식을 확인하고 [확인] 단추를 클릭한다.

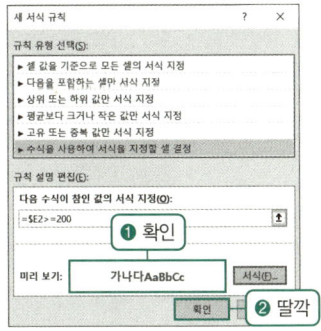

❺ 결과를 확인한다(2행, 3행, 6행에 지정한 서식이 적용됨).

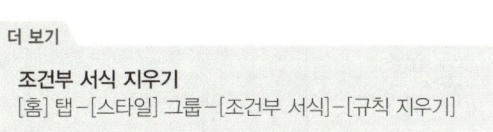

> 더 보기
>
> **조건부 서식 지우기**
> [홈] 탭-[스타일] 그룹-[조건부 서식]-[규칙 지우기]

기능 03 날짜/시간 함수

날짜와 시간을 다양한 형식으로 반환하는 함수

노른자 086

실습파일 03날짜시간함수.xlsx 완성파일 03날짜시간함수_완성.xlsx

> **실습문제**
>
> 날짜/시간 함수를 이용하여 다양한 형태로 날짜를 표시하시오.

❶ 다음의 표를 참고하여 [B4:B18] 영역에 지정된 날짜/시간 함수 식을 차례대로 입력한다.

셀	구해야 할 값	함수식
[B4] 셀	현재 날짜와 시간	=NOW( )
[B5] 셀	현재 날짜	=TODAY( )
[B6] 셀	2022년 5월 5일에 대한 날짜 데이터	=DATE(2022,5,5)
[B7] 셀	[B6] 셀의 연도	=YEAR(B6)
[B8] 셀	[B6] 셀의 월	=MONTH(B6)
[B9] 셀	[B6] 셀의 일	=DAY(B6)
[B10] 셀	15시 30분 25초에 대한 시간 데이터	=TIME(15,30,25)
[B11] 셀	[B10] 셀의 시	=HOUR(B10)
[B12] 셀	[B10] 셀의 분	=MINUTE(B10)
[B13] 셀	[B10] 셀의 초	=SECOND(B10)
[B14] 셀	[B6] 셀의 날짜에 해당하는 요일 번호(일요일이 1)	=WEEKDAY(B6)
[B15] 셀	[D17] 셀에서 [D18] 셀 사이의 일 수	=DAYS(D18,D17)
[B16] 셀	[D17] 셀을 기준으로 2개월 후의 날짜	=EDATE(D17,2)
[B17] 셀	[D17] 셀을 기준으로 2개월 후의 마지막 날짜	=EOMONTH(D17,2)
[B18] 셀	[D17] 셀에서 토요일, 일요일, 휴일을 제외하고 10일이 경과한 날짜	=WORKDAY(D17,10,D18)

❷ 결과를 확인한다.

	A	B	C	D	E	F
1	날짜/시간 함수					
2						
3	함수식	함수결과				
4	=NOW()	2021-10-01 17:54				
5	=TODAY()	2021-10-01				
6	=DATE(2022,5,5)	2022-05-05				
7	=YEAR(B6)	2022				
8	=MONTH(B6)	5				
9	=DAY(B6)	5				
10	=TIME(15,30,25)	3:30 PM				
11	=HOUR(B10)	15				
12	=MINUTE(B10)	30				
13	=SECOND(B10)	25				
14	=WEEKDAY(B6)	5				
15	=DAYS(D18,D17)	4				
16	=EDATE(D17,2)	2022-02-20				
17	=EOMONTH(D17,2)	2022-02-28		2021-12-20		
18	=WORKDAY(D17,10,D18)	2022-01-04		2021-12-24	휴가	
19						

기능 04 논리 함수

결과가 TRUE와 FALSE로 반환되는 함수

↗ 노른자 087

📥 실습파일 04논리함수.xlsx 📥 완성파일 04논리함수_완성.xlsx

> **실습문제**
>
> 논리 함수를 이용하여 다양한 조건에 따른 논리값을 구하시오.

❶ 다음의 표를 참고하여 [F4:F12] 영역에 지정된 논리 함수 식을 차례대로 입력한다.

셀	구해야 할 값	함수식
[F4] 셀	• '10〉20'이 'TRUE'이면 '크다', 'FALSE'이면 '작다' 표시 • 함수식에서 '10〉20'은 'FALSE'이므로 '작다' 표시	=IF(10〉20,"크다","작다")
[F5] 셀	[B4] 셀이 [C4] 셀보다 크면 '하락', [B4] 셀이 [C4] 셀보다 작으면 '상승', [B4] 셀과 [C4] 셀이 같으면 '유지' 표시	=IFS(B4〉C4,"하락",B4〈C4,"상승", B4=C4,"유지")
[F6] 셀	[B10] 셀이 'G'이면 '골드', 'P'이면 '플래티넘', 'D'이면 '다이아몬드' 표시	=SWITCH(B10,"G","골드","P","플래티넘","D","다이아몬드")
[F7] 셀	• '10〉20'의 결괏값을 반대로 표시 • 함수식에서 '10〉20'은 'FALSE'이므로 'TRUE' 표시	=NOT(10〉20)
[F8] 셀	• '10〉20'과 '30〈40'의 결괏값이 모두 'TRUE'이면 'TRUE'를 표시하고, 그 외에는 'FALSE' 표시 • '10〉20'은 'FALSE'이고 '30〈40'은 'TRUE'이므로 'FALSE' 표시	=AND(10〉20,30〈40)
[F9] 셀	• '10〉20'과 '30〈40'의 결괏값이 모두 'FALSE'이면 'FALSE'를 표시하고, 그 외에는 'TRUE'를 표시 • '10〉20'은 'FALSE'이고 '30〈40'은 'TRUE'이므로 'TRUE' 표시	=OR(10〉20,30〈40)
[F10] 셀	'10/0'에 오류가 발생하면 '오류 발생' 표시	=IFERROR(10/0,"오류 발생")
[F11] 셀	'TRUE' 표시	=TRUE( )
[F12] 셀	'FALSE' 표시	=FALSE( )

❷ 결과를 확인한다.

	A	B	C	D	E	F	G
1					논리 함수		
2							
3	지점	1사분기	2사분기		사용할 함수	함수결과	
4	동부	10	20		=IF(10>20,"크다","작다")	작다	
5	서부	15	20		=IFS(B4>C4,"하락",B4<C4,"상승",B4=C4,"유지")	상승	
6	북부	20	18		=SWITCH(B10,"G","골드","P","플래티넘","D","다이아몬드")	다이아몬드	
7	남부	50	50		=NOT(10>20)	TRUE	
8					=AND(10>20,30<40)	FALSE	
9	고객명	등급			=OR(10>20,30<40)	TRUE	
10	홍길동	D			=IFERROR(10/0,"오류 발생")	오류 발생	
11					=TRUE()	TRUE	
12					=FALSE()	FALSE	

기능 05 | 수학 함수, 합계 함수, 반올림 함수

합계, 평균 등과 같이 수치 자료를 처리하는 함수

▶ 노른자 088

📄 **실습파일** 05수학함수.xlsx   📄 **완성파일** 05수학함수_완성.xlsx

실습문제

수학 함수, 합계 함수, 반올림 함수를 이용하여 다양한 조건에 따른 결괏값을 구하시오.

❶ 다음의 표를 참고하여 [B4:B10] 영역과 [G11:G13] 영역, [J4:J12] 영역에 지정된 함수식을 차례대로 입력한다.

셀	구해야 할 값	함수식
[B4] 셀	−25의 절댓값	=ABS(−25)
[B5] 셀	−3.5에서 가장 가까운 정수로 내린 값	=INT(−3.5)
[B6] 셀	10을 3으로 나눈 나머지	=MOD(10,3)
[B7] 셀	2를 3만큼 거듭제곱한 값	=POWER(2,3)
[B8] 셀	0과 1 사이의 임의의 수	=RAND( )
[B9] 셀	1과 30 사이의 임의의 수	=RANDBETWEEN(1,30)
[B10] 셀	−3.5에서 지정한 자릿수를 버려야 하는데, 지정한 자릿수가 없으므로 소수점 이하의 숫자를 버림	=TRUNC(−3.5)
[G11] 셀	[G4:G8] 영역의 합계	=SUM(G4:G8)
[G12] 셀	[F4:F8] 영역에서 '남'에 해당하는 [G4:G8] 영역의 합계	=SUMIF(F4:F8,"남",G4:G8)
[G13] 셀	[E4:E8] 영역에서는 '자영업'이고 [F4:F8] 영역에서는 '남'에 해당하는 [G4:G8] 영역의 합계	=SUMIFS(G4:G8,E4:E8,"자영업",F4:F8,"남")
[J4] 셀	[J2] 셀의 값을 소수 이하 둘째 자리로 반올림	=ROUND(J2,2)
[J5] 셀	[J2] 셀의 값을 정수로 반올림	=ROUND(J2,0)
[J6] 셀	[J2] 셀의 값을 100 단위로 반올림	=ROUND(J2,−2)
[J7] 셀	[J2] 셀의 값을 소수 이하 둘째 자리로 올림	=ROUNDUP(J2,2)
[J8] 셀	[J2] 셀의 값을 정수로 올림	=ROUNDUP(J2,0)
[J9] 셀	[J2] 셀의 값을 100 단위로 올림	=ROUNDUP(J2,−2)
[J10] 셀	[J2] 셀의 값을 소수 이하 둘째 자리로 내림	=ROUNDDOWN(J2,2)
[J11] 셀	[J2] 셀의 값을 정수로 내림	=ROUNDDOWN(J2,0)
[J12] 셀	[J2] 셀의 값을 100 단위로 내림	=ROUNDDOWN(J2,−2)

❷ 결과를 확인한다.

기능 06 통계 함수

조건에 맞는 데이터를 추출하거나 최소값, 최대값 등을 구하는 함수

↗ 노른자 089

📥 실습파일 06통계함수.xlsx   📥 완성파일 06통계함수_완성.xlsx

> **실습문제**
>
> 통계 함수를 이용하여 다양한 조건에 따른 결괏값을 구하시오.

❶ 다음의 표를 참고하여 [G4:G23] 영역에 지정된 통계 함수식을 차례대로 입력한다.

셀	구해야 할 값	함수식
[G4] 셀	[D4:D8] 영역의 평균을 구함	=AVERAGE(D4:D8)
[G5] 셀	[C4:D8] 영역에서 모든 인수의 평균을 구함	=AVERAGEA(C4:D8)
[G6] 셀	[C4:C8] 영역에서 '남'에 해당하는 [D4:D8] 영역의 평균을 구함	=AVERAGEIF(C4:C8,"남",D4:D8)
[G7] 셀	[B4:B8] 영역에서 '자영업'이고 [C4:C8] 영역에서 '남'에 해당하는 [D4:D8] 영역의 평균을 구함	=AVERAGEIFS(D4:D8,B4:B8,"자영업",C4:C8,"남")
[G8] 셀	[D4:D8] 영역에서 숫자 셀의 개수를 구함	=COUNT(D4:D8)
[G9] 셀	[C4:C8] 영역에서 공백이 아닌 셀의 개수를 구함	=COUNTA(C4:C8)
[G10] 셀	[D4:D10] 영역에서 공백 셀의 개수를 구함	=COUNTBLANK(D4:D10)
[G11] 셀	[D4:D8] 영역에서 40 이상인 셀의 개수를 구함	=COUNTIF(D4:D8,">=40")
[G12] 셀	[C4:C8] 영역에서 '남'에 해당하고 [D4:D8] 영역에서 40 이상인 셀의 개수를 구함	=COUNTIFS(C4:C8,"남",D4:D8,">=40")
[G13] 셀	[D4:D8] 영역에서 두 번째로 큰 값을 구함	=LARGE(D4:D8,2)
[G14] 셀	[D4:D8] 영역에서 두 번째로 작은 값을 구함	=SMALL(D4:D8,2)
[G15] 셀	[D4:D8] 영역에서 가장 큰 값을 구함	=MAX(D4:D8)
[G16] 셀	'0.5', 'TRUE', 'FALSE', '0.3' 중에서 가장 큰 값을 구함	=MAXA(0.5,TRUE,FALSE,0.3)
[G17] 셀	[D4:D8] 영역에서 가장 작은 값을 구함	=MIN(D4:D8)
[G18] 셀	'0.5', 'TRUE', 'FALSE', '0.4' 중에서 가장 작은 값을 구함	=MINA(0.5,TRUE,FALSE,0.4)
[G19] 셀	[D4:D8] 영역의 중간값을 구함	=MEDIAN(D4:D8)
[G20] 셀	[D4:D8] 영역에서 빈도가 가장 높은 값을 구함	=MODE.SNGL(D4:D8)
[G21] 셀	[D4:D8] 영역에서 [D4] 셀의 순위를 구함	=RANK.EQ(D4,D4:D8)
[G22] 셀	[D4:D8] 영역의 표준 편차를 구함	=STDEV.S(D4:D8)
[G23] 셀	[D4:D8] 영역의 분산을 구함	=VAR.S(D4:D8)

❷ 결과를 확인한다.

	A	B	C	D	E	F	G	H	I
1						통계 함수			
2									
3	이름	직업	성별	나이		함수식	함수결과		
4	김진안	자영업	남	35		=AVERAGE(D4:D8)	36.6		
5	오하림	자영업	여	20		=AVERAGEA(C4:D8)	18.3		
6	박재진	자영업	남	55		=AVERAGEIF(C4:C8,"남",D4:D8)	41.66666667		
7	김규연	자영업	여	38		=AVERAGEIFS(D4:D8,B4:B8,"자영업",C4:C8,"남")	45		
8	박효신	검사	남	35		=COUNT(D4:D8)	5		
9						=COUNTA(C4:C8)	5		
10						=COUNTBLANK(D4:D10)	2		
11						=COUNTIF(D4:D8,">=40")	1		
12						=COUNTIFS(C4:C8,"남",D4:D8,">=40")	1		
13						=LARGE(D4:D8,2)	38		
14						=SMALL(D4:D8,2)	35		
15						=MAX(D4:D8)	55		
16						=MAXA(0.5,TRUE,FALSE,0.3)	1		
17						=MIN(D4:D8)	20		
18						=MINA(0.5,TRUE,FALSE,0.4)	0		
19						=MEDIAN(D4:D8)	35		
20						=MODE.SNGL(D4:D8)	35		
21						=RANK.EQ(D4,D4:D8)	3		
22						=STDEV.S(D4:D8)	12.46194206		
23						=VAR.S(D4:D8)	155.3		
24									
25									

기능 07 문자열 함수

문자열을 가공하거나 찾는 함수

➡ 노른자 090

📥 실습파일 07문자열함수.xlsx   📥 완성파일 07문자열함수_완성.xlsx

실습문제

문자열 함수를 이용하여 다양한 조건에 따른 결괏값을 구하시오.

❶ 다음의 표를 참고하여 [B4:B14] 영역에 지정된 문자열 함수식을 차례대로 입력한다.

셀	구해야 할 값	함수식
[B4] 셀	'컴퓨터활용능력'의 왼쪽에서 두 글자 추출	=LEFT("컴퓨터활용능력",2)
[B5] 셀	'컴퓨터활용능력'의 오른쪽에서 두 글자 추출	=RIGHT("컴퓨터활용능력",2)
[B6] 셀	'컴퓨터활용능력'의 두 번째에서 세 글자 추출	=MID("컴퓨터활용능력",2,3)
[B7] 셀	'COMPUTER'를 모두 소문자로 표시	=LOWER("COMPUTER")
[B8] 셀	'computer'를 모두 대문자로 표시	=UPPER("computer")
[B9] 셀	'computer'의 첫 글자만 대문자로, 나머지는 소문자로 표시	=PROPER("computer")
[B10] 셀	'apple'의 글자 수를 표시	=LEN("apple")
[B11] 셀	' computer 2 '에서 단어 사이의 한 칸의 공백을 제외하고 나머지 공백 모두 삭제	=TRIM(" computer 2 ")
[B12] 셀	'대한민국fIghting'에서 'i'를 찾아 시작 위치 표시 (영문자의 대·소문자 구분)	=FIND("i","대한민국fIghting")
[B13] 셀	'대한민국fIghting'에서 'i'를 찾아 시작 위치 표시 (영문자의 대·소문자를 구분하지 않음)	=SEARCH("i","대한민국fIghting")
[B14] 셀	"오늘도 "와 "힘내자"를 연결하여 표시	=CONCAT("오늘도 ","힘내자")

10

❷ 결과를 확인한다.

	A	B	C	D
1	문자열 함수			
2				
3	함수식	함수결과		
4	=LEFT("컴퓨터활용능력",2)	컴퓨		
5	=RIGHT("컴퓨터활용능력",2)	능력		
6	=MID("컴퓨터활용능력",2,3)	퓨터활		
7	=LOWER("COMPUTER")	computer		
8	=UPPER("computer")	COMPUTER		
9	=PROPER("computer")	Computer		
10	=LEN("apple")	5		
11	=TRIM(" computer 2 ")	computer 2		
12	=FIND("i","대한민국fighting")	10		
13	=SEARCH("i","대한민국fighting")	6		
14	=CONCAT("오늘도 ","힘내자")	오늘도 힘내자		
15				

기능 08 찾기/참조 함수

노른자 091

영역에서 일치하는 데이터를 찾고 함수의 특성에 맞게 반환하는 함수

📥 **실습파일** 08찾기참조영역함수.xlsx   📥 **완성파일** 08찾기참조영역함수_완성.xlsx

실습문제

찾기/참조 영역 함수를 이용하여 다양한 조건에 따른 결괏값을 구하시오.

❶ 다음의 표를 참고하여 [G4:G14] 영역에 지정된 찾기/참조 함수식을 차례대로 입력한다.

셀	구해야 할 값	함수식
[G4] 셀	'사과', '바나나', '딸기' 중 세 번째 값 표시	=CHOOSE(3,"사과","바나나","딸기")
[G5] 셀	[B10:D11] 영역의 첫 번째 행에서 '85'를 찾아 2행의 값 표시	=HLOOKUP(85,B10:D11,2,TRUE)
[G6] 셀	[A4:D8] 영역의 첫 번째 열에서 '김규연'을 찾아 4열의 값 표시	=VLOOKUP("김규연",A4:D8,4,FALSE)
[G7] 셀	[A3:D8] 영역에서 2행 4열의 교차값 표시	=INDEX(A3:D8,2,4)
[G8] 셀	[D4:D8] 영역에서 '55'와 일치하는 값의 위치 표시	=MATCH(55,D4:D8,0)
[G9] 셀	[F3] 셀의 열 번호 표시	=COLUMN(F3)
[G10] 셀	[F3:G3] 영역에 들어있는 열 수 표시	=COLUMNS(F3:G3)
[G11] 셀	[F3] 셀의 행 번호 표시	=ROW(F3)
[G12] 셀	[F3:F6] 영역에 들어있는 행 수 표시	=ROWS(F3:F6)
[G13] 셀	[D4:D8] 영역에서 '55'와 일치하는 값을 찾아 [B4:B8] 영역의 값 표시	=XLOOKUP(55,D4:D8,B4:B8)
[G14] 셀	[D4:D8] 영역에서 50보다 같거나 큰 값을 찾아 위치 표시	=XMATCH(50,D4:D8,1)

❷ 결과를 확인한다.

	A	B	C	D	E	F	G	H	I	J	K	L
1						찾기/참조 함수						
2												
3	이름	직업	성별	나이		함수식	함수결과					
4	김규연	검사	남	35		=CHOOSE(3,"사과","바나나","딸기")	딸기					
5	김진안	자영업	여	40		=HLOOKUP(85,B10:D11,2,TRUE)	B					
6	박재진	자영업	남	55		=VLOOKUP("김규연",A4:D8,4,FALSE)	35					
7	박효신	자영업	여	20		=INDEX(A3:D8,2,4)	35					
8	오희림	검사	남	38		=MATCH(55,D4:D8,0)	3					
9						=COLUMN(F3)	6					
10	점수	70	80	90		=COLUMNS(F3:G3)	2					
11	등급	C	B	A		=ROW(F3)	3					
12						=ROWS(F3:F6)	4					
13						=XLOOKUP(55,D4:D8,B4:B8)	자영업					
14						=XMATCH(50,D4:D8,1)	3					
15												

기능 09 · 데이터베이스 함수

데이터베이스에서 조건에 맞는 데이터를 추출하는 함수

▶ 노른자 092

⬇ **실습파일** 09데이터베이스함수.xlsx   ⬇ **완성파일** 09데이터베이스함수_완성.xlsx

> **실습문제**
>
> 데이터베이스 함수를 이용하여 다양한 조건에 따른 결괏값을 구하시오.

❶ 다음의 표를 참고하여 [E14:E19] 영역에 지정된 데이터베이스 함수식을 차례대로 입력한다.

셀	구해야 할 값	함수식
[E14] 셀	'성별'이 '남'인 사람의 회비 합계를 구함	=DSUM(A3:F11,F3,E3:E4)
[E15] 셀	'직업'이 '자영업'인 사람의 회비 평균을 구함	=DAVERAGE(A3:F11,F3,C3:C4)
[E16] 셀	'직업'이 '교사'인 사람의 수를 구함	=DCOUNT(A3:F11,F3,B13:B14)
[E17] 셀	'직업'이 '자영업'인 사람의 수를 구함	=DCOUNTA(A3:F11,C3,C3:C4)
[E18] 셀	'성별'이 '남'인 사람의 최대 회비를 구함	=DMAX(A3:F11,F3,E3:E4)
[E19] 셀	'성별'이 '여'인 사람의 최소 회비를 구함	=DMIN(A3:F11,F3,A13:A14)

❷ 결과를 확인한다.

	A	B	C	D	E	F
1				데이터베이스 함수		
2						
3	이름	학과	직업	주소	성별	회비
4	김길동	경제	자영업	경기도 수원시	남	₩ 200,000
5	오하림	법학	자영업	경기도 파주시	여	₩ 250,000
6	김진연	화학	자영업	경기도 고양시	여	₩ 300,000
7	박하영	화공	자영업	서울시 양천구	여	₩ 100,000
8	양태일	법학	검사	경기도 안양시	남	₩ 500,000
9	문정희	화공	교사	서울시 동작구	여	₩ 50,000
10	정윤희	경제	교사	서울시 동작구	여	₩ 70,000
11	김동준	성악	학원강사	경기도 고양시	남	₩ 85,000
12						
13	성별	직업		함수식	함수결과	
14	여	교사		=DSUM(A3:F11,F3,E3:E4)	785000	
15				=DAVERAGE(A3:F11,F3,C3:C4)	212500	
16				=DCOUNT(A3:F11,F3,B13:B14)	2	
17				=DCOUNTA(A3:F11,C3,C3:C4)	4	
18				=DMAX(A3:F11,F3,E3:E4)	500000	
19				=DMIN(A3:F11,F3,A13:A14)	50000	

기능 10 재무 함수

📤 노른자 093

매월 일정 금액을, 일정한 이율로, 일정 기간 동안 적금에 가입하거나 대출을 받았을 때 월 납입금액을 계산할 수 있는 함수

📥 실습파일 10재무함수.xlsx   📥 완성파일 10재무함수_완성.xlsx

실습문제

재무 함수를 이용하여 '만기금액', '현재가치', '월 상환액'을 구하시오.

❶ 다음의 표를 참고하여 [B8] 셀, [E8] 셀, [H8] 셀에 지정된 재무 함수식을 차례대로 입력한다.

셀	구해야 할 값	함수식
[B8] 셀	일정 기간 동안 납입한 미래 가치(만기 금액)	=FV(B3/12,B4*12,-B5)
[E8] 셀	대출에 대한 현재 가치	=PV(E3/12,E4*12,-E5)
[H8] 셀	정기적으로 매월 상환할 금액	=PMT(H3/12,H4*12,-H5)

❷ 결과를 확인한다.

▲	A	B	C	D	E	F	G	H	I
1					재무함수				
2									
3	연이율	1.20%		연이율	2.00%		연이율	4.50%	
4	기간(연)	5		기간(연)	10		기간(연)	30	
5	월 불입액	100,000		월 불입액	500,000		월 불입액	80,000,000	
6									
7	사용할 함수	=FV(B3/12,B4*12,-B5)		사용할 함수	=PV(E3/12,E4*12,-E5)		사용할 함수	=PMT(H3/12,H4*12,-H5)	
8	함수결과	₩6,180,471		함수결과	₩54,339,880		함수결과	₩405,348	
9									

기능 11 배열 수식

배열 범위에서 여러 계산을 한꺼번에 수행하는 함수

📣 노른자 095

📄 실습파일 11배열수식.xlsx   📄 완성파일 11배열수식_완성.xlsx

실습문제

배열 수식을 이용하여 부서별 성별 수를 구하시오.

❶ [B4] 셀을 선택하고 수식 입력줄에 다음의 함수식을 입력한 후 Ctrl + Shift + Enter 를 누른다.

=COUNT(IF(($F$3:$F$12=$A4)*($H$3:$H$12=B$3),1))

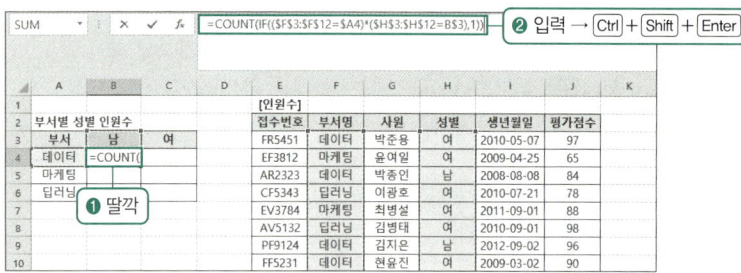

❷ 함수식에 중괄호({ })가 삽입되면서 [B4] 셀에 배열 수식이 적용된다.

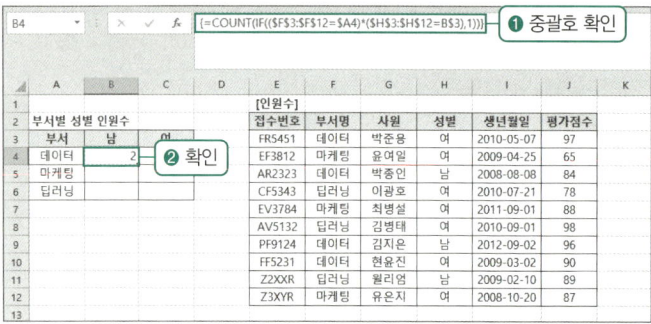

❸ [B4] 셀의 자동 채우기 핸들과 [B6] 셀의 자동 채우기 핸들을 차례대로 드래그하여 함수식을 복사하고 결과를 확인한다.

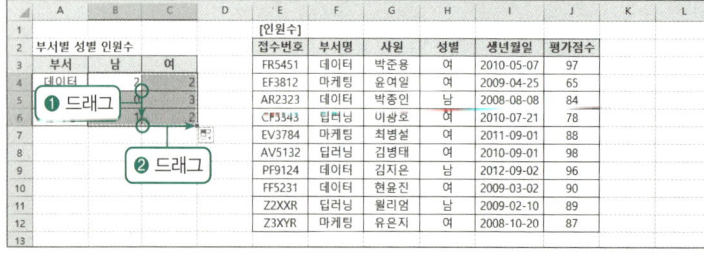

기능	자동 필터	노른자 098
12	많은 양의 자료에서 설정된 조건에 맞는 자료만 추출하는 기능	

📄 **실습파일** 12자동필터.xlsx   📄 **완성파일** 12자동필터_완성.xlsx

실습문제

자동 필터를 이용하여 부서가 '총무부'이고 나이가 30 이상인 데이터를 추출하시오.

❶ [B2] 셀을 선택하고 [데이터] 탭-[정렬 및 필터] 그룹-[필터]를 클릭한다. 필터 단추(▼)가 표시되면 '부서' 필드의 필터 단추(▼)를 클릭하고 '(모두 선택)'의 체크를 해제한다. '총무부'에만 체크하고 [확인] 단추를 클릭한다.

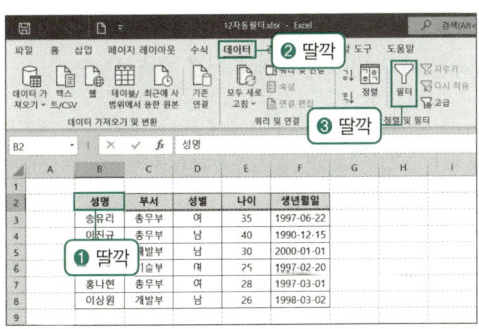
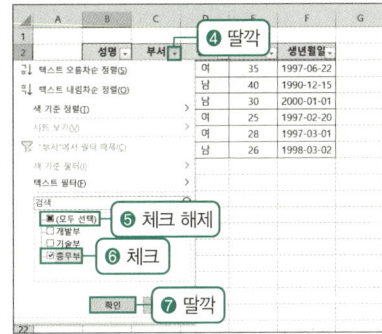

❷ '총무부'만 필터링되었으면 '나이' 필드의 필터 단추(▼)를 클릭하고 [숫자 필터]-[크거나 같음]을 클릭한다. [사용자 지정 필터] 대화상자가 나타나면 다음과 같이 조건 '>=, 30'을 지정하고 [확인] 단추를 클릭한다.

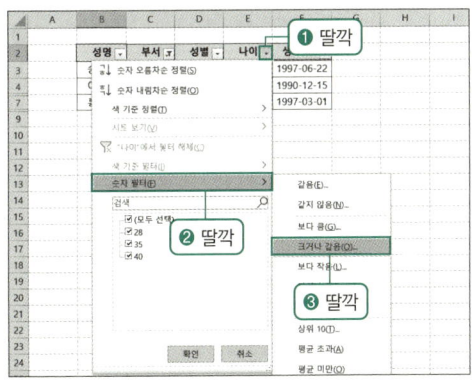
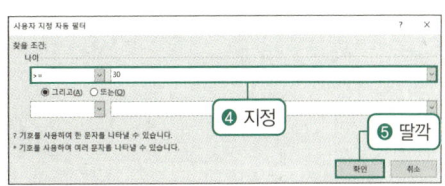

더 보기

필터 지우기: [데이터] 탭-[정렬 및 필터] 그룹-[지우기]

❸ 결과를 확인한다.

기능 13 고급 필터

▶ 노른자 099

여러 필드를 결합해 복잡한 조건을 지정하거나 필터링 결과를 다른 위치에 복사할 때 사용하는 기능

실습파일 13고급필터.xlsx   완성파일 13고급필터_완성.xlsx

실습문제

고급 필터를 이용하여 '구분'이 '뮤지컬'이고 '예매량'이 '700 이상'인 데이터를 추출하시오.

❶ [A3] 셀을 선택하고 Ctrl + C를 눌러 복사한 후 [A18] 셀에서 Ctrl + V를 눌러 붙여넣는다. 이와 같은 방법으로 [E3] 셀을 [B18] 셀에 복사하여 붙여넣고 조건인 '뮤지컬'과 '>=700'을 입력한다.

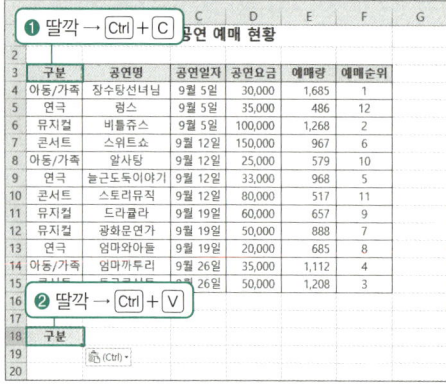
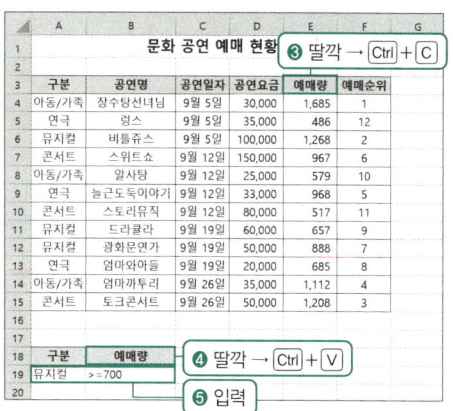

❷ [A3] 셀을 선택하고 [데이터] 탭-[정렬 및 필터] 그룹-[고급]을 클릭한다.

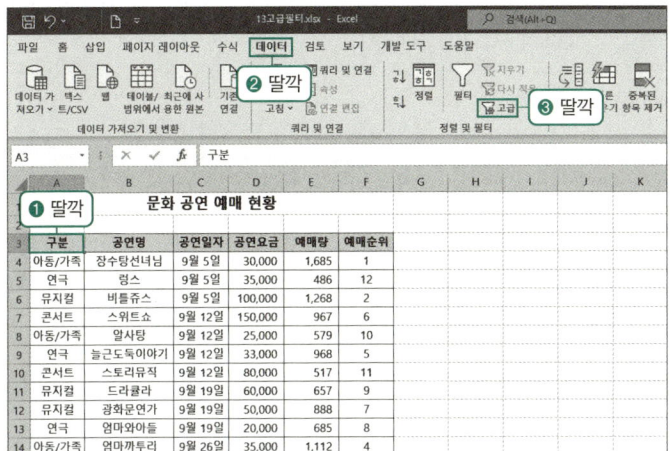

❸ [고급 필터] 대화상자가 나타나면 '결과'에서 '다른 장소에 복사'를 선택하고 '목록 범위'는 [A3:F15] 영역을, '조건 범위'는 [A18:B19] 영역을, '복사 위치'는 [A22] 셀을 지정하고 [확인] 단추를 클릭한다.

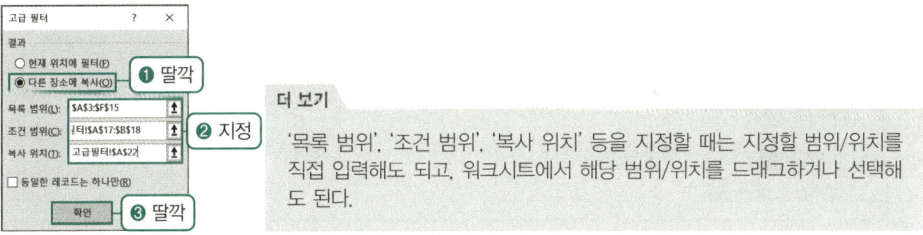

더 보기

'목록 범위', '조건 범위', '복사 위치' 등을 지정할 때는 지정할 범위/위치를 직접 입력해도 되고, 워크시트에서 해당 범위/위치를 드래그하거나 선택해도 된다.

❹ 결과를 확인한다.

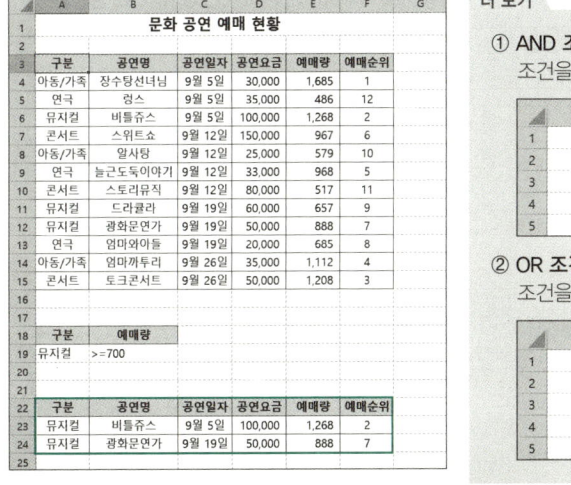

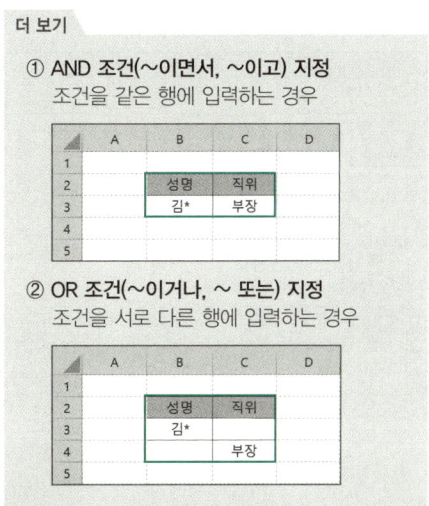

더 보기

① AND 조건(~이면서, ~이고) 지정
조건을 같은 행에 입력하는 경우

② OR 조건(~이거나, ~ 또는) 지정
조건을 서로 다른 행에 입력하는 경우

시험에 자주 출제되는 엑셀 기능 **17**

기능	통합	➡ 노른자 104
14	하나 이상의 원본 영역을 지정하여 하나의 표로 데이터를 요약하는 기능	

📥 실습파일 14통합.xlsx   📥 완성파일 14통합_완성.xlsx

실습문제

통합 기능을 이용하여 [표1], [표2]의 개인별 평균을 [표3]에 계산하시오.

❶ [A10:C15] 영역을 선택하고 [데이터] 탭-[데이터 도구] 그룹-[통합]을 클릭한다.

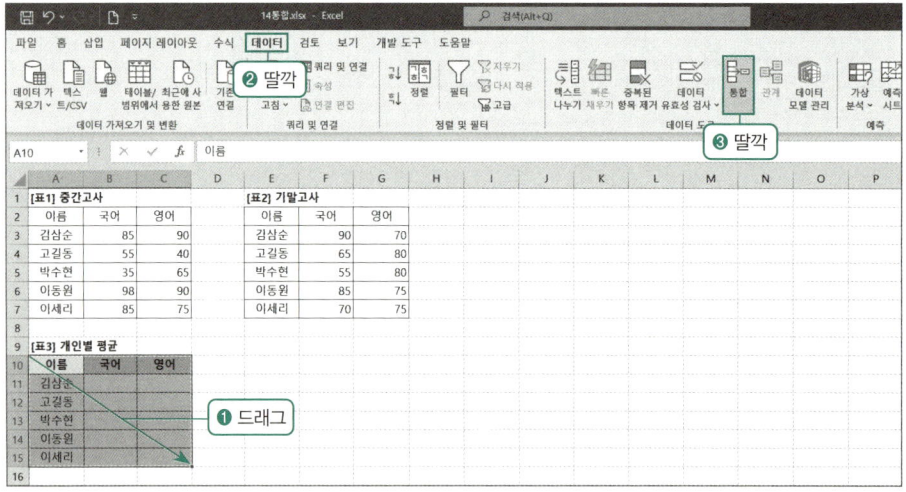

❷ [통합] 대화상자가 나타나면 '함수'에서 '평균'을 선택하고 '참조'에서 [A2:C7] 영역을 지정한 후 [추가] 단추를 클릭한다.

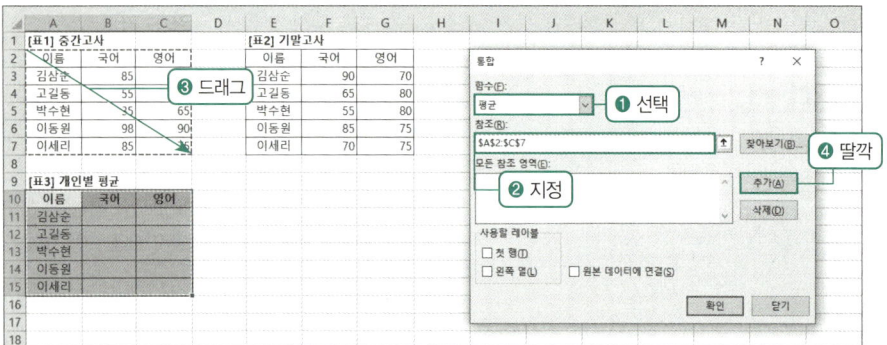

❸ 이와 같은 방법으로 [E2:G7] 영역을 추가하고 '사용할 레이블'에서 '첫 행'과 '왼쪽 열'에 체크한 후 [확인] 단추를 클릭한다.

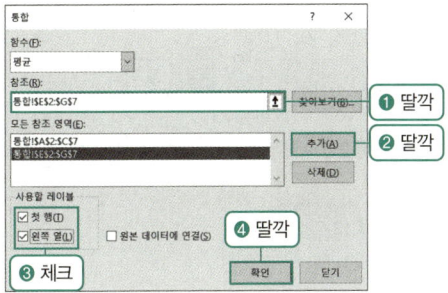

❹ 결과를 확인한다.

	A	B	C	D	E	F	G	H
1	[표1] 중간고사				[표2] 기말고사			
2	이름	국어	영어		이름	국어	영어	
3	김삼순	85	90		김삼순	90	70	
4	고길동	55	40		고길동	65	80	
5	박수현	35	65		박수현	55	80	
6	이동원	98	90		이동원	85	75	
7	이세리	85	75		이세리	70	75	
8								
9	[표3] 개인별 평균							
10	이름	국어	영어					
11	김삼순	87.5	80					
12	고길동	60	60					
13	박수현	45	72.5					
14	이동원	91.5	82.5					
15	이세리	77.5	75					
16								

기능 15 · 데이터 표

📤 노른자 105

특정 값의 변화에 따른 결괏값의 변화 과정을 한 번의 연산으로 빠르게 계산해 표 형태로 표시하는 기능

📥 실습파일 15데이터표.xlsx   📥 완성파일 15데이터표_완성.xlsx

실습문제

데이터 표를 이용하여 '할인율 변동에 따른 할인액'을 계산하시오.

❶ [F4] 셀을 선택하고 '='를 입력한 후 수식이 들어있는 [C6] 셀을 선택하고 Enter를 누른다.

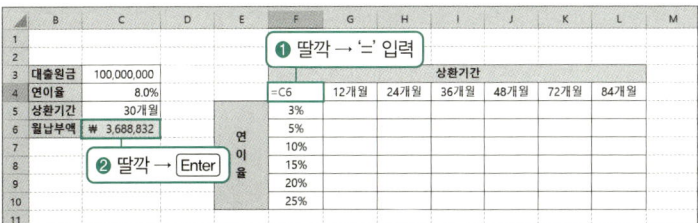

❷ [F4:L10] 영역을 지정하고 [데이터] 탭-[예측] 그룹-[가상 분석]을 클릭한 후 [데이터 표]를 클릭한다.

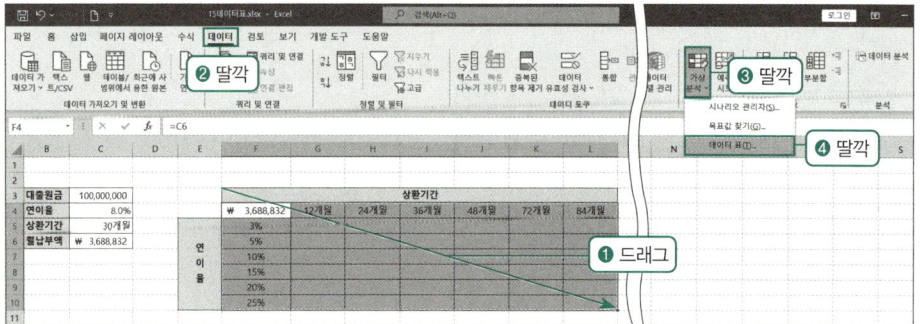

❸ [데이터 테이블] 대화상자가 나타나면 '행 입력 셀'에는 '상환기간'인 '$C$5'를, '열 입력 셀'에는 '연 이율'인 '$C$4'를 입력하고 [확인] 단추를 클릭한다.

> **더 보기**
>
> 워크시트에서 [C5] 셀과 [C4] 셀을 직접 클릭해도 절대 참조 형태인 '$C$5', '$C$4'를 입력할 수 있다.

❹ 결과를 확인한다.

기능	부분합	노른자 106
16	데이터를 일정한 기준으로 그룹화하여 합계, 평균 등 다양한 계산을 수행하는 기능	

실습파일 16부분합.xlsx   완성파일 16부분합_완성.xlsx

> **실습문제**
>
> 부분합을 이용하여 학과별 '합계'의 '최대'와 '교육', '봉사', '과제'의 '평균'을 계산해 보시오.

❶ [A2] 셀을 선택하고 [데이터] 탭-[정렬 및 필터] 그룹-[텍스트 오름차순 정렬]을 클릭한다.

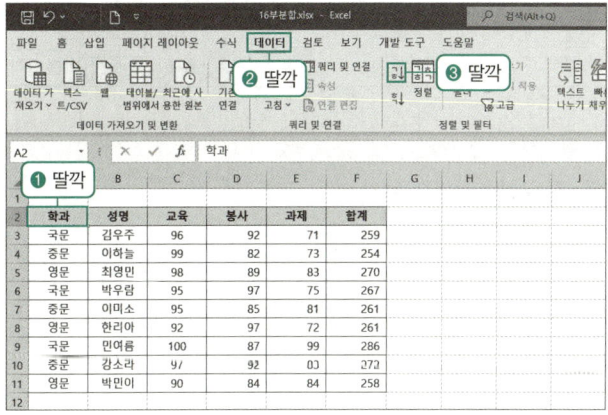

❷ [A2] 셀을 선택한 상태에서 [데이터] 탭-[개요] 그룹-[부분합]을 클릭한다. [부분합] 대화상자가 나타나면 '사용할 함수'에서 '최대'를 선택하고 '부분합 계산 항목'에서 '합계'에 체크한 후 [확인] 단추를 클릭한다.

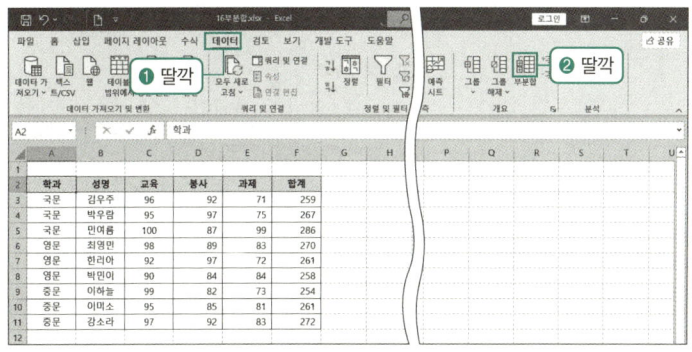 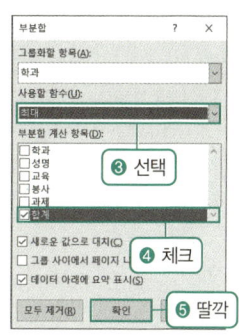

시험에 자주 출제되는 엑셀 기능 **21**

❸ 학과별로 최대의 합계를 구했으면 [데이터] 탭-[개요] 그룹-[부분합]을 클릭하고 [부분합] 대화상자가 나타나면 '사용할 함수'에서 '평균'을 선택한다. '부분합 계산 항목'에서 '교육', '봉사', '과제'에 체크하고 '합계'와 '새로운 값으로 대치'의 체크를 해제한 후 [확인] 단추를 클릭한다.

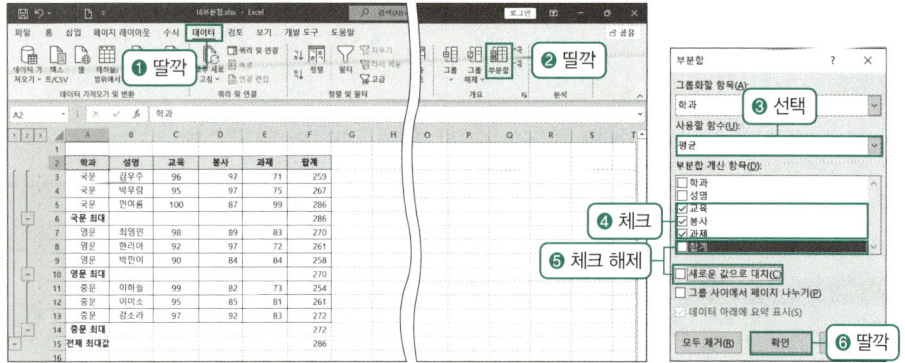

❹ 결과를 확인한다.

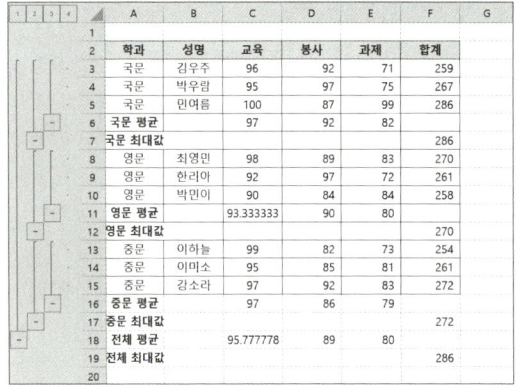

기능 17 목표값 찾기

📤 노른자 107

수식에서 원하는 결괏값을 이미 알고 해당 결괏값을 얻는 데 필요한 입력값을 얻을 때 사용하는 기능

📥 실습파일 17목표값찾기.xlsx   📥 완성파일 17목표값찾기_완성.xlsx

실습문제

목표값 찾기를 이용하여 전체 합계가 '1300'이 되려면 배수빈의 '액세스' 점수가 몇 점이 되어야 하는지 계산하시오.

❶ [E8] 셀을 선택하고 [데이터] 탭-[예측] 그룹-[가상 분석]을 클릭한 후 [목표값 찾기]를 선택한다.

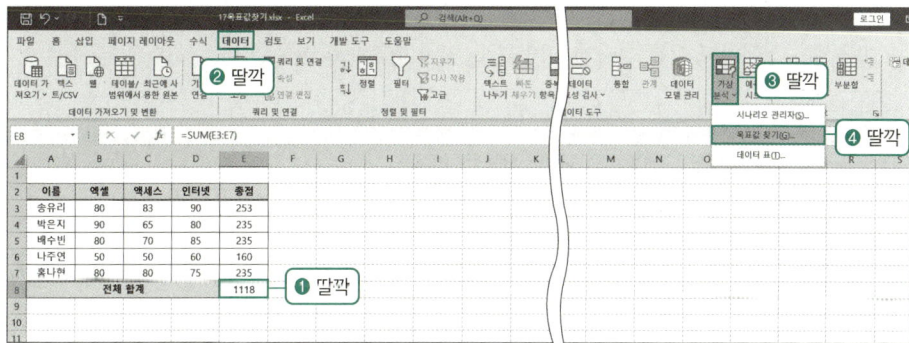

❷ [목표값 찾기] 대화상자가 나타나면 '찾는 값'에는 '1300'을, '값을 바꿀 셀'에는 배수빈의 액세스 점수가 있는 '$C$5'를 입력한 후 [확인] 단추를 클릭한다.

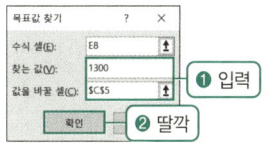

❸ 결과를 확인한다.

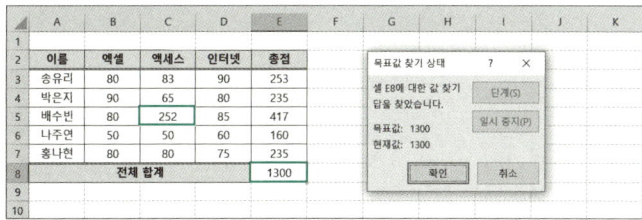

기능 18 시나리오

노른자 108

다양한 상황과 변수에 따른 여러 가지 결괏값의 변화를 가상의 상황을 통해 예측 및 분석할 수 있는 기능

실습파일 18시나리오.xlsx   완성파일 18시나리오_완성.xlsx

실습문제

시나리오 기능을 이용하여 다음과 같이 이익률이 변동하는 경우 순이익 합계의 변동 시나리오를 작성하시오.

- [G12] 셀의 이름은 '이익률', [G11] 셀의 이름은 '순이익합계'로 정의
- 시나리오1: 시나리오 이름은 '이익률증가', 이익률은 '30%'로 설정
- 시나리오2: 시나리오 이름은 '이익률감소', 이익률은 '20%'로 설정

❶ [G12] 셀을 선택하고 이름 상자에 '이익률'을 입력한 후 Enter 를 누른다.

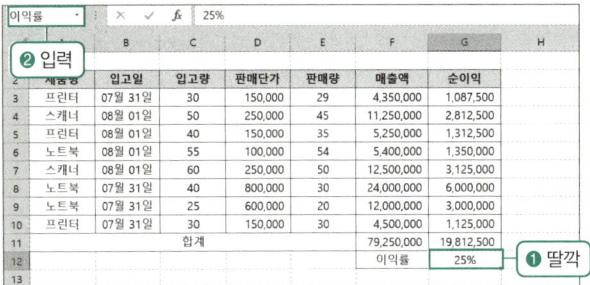

❷ 이와 같은 방법으로 [G11] 셀의 이름을 '순이익합계'로 정의한다.

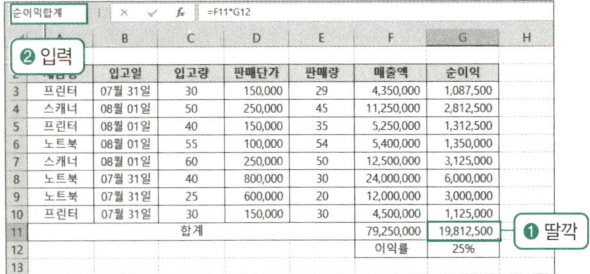

❸ [G12] 셀을 선택하고 [데이터] 탭-[예측] 그룹-[가상 분석]을 클릭한 후 [시나리오 관리자]를 선택한다.

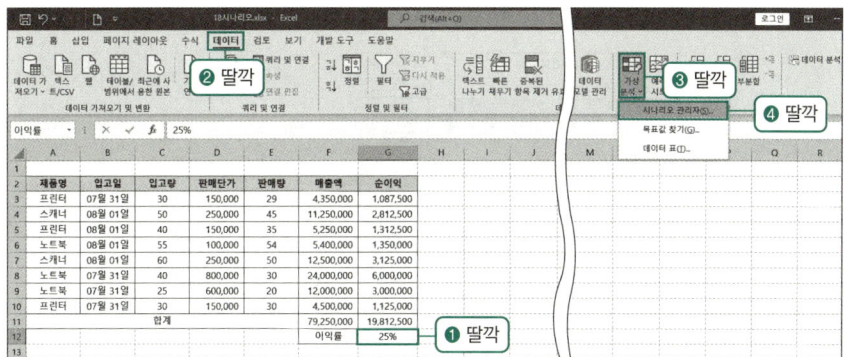

❹ [시나리오 관리자] 대화상자가 나타나면 [추가] 단추를 클릭한다. [시나리오 추가] 대화상자에서 '시나리오 이름'에 '이익률증가'를 입력하고 '변경 셀'에 'G12'로 지정되었는지 확인한 후 [확인] 단추를 클릭한다.

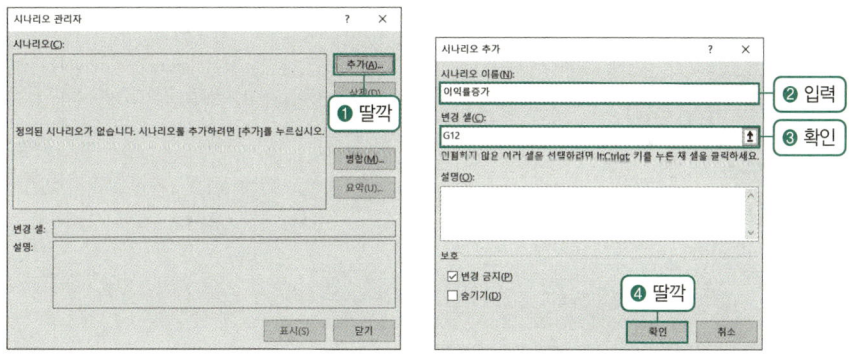

❺ [시나리오 값] 대화상자가 나타나면 '이익률'에 '0.3'을 입력하고 [추가]를 클릭한다. [시나리오 추가] 대화상자로 되돌아오면 '시나리오 이름'에 '이익률감소'를 입력하고 '변경 셀'에 'G12'로 지정되었는지 확인한 후 [확인] 단추를 클릭한다.

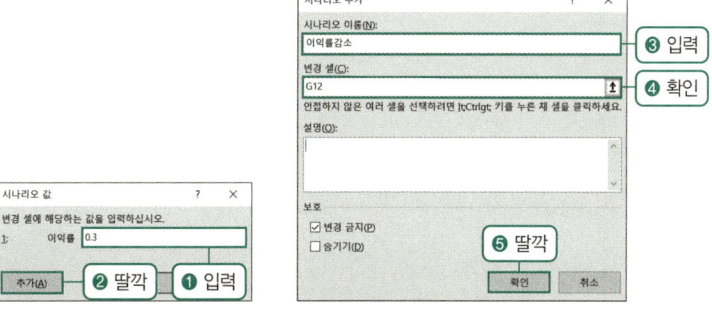

❻ [시나리오 값] 대화상자가 나타나면 '이익률'에 '0.2'를 입력하고 [확인] 단추를 클릭한다. [시나리오 관리자] 대화상자로 되돌아오면 '시나리오'에 '이익률증가'와 '이익률감소'가 추가되었는지 확인하고 [요약]을 클릭한다.

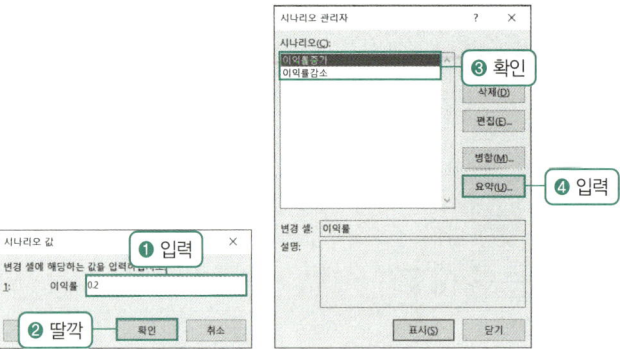

❼ [시나리오 요약] 대화상자가 나타나면 '보고서 종류'에서 '시나리오 요약'을 선택하고 '결과 셀'에 '=$G$11'을 입력한 후 [확인] 단추를 클릭한다.

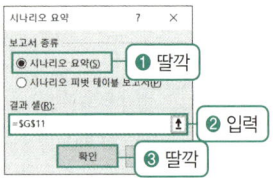

❽ 새로운 [시나리오 요약] 시트에 생성된 시나리오 요약 보고서를 확인한다.

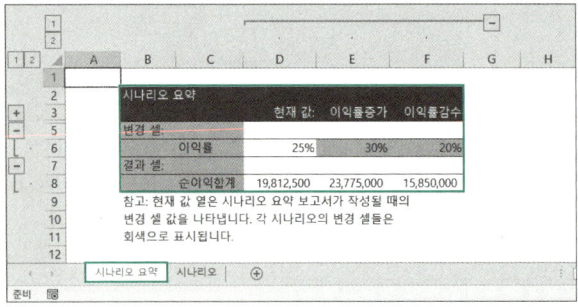

기능 19 피벗 테이블

▷ 노른자 109

광범위한 데이터를 다양한 형태로 요약하여 보여주는 대화형 테이블을 만드는 기능

실습파일 19피벗테이블.xlsx   완성파일 19피벗테이블_완성.xlsx

실습문제

피벗 테이블 기능을 이용하여 기존 워크시트의 [H3] 셀에 급여 피벗 테이블을 작성하시오.

❶ [A1] 셀을 선택하고 [삽입] 탭-[표] 그룹-[피벗 테이블]을 클릭한다.

❷ [피벗 테이블 만들기] 대화상자가 나타나면 '표 또는 범위 선택'의 '표/범위'가 데이터가 입력된 모든 셀인 '$A$1:$F$10'인지 확인한다. 피벗 테이블 보고서를 넣을 위치를 '기존 워크시트'로 선택하고 '위치'에 'H3'을 지정한 후 [확인] 단추를 클릭한다.

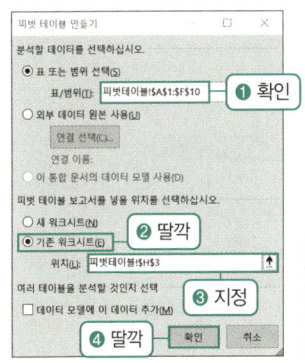

더 보기

'기존 워크시트'를 선택하지 않고 '새 워크시트'가 선택되어 있으면 새로운 워크시트에 피벗 테이블이 생성된다.

시험에 자주 출제되는 엑셀 기능 **27**

❸ 피벗 테이블이 나타나면 [피벗 테이블 필드] 창에서 '부서'는 '필터' 영역으로, '기본급'과 '수당'은 '값' 영역으로, '직위'는 '행' 테이블로 드래그한다. '값' 영역에서 '합계 : 수당'을 클릭한 후 [값 필드 설정]을 선택한다.

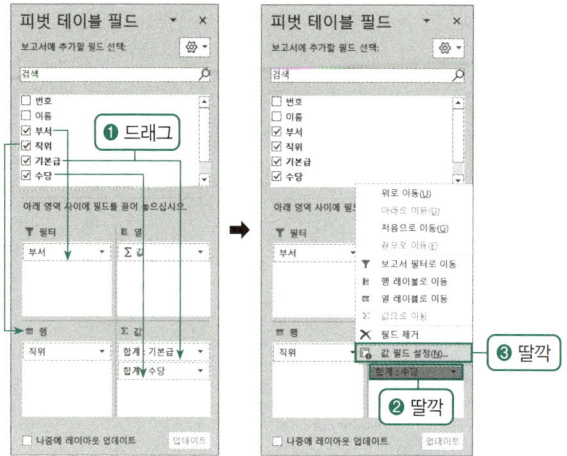

❹ [값 필드 설정] 대화상자가 나타나면 [값 요약 기준] 탭의 '선택한 필드의 데이터'에서 '평균'을 선택하고 [확인] 단추를 클릭한다.

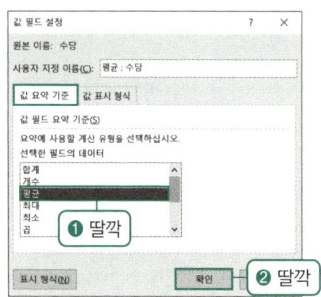

❺ 결과를 확인한다.

	A	B	C	D	E	F	G	H	I	J	K
1	번호	이름	부서	직위	기본급	수당		부서	(모두)		
2	1	강감찬	영업부	대리	2,200,000	500,000					
3	2	이순신	총무부	과장	1,850,000	200,000		행 레이블	합계 : 기본급	평균 : 수당	
4	3	홍길동	경리부	대리	1,470,000	300,000		대리	9250000	290000	
5	4	홍명보	인사부	부장	3,000,000	550,000		과장	4150000	300000	
6	5	김규연	영업부	부장	1,890,000	350,000		부장	4890000	450000	
7	6	문수빈	영업부	대리	1,500,000	100,000		총합계	18290000	327777.7778	
8	7	이하은	인사부	대리	2,500,000	250,000					
9	8	장예림	총무부	대리	1,580,000	300,000					
10	9	이규빈	총무부	과장	2,300,000	400,000					
11											

기능 20 차트

📄 노른자 111~113

데이터를 막대, 선, 원 등의 시각적인 요소로 표현하여 데이터의 경향과 흐름을 알아보기 쉽게 표현한 기능

📥 실습파일 20차트.xlsx   📥 완성파일 20차트_완성.xlsx

실습문제

수입월별로 '수량'과 '수입금액'이 표시되는 세로 막대형 차트를 [B8:G20] 영역에 작성하시오.

❶ [A1:A6] 영역을 선택하고 Ctrl을 누른 상태에서 [C1:C6] 영역과 [E1:E6] 영역을 차례대로 선택한다. [삽입] 탭-[차트] 그룹-[세로 또는 가로 막대형 차트 삽입]을 클릭하고 '2차원 세로 막대형'의 [누적 세로 막대형]을 클릭한다.

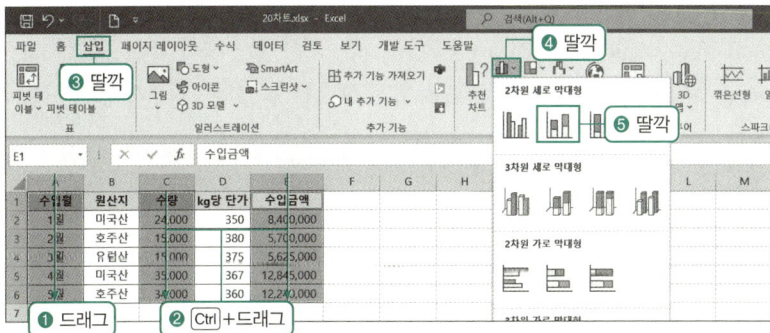

❷ Alt 를 누른 상태에서 차트의 조절점을 드래그하여 [B8:G20] 영역에 맞게 차트의 크기를 조절한다. 차트 제목에 '밀 수입현황'을 입력하고 [홈] 탭-[글꼴] 그룹-[글꼴 크기]에서 [20]pt로 지정한 후 [굵게]를 클릭한다.

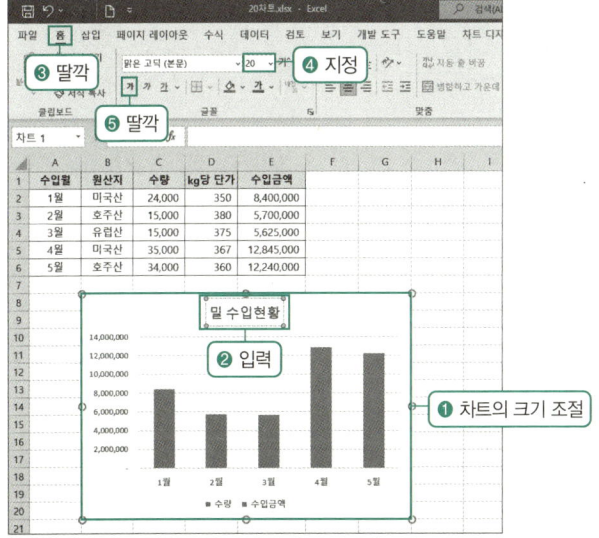

시험에 자주 출제되는 엑셀 기능

❸ '수입금액' 계열에서 마우스 오른쪽 단추를 클릭한 후 [계열 차트 종류 변경]을 선택한다.

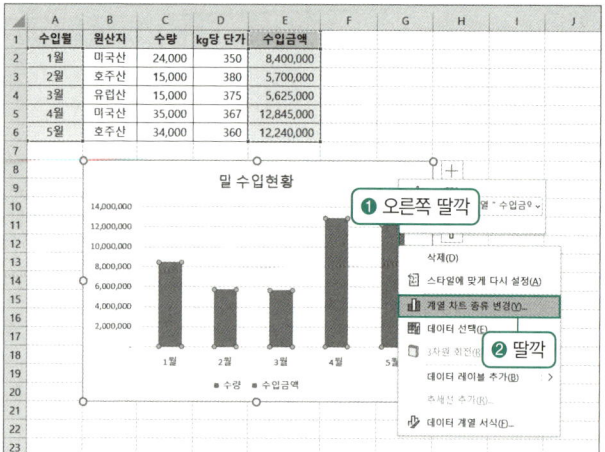

더 보기

'수입금액' 계열 막대를 하나만 선택해도 모든 '수입금액' 계열이 선택된다. 만약 원하는 하나의 '수입금액' 계열만 선택하려면 '수입금액' 계열 막대를 천천히 두 번 클릭한다.

❹ [차트 종류 변경] 대화상자의 [모든 차트] 탭이 나타나면 '혼합' 범주에서 '수입금액'의 '차트 종류'를 '표식이 있는 꺾은선형'으로 선택하고 '보조 축'에 체크한 후 [확인] 단추를 클릭한다.

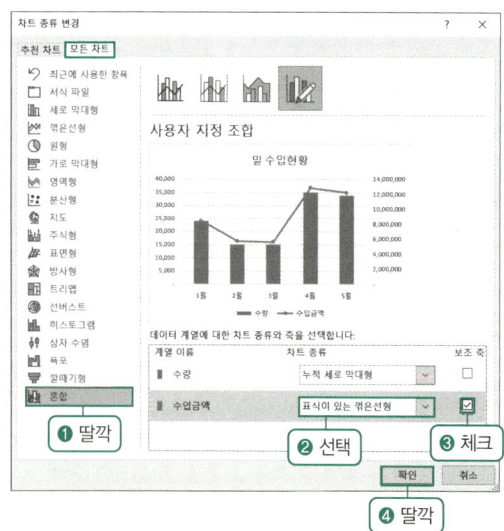

❺ '수입금액' 계열에서 마우스 오른쪽 단추를 클릭한 후 [데이터 레이블 추가]-[데이터 레이블 추가]를 선택한다.

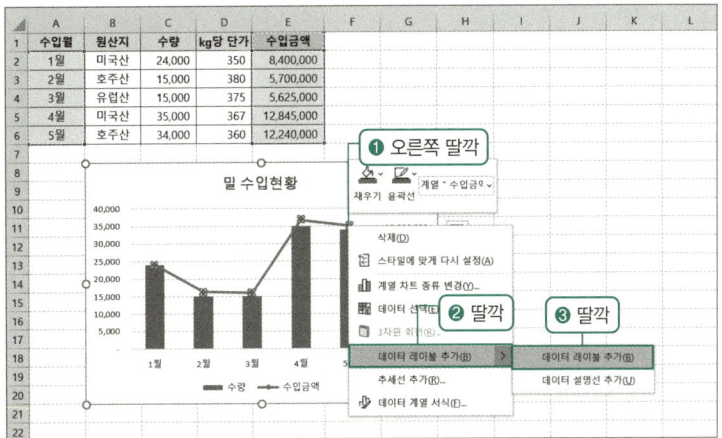

더 보기

'수입금액' 계열의 꺾은선을 클릭하면 모든 '수입금액' 계열이 선택된다.

❻ 결과를 확인한다.

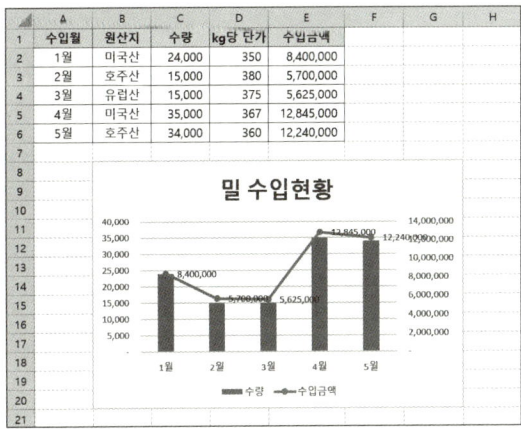

기능 21 외부 데이터 가져오기

> 노른자 096

데이터베이스 파일과 텍스트 파일 등을 워크시트로 가져오거나 쿼리 형태로 변경하여 엑셀에서 사용할 수 있게 하는 기능

📂 실습파일 21외부데이터가져오기.xlsx, 학생.accdb   📂 완성파일 21외부데이터가져오기_완성.xlsx

실습문제

다음의 조건을 지정하여 '학생.accdb' 파일에서 엑셀로 데이터를 가져오시오.

- '사번', '성명', '부서', '직책', '기본급' 필드 가져오기
- 기본급이 250 이상 300 이하인 데이터 추출
- '성명' 필드를 기준으로 오름차순 정렬

❶ [데이터] 탭-[데이터 가져오기 및 변환] 그룹-[데이터 가져오기]-[기타 원본에서]를 클릭하고 [Micrisoft Query에서]를 선택한다.

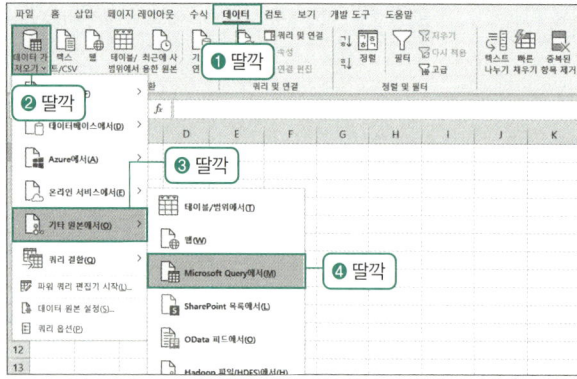

❷ [데이터 원본 선택] 대화상자의 [데이터베이스] 탭이 나타나면 'MS Access Database*'를 선택하고 [확인] 단추를 클릭한다. [데이터베이스 선택] 대화상자에서 액세스 파일의 원본이 저장된 폴더에 있는 '학생.accdb'를 선택하고 [확인] 단추를 클릭한다.

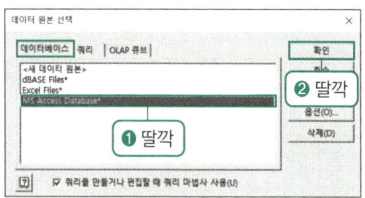 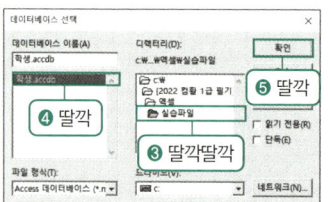

더 보기

다운로드한 폴더의 위치에 따라 파일의 경로가 다릅니다. '학생.accdb' 파일은 다운로드한 실습파일과 같은 폴더에 있습니다.

❸ [쿼리 마법사 – 열 선택] 대화상자가 나타나면 '사용할 수 있는 테이블과 열'에서 '사번', '성명', '부서', '직책', '기본급' 필드를 ▶ 단추를 클릭하여 '쿼리에 포함된 열'로 차례대로 이동하고 [다음] 단추를 클릭한다.

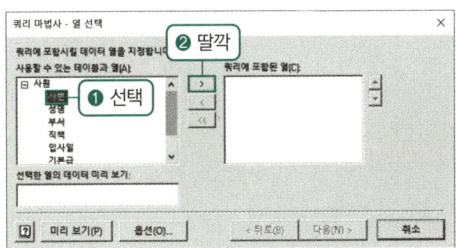 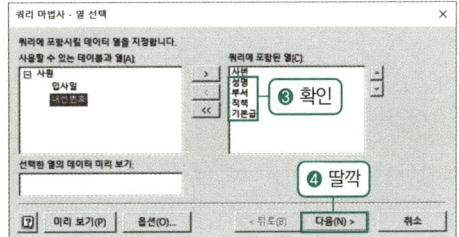

❹ [쿼리 마법사 – 데이터 필터] 대화상자가 나타나면 '필터할 열'에서 '기본급'을 선택하고 '포함할 행에 대한 조건'에 다음의 그림과 같이 조건을 지정한 후 [다음] 단추를 클릭한다. [쿼리 마법사 – 정렬 순서] 대화상자의 '첫째 기준'에 '성명', '오름차순'을 선택하고 [다음] 단추를 클릭한다.

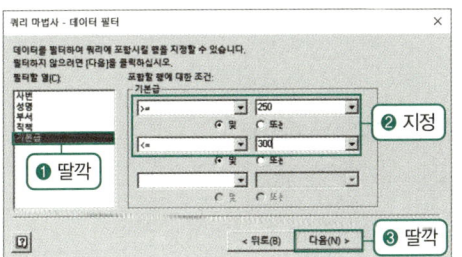 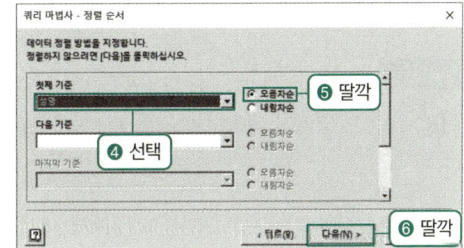

❺ [쿼리 마법사 – 마침] 대화상자에서는 기본 설정을 그대로 사용하므로 [마침] 단추를 클릭하여 [쿼리 마법사]를 종료한다.

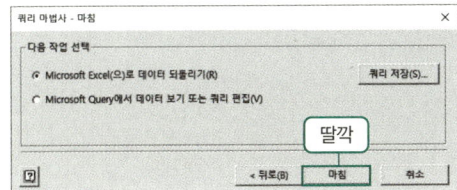

❻ 앞의 [쿼리 마법사]에서 설정한 데이터를 가져오기 위해 [데이터 가져오기] 대화상자에서 '현재 통합 문서에서 이 데이터를 표시할 방법을 선택하십시오.'의 '표'를 선택하고 '데이터가 들어갈 위치를 선택하십시오.'의 '기존 워크시트'에 '=$A$1'을 지정한 후 [확인] 단추를 클릭한다.

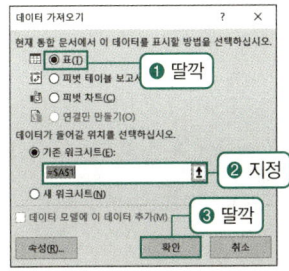

❼ 결과를 확인한다.

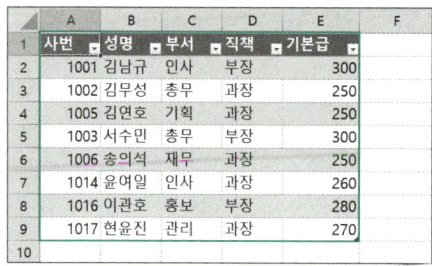

기능 22 매크로

▶ 노른자 118~120

반복적인 작업이나 자주 사용하는 명령 등을 매크로로 기록하여 작업 과정을 자동화하는 기능

📥 실습파일 22매크로.xlsx   📥 완성파일 22매크로_완성.xlsx

실습문제

[D13:F13] 영역에 대하여 평균을 계산하는 '평균' 매크로를 생성하시오.

❶ [개발 도구] 탭-[코드] 그룹-[매크로 기록]을 클릭한다.

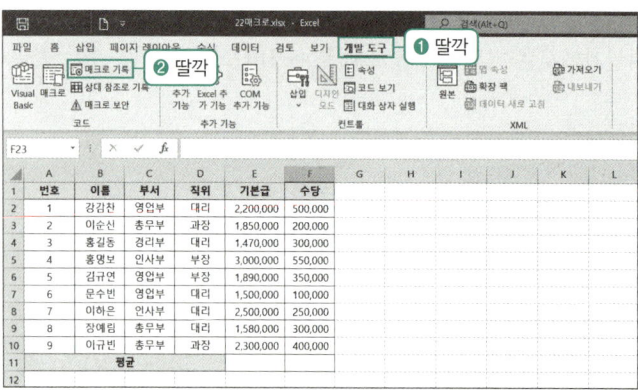

❷ [매크로 기록] 대화상자가 나타나면 '매크로 이름'에 '평균'을 입력하고 [확인] 단추를 클릭한다.

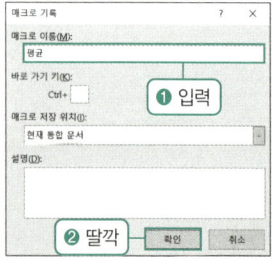

더 보기

리본 메뉴에 [개발 도구] 탭이 없다면 [파일] 탭-[옵션]을 선택하여 [Excel 옵션] 대화상자를 나타내고 [리본 사용자 지정] 범주에서 '리본 메뉴 사용자 지정'의 '개발 도구'에 체크한 후 [확인] 단추를 클릭한다.

❸ [E11] 셀을 선택하고 '=AVERAGE(E2:E10)'을 입력한 후 Enter 를 누른다.

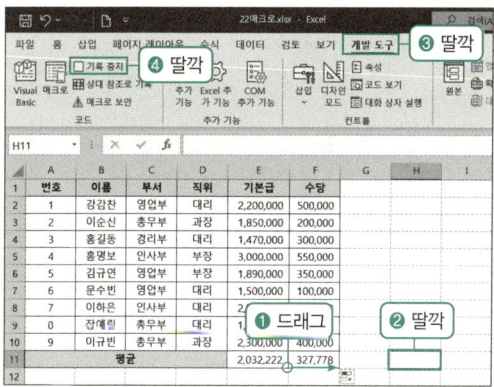

❹ [E11] 셀의 자동 채우기 핸들을 [F11] 셀까지 드래그하여 함수식을 복사한다. 임의의 셀을 선택하고 [개발 도구] 탭-[코드] 그룹-[기록 중지]를 클릭한다.

❺ [삽입] 탭-[일러스트레이션] 그룹-[도형]을 클릭하고 '기본 도형'의 '빗면(□)'을 클릭한다.

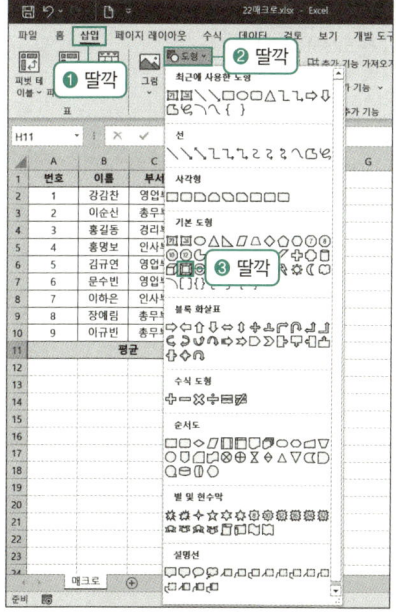

시험에 자주 출제되는 엑셀 기능 **35**

❻ Alt 를 누른 상태에서 [H3:I4] 영역에 드래그하여 '빗면' 도형을 그린다.

❼ '빗면' 도형에 '평균'을 입력하고 [홈] 탭-[맞춤] 그룹-[가운데 맞춤]을 클릭한다.

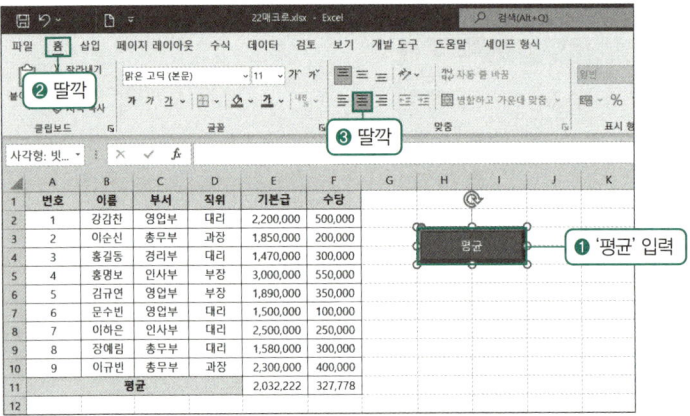

❽ '빗면' 도형에서 마우스 오른쪽 단추를 클릭하고 바로 가기 메뉴에서 [매크로 지정]을 선택한다.

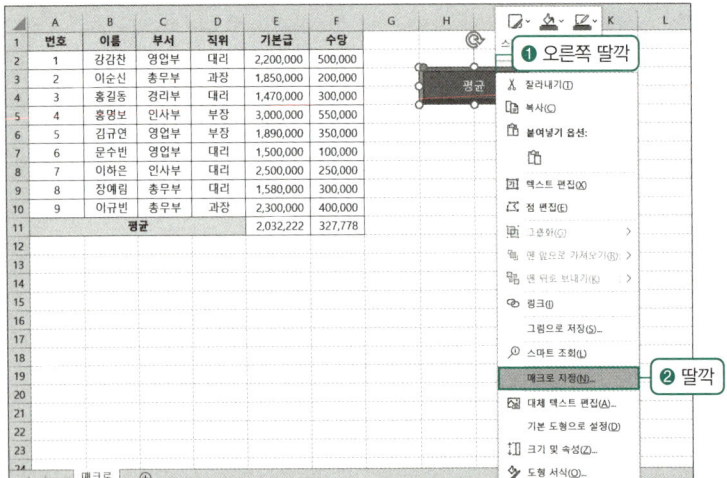

❾ [매크로 지정] 대화상자가 나타나면 '매크로 이름'에서 '평균'을 선택하고 '매크로 위치'에 '현재 통합 문서'를 선택한 후 [확인] 단추를 클릭한다.

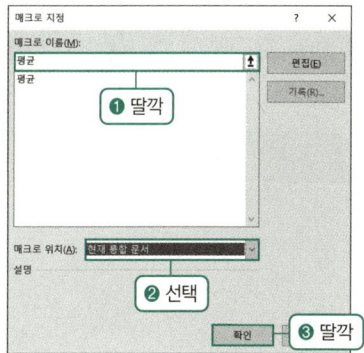

❿ [E11:F11] 영역을 선택하고 Delete를 눌러 평균값을 삭제한 후 빗면 도형을 클릭한다.

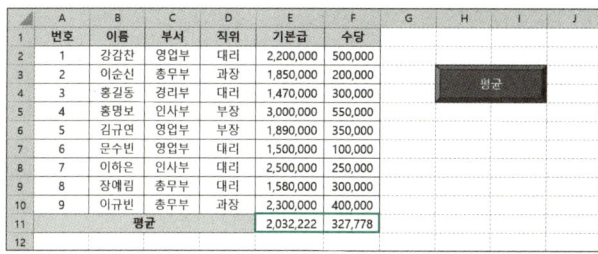

⓫ 결과를 확인한다.

	A	B	C	D	E	F	G	H	I	J
1	번호	이름	부서	직위	기본급	수당				
2	1	강감찬	영업부	대리	2,200,000	500,000				
3	2	이순신	총무부	과장	1,850,000	200,000		평균		
4	3	홍길동	경리부	대리	1,470,000	300,000				
5	4	홍명보	인사부	부장	3,000,000	550,000				
6	5	김규연	영업부	부장	1,890,000	350,000				
7	6	문수빈	영업부	대리	1,500,000	100,000				
8	7	이하은	인사부	대리	2,500,000	250,000				
9	8	장예림	총무부	대리	1,580,000	300,000				
10	9	이규빈	총무부	과장	2,300,000	400,000				
11		평균			2,032,222	327,778				
12										

더 보기

매크로가 제대로 실행되지 않는 경우
[개발 도구] 탭-[코드] 그룹-[매크로]를 클릭하여 해당 매크로를 삭제한 후 다시 작성한다.

실습으로 빠르게 익히자!

시험에 자주 출제되는 **액세스 기능**

※ 실습파일, 완성파일은 EXIT 합격 서비스(exit.eduwill.net)의 [자료실 게시판]에서 다운로드

기능 01 테이블 작성

노른자 133

액세스에서 데이터를 저장하기 위한 테이블을 만드는 기능

실습파일 01테이블작성.accdb 완성파일 01테이블작성_완성.accdb

실습문제

다음과 같은 필드와 데이터 형식을 [학생] 테이블을 생성하시오.

필드 이름	데이터 형식	필드 이름	데이터 형식	필드 이름	데이터 형식
학번	숫자	주소	긴 텍스트	수업료	통화
이름	짧은 테스트	전화번호	짧은 텍스트		
이메일	짧은 텍스트	등록일	날짜/시간		

❶ [만들기] 탭-[테이블] 그룹-[테이블 디자인]을 클릭한다.

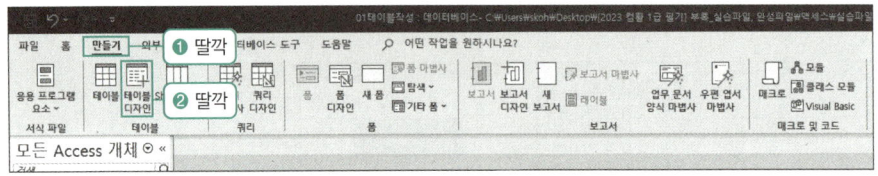

❷ '필드 이름'에 '학번'을 입력하고 '데이터 형식'의 목록 단추(▼)를 클릭한 후 [숫자]를 선택한다.

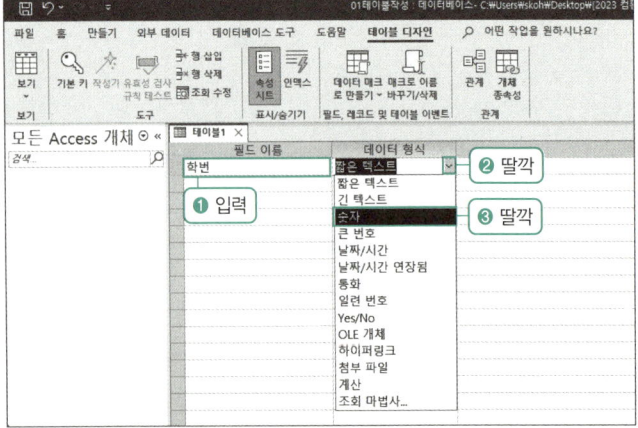

❸ 실습문제에서 제시한 '필드 이름'과 '데이터 형식'을 각각 지정한 후 빠른 실행 도구 모음에서 [저장] 도구(🔲)를 클릭한다.

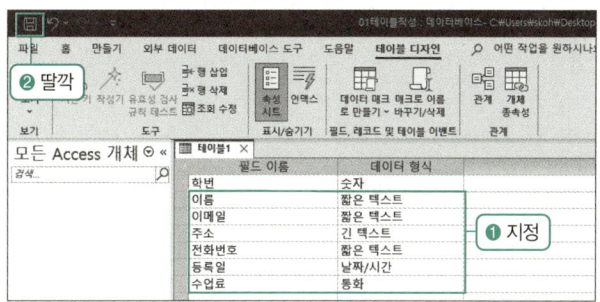

❹ [다른 이름으로 저장] 대화상자가 나타나면 '테이블 이름'에 '학생'을 입력하고 [확인] 단추를 클릭한다. '기본 키를 정의하지 않았습니다.'라는 경고 메시지 창이 나타나면 [아니요] 단추를 클릭한다.

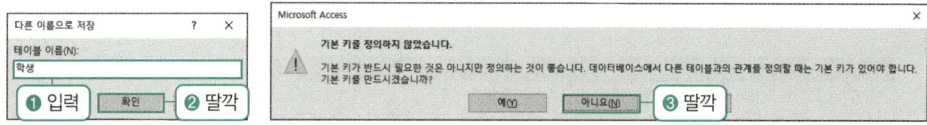

더 보기
테이블을 생성(저장)할 때 반드시 기본 키를 정의하지 않아도 되지만, 관계 설정을 하려면 기본 키가 필요하다.

❺ [테이블 디자인] 탭-[보기] 그룹-[보기]-[데이터시트 보기]를 클릭한다.

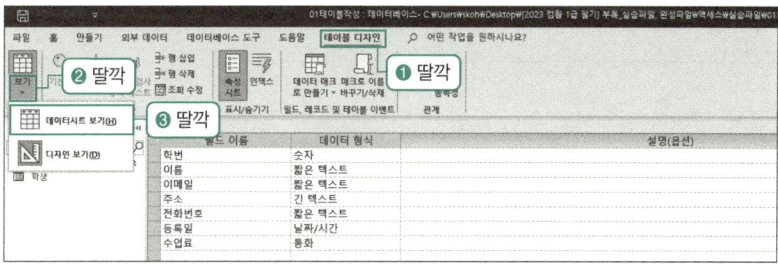

❻ 결과를 확인한다.

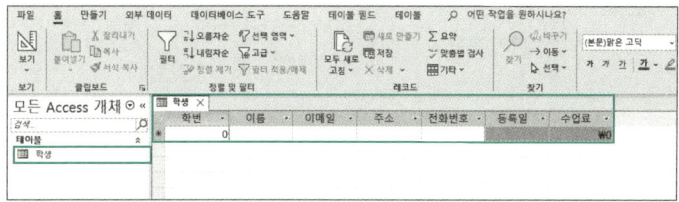

기능 02 입력 마스크

▶ 노른자 136

데이터 입력 시 지정된 형식에 따라 데이터를 신속하고 정확하게 입력하기 위해 지정하는 기능

📄 실습파일 02입력마스크.accdb   📄 완성파일 02입력마스크_완성.accdb

> **실습문제**
>
> [제품목록] 테이블에서 아래의 형식으로 입력 마스크를 설정하시오.
>
> - '제품코드' 필드: 첫 문자는 영문자(대문자) 또는 한글로 시작하고, 이후 숫자는 최대 네 자리까지 입력되도록 설정
> - '주문처' 필드: '123-4567-8899'의 전화번호 형식으로, 전체 숫자 11개가 공백 없이 반드시 입력되도록 설정

❶ [모든 Access 개체] 창의 [제품목록] 테이블에서 마우스 오른쪽 단추를 클릭하고 바로 가기 메뉴에서 [디자인 보기]를 선택한다.

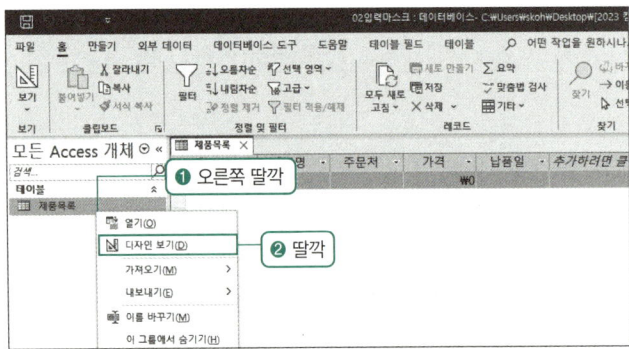

❷ 다음은 '제품목록' 필드를 설정하기 위한 작업이다. '제품코드' 필드를 선택하고 '필드 속성'에서 [일반] 탭의 '입력 마스크'에 '>L0###'을 입력한다.

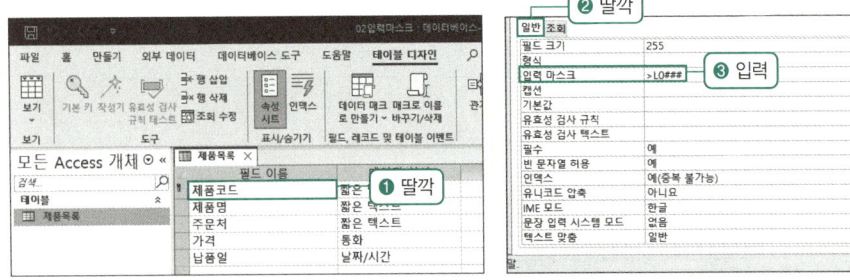

더 보기

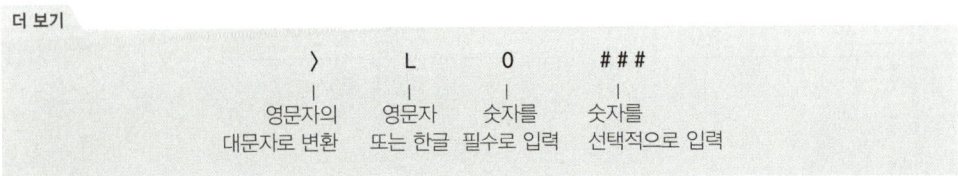

❸ 다음은 '주문처' 필드를 설정하기 위한 작업이다. '주문처' 필드를 선택하고 '필드 속성'에서 [일반] 탭의 '입력 마스크'에 '000-0000-0000'을 입력한 후 빠른 실행 도구 모음에서 [저장](🖫) 도구를 클릭하여 테이블을 저장한다.

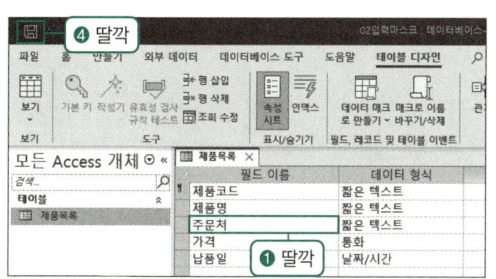
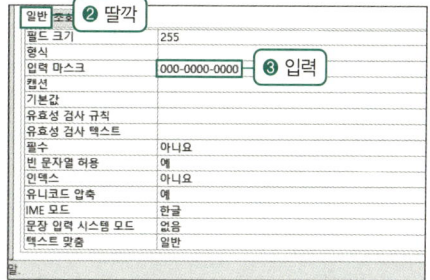

더 보기

000-0000-0000: 0은 숫자를 필수로 입력해야 한다는 의미이다.

❹ [테이블 디자인] 탭-[보기] 그룹-[보기]-[데이터시트 보기]를 선택하여 결과를 확인한다.

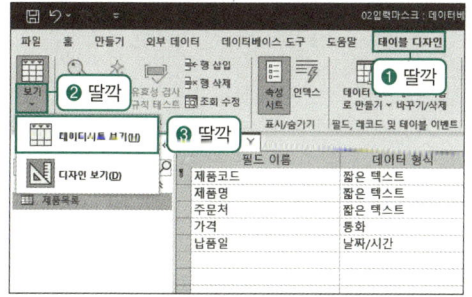
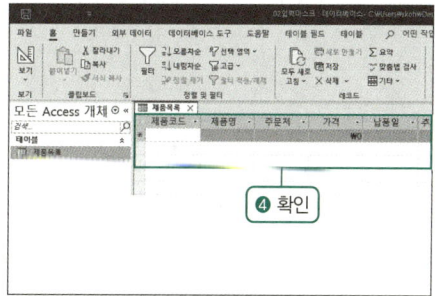

더 보기

입력 마스크에 올바른 데이터가 입력되지 않으면 다음과 같은 메시지 창이 나타나면서 데이터가 입력되지 않는다.

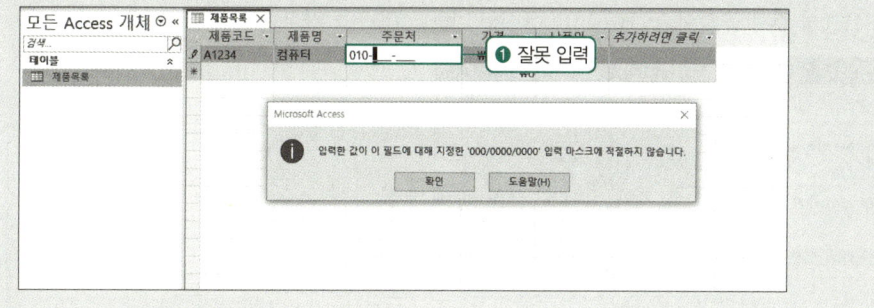

기능 03 유효성 검사

필드에 입력될 데이터 값의 종류나 범위를 미리 지정하는 기능

↗ 노른자 137

실습파일 03유효성검사.accdb 완성파일 03유효성검사_완성.accdb

실습문제

[제품목록] 테이블에서 아래의 형식으로 유효성 검사를 설정하시오.
- '가격' 필드: 1,000에서 10,000,000 사이의 값이 입력되도록 설정
- '납품일' 필드: 현재 날짜보다 이전의 날짜가 입력되면 '정확한 납품일을 입력하세요.'라는 메시지를 표시하도록 설정

❶ [모든 Access 개체] 창의 [제품목록] 테이블에서 마우스 오른쪽 단추를 클릭하고 바로 가기 메뉴에서 [디자인 보기]를 선택한다.

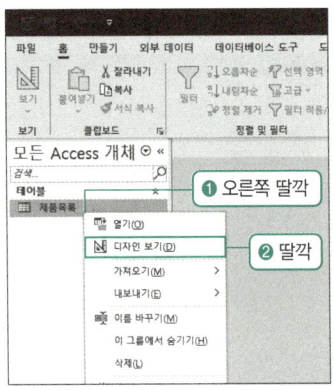

❷ 다음은 '가격' 필드를 설정하기 위한 작업이다. '가격' 필드를 선택하고 '필드 속성'에서 [일반] 탭의 '유효성 검사 규칙'에 'Between 1000 And 10000000'을 입력한다.

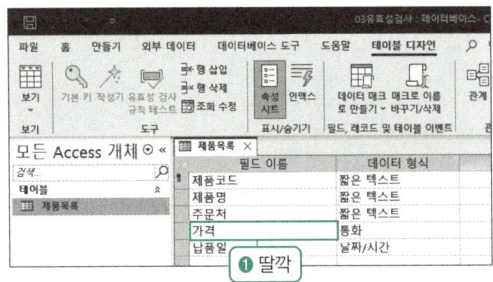 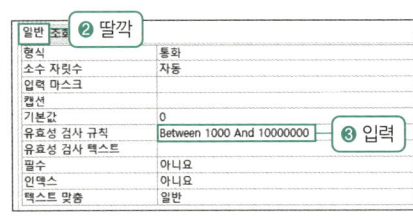

더 보기

Between 1000 And 10000000: 1,000에서 10,000,000 사이의 값이 입력되도록 설정하는 값

❸ 다음은 '납품일' 필드를 설정하기 위한 작업이다. '납품일' 필드를 선택하고 '필드 속성'에서 [일반] 탭의 '유효성 검사 규칙'에는 현재 날짜보다 이후의 날짜를 입력하기 위해 설정하는 조건인 '>=Date()'를, '유효성 검사 텍스트'에는 '정확한 납품일을 입력하세요.'를 입력한 후 저장한다.

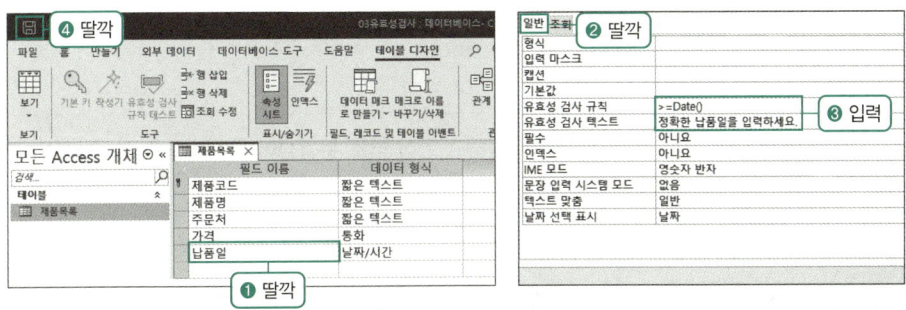

❹ [테이블 디자인] 탭-[보기] 그룹-[보기]-[데이터시트 보기]를 선택하여 결과를 확인한다.

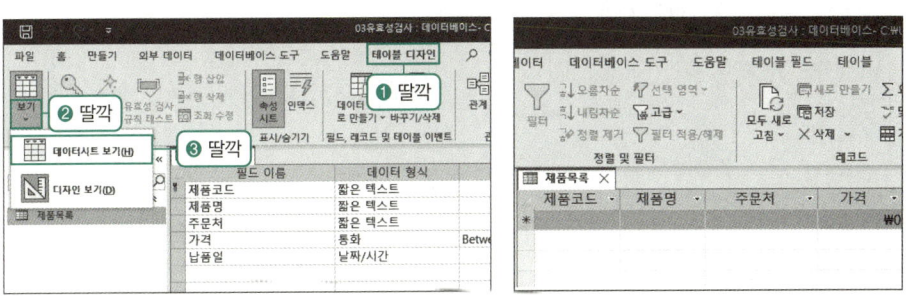

더 보기

유효성 검사 규칙에 맞는 데이터가 입력되지 않으면 다음과 같은 메시지 창과 함께 데이터가 입력되지 않는다.

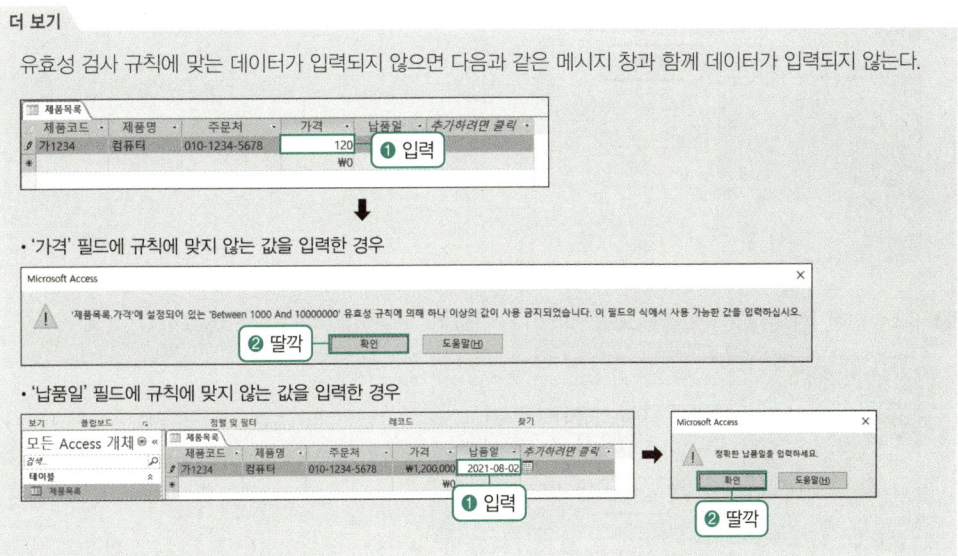

기능 04 관계 설정

여러 개의 테이블에 관계를 설정하여 데이터를 처리할 수 있도록 하는 기능

▶ 노른자 141

실습파일 04관계설정.accdb 완성파일 04관계설정_완성.accdb

실습문제

[교수] 테이블과 [학생] 테이블의 관계를 설정하고 항상 참조 무결성이 유지되도록 설정하시오.

❶ [데이터베이스 도구] 탭-[관계] 그룹-[관계]를 클릭한다.

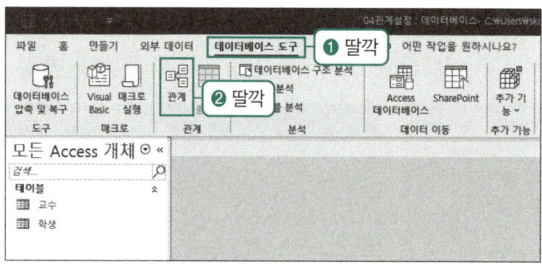

❷ [테이블 추가] 창이 나타나면 [테이블] 탭에서 [교수]와 [학생]을 더블클릭한다.

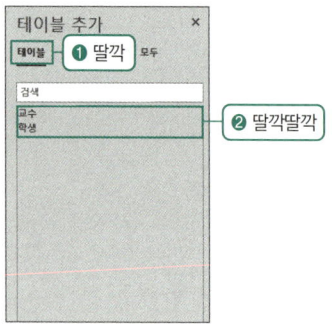

❸ [교수] 테이블의 '교수번호' 필드를 [학생] 테이블의 '교수번호' 필드로 드래그한다.

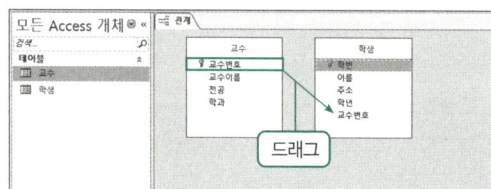

❹ [관계 편집] 대화상자가 나타나면 '항상 참조 무결성 유지'에 체크하고 [만들기] 단추를 클릭한다.

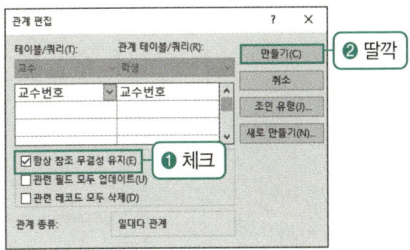

❺ 결과를 확인한다.

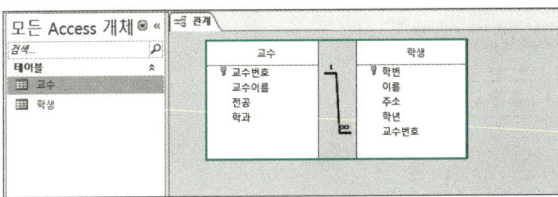

기능 05 쿼리 - 선택 쿼리(SELECT)

노른자 147

선택 쿼리는 조건을 설정하고 해당 조건에 맞는 데이터를 검색하는 데 사용하는 쿼리

실습문제 1

[SQL 보기]를 이용하여 [사원] 테이블에서 '기본급이 300 이상'인 사원의 '성명', '직책', '기본급'을 검색하는 '기본급 300이상' 쿼리를 작성하시오.

실습파일 05쿼리-선택쿼리-문1.accdb   완성파일 05쿼리-선택쿼리-문1_완성.accdb

❶ [모든 Access 개체] 창에서 [사원] 테이블을 선택하고 [만들기] 탭-[쿼리] 그룹-[쿼리 디자인]을 클릭한다.

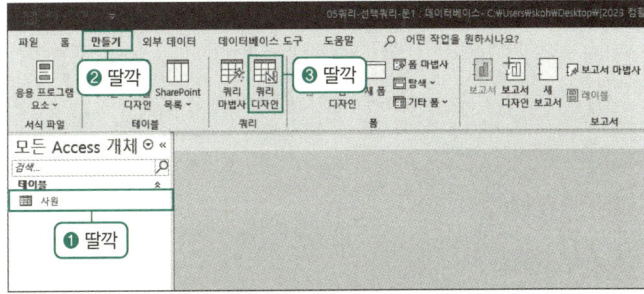

❷ [테이블 추가] 창의 [테이블] 탭이 나타나면 [사원] 테이블을 더블클릭한다.

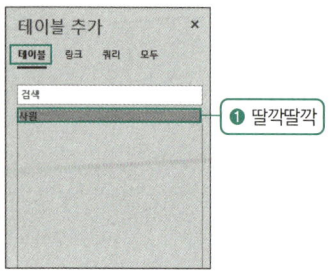

❸ [쿼리 디자인] 탭-[결과] 그룹-[보기]-[SQL 보기]를 선택한다.

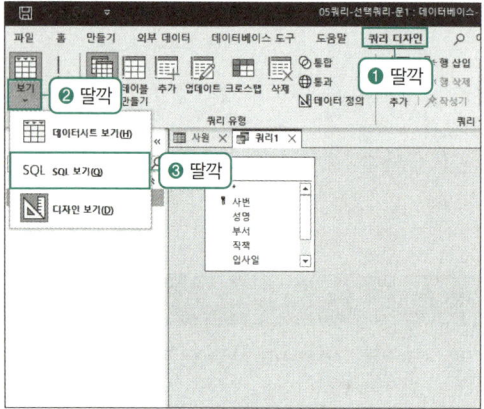

❹ 다음과 같이 쿼리를 입력한 후 [쿼리 디자인] 탭-[결과] 그룹-[실행]을 클릭한다.

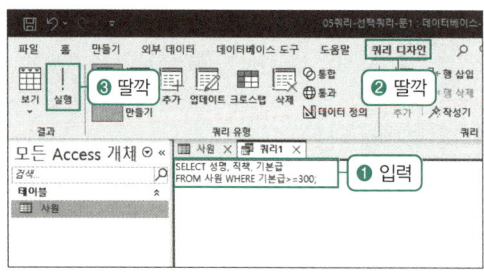

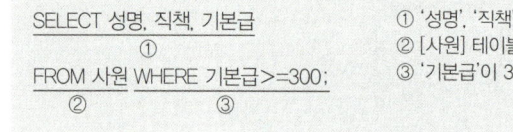

① '성명', '직책', '기본급' 필드를 검색한다.
② [사원] 테이블에서 검색한다.
③ '기본급'이 300 이상인 레코드만 대상으로 한다.

❺ 다음의 그림과 같이 [사원] 테이블에서 '기본급'이 300 이상인 사원에 대한 총 다섯 개의 레코드가 '성명', '직책', '기본급' 필드로 나타나는지 확인하고 저장한다.

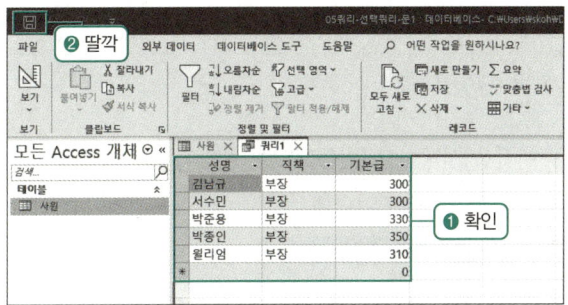

❻ [다른 이름으로 저장] 대화상자가 나타나면 '쿼리 이름'에 '기본급 300이상'을 입력하고 [확인] 단추를 클릭한다.

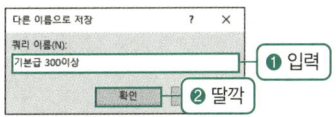

❼ [모든 Access 개체] 창에 '쿼리' 영역과 '기본급 300이상' 쿼리가 생성되었는지 결과를 확인한다.

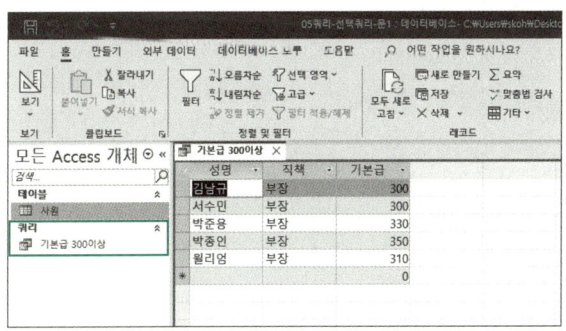

> **실습문제 2**
>
> [디자인 눈금 영역]을 이용하여 [사원] 테이블에서 기본급이 300 이상인 사원의 성명과 직책, 기본급을 검색하는 '기본급 300이상' 쿼리를 작성하시오.

📥 **실습파일** 05쿼리-선택쿼리-문2.accdb   📥 **완성파일** 05쿼리-선택쿼리-문2_완성.accdb

❶ [모든 Access 개체] 창에서 [사원] 테이블을 선택하고 [만들기] 탭-[쿼리] 그룹-[쿼리 디자인]을 클릭한다.

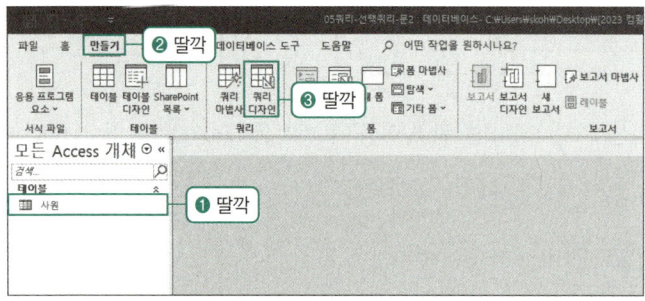

❷ [테이블 추가] 창의 [테이블] 탭이 나타나면 [사원] 테이블을 더블클릭한다.

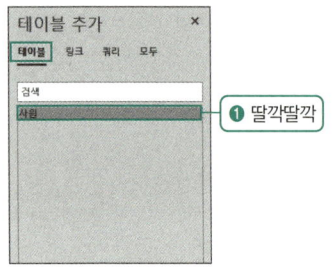

❸ '필드' 항목에서 '성명', '직책', '기본급'을 차례대로 선택한다. '성명', '직책', '기본급' 필드의 '표시'에 체크하고 '기본급'의 조건에 '>=300'을 입력한다.

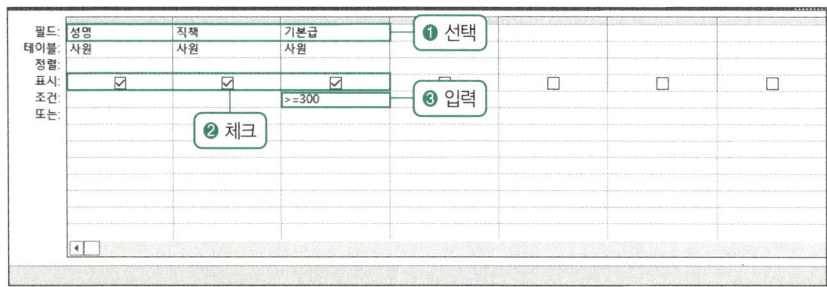

> **더 보기**
>
> '필드' 항목을 선택하면 자동으로 [사원] 테이블이 설정된다.

❹ [쿼리 디자인] 탭-[결과] 그룹-[실행]을 클릭한다. [사원] 테이블에서 '기본급'이 300 이상인 사원에 대한 총 다섯 개의 레코드가 '성명', '직책', '기본급' 필드로 나타나면 빠른 실행 도구 모음에서 [저장] 도구(🔲)를 클릭한다.

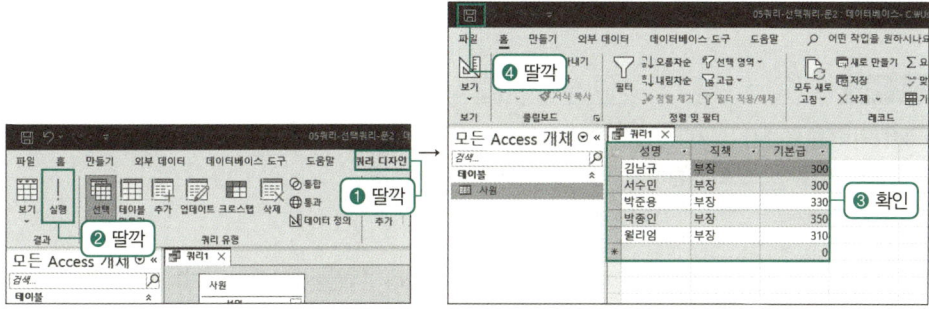

❺ [다른 이름으로 저장] 대화상자가 나타나면 '쿼리 이름'에 '기본급 300이상'을 입력하고 [확인] 단추를 클릭한다.

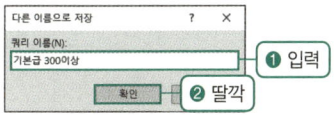

❻ [모든 Access 개체] 창에 '쿼리' 영역과 '기본급 300이상' 쿼리가 생성되었는지 결과를 확인한다.

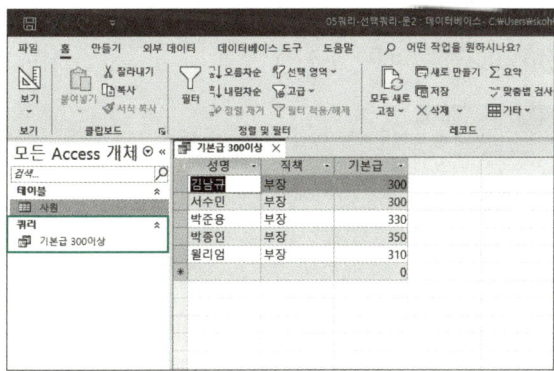

기능 06 쿼리 - 정렬하기(ORDER BY)

▶ 노른자 147

ORDER BY문은 특정 필드를 기준으로 오름차순(ASC)이나 내림차순(DESC)으로 정렬하는 방법

실습파일 06쿼리-정렬.accdb   완성파일 06쿼리-정렬_완성.accdb

> **실습문제**
>
> [사원] 테이블에서 '부서' 필드가 '인사'와 같은 직원의 '성명', '부서', '직책' 필드를 검색하되, '성명' 필드의 내림차순으로 정렬하는 '인사과' 쿼리를 작성하시오.

❶ [모든 Access 개체] 창에서 [사원] 테이블을 클릭하고 [만들기] 탭-[쿼리] 그룹-[쿼리 디자인]을 클릭한다. [테이블 추가] 창의 [테이블] 탭이 나타나면 [사원] 테이블을 더블클릭한다.

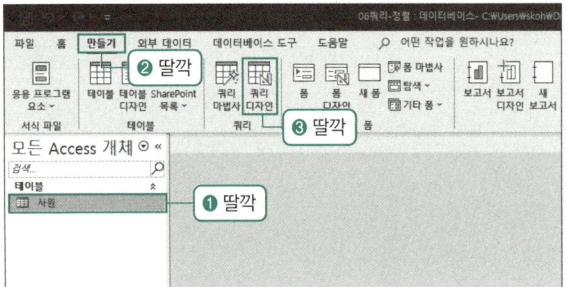
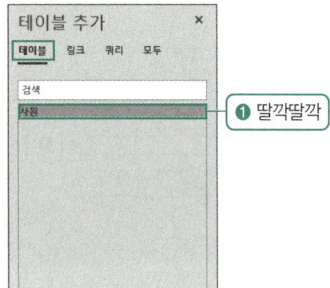

❷ [쿼리 디자인] 탭-[결과] 그룹-[보기]-[SQL 보기]를 선택한다.

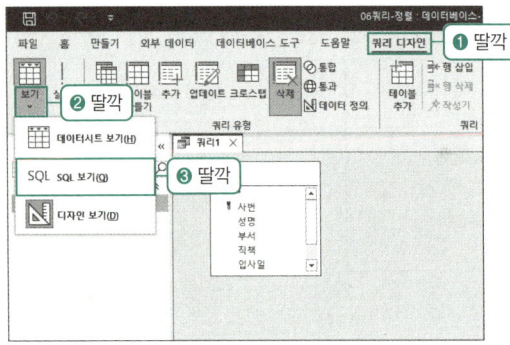

❸ 다음과 같이 쿼리를 입력하고 [쿼리 디자인] 탭-[결과] 그룹-[실행]을 클릭한다.

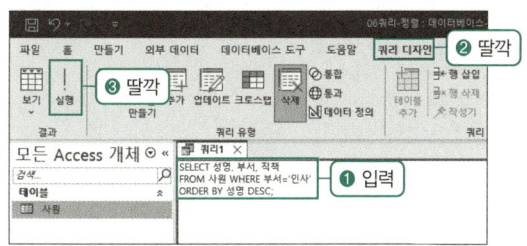

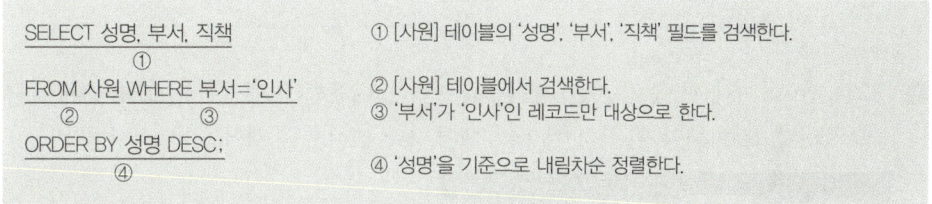

❹ [사원] 테이블에서 '부서' 필드가 '인사'인 사원에 대한 총 네 개의 레코드가 '성명', '부서', '직책'의 필드로 나타나면 '성명' 필드의 값이 내림차순(DESC)으로 정렬되어 나타나는지 확인하고 저장한다.

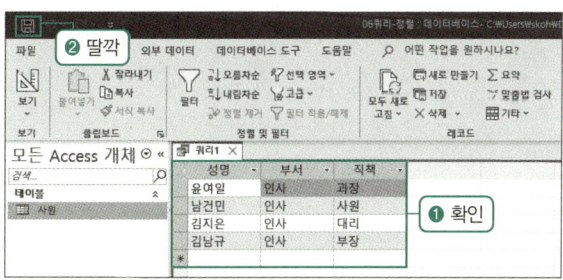

❺ [다른 이름으로 저장] 대화상자가 나타나면 '쿼리 이름'에 '인사과'를 입력하고 [확인] 단추를 클릭한다.

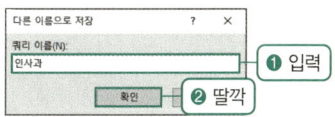

❻ [모든 Access 개체] 창에 '쿼리' 영역과 '인사과' 쿼리가 생성되었는지 결과를 확인한다.

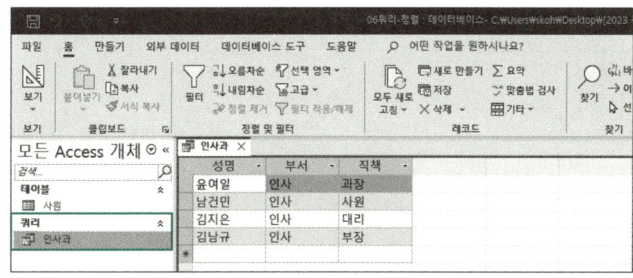

기능 07 쿼리 - 그룹 지정(GROUP BY)

➡ 노른자 147

GROUP BY문은 특정 필드를 기준으로 레코드를 그룹화하여 검색할 때 사용

📥 실습파일 07쿼리-그룹지정.accdb   📥 완성파일 07쿼리-그룹지정_완성.accdb

> **실습문제**
>
> [사원] 테이블에서 직책별 기본급의 합계를 구하는 '직책별합계' 쿼리를 작성하시오. (단, 쿼리에서 나타나는 기본급의 '평균' 필드의 이름은 '기본급합계'로 한다.)

❶ [모든 Access 개체] 창에서 [사원] 테이블을 선택하고 [만들기] 탭-[쿼리] 그룹-[쿼리 디자인]을 클릭한다. [테이블 추가] 창의 [테이블] 탭이 나타나면 [사원] 테이블을 더블클릭한다.

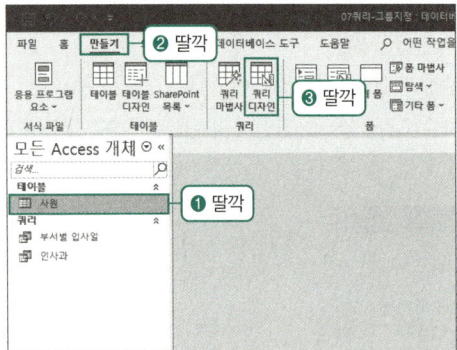
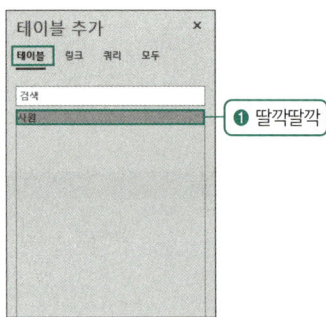

❷ [쿼리 디자인] 탭-[결과] 그룹-[보기]-[SQL 보기]를 선택한다.

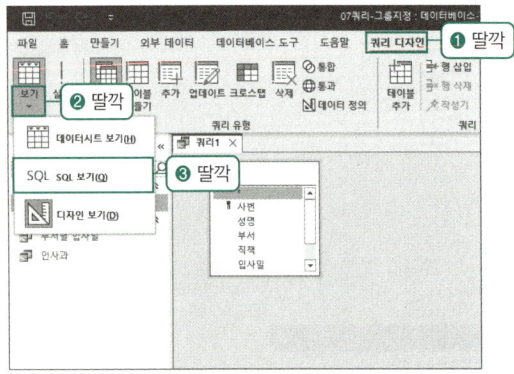

❸ 다음과 같이 쿼리를 입력하고 [쿼리 디자인] 탭-[결과] 그룹-[실행]을 클릭한다.

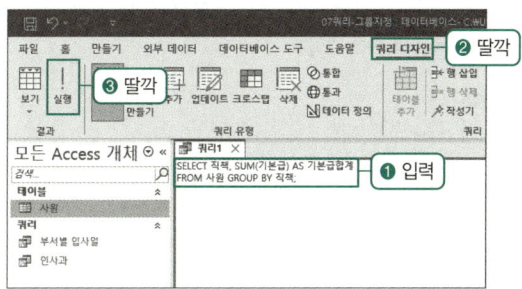

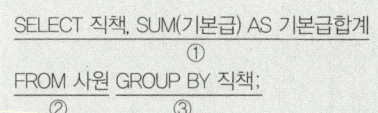

① [사원] 테이블의 '직책'과 '기본급합계'를 검색한다. 즉 SUM 함수로 집계한 필드명을 '기본급합계'로 하여 쿼리를 작성한다.
② [사원] 테이블에서 검색한다.
③ '직책'을 기준으로 그룹화한다.

❹ [사원] 테이블의 '직책' 필드를 그룹으로 지정한 '기본급합계'를 확인하고 저장한다.

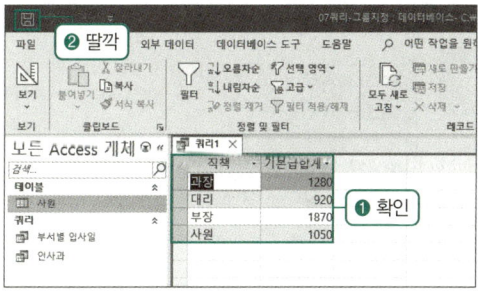

❺ [다른 이름으로 저장] 대화상자가 나타나면 '쿼리 이름'에 '직책별합계'를 입력하고 [확인] 단추를 클릭한다.

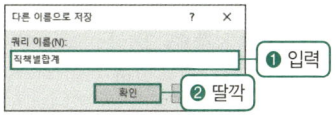

❻ [모든 Access 개체] 창에 '직책별합계' 쿼리가 생성되었는지 결과를 확인한다.

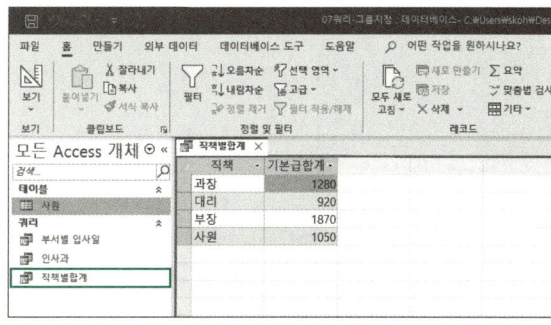

시험에 자주 출제되는 액세스 기능 53

기능 08 실행 쿼리 – 레코드 삽입, 삭제, 갱신(INSERT INTO)

노른자 151

레코드를 삽입(INSERT), 삭제(DELETE), 갱신(UPDATE)하는 쿼리

실습파일 08실행쿼리.accdb **완성파일** 08실행쿼리_완성.accdb

> **실습문제**
>
> [사원] 테이블에서 아래와 같은 쿼리를 실행하시오.
>
> - 다음의 데이터를 테이블에 삽입하는 쿼리 작성
>   (사번: 1021, 성명: 문혜영, 부서: 재무, 직책: 이사, 입사일: 2021-08-20, 기본급: 500, 내선번호: 2378)
> - 테이블에서 '성명'이 '남건민'인 레코드 삭제
> - 테이블에서 '부서'가 '홍보'인 레코드의 기본급 10% 인상

❶ [모든 Access 개체] 창에서 [사원] 테이블을 선택하고 [만들기] 탭-[쿼리] 그룹-[쿼리 디자인]을 클릭한다. [테이블 추가] 창의 [테이블] 탭이 나타나면 [사원] 테이블을 더블클릭한다.

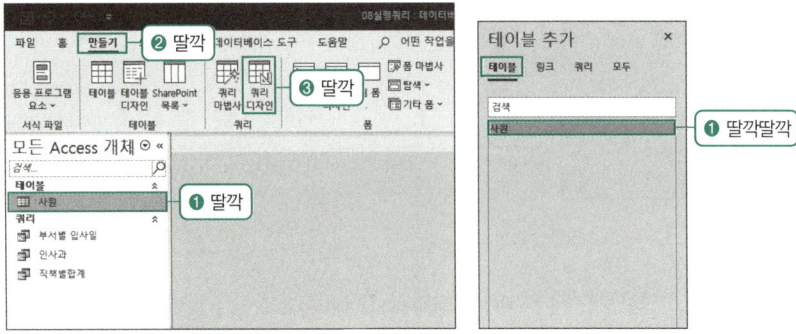

❷ [쿼리 디자인] 탭-[결과] 그룹-[보기]-[SQL 보기]를 선택한다.

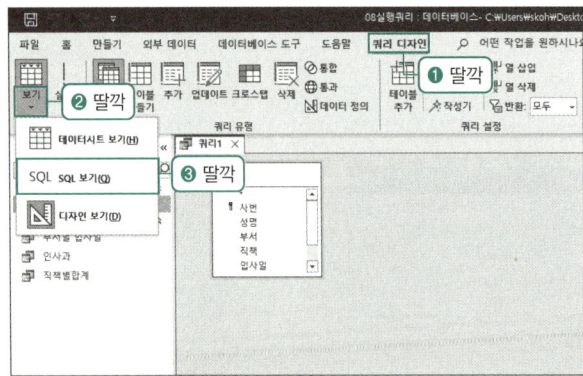

❸ 다음과 같이 쿼리를 입력하고 [쿼리 디자인] 탭-[결과] 그룹-[실행]을 클릭한다. '1 행을 추가합니다.'라는 메시지 창이 나타나면 [예] 단추를 클릭한다.

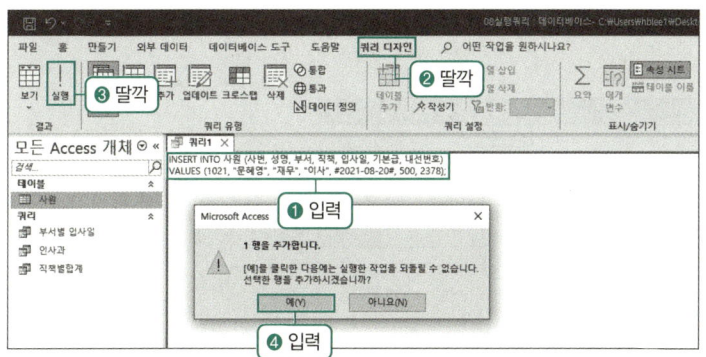

INSERT INTO 사원 (사번, 성명, 부서, 직책, 입사일, 기본급, 내선번호)
①
VALUES (1021, "문혜영", "재무", "이사", #2021-08-20#, 500, 2378);
②

① [사원] 테이블의 각 필드에 'VALUES'의 해당 값을 추가한다.
② 'INSERT INTO'에 나열된 순서대로 값을 추가한다.

❹ [모든 Access 개체] 창에서 [사원] 테이블을 더블클릭하여 레코드가 삽입되었는지 확인하고 [사원] 탭의 [닫기](☒)를 클릭하여 종료한다.

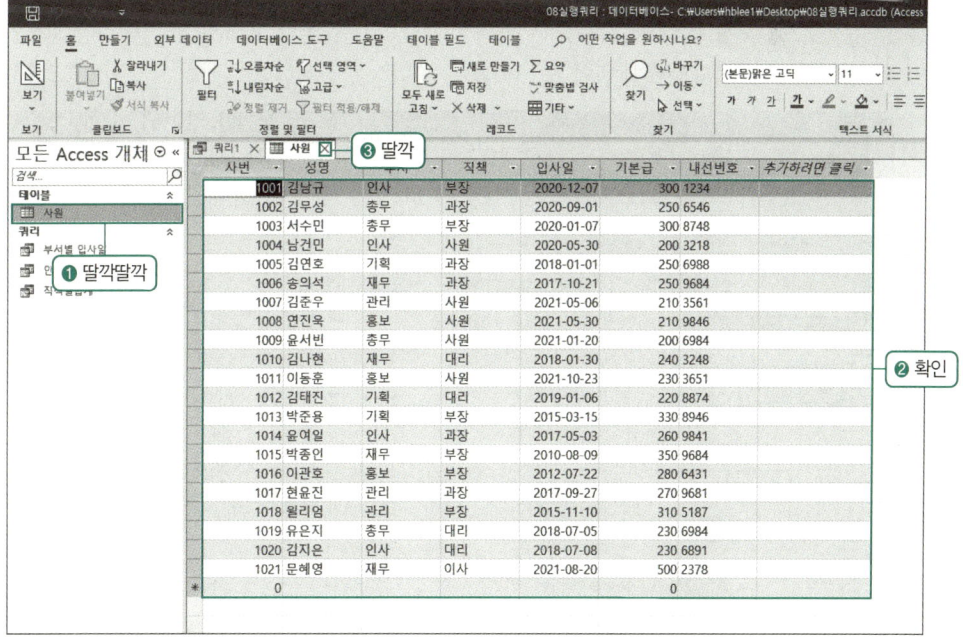

❺ 다음은 테이블에서 '성명'이 '남건민'인 레코드를 삭제하기 위한 작업이다. 앞에서 작성한 추가 쿼리(INSERT문)를 모두 삭제하고 다음의 쿼리를 입력한 후 [쿼리 디자인] 탭-[결과] 그룹-[실행]을 클릭한다. '지정된 테이블에서 1 행을 삭제합니다.'라는 메시지 창이 나타나면 [예] 단추를 클릭한다.

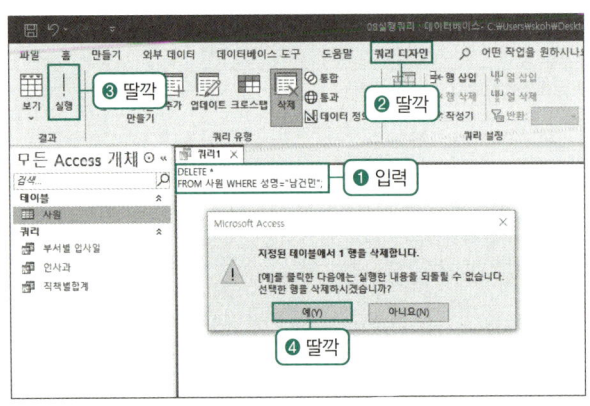

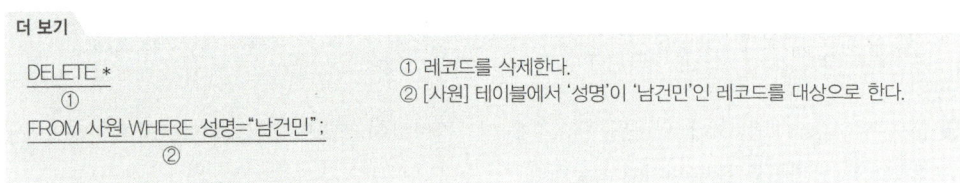

❻ [모든 Access 개체] 창에서 [사원] 테이블을 더블클릭하여 '성명' 필드가 '남건민'인 레코드가 삭제되었는지 확인하고 [사원] 탭의 [닫기](☒)를 클릭하여 종료한다.

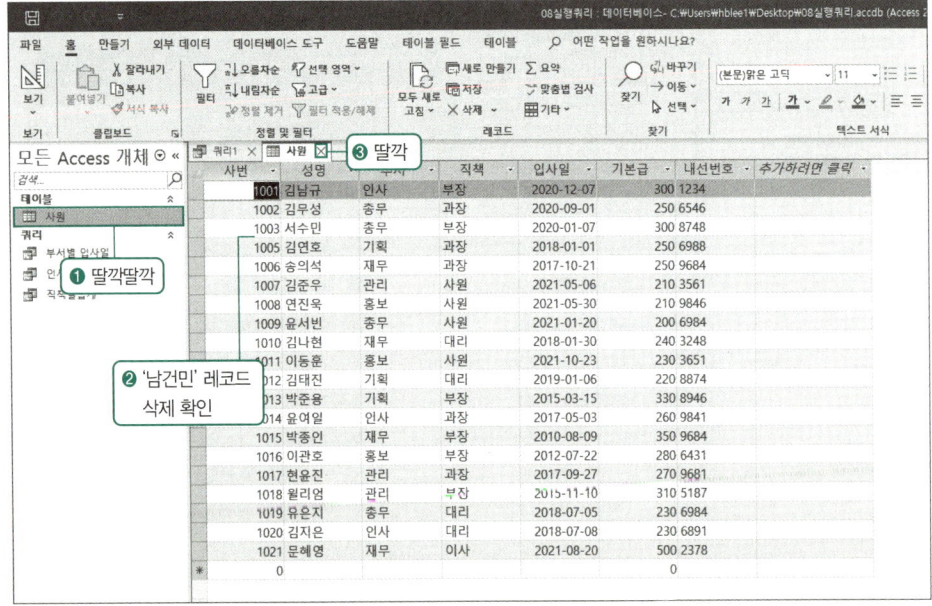

❼ 다음은 테이블에서 '부서'가 '홍보'인 레코드의 기본급을 10% 인상하기 위한 작업이다. 앞에서 작성한 삭제 쿼리(DELETE문)를 모두 삭제하고 다음의 쿼리를 입력한 후 [쿼리 디자인] 탭-[결과] 그룹-[실행]을 클릭한다. '3 행을 새로 고칩니다.'라는 메시지 창이 나타나면 [예] 단추를 클릭한다.

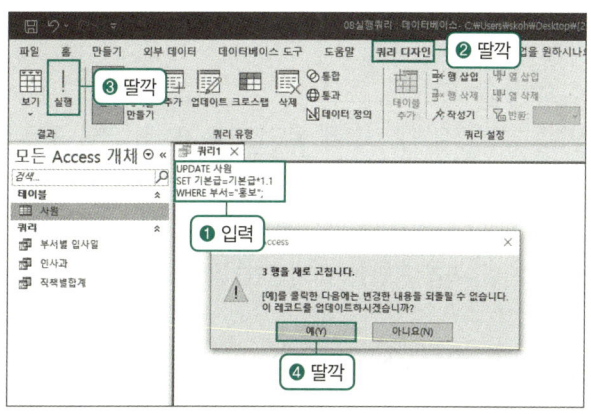

더 보기

UPDATE 사원
   ①
SET 기본급=기본급*1.1
   ②
WHERE 부서="홍보";
   ③

① [사원] 테이블을 갱신한다.
② '기본급'에 1.1을 곱하여 기본급을 갱신한다. 즉 기본급을 10% 인상한다.
③ '부서'가 '홍보'인 레코드를 대상으로 한다.

❽ [모든 Access 개체] 창에서 [사원] 테이블을 더블클릭하여 '부서' 필드가 '홍보'인 레코드의 '기본급' 필드가 10% 증가되었는지 결과를 확인한다.

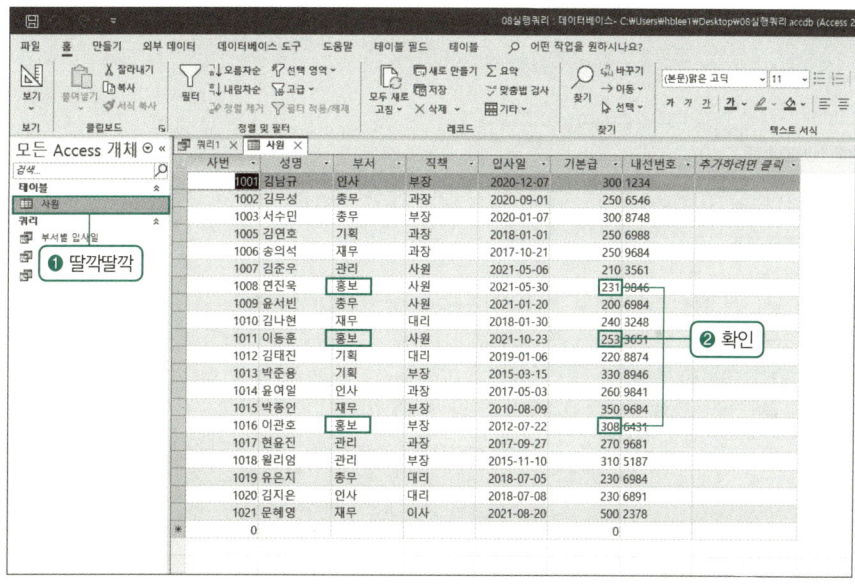

기능 09 폼 만들기

▶ 노른자 154

폼은 테이블, 쿼리, SQL을 원본으로 하여 데이터를 입력하거나 조회, 편집 등의 작업을 쉽고 편리하게 할 수 있도록 지원하는 개체

📥 실습파일 09폼만들기.accdb　　📥 완성파일 09폼만들기_완성.accdb

> **실습문제**
>
> '부서별 입사일' 쿼리를 이용하여 '사번', '성명', '직책', '기본급' 필드만으로 구성된 '급여' 폼을 작성하시오.

❶ [모든 Access 개체] 창에서 '부서별 입사일' 쿼리를 선택하고 [만들기] 탭-[폼] 그룹-[폼 마법사]를 클릭한다.

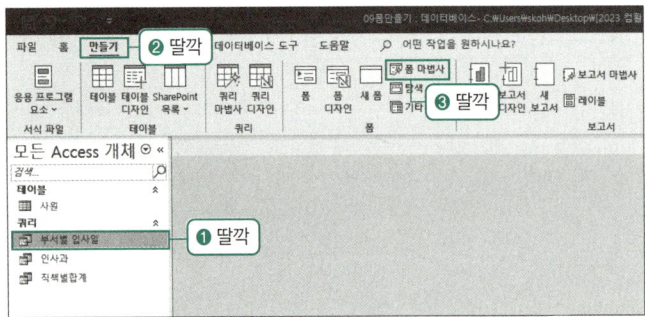

❷ [폼 마법사] 대화상자가 나타나면 '사용 가능한 필드'에서 '사번', '성명', '직책', '기본급' 필드를 > 단추를 클릭하여 차례대로 '선택한 필드'로 이동하고 [다음] 단추를 클릭한다.

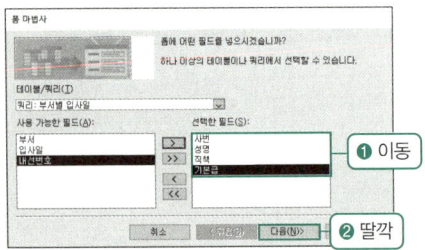

❸ 폼의 모양에서 '열 형식'을 선택하고 [다음] 단추를 클릭한다.

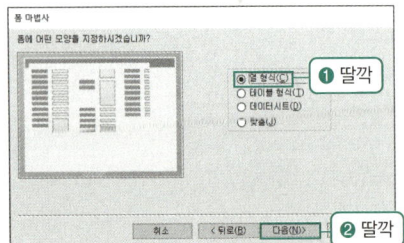

❹ 폼의 제목에 '급여'를 입력하고 [마침] 단추를 클릭한다.

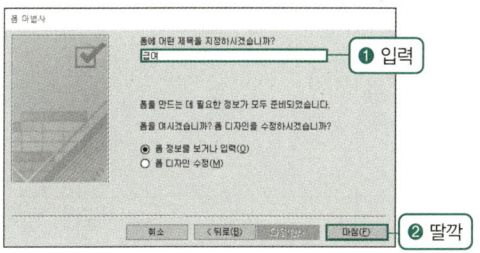

❺ '급여' 폼이 생성되면 탐색 단추와 검색 박스를 이용하여 데이터를 입력하거나 조회 및 편집 작업을 할 수 있다.

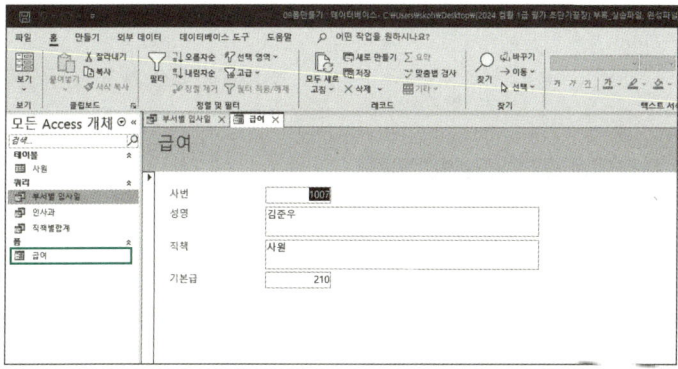

| 기능 10 | 폼 디자인 편집 | 노른자 153, 156 |

폼을 편리하게 사용할 수 있게 디자인하는 기능

실습파일 10폼디자인편집.accdb   완성파일 10폼디자인편집_완성.accdb

실습문제

'급여' 폼을 아래의 지시 사항에 맞게 편집하시오.

- 폼 바닥글에 '총 사원수'를 나타내는 텍스트 상자 추가
- 폼 보기 형식을 '연속 폼'으로 변경하고 캡션을 '사원리스트'로 변경
- 레코드 검색만 가능하고 추가, 삭제, 변경할 수 없게 설정

❶ [모든 Access 개체] 창의 '급여' 폼에서 마우스 오른쪽 단추를 클릭하고 바로 가기 메뉴에서 [디자인 보기]를 선택한다.

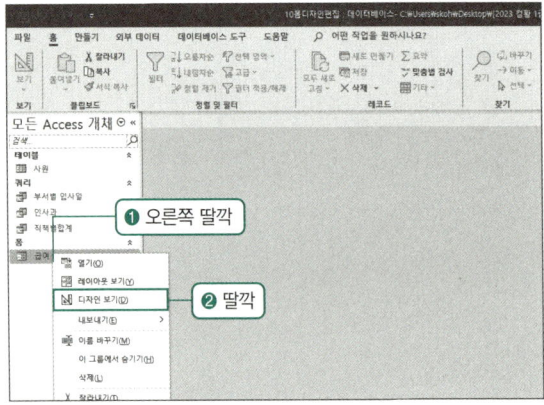

❷ 다음은 폼 바닥글에서 '총 사원수'를 나타내는 텍스트 상자를 추가하기 위한 작업이다. '폼 바닥글' 영역의 경계선에 마우스 포인터를 올려놓고 아래쪽으로 드래그하여 바닥글 영역을 만든다.

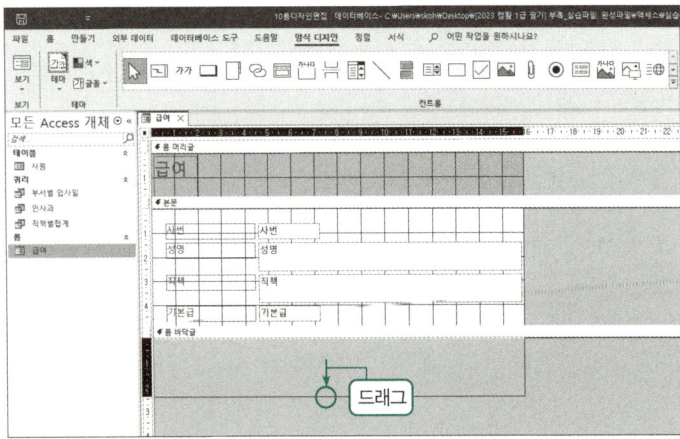

❸ [양식 디자인] 탭-[컨트롤] 그룹-[텍스트 상자](🔲)를 클릭하고 '폼 바닥글' 영역에서 적당한 크기로 드래그하여 텍스트 상자를 만든다.

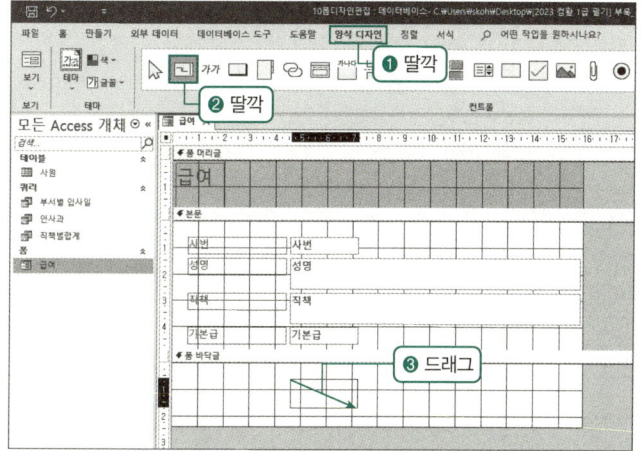

❹ 텍스트 상자가 생성되면서 텍스트 상자의 서식을 지정할 수 있는 [텍스트 상자 마법사] 대화상자가 나타나면 특정한 서식을 지정하지 않을 것이므로 [취소] 단추를 클릭한다.

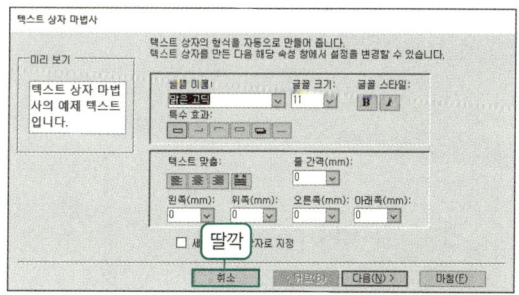

❺ 텍스트 상자를 생성하면 텍스트 상자 외에 한 개의 '레이블'이 자동으로 생성되는데, '레이블'에는 '총 사원수'를, 텍스트 상자에는 '=Count([사번])'을 입력한다.

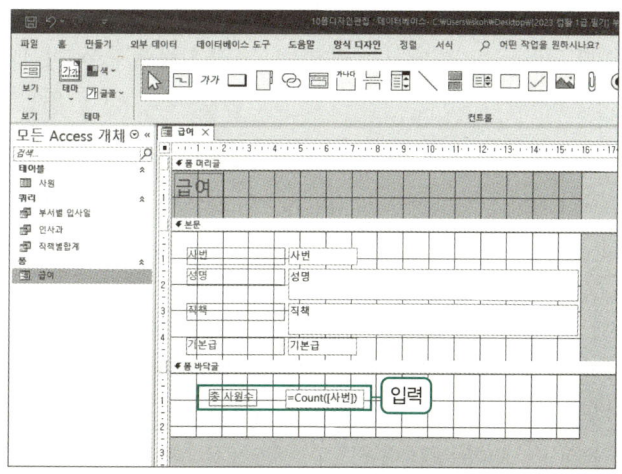

❻ 다음은 폼 보기 형식을 '연속 폼'으로 변경하고 캡션을 '사원 리스트'로 변경하기 위한 작업이다. 폼 전체에 대한 [속성 시트] 창을 나타내기 위해 ■ 단추를 더블클릭한다.

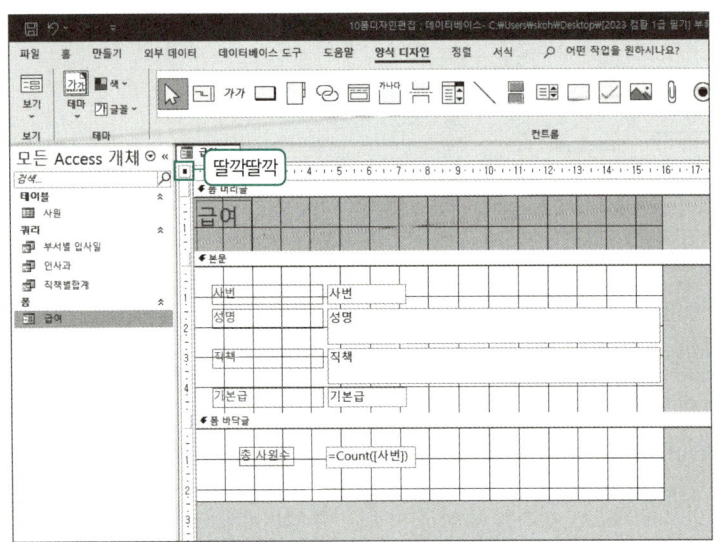

❼ [속성 시트] 창의 [형식] 탭에서 '캡션'에 '사원리스트'를 입력하고 '기본 보기'에서 '연속 폼'을 선택한다.

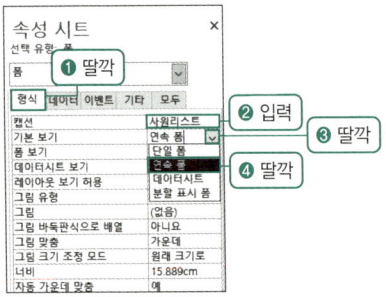

❽ 다음은 레코드 검색만 가능하고 추가, 삭제, 변경할 수 없게 설정하기 위한 작업이다. [속성 시트] 창의 [데이터] 탭에서 '데이터 입력', '추가 기능', '삭제 기능', '편집 기능'을 모두 '아니요'로 선택한다.

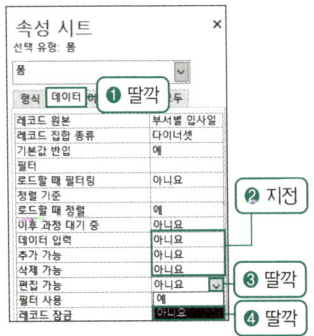

❾ [양식 디자인] 탭-[보기] 그룹-[보기]를 클릭하고 [폼 보기]를 선택한다.

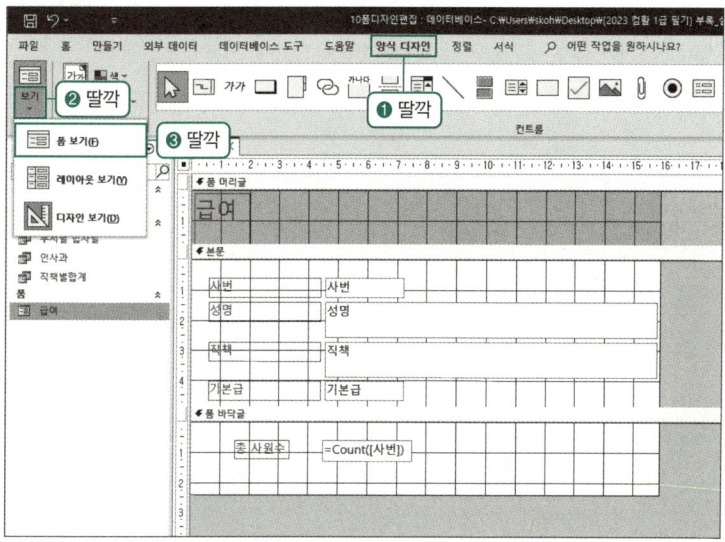

❿ 결과를 확인한다.

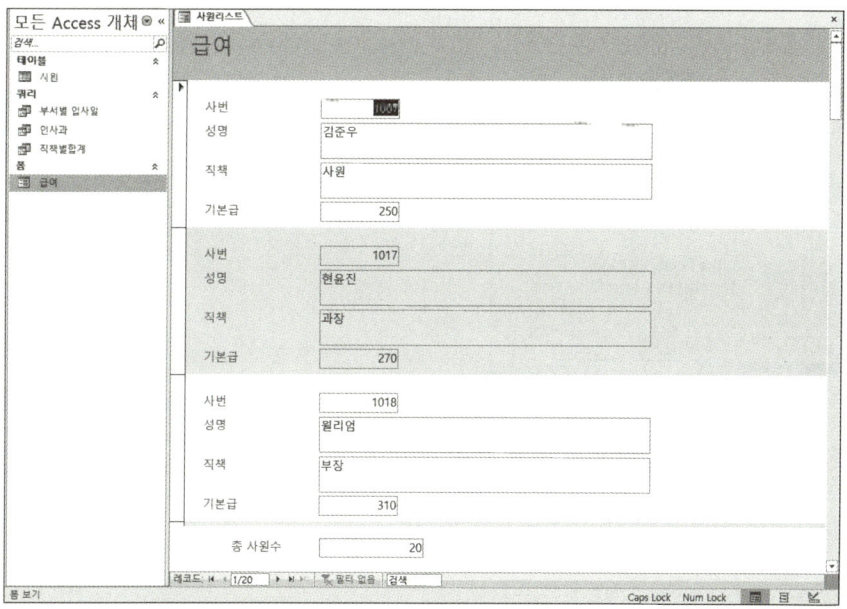

기능 11 보고서

▶ 노른자 164~165

보고서는 테이블, 쿼리 등을 레코드 원본으로 하여 요약하거나 그룹화한 내용을 출력하기 위한 개체

실습파일 11보고서.accdb   완성파일 11보고서_완성.accdb

실습문제

[사원] 테이블로 '사원 요약 보고서'를 작성하시오.

❶ [모든 Access 개체] 창에서 [사원] 테이블을 선택하고 [만들기] 탭-[보고서] 그룹-[보고서 마법사]를 클릭한다.

❷ [보고서 마법사] 대화상자가 나타나면 '사용 가능한 필드'에서 '사번', '성명', '부서', '직책', '입사일' 필드를 단추를 클릭하여 차례대로 '선택한 필드'로 이동하고 [다음] 단추를 클릭한다.

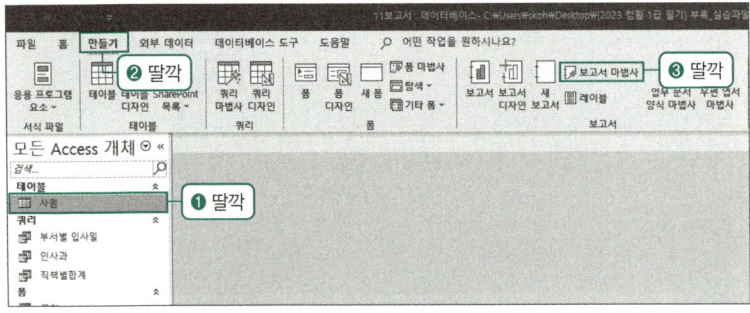

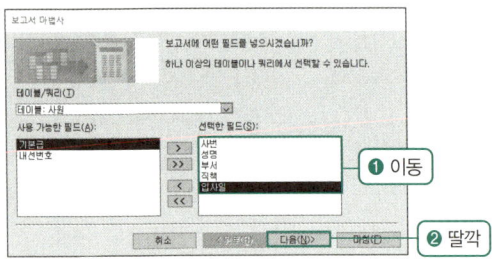

❸ 그룹을 지정하기 위해 '부서' 필드를 선택하고 단추를 클릭하여 오른쪽 영역으로 이동한 후 [다음] 단추를 클릭한다.

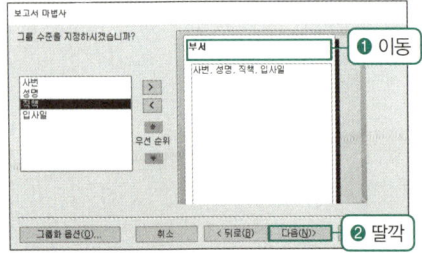

❹ 보고서에 출력할 레코드를 정렬하는 기준을 정하기 위해 '사번' 필드를 오름차순으로 지정하고 [다음] 단추를 클릭한다.

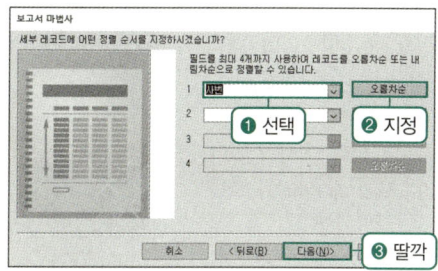

❺ 보고서의 모양을 지정하는 단계에서는 기본 설정을 그대로 유지한 상태에서 [다음] 단추를 클릭한다. 보고서 제목에 '사원 요약 보고서'를 입력하고 [마침] 단추를 클릭한다.

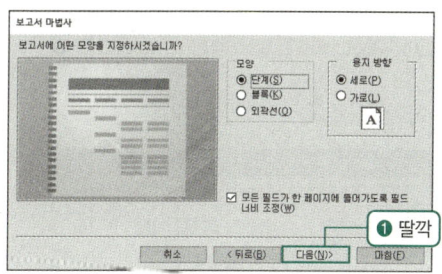 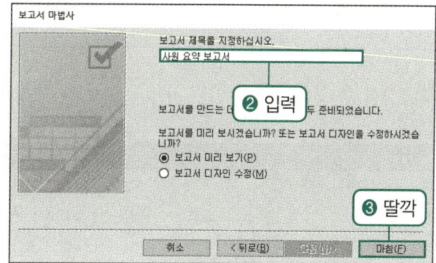

❻ 보고서 마법사로 만든 보고서를 수정하기 위해 [홈] 탭-[보기] 그룹-[보기]-[디자인 보기]를 클릭한다.

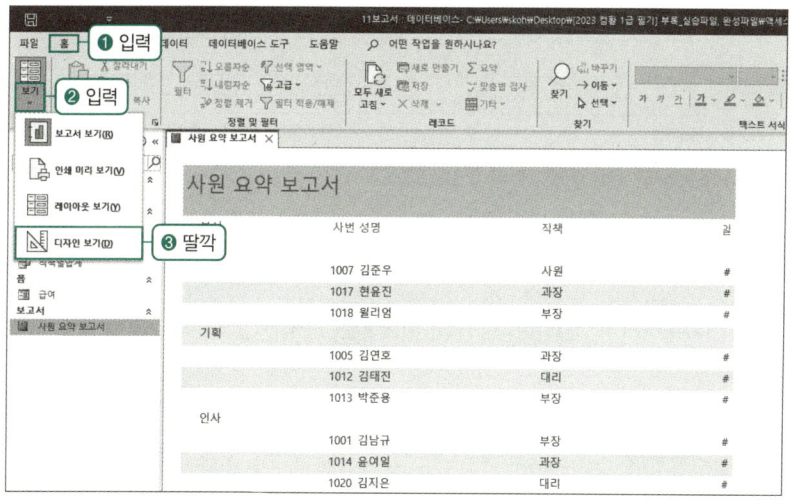

더 보기

인쇄 미리 보기 화면이 열려있으면 [인쇄 미리 보기] 탭-[미리 보기 닫기] 그룹-[인쇄 미리 보기 닫기]를 클릭하여 작업 화면으로 되돌아온다.

❼ '부서 머리글' 영역의 '부서'를 '본문' 영역으로 드래그하여 옮긴다.

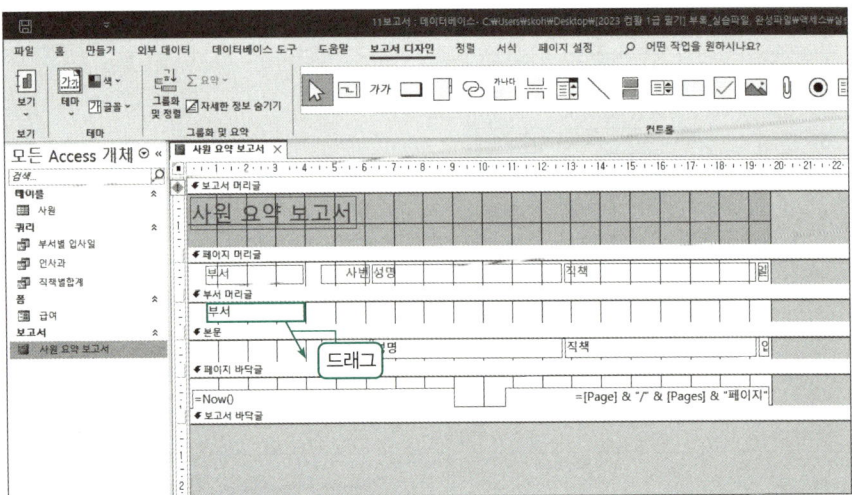

❽ [보고서 디자인] 탭-[그룹 및 요약] 그룹-[그룹화 및 정렬]을 클릭한다.

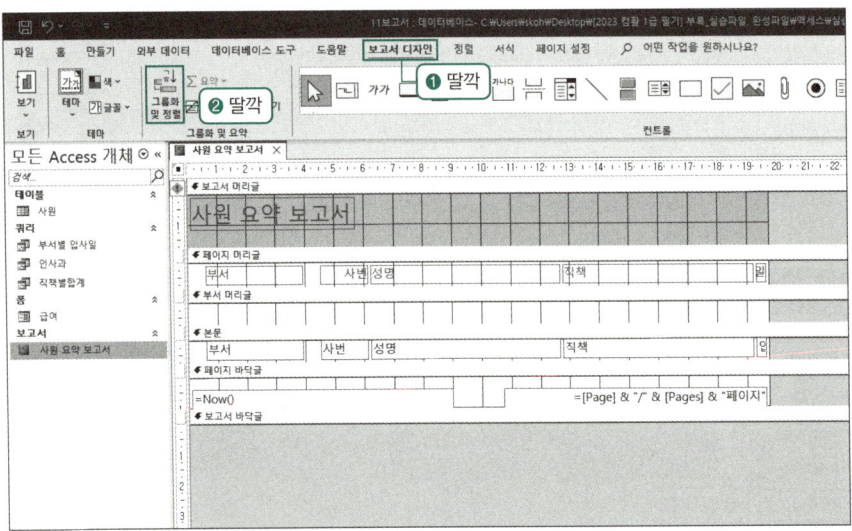

❾ [그룹, 정렬 및 요약] 창에서 '자세히'를 클릭하고 [머리글 구역 표시 안 함], [바닥글 구역 표시]를 선택한다.

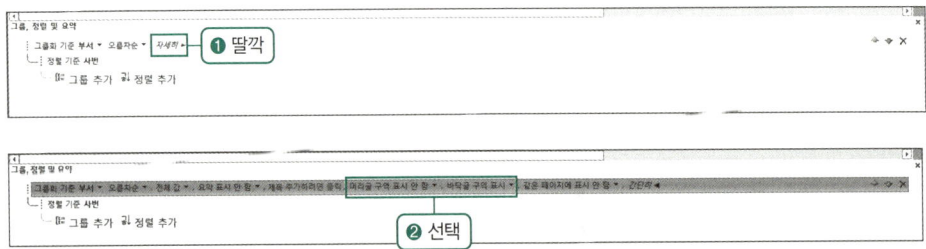

❿ '본문' 영역의 '부서' 텍스트 상자를 선택하고 [속성 시트] 창의 [형식] 탭에서 '중복 내용 숨기기'를 '예'로 선택한다.

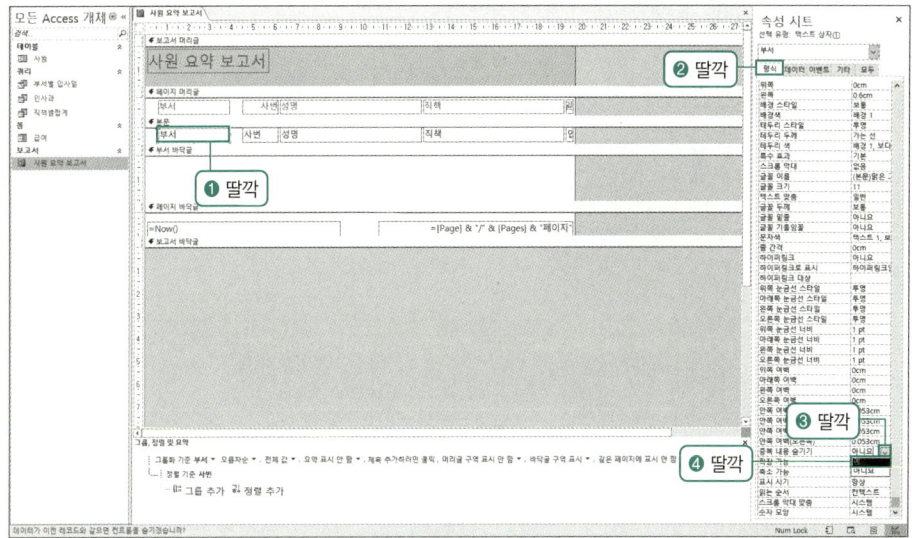

⓫ 각 텍스트 상자의 크기와 위치를 조절하고 보기 좋게 정렬한다.

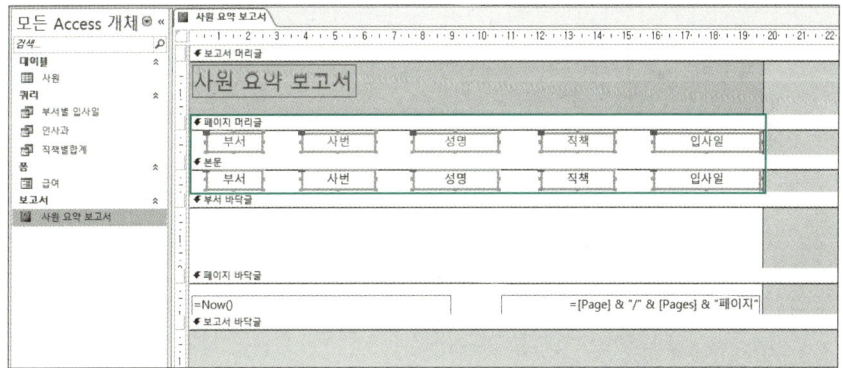

⓬ [보고서 디자인] 탭-[보기] 그룹-[보고서 보기]를 클릭한다.

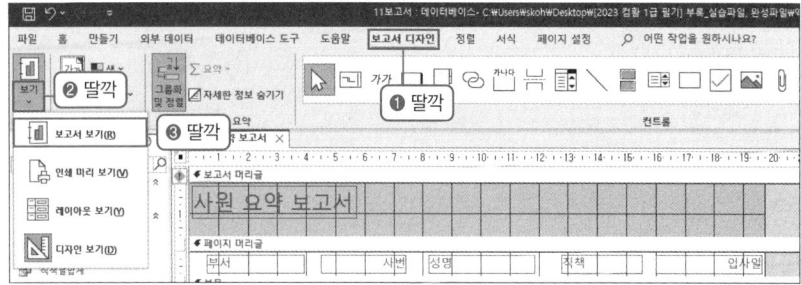

⓭ 결과를 확인한다.

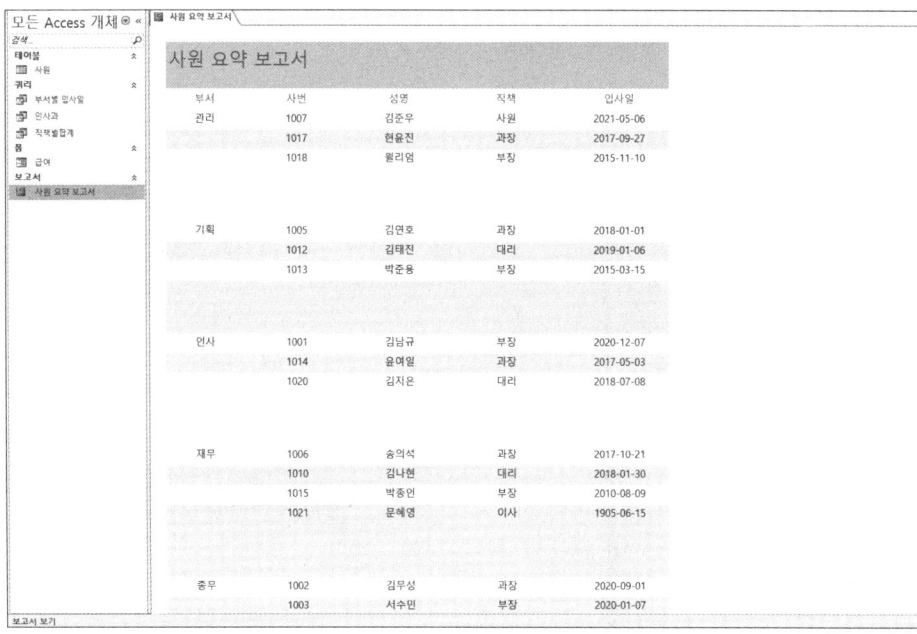

정답 & 해설

2026

에듀윌 컴퓨터활용능력
1급 필기 초단기끝장

고객의 꿈, 직원의 꿈, 지역사회의 꿈을 실현한다

EXIT 합격 서비스 exit.eduwill.net	• 부가학습자료 및 정오표: EXIT 합격 서비스 > 자료실/정오표 게시판 • 교재문의: EXIT 합격 서비스 > 실시간 질문답변 게시판(내용)/ Q&A 게시판(내용 외)